Η Φιλικη Εταιρια
και
Οι Φιλικοι

Η Φιλική Εταιρία
και
Οι Φιλικοί

ΣΥΝΤΑΞΗ
OLD BOOK PUBLISHING

Athens ‡ Manchester

Η Φιλική Εταιρία και Οι Φιλικοί

Old Book Publishing Ltd

Σχεδιασμός εξωφύλλου: Old Book Publishing Ltd

Copyright © 2012 Old Book Publishing Ltd

Απαγορεύεται η αναδημοσίευση, η αναπαραγωγή, ολική, μερική ή περιληπτική, με οποιονδήποτε τρόπο αναπαραγωγής έργου, λόγου ή τέχνης, η απόδοση κατά παράφραση, μετάφραση ή διασκευή με οποιονδήποτε τρόπο, μηχανικό, ηλεκτρονικό, φωτοτυπικό, ηχογράφησης ή άλλο, η αποθήκευση σε βάση δεδομένων, η αναμετάδοση σε ηλεκτρονική ή οποιαδήποτε άλλη μορφή, η ηχογράφηση με οποιονδήποτε τρόπο, ολική, μερική ή περιληπτική, στο πρωτότυπο, σε μετάφραση ή άλλη διασκευή, καθώς επίσης και η αναπαραγωγή της στοιχειοθεσίας, σελιδοποίησης, εξωφύλλου και γενικότερα της όλης αισθητικής εμφάνισης του παρόντος έργου, με φωτοτυπικές, ηλεκτρονικές ή οποιεσδήποτε άλλες μεθόδους χωρίς την προηγούμενη γραπτή άδεια του εκδότη σύμφωνα με τις διατάξεις του Ν. 2121/1993 (όπως εκάστοτε ισχύει) και τους κανόνες του Διεθνούς Δικαίου που ισχύουν στην Ελλάδα.

Τίτλος πρωτοτύπων: *Δοκίμιον Ἱστορικόν περί τῆς Φιλικῆς Ἑταιρίας.* Ἀρχική Ἔκδοση 1834. *Οι Φιλικοί.* Αρχική Έκδοση 1937.

Εικόνα εξωφύλλου: Σφραγὶς τῆς μυστικῆς Ἀρχῆς τῆς Φιλικῆς Ἑταιρίας ἐπὶ ἀχρονολογήτου ἐπιστολῆς πρὸς τὸν Πατριάρχην Ἀλεξανδρείας Θεόφιλον. Ὁ Ἐμμ. Ξάνθος στὰ *Ἀπομνημονεύματα περί Φιλικῆς Ἑταιρίας,* (Ἀθῆναι 1845, σελ. 11), ἀναφέρει ὅτι «ἐπρότεινεν εἰς τοὺς συναδέλφους του καὶ ἔγινεν ἡ σφραγὶς τῆς Ἀρχῆς φέρουσα εἰς τὴν περιφέρειαν αὐτῆς τὰ ἀρχικὰ γράμματα τῶν κυρίων ὀνομάτων τῶν Ἀρχηγῶν καὶ εἰς τὸ μέσον σταυρόν ἐπὶ τοῦ ὁποίου ἐχαράχθη τὸ Ε (Ἑλλάς) καὶ ὁ ἀριθμὸς 16». Οἱ ἀπαρτίζοντες τὴν Ἀρχὴν εἰς τοὺς ὁποίους ἠλπίζετο νὰ προστεθῇ ὁ Ἰωάννης Καποδίστριας ἦσαν κατὰ τὸν Ξάνθον, οἱ Ἄνθιμος Γαζῆς, Ἀθανάσιος Τσακάλωφ, Παναγιώτης Σέκερης, Νικολ. Σκουφᾶς, Ἐμμ. Ξάνθος, Παναγ. Ἀναγνωστόπουλος, Ἀντων. Κομιζόπουλος καὶ Ἀθαν. Σέκερης. (Απόσπασμα από το βιβλίο: *Σφραγίδες της Ελευθερίας 1821-1832*, Ιστορική και Εθνολογική Εταιρεία της Ελλάδος, Αθήνα, 1983.)

ISBN-10: 1-78107-078-4
ISBN-13: 978-1-78107-078-9

Σημείωμα του Εκδότη

Η Old Book Publishing Ltd φροντίζει για τη διαφύλαξη του κειμένου και των εικόνων του πρωτότυπου βιβλίου. Για το λόγο αυτό έχουμε επενδύσει σε τεχνολογία που μας δίνει τη δυνατότητα να βελτιώσουμε την ποιότητα της εν λόγω αναπαραγωγής. Η επένδυση αυτή βοηθά στην επίλυση των προβλημάτων που συναντούνται κατά την αναπαραγωγή παλαιών βιβλίων, όπως λεκέδες, χρωματιστό χαρτί, αποχρωματισμός μελανιού, κιτρινισμένες σελίδες, διαφάνεια και λεπτότητα του ίδιου του χαρτιού.

Αυτή η αναπαραγωγή, που έχει δημιουργηθεί από ψηφιακές εικόνες του πρωτοτύπου, μπορεί να περιέχει περιστασιακά ελαττώματα, όπως σελίδες που λείπουν ή άλλα ψεγάδια που οφείλονται στο περιεχόμενο του αρχικού ή που προέκυψαν από τη διαδικασία σάρωσης.

Αυτές είναι σαρωμένες σελίδες και η ποιότητα της εκτύπωσής τους αντιπροσωπεύει με ακρίβεια την ποιότητα εκτύπωσης του πρωτότυπου βιβλίου, αν και ίσως να ήμασταν σε θέση να την βελτιώσουμε.

Καθώς αυτό το βιβλίο έχει σαρωθεί και/ή αναδιαμορφωθεί από το πρωτότυπο, δεν μπορούμε να εγγυηθούμε ότι είναι χωρίς λάθη ή περιέχει το πλήρες περιεχόμενο του πρωτοτύπου.

Ωστόσο, πιστεύουμε ότι αυτό το έργο είναι πολιτιστικά αξιόλογο, και παρά τις όποιες ατέλειές του, επιλέξαμε να το επαναφέρουμε στη δημοσιότητα, ως μέρος της δέσμευσής μας για τη διατήρηση των εκτυπωμένων έργων.

Old Book Publishing

Ο ΟΡΚΟΣ ΤΩΝ ΦΙΛΙΚΩΝ (1814-1821)

«ὈΡΚΙΖΟΜΑΙ ἐνώπιόν του ἀληθινοῦ θεοῦ οἰκειοθελῶς, ὅτι θέλω εἶμαι ἐπὶ ζωῆς μου πιστὸς εἰς τὴν Ἑταιρείαν κατὰ πάντα. Νὰ μὴ φανερώσω τὸ παραμικρὸν ἀπὸ τὰ σημεῖα καὶ λόγους της, μήτε νὰ σταθῶ κατ'οὐδένα λόγον ἡ ἀφορμή του νὰ καταλάβωσιν ἄλλοι ποτέ, ὅτι γνωρίζω τί περὶ τούτων, μήτε εἰς συγγενεῖς μου, μήτε εἰς πνευματικὸν ἢ φίλον μου.

ΟΡΚΙΖΟΜΑΙ, ὅτι εἰς τὸ ἑξῆς δὲν θέλω ἔμβει εἰς καμίαν ἄλλην ἑταιρείαν, ὁποία καὶ ἂν εἶναι, μήτε εἰς κανένα δεσμὸν ὑποχρεωτικόν. Καὶ μάλιστα, ὁποιονδήποτε δεσμὸν ἂν εἶχα, καὶ τὸν πλέον ἀδιάφορον ὡς πρὸς τὴν Ἑταιρείαν, θέλω τὸν νομίζει ὡς οὐδέν.

ΟΡΚΙΖΟΜΑΙ, ὅτι θέλω τρέφει εἰς τὴν καρδίαν μου ἀδιάλλακτον μίσος ἐναντίον τῶν τυράννων τῆς πατρίδος μου, ὁπαδῶν καὶ τῶν ὁμοφρόνων μὲ τούτους. Θέλω ἐνεργεῖ κατὰ πάντα τρόπον πρὸς βλάβην καὶ αὐτὸν τὸν παντελῆ ὄλεθρον τῶν, ὅταν ἡ περίστασις τὸ συγχωρήσῃ.

ΟΡΚΙΖΟΜΑΙ νὰ μὴ μεταχειρισθῶ ποτὲ βίαν διὰ νὰ συγγνωρισθῶ μὲ κανένα συνάδελφον, προσέχων ἐξ ἐναντίας μὲ τὴν μεγαλυτέραν ἐπιμέλειαν νὰ μὴ λανθασθῶ κατὰ τοῦτο, γινόμενος αἴτιος ἀκολούθου τινὸς συμβάντος.

ΟΡΚΙΖΟΜΑΙ νὰ συντρέχω, ὅπου εὕρω τινὰ συνάδελφον, μὲ ὅλην τὴν δύναμιν καὶ τὴν κατάστασίν μου. Νὰ προσφέρω εἰς αὐτὸν σέβας καὶ ὑπακοήν, ἂν εἶναι μεγαλύτερος εἰς τὸν βαθμόν, καὶ ἂν ἔτυχε πρότερον ἐχθρός μου, τόσον περισσότερον νὰ τὸν ἀγαπῶ καὶ νὰ τὸν συντρέχω καθ'ὅσον ἡ ἔχθρα μου ἤθελε εἶναι μεγαλυτέρα.

ΟΡΚΙΖΟΜΑΙ, ὅτι, καθὼς ἐγὼ παρεδέχθην εἰς τὴν Ἑταιρείαν, νὰ δέχωμαι παρομοίως ἄλλον ἀδελφόν, μεταχειριζόμενος πάντα τρόπον καὶ ὅλην τὴν κανονιζομένην ἄργητα, ἑωσοῦ τὸν γνωρίσω Ἕλληνα ἀληθῆ, θερμὸν ὑπερασπιστὴν τῆς πατρίδος, ἄνθρωπον ἐνάρετον καὶ ἄξιον ὄχι μόνον νὰ φυλάττῃ τὸ μυστικόν, ἀλλὰ νὰ κατηχήσῃ καὶ ἄλλον ὀρθοῦ φρονήματος.

ΟΡΚΙΖΟΜΑΙ νὰ μὴν ὠφελῶμαι κατ'οὐδένα τρόπον ἀπὸ τὰ χρήματα τῆς Ἑταιρείας, θεωρῶν αὐτὰ ὡς ἱερὸν πρᾶγμα καὶ ἐνέχυρον ἀνῆκον εἰς ὅλον τὸ ἔθνος μου. Νὰ προφυλάττωμαι παρομοίως καὶ εἰς τὰ λαμβανόμενα καὶ στελλόμενα ἐσφραγιαμένα γράμματα.

ΟΡΚΙΖΟΜΑΙ νὰ μὴν ἐρωτῶ ποτὲ κανένα τῶν Φιλικῶν μὲ περιέργειαν, διὰ νὰ μάθω ὁποῖος τὸν ἐδέχθη εἰς τὴν Ἑταιρείαν. Κατὰ τοῦτο δὲ μήτε ἐγὼ νὰ φανερώσω, ἢ νὰ δώσω ἀφορμὴν εἰς τοῦτον νὰ καταλάβῃ, ποῖος μὲ παρεδέχθη. Νὰ ὑποκρίνωμαι μάλιστα ἄγνοιαν, ἂν γνωρίζω τὸ σημεῖον εἰς τὸ ἐφοδιαστικὸν τινος

ΟΡΚΙΖΟΜΑΙ νὰ προσέχω πάντοτε εἰς τὴν διαγωγήν μου, νὰ εἶμαι ἐνάρετος. Νὰ εὐλαβῶμαι τὴν θρησκείαν μου, χωρὶς νὰ καταφρονῶ τὰς ξένας. Νὰ δίδω πάντοτε τὸ καλὸν παράδειγμα. Νὰ συμβουλεύω καὶ νὰ συντρέχω τὸν ἀσθενῆ, τὸν δυστυχῆ καὶ τὸν ἀδύνατον. Νὰ σέβωμαι τὴν διοίκησιν, τὰ ἔθιμα, τὰ κριτήρια καὶ τοὺς διοικητὰς τοῦ τόπου, εἰς τὸν ὁποῖον διατρίβω.

ΤΕΛΟΣ ΠΑΝΤΩΝ ΟΡΚΙΖΟΜΑΙ ΕΙΣ ΣΕ, Ω ΙΕΡΑ ΠΑΤΡΙΣ! ΟΡΚΙΖΟΜΑΙ εἰς τοὺς πολυχρονίους βασάνους Σου, ὁρκίζομαι εἰς τὰ πικρὰ δάκρυα, τὰ ὁποῖα τόσους αἰώνας ἔχυσαν καὶ χύνουν τὰ ταλαίπωρα τέκνα Σου, εἰς τὰ ἴδια μου δάκρυα, χυνόμενα κατὰ ταύτην τὴν στιγμήν, καὶ εἰς τὴν μέλλουσαν ἐλευθερίαν τῶν ὁμογενῶν μου, ὅτι ἀφιερώνομαι ὅλως εἰς Σέ. Εἰς τὸ ἑξῆς Σὺ θέλεις εἶσαι ἡ αἰτία καὶ ὁ σκοπὸς τῶν διαλογισμῶν μου. Τὸ ὄνομά Σου ὁ ὁδηγὸς τῶν πράξεών μου καὶ ἡ εὐτυχία Σου ἡ ἀνταμοιβὴ τῶν κόπων μου. Ἡ θεία δικαιοσύνη ἂς ἐξαντλήσῃ ἐπάνω εἰς τὴ κεφαλήν μου ὅλους τους κεραυνούς της, τὸ ὄνομά μου νὰ εἶναι εἰς ἀποστροφήν, καὶ τὸ ὑποκείμενόν μου τὸ ἀντικείμενον τῆς κατάρας καὶ τοῦ ἀναθέματος τῶν Ὁμογενῶν μου, ἂν ἴσως λησμονήσω εἰς μίαν στιγμὴν τὰς δυστυχίας τῶν καὶ δὲν ἐκπληρώσω τὸ χρέος μου. Τέλος ὁ θάνατός μου ἂς εἶναι ἡ ἄφευκτος τιμωρία τοῦ ἁμαρτήματός μου, διὰ νὰ μὴ μολύνω τὴν ἁγνότητα τῆς Ἑταιρείας μὲ τὴν συμμετοχήν μου.»

ΜΕΡΟΣ Α΄

ΔΟΚΙΜΙΟΝ ΙΣΤΟΡΙΚΟΝ
ΠΕΡΙ ΤΗΣ
ΦΙΛΙΚΗΣ ΕΤΑΙΡΙΑΣ

ΔΟΚΙΜΙΟΝ ΙΣΤΟΡΙΚΟΝ

ΠΕΡΙ ΤΗΣ

ΦΙΛΙΚΗΣ ΕΤΑΙΡΙΑΣ

ὑπὸ

ΙΩΑΝΝΟΥ ΦΙΛΗΜΟΝΟΣ

ΕΝ ΝΑΥΠΛΙΑ,

ΕΚ ΤΗΣ ΤΥΠΟΓΡΑΦΙΑΣ Θ. ΚΟΝΤΑΞΗ ΚΑΙ Ν. ΛΟΥΛΑΚΗ

ΠΛΑΤΕΙΑ ΛΟΥΔΟΒΙΚΟΥ ΑΡΙΘ. 13.

1834.

ΙΩΑΝΝΗΣ ΦΙΛΗΜΩΝ

ΟΘΩΝΙ

ΤΩ,

ΜΕΓΑΛΕΙΟΤΑΤΩ, ΒΑΣΙΛΕΙ

ΤΗΣ

ΕΛΛΑΔΟΣ

ΠΡΟΣΤΑΤΗ, ΤΩΝ ΜΟΥΣΩΝ

Η ΒΙΒΛΟΣ ΑΝΑΤΙΘΕΤΑΙ
ΑΥΤΗ

ΕΥΜΕΝΕΣΤΑΤΕ ΑΝΑΞ!

Συνιστῶσιν οἱ Ἕλληνες τὴν Φιλόμουσον περὶ τῆς ἠθικῆς προόδου των Ἑταιρίαν· καὶ πρῶτος ἐπιδαψιλεύεται ἄσυλον εἰς αὐτὴν ὁ πατρικὸς καὶ ἔνδοξος Οἶκος τῆς Υ. Μ. Συγκροτοῦσιν οἱ Ἕλληνες τὸν δίκαιον ὑπὲρ τῆς πολιτικῆς ἀνεξαρτησίας των Πόλεμον κατὰ τῆς μακρᾶς καταδυναστείας τῶν βαρβάρων· καὶ πρῶτος ὁ ἀγαθοεργὸς Οἶκος τῆς Υ. Μ. κηρύττει τὰ συμπαθητικώτερα αἰσθήματα περὶ τούτων, πρῶτος, καὶ ἐναντίον τόσων δυσχερειῶν, ἐκτείνει χεῖρα ἀρωγὸν ὑπὲρ τοῦ πάσχοντος Ἕλληνος.

Τοιαῦται ἀξιομνημόνευτοι περιστάσεις ἑνώνουσιν ἔκτοτε δι' ἠθικοῦ δεσμοῦ τὴν Ἑλλάδα μὲ τὸν φιλάνθρωπον καὶ φιλόμουσον Οἶκον τῶν Οὐϊτελσβάχων· ὁ δὲ θεῖος Προορισμὸς τῆς πολιτικῆς ἑνότητος ἐκπληροῦται τέλος πάντων εἰς τὸ πολυσέβαστον Πρόσωπον τῆς Υ. Μ.

Ἡ Ὕψιστος Πρόνοια, διαλύουσα τὰ μέλανα νέφη τῆς ἀβεβαιότητος, καλύπτοντα ἐπὶ δωδεκαετίαν τὸν ὁρίζοντα τῆς Ἑλλάδος, στεφανώνει τὴν ἡρωϊκὴν Ἐπιχείρησίν της διὰ τῆς εὐεργετικῆς χειρὸς τῶν Χριστιανῶν Συμμάχων, καὶ στηρίζει ἐπὶ ἀκλονήτων βάσεων τὴν εὐδαίμονα, τὴν λαμπρὰν ἀποκατάστασίν της. Τῶν ἀνεκτιμήτων τούτων ἀγαθῶν τὸ Σημεῖον διεχάραξεν ἀνεξάλειπτον ἡ προωρισμένη καὶ πολύευκτος Ἀναγόρευσις τῆς Υ. Μ. Μὲ πάλλουσαν καρδίαν ἀπεριορίστου χαράς, μὲ βαθυτάτην συναίσθησιν εὐγνωμοσύνης εἶδον οἱ Ἕλληνες ἀνεξαιρέτως τὴν γόνιμον τόσων εὐτυχιῶν ἡμέραν τῆς 25 τοῦ Ἰανουαρίου ὡς ἡμέραν Μεταβολῆς τῆς δεξιᾶς τοῦ Ὑψίστου.

Ὑπὸ τὴν ὑψηλὴν λοιπὸν προστασίαν Εὐεργέτου κλεινοῦ καὶ Βασιλέως σωτῆρος τολμᾷ ὁ ὑποσημειούμενος. πιστὸς ὑπήκοος τῆς Υ. Μ. νὰ ἀναθέσῃ τὸ πρῶτον ἤδη δημοσιευόμενον Ἱστορικόν του Δοκίμιον.

Ὡς πρόδρομος τοῦτο τῆς νέας Ἑλληνικῆς Ἱστορίας προσφέρει πρὸς τὴν Υ. Μ. πλήρη τὴν ἰδέαν τοῦ μυστηρίου τῆς ἐνδόξου Ἐπαναστάσεως· ἐξηγεῖ τὰ οἰκτρὰ δυστυχήματα τῆς Μεταβολῆς τοῦ 1453 καὶ τὰς κατὰ συνέπειαν ἀφορμὰς τῶν ἀδιακόπων συγκρούσεων τῶν τυραννουμένων καὶ τῶν τυραννούντων· δίδει τὴν εἰκόνα τοῦ πνεύματος, τοῦ ἠθικοῦ καὶ τῶν κλίσεων ἑνὸς ἐνδόξου Ἔθνους, τὸ ὁποῖον ἡ Θεία Βουλὴ ἐνεπιστεύθη ὑπὸ τὴν Βασιλικὴν αἰγίδα τῆς Υ. Μ: περιγράφει ὅλας τὰς μέχρι τῆς ῥήξεως τοῦ Πολέμου σπουδαίας περιστάσεις· καὶ ἀναφέρει τοὺς ἄνδρας ἐκείνους, εἰς τῶν ὁποίων τὴν φρόνησιν, τοὺς μεγάλους κόπους καὶ τὰς πατριωτικὰς θυσίας ὀφείλεται ἐξαιρετικῶς ἡ προδιάθεσις τῆς Μεταβολῆς τοῦ 1821.

Μεμακρυσμένον ἐντελῶς ἀπὸ τὰς ἰδέας, εἰς τὰς ὁποίας ἄλλοτε προσέτρεξε διὰ τὴν ἀνοικονόμητον βίαν τοῦ δεσποτισμοῦ, τὸ Ἑλληνικὸν Ἔθνος ἀπολαύει ἤδη, χάρις εἰς τὴν πολυπόθητον παρουσίαν τῆς Υ. Μ. τὰ εὐεργετήματα τῆς εἰρηνικῆς καταστάσεως τῶν πραγμάτων. Τὰς περὶ τοῦ μέλλοντος μεγαλυτέρας ἐλπίδας του ἔχει ὁλοσχερῶς ἀφιερωμένας εἰς τὴν εὐγενῆ ΣΟΥ καὶ φιλόλαον ψυχήν, ΒΑΣΙΛΕΥ! καὶ πέποιθε τελευταῖον, ὅτι θέλει χαίρει ἐφεξῆς πλήρη τὰ ἀγαθὰ τῶν πολιτικῶν του Δικαίων καὶ τοῦ Τύπου ἐπαξίως τῶν ἐλευθερίων ἀρχῶν τοῦ Ὑψηλοῦ ΣΟΥ Θρόνου· πέποιθεν, ὅτι αἱ Μοῦσαι θέλουσιν ἀνακτήσει καὶ πάλιν τὴν πρώτην εἰς τὸ πάτριόν των ἔδαφος δόξαν· καὶ οὕτω σεμνυνόμενον ἐπὶ τῶν τοιούτων ἐξαισίων ἀρετῶν ΑΝΑΚΤΟΣ

« ... *ΤΟΥ κλέος εὐρὺ καθ' Ἑλλάδα* ... »

θέλει παραδώσει, ὡς κληρονομίαν πολύτιμον, εἰς τὰς μεταγενεστέρας γενεὰς τὴν μνήμην τῆς Υ. Μ. μνήμην Δικαίου, μνήμην ἀγαθοῦ ΠΑΤΡΟΣ καὶ ΒΑΣΙΛΕΩΣ.

Τῆς Υ. Μ.

πιστὸς καὶ ταπεινὸς ὑπήκοος

Ἰωάννης Φιλήμων.

Ν. ΣΚΟΥΦΑΣ

Ε. ΞΑΝΘΟΣ

Α. ΤΣΑΚΑΛΩΦ

ΠΡΟΛΕΓΟΜΕΝΑ

Η λεπτομερής, όσον εἶναι δυνατόν, περιγραφὴ τῶν αἰτίων καὶ τῶν μέσων, διὰ τῶν ὁποίων διετέθη ἡ Ἑλληνικὴ Μεταβολὴ τοῦ 1821, εἶναι τὸ ὑποκείμενον τοῦ παρόντος Δοκιμίου. Ἀποβλέπει κυρίως τὴν περίεργον ΕΤΑΙΡΙΑΝ ΤΩΝ ΦΙΛΙΚΩΝ. Ἐξετάζονται ἐνταυτῷ μὲ τὴν μεγαλυτέραν συντομίαν καὶ τὰ πρὸ αὐτῆς σχετικὰ Συμβάντα. Τὴν νέαν μετὰ τὴν πτῶσιν τοῦ Ἀνατολικοῦ Βασιλείου Ἱστορίαν τῆς Ἑλλάδος θεωροῦμεν κυρίως ἀπὸ τῆς ἐποχῆς τῶν 1769.

Τῆς Ἑλληνικῆς Ἐπαναστάσεως τὸ εἰσαγωγικὸν τοῦτο Μέρος δὲν εἶναι ὀλιγώτερον οὐσιῶδες ὡς πρὸς τὴν ὑπόθεσίν του· ἡ δὲ σαφήνεια τοῦ πραγματικοῦ του προκύπτει πλέον δύσκολος παρὰ τὴν ἀρκετὰ περιπεπλεγμένην Ἱστορίαν τοῦ Πολέμου. Ἀποτελοῦσι τοῦτο τοῦ Συστήματος τῶν Φιλικῶν ἡ ἰδία φύσις, καθὸ μυστηριώδους, καὶ διάφορα περιστατικὰ μεσολαβήσαντα κατὰ τὴν περίοδόν του. Οἱ Ἀρχηγοί του ἐνταυτῷ ἐφρόντισαν πάντοτε τὴν μυστικὴν διατήρησιν τῶν ἐγγράφων. Ἐντεῦθεν δὲν ἐγνωρίσθη πούποτε σταθερά τις Ἀρχείου (α) παρακαταθήκη. Ἔμενον ὁμοίως κατὰ φυσικήν τινα συνέ-

---

(α) Εἰμὴ ἀπὸ τῆς ἀναγορεύσεως τοῦ Ἀλεξάνδρου Ὑψηλάντου. Περιορίζεται ὅμως καὶ αὕτη εἰς μικρὰν περίοδον χρόνου· καὶ τὸ χειρότερον, δὲν θεραπεύει, νὰ εἴπωμεν οὕτω, τὴν

β'

πειαν εἰς ἄτομα καὶ εἰς πόλεις ἐσπαρμένα διάφορα ἀναγκαῖα ἔγγραφα· καὶ τούτων πάλιν δὲν ἔφθειρον ὀλίγον μέρος οἱ θάνατοι, οἱ φόβοι (α) καὶ αἱ μετέπειτα ἀνωμαλίαι τοῦ Πολέμου. Δὲν λέγομεν ἤδη, ὁπόσον αἱ περιστάσεις ἐπιβάλλουσιν ἀκόμη ὑποχρεωτικὴν τὴν ἀπόκρυφον διαφύλαξιν πολλῶν ἐγγράφων καὶ τὴν μυστηριότητα διαφόρων ἰδεῶν, ἀπὸ τὰς ὁποίας ἠδύνατο νὰ φωτισθῇ οὐσιωδῶς ἕνας Συγγραφεὺς αὐτοῦ τοῦ γριφώδους μέρους τῆς νέας Ἑλληνικῆς Ἱστορίας.

Εἰς τὸ Σύστημα τοῦτο δὲν ἐλάβομεν ἰδιαιτέρως μετοχήν τινα, οὐδὲ εἴχομεν γνώσεις μᾶλλον ἢ ἧττον ἀκριβεῖς περὶ τῶν ἀρχῶν καὶ τῶν προόδων του. Ἀπὸ τῆς ἐποχῆς τοῦ Πολέμου ἠδυνήθημεν νὰ ἐμβατεύσωμεν εἰς ἀνακαλύψεις ἀρκετάς. Αὐτὰς ὑπεστήριξαν ἔγγραφα Ἀξιωματικά, εἰς τὴν συλλογὴν

ἐπαισθητοτέραν στέρησιν ἐκείνων, ὅσα ἀποβλέπουσι τὰς ἀρχὰς καὶ τὰς πρώτας ἐνεργείας τῆς Ἑταιρίας.

Ἡ Ἐφορία τῆς Κωνσταντινουπόλεως ἐσχημάτισε δι' ὀλίγον καιρὸν παρακαταθήκην τινὰ Ἀνταποκρίσεων, ὡς γενικωτέρα ὅλων. Ἡ αἰφνίδιος ὅμως ταραχὴ τοῦ 1821 καὶ ἡ ἔντρομος δραπέτευσις τῶν Ἐφόρων πιθανολογοῦσι πολλὰ τὸν διασκορπισμόν, καὶ μᾶλλον τὸ καύσιμον, ἂν ὄχι ὅλου, τοὐλάχιστον τοῦ σημαντικωτέρου μέρους καὶ τούτων τῶν ἐγγράφων (Ἴδε καὶ ἀκολούθως).

(α) Ὁ πανικὸς φόβος, γέννημα τῆς ἐξαγριώσεως τῶν Τούρκων εἰς τὴν κήρυξιν τοῦ Πολέμου, ὑπεχρέωσε τοὺς Ἕλληνας τῆς Κωνσταντινουπόλεως καὶ ἄλλων τόπων, νὰ ἀφανίσωσι διὰ τοῦ πυρός, ὄχι μόνον ὅσα ἔφερον πολλοὶ ἔγγραφα Ἑταιρικά, ἀλλὰ καὶ αὐτὰ τὰ βιβλία τῆς Μαθηματικῆς, τῆς Γεωγραφίας κ.λ.π. ὡς περιέχοντα Σχήματα, δυνάμενα νὰ χορηγήσωσι τὴν ὑπόνοιαν Σχεδίων Πολεμικῶν εἰς τὴν ἀμαθῆ Ἐξουσίαν (Τοῦ συμβάντος τούτου ἐστάθημεν αὐτόπται).

γ'

τῶν ὁποίων μᾶς συνέδραμον διάφοροι εὐκαιρίαι. Τοιουτοτρόπως ἐκάμαμεν σκέψεις εἰς ὀλίγα, ἂν δὲν ἴδωμεν ὅλα τὰ πράγματα τῆς Ἑταιρίας.

Εἰς ταῦτα κυρίως θεμελιοῦται τὸ Δοκίμιόν μας. Δὲν ἐλάβομεν ὡς ἀρχὴν τὰ ἀναφερόμενα εἰς δημοσιεύσεις τινάς, πραγματευομένας κατὰ μέρος περὶ τοῦ ἰδίου ἀντικειμένου. Δὲν ἐνδώσαμεν ἐπίσης μήτε εἰς τὰς ἀντιφατικὰς ἐξηγήσεις (α) διαφόρων. Ἡ φιλαυτία, τὰ πάθη, (ὅσα ἐγεννήθησαν ἐκ τῆς διαρκείας τοῦ Συστήματος καὶ μετὰ τὴν ῥῆξιν τοῦ Πολέμου), αἱ μεταβολαὶ καὶ ἡ ἄκριτος ἐκ μέρους

(α) Ἀπ' αὐτὰς ἀναμφιβόλως ἠπατήθησάν τινες ὁμιλήσαντες διαφόρως περὶ τῶν ἀρχῶν καὶ τῶν προόδων τῆς Ἑταιρίας. Δὲν ἀρνούμεθα, ὁπόσους καὶ ἡμεῖς αὐτοὶ ἠκούσαμεν, οἰκειοποιουμένους ἕκαστον τὴν ἀρχὴν καὶ τὴν πρώτην διεύθυνσίν της. Ὅσον ἐπιθυμοῦν πολλοί, διὰ νὰ μὴν εἴπωμεν ὅλοι, νὰ ἀπεκδύωνται τὸ αἶσχος τῆς ἀποτυχίας Ἔργου, τοῦ ὁποίου συνεμέθεξαν· τόσον ἐξ ἐναντίας φιλοτιμοῦνται νὰ μερικίζωσιν εἰς τὸν ἑαυτόν των τὰ αἰτιατὰ καὶ τὴν τιμὴν μιᾶς ἐπιτυχίας.

Δὲν διέσπειρεν ὀλιγωτέραν πλάνην Ἀνώνυμός τις Ἔκθεσις, ἀφορῶσα τὰς ἀρχὰς καὶ τὰς ἀποστολὰς τῆς Ἑταιρίας μέχρι τῆς ἐποχῆς τοῦ Ἀ. Ὑψηλάντου. Τὴν ἔχομεν ὑπ' ὄψιν χειρόγραφον.Περίληψιν τῆς ἰδίας εἴδομεν ἐπισυνημμένην εἰς τὰ Πολιτικὰ Παράλληλα τοῦ Ἀθανασίου Χρηστοπούλου (Σελ. 151-157). Τὸ ἀναπόδεικτον τῶν διαλαμβανομένων μᾶς ἔδωκε τὰς μεγαλυτέρας ἀμφιβολίας· καὶ ταύτας ἐβεβαίωσαν πολὺ πλέον παρατηρήσεις Ὑποκειμένων, τῶν ὁποίων ἐζητήσαμεν τὴν κρίσιν.

Ὁ ἀνώνυμος Συγγραφεύς της, ὁποῖον συμπεραίνομεν τὸν Ἐμμανουὴλ Ξάνθον, περιγράφει μὲ φίλαυτον ὑπερβολὴν τὰ περὶ τῆς θέσεώς του ὡς πρὸς τὴν Ἑταιρίαν. Ὑπόσχεται ἐπιλογιζόμενος, ὅτι «εἰς ἄλλην εὐνοϊκωτέραν εὐκαιρίαν θέλει »γράψει λεπτομερῆ Ἱστορίαν αὐτῆς, ὅπου θέλει τάξει τὰς ἐγ- »γράφους ἀποδείξεις μὲ τῆς Ἀνταποκρίσεως (τῶν Ἀρχηγῶν »τῆς Ἑταιρίας) τὰ γράμματα, τὰ ἀμοιβαῖα Συμφωνητικά

δ

τινών αποδοχή πολλών παραδόσεων εις τοιούτον περιέπλεξαν λαβύρινθον απορίας τήν ίστορικήν αλήθειαν τής 'Εταιρίας, ώστε δέν ήθελε κριθή, νομίζομεν, περιττολόγος τις, άν παρατηρήση τήν βάσιμον εξιστόρησίν της τόσον δύσκολον σχεδόν, ο- σον δέν είναι εύκολον το νά γράψη τις καταφατικώς περί πραγμάτων, συμβάντων πρό τών 'Ιστορικών Αιώνων.

»των καί τού Ύψηλάντου, καί άλλα περίεργα γράμματα· »τήν αίτίαν τών διαφόρων διχονοιών καί διωγμούς τών δια- »φόρων Μελών, καί πόθεν έπήγασαν, καί δσα είναι άναγ- »καΐα. Έπειτα δέ καί τήν περιγραφήν τής ενάρξεως τής Ε- »παναστάσεως, καί τά αίτια οπού εκίνησαν τον 'Υψηλάντην »νά τήν κινήση τότε άνευ τής αδείας τών Συναρχηγών. Καί »ποΐοι ήτον οί συνεργοί τόσον εις τήν Βλαχο-Μπογδανίαν, »καθώς καί εις τήν Ελλάδα».

Μέ άλλας λέξεις υπόσχεται ό 'Ανώνυμος πάν, δ,τι άπαιτήται εις τήν πλήρη κατασκευήν τής 'Ιστορίας αυτού τού Μέρους. Καθίσταται τοιουτοτρόπως επιθυμητή ή εκπλήρωσις τής υποσχέσεώς του. Εις το έργον τούτο δύναται μεγάλως νά ευκολυνθή διά τών αποτεταμιευμένων είς αυτόν εγγράφων τής Εταιρίας, καί τών όποιων ημπορεί νά έχη ιδεών περί αυτής πλέον καθαρών, παρά τάς οποίας έγραψε.

Ό μνημονευθείς ανωτέρω Α. Χρηστόπουλος, μακρυνόμενος τού νά κάμη παρατηρήσεις κριτικάς εις τήν καταχωρισθείσαν"Εκθεσιν, περιωρίσθη, δέν ήξεύρομεν διά ποίους λόγους, είς έκσφενδονισμούς τινας κατά τών υποτιθεμένων Αυτουργών τού Συστήματος, γράφων· «... τρεις π ο τ α π ο ί Έλληνες, «φίλοι είς Όδέσαν...». Έξω τούτου εφαρμόζει εις τήν Εταιρίαν τον χαρακτήρα τής απάτης καί πλάνης. Διά τού πρώτου μέρους τών τοιούτων φράσεων του μάς εξηγείται, ότι φρονεί π ο τ α π ο ν Έλληνα πάντα μή Λογοθέτην, Καμαράσην καί καθεξής. Διά δέ τού δευτέρου μάς αποδεικνύει, ότι δέν εσυμβουλεύθη τήν πολυμάθειαν καί τήν κριτικήν του εις τά περί τής νέας Ελλάδος καί τής 'Ιστορίας της.

Τὸ Δοκίμιον τοῦτο δὲν ὑπόσχεται τὴν τελειότητα, εἰς τὰς ὁποίας ἐπαγγέλλεται ἰδέας (α)· οὐδὲ εἶναι παράδοξον, ἂν μεσολαβῶσι καὶ λάθη, τόσον πρόχειρα μ' ὅλην τὴν διδομένην προσοχὴν ἑνὸς παρατηρητοῦ, ὅσον ἐξετάζεται σκοτεινὴ αὐτὴ ἡ φύσις τῆς Ὑποθέσεως, καθὼς προείπομεν (β).

Τὴν ἀκριβῆ ἀνάλυσιν θέσεών τινων, καὶ πολλαχοῦ τὴν παντελῆ παρασιώπησιν πραγμάτων πολλῶν δὲν συγχωροῦσιν ἐκ προσθήκης αἴτια, τῶν ὁποίων τὴν ἐπήρειαν βιάζεται καθεὶς πρὸς τὸ παρὸν νὰ προσέξῃ. Τὴν ἀχλὺν αὐτὴν δύναται μόνη νὰ διασκεδάσῃ τῶν μετέπειτα περιστάσεων ἡ ὡριμότης. Γνωρίζομεν, εἰς ποίαν ἤδη πίπτομεν ἀντίφασιν ὡς πρὸς τὸν ἰδιάζοντα χαρακτῆρα ἑνὸς Ἱστορικοῦ. Βλέπομεν, ὁποία δίδεται ἀφορμὴ παρατηρήσεων εἰς τοὺς λεπτολόγους. Θεωροῦμεν μολοντοῦτο προκριτωτέραν τὴν μάκρυνσίν μας ἀπὸ ἀφορμάς τινας, τὸ ἀποτέλεσμα τῶν ὁποίων θέλει εἶναι ἡ καιρία βλάβη ὄχι εἰς τὸ πρόσωπον τοῦ γράφοντος, ἀλλ' εἰς τὴν πολιτικήν, ἢ καὶ τὴν ἰδιωτικήν, θέσιν ἄλλων πολλῶν Ἑλλήνων καὶ ξένων. Τὴν ἰδίαν βλάβην ἠθέλαμεν θεωρεῖ καὶ ὡς πρὸς αὐτὴν ἀκόμη τὴν τύχην τοῦ Ἔθνους, ἂν δὲν ἐβασιλεύετο ἀνεξάρτητον κατ' εὐτυχίαν.

Ὁποίαν καὶ ἂν καταβάλλομεν προσπάθειαν εἰς τὴν εὐστοχωτέραν συγγραφὴν αὐτοῦ τοῦ Ἱστορικοῦ Κλάδου τῆς Ἐπαναστάσεως· ὁποῖαι καὶ ἂν ἀπο-

---

(α) Τὴν ἀτέλειάν του δεικνύει καθ' ἑαυτὸν ὁ τίτλος Δοκίμιον. Ἄλλων οἱ κόποι ἂς ἀναπληρώσωσι τὴν ἀκρίβειαν τῆς ὅλης του.

(β) Σελ. α'.

στ'

βῶσιν αἱ ἐλπίδες μας ὡς πρὸς τὴν βασιμότητα, ὅσων ἐλάβομεν ἀρχῶν· ὁμολογοῦμεν πάντοτε, ὅτι εἰς μόνα τὰ Λείψανα τῶν ἰδίων Διοργανιστῶν τῆς Φιλικῆς Ἑταιρίας ἀπόκειται ἡ ἐξαίρετος τιμὴ τοιούτου ἔργου. Καθεὶς ἄλλος τολμητίας κρίνεται, ἄς μᾶς συγχωρηθῇ νὰ εἴπωμεν, ἂν ὄχι ψελλίζων, τοὐλάχιστον ὅμως ὄχι τόσον εὐτυχὴς προαγωγὸς τῆς ἱστορικῆς τελειότητος Ἐπιχειρήματός τινος, τὰ ἄδυτα τοῦ ὁποίου μήτε ἐμυήθη, μήτε εἶναι εὔκολον νὰ διαγνωρίσῃ (α).

(α) Περὶ τῆς Ἑταιρίας, καὶ μᾶλλον περὶ τῶν αἰτίων, καὶ τῶν συμβάντων τῆς κινήσεώς του εἰς τὴν Μολδαυο-Βλαχίαν, ἔγραψε, καθὼς μᾶς ἐβεβαίωσαν, εἰς τὴν φυλακὴν εὑρισκόμενος, ὁ Α. Ὑψηλάντης. Ἡ δημοσίευσις Συγγραφῆς τοιαύτης ἤθελεν εἶναι βοηθητικὴ εἰς τὴν εὐκρίνειαν πολλῶν, ἀμφιβαλλομένων ἔτι, πραγμάτων, ἂν δὲν παρεδίδετο εἰς τὴν βορὰν τοῦ πυρὸς ἀπὸ τὸν Ἴδιον.

Τολμῶμεν νὰ παρατηρήσωμεν μεολοντοῦτο, ὅτι καὶ αὕτη ἦτο θεμελιωμένη ὡσεπιτοπλεῖστον εἰς τὰς ἰδίας ἐκείνας ἀρχάς, ὅσαι περιέχονται εἰς τὴν μνημονευθεῖσαν (Σελ. γ' Σημ. α'.) Ἔκθεσιν. Ὁ Ὑψηλάντης ἔλαβεν ἀπὸ τὸν Ε. Ξάνθον τὰς πρώτας περὶ τῆς Ἑταιρίας ἰδέας. Οἱ ἄλλοι, ὅσοι ἀκολούθως τὸν ἐπλησίασαν, δὲν εἶχον γνώσεις ἀκριβεστέρας.

Ὁ Γερμανός, Μητροπολίτης τῶν Παλαιῶν Πατρῶν, συνέταξε περὶ τῆς ἰδίας σύντομα Ἐνθυμήματα, καθ' ὅσον εἶδεν, ἤκουσε καὶ ἔκρινε. Δὲν εἴδομεν ἔτι τὴν συγγραφὴν αὐτήν· καθόσον ὅμως ἐπληροφορήθημεν, φαίνεται, ὅτι κυριώτερον ἀποτείνεται εἰς τὰ περὶ τῆς Πελοποννήσου· καὶ ἐκτίθενται αἱ ἀρχαὶ καὶ πρόοδοι, τὰς ὁποίας ἔλαβεν ἡ Ἑταιρία εἰς τοῦτον τὸν τόπον, τὰ διατρέξαντα τῆς Βοστίτσης, ἡ διαρραγὴ τοῦ Πολέμου εἰς τὰ Καλάβρυτα κ.τ.λ. Τὰ Ἐνθυμήματα αὐτὰ ὑπάρχουσιν, ἀλλ' ἀδημοσίευτα ἔτι, εἰς τὴν κυριότητα ἄλλου μετὰ τὴν συμβᾶσαν (1826) ἀποβίωσιν τοῦ Γερμανοῦ Π. Πατρῶν. Πλέον περίεργος θέλει εἶναι ἡ εἰδικὴ ἔκδοσίς των χωρὶς ἄλλης προσθαφαιρέσεως.

Ἐδημοσίευσάν τινες, ὅσας εἶχον ἰδέας περὶ τῆς Ἑταιρίας

ζ'

Ή περίοδος της Φιλικής Εταιρίας άρχεται κυρίως άπό του τέλους του 1814, και παύει μέχρι του 1820, λαβοΰσα μέρος καί άπό του 1821. Τό Δοκίμιον διαιρείται εις τέσσαρας εποχάς. Διά νά σαφηνίσωμεν τά αίτια ή τάς κυρίας πηγάς του πνεύματος του Πολέμου, ευρέθημεν ήναγκασμένοι νά κλείσωμεν ολόκληρον τήν πρώτην Έποχήν διά μιας, αν και συνοπτικής, έπόψεως της καταστάσεως τών Ελλήνων (α) άπό τών τελευταίων χρόνων της Ανατολικής Αυτοκρατορίας μέχρι τών άρχων του ΙΘ' Αιώνος. Παρόμοιαι Επιχειρήσεις, τείνουσαι επίσης εις τά δύο άκρα της σωτηρίας, ή του παντελούς αφανισμού, δεν ήμπορούν νά πηγάζωσιν, ούδέ στηρίζονται μετά τήν γένεσίν των, είμή άπό τήν προοδεύουσαν ήθικήν καί τήν έξ αυτής προκύπτουσαν ένδιάθετον δύναμιν του Λαού, τόν όποιον προτίθενται νά χειραγωγήσουν. Οί άνθρωποι δέν φέρουσι τάς Μεταβολάς, άλλά τά ήθη, μέ τά όποια ούτοι οικοδομούσι τήν άληθή των τύχην. Οσάκις δέν έμελέτησαν καλώς οί Επιχειρηματίαι τών πολιτικών μεταβολών, ή ήρνήθησαν έπερειδόμενοι εις τά ίδιά των μέτρα, νά εκτιμήσωσι τήν δύναμιν αυτής της καθολικής άρχης· οί τοιούτοι άπεκύλισαν τό Έθνος των, άπό τήν όποίαν ευρίσκετο μάλλον ή ήττον κατάστασιν έκ συγκρίσεως ύποφερτήν άπέσβεσαν

των Φιλικών. Άλλοι όμως άπέφυγον διόλου τό περιεργότερον μέρος : τήν έξέτασιν τών άρχων της, καί όλοι σχεδόν ήστόχησαν εις τάς περί τών προόδων της λεπτομερείας, επιστηριζόμενοι, ώς φαίνεται, εις μόνας τάς παραδόσεις.

(α) Περιέχεται έν παρόδω καί άρκετόν μέρος έκείνης τών Τούρκων.

β

η΄

ἀπὸ τὴν καρδίαν του πᾶσαν ὀγλήγορον ἐλπίδα τύχης ἀγαθωτέρας, καὶ ἐπλούτισαν τὴν Τραγῳδίαν μὲ τὴν μεγαλυτέραν ὕλην. Τὸ Ἑλληνικὸν Ἔθνος, παρὰ τὴν ὁποίαν ὑπέφερε καταδυναστείαν τόσων χρόνων, ἐδοκίμασε περιοδικῶς τὰς οἰκτρὰς συνεπείας παρομοίων τολμημάτων· οὐδὲ ἤθελεν ἴσως βραδύνει εἰς τὸν ὁριστικὸν ὑπὲρ τῆς ἐλευθερίας του ἀγῶνα, ἢ τοὐλάχιστον ἤθελεν εὑρεθῆ ἐσχάτως εἰς στάσιν πολέμου πλέον ἰσχυράν, ἂν δὲν προηγοῦντο τὰ συμβάντα τοῦ 1769 καὶ τἄλλα, ὅσα ἀναφέρομεν εἰς τὴν Δευτέραν Ἐποχήν. Εἰς τὴν ἰδίαν ὑπάγεται κατηγορίαν καὶ ἡ ἐπιχείρησις τοῦ Ῥήγα Φεραίου, μολονότι ἡ τραγικὴ σκηνή της προέλαβε περιορισθεῖσα εἰς τοῦτον μόνον καὶ εἰς ὀλίγους ἐκ τῶν ὀπαδῶν του. Θαρροῦμεν, ὅτι δὲν θέλει νομισθῆ τόσον τολμηρὰ ἡ παρατήρησίς μας αὕτη.

Οἱ ἀναφερόμενοι Ἐπιχειρηματίαι δὲν εἶναι ἄλλο κυρίως, εἰμὴ τὸ ἐκτελεστικὸν τῆς ἠθικῆς δυνάμεως τοῦ Ἔθνους των. Τοιούτους εὑρίσκομεν τοὺς Δημιουργοὺς (α) τῆς Φιλικῆς Ἑταιρίας· τὴν δὲ Ἐπανάστασιν τῆς Ἑλλάδος δυνάμει ὑπάρχουσαν μεταξὺ αὐτῆς καὶ τοῦ δυναστεύοντος Ἔθνους. Ἡ κυρία ἄρα ἀρχή της δὲν προέρχεται ἀπὸ τοὺς Ὀργανισμοὺς τοῦ 1814, μήτε ἀπὸ τὴν ἀκόλουθον προσπάθειαν ὀλίγων Ὑποκειμένων. Ἀνάγονται ὅλα ταῦτα εἰς τὰς εἰδικότητας ἐκείνας, ὅσαι ἰσοδυναμοῦν μὲ τὸ ἀνυπόστατον τῆς μηχανικῆς ἐπιρροῆς ἑνὸς πηδαλίου χωρὶς τῆς προηγουμένης ὑπάρξεως πλοίου. Ἐξηγούμεθα· καὶ πιστεύομεν, ὅτι δὲν θέλομεν νο-

---

(α) Μολονότι θέλομεν ἴδει τὴν μεγαλυτέραν καὶ μεταξὺ τούτων διαφορὰν τῆς προσωπικῆς ἱκανότητος.

θ'

μισθή ακολουθούντες τόν πανηγυρικόν τής Ελλάδος.

Τήν Έπανάστασιν προπαρεσκεύασε πολιτικώς αυτή τών Τούρκων ή τυραννία, καθ' ήν ό Έλλην δέν έχαιρε τά φυσικά και πολιτικά δίκαια, στερούμενος τήν ασφάλειαν καί αυτής τής ζωής του. Ή Έπανάστασις ήτο προητοιμασμένη, αφ' ού καιρού οί τελευταίοι Παλαιολόγοι παρέλιπον ώς παρακαταθήκην εις τούς Τούρκους τό Βασίλειόν των, (κατά τήν κυριεύουσαν δοξασίαν τών Ελλήνων) οί δέ Τούρκοι τό ιδιοποιήθησαν ώς πατρογονικήν καί νόμιμον ιδιοκτησίαν διά τού δικαιώματος τού ισχυροτέρου (α): αφ' ού καιρού ή Θρησκεία τού Έλληνος έξυβρίζετο πραγματικώς, μολονότι έφαίνετο πολιτικώς προστατευομένη· τό αίμα τών μαρτύρων τής αθωότητος έχύνετο χωρίς φειδώ· αί δέ πολυειδείς βίαι, οί σπαραγμοί καί αί μεταναστάσεις κατέστησαν τόν τόπον αντικείμενον τού έλέους.

Τήν Έπανάστασιν έμψύχωνον ηθικώς ή βαθμηδόν προϊούσα διάδοσις τών φώτων, ή ναυτιλία, τό έμπόριον, τά παραδείγματα τόσων άλλων Εθνών. Τήν ένεθάρρυνον κατ' ένα τρόπον τά διάφορα Πολιτικά καί Πολεμικά συστήματα, καθώς καί αύτή πρό πάντων ή Θρησκεία καί οί Λειτουργοί της, τούς όποίους ίδομεν θερμούς μετόχους όλων τών πολεμικών περιστάσεων τού Έθνους. Τήν έπροκαλείτο τέλος πάντων ό αύξων βαθμός τής ηθικής, διά τής

(α) Διά τούτο μετεχειρίζοντο ώς άξίωμα τής διακατοχής των τό· «Διά τής σπάθης ελάβομεν τόν τόπον· διά τής σπάθης θέλομεν τόν δώσει.» (Γκιλιτζιμίζιλεν άλτήκ· γκιλιτζιμίζιλεν βερετζέϊζ).

όποίας άνεπτεροΰτο ή ένδόμυχος καί δρμητική πρός τήν Έλευθερίαν κλίσις τοϋ Έλληνος. Πρέπει νά είπωμεν ένταυτώ, όπόσον έξ ένός μέρους οί άθάνατοι Κοραείς καί οί άλλοι, όσοι διεκρίθησαν έπίσης άοκνοι μορφωταί τοϋ πνεύματος τών όμογενών των, ένέπνεον είς τήν καρδίαν καθενός τήν βεβαιότητα μιάς Μεταβολής· καί όπόσον έκ τοϋ άλλου τήν έπήλπιζον οί περίβλεπτοι Καποδίστριαι, νέοι Γύγαι τών 'Ελλήνων, διά τής θέσεως, τής μεγαλονοίας καί τοϋ πατριωτισμοϋ των. Τοιουτοτρόπως οί Έλληνες, άδύνατοι νά ύποφέρωσι πλέον μίαν κατάστασιν δουλείας, καί δουλείας τόσον έπονειδίστου, έκίνησαν τήν Έπανάστασίν των, καί όχι αύτή καθ' έαυτήν ή Έταιρία. (Δέν έχουσιν ήδη λόγον τινά τής έγκαίρου, ή άκαίρου, ρήξεώς της τά αίτια). Είς διαφορετικήν περίστασιν ήθελεν άντικόψει πάραυτα τόν φυσικόν δρόμον τών έργασιών αύτοΰ τοΰ Συστήματος ή έλλειψις τών ήθικών μέσων περί τών όποίων πραγματεύεται είδικώς τό μέρος τής πρώτης Έποχής τοΰ Δοκιμίου.

Τάχα, άνατρέχοντες είς τό παρελθόν, δέν θέλομεν ίδεί έν ένεργεία μάλιστα τήν Έπανάστασιν; Τήν θεωροΰμεν, άφ' ής έποχής οί Κλέπται έπολέμουν τήν τυραννίαν είς τά όρη, όθεν είπετο νά κυλισθή ή σφαίρα τοΰ Πολέμου καί είς τά πεδία. Άφ' ής έποχής ή Πελοπόννησος, ή Αίτωλία καί πολλαί Νήσοι ώρμησαν είς τήν έλευθέρωσίν των, 1769. Άφ' ής έποχής ή Πελοπόννησος άπηλλάγη άπό τό έπαχθές βάρος τών είσβαλλόντων Άλβανών, έξολοθρεύσασα τούτους, άν καί σύμμαχος ήδη τοΰ Χασάν Πασσά, 1779. Άφ' ής έποχής οί Λάμπροι Κατσώναι κινοΰνται είς τό Πέλαγος τοΰ Αίγαίου, 1790.

ια'

Άφ' ής εποχής οί 'Ρήγαι Φεραίοι ενεργούν και θανατώνονται, 1797. Άφ' ής εποχής οί Κωνσταντίνοι Υψηλάνται εκστρατεύουσι μετά των 'Ρώσσων, είς τάς όποίας ήγεμόνευον επαρχίας του Δουνάβεως, 1806. Άφ' ής εποχής τέλος πάντων οί Παππα Θύμιοι Παχλάβαι και ή Θεσσαλία μ' άλλους τόπους επανίστανται 1808 και 1809 (α).

Είς τήν έξέτασιν τούτων αποβλέπει ή ύλη της Δευτέρας Εποχής. Αυτά δέν είναι άλλο, είμή τό πραγματικόν τών διαλαμβανομένων είς τήν Πρώτην. Θεωρούμεν ενταύθα τά πράγματα της Ελλάδος σχετικώς μέ έκείνα της Ευρώπης και μάλιστα της Άρκτου. Από τήν ιστορίαν τούτων προκύπτει και εκείνη τών Ελλήνων της εποχής αυτής, ενώ δέν είχον πλέον ούτοι ύπαρξιν πολιτικήν.

Η Ιστορία τών Εθνών παρουσιάζει, ως επί πίνακος, τάς αρχάς της ευδαιμονίας ή κακοδαιμονίας, της πτώσεως ή της άνεγέρσεώς των. Άπ' αυτήν οδηγούμενοι οί Έλληνες, οποίας έβλεπον είς έκείνην τών Τούρκων, ίκανάς νά τους διατηρήσωσι κάν, είς τήν οποίαν άλλοτε έφθασαν πολιτικήν υπεροχήν; Η τελευταία μάλιστα κατάστασις αυτού τού Βασιλείου έδείκνυε συμπληρούμενον τό μέρος της παρακμής του, συνέπεια φυσική της οποίας έφαίνετο και ή επάνοδος της Ελλάδος είς τήν προτέραν πολιτικήν της θέσιν, διά τους οποίους θέλομεν επιφέρει ολίγον κατωτέρω λόγους. Εντεύθεν φαίνονται

(α) Όλιγώτερον παρατηρητέος ως πρός τήν υπόθεσίν μας δέν είναι και ό πολυετής Πόλεμος τού Σουλίου. (Ιδε τό περί Ελλάδος Υπόμνημα τού Α. Κοραή, 1803, και τήν πρώτην Ιστορίαν τού Σουλίου, γεγραμμένην υπό τού Χ. Περραιβού).

ιβ'

αί άρχαί τής Εταιρίας: Παύει μ' άλλους λόγους τό λαμπρόν μέρος τής ιστορίας τοϋ Τουρκικού, καί άρχεται εκείνο τοϋ Ελληνικού "Εθνους. Είς τούτων τών αρχών τήν δυνατήν ανάπτυξιν επασχολείται τό Κεφ. Γ' τής Δευτέρας Έποχής, καί εξετάζεται τό φιλονεικούμενον ζήτημα περί τής καταλληλότητος τοϋ σχηματισμοΰ τής Εταιρίας, κατά τόν όποιον εφάνη χρόνον. Οί Τούρκοι δέν ήλλαξάν ποτε μήτε ήθη, καί διά τοϋτο μήτε καθεστώτα. Ένέμενον, είς τούς όποίους έτυχον όρους, διά τό πολιτικο-θρησκευτικόν πολίτευμά των, τήν άμάθειαν καί τήν έπομένην δεισιδαιμονίαν. Ιδού αί ίστορικαί άρχαί τής προμηνυομένης πτώσεώς των. Οί "Ελληνες έξ εναντίας μεταβάλλοντες ήθη, ώς λατρευταί τοϋ Χριστιανισμού, τοϋ μόνου άπό τά άνθρώπινα Πολιτεύματα βοηθοϋ τής ηθικής καί πολιτικής προόδου τοϋ άνθρώπου, έπρεπε νά μεταβάλωσι καί πολιτικήν τύχην Ιδού αί άρχαί τής προόδου καί τής έλπιζομένης άπ'αύτήν άνεγέρσεώς των. Είναι προσέτι άναντίρρητον, δτι πρέπει νά έχη προτερήματα άνώτερα εκείνων τοϋ άρχομένου δς τις θέλει νά άρχη. Οί Τούρκοι τά έστεροϋντο. Τούς δέ "Ελληνας δέν ύπεχρέωνε κανείς δεσμός, διά νά ύποτάσσωνται τυφλώς είς μίαν τύραννον καί άνισον μέ τά ήθη των Έξουσίαν. Ώς τοιούτοι άρα είχον δίκαιον καί θέλησιν τοϋ νά ζητώσιν άδιακόπως τήν έλευθερίαν των.

Είναι ήδη είς θέσιν διάφορον έκ διαμέτρου μ' εκείνην τής πρό τών 1453 εποχής έκτεινομένης μέχρι τοϋ ΙΣΤ' Αίωνος. Έκλελυμένοι τότε άπό τήν έπήρειαν τών διαφθορών τής Βυζαντινής Αύλής καί έντρομοι είς τήν πρόοδον καί τήν γειτνίασιν τών ιγ'

Όσμανλίδων, βεβαρημένοι μετέπειτα από τάς πολυπληθείς κακώσεις μιας ώμοτάτης καί αυθαιρέτου Εξουσίας, δεν είχον την έπιθυμίαν καί την γενναιότητα του να ύπερασπισθώσι τά δίκαια καί την πολιτικήν των ΰπαρξιν· ουδέ ήσαν ακολούθως εις στάσιν του να άποβλέψωσιν εις ύψηλότερα έργα, κατατρυχόμενοι από τάς πρώτας φυσικάς ανάγκας. Έπαθον όμως· καί τά μεγάλα παθήματα τούς διδάσκουσι την άληθινήν λατρείαν καί χρήσιν τών δικαίων των, προς την όποίαν προδιατίθενται μ' όλην την δραστηριότητα καί την άξιέπαινον καρτερίαν. Τοιουτοτρόπως καί πριν καί από τοΰ ΙΘ' Αιώνος μάλιστα λαμβάνουσι φρονήματα άξια τοΰ ανθρωπίνου πνεύματος. Άγχίνοες έκ φύσεως, ενεργητικοί καί επιτήδειοι εξ ανάγκης δράττουσι τάς παντοειδείς περιστάσεις, ωφελούνται από τάς έλλείψεις τών τυράννων, καί εις τό πολιτικόν θέατρον τοΰ Κόσμου παρουσιάζονται αιφνιδίως τοιούτοι οποίοι δεν ήλπίζοντο από διαφόρους. Παράδοξον τωόντι! Έως σήμερον ό Έλλην κρίνεται ώς «ανδράποδον καί άχθος αρούρης»· καί αύριον εκπλήττει τόν κατήγορόν του, μεταβαίνων από την δουλικήν εις την ένδοξον της ελευθερίας του κατάστασιν. Ποίοι φαίνονται νικηταί κατά γήν καί κατά θάλασσαν, γινόμενοι μεγαλόψυχοι καί ανώτεροι δλων τών δεινών, όσα μάλιστα συνεπιφέρει εις δλην την διάρκειαν του άτακτος καί άνισος Πόλεμος; Ό εχθεσινός έμπορος, ό γεωργός, ό βιομήχανος, ό μαθητής, ό σχολάρχης, ό λειτουργός τοΰ ουρανού, συνήθεις όλοι εις την άνάπαυσιν καί τάς ειρηνικάς έξεις τών εργασιών τοΰ βίου. Ήσαν άρα οί Έλληνες άνθρωποι, ιδ´

τοὺς ὁποίους δὲν ἐγνώριζον εἰς τὰ συστατικὰ τοῦ πνεύματος καὶ τῆς ἠθικῆς των μέρη μήτε ὁ τύραννός των διόλου, μήτε ὁ Εὐρωπαῖος ὡς ἐπὶ τὸ πλεῖστον. Ἐγνωρίζοντο ὅμως μεταξύ των· ἡ δὲ τυραννία καὶ προλαβόντα παραδείγματα τοὺς ὑπαγορεύουν τὴν χρείαν τοῦ νὰ συναγροικηθῶσι διὰ πλαγίου μέσου, καὶ οὕτω νὰ διαθέσωσι τὰ μέτρα, διὰ τῶν ὁποίων ἐδύναντο ν' ἀντιταχθῶσι κατὰ τῆς ἐπικειμένης βίας. Τὸ μέσον τοῦτο εἶναι ὁ Ὀργανισμός, ἢ ἡ κοινότερον Κατήχησις, ἐκτιθεμένη εἰς τὸ τέλος τῆς ἰδίας Δευτέρας Ἐποχῆς.

Εἰς ταύτην φαίνεται ὁ μέγας σκοπός, τὸν ὁποῖον προέθετο νὰ πραγματοποιήσῃ ἡ Ἑταιρία, στηριζομένη εἰς τὴν ψυχήν, ἢ τὸ πνεῦμα, τοῦ Ἔθνους. Ἡ ἀκρίβεια ἐπὶ τοῦ ἠθικοῦ της μέρους, οἱ σοβαροὶ τρόποι τοῦ πολλαπλασιασμοῦ τοῦ μυστηρίου καὶ ἡ ἁρμοδιότης πολλῶν ἄλλων λεπτομερειῶν καὶ μάλιστα τῆς Ἱεραρχίας της, ὁμολογοῦσι καθ' ἑαυτὰ ὅσον τὴν ἱερότητα τοῦ πράγματος, τόσον καὶ τὴν ἔντιμον θέσιν ἐκείνων, οἱ ὁποῖοι ἀνέλαβον οἴκοθεν τὸ βάρος τοῦ νὰ κινήσωσι παρομοίαν σημαντικὴν μηχανήν, μορφώνοντες εἰς ἓν τὴν ἰδέαν ὅλου τοῦ Ἔθνους.

Πόσον δείκνυνται ἀντιφατικὰ τὰ πράγματα μὲ τοὺς στοχασμοὺς μιᾶς μοίρας ἀνθρώπων, τοὺς ὁποίους ἡ Ἱστορία παραδίδει εἰς τὴν ἐπονείδιστον κλάσιν τῶν τυράννων καὶ εἰς τὸν αἰώνιον ἀναθεματισμὸν τῶν ἀνθρώπων! Οἱ Τοῦρκοι δὲν θεωροῦσι τὸν Ἕλληνα, εἰμὴ ὡς κτῆμα ἀναπαλλοτρίωτον, ὡς ἓν ἔμπνουν σῶμα καταδεδικασμένον ἐκ φύσεως εἰς τὴν δουλείαν. Ἡ ἰδέα αὕτη περιείχετο εἰς τὴν μο-

ιε'

ναδικὴν λέξιν «Γκιαοὺρ» (α). Δὲν ἐστοχάσθησάν ποτε, ὅτι τὸ κλῖμα τῆς Ἑλλάδος δημιουργεῖ πλέον θερμουργοὺς πρὸς τὴν ἐλευθερίαν των τοὺς Κατοίκους της· οὐδὲ παρετήρησαν, ὅτι, ἂν ἐχάθησαν ἐκκλίναντες ἀπὸ τὰ ἤθη των οἱ πρῶτοι Ἕλληνες, ἡ γῆ ὅμως δὲν ἐχάθη γεννῶσα τοὺς ἰδίους ἀνθρώπους, μήτε ὑπάρχουσι πάντοτε διαρκεῖς αἱ περιστάσεις καὶ τὰ αἴτια, ὅσα ἐξαχρειώνουσι τὰ ἤθη. Ἂν ἄλλαι ὑψηλότεραι σκέψεις δὲν τοὺς ἐβοήθουν εἰς τοῦτο, μὲ πολλὴν ὅμως εὐκολίαν ἠμπόρουν νὰ παραδειγματισθῶσι τὰ ἄλλα ξένα Ἔθνη, ὅσα ἐπάτησαν μὲν τὸ ἀνώμαλον ἔδαφος αὐτῆς τῆς γῆς, δὲν ἠδυνήθησαν ὅμως νὰ στερεώσωσι τὴν δεσποτείαν των, μ' ὅσην ἔφερον δύναμιν, καὶ μ' ὅσην μετεχειρίσθησαν πανοῦργον πολιτείαν. Οἱ Τοῦρκοι εἰς ἕνα λόγον ἀψηφοῦσι τὸ πανοῦργον, τὸ διαπεραστικὸν καὶ τὸ φιλέκδικον πνεῦμα τοῦ Ἕλληνος. Ὡς τοιοῦτοι δὲν βλέπουσιν, οὐδὲ θέλουν νὰ πιστεύσωσιν, ὁποία θέλησις

(α) Γράφεται κυρίως Γ κ ι α β - ο ύ ρ, ἐξηγούμενον Βοόπιστος (καὶ κοινότερον Βοϊδόπιστος). Ἡ ἐπὶ τοῦ Ἄ π ι σ τ ο ς διδομένη κοινῶς ἔννοιά του εἶναι σφαλερά. Ὁ Μουσουλμανικὸς Νόμος θεωρεῖ καὶ διαιρεῖ ὅλους τοὺς ἀνθρώπους τῆς γῆς εἰς δύο μεγάλα πολιτικὰ Σώματα, ὀνομάζων τὸ μὲν Μ ο ύ σ λ η μ (Ὀρθοδόξους)· καὶ τοιούτους θέλει ὅλους τοὺς ὁμολογοῦντας τὸν Μοχαμετισμόν)· τὸ δὲ Κ ι α φ ὶ ρ (Βλασφήμους, καὶ ἑπομένως Ἀπίστους. Τοιούτους ἐννοεῖ τοὺς λατρευτὰς παντὸς ἄλλου Δόγματος). Ἐντεῦθεν οἱ Τοῦρκοι ἐθεώρουν μὲ τὴν ἰδίαν ὑπεροψίαν ὄχι μόνον τὸν Ἕλληνα, ἀλλὰ καὶ πάντα ἄλλον ὁποιουδήποτε Γένους. Ἐκ τούτου καὶ ὁ Εὐρωπαῖος ἐτιτλοφορεῖτο μὲ τὸ Γκιαβούρ· οὐδὲ ἤκουεν ὀνομαζομένην τὴν Σημαίαν του Σ α ν τ σ ά κ, ἀλλὰ Π α τ σ α β ο ύ ρ α ν.

Θέλομεν ἀναφέρει καὶ ἀλλοῦ παρομοίας ναυτιάσεις τοῦ πνεύματος τῶν Τούρκων.

ις'

δύναται νά τούς έναντιωθή ποτε, άν και ξένοι τινές, προχωρήσαντες είς τά ύψη τής πολιτικής, έφώναζον πολλάκις (διά τά ίδια συμφέροντά των) πρός τούτους· «Ώ Τούρκοι! ποί φέρεσθε;» Εις μάτην! Οί καλοί Τούρκοι έθεώρουν τήν ίερότητα και τήν στερεότητα τής κυριαρχίας των είς τόν χρόνον καί τά όπλα. Άλλ' ή τυραννία, όσον μακρά καί άν ύποτεθή, δέν καθιερούται άπό τόν χρόνον, ούδέ είναι τρόπος τού νά διαιωνισθή ποτε δυνάμει καί αύτών τών αύστηροτέρων μέτρων.

Ό Έλλην έκρινε τήν άλήθειαν αύτήν. Σύνοιδεν, ότι είς μίαν τύραννον Κυβέρνησιν δέν ύπάρχει ό γλυκύς δεσμός, ός τις ένώνει έκ συνθήκης τόν άρχοντα μέ τόν άρχόμενον. Άν ήναι άληθινόν, ότι δέν έδυνήθη ούτος νά φυλάξη τήν έλευθερίαν του, πολεμούμενος άπό τόσας περιστάσεις· είναι όμως βέβαιον, ότι δέν ήθελε μήτε νά τυραννήται. Τά δίκαιά του έντεύθεν, ύποχωρήσαντα άλλοτε είς τήν βίαν, λαμβάνουσι τελευταίον πνεύμα· καί ήδη ούτος, διά τού προσωρινού συστήματος τών Φιλικών, τρέχει άπό πόλιν είς πόλιν, ένώ ό τύραννός του ραθυμεί έκπίπτων άπό λάθη είς λάθη· τρέχει άπό τόπον είς τόπον, ένώ ό τύραννός του έπαναπαύεται είς τά ίδανικά δίκαιά του, καταφερόμενος άπό έγκλήματα είς έγκλήματα· σπουδάζει τά πνεύματα, ένώ ό τύραννος τά καταφρονεί· άπαντά παντού τήν πίστιν καί τόν ένθουσιασμόν, καί άρχεται νά όργανίζη τόν Πόλεμόν του. Ή περιγραφή όλων τούτων άκολουθεί τόν Όργανισμόν τής Έταιρίας διά τής Τρίτης Έποχής.

Θέλομεν ίδη είς αύτά έξηγούμενον τό πνεύμα όλου τού Έθνους διά πάσης Τάξεως. Τόν πνευμα-

ιζ'

τικόν Ποιμένα τοῦ Λαοῦ γινόμενον ἀπόστολον τῆς πολιτικῆς του σωτηρίας. Τὸν λάτρην τῶν Μουσῶν παρουσιαζόμενον κήρυκα τῆς μελλούσης παλιγγενεσίας. Τὸν ἔμπορον παραιτούμενον τὸν κερδῷον Ἑρμῆν, καὶ θύοντα τὰ χρήματά του εἰς τὸν βωμὸν τῆς Πατρίδος. Τὸν βιομήχανον ἐμπνευσμένον τὰ ὑγιέστερα αἰσθήματα καὶ τὸν Ὑπάλληλον αὐτὸν τῆς Σουλτανικῆς Ἀρχῆς καταφρονοῦντα τὰ ἄμεσα ὀφέλη τῆς πολιτικῆς χλαμύδος, καὶ συμμορφούμενον μὲ τοὺς συναδελφούς του εἰς τὴν πρόοδον τοῦ γενικοῦ σκοποῦ. Θέλομεν ἐπίσης ἴδῃ, ὁπόσον ἡ προχωροῦσα παντοῦ δολιότης καὶ κακουργία δὲν ἔλαβε καμμίαν χώραν προοδευτικὴν μ' ὅλους τοὺς ἐπικειμένους κινδύνους τῆς τυραννίας. Ἤδη τῆς Ἑλληνικῆς Ἐλευθερίας τὸ μέγα δίκαιον ἦτον ὁ ἱερώτερος σκοπός, ἡ πλέον περισπούδαστος φροντὶς ὅλων. Τί δέ; Ἐὰν βάρβαρα σμήνη ἐνόπλων βάφωσι πρὸ πολλοῦ τὴν Ἑλληνικὴν γῆν μὲ τὸ αἷμα τοῦ πάσχοντος ἀθῴου, θέλουσιν ἀρκεσθῇ μετ' ὀλίγον νὰ παραφυλάττωσι τὰ ὅρια τοῦ Ἑλλησπόντου, τῆς Θεσσαλίας καὶ τῆς Ἠπείρου. Δὲν εἶναι λοιπὸν ἀληθινόν, ὅτι «ὀλίγοι ζητοῦν ἐκδίκησιν, ὅταν πολλοὶ πάσχουν». Αἱ ὕβρεις καὶ τὰ δυστυχήματα εἶναι γενικὰ εἰς κατάστασιν τοιαύτην πραγμάτων. Ἐπομένως ὑπάρχει γενικὴ καὶ ἡ ἐπιθυμία τῆς ἐκδικήσεως.

Τῆς Ἑταιρίας ἡ πρόοδος ἐστάθη ὁρμητική. Δὲν εἶναι διὰ τοῦτο παράδοξον, ἂν ἐξώκειλεν ὀλίγον, ἐνῷ διάφοροι Μύσται δὲν ἀκολουθοῦν κατὰ γράμμα τὸ σχέδιον τῶν Διοργανιστῶν της. Θέλομεν ἐξηγηθῆ περὶ τῆς φύσεως τούτου. Πρὸ παντὸς ἄλλου οἱ Ἀρχηγοὶ τῆς Ἑταιρίας εἶχον τὸν θεμελιώδη σκοπὸν τοῦ νὰ παραδώσωσι τὰς ἡνίας τῆς Ἐπιχειρήσεώς ιη'

των εἰς ἕνα μόνον. Γεννᾶται ἐντεῦθεν ἡ πρόσκλησις τοῦ Καποδίστρια καὶ ἡ Ἀναγόρευσις τοῦ Ἀ. Ὑψηλάντου, ἡ ὁποία εἶναι τὸ τέλος τῆς Τρίτης Ἐποχῆς.

Εἰς τὴν ἀκολουθοῦσαν Τετάρτην καὶ τελευταίαν Ἐποχὴν διαλαμβάνονται διάφορα ἀξιοπερίεργα συμβάντα· αἱ συστηματικώτεραι ἐνέργειαι τῆς Ἑταιρίας διὰ τοῦ Ὑψηλάντου· τὰ περὶ τῆς βιασθείσης ἐξόδου του, καθὼς καὶ ἡ ἠθικὴ καὶ πολεμικὴ κατάστασις τῆς Δακίας, Θράκης καὶ Μακεδονίας· τὰ κατὰ τὴν Πελοπόννησον καὶ τὰ λοιπὰ μέρη· ἡ μυστικὴ Συνέλευσις τῆς Βοστίτσης· ἡ εἴσοδος τῶν Ἀρχιερέων καὶ Προεστώτων εἰς Τριπολιτσάν, κτλ. Αἱ Συνωμοσίαι, ὅταν ἀργοῦν μάλιστα, ἢ διαδίδωνται ἀπροστοχάστως, πάντοτε ἀνακαλύπτονται. Ἐντεῦθεν ἄρχονται τὰ πρῶτα πλάγια κινήματα τῶν Τούρκων.

Τὸ Δοκίμιον κλείεται τέλος πάντων διὰ τοῦ Συνθηματικοῦ Λεξικοῦ τῆς Ἑταιρίας. Παρατηρεῖται καὶ ἐκ τούτου ἡ ἔκτασις, τὴν ὁποίαν προέβαλλεν αὕτη εἰς τὰς ἐργασίας της. Ἀκολουθεῖ τοῦτο ἡ κατάβασις τοῦ Δημητρίου Ὑψηλάντου εἰς τὴν Ἑλλάδα, ὡς συσχετικὴ μὲ τὰ πράγματα τῆς Ἑταιρίας.

Ὅστις γράφει τὴν Ἱστορίαν τῶν συγχρόνων του, δυσκόλως δύναται νὰ ἦναι ἐλεύθερος ἀπὸ συμπαθείας καὶ ἀντιπαθείας αἰσθήματα. Δὲν εἶναι πλέον τοῦτο ἰδέα προβληματική. Ὁ ἄνθρωπος, φύσει ὑποκείμενος εἰς τὰ πάθη τῆς ψυχῆς καὶ μᾶλλον τὴν ἀπάτην, πηγάζουσαν ὡσεπιτοπολὺ ἀπὸ τὸν διάφορον τρόπον τοῦ συλλογίζεσθαι, λαμβάνει πολλάκις ὁδηγὸν τὴν πρόληψιν, υἱοθετεῖ τὴν δόξαν τῶν πραγμάτων, ὅπου δὲν ἀνήκει, καὶ μεταλλεύει τὰ πάντα πρὸς ιθ'

ύποστήριξιν τών ιδεών του. Είς την Φιλολογικήν Ίστορίαν θεωρούνται σπανιώτατοι, δσοι ύπήρξαν άνώτεροι αύτής τής φυσικής άδυναμίας. Δέν καυχώμεθα, δτι θέλομεν μεθέξει τήν εντιμον θέσιν τών δευτέρων. Ή έξαιρετική αύτη τιμή άπόκειται βεβαιότερον είς τόν μεταγενέστερον 'Ιστορικόν τής Ελλάδος. Προθυμούμενοι μόνον νά προμηθεύσωμεν είς τούτον ύλην μάλλον ή ήττον άκριβή, δέν φρονούμεν, δτι άναλαμβάνομεν τό ύπέρμεγα βάρος ένός 'Ιστοριογράφου. Τόν ίδιον θέλουσιν έχει χαρακτήρα, καί δσα ήμπορούμεν άκολούθως νά δημοσιεύσωμεν 'Ιστορικά 'Ενθυμήματα περί τού Πολέμου, άρχόμενοι άπό τού Κινήματος τού Α. 'Υψηλάντου καί καταβαίνοντες μέχρι τέλους τού 1832.

Είς τό δημοσιευόμενον ήδη Δοκίμιον θέλουσι παρατηρηθή λεπτολογίαι τινές περιτταί. Δέν άγνοούμεν, όποίαν έπρεπε νά μεταχειρισθώμεν γενικότητα, πραγματευόμενοι περί μόνης τής ούσιωδεστέρας ύλης. 'Αλλ' είς τήν άνάπτυξίν της, καθό νεοφανούς, είδομεν τήν άνάγκην τού νά μή σιωπήσωμεν πάν, δ,τι έδύνατο νά τήν ύποστήση άδιαφιλονείκητον. Ή χρεία αύτη δέν θέλει είναι κοινή καί είς τόν μετέπειτα 'Ιστορικόν.

Ίσως συμφωνήσωσι μέ τήν έπιθυμίαν μας καί αί περιστάσεις τού νά έπιχειρισθώμεν καί άκολούθως τήν τελειοτέραν καί καθαρωτέραν έκδοσιν τού Δοκιμίου. Τάς περί τούτου έλπίδας μας έχομεν άφιερωμένας ώσεπιτοπολύ καί είς τήν συνδρομήν εκείνων, δσοι γνωρίζωσι περιστάσεις καί άλλας, διαφυγούσας τήν προσοχήν μας, ή έχωσιν ίδέας πλέον άκραιφνείς περί τινων άντικειμένων καί έγγραφα κ'

περίεργα τῆς Ἐταιρίας. Τὴν βοήθειαν τούτων θέλομεν δεχθῆ μὲ πλήρη εὐχαρίστησιν.

Ἡ Ἱστορία τῆς Ἑλλάδος δὲν εἶναι ἔργον ἑνός. Καθὼς εἰς τὸν Πόλεμον, παρομοίως καὶ εἰς τὸν Ἱστορικόν της ἀγῶνα πρέπει νὰ συντρέξωσι χεῖρες πολλαὶ καὶ μᾶλλον τὸ νοῆμον μέρος.

ΔΟΚΙΜΙΟΝ ΙΣΤΟΡΙΚΟΝ

ΠΕΡΙ ΤΗΣ

ΦΙΛΙΚΗΣ ΕΤΑΙΡΕΙΑΣ

ΕΠΟΧΗ ΠΡΩΤΗ

Γενικὴ Ἔποψις τῆς Ἠθικῆς καὶ Πολιτικῆς καταστάσεως τῶν Ἑλλήνων

ΚΕΦΑΛΑΙΟΝ Α΄

Αἰτίαι τῆς δουλείας τῶν Ἑλλήνων ὑπὸ τοὺς Τούρκους — Πρόοδος τοῦ Μωαμεθισμοῦ — Αὐτοκράτορες τῆς Ἀνατολῆς — Παλαιολόγοι — Δεσποτισμὸς τῶν Τούρκων — Παιδομάζωμα — Δύο φρικώδεις Ἐποχαὶ κατὰ τῆς Ἀνατολικῆς Θρησκείας — Σπαχίδες τῆς Ἠπείρου — Σκενδὲρ Πεὴς — Σπαθιὰ — Τιμάρια κ.λ.π. — Φόροι διάφοροι — Τσιφλίκια κ.λ.π.

Η ΕΛΛΑΣ, τὸ λαμπρότερον ὑποκείμενον τῆς παλαιᾶς τῶν Ἐθνῶν Ἱστορίας, ἡ Γῆ ἐκείνη, ἡ ὁποία ἀνεβίβασε κατὰ προτίμησιν τὰ ἔξοχα πνεύματά της μέχρι τῶν Θρόνων τοῦ Οὐρανοῦ, ἀνεκάλεσεν ἐσχάτως περίεργον τὴν προσοχὴν ὅλου τοῦ πεπολιτισμένου Κόσμου. Ἔθνος σεμνυνόμενον εἰς τὴν προπατορικήν του λαμπρότητα καὶ δόκιμον παντοτεινὰ εἰς τὴν εὐφυΐαν καὶ τὴν ἀνδρείαν· Ἔθνος ἐπιβαρυνόμενον ἀπὸ τὴν ἐπήρειαν τῶν περιστάσεων ὑπὸ τὴν διαδοχικήν μάστιγα τόσων ξένων, αναβλέπει διά τήν βελτίωσιν τοῦ ἠθικοῦ του ἀπό τό βάραθρον τῆς δουλείας, γυμνώνεται βαθμηδόν ἀπό τάς τρομακτικάς ἰδέας μιᾶς, ἀνίσου πάντοτε διά τήν κατάστασίν του ὁμολογουμένης, Πάλης, καί παλαίει μέ τόν τύραννόν του εἰς ὁλόκληρον ἐννεαετίαν ὑπό τό σύνθημα τῆς Ἐλευθερίας ἤ τοῦ Θανάτου.

Εἰς τήν ἱστορικήν ταύτην ἀπόφασίν του : ἀπόφασιν Ἀγῶνος συνισταμένου μεταξύ δυνατοῦ καί ἀδυνάτου, μεταξύ δικαιοσύνης καί ἀδικίας, νεκρώνονται παρευθύς αἱ πικραί περί τοῦ χαρακτῆρος του ἀξιώσεις διαφόρων (α). Ἀπό τά ὕψη τῆς Μεταβολῆς, εἰς τήν ὁποίαν ὥρμησεν ὁ Ἕλλην μόνος, δέν θεωρεῖται πλέον ὁ Ἄνθρωπος ὁ πρό τῆς ἡμέρας, ὁ πρό τῆς στιγμῆς. Θεωρεῖται ὁ Ἄνθρωπος, ὅστις ἀναπτύσσει τά ἐμφωλεύοντα πάντοτε εἰς τήν καρδίαν του φιλελεύθερα αἰσθήματα· ὁ Ἄνθρωπος, τοῦ ὁποίου τά πολιτικά δίκαια δέν ἴσχυσαν νά παραγράψωσι Δυναστεῖαι περιοδικαί καί ξέναι εἴκοσι περίπου αἰώνων· ὁ Ἄνθρωπος τέλος πάντων, ὅστις πάντοτε ἐπιρρεπής εἰς τήν ἀπόκτησιν τῆς Ἐλευθερίας του, ἀπεφασίσθη καί ἐσχάτως ἐν ὀνόματι τῆς Πίστεως καί τῆς Πατρίδος του νά ῥιφθῇ νεκρός ἀπό τά ὕψη, ἄν δέν δυνηθῇ νά φθάσῃ εἰς αὐτά τήν πρό πολλοῦ περιπλανωμένην τύχην τῆς πολιτικῆς του βελτιώσεως. Ἡ βάσκανος πολιτική, ἐνδίδουσα εἰς τήν δύναμιν Ἀποφάσεως τοιαύτης, ὡμολόγησε πασιφανῶς τόν

(α) Μ' ὅλην τήν ἀμάθειαν καί τήν βαρβαρότητά της ἡ Τουρκική Ἐξουσία ἀνεγνώριζε τούς Ἕλληνας Ἔθνος, λέγουσα «Οὐρούμ Μιλλέτ». Μ' ὅλα ἐξ ἐναντίας τά φῶτα καί τόν ἐξευγενισμόν των Χριστιανοί τινες τούς ἠρνοῦντο ἀκόμη καί εἰς τάς πολιτικάς διαφιλονεικήσεις τοῦ 1821 τόν ἐθνισμόν των.

άναγκαΐον άποχωρισμόν τοΰ Έλληνος και τοΰ Τούρκου.

Τοΰ Έλληνος ή δουλεία, πόθεν **πηγάζει**; Ή **παθητική** και ενεργητική θέσις του, **ποία** ήτο; Τά **άρχικά** αίτια τής τελευταίας του διαγωγής, **ποία** άρα έστάθησαν; Τούτων δλων θέλομεν έξετάσει μόνας ώσεπιτοπλείστον τάς κεφαλαιώδεις άρχάς, διά νά εΰρωμεν τάς πηγάς τοΰ πνεύματος, τής όποιας προεθέμεθα νά διαγράψωμεν Φιλικής Εταιρίας. Διά τής έπεμβάσεως αύτής σκοπόν δέν έχομεν τοΰ νά κινήσωμεν την συμπάθειαν τών Λαών και τών Θρόνων. Εις τήν άρμοδίαν έποχήν του έξεπλήρωσαν διάφοροι τό έντιμον τοΰτο έργον (α).

Διά διηνεκούς πείρας είναι άποδεδειγμένον, όπόσον ή διαγωγή τής 'Εξουσίας, τά φρονήματα τής έποχής και ή δύναμις τών περιστάσεων **έπηρεάζουσιν** είς τών Λαών τά ήθη και την τύχην. Την **έπήρειαν** αύτήν μόλις ήδυνήθη νά έξασθενήση εις μέρη τινά ή πρόοδος τών φώτων. Μέ τήν συμμαχίαν τούτων ϊσχυσαν οί άνθρωποι νά άντιζυγίσωσι τάς **έλλεί**-

(α) Ή νέα 'Ιστορία τής Ελλάδος θέλει εύγνωμονήσει όνομαστί πρός όλους τούτους. Οί τοιοΰτοι ύπερασπισθέντες τόν Πόλεμόν μας ώς νόμιμον και δίκαιον, συνετέλεσαν οί περισσότεροι και δι' άλλων μέσων. Αί Γερμανικαί και Γαλλικαί **Εταιρίαι** ύπέρ τών Ελλήνων λαμπρύνονται μέ τά όνόματα **τούτων**.

Δέν ήμπορεΐ νά λησμονήση ό Έλλην και άλλα και την περιώνυμον Συγγραφήν, φέρουσαν Λύραν και Ξίφος. Διά τής εικονικής ταύτης παραστάσεως τών δύο Θεοτήτων (**τοΰ** Απόλλωνος και τοΰ Άρεως) παρεκινοΰντο οί Πεπαιδευμένοι και Πολεμικοί, νά τρέξωσιν εις την Ελλάδα, και νά χύσωσιν ύπέρ αύτής τούς ίδρώτας και τό αίμά των εις δόξαν τοΰ Χριστιανισμού έναντίον τοΰ άποτροπαίου δεσποτισμού τοΰ Μοχάμετ.

ψεις εκείνων, εις τους οποίους ενεπιστεύθησαν τα πολιτικά συμφέροντά των, και ν' αντιπαλαίσωσιν εναντίον των ιδανικών δικαιωμάτων και των ατόπων συμφερόντων. Ὁ αγών ούτος, τόσον δραστήριος εις το στάδιόν του, όσον αφορά τον μηδενισμόν ερριζωμένων ιδεών· τόσον επίφθονος εις το είδός του, όσον διατείνεται εις την αληθή μόρφωσιν του πολιτικού ανθρώπου: ο μυστήριος ούτος αγών δεν θέλει υποφέρει, ως άλλοτε, τας σκληράς ενστάσεις της ολεθρίου βαρβαρότητος, χάρις εις την ευεργετικήν και ακαταδάμαστον ενέργειαν του Τύπου! ουδέ είναι πιθανόν το να δοκιμάζῃ αφοριστικώς την τύχην των πρώτων αιώνων η κατά μέγα μέρος ακόμη βασανιζομένη ανθρωπότης.

Τῆς παιδείας η ολέθριος καταφρόνησις, η επαχθής μάστιξ της παραλυσίας, διαφόρων Αυτοκρατόρων τα προσωπικά φρικώδη ελαττώματα (α), αι Αυλικαί δια-

(α) Εδιοίκησαν καλώς και ελάμπρυναν το Βασίλειον της Ανατολής ο Ιουστινιανός, στρατηγούντων του Βελισσαρίου και του Ναρσή· ο Λέων Γ', Βασίλειος Μακεδών, Λέων ο Σοφός, Ιωάννης Α' ο Τζιμισκής, Βασίλειος ο Β', Κομνηνός Αλέξιος ο Α' και άλλοι τινές. Εις τας εποχάς των άλλων δεν βλέπει τις άλλο ωσεπιτοπλείστον, ειμή σφαγάς επισήμων ανδρών, επιβουλάς, συνωμοσίας, ανταρσίας, διωγμούς θρησκευτικούς, εκτυφλώσεις, εκθρονισμούς βιαίους, μιαιφονίας, φαρμακώσεις, ασωτείας, αγοράς ειρήνης και πληρωμάς ετησίων φόρων άλλοτε εις τους Ούννους (επί του Θεοδοσίου), άλλοτε εις τους Βουλγάρους (επί Κωνσταντίνου Πωγωνάτου), και άλλοτε εις τους Τούρκους (επί Νικηφόρου Α'). Μεολοντούτο από του 408 μέχρι του 1143 ευρίσκετο περιοδικώς εις κατάστασιν καλήν το Βασίλειον τούτο. Έκτοτε όμως ήρχισε κορυφουμένη η διαφθορά, και επεταχύνετο της Βασιλείας η πτώσις, εις την οποίαν δεν συνήργησαν ολίγον και οι Σταυροφόροι, λεηλατούντες τους τόπους (Αυτοί έγιναν και κύριοι της Κων-

φθοραί καί αί παραφοραί τῶν θρησκευτικῶν ἀντιζηλιῶν (α) εἴπετο νά φέρωσι καί εἰς τά ἤθη τῶν Ἑλλήνων τῆς ἐποχῆς ἐκείνης τήν μεγαλυτέραν παραλυσίαν, καί εἰς τό Κράτος ἑπομένως τήν μεγαλυτέραν ἀδυναμίαν.

Ἡ προοδεύουσα, ἤ ἐπιστρέφουσα, κατάστασις μιᾶς Δυνάμεως συνεπισύρει τήν δυστυχίαν, ἤ τήν εὐτυχίαν, εἰς κάθε βῆμα. Εἶναι δύσκολον πολλά, ἄν ὄχι ἀδύνατον, τό νά δυνηθῇ νά ἀντικόψῃ τις τόν φυσικόν τῶν πραγμάτων ῥοῦν, ὁρμώμενον, ἀπό τήν ὁποίαν ἔλαχον αὐτά διεύθυνσιν τοῦ πνεύματος καί τῶν περιστάσεων. Παράδειγμα, τό πλέον ἤδη πρόχειρον, ἔχομεν τούς Καλίφας, ἤ Σουλτάνους, καί τούς Αὐτοκράτορας.

σταντινουπόλεως περίπου τῶν 60 χρόνων). Ἴδε κατωτέρω (περί τῆς προόδου τοῦ Μοχαμετισμοῦ).

(α) Αἱ Αἱρέσεις, ὅσαι ἐτάραττον πάντοτε τήν Ἐκκλησίαν, ηὔξησαν ἀπό τῆς ἐποχῆς, κατά τήν ὁποίαν οἱ Αὐτοκράτορες παρεχώρησαν εἰς τόν Κλῆρον ἄπειρα εἰσοδήματα καί ἀξιώματα. Ὁ Πατριάρχης τῆς Κωνσταντινουπόλεως φέρει τόν τίτλον τοῦ Οἰκουμενικοῦ· ζηλοτυπεῖ ὁ τῆς Ῥώμης. Διάφορα προσωπικά συμφέροντα αὐξάνουν τά ἀντικείμενα τῆς ἀντιζηλίας, καί μορφώνουν τάς ἀρχάς τῶν διχονοιῶν. Οἱ Ἀνατολικοί Ἐπίσκοποι δεικνύουν, ὅτι ἐπιθυμοῦν νά κλείσωσιν αἱ νέαι πληγαί τῆς Ἐκκλησίας. Συνέρχονται· φιλονεικοῦν. Ἀλλά ποία ἐδύνατο νά γίνῃ συνδιαλλαγή ἱτῶν διαφορῶν, ὅπου ἐναντιοῦτο ἡ δύναμις τῶν συμφερόντων;

Αἱ Θεολογικαί Φιλονεικίαι ἤρχισαν σφοδραί ἀπό τοῦ Ἡρακλείου, ὅτε ἐφάνη καί ὁ Μοχάμετ συστήσας τό Βασίλειον τῶν Καλιφῶν. Ἡ καταστροφή τοῦ 1453 τάς κατέπαυσε διά παντός. Ἡ ἰδία ἐχώνευσε καί τά διάφορα Τάγματα εἰς ἕν τό τοῦ Μεγάλου Βασιλείου. Τοιουτοτρόπως εὑρέθη ἡνωμένον πάντοτε τό Ἱερατεῖον τῆς Ἀνατολῆς, καί σφικτά συνδεδεμένον μετά τοῦ Ἔθνους.

Ο Μοχάμετ, γράφει Έλλην τις πρό της Έπαναστάσεως (α), φαίνεται εις τά πέρατα τοῦ Ἀνατολικοῦ Βασιλείου, καί προχωρεῖ ἐκ τοῦ μέσου τῆς Ἀραβίας φέρων τὴν σημαίαν τῆς νέας του Διδασκαλίας. Οἱ ἀμαθεῖς ἐκπλήττονται. Οἱ Αἱρετικοί, ἀδιάλλακτοι ἐχθροί τῶν Ὀρθοδόξων, τὸν ὑποστηρίζουν. Οἱ Ἰουδαῖοι τὸν βοηθοῦν. Ἡ Κυβέρνησις τῆς Κωνσταντινουπόλεως τὸν καταφρονεῖ διὰ τὸν τρέχοντα τότε συρμὸν τῶν Πλάνων· καὶ ἀξιοκατάκριτος ἀμέλεια ἀφίνει εἰς τὴν Αἵρεσίν του τὸν καιρὸν τοῦ νὰ ριζωθῇ βαθέως. Ἀπὸ σπινθῆρα ἁπλοῦν ἐξάπτεται πυρκαϊά· καί αὕτη μέλλει νὰ καταφλογίσῃ τὸ μεγαλύτερον καὶ ἀξιολογώτερον μέρος τοῦ Κόσμου.

Ὁ Μοχαμετισμὸς προοδεύει κατὰ τὴν Ἀνατολήν, καί ἐπαπειλεῖ τὴν Ῥωμαϊκὴν Μοναρχίαν. Οἱ Αὐτοκράτορες τελευταῖον ἐξέρχονται ἀπὸ τὸν λήθαργον, εἰς τὸν ὁποῖον ἐβυθίσθησαν ἐξ ἀδιακρίτου θεοσεβείας. Ἡ ἀνάμνησις τῆς παλαιᾶς δυνάμεως παρίσταται εἰς τὴν τεταραγμένην φαντασίαν των. Προσπαθοῦν νὰ ἀπομακρύνωσι τὴν μάστιγα τῆς νέας θρησκείας· ἀλλ' εἰς μάτην. Προσκαλοῦν ὑπὸ τὰς σημαίας των τὸν Λαόν· ἀλλ' ὁ Λαὸς ἐνοθεύθη, ἠσθένησεν, ἀπέκαμεν ἀπὸ τὰ τρομερὰ ἀποτελέσματα μακροχρονίου ἀναρχίας, καλυπτομένης ὑπὸ τὴν σκιὰν μιᾶς ἀδυνάτου Κυβερνήσεως. Τὴν ἀναψυχὴν τοῦ Λαοῦ ζητοῦσιν εἰς τὰς δημοσίους προσόδους· ἀλλ' οἱ πόροι τοῦ ἐθνικοῦ πλούτου ἦσαν πλέον ἐξηντλημένοι. Σπουδάζουν, πλὴν παράκαιρα, νὰ ἑνώσωσι

(α) Ἴδε Ἀνάλ: τῆς Ἐφημ. ἡ Ἀθηνᾶ τοῦ 1831, Σελ. 9. Ἀπ' αὐτὴν ἐδανείσθημεν μέρος τῶν ἀναφερομένων περὶ τοῦ Ἱερατείου, τοῦ Τουρκισμοῦ τῶν Σπαχίδων κλπ.

τής Πολιτείας δλα τά μέρη. Τά μέρη ταύτα διεμερίσθησαν μεταξύ τών καταγομένων έκ τοΰ βασιλικού αίματος (α). Οί Μοχαμετανοί καθορώσι καί δράττονται έπιδεξίως δλην τήν ώφέλειαν, τήν οποίαν χορηγεί ή Κυβέρνησις ένός Βασιλείου διηρημένου, καί έχοντος Λαόν έπιθυμούντα τήν μεταβολήν τής τύχης του. Δεικνύονται έντεύθεν άνεξίθρησκοι, θεοσεβείς, άγαθοί, δίκαιοι καί έλευθέριοι· άλλ' ύπερήφανοι καί τρομεροί πρός τούς έναντίους. Οί ταλαίπωροι τής 'Ασίας "Ελληνες κλίνουν τόν αύχένα είς τόν ζυγόν τών Διαδόχων τοΰ Μοχάμετ, έλπίζοντες, δτι έδύναντο νά άγοράσωσι διά μετρίου φόρου τήν είρήνην καί τήν έλευθερίαν τής συνειδήσεως καί τής λατρείας των. Θέλομεν είπη, όπόσα μετ' όλίγον έδοκίμασαν. 'Αλλ' έντοσούτω οί Μοχαμετανοί άποκαθίστανται είς "Εθνος όχι άσήμαντον, καί ό 'Αρχηγός των είς δυνατόν Μονάρχην.

'Αποδεικνύεται τοιουτοτρόπως, ότι αί μικραί κατ' άρχάς έπιτυχίαι τοΰ Μοχάμετ καί τών Διαδόχων του, βοηθουμένων πρός τήν έπιτηδειότητα, τήν δραστηριότητα, τό φιλοπόλεμον, καί άπ' δσας άναφέρει ή 'Ιστορία μεγάλας περιστάσεις, έστεφανώθησαν

(α) Πολλοί άπό τούτους μετεχειρίζοντο καί Στρατεύματα ξενικά πρός ύποδούλωσιν τών συμπολιτών των, καί πολλάκις έπροσκάλουν βοηθούς των καί αύτούς τούς Τούρκους. Πρός τά άλλα έχομεν ύπ' δψιν καί τό Ίστορικόν τοΰ Κομνηνοΰ καί Πρόκλου, διαλαμβάνον τήν τοιαύτην διαγωγήν τοΰ τυράννου Θωμά, Δουκός τών 'Ιωαννίνων, καθ' ήν μάλιστα έποχήν οί Τοΰρκοι έκυρίευον μέχρι τής Θεσσαλονίκης. Είς τό ίδιον Ίστορικόν, βλέπομεν καί τήν όποίαν έκαμον οί 'Αλβανοί λεηλασίαν τοΰ τόπου, κυριεύσαντες τέλος πάντων μέχρι τής Αίτωλίας.

κατά συνέπειαν μέ άλλας πολύ ανωτέρας. Ή Ευρώπη συγχρόνως καί διά τά μίση της καί διά τάς περιωρισμένας της πολιτικής ιδέας της δέν ήτον εις στάσιν οΰτε νά συμφωνήση εναντίον τών προόδων τής νέας Θρησκείας, ούτε νά προΐδη τόν επαπειλούμενον παγκόσμιον κατακλυσμόν, τόν όποιον μόλις ήδυνήθη ν' άπαντήση ή Γαλλία πρώτον καί ή Βιένα έπειτα έπί του Μοχάμετ Δ' (1683).

Αποδεικνύεται έξ εναντίας ή τύχη της έπιστρεφούσης καταστάσεως του Ελληνικού Βασιλείου. Καμμίαν δέν ήδύνατο νά ύποσχεθή άσφάλειαν μόνιμον μία Εξουσία, οίκοδομοΰσα καί προικίζουσα Μοναστήρια άντί Φρουρίων, έχουσα Αυλικούς καί Τιτλοφόρους αντί Στρατευμάτων, καί περιθάλπουσα τούς Μοναχούς άντί του Λαού. Καί πότε ; Καθ' δν καιρόν τό Βασίλειον τών Καλιφών έξετείνετο από της Μεσημβρίας εις τήν Ασίαν καί τήν Ανατολικήν Ευρώπην, καί οί Κζάροι τής Ρωσσίας προετοιμάζοντο νά έκτανθώσιν άπό τήν "Αρκτον εις τήν Μεσημβρίαν. Καμμίαν δέν ήμπόρουν νά δώσωσιν έγγύησιν μεγαλουργίας άνθρωποι, φέροντες μόνην τήν οίησιν του Διαδήματος (α). Καί πότε ; Καθ' δν καιρόν ό Όσμαντζίκης, ευτελής καί ληστής κατ' άρχάς, άλλ' ευφυής καί μεγαλοπράγμων, συνίστα εις τήν Ασίαν τήν Τουρκικήν φυλήν έπί τών έρειπίων

(α) Καθ' ήν εποχήν ό Όρχάνης έκυρίευσε τήν Καλλίπολιν, κειμένην εις τήν δυτικήν παραλίαν τής Προποντίδος, ό Αυτοκράτωρ Ιωάννης φέρεται μέ τήν μεγαλυτέραν οίησιν, λέγων, δτι έχασεν ένα ά μ φ ο ρ έ α: δηλονότι μίαν κρασολαγήναν. Ήτον άξιοπρεπέστερον εις τοΰτον νά λάβη δλα τά δραστήρια μέτρα, ώστε νά αποδιώξη ένα έπιχειρηματίαν έχθρόν, όχυρωνόμενον εις τήν πλευράν του.

τού 'Αραβικού Καλιφάτου (1300)· καί έκ τού άλλου 'Αλέξανδρος ό Νεύσκης, καταβάλλων την κυριότητα των Μογγόλων τού Γεγγύς Κάν, έθεμελίωνε τό μέγα Δουκάτον τού Βλαδιμήρου. Καμμίαν τέλος πάντων ελπίδα σωτηρίας δέν έπρεπε περιμένη τις άπό είδωλα Βασιλέων, οί όποιοι δέν ήξευρον μήτε νά ώφεληθώσιν άπό τάς περιστάσεις των εχθρών των, ότε ό Τεμήρ Χάν αιχμαλωτίζει είς την "Αγκυραν τον Βαϊαζήτην Α'· ότε ή δύναμις τούτου τού Τατάρου καταθλίβει τούς Ρώσσους καί τούς 'Οθωμανούς διά μιάς (1400)· ότε οί υίοί τού άποθανόντος Βαϊαζήτου μάχονται μεταξύ των (1403) περί τού Θρόνου (α). Δέν είναι εντεύθεν παράδοξον, μολονότι λυπηρόν, άν ή άναξιότης Αύτοκρατόρων τινών ήνοιξε μόνη τάς πύλας τής εύρυχώρου 'Επικρατείας των εις τούς κατακτητικούς σκοπούς τής φυλής τών Σκυθών τού Τουρκεστάν.

Είναι αληθινόν, ότι, καθώς καί άλλοι (β), παρο-

(α) Είς τούς Αυτοκράτορας έπαρουσιάσθησαν δεξιαί ευκαιρίαι καί πρό τού Όσμαντζίκη. Οί Διάδοχοι τού Μοχάμετ δέν έστάθησαν κληρονόμοι καί τής εξαιρέτου ευφυΐας του. Τά κοινά πράγματα είχον εξασθενήσει έν μέρει τον θρησκευτικόν ενθουσιασμόν, καί ή 'Εξουσία διηρέθη μεταξύ πολλών 'Αρχηγών. 'Εφαίνετο τότε διασκεδαζόμενος ό επικείμενος χειμών τού 'Ελληνικού Βασιλείου. 'Εφαίνετο κατά συνέπειαν στερεούμενος καί πάλιν ό Θρόνος τής Κωνσταντινουπόλεως. 'Αλλ' οί Αύτοκράτορες δέν άντιλαμβάνονται την έπιτηδείαν αυτήν εύκαιρίαν, διά νά έπαναλάβωσι τάς 'Επαρχίας των. Δίδονται είς τάς ήδύτητας έφημέρου ήσυχίας καί είς ελπίδας κενάς.

(β) Τό 'Ανατολικόν Βασίλειον κατετρέχετο άδιακόπως άπ' όλα σχεδόν τά τότε βάρβαρα Έθνη: τούς Ούννους, Γότθους, Ούγγρους, Ούζους, Βουλγάρους, Σαρακηνούς, Άραβας, Πέρσας, Δυτικούς κλπ.

μοίως καί οι πριν Ειδωλολάτραι τοῦ Βορέως ἐπεχείρησαν πολλάκις τήν κατεξουσίασιν αὐτοῦ τοῦ ὡραίου καί κεντρικοῦ Τόπου. Αἱ δοκιμαί των ὅμως μή ἔχουσαι συνοδόν τήν προκύπτουσαν ἀπό τό πνεῦμα τοῦ πολέμου καί τὰς περιστάσεις τοῦ ἐσωτερικοῦ τῶν ἁρμοδιότητα, ἄλλοτε ἀπετύγχανον, καί ἄλλοτε ἐπαλιρροίαζον ἱκανοποιούμεναι εἰς ὠφελήματα ἐφήμερα καί παράδοξα πολλάκις. 'Αλλ' ὁ χείμαρρος τῶν φανητιαστῶν 'Οσμανλίδων, εὐτυχής εἰς τό στάδιον τῶν 'Ανατολικῶν κατακτήσεών του, ἀφοῦ ἄπαξ μετέβη τήν Εὐρώπην, καί ἀνεπέτασε τήν Ἡμισέληνον εἰς τήν Πόλιν τοῦ 'Αδριανοῦ (1360 ἐπί τοῦ Μουράτ Α΄), ἦτον ἀδύνατον φυσικῶς νά ἀπαντηθῇ ἀπό τήν παράλυτον ἤδη, μεμονωμένην καί ὑποτελῆ Καθέδραν (α) τοῦ Κωνσταντίνου. Οἱ Αὐτοκράτορες πάσχουν, πλήν εἰς μάτην, νά ἀναβάλλωσι τό τέρμα τῆς ὑπάρξεώς των, διαπραγματευόμενοι μέ τούς Σουλτάνους συνθήκας συνεχεῖς, ταπεινάς καί ἐπιζημίους. Οἱ Παλαιολόγοι δέν ὁμοιάζουσιν ἀληθινά τούς προκατόχους μωρολόγους, ἐπικαλούμενοι τάς βοηθείας τῶν Δυτικῶν Ἡγεμόνων, καί προτείνοντες τρόπους συνδιαλλαγῆς διά τῆς ἑνώσεως τῶν Ἐκκλησιῶν· δέν ἠμποροῦν ὅμως νά παρεκτείνωσι τόν ἐπίλογον τῆς Ἱστορίας τοῦ 'Ανατολικοῦ Κράτους μ' ὅλα τά ὑψηλά, ἀλλά παράκαιρα

(α) Ἡ ἐπί τοῦ Ἰωάννου Καντακουζηνοῦ ἐπιγαμία τῆς Θεοδώρας μέ τόν Σουλτάνον 'Ορχάνην ἦτο τρόπον τινά τό δακτυλίδιον τῆς ἀρραβῶνος τῆς Κωνσταντινουπόλεως μέ τούς Τούρκους. Τό ἴδιον ἠκολούθησαν πρίν ἔτι καί οἱ Ρῶσσοι διά τούς αὐτούς πολιτικούς σκοπούς, ὅτε (988) ὁ Βλαδίμηρος, νεώτερος υἱός τοῦ Σφενδοσλάβου, ἔλαβεν εἰς γυναῖκα Ἄνναν, τήν ἀδελφήν Κωνσταντίνου τοῦ Πορφυρογεννήτου.

πλέον, μέτρα. Ή παλαιά Ρώμη, άλαζών εις τον φανταστικόν θρίαμβόν της, εναντιούται, και ή Σύνοδος τής Φλωρεντίας διαλύει πάσαν ενώσεως ελπίδα. Άλλη Σύνοδος διακηρύττει Σχισματικήν τήν Έκκλησίαν τής Κωνσταντινουπόλεως. Αί δύο Έκκλησίαι αφορίζονται άμοιβαίως, και ή πεπρωμένη, άλλά τόσον δυστυχής, ώρα σημαίνεται διά τό Βασίλειον τών Ελλήνων. Τοιουτοτρόπως άλλη δέν έμενε τιμή είς τον τελευταίον Κωνσταντίνον, τον επονομασθέντα Δράγασιν, παρ' εκείνην τού άπλοΰ Στρατιώτου, γνωρίζοντος τά χρέη του και τον έντιμον θάνατον. Δέν παραχωρεί τά εθνικά και τά Βασιλικά Δικαιώματα, άλλά μάχεται κατά τού Μοχάμετ Β', και διά τού αίματός του εξαγοράζει είς τήν μετά ταύτα Γενεάν τό πολύτιμον προνόμιον τού νά μήν όνομάζηται αιχμάλωτος (α). Τό δίκαιον τού Πολέμου υφίστατο κατά τήν έποχήν αυτήν είς τήν άνεξαίρετον σφαγήν, τήν τερατώδη διαρπαγήν και τήν άπάνθρωπον αίχμαλωσίαν.

Παράδοξος σύμπτωσις ! Καθ' ήν έποχήν (1453) ή Ημισέληνος αναπέταται επί τών κωδωνοστασίων τής Αγίας Σοφίας, ολίγον ύστερον (1462) ό Σταυρός υψούται έπάνω τού Θρόνου τού Κρεμλίνου είς Μόσχαν (β). Τό φαινόμενον τούτο δει-

---

(α) Διά τούτο ή Τουρκική Εξουσία έλεγε τον Έλληνα **Ρεαγιά Εμμανδαουλάχ**: ήγουν Υπήκοον ώς ενέχυρον παραδεδομένον.

(β) Έπί τού Ίβάν Βασιλειεύίτς: (ήγουν επί τού Ιωάννου Α' Βασιλειάδου). Αυτός ήνωσε τήν Ρωσσίαν είς μίαν Μοναρχίαν, ύποτάξας, ώς άλλος τών Τούρκων Όσμαντζίκης, τούς λοιπούς Ηγεμόνας, και ψηφίσας τό αδιαίρετον τού Βασιλείου.

κνύει, τήν όποίαν τά δύο γειτνιάζοντα ήδη Έθνη θέλουσιν έχει διηνεκή φιλονεικίαν και ζηλοτυπίαν περί τών τόπων, όσους άφησαν έρμαιον τοϋ ίκανωτέρου αί σημειωθείσαι καταστάσεις τών Αυτοκρατόρων. Ή υπόθεσις έγινεν έργον. Ή δέ τύχη τών Σουλτάνων καταντά ή ιδία μέ έκείνην τών Αυτοκρατόρων. Τοιαύτην έλαβεν άρχήν ή Ελληνική δουλεία υπό τό σκήπτρον τών Τούρκων. Τήν καταστροφήν διαδέχεται τρομερωτάτη σφαγή· τήν σφαγήν συνοδεύει ή πλέον φθοροποιά λεηλασία και αιχμαλωσία. Ό θάνατος κρέμαται έπί τής κεφαλής τοϋ δυστυχούς Χριστιανού, και τελεία έρήμωσις κινδυνεύει νά διαδεχθή τόν πληθυσμόν τοϋ τόπου. Όλιγώτερον φρικωδεστέρα δέν φαίνεται τών λειψάνων ή κατάστασις, εις όσα παρεχώρησε μόνην τήν πνοήν ή μιαιφόνος βαρβαρότης. Μεθυσμένοι από τόν τύφον τών θριαμβευτικών προόδων των οί Λατρευταί τής νέας Θρησκείας· έστηριγμένοι εις τά δόγματα τού Θεμελιωτοϋ τής δόξης των, υποσχόμενα εις τούτους έξαιρετικήν τήν παμβασιλείαν όλου τοϋ ήμισφαιρίου : οι Τούρκοι μεταχειρίζονται τούς Έλληνας τοιούτους, οποίους δέν συγκρίνει ή Ιστορία, μ' άλλους, υποκύψαντας εις παρομοίαν μεταβολήν, Λαούς. Βάρβαροι, άπάνθρωποι, πλεονέκται, καταφρονοϋντες πάν άλλο μή περιεχόμενον εις τό 'Αλκοράνι, και φορτωμένοι μ' όλα τά έλαττώματα και μ' όλας τάς προλήψεις, άποκαθιστώσιν άπόξενον τόν Έλληνα άπό τά δίκαια τής φύσεως και τής κοινωνίας. Οί Έλληνες έντεύθεν, ώς κτήματα θεωρούμενοι, υπόκεινται εις τήν αυθαιρεσίαν όλων άνεξαιρέτως τών όπαδών του 'Ισλαμισμού. 'Ως άπιστοι κατακρινόμενοι, δέν δικαιούνται εναντίον του Πιστού· τήν δέ ζωήν των οφείλουσιν εις μόνας τάς χρείας τοΰ δεσπότου (α).

Ή τυραννία εξαντλεί κατά συνέχειαν τά μέτρα της κακοτρόπου διαγωγής της καί εναντίον της τελευταίας παρηγορίας τοΰ τεθλιμμένου πατρός της οικογενείας. Αύτός δέν χαίρει πρός τά άλλα ούτε τήν άσφάλειαν τών τέκνων του άποδεκατιζομένων. Προέκυψεν εντεύθεν τό πολυθρύλητον Παιδομάζωμα (β). Παρομοίας άπανθρωπίας

(α) 'Απ' αύτάς ωφελήθησαν οί Έλληνες ευρόντες τήν σωτηρίαν των κατά διαφόρους εποχάς, εις τάς οποίας τούς επαπειλείτο γενική σφαγή. Καί άλλοτε, καί έπί του τελευταίου Πολέμου μάλιστα, αί τοιαύτης φύσεως διαταγαί τών Σουλτάνων δέν έπεκυρώθησαν έκ μέρους τών Νομοφυλάκων Τούρκων, όχι δι' άλλο, άλλά διά τήν έπαγομένην έλλειψιν άνδραπόδων.

(β) Ό 'Ορχάνης, διάδοχος του 'Οσμαντζίκη, βεβιασμένος άπό τάς λιποταξίας τών Τουρκομάνων, έπενόησε τόν Τουρκισμόν τών Χριστιανικών παιδίων έπί σκοπώ τού νά σχηματίση Τάγμα Στρατιωτών άδιάλυτον. Έτούρκιζεν εντεύθεν καθέκαστον χρόνον 1000 παιδία Χριστιανών, εις τά όποία εδιδε τό γυμνάσιον τής Πολεμικής. Καί τις Χατζή Βεκτάσης, έδωκεν εις τό νεοσύστατον τούτο Τάγμα τό όνομα Γενίτζαρι. Ό άριθμός τών Τουρκιζομένων άνέβη έπί τοΰ Μοχάμετ Β' εις 12.000· έπί τοΰ Σουλεϊμάν εις 20.000, καί έπί τοΰ Μοχάμετ Δ' εις 40.000.

Μετέπειτα δέ διά τήν μεγάλην φθοράν, τήν οποίαν έδοκίμασαν οί Τούρκοι κατά τόν ΙΣΤ' Αίώνα, πολεμοΰντες τούς Χριστιανούς Βασιλείς καί τήν Περσίαν, άπεφάσισαν καί συνήθροισαν άνά εν παιδίον εξ έκάστης Έλληνικής Οικογενείας. Λέγεται, ότι ή συνάθροισις αύτη άνέβη τό ποσόν τών 200.000. Τό συμβάν δέ τούτο τής έποχής αύτής ώνόμασαν οί Έλληνες Παιδομάζωμα. Τά παιδία ταύτα, μεταφερθέντα εις Κων-

ό στιγματισμός δέν φαίνεται τουλάχιστον εις τά χρονικά τών άλλων τυράννων. Καί θανατώνων καί βιάζων τόν Έλληνα είς τόν Μοχαμετισμόν (α) ό Τούρκος νομίζει, ότι εύαρεστεί τόν άνεξίκακον Θεόν, καθώς καί τόν Προφήτην του, καί διά τήν μίαν καί διά τήν άλλην περίστασιν.

Παρ' έκείνας τών καταστρεπτικών πολέμων καί τών κατά μέρος περιοδικώς ένεργουμένων κατα-

σταντινούπολιν καί άλλας πόλεις τής 'Ασίας, έβιάσθησαν νά δεχθώσι τόν Μοχαμετισμόν. Πολλά έξ αύτών προεχώρησαν καί είς άξιώματα σημαντικά. Έν έκ τούτων, καταγόμενον άπό τό Μαναδένδρι, κώμην τής κατά τό Ζαγόριον Βηίτσης, γενόμενον Σπαχής διά τάς πολεμικάς άνδραγαθίας του, κατέστη καί 'Αρχηγός τών Σπαχίδων ('Αλαϊμπης). Προεχώρησε βαθμηδόν καί είς τό άξίωμα τοΰ Πασσά, κατοικούν είς τά 'Ιωάννινα. 'Από τοΰτον τόν 'Ασλάν Πασσάν κατήγοντο έσχάτως όλαι αί σημαντικαί Οίκογένειαι τοϋ 'Ασήμ Μπεή, (υίοΰ τοΰ ποτε Μουσταφά Πασσά), τοΰ 'Ασλάν Μπεή καί Νεμπτή Μπεή, (υίοΰ τοΰ 'Αλή Πασσά), τοΰ άλλου 'Ασλάν Μπεή, (έγγόνου τοΰ Πασσά Καλιοΰ), τοΰ Μπεμπρή Μπεή, (υίοΰ τοΰ Ταήρ Πασσά), τοΰ Καπλάν Πασσά έκ τοΰ 'Αργυροκάστρου, άπό τήν οίκογένειαν τοΰ όποίου κατήγετο καί ό περίφημος Σουλεϊμάν Πασσάς.

(α) «Ντίν ίσλαμά γκελμίς:» (ήγουν Ήλθεν είς τήν όρθήν Πίστιν) έλεγεν ό Τούρκος περί τοΰ Έλληνος, άλλάζοντος τήν θρησκείαν του. Τήν ίδέαν αύτήν έπρέσβευεν ώς τήν πλέον ίεράν κατά τό Άρθ. ΙΣΤ' τοΰ 'Αλκορανίου, όπου άναφέρεται· «Κάθε βρέφος γεννάται μέ τόν χαρακτήρα τοΰ 'Ισλαμισμού, »οί δέ γονείς του είναι έκείνοι, οί όποίοι τό βιάζουν είς τόν 'Ιου-»δαϊσμόν, ή τόν Χριστιανισμόν, ή τήν Είδωλολατρείαν».

Ό μεγαλοφυής Μοχάμετ προέβλεψε καί διά τοΰ Άρθρου τούτου τόν πληθυσμόν, τοΰ όποίου έμόρφωνεν Έθνους, καί τήν καθιέρωσιν τής Θρησκείας του.

δυναστειών (α) δύο άλλαι έποχαί παρουσιάζονται αί φρικωδέστεραι, ἂν καί διαφέρουσαι ὡς πρὸς τὴν ἔκβασίν των. Ἡ πρώτη συμβᾶσα πρό τῆς ἁλώσεως τῆς Κωνσταντινουπόλεως, ἐκινδύνευσε νὰ καταλύση τὸν ἐθνισμὸν τῶν Ἑλλήνων τῆς Ἀσίας διὰ τῆς ἀπαλλοτριώσεως τῆς Θρησκείας των. Ἡ δευτέρα ἐπρολήφθη παραδόξως· δεικνύει ὅμως, τὸν ὁποῖον πάντοτε οἱ Τοῦρκοι ἔπνεον διωγμὸν κατὰ τῆς Χριστιανικῆς Θρησκείας.

(α) Ἀπὸ τὰς περιστάσεις αὐτὰς φαίνεται ἐπικρατῆσαν καὶ ἄλλο εἰς τὴν Πελοπόννησον, τὴν Κρήτην, τὴν Στερεὰν καὶ ἀλλοῦ, ἐπίσης ὀλέθριον, δυστύχημα: ἡ γαμικὴ ἐπιμιξία. Ὁ Τοῦρκος ἐνυμφεύετο τὴν Ἑλληνίδα κατὰ τὸ δόγμα του, καὶ εἰς τὴν Χιμάρραν ὁ Ἕλλην τὴν Ὀθωμανίδα μὲ τὸ λεγόμενον κ α π ί ν ι. Τὸ κακὸν τοῦτο ἔλειψε πρὸ καιροῦ ἀπὸ τὴν Πελοπόννησον, ἐσβέσθη εἰς τὴν Χιμάρραν διὰ τοῦ Ἀλῆ Πασσᾶ· ἐσώζετο ὅμως εἰς τὴν ἔτι πολυπαθεστέραν Κρήτην. Ἀφίνονται αἱ παράδοξοι λεπτομέρειαι τῆς συνδιαγωγῆς τοιούτων συνοικεσίων.

Εἰς τὴν Εὐρωπαϊκὴν Τουρκίαν, καὶ μᾶλλον τὴν Κωνσταντινούπολιν καὶ τὴν Κρήτην, ὑπῆρχεν ἔτι καὶ ἄλλο σύστημα ἀνθρώπων, ἀπορρέον ἀναμφιβόλως ἀπὸ τὰς ἰδίας περιστάσεις. Οἱ ἄνθρωποι οὗτοι, ὑποκρινόμενοι εἰς τὸ φαινόμενον τὸν Μοχαμετισμὸν καὶ ἐνδεδυμένοι ὁλοκλήρως τὴν Τουρκικὴν ἐνδυμασίαν, ἦσαν εἰς τὸ κρυπτὸν Χριστιανοὶ τοῦ Ἀνατολικοῦ Δόγματος, ἔχοντες εἰς τὸ ἐνδότερον μέρος τῆς οἰκίας τοὺς Ναούς των, τοὺς δὲ Ἱερεῖς των ὑπὸ τὸ κοινὸν σχῆμα τοῦ Δερβίση. Ὡς τοιοῦτοι ἐσχημάτιζον ὡσεπιτοπλεῖστον κώμας χωριστὰς μεταξὺ τῶν πόλεων, δὲν συνεκοινώνουν διὰ γάμου μὲ τοὺς ἀληθεῖς Τούρκους καὶ ἐβοήθουν πολλάκις τοὺς Ἕλληνας διὰ πλαγίων τρόπων.

Ἐπὶ τοῦ Πολέμου τοῦ 1821 ἀπεκαλύφθησάν τινες εἰς τὴν νῆσον τῆς Κρήτης καὶ ἔλαβον αὐτόματοι δραστήριον μετοχὴν εἰς τὸν Ἐθνικὸν Ἀγῶνα. Τοιοῦτοι ὑπῆρξαν οἱ γνωστοὶ Κουρμούδλαι.

Είπομεν (α) τὴν πανούργον πολιτείαν τῶν ὀπαδῶν τοῦ Μοχαμετισμοῦ, καθ' ἣν ἐποχὴν ὑπεχρεοῦντο ἀπὸ τὴν ἀνάγκην τοῦ νὰ παγιωθῶσιν ἐπὶ μονιμωτέρων βάσεων. Ἀλλὰ δὲν ἔμελλε νὰ διαρκέσῃ ἐπὶ πολὺ ὁ καιρὸς τῆς πραότητός των. Ἔχοντες τὸν σκοπὸν τοῦ νὰ μεταβῶσιν εἰς τὴν Εὐρώπην, καὶ θέλοντες νὰ ἀσφαλίσωσι τὰ ὀπίσθιά των ὡς πρὸς τὰς κατακτήσεις τῆς Ἀνατολῆς, μεταχειρίζονται τὴν βίαν τῆς ἐξωμώσεως (β) καὶ τῆς μαχαίρας, σπεύδοντες νὰ φθάσωσιν εἰς τὸν σκοπόν των διὰ τοῦ ἑνὸς ἢ διὰ τοῦ ἄλλου τρόπου. Αἱ σκηναὶ τῆς φρίκης ἐπισωρεύονται ἤδη ἡ μία κατόπι τῆς ἄλλης ἐναντίον τῶν Λαῶν τῆς Ἀνατολῆς. Ἡ ὠμότης προχωρεῖ εἰς βαθμὸν τοῦ νὰ κόπτωνται καὶ αἱ γλῶσσαι τῶν ἀνδρῶν καὶ γυναικῶν, διὰ νὰ ὁμιλῶσι τὰ βρέφη τὴν φωνὴν τῶν κατακτητῶν, ἀποβάλλοντα τὴν μητρικήν των. Ἡ δὲ Ἐκκλησία ὑποφέρει καὶ κατ' ἐκεῖνον τὸν καιρὸν ὅλους τοὺς διωγμούς, ὅσοι ἀνεφύησαν εἰς τὰ γενέθλια τοῦ Χριστιανισμοῦ. Οἱ ἀπόγονοι τῶν θυμάτων τῆς Πίστεως ἔμειναν ἀπαρασαλεύτως προσκεκολλημένοι εἰς τὴν Θρησκείαν των· καὶ βλέπομεν καὶ τὴν σήμερον ἀκόμη Χριστιανικοὺς Λαοὺς τῆς Ἀνατολῆς μὴ λαλοῦντας ἄλλην παρὰ τὴν Τουρκικὴν γλῶσσαν. Αἱ Ἐκκλησίαι μετετράπησαν

(α) Σελ. 7.

(β) Ἡ ὁμολογία τῆς Ὀθωμανικῆς Πίστεως συνίστατο εἰς τοὺς ἀκολούθους λόγους: «Λαϊλὰχ ἰλλ Ἀλλάχ, βὲ Μοχαμὲτ Ρεσοὺλ Οὐλάχ» ἤγουν Δὲν εἶναι ἄλλος Θεὸς παρὰ τὸν Θεόν, ὁ δὲ Μοχάμετ εἶναι ὁ Προφήτης τοῦ Θεοῦ.

εις Τζαμία· και τα εισοδήματα των πρώτων εις την διατήρησιν των δευτέρων.

Η αμάθεια, η δεισιδαιμονία και διάφορα αντικρουόμενα συμφέροντα των Τούρκων ετοιμάζουσι και μετέπειτα νέους κεραυνούς κατά της κεφαλής των Ελλήνων. Ο Πατριάρχης της Κωνσταντινουπόλεως διατάττεται από τον Σουλτάνον να μεταφέρη εις την Θρησκείαν του Μοχάμετ όλους του Δόγματος του Ανατολικού. Αλλ' ο τότε Μέγας Βεζύρης, είτε συναισθανόμενος το άδικον της διαταγής αυτής, είτε προβλέπων την αναστροφήν, την οποίαν η εκτέλεσίς της έμελλε να επιφέρη εις όλα τα Υπήκοα Γένη του Κράτους, πληροφορεί περί τούτου πρώτον τους Μουφτήδας (Ανωτάτους Διερμηνείς του Νόμου, αλλ' αδιαλλάκτους εχθρούς του Χριστιανισμού), και συμβουλεύει τον Πατριάρχην περί όλων των μέσων, όσα ηδυνήθησαν τελευταίον να σώσωσι τους Έλληνας από τα δεινά εκείνων της Ασίας.

Αλλά το δυστύχημα τούτο δεν ημπόρεσαν να αποφύγωσι (κατά τον ΙΖ' Αιώνα) οι λεγόμενοι Χριστιανοί Σπαχίδες της Ηπείρου. Οι Στρατιωτικοί ούτοι απενέμοντο εκ συνθήκης, όσα είχον προνόμια και επί των Χριστιανών Δεσποτών. Υπόχρεοι να εκστρατεύωσιν υπέρ των Σουλτάνων εις όλους τους πολέμους των, συνηθροίζοντο εις τα Ιωάννινα, όθεν εκινούντο υπό τας σημαίας του Αγίου Γεωργίου μέχρι του Πίνδου. Εκείθεν ήνοιγον τας Τουρκικάς σημαίας. Την υπηρεσίαν των αυτήν ηκολούθουν ήδη επί δύο σχεδόν αιώνας· αλλ' ο φθόνος των Τούρκων συνώδευε πάντοτε τας ανδραγαθίας των. Εις τον κατά της Περσίας πόλεμον τοΰ 1620, διαρκέσαντα τριακονταετίαν, ήσαν έκ τοϋ τάγματος τούτου τών Σπαχίδων ώς 12.000. Εις τήν γενικήν, ώς φαίνεται, τελευταίαν μάχην, ένφ οί Πέρσαι ένίκησαν τούς Τούρκους, αύτοί άνοίξαντες τάς Χριστιανικάς σημαίας των, ώρμησαν καί άντενίκησαν τούς Πέρσας. Είς τήν σκηνήν τοϋ Βεζύρη έπαρουσιάσθησαν κατά συνέπειαν μέ τάς ίδίας των σημαίας· καί αΰτη ή περίστασις ένέσταξεν εις τήν ψυχήν καί τούτου καί τών άλλων Τούρκων τήν άδιάλλακτον ζηλοτυπίαν, τό μΐσος καί τάς κινδυνώδεις ύποψίας περί τοΰ μέλλοντος. Τοιουτοτρόπως ή Όθωμανική Εξουσία διέταξεν άκολούθως έναντίον τών προγενομένων Συνθηκών τό νά μήν ύπάρχη Έλλην Σπαχής, είμή όποιος τουρκίση· οί δέ Στρατιωτικοί ούτοι ύπεχρεώθησαν νά δεχθώσι τόν Μοχαμετισμόν, διά νά μή στερηθώσι τά είσοδήματά των. Εντεΰθεν οί περισσότεροι Τοΰρκοι τών Ίωαννίνων καί τών πέριξ τόπων κατάγονται άπό τούς Σπαχίδας τούτους καί άπό τό όποιον προαναφέραμεν Παιδομάζωμα.

Τής Οικογενείας ή τιμή έστάθη πάντοτε ζηλότυπος είς τούς Έλληνας. Μήπως διέφευγε καί αΰτη τήν κτηνωδίαν τοΰ βιαστοΰ; Ή άθώα νεάνις, πιστή είς τά ήθη καί τήν Θρησκείαν τών πατέρων της, προστρέχει πολλάκις είς δευτέρους άγνισμούς· τό δέ όνομα τοΰ Τούρκου καθίσταται καί ένεκα τής περιστάσεως αύτής τόσον φρικαλέον, ώστε ή άσπονδος άποστροφή τοΰ όνόματός του μετοχετεύεται κοινή καί είς αύτά τά άνήλικα βρέφη τών δρέων.

Μικρός σπινθήρ τής Ελληνικής Έλευθερίας, άλλά τόσον καταπληκτικός είς τά σμήνη τών

Τούρκων (α), εμενεν ετι εις την στρατιωτικήν Άλβανίαν μετά την άλωσιν της Κωνσταντινουπόλεως επί του Γεωργίου Καστριώτου, γνωστού υπό το όνομα Σκενδέρ Πεή. Άλλ' έσβεσε και τούτον η αναξιότης των υιών μετά τον θάνατον του πατρός. Ο Σκενδέρ Πεής εστάθη η αρχή και το τέλος των θριάμβων και της δόξης του μέρους τούτου (β). Βαϊαζήτ ο Β' γίνεται κύριος των τόπων του· οι δε φανατισταί Ίσλάμιδες καταδέχονται να ευλαβηθώσι την πολεμικήν αρετήν του αναφερομένου Ήρωος, αγιάζοντες τά όπλα των διά του τριψίματος των οστέων του. Η ανδρεία και η αρετή θαυμάζεται και εις τον τάφον από την θεμελιωμένην εις το πεπρωμένον Βαρβαρότητα.

Η Πελοπόννησος (1715) και η λοιπή Ελλάς κυριεύονται εκ συνεχείας, δοκιμάζουσαι τά άπειρα δεινά των αντιμαχομένων αλληλοδιαδόχως κατακτητικών Εθνών. Αι προς τους Χριστιανούς ελπίδες των Ελλήνων επιβαρύνουσιν αντί νά ελαφρώσωσι τά βάρη καταστάσεως αξιοθρηνήτου. Και τον νικητήν και τον νενικημένον δεν οδηγεί άλλο πνεύμα

(α) Ο Μουράτ και ο Μοχάμετ Β' εδοκίμασαν κατά συνέχειαν 82 ήττας. Αποδεικνύεται δέ, ότι ένας δούλος άλλοτε του Μουράτ, αλλά Έλλην· ένας μικρός Πρίγκιψ, αλλά άξιος, τρομάζει ολόκληρον το Οθωμανικόν Βασίλειον και δεν νικάται, καθ' ην εποχήν τούτο νικά και τρομάζει ολόκληρον την Ευρώπην.

(β) Τά περί του Ορεινού, ή του λεγομένου Ατάκτου, Πολέμου μαθήματα του Σκενδέρ Πεή ακολουθούσιν οι Έλληνες μ' επιτυχίαν και εις την τελευταίαν Επανάστασίν των. Θέλομεν δε ομιλήσει άλλοτε, αν ήτον ο μόνος σύμφορος τρόπος ως προς την γεωγραφικήν θέσιν και τον πληθυσμόν των.

παρά τήν βίαν, τήν έκδίκησιν καί τήν άρπαγήν. Τούτων δλων τό ύποκείμενον ήτον ή Ελλάς, ή όποία μήτε έτιμάτο, μήτε ώφελεΐτο, θυσιάζουσα τό αίμά της ύπό τήν Σημαίαν τούτου ή έκείνου τοϋ Χριστιανικοϋ Έθνους. Τοιουτοτρόπως ή παρουσία τών Χριστιανών δέν προαναγγέλλει πλέον τό άσυλον τής άποφυγής χειροτέρων δυστυχιών. Οί Έλληνες, μεταβαίνοντες, ώς πρόβατα, είς τοϋ ίσχυροτέρου τήν κυριότητα, δέν αίσθάνονται σχεδόν τι ξεχωριστόν είς τήν προσωπικήν διαδοχήν νέου Δεσπότου. Ή θριαμβεύτρια Ήμισέληνος προβάλλει πανταχοϋ τήν άσπλαγχνίαν, φέρουσα συγχρόνως τήν άμάθειαν καί τήν βαρβαρότητα τής Άφρικής καί τής Άσίας· τό δέ σκήπτρον τών Σουλτάνων, βεβιασμένον νά διακρατῇ τάς νέας κατακτήσεις, χαρίζεται είς τούς Στρατιωτικούς ή είς τούς μετανάστας Φρουρούς, τήν άπονομήν τής γονίμου γής, καί έπικρατοϋσιν έντεϋθεν τά πολυθρύλητα Τιμάρια, Ζιαμέτια καί Σπαθιά. Οί κατασταθέντες Σπαχίδες (α) έξ έκείνων μάλιστα, όσοι ήσαν φυγάδες έπί τών Ενετών είς τήν Ήπειρον καί τήν Άσίαν, έσχημάτιζον έπίσης μέρος τής Φρουράς τής Ελλάδος, προικισμένοι άναλόγως ό καθείς μέ τάς άποδεκατώσεις (β).

(α) Ήτοι Δεκατισταί έν γένει δλων τών προϊόντων έκάστου χωρίου διά Χρυσοβούλων (Μπερατίων). Τά δέκατα αύτά ένέμοντο άντί μισθοϋ έπί ζωής των. Τό προνόμιον τοϋτο μετέβαινε δωρεάν καί είς τούς υίούς, άποθανόντος τοϋ πατρός.
Οί Σπαχίδες τής Πελοποννήσου είχον ίδιαιτέραν διά προνομίου χάριν τοϋ νά μήν έκστρατεύωσιν είς τούς πολέμους τοϋ Βασιλείου.

(β) Οί ίδιοι έλάμβανον καί κατά κεφαλήν άλλον φόρον μικρόν, όνομαζόμενον Σ π έ ν τ σ α. Ήτο προσδιωρισμένος ούτος πρός 10 λεπτά διά τόν άνδρα καί όλιγώτερος διά τά άρσενικά παιδία.

Ὁ κανὼν τοῦ Χαρατσίου καὶ τῆς Ἀποδεκατώσεως τῶν προϊόντων τῆς γῆς ἦτο γενικὸς εἰς ὅλους τοὺς κατακτηθέντας τόπους. Τὰ δημόσια δὲ εἰσοδήματα τελωνείων καὶ λοιπῶν, καθὼς καὶ ἐκεῖνο τῶν ὀσπητίων λεγόμενον Τουρκιστὶ Νοζοὺλ Ἀβαρίζ, ἦσαν ἄλλης φύσεως (α). Τὸ γενικὸν τῶν Ἐπαρχιῶν ἐπεφορτίζετο μὲ χρονικὰ δοσίματα ὀνομαζόμενα Δεβλὲτ Ματλουπατλαρί: δηλονότι Βασιλικαὶ Ἀπαιτήσεις (β). Παρομοίως, ὁπότε κατεσκευάζοντο, ἢ ἐπεσκευάζοντο, Φρούρια, ἐπεβαρύνοντο αὐταὶ μὲ τὴν ἔκτακτον συνδρομὴν λεγομένην Καλιὰ Ταμιρί: (Διόρθωμα Φρουρίων). Καὶ ἐπὶ τῶν Πολέμων μὲ τὰς λεγομένας Νεφὲρ Μπεντελιεσὶ (Πληρωμὴν τῶν Στρατευμάτων)· Τσαμοὺζ Μπεντελιεσὶ (Πλη-

(α) Ἐπεβλήθησαν μετέπειτα καὶ ἄλλαι Εἰσπράξεις εἰς διάφορα προϊόντα. Δὲν ἔμειναν ἔξω πληρωμῆς καὶ τὰ μαγκάνια τῶν μεταξίων καὶ οἱ ἀργαλοὶ τῶν πανίων. Ἐπίσης ὠνομάζοντο αὐταὶ Μπεταέτια.
Ἡ ἐπὶ τῶν ποιμνίων εἴσπραξις, ἢ ὁ Ποιμενικὸς λεγόμενος Φόρος, διεκρίνετο εἰς τρία εἴδη: Ἀντὰτ ἀγνάμι, Τσελεπικὸν καὶ Τσελὲπ κισιάνι, καταντῶσα πρὸς 11 τοῖς 100. Καὶ οὗτος ὁ φόρος, ὡς διορισθεὶς μετέπειτα, ὠνομάζετο Νιζάμι Τσεντὶτ Μπινταατλαρί· ἤγουν Νέα Ἐπιβολὴ Δοσιμάτων.

(β) Τοιαῦτα ἦσαν τὰ Καλιοντζάτικα, δηλονότι οἱ μισθοὶ τῶν Στρατιωτῶν τοῦ Στόλου· τὸ Γαμπιὰρ Μπεντελιεσί, οἱ μισθοὶ τῶν ναυτῶν τοῦ Στόλου· τὸ Γιαπὰκ μιρισί, ἡ ἀγορὰ τῶν μαλλίων διὰ τὰ ἐνδύματα τῶν Γενιτσάρων· τὸ Ἀστὰρ τσαουσιλίκι, διὰ τὰ πανία, μὲ τὰ ὁποῖα κατεσκευάζοντο τὰ λεγόμενα Καλαφάτια (οἱ πῖλοι) τῶν Γενιτσάρων· τὸ Γκιουβερτσιλὲ ἀχτσεσί, διὰ τὸ νίτρον τῆς πυριτοκόνεως κ.τ.λ.

ρωμήν τῶν βουβαλίων)· Τακὶκ Μπεντελιεσὶ (Πληρωμὴν τοῦ ἀλεύρου), κ.τ.λ. Εἶναι δὲ ἀναλόγιστοι αἱ ἀγγαρεῖαι εἰς ἀνθρώπους καὶ ζῶα, καθὼς καὶ τὰ ἄλλα ἔξοδα τῆς τροφῆς τοῦ διαβαίνοντος Στρατοῦ.

Ἕνας Ἀξιωματικὸς καὶ πολλάκις δύο καὶ τρεῖς, ὁ εἷς κατόπι τοῦ ἄλλου, ἀπεστέλλοντο διὰ τὴν εἴσπραξιν τούτων. Ἡ ἐπιστασία αὕτη ἀντημείβετο μὲ ἰδιαιτέραν ἁδρὰν πληρωμήν. Παρόμοιαι πληρωμαὶ ἔπρεπε νὰ εὐχαριστῶσι καὶ τοὺς ἀποστελλομένους ὑπὸ διαφόρους αἰτίας (α). Αἰτία παραμικρά, ἢ διαταγὴ τῆς Πόρτας, ἦτον ἱκανὴ νὰ ἐπιβαρύνῃ ἐκ νέου τὰς Ἐπαρχίας διὰ τῶν ἀποστολῶν τοῦ σμήνους τῶν λεγομένων Καπιτσιμπασσίδων, Χοτσακιάνιδων, Σαλαχώριδων, Χασεκίδων, Μπαλτατσίδων κ.λ.π. Οἱ μισθοὶ καὶ τὰ ἄλλα ὠφελήματα τούτων καὶ τῶν ὑπηρετῶν των ἦσαν ἡ γύμνωσις τῶν δυστυχῶν ὑπηκόων.

Τὰ ἀνήκοντα εἰς τοὺς Βεζύρας καὶ Σατράπας διάφορα δοσίματα ἦσαν ὁ Χαζαριὲς καὶ Κουντουμιές: (ἤγουν ἡ Χρονικὴ Ἀπόλαυσις ἐπὶ λόγῳ τοῦ κανονικοῦ μισθοῦ των)· ὁ Ἰκραμιές, (Ἐπιχορήγησις, λαμβανομένη κατὰ περισσοτέραν κατάχρησιν ἐπὶ λόγῳ δωρεᾶς)· τὸ Σαντσὰκ Μεσαριφί, (Ἔξοδον τῆς Σημαίας, ὑπὸ τὴν ὁποίαν ἐκαλύπτετο ὁ διοικούμενος Τόπος)· τὸ Ντερπεντὰτ Ναζιρλίκ. Τὸ μεγάλον τοῦτο δόσιμον περὶ τῆς Ἐπιστασίας τῶν Στενῶν διὰ τοὺς ληστὰς

(α) Τοιοῦτοι ἦσαν οἱ Σκέλλε Τεφτιτσιλερί, (Ἐξετασταὶ τῶν Σκαλλωμάτων) κ.λ.π.

ήνώχλει πολύ τήν Θεσσαλίαν, Βοιωτίαν, Φωκίδα, Δωρίδα, Λοκρίδα, Αίτωλίαν, Ἀκαρνανίαν, Ἤπειρον, Μακεδονίαν καί Πελοπόννησον. Αἱ Ἐπαρχίαι ἐπλήρωνον τούς Διοικητάς των δι' αὐτό τό τέλος· καί μολοντοῦτο αἱ στελλόμεναι πρός ἐκπλήρωσιν αὐτοῦ τοῦ ἔργου Ἐκτελεστικαί Δυνάμεις ἐμισθώνοντο ἀπό τάς ἰδίας, ὑποχρεουμένας ἔτι εἰς τήν τροφήν των καί εἰς μυρίας ἄλλας ζημίας. Ἄλλη πληγή τῶν ὑπηκόων ἦσαν οἱ Χ ο υ σ μ έ τ Μ π ο υ μ π α σ ι ρ ι ε λ έ ρ : (ἤγουν οἱ ἄνθρωποι τῶν Διοικητῶν διαμοιραζόμενοι εἰς διαφόρους κλάδους). Αἱ ὑπηρεσίαι τούτων ἦσαν τό Ν ι ζ ά μ Χ ο υ σ μ ε τ λ ε ρ ί : (δηλονότι ἡ Ἐπιστασία τῆς Εὐταξίας)· τό Χ ο υ σ μ έ τ Ἰ π κ ά, (ἡ Εἴδησις τῆς Ἀνανεώσεως τῆς Ἐξουσίας τῶν αὐτῶν Διοικητῶν καί εἰς τόν ἐρχόμενον χρόνον). Ἐπλήρωνον οἱ Ὑπήκοοι, ὡς νά ἦσαν εὐχάριστοι ἀπό τήν παρελθοῦσαν, καί διά τήν μέλλουσαν διοίκησιν τούτων. Πρός τάς ἄλλας, τάς ὁποίας ἀφίνομεν, ἦτο μία καί τό Κ λ ή σ ι α Τ έ φ τ ι σ ι : (ἡ Ἐξερεύνησις τῶν Ἐκκλησιῶν). Ἄν συνέπιπτε νά φανῇ ἡ ἐλαχίστη ἐπισκεύασις εἰς καμμίαν, ἤ τό κάρφωμα ἑνός μόνου καρφίου, ἦτο τοῦτο ἱκανή αἰτία νά κρημνισθῇ ὁλόκληρος ὁ Ναός (α), καί ν' ἀφανισθῶ-

(α) Εἶναι, πιστεύομεν, γνωστόν εἰς πολλούς, ὅτι οἱ σχηματισθέντες εἰς τήν ἀνομίαν Τοῦρκοι ὠνόμαζον ὡσεπιπολύ Ἀ χ ο ύ ρ: (δηλονότι Ἱπποστάσιον) τούς Χριστιανικούς Ναούς. Καί τῷ ὄντι εἰσῆγον εἰς αὐτούς πολλάκις καί τούς ἵππους των. Ἐντεῦθεν ἔχει τήν αἰτίαν του τό παράδοξον φαινόμενον τῆς πολλά χαμηλῆς καί στενῆς πύλης τῶν Ἐκκλησιῶν διά τήν ἐπαγομένην ἀδύνατον εἴσοδον τῶν ἵππων. Εἰς τό μέτρον τοῦτο ἠναγκάσθησαν νά καταφύγωσι πολλά Μοναστήρια καί οἱ Χωρικοί, τυραννούμενοι τόσον πλέον, ὅσον ἐμακρύνοντο ἀπό τήν καθέδραν τοῦ Δεσποτισμοῦ.

σιν οί Κάτοικοι μὲ τὰς φυλακώσεις, ξυλιζόμενοι πολλάκις καὶ ζημιούμενοι περισσοτέρας ἐνίοτε ποσότητας παρὰ τὰς ἀναγκαιούσας εἰς τὴν κατασκευήν του. Ἀλλά, καὶ ἂν δὲν εὕρισκον οἱ τοιοῦτοι Ἐπιτηρηταὶ παρόμοιον ἔγκλημα φρικώδους παρακοῆς, ἔπρεπε νὰ πληρωθῶσι πάλιν διὰ τὸν κόπον των. Ἡ ἀλλαγὴ ἑνὸς Πασσᾶ ἐπροξένει τὰ μεγαλύτερα ἔξοδα εἰς βάρος τοῦ ὑπηκόου (α). Πενέστατος ὡσεπιτοπλεῖστον καὶ αὐτὸς καὶ ὅλον τῶν ὑπαλλήλων του τὸ σμῆνος ἔπρεπε νὰ πλουτίσωσι δι' ὀλίγου καιροῦ (ἕνεκα τῆς ἀβεβαίου διαμονῆς των) ἀπὸ τοὺς ἱδρῶτας καὶ τὰ αἵματα τοῦ Λαοῦ (β). Δὲν ἐπαριθμοῦνται τὰ πρόστιμα (Τσερεμέδες) καὶ αἱ ἀναρίθμητοι ἄλλαι προφάσεις τῆς χρηματολογίας· μήτε ἀναφέρονται τὰ ἄλλα βάρη τῶν Ἑλλήνων, ὑποκειμένων εἰς τὸ νὰ χορταίνωσι τὴν ἀπληστίαν τῶν Ἀγάδων καὶ καθενὸς ἐν γένει Τούρκου, νὰ ὑποφέρωσι τὰ ἔξοδα τῶν προσωπικῶν διαιρέσεων τῶν Προεστώτων, καὶ νὰ βαστάζωσι τὴν σημαντικὴν δαπάνην τῆς Ἐκκλησίας, σπαραττομένης καὶ ἀπὸ τοὺς Τούρκους, καὶ ἀπὸ τοὺς Φαναριώτας καὶ ἀπὸ διαφόρους ἄλλους.

Ὅλη ἡ πεδινὴ γῆ κατήντησεν ἰδιοκτησία τῶν Τούρκων. Ὁ Ἕλλην δὲν ἠδύνατο νὰ σπείρῃ ἴδιον σπόρον· τὸν ἐλάμβανεν ἀπὸ αὐτούς, ὡς ἰ-

---

(α) Ἐμβαίνων εἰς τὴν Σατραπείαν του ἕνας Πασσᾶς, ἐσιτίζετο μ' ὅλην τὴν δαψίλειαν ἀπὸ τὰς Κοινότητας κατὰ τοὺς σταθμούς, μέχρις οὗ ἔφθανεν εἰς τὴν Καθέδραν. Διὰ τὸν κόπον τοῦτον τοῦ τρώγειν ἐφιλοδωρεῖτο καὶ μὲ μίαν ποσότητα χρηματικήν, λεγομένην Ντὶς κιρασί: (Ἐνοίκιον ὀδόντων).

(β) Ἴδε καὶ Ἐποχ. Β΄, Κεφ. Β΄.

διοκτήτας. Τί έμενον εις τούτον κοπιάζοντα ολόκληρον χρόνον; Έκ των 100 (εξ υποθέσεως) κουβελίων γεννήματος μόνα 26, και αυτά πολλάκις όχι πλήρη. Μέ τοιούτον ετήσιον κέρδος έπρεπε νά άπαντα τάς οικιακάς του ανάγκας, τά βαρύτατα δοσίματα και τάς ιδιαιτέρας αρπαγάς της Εξουσίας και των Τούρκων έν γένει. Άλλά τούτο ήτον αδύνατον φυσικώς. Προέκυπτον εντεύθεν τά χρέη, αυξανόμενα κατ' έτος, και ή κατάστασις των χωρίων και κωμοπόλεων εις Τσιφλίκια: (ήτοι εις ιδιοκτησίαν Τουρκικήν). Ό Έλλην ούτως έφθανε νά μήν έχη μάλιστα τό δίκαιον της κυριότητος μήτε σπιθαμής γης, μήτε οικίας. Θεωρούμεν εδώ τήν γενικωτέραν τάξιν τού γεωργού (α).

Τοιαύτη ήτον έν συντόμω τού Έλληνος ή παθητική θέσις. Τίποτε σχεδόν δέν έφαίνετο ικα-

(α) Καί μολαταύτα μόλις ανέβαινον αί ένιαύσιοι πρόσοδοι τού Όθωμανικού Βασιλείου εις 25 εκατομμύρια γροσίων, έκ των οποίων τά 10 έδαπανώντο εις τούς μισθούς των Γενιτσάρων κατ' έτος.

Ή πρόσοδος, λεγομένη Μάλι Μιρί, (Περιουσία Αυθεντική), ή Μπέϊτουλ μάλι Μουσλιμί, (ήτοι Θησαυροφυλάκιον των Ορθοδόξων), ανήκεν εις τόν Δημόσιον Θησαυρόν. Ό δέ έτερος κλάδος της προσόδου προέρχεται έκ δωρεών, κληρονομιών των αποθνησκόντων Μεγιστάνων, Σουλτάνων γυναικών, καί πολλάκις καί ιδιωτών πλουσίων, και έκ πολλών δημεύσεων. Έκ τούτων μέρος έδίδετο εις τόν Δημόσιον Θησαυρόν, μέρος δέ εις τόν Βασιλικόν λεγόμενον Χαζινέϊ Χουμαγιούν. Τά έκ των Βασιλικών κτημάτων εδίδοντο εις εργολάβους καί εις επιστάτας. Τό άποταμιευόμενον τούτο κεφάλαιον ηΰξανε συνεχώς, καί έδαπανάτο μέρος μόνον εις μεγάλας ανάγκας. Αί Βασιλικαί αύται πρόσοδοι επεστατούντο από τον κατά καιρόν Ζαρπχανέ Ναζιρή, (Έπιστάτην τού Νομισματοκοπείου).

νὸν νὰ τὸν διατηρῇ προσκεκολλημένον εἰς τὴν γῆν τῆς γεννήσεώς του. Πολλοὶ ἐθεώρουν, ὅτι ἡ κατακλύσασα τὴν Ἑλλάδα Βαρβαρότης ἔμελλε νὰ ἐπαναφέρῃ τοὺς Κατοίκους της εἰς τὴν ἠλιθιότητα τῆς ἀγρίας ζωῆς· ἀλλὰ τοῦτο δὲν συμβαίνει κατὰ παράδοξόν τινα τρόπον. Οἱ Ἕλληνες ἐξ ἐναντίας ὑπομένουν τὰ πάντα ὡς τιμωρίαν ἐπιβεβλημένην ἀπὸ τὸν Οὐρανὸν διὰ τὰς ἁμαρτίας τῶν γονέων των (α), καὶ ἐπικαλούμενοι ἀδιακόπως τὴν ἐξιλέωσιν τούτου, ηὔχοντο ἐνώπιον τοῦ Θυσιαστηρίου καθεκάστην· «Σῶσον, Κύριε! τὸν Λαόν Σου...».

Ἀλλὰ ποῖα, καὶ ἐν τῷ μέσῳ τοιαύτης καταστάσεως, προϋπῆρξαν τὰ πρῶτα μέσα, ὅσα βαθμηδὸν προήγαγον τὸ πνεῦμα καὶ τὰς δυνάμεις των εἰς τὴν ἀνάκτησιν, τῆς ὁποίας ἀπώλεσαν Πολιτικῆς Ἐλευθερίας; Θέλομεν ἤδη ἐξετάσει καθ' ὅλας του τὰς φάσεις τὸ μέρος τοῦτο.

(α) Ἐντεῦθεν ἐστοχάζοντο ἐξιλεούμενον τὸν Θεόν, ὁσάκις ἔβλεπον νικωμένους τοὺς Τούρκους ἐκ μέρους τῶν Χριστιανῶν τῆς Εὐρώπης καὶ μάλιστα τῶν Ῥώσσων. Τοῦ Τυράννου ἡ καταστροφὴ τόσον εὐχαρίστει τὸ φιλέκδικον τῆς ψυχῆς των! Ἀπὸ τὰς περιστάσεις αὐτάς, καὶ ἔτι πλέον τὴν πρόοδον τῶν Ὁμοπίστων τῆς Ἄρκτου, ἤλπιζον βεβαίαν καὶ τὴν ἰδικὴν των σωτηρίαν τέλος πάντων. Ἡ ἐλπὶς των αὕτη ἐθεμελιοῦτο εἰς βάσεις πολιτικὰς ὄχι καταφρονητέας.

ΚΕΦΑΛΑΙΟΝ Β'

Διαγωγή τοῦ Μωάμεθ Β' ὡς πρὸς τὸ Θρησκευτικὸν τῶν Ἑλλήνων — Ἱερατεῖον — Κλέπται — Προεστῶτες — Δημογεροντικὰ Συστήματα — Ναυτιλία — Ἐμπόριον — Φαναριῶται — Συντεχνίαι.

Ὁ Μωάμεθ Β' δὲν εἶδε τὴν κατάκτησιν τῆς Κωνσταντινουπόλεως ὡς τὸ τέλος, ἀλλ' ὡς ἀρχὴν μεγαλυτέρων εἰς τὸ μέλλον ἀγώνων. Εἰς τὴν πολιτικήν του ταύτην κρίσιν δὲν ἐλανθάνετο. Ὑπῆρχεν ἔτι τὸ Βασίλειον τῶν Κομνηνῶν εἰς τὴν Τραπεζοῦντα, ἂν καὶ ὄχι τόσον δυνατόν· τῶν Ἐνετῶν ἡ Ἀριστοκρατία, ἰσχυρὰ κατὰ ξηρὰν διὰ τῶν Φρουρίων της καὶ πολὺ πλέον κατὰ θάλασσαν διὰ τοὺς Στόλους της, κυριεύουσα ἀπὸ τοῦ ΙΒ' Αἰῶνος τὰ περισσότερα τῶν παραλίων τῆς Ἑλλάδος καὶ τῆς Ἀλβανίας, τὴν Κρήτην, καὶ μέγα μέρος τῶν Νήσων τοῦ Ἀρχιπελάγους, καὶ πρὸ πάντων τὴν κλεῖν ὅλων τούτων τῶν τόπων : τὴν Εὔβοιαν. Ὑπῆρχον τὰ Τάγματα τῆς Ἱερουσαλὴμ καὶ τῶν Ἱππέων τῆς Μάλτας, κυριευόντων τὰς σημαντικωτέρας Νήσους τῆς Μεσογείου, ἂν καὶ χωρὶς ἐνέργειαν προοδευτικήν. Ὑπῆρχεν ἀκυρίευτον ἔτι τὸ μεγαλύτερον μέρος τῆς Μεσημβρινῆς, τῆς Δυτικῆς καὶ τῆς Ἀρκτῴας Ἑλληνικῆς Στερεᾶς, ὅπου Ἐμμανουὴλ ὁ Κομνηνὸς ἀνήγειρε πρὶν διαφόρους Δεσποτείας χάριν τῶν νόθων υἱῶν του, αἱ ὁποῖαι σχηματίζουσαι τὸ Τιμαριωτικὸν Σύστημα μὲ ὅλας του τὰς καταχρήσεις, εἶχον διαδεχθῆ τὴν τυραννίαν τῆς παλαιᾶς Κυβερνήσεως. Τοιουτοτρόπως ἠναγκάζετο Μοχάμετ ὁ Β΄ νὰ πολεμήσῃ διαφόρους Ἐπικρατείας, ἢ τεμάχια τῆς Αὐτοκρατορίας τῆς Ἀνατολῆς, ἂν καὶ ἀδύνατα καὶ ἔχοντα τὰ αὐτὰ ἐλαττώματα τῆς Νέας Ῥώμης. Τὸ σημαντικώτερον δὲ φόβητρον ἦσαν ὄχι τόσον οἱ Χριστιανοὶ τοῦ Βορέως, ὅσον ἐκεῖνοι τῆς Δύσεως· ἐναντίον τῶν ὁποίων οἱ Τοῦρκοι ἠναγκάζοντο νὰ δώσωσι τὴν μεγαλυτέραν προσοχήν των, μολονότι οἱ Πάππαι τῆς Ῥώμης τοὺς ὑπέσχοντο κάθε συνδρομήν, διὰ νὰ τοὺς λάβωσι βοηθοὺς ἐναντίον τῶν ἰδίων Χριστιανῶν, ὅσοι δὲν ἐδέχοντο τὴν θεοκρατίαν των.

Ἡ Θρησκεία ἐστάθη πάντοτε τὸ δυνατώτερον ἐλατήριον τῶν Ἐθνῶν. Διὰ νὰ στερεώσῃ ὑπὸ τὴν ὑποταγήν του τὰς μέχρι τοῦδε κατακτήσεις· διὰ νὰ κατορθώσῃ ἐξ ἑνὸς μέρους τὴν εὐκολωτέραν ἐξουσίασιν τῆς λοιπῆς Ἑλλάδος, καὶ ἐκ τοῦ ἄλλου τὴν ἠθικὴν ἀντιπαράθεσιν τῶν Ἑλλήνων ἐναντίον τῶν Δυτικῶν, διῃρημένων διὰ θρησκευτικὰς δοξασίας· ὁ ὀξύνους Μοχάμετ μεταχειρίζεται τὸ μέσον τοῦτο, συγκαταβαίνων εἰς τὴν ἀνοχὴν τῶν Θρησκευμάτων, καὶ ἐπιχειρίζεται τὴν ἀνασύστησιν τῆς Ἐκκλησίας τῶν Ἑλλήνων. Τοιουτοτρόπως ἐκτελῶν τὰ καθήκοντα τῶν Αὐτοκρατόρων, ἐνθρονίζει εἰς τὴν Πατριαρχικὴν Καθέδραν τὸν Γεννάδιον Σχολάριον, ἐκλεχθέντα παρὰ τοῦ ἰδίου Κλήρου. Ὁ Πατριάρχης, ἢ τὸ Ἱερατεῖον, προικίζεται ἤδη μὲ προνόμια σημαντικά, καὶ εἰς τὸν Θρόνον τούτου βλέπουσιν οἱ Ἕλληνες τοὺς τύπους ἑνὸς μέρους τῆς προτέρας δόξης των καὶ παρηγορίαν τινὰ τῶν θλίψεων τῆς Μεταβολῆς τοῦ 1453.

Εἶναι ἀληθινόν, ὅτι τὸ Ἱερατεῖον ἦτο κατὰ μέγα

μέρος τό μορμολύκειον τῆς πολιτικῆς τοῦ δεσπόζοντος Έθνους. Ἀπεδείχθη δὲ πολλάκις, ὅτι τά παραχωρηθέντα προνόμια τοῦ Ἀνωτάτου Ἀρχιερέως δὲν εἶχον καὶ τὴν ἰσχὺν τοῦ νὰ ἀπαλλάξωσι τοῦτον ἀπὸ τὴν ἀτιμίαν τῆς ἀγχόνης. Εἰς τὰς τυραννίας οἱ νόμοι καὶ τὰ προνόμια δὲν εἶναι ἄλλο, εἰμὴ αὐθαίρετος πολιτική. Μολοντοῦτο συστοιχίζον ἤδη πρὸς τὸ μέρος του ὅλην τὴν πίστιν καὶ τὴν ἠθικὴν δύναμιν τοῦ Ἔθνους, σταθερὸν εἰς τὰ εὐαγγελικὰ καθήκοντά του, τὸ Ἱερατεῖον ὠφέλησεν ἐξαισίως διὰ τῶν νουθεσιῶν καὶ τοῦ παραδείγματός του, ὅτε ἐκινδύνευεν ὁλόκληρος ὁ καταποντισμὸς τῆς Θρησκείας.

Οἱ δεισιδαίμονες Μουσουλμάνοι φθονοῦσι τὴν μεγαλοπρέπειαν τοῦ Ἑλληνικοῦ Κλήρου, καὶ προσπαθοῦν τὴν ταπείνωσίν του. Ἐντεῦθεν ἡ Ἐκκλησία τῶν Ἁγίων Ἀποστόλων μετασχηματίζεται εἰς Τσαμίον, τὸ δὲ Πατριαρχεῖον περιορίζεται εἰς τὸ Μοναστήριον τῆς Παμμακαρίστου (κατὰ τὸ Φανάρι).

Ἡ Ἐκκλησία, ὡς μήτηρ ἤδη ὅλων τῶν Ἑλλήνων, ἀντέχει γενναία ἐναντίον τῶν ὀχληρῶν ἐπιβουλῶν. Προβλεπτικοὶ νόες ρυθμίζουσι βαθμηδὸν τὸν διοργανισμόν της καὶ ἐκεῖνον τοῦ Κλήρου, φέρουσι τὸ Ἔθνος εἰς ὕπαρξιν καλυτέραν ὑπὸ τὸν δεσποτισμόν, καὶ τὸ προπαρασκευάζουσι τρόπον τινὰ εἰς ἐπιχειρήματα μεγάλα. Χαλινώνεται τοιουτοτρόπως ἡ ἕως τότε αὐθαίρετος τοῦ Πατριάρχου ἐξουσία, καθυποβάλλεται ὁ Κλῆρος εἰς κανονισμούς, δίδεται εἰς τὸ Ἔθνος Ἀντιπροσωπική τις δύναμις, καὶ διατίθενται αἱ πρόσοδοι τῆς Ἐκκλησίας εἰς τρόπον τοῦ νὰ ἠμπορῶσιν εἰς κατεπειγούσας περιστάσεις νὰ χορηγῶσι τὰ μέσα εἰς ἐξιλέωσιν τῆς ὀργῆς, ἢ εἰς ἀνάκτησιν τῆς εὐνοίας τῆς Τουρκικῆς Κυβερνήσεως.

Τὸ μέγα τοῦτο ἐπιχείρημα, ἀποβλέπον οὐσιωδῶς τὰ πρῶτα βήματα τῆς προόδου τῶν Ἑλλήνων, ἐπέτυχε τὸν σκοπόν του. Ἡ Σύνοδος, συγκειμένη πρῶτον ἀπ' ὅλους τοὺς Μητροπολίτας καὶ Ἀρχιεπισκόπους, ὅσοι εὑρίσκοντο εἰς τὴν Κωνσταντινούπολιν, κατέστη ἔπειτα δωδεκαμελής, προεδρευομένη ἀπὸ τὸν Πατριάρχην καὶ ἀντιπροεδρευομένη ἀπὸ τὸν Καισσαρείας. Αὐτή, οἱ λεγόμενοι Εὐγενεῖς τοῦ Φαναρίου, οἱ σημαντικώτεροι μεταξὺ τῶν Ἐμπόρων, καὶ οἱ Τεχνῖται ἐσχημάτιζον Ἐθνικήν τινα Συνέλευσιν, εἰς τὴν ὁποίαν ἦτον ἐπιτετραμμένον τὸ δικαίωμα τῆς ἐκλογῆς τοῦ Πατριάρχου. Τὸ Ταμεῖον τῆς Ἐκκλησίας, ἐλεύθερον ἤδη ἀπὸ τὰ ἔξοδα, εἰς τὰ ὁποῖα τὸ ὑποχρέωνεν ἕκαστος νέος Πατριάρχης, ἐνεπιστεύθη εἰς Ἐπιτροπήν τινα συγκειμένην ἐκ δώδεκα Μελῶν (α).

Ὁ Πατριάρχης καὶ Ἀρχιεπίσκοπος τῆς Κωνσταντινουπόλεως, ἦτον ὁ ἀνώτατος Κριτὴς τῶν

(α) Δηλονότι 4 Μητροπολιτῶν, 4 Πληρεξουσίων τῶν Εὐγενῶν καὶ 4 τῆς τρίτης Τάξεως.

Ἡ Ἐπιτροπὴ αὕτη ἀνανεουμένη κατ' ἔτος, ἔδιδε λόγον τῶν πράξεών της ἐνώπιον τῆς Ἐθνικῆς Συνελεύσεως. Ἡ Πατριαρχικὴ Σφραγίς, μὲ τὴν ὁποίαν ἐσφραγίζοντο αἱ πρὸς τὴν Πόρταν Ἀναφοραὶ καὶ τὰ Χρεωστικὰ Γραμμάτια τῆς Ἐκκλησίας, διῃρέθη εἰς 4 τμήματα. Τέσσαρες Μητροπολῖται, Μέλη τῆς Συνόδου, ἐκράτουν ἀνὰ ἓν ἐκ τούτων. Ὁ Πατριάρχης ἔφερε τὴν λαβήν, μὲ τὴν ὁποίαν ἡνοῦντο τὰ 4 ταῦτα τμήματα· εἰς τρόπον, ὥστε ἀπῃτεῖτο ἡ συνδρομὴ τοῦ Πατριάρχου καὶ 4 Μελῶν τῆς Συνόδου, ὁπόταν ἐπρόκειτο χρεία τῆς Πατριαρχικῆς Σφραγίδος.

ΑΛΕΞΑΝΔΡΟΣ ΚΑΙ ΔΗΜΗΤΡΙΟΣ

ΥΨΗΛΑΝΤΑΙ

Ελλήνων τής Βασιλευούσης (α). Εξετέλει τά καθήκοντά του μέ μίαν Σύνοδον ιδιαιτέραν, συγκειμένην από τούς πρώτους αύλικούς του Ιερωμένους καί Λαϊκούς. Τό Δικαστήριον τούτο ήνοιγε δίς τής εβδομάδος μέ την μεγαλυτέραν πομπήν καί ήσαν επίσης τής άρμοδιότητός του καί πολιτικαί καί εγκληματικαί υποθέσεις.

Ό Πατριάρχης εδίκαζε κατά τούς ιδίους τύπους τοῦ Μεγάλου Βεζύρη, μεταχειριζόμενος τόν Κώδικα τοῦ Ιουστινιανού. Είχε τό δικαίωμα τοῦ νά πέμπη τούς ενόχους εις τό Ναυπηγείον, (ή τό γνωστόν Κάτεργον,) χωρίς νά δίδη λόγον εις κανένα. Ημπόρει προσέτι νά εξορίζη τούς ενόχους, ή νά τούς κλείη εις φρούρια, ζητών την υποχρεωτικήν συγκατάθεσιν τής Πόρτας εις περίπτωσιν τοιαύτην. Οι Γενίτσαροι εσχημάτιζον την τιμητικήν φυλακήν του, εξαρτώμενοι από αυτόν καί εκτελούντες ακριβώς τάς διαταγάς του.

Τό Μέγα Δικαστήριον τής Μεγάλης Συνόδου συνεδριάζον δις τής εβδομάδος, είχε την απόλυτον εξουσίαν τοῦ ν' αποφασίζη καί εκκλησιαστικάς καί κοσμικάς υποθέσεις. Η Πόρτα ανεγνώριζε τούτο, καί όλα τά Φερμάνιά της διευθύνοντο πρός τόν Πατριάρχην καί την Σύνοδον. Αι αποφάσεις τών Επισκόπων ανεθεωρούντο καί ακυρώνοντο, ή μή, υπό τής Συνόδου. Εις περίστασιν τοιαύτην ή Σύνοδος εθεωρείτο ώς Έκκλητον Δικαστήριον. Ενώπιον αυτής δέν εκκαλούντο μόνον αι διαφοραί,

---

(α) Τοιαύτην είχον δύναμιν καί οι Επίσκοποι εις τάς Επαρχίας των.

όσαι έθεωροΰντο άπό τόν Πατριάρχην καί τήν Ιδιαιτέραν του Σύνοδον.

Τοιουτοτρόπως τό Έθνος τό Ελληνικόν, καί ύπό τήν δουλείαν καταδεδικασμένον, διετήρει έν έαυτώ δικαιώματά τινα, καί παρίστα πάντοτε τό μικτόν Άντιπροσωπικόν του Σύστημα είς τήν Καθέδραν τής Εξουσίας. Ή παράδοξος καί κατ' άνάγκην συναρμολογία τοΰ προσωπικού του δέν διέφερεν άπ' έκείνην τών χρεών του, ώς χαίροντος έν ταυτώ καί Εκτελεστικήν δύναμιν καί Δικαστικήν δικαιοδοσίαν. Δέν έχομεν προκείμενον ήδη, ούδέ τόν άρμόδιον καιρόν τοΰ νά περιγράψωμεν, όπόσα άλλα οί Μητροπολίται άπήλαυον προνόμια έναντίον τής άπολύτου ύπεροχής τών Πασσάδων. Διά τούτων έσωζον τήν μεγαλυτέραν είς τό πνεύμα τοϋ Λαοϋ έπήρειαν, άποδειχθείσαν είς τάς σημαντικωτέρας περιστάσεις. Ή Εξουσία, τόσον άκοινώνητος διά τήν διαφοράν τής ήθικής, τής θρησκείας καί τής γλώσσης, ήτο μακράν τοΰ νά Ιδη μεματαιουμένους τούς στοχασμούς της ώς πρός τό Ίερατείον τής Ανατολής, ένώ τό ύπεστήριζε μόνον καί μόνον, διά νά ήναι ό ήθικός χαλινός τών ύπηκόων της Ελλήνων, καί ό κήρυξ τής δουλείας. Πρέπει νά όμολογήση τις, ότι τό Σύστημα τοΰτο, όποιον καί άν κρίνηται πρό τής Μεταβολής τοΰ 1453, χαίρει όμως τήν πάνδημον εύγνωμοσύνην είς τήν μετέπειτα διαγωγήν του. Οφείλεται είς αύτό ή σωτηρία τής Θρησκείας καί τής Γλώσσης (α).

Τά πλεονεκτήματα καί τό μεγαλείον τών εύρυχώρων κατακτήσεων πολλαπλασιάζουν είς τούς

(α) Ίδε Κεφ. Γ'.

Τούρκους τά πάθη της 'Ασιατικής πολυτελείας και όκνηρίας. Καί ή Έξουσία καί ό ιδιώτης Τούρκος δέν έχουσι τόν άπαιτούμενον χαλινόν εις την καθημερινήν αΰξησιν των άπαιτήσεών των. Οί Κάτοικοι των πεδίων πάσχουν πολύ πλέον. Καί οί Φρουροί καί οί πλούσιοι μέτοικοι Όθωμανοί, κάτοχοι ήδη όλης της γεωργησίμου γης, περιωρίσθησαν εις ταύτα, άφήσαντες είς κάποιαν έλευθερίαν τά όρεινά μέρη, ώς μήν έχοντες άπό αύτά μεγάλας ώφελείας. Ή τυραννία άρα περιωρίζετο κυριώτερον είς τάς πόλεις καί τάς παραλίους της 'Ελλάδος. Πηγάζει έντεύθεν ή μεταξύ των όρεινων καί των πεδινών Ελλήνων διαφορά. Οί πρώτοι ζωηροί καί κλίνοντες περισσότερον πρός τήν έλευθερίαν καί τόν πόλεμον (α)· οί δεύτεροι έκλελυμένοι καί άήθεις ώσεπιπολύ είς τήν διαχείρισιν των όπλων. 'Από τήν κλάσιν των δευτέρων έδείχθησαν έπί Τουρκοκρατίας ούδείς Πολεμικός καί όλίγοι άγχίνοες Πολιτικοί· άλλ' άπό έκείνην των πρώτων καί πολλοί Πο-

(α) Είς τήν Ρούμελην μάλιστα ύπήρξεν όρμητικωτέρα ή πρός τά όπλα καί τήν έλευθερίαν κλίσις των όρεινων Ελλήνων. Τούς κατέστησε τοιούτους πρώτον ή βοηθητικωτέρα παρά τά άλλα μέρη θέσις τού τόπου· δεύτερον ή έποχή του Σκενδέρ Πεή, άφήσασα διαδοχικά τό πνεύμα καί τήν έπήρειάν της είς τάς διασκορπισθείσας γενεάς· καί τέλος πάντων, αυτή ή πολιτεία των Τούρκων, οί όποίοι παρεχώρησαν δίκαια καί προνόμια είς τούς Καπετανέους, ότε κατεκυρίευον τάς Έπαρχίας. Είτε άντιπερισπώμενοι άπό άνωτέρας περιστάσεις πολέμων, είτε άφίνοντες είς τό μέλλον τήν ένέργειαν των πλέον έκτεταμένων στοχασμών των, οί Τούρκοι, είναι όμολογούμενον, δέν έστάθησαν ίκανοί νά φέρωσιν είς τήν ύποταγήν τούτους· καί είδομεν, μέχρι τίνος καιρού διεφύλαξαν τά δίκαια έλευθερίας τινός πολλόταται όρειναί Έπαρχίαι.

λεμικοί καί οί επιχειρηματικώτεροι Πολιτικοί. Ή ανατροφή μορφώνει τον άνθρωπον. Δεν υποτάσσεται αυτός, κατ' έξαίρεσιν κατεπειγούσης βίας, είς δ,τι προσβάλλει άπ' ευθείας τά φυσικά καί κοινωνικά δίκαιά του. Ήτον επόμενον άρα το να μή δεχθώσιν οί ορεινοί Έλληνες τας προσβολάς της τυραννίας μέ τοιαύτην υπομονήν, οποία εχαρακτήριζεν εξ ανάγκης τους κατοίκους των πεδίων. Ενταυτώ ή Τουρκική Εξουσία δεν εγνώρισε νά διαπολιτευθή, ή κατεφρόνησε νά ωφεληθή από το πηγάζον εκ της φύσεως του τόπου καί των περιστάσεών των πολεμικόν πνεύμα των Ελλήνων, θέλουσα νά τους άφαιρέση κάθε ύποκείμενον εθνισμού, καί έχουσα τον σκοπόν του νά καταστήση όλους γεωργούς, απλώς βιομηχάνους καί ώς τοιούτους ταπεινότατα ανδράποδα των χρειών της.

Εντεύθεν επανίστανται κατ' αυτής, ή απαρνούνται τήν υποταγήν των οί κατά γενεάς υπάρχοντες καί από της εποχής των Ελλήνων Αυτοκρατόρων (α) Καπετανέοι. Συγχρόνως άλλοι εκ των ορεινών Επαρχιών, πλέον κατά σύγκρισιν φίλοι της ελευθερίας των, αρνούνται τρόπον τινά την κοινωνίαν καί τα αγαθά της, σύρονται είς τα δάση καί τα υπερήφανα βουνά, καί προκρίνουσι την αγρίαν

(α) Βεβαιούμεθα τούτο καί άπ' άλλα Ιστορικά Υπομνήματα καί άπό την δημοσιευθείσαν (Ανάλ. Άθην. σελ. 118) Διαταγήν τού επί Σουλτάν Μουράτ Σινάν Πασσά προς τους Ιωαννίτας (1430).

«Της κεφαλής των κεφαλάδων καί Αυθέντου πάσης Δύσεως του Σινάν Πασσά ορισμός καί χαιρετισμός εις... τον Καπετάν Στρατηγόπουλον καί τον υιόν του Καπετάνου τον Κύρ Παύλον...».

κατάστασιν της φύσεως παρά την ύποδούλωσίν των εις τους Τούρκους. Ή απελπισία, θυγάτηρ ώσεπιπολύ της τυραννίας, σύρει τον άνθρωπον εις τάς μεγαλυτέρας άτοπίας· άλλ' εις την περίστασιν αυτήν δεν χαρακτηρίζεται ολοκλήρως τοιαύτη. Ή διαγωγή των άνωτέρω άνθρώπων, καρπός τοο φυσικού αίσθήματος προς την έλευθερίαν, απευθύνετο προς ένα πάντοτε σκοπόν : την προσβολήν της τυραννίας και άπλώς τοο Τούρκου. Ή ίδέα αύτη δεν άκυρουται, φρονουμεν, αν οί άνθρωποι ούτοι, αδύνατοι νά ζωογονώνται πλέον μέ βαλάνους, κυνήγια, φλύδας δένδρων και τους αυτομάτους καρπούς της γης, επεβουλεύοντο τον άγρόν και το ποίμνιον του γείτονός των. Καθώς οί Τούρκοι πάντοτε, τοιουτοτρόπως και οί Έλληνες ήδη ευρίσκονται εις τον μέσον του παλαιού και του νέου Κόσμου Αιώνα της Ευρώπης.

Τοιαύτα υπήρξαν τά γενέθλια των πολυθρυλήτων επί της Τουρκοκρατίας

ΚΛΕΠΤΩΝ (α)

Έκτοτε παρετηρήθη, ότι ήτον αδύνατον το να συζώσιν Έλλην και Τούρκος. Έφερον ούτοι τάς

(α) Το όνομα Κλέπται δεν εδόθη εις τούτους δια το πρακτικόν μέρος της διαγωγής των. Αύτη δεν ήτο κατ' αρχάς διόλου ενοχλητική εις τους Έλληνας. Πάσα Διοίκησις, είτε καλή, είτε τυραννική, ονομάζει Αντάρτας και Αποστάτας, ή Κλέπτας και Κακούργους, εκείνους, όσοι άπαρέσκονται εις το σύστημά της, και δεν πείθονται εις τάς διαταγάς της, εναντιούμενοι άπ' ευθείας ένοπλοι. Και οί Τούρκοι εντεύθεν έπρεπε να μεταχειρισθώσι την ιδίαν ονοματολογίαν εις τους ανθρώπους τούτους. Παράδειγμα έχομεν και άλλας και την τελευταίαν

Σημαίας τού Σταυρού (α), καί πολλάκις έσχημάτιζον Δύναμιν όχι καταφρονητέαν. Ήσαν άρα ή Εθνική Φρουρά τής Ελλάδος κατ' ένα τρόπον. Κολάζοντες διά τών προσβολών τόν δεσποτισμόν τών Τούρκων, εις μέν τό Έθνος έδιδον ψυχήν καί ελπίδας, εις τούτους δέ διέσπειρον τήν παραλυσίαν καί τήν άτιμίαν. Είναι δέ βέβαιον, ότι μ' όλα τά μέσα της ή Εξουσία δέν ήδυνήθη νά τούς έξοντώ-

---

έποχήν τού 1821, ότε ή Τουρκική Εξουσία ώνόμαζε τούς όπλισθέντας εναντίον της Έλληνας Χ ι ρ σ ί σ ι δ α ς καί Ά σ ί δ α ς: (ήγουν Κλέπτας καί Αποστάτας).

Τήν αρχήν αυτήν καλώς έννοούντες καί οί περί τής νέας Ελλάδος Συγγραφείς Εύρωπαίοι, μετεχειρίσθησαν τό Κ λ έ π τ α ι ώς τίτλον τού Συστήματος τούτου. Τό ίδιον ήκολούθησαν καί αί Δυνάμεις τής Ρωσσίας, Γαλλίας καί Αγγλίας έπί τής διαδοχικής Προστασίας τής Επτανήσου. Τούς Ανθρώπους τούτους δέν έθεώρησαν ώς Κλέπτας αληθινούς, άλλ' ώς Αξιωματικούς τού Έθνους των. Ώς τοιούτους καί τούς έτίμησαν.

Πάντοτε δέ ούτοι, μολονότι έξόριστοι άπό τήν ξένην Εξουσίαν τής Πατρίδος των, δέν έπνεον άλλο καί μακράν αυτής, ειμή τήν Ελευθερίαν της. Ή Εποχή Β' μάς δίδει παραδείγματα πολλότατα αυτής τής αληθείας. Τήν ιδίαν έπισφραγίζει ολοσχερής ό Πόλεμος τού 1821.

(α) Είμεθα βέβαιοι, ότι αί Σημαίαι τών Κλεπτών τής Πελοποννήσου, παρά τάς συνήθεις άπεικονίσεις τών Στρατηλατών τού Αγίου Γεωργίου, ή τού Αγίου Δημητρίου, έφερον καί τό Λ ά β α ρ ο ν τού Μεγάλου Κωνσταντίνου,

«Έν τούτω νίκα τούς έχθρούς σου»

διά τού όποίου ένίκησεν ούτος, κατά τήν Εκκλησιαστικήν Ιστορίαν, έόν πολύ δυνατώτερον τύραννον καί έχθρόν του Μαξένειον, καθ' όν καιρόν άνελογίζετο τήν άστατον ροήν τού Κόσμου καί έπικίνδυνον πολλά τήν κατά τής Ιταλίας κίνησίν του

ση (α) καί δι' άλλας αιτίας καί διά τήν συνεχή περιπλοκήν της εις έμφυλίους ταραχάς καί πολέμους. Ή θέσις της Ελλάδος ήτο βοηθητική είς τούτους. Μάλιστα είς τήν έξολόθρευσιν, σπανίαν καί αυτήν, ενός μέρους έπαρουσιάζοντο, κατά τήν Έπτακέφαλον Ύδραν, άλλοι περισσότεροι. Τά όρη καί ή γειτονεύουσα Επτάνησος ήσαν τά καταφύγιά των. Οι Κλέπται φιλότιμοι, υπερήφανοι, φιλόξενοι, άπλοήθεις, γενναίοι, αίσχροκερδείς καί εκδικητικοί (καί πρός αύτούς πολλάκις τούς Ομογενείς των εξ ανάγκης), έβεβαίωσαν, πολεμοΰντες πάντοτε ολίγοι πρός πολλούς, τήν Ελληνικήν άνδρείαν καί υπεροχήν είς τόν πόλεμον, αν ποτέ άπεφάσιζε νά τόν ακολουθήση ολόκληρον τό Έθνος. Οί κίν-

(α) Τότε εύδοκίμησαν εν μέρει οι Τούρκοι, ότε έλαβον βοηθούς τούς Κατσίκους. Κατά τούς τελευταίους χρόνους ήδυνήθη ό Άλή Πασσάς νά καταδαμάση πολλούς της Στερεάς, καί νά έξολοθρεύση οίκογενείας τινάς εκ τούτων. Μία περίστασις του 1806 άπετέλεσε τόν έν γένει άπό Τούρκους καί Έλληνας διωγμόν τών Κλεπτών της Πελοποννήσου. Έκτοτε έξηλείφθησαν ούτοι άπό τόν τόπον τούτον, όπου υπερίσχυε τό Πολιτικόν μέρος, ή οί Προεστώτες, καθώς εξ εναντίας είς τήν Στερεάν τό Πολεμικόν, ή τά Καπετανάτα. Άπό τά λείψανα τούτων, καθώς καί εκείνων του Σουλίου καί της Ρούμελης, έσχηματίσθη είς τήν Έπτάνησον τό γνωστόν Ε λ λ η ν ι κ ό ν Σ ώ μ α κατά τήν Εύρωπαϊκήν όπλασκίαν.

Είς τήν Στερεάν διέμενον καί ηύδοκίμησαν περισσότερον οί Κλέπται διά τήν φυσικήν δεξιότητα καί έκτασιν του τόπου. Ή Πελοπόννησος ήτο περιωρισμένη. Συνέτεινεν όχι όλιγώτερον καί ή γειτονία της Αλβανίας, ή όποία μήν έχουσα ήθη καθαρώς Τουρκικά καί πάντοτε εξ ανάγκης στρατιωτική καί έπιρρεπής είς τήν άρπαγήν, δέν έσωζε τόσον άδυσώπητα τά μίση της κατά του Συστήματος τούτου, είς τό όποίον εύρισκε πολλάκις καί συμφέρον καί καταφύγιον.

δυνοι καί οί θρίαμβοί των εναντίον τῶν τυράννων ἦσαν τὸ σφοδρότερον ἐλατήριον, τὸ ὁποῖον ἔσυρεν ἀπὸ τὴν ἠλιθιότητα τοὺς πολλούς, καὶ τοὺς ἦναπτε τὴν φαντασίαν καὶ τὰς ἐλπίδας. Τὰ Κλεπτικὰ ἐντεῦθεν Τραγῴδια (α) διέχυνον τὴν μεγαλυτέραν εὐχαρίστησιν εἰς τὰς καρδίας ὅλων. Δι' αὐτῶν ἀνεγνωρίζοντο, κατὰ τὸ παράδειγμα τῶν Ἡρωϊκῶν Αἰώνων ὡς ἥρωες ἀληθινοί, οἱ ὀλίγοι πρόμαχοι τῆς ἐλευθερίας των. Ἐσχημάτιζον ἄρα οὗτοι τὸν Ἡρωϊκὸν Αἰῶνα τῆς Ἑλλάδος, ὁμοιότατον καθ' ὅλα μ' ἐκεῖνον

(α) Ἐνέπνεον αὐτὰ ἐνθουσιασμὸν ζωηρότατον διὰ τὴν ἁπλοϊκὴν διήγησιν συγχρόνων πολεμικῶν πράξεων, καὶ ἀνεζωπύρουν εἰς τὴν ψυχὴν ἑκάστου τὰ ἀγαπητὰ τοῦ ἡρωϊσμοῦ πάθη διὰ τὸ ἐλευθεριάζον κατὰ τῆς τυραννίας πνεῦμά των. Ἡ ἀνεπιτήδευτος, ἢ ἡ φυσική, φαντασία των δὲν ἔδιδε μικροτέραν χάριν. Ἐκινήθη διὰ τοῦτο σπουδαία ἡ περὶ αὐτὰ περιέργεια καὶ τῶν ξένων Περιηγητῶν τῆς Ἑλλάδος, πολλοὶ τῶν ὁποίων τὰ κατέταξαν καὶ εἰς τοὺς κώδικας τῆς Ποιητικῆς Φιλολογίας.

Ἀπὸ τοῦ Πολέμου τοῦ 1821 ἐφάνησάν τινες μιμηταὶ τοῦ εἴδους αὐτοῦ τῆς ἁπλοϊκῆς Ποιήσεως. Ἀλλ', ὅ,τι εἶναι βεβιασμένον, δὲν δύναται νὰ φέρῃ τὴν φυσικὴν χάριν ἑνὸς πρωτοτύπου.

Τὰ Κλεπτικὰ Τραγῴδια, ἐπονομαζόμενα ἀπὸ τοῦ πράγματος καὶ Ἐλεύθερα, μετεχειρίζοντο οἱ Ἕλληνες εἰς τὸν λεγόμενον Ἐλεύθερον Χορόν. Τοιαῦτα ἦσαν τὰ συνηθέστερα τοῦ μαχίμου Κίτσου, τοῦ περιφήμου Νίκου Τσάρα, τοῦ μεγαλοψύχου Πουκουβάλλα, τοῦ ὁρμητικοῦ Ποζδέκη, τοῦ θαυμαστοῦ Ζαχαριᾶ, τοῦ τρομακτικοῦ Κολοκοτρώνη καὶ ἄλλων.

Αἱ Ἡρωϊκαὶ αὐταὶ Ὠδαί, διεγείρουσαι τὸν θυμὸν τῆς ψυχῆς καὶ τὸν ἐνθουσιασμὸν τοῦ πνεύματος, ἐγίνοντο πρὸς ἔπαινόν τινος ἀνδραγαθήματος, ἢ ἀποθνήσκοντος Καπετάνου ἐξ ἑνὸς μέρους καὶ πρὸς κατηγορίαν τῶν Τούρκων ὡς δειλῶν καὶ ἀνεπιτηδείων ἐκ τοῦ ἄλλου. Ἐχαρακτήριζον ἄρα τῶν Κλεπτῶν τὸ φρόνημα καὶ τὴν μεγαλαυχίαν πρὸς τὴν πολεμικὴν ἀρετήν.

τής παλαιάς και ώς πρός τήν δίαιταν και ώς πρός τήν ιεραρχίαν των. Αί γυμνάσεις των, κοιναί και εις τούς άλλους Έλληνας, ήσαν επίσης ώς έκείναι τών παλαιών, άποβλέπουσαι εις μόνην τών σωματικών δυνάμεων τήν τελειοποίησιν. Αί μάχαι και ό θάνατος ήσαν ή ιστορία των.

Πολλάκις, διά νά μήν εϊπωμεν πάντοτε, βεβιασμένη ή Τουρκική Εξουσία έδικαίωνε τήν διαγωγήν των. Τούς έτίμα δε με τά λεγόμενα Ά ρ μ α τ ο λ ί. κ ι α, άν και δέν άνείχετο βλέπουσα ένοπλον και ισχυρόν έκείνον, τόν οποίον ένόμιζεν ώς κτήνος. Γεννάται ήδη ή συστηματική υπεροχή των εις τάς Επαρχίας, και μάλιστα τάς ορεινάς.

Παρά τό πρώτον τούτο αϊσιον βήμα αί Όπλαρχηγίαι, ή τά συνηθέστερον Άρματολίκια και Καπετανάτα, διατηρούντα διαδοχικήν τήν άξίαν διά τής δυνάμεως τών δπλων, έπαρουσίαζον κατ' ένα τρόπον δύο αντιθετικές δυνάμεις, εις τήν 'Ελλάδα. Ή Εξουσία, μ' δλην τήν παχύτητα τού νοός της, έβλεπε τής περιστάσεως αύτης τά χειρότερα αποτελέσματα. μετεχειρίζετο εντεύθεν τήν χαμερπεστέραν άλωπεκήν, δτε δέν έφθανεν ή λεοντή τού πολέμου ουδέποτε δμως έδείχθη ειλικρίνεια τις εις τά διδόμενα άμοιβαία πιστά. Οί Καπετανέοι, άμαθείς μέν, άλλ' ωφελούμενοι άπό τήν φυσικήν άγχίνοιαν και τήν πείραν, έγνώριζον ώς Μαθηματικήν άλήθειαν, πόσον είναι άπιστος ή τυραννίς εις τάς υποσχέσεις της. Και τά δύο μέρη ευρίσκοντο κατ' αυτόν τόν τρόπον ώς εις προσωρινήν ανακωχήν πολέμου και προέκυπτε τό νά φαίνωνται συχνά άλλοτε Κλέπται, δταν έβιάζοντο, και άλλοτε Άρματωλοί οί ίδιοι άνθρωποι, δταν έχαιρον τήν ήσυχον έπιρροήν τών δπλων των.

Τέλος πάντων τὸ Σύστημα τῶν Κλεπτῶν ἦτο μ' ἄλλους λόγους τὸ Πρότυπον Πολεμικὸν Σχολεῖον τῆς μελλούσης Μεταβολῆς, σχηματίζον τὴν πρώτην Στρατιωτικὴν Δύναμιν τῆς Ἑλλάδος. Παρεισέφρησαν καὶ εἰς τοῦτο καταχρήσεις σημαντικαί. Ἀλλ' ἄνθρωποι, ἔργον ἔχοντες τὴν πολεμικήν, καὶ σαφέστερον ἀκολουθοῦντες τὸν στρατιώτην κατὰ τοῦ δυνάστου των, χωρὶς τινος πόρου, ἦτον ἀδύνατον φυσικῶς νὰ μὴν ἐπιβουλεύωνται τὴν κατάστασιν τοῦ ἄλλου. Ἔξω τούτου ἐφάνησαν παντοῦ καὶ πάντοτε ἀναποχώριστοι αἱ καταχρήσεις ἀπὸ τὰ περισσότερα καί, ἃς μᾶς συγχωρηθῇ νὰ εἴπωμεν, τὰ πλέον ἱερὰ Συστήματα. Δὲν εἶναι παράδοξον λοιπόν, ἂν ἀνεφάνησαν καὶ μεταξὺ τῶν νέων Ἡρώων τῆς Ἑλλάδος ἄλλοι κατά τινα τρόπον Πιτυοκάμπται, Προσκρουσταὶ καὶ Σκίρωνες.

Τὸν Ἡρωϊκὸν Αἰῶνα τῆς Ἑλλάδος θέλει διαδεχθῇ ἡ ἐποχὴ τῆς Παιδείας, καὶ ταύτην ἐκείνη τῆς Ἐλευθερίας. Ἀλλά, πρὶν ἢ ἔμβωμεν εἰς τὴν ἐξέτασιν ὅσον τῆς μιᾶς, τόσον καὶ τῆς ἄλλης περιστάσεως, πρέπει νὰ παρατηρήσωμεν ἄλλα τινὰ ἀντικείμενα, ἓν τῶν ὁποίων εἶναι τὸ Σύστημα τῶν

ΠΡΟΕΣΤΩΤΩΝ

γνωστῶν ὑπὸ τὸ χυδαιοβάρβαρον ὄνομα Κοτσαβάσιδων.

Τῶν ἠθῶν, καθὼς καὶ τῶν φυσικῶν χρειῶν, ἑνὸς Λαοῦ ἡ ἄγνοια, ἢ ἡ παραμέλησις, φέρει εἰς τοὺς Διοικοῦντας τὰς μεγαλυτέρας ἀστοχίας καὶ διαπτώσεις. Ὡς τοιοῦτοι οἱ Τοῦρκοι δὲν ἠμποροῦν νὰ συγκοινωνήσωσι μὲ τοὺς ἀρχομένους, καὶ νὰ τοὺς φέρωσιν, εἰς τὸν ὁποῖον οἱ ἴδιοι ἔτρεχον δρό-

43

μον. Συνέτρεχεν εις τούτο καί ή φύσις, ή τό άνώμαλον Ιδαφος του τόπου, χωριζομένου άπό πορθμούς καί θαλάσσας, καί διακοπτομένου άπό μεγάλα βουνά. Γεννάται δέ ή άνάγκη Συστημάτων, συντιθεμένων άπό τούς Ιδίους Κατοίκους· καί αΰτη υποχρεώνει τούς Τούρκους νά άναγνωρίσωσι τό άρχαίον δίκαιον τής Δημώδους Άρχής τών Ελλήνων. Ήτον αΰτη φραγμός τις τής όρμητικής προσβολής τοΰ άγρίου Δεσποτισμού, σπαράττοντος άδιακόπως τό ήμερον Υπήκοον. Άπό τήν ίδίαν αύτήν περίστασιν πηγάζει τό Σύστημα τών κατ' 'Επαρχίας Προεστώτων, οί όποιοι ίδραξαν βαθμηδόν τήν δευτέραν μετά τό Ίερατείον έπήρειαν είς τό κοινόν πνεύμα. Αυτοί Ιδειξαν άναγεννωμένην όπωσδήποτε τήν νεκρωθείσαν Ιδέαν τής έπί τών Αύτοκρατόρων καί τών Ένετών Άρχοντείας.

Προβάλλοντες είς τήν Έξουσίαν, όποια έστοχάζοντο άρμόδια ώς πρός τό έσωτερικόν τών 'Επαρχιών πολιτικά, καί μάλιστα οικονομικά, μέτρα, συνεμερίζοντο μέ αύτήν τής έκτελέσεως των τήν φροντίδα. Διά τών ίδίων Ιδιδεν ό Λαός τούς έπιβαλλομένους φόρους. Είς τάς Επαρχίας έξετέλουν χρέη Διοικητοϋ καί Δικαστού μετά τοϋ Βοεβόνδα καί Καδδή· είς δέ τήν Καθέδραν συνηγμένοι έσχημάτιζον κατ' Ινα τρόπον τό 'Αντιπροσωπικόν Σύστημα τοϋ Λαού, άπό τόν όποιον έκλέγοντο. Πάντοτε έφρόντιζον τούτου τήν, δσον ήτο δυνατόν. προφύλαξιν άπό τά δεινά τής Τουρκικής αύθαιρεσίας άλλοτε διά τών δεήσεων, άλλοτε διά τών πειστικών ένδείξεων τοϋ δικαίου, άλλοτε διά τών πλαγίων άπειλών καί πρό δλων τούτων διά τών χρηματικών μέσων.

Διά τάς άμοιβαίας χρείας τοῦ Διοικοῦντος καί τοῦ Διοικουμένου, οί Προεστῶτες, ἀνώτεροι τῶν κατά Κοινότητας Δημογεροντικῶν Συστημάτων, ἐδείχθησαν ἰσχυροί· καί, προϊόντος τοῦ καιροῦ, ἀντεπάλαισαν καί μὲ Σατράπας, τῶν ὁποίων ὑπεχρέωσαν τὴν καθαίρεσιν (α). Ὡς πρὸς τοὺς Τούρκους ἡ εὐφυΐα τῶν Ἑλλήνων ἀντεζυγίζετο ἐν μέρει μὲ τὴν ἔλλειψιν τῆς πολιτικῆς θελήσεώς των. Τὸ Ἑλληνικὸν Ἔθνος εἶχε τοιουτοτρόπως πρὸς τοὺς Πολεμικούς του καὶ δύναμίν τινα Πολιτικήν, ὁποίαν ἠδύνατο νὰ δείξῃ ἡ τότε κατάστασις τῶν πραγμάτων. Παράδοξον δὲν εἶναι, ἄν ἡ τυραννικὴ Ἐξουσία ἐμψύχωνε πλαγίως τὰς συνεχεῖς παραφοράς της. Εἰς τὰς παρομοίας Κυβερνήσεις φαίνεται τόσον τρομακτικὴ ἡ κοινὴ ὁμόνοια, ὅσον δὲν ἐπιστηρίζονται αὐταὶ εἰς τὸν ὀρθὸν λόγον, δογματίζουσαι τὴν ἀποτρόπαιον ἀρχὴν τοῦ «Διαίρει καὶ Βασίλευε». Ἦτο δὲ λυπηρόν, ὅτι ὁ Λαός, ἐξ ὀνόματος τοῦ ὁποίου ἐνήργουν οὗτοι, ἐπεβαρύνετο διὰ τῆς ἐκτάκτου δαπάνης. Ἠθικὴν καλυτέραν δὲν ἠμπόρουν νὰ ἔχωσιν ἄνθρωποι, στερούμενοι τὰ χρειώδη φῶτα, καὶ διδασκόμενοι πάντοτε τὸ αὔθαδες καὶ ἀσυμπαθὲς τῶν Τούρκων. Ὁ ἄνθρωπος ἐξετάζεται, εἰς τὴν ὁποίαν εὑρίσκεται, καὶ ὄχι εἰς τὴν ὁποίαν ἔπρεπε νὰ ἦναι, κατάστασιν. Καὶ ὅμως, ἐάν παρατηρήσῃ τις καὶ πολλοὺς ἐξ ἐκείνων, ὅσοι ἐπαγγέλλονται μὲ στόμα στρογγύλον τὸν ἐξευγενισμένον καὶ φιλελεύθερον τοῦ ΙΘ´ Αἰῶνος, ὁποίας ἀπαντᾷ πολιτικὰς ἀρετάς;

(α) Ἐνθυμεῖται καθεὶς τὴν γνωστὴν περίστασιν τοῦ Βελῆ Πασσᾶ, ἀποβληθέντος ἀπὸ τὴν Πελοπόννησον, 1812.

Οί Προεστώτες, πλησιάζοντες τήν Έξουσίαν, έγνώριζον άναμφιβόλως τάς (άναποχωρίστους άπό κάθε μίαν) αδυναμίας της. Ώς τοιούτοι ήμπόρουν νά γίνωνται ώφελιμώτεροι είς τόν Λαόν, τοΰ όποίου προηγούντο. Πρέπει δμως καί νά όμολογήσϋ τις, ότι καί θέλοντες ούτοι δέν εύκολύνοντο έχοντες τήν άνάγκην τοΰ νά συμβιβάζωσι τάς προτάσεις των μέ τό σύστημα καί τήν ήθικήν τών Τούρκων. Εντεύθεν έλαβον πολλοί τήν αίτίαν τοΰ νά είπωσιν, ότι τό Σύστημα τούτων ήτο τό όργανον τής κυριευούσης τυραννίας.

Ή τοιαύτη Πολιτική δύναμις τών Ελλήνων ηύδοκίμησε περιπλέον είς τήν Πελοπόννησον (α). Τήν έκολόβωσε μεγάλως είς τήν Στερεάν ή δολιωτέρα παρά τάς άλλας τυραννία τοΰ Αλή Πασσά. Επί τής έποχής τούτου διεκρίθησαν πολλοί, χαίροντες ίσχύν πολιτικήν· άλλ' ήσαν όλοι δημιουργήματα αύλικά τοΰ ίδίου είς τρόπον ώστε, ένω οί Προεστώτες τής Πελοποννήσου άντιπροσώπευον τόν Λαόν ένώπιον τής Αρχής, έκείνοι τής Στερεάς έπαρουσίαζον ώσεπιπολύ πρός τοΰτον τό πρόσωπον τοΰ Αλή Πασσά, έκτός τών Λεβαδειτών.

Μεολοντοΰτο καί άλλαι καί ή έποχή τής Εταιρίας, καθώς καί έκείνη τοΰ Πολέμου, άνήρεσαν,

(α) Ή Πελοπόννησος ήτο πάντοτε τό έπιφοβώτερον μέρος τής Ελλάδος ώς πρός τούς Τούρκους. Είχε διά τοΰτο ένα άριθμόν Προεστώτων, όνομαζομένων χυδαιοβαρβάρως Β ε κ ί λ ι δ ω ν, είς τήν Κωνσταντινούπολιν. Πολιτικώς ήσαν ούτοι ώς ένέχυρον τής πίστεώς της είς τήν Έξουσίαν. Έπροστάτευον δέ διά τών άμέσων σχέσεών των μέ τούς Μεγιστάνας Τούρκους τά συμφέροντα τοΰ Τόπου έναντίον τής άπολύτου Διοικήσεως τών Πασσάδων.

τὴν ὁποίαν εἶχον οἱ πολλοὶ ἰδέαν περὶ τοῦ Τουρκολατρισμοῦ αὐτῶν τῶν ἀνθρώπων. Διαφορετικὰ καὶ ὡς εὐκατάστατοι καὶ ὡς χαίροντες ἐπήρειαν πολιτικήν, νομιζόμενοι Δεσποτίσκοι, ἤθελον ἀρνηθῆ τὸ νὰ γίνωσι μύσται τῆς Ἑταιρίας ἔνθερμοι, καὶ μέτοχοι τοῦ Πολέμου τόσον ἀποφασιστικοί, ὅσον ἡ ἔναρξίς του εἰς τὴν Πελοπόννησον καὶ δι' αὐτῆς εἰς ὅλην τὴν Ἑλλάδα τιμᾷ μεγάλως αὐτὴν τὴν Τάξιν.

Τὴν Δευτέραν μετὰ τοὺς Προεστῶτας ἐπεῖχον θέσιν αἱ ἐκλεγόμεναι παρὰ τοῦ Λαοῦ

ΔΗΜΟΓΕΡΟΝΤΙΑΙ

Τὸ Σύστημα τοῦτο ἦτο κοινὸν εἰς ὅλας τὰς Ἐπαρχίας τῆς Ἑλλάδος, ἂν καὶ διάφορον πολὺ καὶ ὡς πρὸς τὰ συστατικά του μέρη καὶ ὡς πρὸς τὴν ἀξίαν τῶν ἐργασιῶν του. Εἰς τὴν Πελοπόννησον καὶ τὴν Στερεὰν ἦτο πλέον δημοτικὸν καὶ ὄχι τόσον ἰσχυρόν· εἰς δὲ τὰς Νήσους καὶ τὴν Μάνην ἔφερε τὸν χαρακτῆρα τῆς Ὀλιγαρχίας. Εἰς τὴν Πελοπόννησον ἐπηρεάζετο ἀπὸ τοὺς Προεστῶτας· εἰς δὲ τὴν Στερεὰν πλαγίως ὡσεπιτοπλεῖστον, καὶ εἰς τὴν Μάνην κατ' εὐθεῖαν, ἀπὸ τοὺς Καπετανέους (α). Ἡ Ἐξουσία

(α) Οἱ Μανιᾶται κατοικοῦν τὴν δυνατωτέραν ἐκ τῆς θέσεώς της μεσημβρινὴν Ἐπαρχίαν τῆς Πελοποννήσου. Οὐδέποτε ἄφησαν τὰ ὅπλα. Ὁ Βελῆ Πασσᾶς ἐδοκίμασε καὶ ἐσχάτως νὰ τοὺς ὑποτάξῃ· δὲν ἠδυνήθη ὅμως νὰ προοδεύσῃ μετὰ τὴν γενομένην εἰς τὰ μεθόριά των μάχην.

Πρὸ τοῦ Πολέμου τοῦ 1769 ἦσαν συνδεδεμένοι πολιτικῶς μὲ τὴν Πελοπόννησον, εἰς τὸν Σατράπην τῆς ὁποίας ἐδιδον μικρὸν τέλος. Ἀπὸ τοῦ 1773 ἐδέθησαν εἰς τὸν Διβανχανὲν τῆς Κωνσταντινουπόλεως, διοικούμενοι δι' ἑνὸς ἐντοπίου Ἡγεμόνος. Τοιοῦτος πρῶτος ὑπῆρξεν ὁ Τσανέτος Κουτύφαρης ἐκ τοῦ

δέν έχαιρε παντού την παραμικράν ήθικήν έπήρειαν εις τό πνεύμά του· μετεχειρίζετο τήν βίαν της διά τών Βοεβόνδων καί τών Προεστώτων. Εις τήν διανομήν τών φόρων συνέπραττε μέ τούς Προεστώτας καί τάς Τουρκικάς Άρχάς· μόνον δέ έπεμελείτο τήν είσπραξιν τούτων. Αί Δημογεροντίαι ήσαν τό Ειρηνοδικείον υποθέσεων πολιτικών όχι μεγάλης αξίας. Ή θέλησις τούτων, ενουμένη καί μ' έκείνην τών Προεστώτων, ήτον ικανή νά παραταχθή εναντίον όλων τών αδίκων απαιτήσεων τού Βοεβόνδα.

Οί ένιαύσιοι Δημογέροντες τών Νήσων, έπονομαζόμενοι καί Άρχοντες, καθώς οί Προεστώτες τής Στερεάς, άπήλαυον καί προνόμια όχι ευκαταφρόνητα ώς πρός τήν έσωτερικήν διοίκησιν τού τόπου. Παρεχωρήθησαν αύτά άπό τούς πρώτους Σουλτάνους, μήν έχοντας δύναμιν Ναυτικού αξιόχρεων. Άνήκεν επίσης εις τήν άρμοδιότητά των καί ή δικαστική δικαιοδοσία. Ό ανώτατος Αρχηγός καί Δικαστής ήτον ό Καπετάν Πασσάς. Ένεκα τούτων αί Νήσοι ευρίσκοντο πάντοτε απηλλαγμέναι άπό τά δεινά, όσα έπασχον αί διοικούμεναι διά τών Πασσάδων Έπαρχίαι (α).

Τά τέλη τών Νήσων δέν ήσαν μεγάλα. Τάς έπεβάρυνε μόνον ή έτήσιος έκπλευσις τού Όθωμανικού Στόλου, φέροντος ή τόν Ίδιον Καπετάν Πασσάν, οσάκις συνέπιπτον υποθέσεις σημαντικαί, ή ένα Άντιπρόσωπόν του· καί τοιούτος διωρίζετο ωσεπι-

Σταυροπηγίου· καί τελευταίος, 1821, ό Πέτρος Μαυρομιχάλης έκ της Τσίμοβας.

(α) Ή νήσος Ύδρα έλαβε μάλιστα, καθώς καί ή Μάνη, (Ίδε Σελ. 46) καί Ήγεμόνα αυτόχθονα μέχρι τινός.

τοπλεΐστον ό Διερμηνεύς τής "Ασπρης Θαλάσσης. Τάς έπεβάρυνον έκ προσθήκης, καθώς καί τούς άλλους τόπους, οί συμπίπτοντες Πόλεμοι τής Πόρτας, κατά τούς όποίους ήσαν ύπόχρεοι νά δίδωσι καί πλοία φορτηγά καί ναύτας.

Τό δαιμόνιον τής Πατρίδος προδιέθετε τούς Ναύτας τής "Υδρας, Πετσών καί Ψαρών διά τήν λαμπράν εποχήν τοῦ 1821. Αί Νήσοι αὗται δέν ἐδίδον πρός τήν καθεστώσαν 'Εξουσίαν άλλον φόρον, εἰμή ἕνα προσδιωρισμένον άριθμόν ναυτών εἰς τόν Στόλον της. 'Από τήν βοηθητικήν ταύτην περίστασιν προήλθον δύο καλά· πρώτον ή ἕξις τών 'Ελλήνων Ναυτών εἰς τό νά διοικώσι πλοία τής γραμμής, μήν ἐκπληττόμενοι εἰς τήν θέαν των· καί δεύτερον ἡ ἐκ τής οὕτω πως ἀναπληρουμένης χρείας ἀδιαφορία τῶν Σουλτάνων εἰς τήν ὁπωσδήποτε συστηματικήν μόρφωσιν τοῦ προσωπικοῦ τῆς θαλασσίου δυνάμεώς των. Εἴδομεν ἐκ τούτου τήν ἐλεεινήν κατάστασιν τοῦ Στόλου τῆς Κωνσταντινουπόλεως άπό τοῦ 1821. Εἰς αὐτήν πρό πάντων χρεωστεῖ τούς μεγάλους θριάμβους του τό μικρόν Ναυτικόν τής 'Ελλάδος.

Βαθμηδόν, καί μάλιστα άπό τοῦ ΙΣΤ' Αἰῶνος, οἱ "Ελληνες ἤρχισαν αὐξάνοντες τήν κτηματικήν κατάστασίν των διά τής φιλοπονίας καί τοῦ ἐμπορίου. 'Ως τοιοῦτοι θέλουσι διαπρέψει πολλοί μεταξύ τοῦ "Εθνους των ὡς συνδρομηταί ἔνθερμοι τῆς ἠθικής βελτιώσεώς του. Εἰς ταῦτα, τά μόνα ζωτικά μέσα τοῦ δικαίου πλουτισμοῦ καί τῆς ἠθικῆς ἀναπλάσεως, δεικνύουσιν οἱ Τοῦρκοι τήν μεγαλυτέραν καταφρόνησιν διά τήν ἀμάθειαν, τόν όργανισμόν τῆς Πολιτείας των καί τά ἄμεσα ὀφέλη τῶν ἁρπαγῶν των· οί Έλληνες δμως τά έναγκαλίζονται έναγώνιοι, καί δέν άπατώνται ποσώς, ώς ήτον έπόμενον, είς τάς περί τοΰ μέλλοντος ύψηλοτέρας έλπίδας. Τό Έμπόριον (α), αύτό τό μέγα στοιχείον τοΰ κοινωνισμοΰ, θέλει χορηγήσει βοήθειαν πολλοΰ λόγου άξίαν, (καί ίσως άνωτέραν παρ' έκείνην τής έπανόδου τών Φώτων), είς τήν πολιτικήν παλιγγενεσίαν τής Έλλάδος. Τήν άρχήν αύτήν βλέπομεν άδιαφιλονείκητον άπό τήν περίοδον τής Φιλικής Έταιρίας. Είς τήν Συνθήκην τοΰ Καϊναρτσικίου (1774), είς τήν δλως έμπορικήν τοΰ 1783, καί πολύ πλέον είς τήν Γαλλικήν Έπανάστασιν (1793) καί τόν Πόλεμον τής Ίσπανίας (1807), χρεωστεί ό Έλλην τήν έμψύχωσιν τής Ναυτιλίας του (β). Αί πρώται περιστάσεις έφερον αύτήν ύπό Σημαίας

(α) Τό Έμπόριον τών Μεγαλοπόλεων τής Τουρκίας δσον ήτο τυφλόν καί έπικερδές, τόσον έξ έναντίας έπεβουλεύετο άδιακόπως άπό τήν άνόητον Έξουσίαν, τήν μάστιγα τής άταξίας, τήν πανώλην καί τάς πυρκαίάς. Είς τήν ίδίαν εύρίσκοντο κατάστασιν καί οί κτηματίαι καί οί άλλοι βιομήχανοι είς τρόπον, ώστε ό σήμερον πλούσιος έξημερώνετο αύριον ένδεέστατος, καί ούδέποτε σχεδόν μία κατάστασις λαμπρά μετέβαινεν είς τρίτον πρόσωπον, σπανίως δέ είς δεύτερον.

Ποίος άμφιβάλλει, δτι ή ήθική κατάστασις τών Έλλήνων ήθελεν είναι πολύ βελτιωτέρα, άν έλειπον αί τοιαΰται έπιβουλαί, γεννήματα φυσικά τών έλλείψεων μιάς άμαθοΰς καί αύθαιρέτου Έξουσίας; Καί δμως κρίνονται πλέον άξιέπαινοι ούτοι, ένώ ένησχολοΰντο άνενδότως νά ύπερβαίνωσιν δλας αύτάς τάς δυσυπερβλήτους έναντιότητας.

(β) Καθώς δλα τά πράγματα τοΰ Κόσμου, παρομοίως καί τό Ναυτικόν έχει τάς μεταβολάς του, περιοδεΰον άπό τόπον είς τόπον. Κατά τόν ΙΗ' Αίώνα ή Πάτμος καί τό Μεσολόγγιον είχον πρώτα τό μεγαλύτερον Ναυτικόν τής Έλλάδος.

Ρωσσικάς εις τον Εΰξεινον Πόντον και τον Ἀδριατικόν Κόλπον· αἱ δὲ δεύτεραι εἰς τὰς παραλίους τῆς Ἱσπανίας καὶ εἰς ἐκείνας τῆς Γαλλικῆς Προβέντσης. Ἡ σιτοδεία καὶ ἡ προκύψασα ἀπό αὐτὴν ἐπικερδεστάτη σιτεμπορία ἐπολλαπλα-

Ἐκεῖνο τῆς πρώτης ἐπροστατεύετο ἀπὸ τὴν Σημαίαν τοῦ Ἁγίου Ἰωάννου τῆς Μελίτης.

Μετέβη κατόπιν εἰς τὰς νήσους Ὕδρας, Πετσῶν καὶ Ψαρῶν. Κατὰ δεύτερον λόγον θεωροῦνται ἐκεῖνα τῆς Κάσου, Μυκόνου, Γαλαξειδίου καὶ ἄλλων τινῶν Λιμένων τῆς Μεσογείου. Ἡ φυσικὴ ἀκαρπία τῶν Νήσων τούτων ἠνάγκασε τοὺς κατοίκους των εἰς τὴν θαλασσοπλοΐαν· ἡ δὲ γειτονία των μὲ τὴν Πελοπόννησον καὶ τὴν Στερεὰν εἵλκυσε συνάμα τὰς ἐμπορικὰς Συντροφίας τῶν εὐκαταστάτων. Ὁ ἀριθμὸς τῶν μεγάλων πλοίων των ἔφθανε τὰ 200 ἐπὶ τοῦ Πολέμου τοῦ 1821.

Ὁ πληθυσμὸς τῶν Ναυτῶν τῆς Ὕδρας ὑπερέβαινε τὰς 3000. Αἱ ἄλλαι μόλις ἠρίθμουν τόσους. Διὰ τὴν μερικὴν ὁμαλότητα καὶ τὸν ἀξιόλογον λιμένα των αἱ Πέτσαι ἤθελον εἶναι πολυπληθέστεραι, ἂν δὲν ἐδυστύχουν εἰς τὸν Πόλεμον τοῦ 1769. Διὰ τὴν τότε ἥσυχον διαγωγήν της ἡ Ὕδρα ἔσυρεν εἰς τὸ μέρος της μέγαν ἀριθμὸν φυγάδων ἀπὸ αὐτὰς καὶ τὴν Πελοπόννησον. Ὅλοι οὗτοι ἐβιάσθησαν νὰ ἐκδοθῶσιν εἰς τὴν ναυτιλίαν.

Αἱ Πέτσαι ἤδη ἀκμάζουσιν εἰς τὸ Ναυτικόν, καθὼς καὶ οἱ πάροικοι τῆς Αἰγίνης Ψαριανοί· πρὸ πάντων δὲ ἡ Ἑλληνικὴ Νῆσος τῆς Κεφαλληνίας, ἀριθμοῦσα ὡς 15.000 ναύτας. Ἡ περίφημος Ὕδρα ὀπισθοδρόμησεν ὁλοκλήρως, ἀπολέσασα τὰ πλοῖα της ἐπὶ τοῦ Πολέμου. Προκύπτει ἄρα νὰ παρατηρήσωμεν, ὅτι ὁ Πόλεμος τοῦ 1769 ἀφανίζει τὰς Πέτσας, καὶ ἀνοίγει στάδιον εἰς τὴν γείτονα Ὕδραν, προετοιμάζον εἰς αὐτὴν τὴν μετέπειτα ὑπεροχήν της ὡς πρὸς τὴν θαλασσίαν Δύναμιν τῆς Ἑλλάδος. Ἐκεῖνος τοῦ 1821 ἐνδυναμώνει τὰς πρώτας, καὶ παραλύει τὴν δευτέραν, οἱ ὑπερήφανοι Κάτοικοι τῆς ὁποίας ἀναγκάζονται τελευταῖον νὰ καταφεύγωσιν εἰς τὴν ὑπηρεσίαν τοῦ Αἰγυπτιακοῦ καὶ τοῦ Βυζαντινοῦ Στόλου. Παράδοξοι μεταβολαί!

σίασαν ογλήγορα την εύτυχίαν τών Νήσων και έφερον τό Ναυτικόν των εις κατάστασιν τοΰ νά διαπρέψη εναντίον τοΰ διπλοΰ κινδύνου τών συστηματικών Πολιορκιών εξ ενός μέρους καί τών πειρατειών της 'Αφρικής εκ τοΰ άλλου.

Νέα βήματα παρουσιάζουσιν εις τους "Ελληνας νέας καί μεγάλας ελπίδας. Εις την πολιτικήν σκηνήν καθίστανται διάσημοι ούτοι από της εποχής τοΰ 1731. Ό χρόνος παραδίδων εις την λήθην τάς μνησικακίας, μετριάζων τό άκρον άωτον της ζηλοτυπίας, πλησιάζει βαθμηδόν καί τον πλέον βάρβαρον εις τους κανόνας της λογικότητος. Οι Τούρκοι εκτιμώσιν ήδη τοΰ Ελληνικού πνεύματος την δοκιμότητα. Έντεΰθεν ό Έλλην ρεαγιάς προχωρεί ευθύς εις τάς αξίας τών μεγαλυτέρων βαθμών, λαμπρυνόμενος μέ τά Διαδήματα τών δύο Διερμηνειών της Όθωμανικής Αυλής καί τών δύο Ηγεμονειών της Δακίας. Ώς τοιούτος αναπτύσσει πολυειδώς τάς ιδέας του, επηρεάζει εις την διαγωγήν της 'Εξουσίας, πλουτεί καί δεικνύεται προβαίνων εις φρονήματα υψηλότερα.

Ή τάξις τών Φαναριωτών της Κωνσταντινουπόλεως έπαρουσίασέ τινας μεγαλόνοας, φίλους ειλικρινείς τοΰ κοινού καλοΰ καί επιχειρηματίας. Ή Ιστορία της Επαναστάσεως φέρει επί κεφαλής της τό όνομα τοΰ Ύψηλάντου. Δεν έστερεΐτο τά μέσα καί ως τοιαύτη ηδύνατο νά λάβη την λαμπροτέραν θέσιν εις την προ της 'Επαναστάσεως έποχήν τοΰ Έθνους, προάγουσα τό μέλλον της πολιτικής του τύχης. Έστερείτο όμως την πλήρη θέλησιν ένεκα τών ελαττωμάτων, τά οποία είπετο νά γεννηθώσιν από την επαγομένην διαφθοράν τών αντιζηλιών καί τής τυραννικής προσκτήσεως τοΰ πλούτου. Ήτον άρα εν Σύστημα άνθρώπων, φέρον τά ελαττώματα τών παλαιών 'Ολιγαρχιών.

Μεολοντοΰτο τό Έθνος τό Έλληνικόν άπήλαυσεν έν μέρει τάς βοηθείας της, τεθειμένον ήδη εις μίαν τής προτέρας του έντιμοτέραν στάσιν. Έβλεπε μέ έσωτερικήν χαράν άναλαμβάνουσαν τήν έξωτερικήν τιμήν του, καί έσεμνύνετο εις τούς νόας έκείνους, όσοι έφιλονείκησαν καί εις τάς πλέον δυσχερείς περιστάσεις μέ τόν διπλωματικόν Κόσμον.

Ήνωμένη ή πολιτική δύναμις τών Φαναριωτών μέ έκείνην τοΰ Ίερατείου, χαίροντος, ώς εΐπαμεν (α), προνόμια σημαντικά Έκκλησιαστικής καί Πολιτικής δικαιονομίας, άπετέλει τήν ζηλότυπον θέσιν τοΰ Έθνους μεταξύ τών άλλων Λαών, όσοι ήσαν υποβεβλημένοι ύπό τήν Τουρκικήν Δυναστείαν.

'Από τήν μέχρι τοΰδε σειράν τών διαφόρων τάξεων δέν άποξενώνομεν καί τάς λεγομένας Συντεχνίας (Έσνάφια). Δέν ήτο καταφρονητέα ή δύναμις καί τούτων, διοικουμένων καί δικαζομένων άπό άνωτέρους 'Αρχηγούς, έκλεγομένους έκ τής όλομελείας των. Αί Συντεχνίαι, έχουσαι, ώς εΐπομεν (β), ψήφον ίσχυράν καί εις τά πράγματα τοΰ Έκκλησιαστικοΰ Θρόνου τής Κωνσταντινουπόλεως, τιμώνται έκ προσθήκης διά τό άπλόηθες, τό φιλόπονον καί τήν γενναίαν συνδρομήν των εις συστάσεις Σχολείων καί εις ύποτροφίας Μαθητών.

(α) Σελ. 32.— (β) Σελ. 31.

ΚΕΦΑΛΑΙΟΝ Γ'

Διάσωσις των Γραμμάτων. — Επιρροή της Θρησκείας και Γλώσσης. — Μεταγλωττίσεις Βιβλίων εις την Τουρκικήν φωνήν. — Άρχαί της επανόδου των Μαθήσεων εις την Ελλάδα. — Ζωσιμάδαι. — Φιλόμουσον του Ιερατείου. — Φιλόμουσος Εταιρία. — Μεταφρασταί κλπ. — Ωφέλειαι της Ιστορίας. — Παρατηρήσεις.

Φθάνομεν ήδη εις το στοιχειωδέστερον μέρος, διά του οποίου προήχθη ή ηθική του Έλληνος. Φέρει και τούτο ίσην με το Εμπόριον επιρροήν εις το μέγα και ιστορικόν Συμβάν του 1821. Είναι δε η δι' ολίγου καιρού πρόοδος εις την παιδείαν: πρόοδος, πάντοτε υπερέχουσα από εκείνην, όσην η δύνατο να κάμη άλλος οποιοσδήποτε Λαός, τεθειμένος εις παρομοίαν με τον Έλληνα παθητικήν στάσιν. Ήτον αδύνατον εις την τυραννίαν να περιορίση την βοηθητικήν εις τούτο αγχίνοιαν του πνεύματός του.

Οποία ευτυχής πρόβλεψις! Κατά τον κλύδωνα των πολιτικών ασφαλειών των οι Έλληνες φυγαδεύουσι τας Μούσας των εις την Ιταλίαν (α):

(α) Η σωτηρία των Γραμμάτων συναπαρτίζει ένα εκ των σημαντικωτέρων κλάδων της προτέρας Ιστορίας του Έθνους. Την θέσιν αυτήν σαφηνίζει αρκετά η ακόλουθος ευρεθείσα εις χείρας μας περιληπτική Σημείωσις, ανήκουσα εις Έλληνα πεπαιδευμένον και φίλον της εθνικής τιμής.

— Κυρίως ο ΙΔ΄ και ΙΕ΄ Αιών είναι επίσημοι εις την Ιστορίαν των Γραμμάτων. Αυτοί προητοίμασαν την μεγίστην

Τὰς φυγαδεύουσι προβλέποντες τὴν μέλλουσαν χρησιμότητά των κατὰ τοῦ ἀκμαίου ἤδη Βαρβαρισμοῦ. Ὁ χρόνος ἔδειξε τὸ ἀποτέλεσμά της.

Μεταβολὴν τοῦ ΙΣΤ΄. Εἰς τοὺς αἰῶνας τούτους ἤρχισαν νὰ ἀναγεννῶνται αἱ Μαθήσεις καὶ ἡ φιλοκαλία μεταξὺ τῶν Λαῶν τῆς Εὐρώπης. Κατὰ ἀναντίρρητον λόγον χρεωστοῦσιν οὗτοι εἰς τὰ πολύτιμα λείψανα τῆς Ἑλληνικῆς Φιλολογίας τὴν μόρφωσιν τῆς αἰσθήσεως τοῦ καλοῦ καὶ τὴν παλιγγενεσίαν τῶν Ὡραίων Τεχνῶν.

Ἡ στενοχωρία, εἰς τὴν ὁποίαν εὑρίσκετο κατ᾽ αὐτὰς τὰς ἐποχὰς τὸ Βασίλειον τῆς Ἀνατολῆς, ἐπαπειλούμενον κάθε στιγμὴν ὑπὸ τῶν Τούρκων, ὑπῆρξεν ἡ αἰτία στενωτέρας σχέσεως μεταξὺ Ἀνατολῆς καὶ Δύσεως. Οἱ Βασιλεῖς τῆς Κωνσταντινουπόλεως διευθύνοντο πρὸς τοὺς Ἡγεμόνας τῆς Δύσεως περὶ βοηθείας. Ἀλλ᾽ εἰς τοὺς αἰῶνας τούτους ἦτον ἀδύνατος ἡ στερέωσις τῆς πολιτικῆς, πρὶν ἢ ἑνωθῶσιν αἱ δύο Ἐκκλησίαι. Οἱ Παλαιολόγοι ἐπροσπάθησαν νὰ συμβιβάσωσι τὰ μεταξὺ τῶν δύο Ἐκκλησιῶν Θρησκευτικὰ Σχίσματα. Εἰς τὴν ἐκτέλεσιν ὅμως τούτου τοῦ σκοποῦ, ἔπρεπε νὰ συγκροτηθῶσι Σύνοδοι, ἱκαναὶ νὰ συμβιβάσωσι τὰς διαφοράς. Διὰ τὸν σκοπὸν τοῦτον ἐστάλησαν πολλάκις Πρέσβεις εἰς τὴν Ἰταλίαν. Ὁ βασιλεύων Τόκος εἰς τὴν Αὐλὴν τῆς Κωνσταντινουπόλεως εἶχεν ἐμπνεύσει πρὸς τοὺς Ἄνδρας τούτους τὴν κλίσιν πρὸς τὴν κλασικὴν Φιλολογίαν καὶ πρὸς τὴν Ἑλληνικὴν Φιλοσοφίαν. Αὐτοὶ εὗρον εἰς τὴν Ἰταλίαν μίαν γενεὰν προητοιμασμένην ἀπὸ τὸν Δάντην, Πετράρχην καὶ Βοκκάκιον εἰς τὸ εἶδος τοῦτο τῆς παιδείας καὶ εἰς τὸν βαθμὸν ἐκεῖνον τῆς παιδεύσεως, ὅστις ἦτον ἀναγκαῖος εἰς αὐτούς, διὰ νὰ γευθῶσι τὴν κλασικὴν Φιλολογίαν. Ἐνταῦθα εὗρον πολλοὺς Πάπας καὶ ἄλλους Ἡγεμόνας ἐραστὰς καὶ ὑπερασπιστὰς τῶν Μαθήσεων, καθὼς καὶ τὴν λαμπρὰν Οἰκογένειαν τῶν Μεδίκων, τῆς ὁποίας τὸ ὄνομα ἐμπνέει εἰς τοὺς φίλους τῶν Μουσῶν τὸ εὐγενέστερον σέβας. Ἕν Μέλος τῆς ἐνδόξου ταύτης Οἰκογενείας ἐπωνομάσθη ΠΑΤΗΡ ΤΩΝ ΓΡΑΜΜΑΤΩΝ, διὰ τὴν ὁποίαν ἐχορήγει εἰς αὐτὰ καὶ εἰς τοὺς Πεπαιδευμένους συνδρομὴν καὶ προστασίαν.

'Ανεφέραμεν, όπόσην τά ήθη της 'Εξουσίας έχουσιν έπήρειαν μορφωτικήν εις εκείνα του Λαού. 'Αλλά, χάρις εις τήν Θρησκείαν καί τήν Γλώσ-

---

Εις αύτήν τήν έποχήν ή εφεύρεσις καί τελειοποίησις της Τυπογραφίας πολλαπλασιάζει τά βιβλία, τά όποια πρότερον ήγοράζοντο μέ τό βάρος του χρυσοϋ,διασπείρει τάς γνώσεις καί διαφυλάττει τάς Έπιστήμας άπό τον κίνδυνον του νά μηδενισθώσι διά τάς Πολιτικάς Μεταβολάς του Κόσμου.

Αι κατακτήσεις των 'Οθωμανών καί ή άλωσις της Κωνσταντινουπόλεως έβίασαν όλους τους τότε πεπαιδευμένους "Ελληνας νά καταφύγωσιν εις τήν Ίταλίαν. 'Εκεί ήρχισαν νά διδάσκωσι τά Ελληνικά Γράμματα. Οί Λαοί της 'Ιταλίας καί της λοιπής Ευρώπης τά υπεδέχθησαν μέ μεγίστην προθυμίαν. Ένας τών σημαντικωτέρων τούτων Ελλήνων είναι καί ό Λάσκαρης. Αύτός κατέφυγε πρώτον άπό τήν Κωνσταντινούπολιν εις τήν Σικελίαν, φέρων πλησίον του καί σημαντικάς τινας γυναίκας έκ τής γενεάς τών Κομνηνών καί τους αθανάτους θησαυρούς τών Συγγραμμάτων τών μεγαλυτέρων νόων της Ελλάδος.

Κατά τήν έποχήν αύτήν μετέβησαν εις τήν Ίταλίαν ό Χρυσολωράς, όπου πρώτος έδίδαξε δημοσίως τήν Έλληνικήν Γλώσσαν μέ παράδοξα αποτελέσματα. Δημήτριος Χαλκοκονδύλης ό Αθηναίος, πρώτος έπιχειρισθείς (1488) τήν έκδοσιν του Όμηρου· ό Βησσαρίων, διαπρέψας διά τής ευγλωττίας του εις τήν έν Φλωρεντία Σύνοδον. Υπέρμαχος ούτος της ενώσεως τών δύο Εκκλησιών, ανταμείβεται άπό τόν Πάππαν Εύγένιον, υψωθείς εις τον βαθμόν του Καρδινάλεως, καί άπό τόν Πίον Β' ψηφίζεται Πατριάρχης της Κωνσταντινουπόλεως. Ή οικία του, εις όποιανδήποτε πόλιν της 'Ιταλίας καί άν εύρίσκετο, ήτο συνέδριον τών Πεπαιδευμένων, καί άπετέλει είδος 'Ακαδημίας. Ό Καρδινάλης Βησσαρίων εις τόσην προεχώρησεν ύπόληψιν, ώστε δίς έφθασεν εις τήν άκμήν τοϋ νά έκλεχθή Πάππας. 'Αποθνήσκων άφησεν εις τήν Βενετίαν τήν πλουσίαν Βιβλιοθήκην του, προσδιορίσας διά διαθήκης τό νά έπιστραφή αύτη εις τήν Ελλάδα όταν άναλάβη τό Βασίλειόν της. Ή Βασι-

σαν, συμβαίνει ήδη όλον τὸ ἐναντίον. Τὴν Θρησκείαν των πρεσβεύουσιν οἱ Ἕλληνες μεταξὺ πλημμύρας αἵματος καὶ ἀμηχανίας, καὶ εἰς αὐτῆς

λική ήδη Κυβέρνησίς μας ἔχει ἄρα δίκαιον νὰ τὴν ἀπαιτήσῃ τὴν σήμερον.

Μεταξὺ τῶν Σοφῶν τούτων φυγάδων ἐπαριθμοῦνται καὶ ἄλλοι πολλοί, ὡς ὁ Μοσχόπουλος, Μιχαὴλ ὁ Ἀποστόλιος, Ματθαῖος Καμαριώτης Θεσσαλονικεύς, ὁ Ἀνδρόνικος, ὁ Ἐπίσκοπος τῆς Μονεμβασίας Μάρκος Μούσουρης, τὸν ὁποῖον οἱ Ἀλδεις (περίφημοι Τυπογράφοι) μετεχειρίσθησαν εἰς τὴν ἔκδοσιν διαφόρων Ἑλληνικῶν Συγγραμμάτων, ὁ Ἀργυρόπουλος, καὶ ὅλοι εἰς ἕνα λόγον οἱ Πεπαιδευμένοι τῆς Ἑλλάδος. Καταφεύγοντες οὗτοι πλησίον τῶν Πριγκίπων τῆς Εὐρώπης, ἔφερον πλησίον των τὰ Συγγράμματα τῶν παλαιῶν Ἑλλήνων· καὶ μὴ ἔχοντες ἄλλον πόρον ζωῆς, ἐδίδασκον τὰ Ἑλληνικὰ Γράμματα, καὶ ἐκ τούτου ὠφελοῦντο καὶ ὠφελοῦσαν.

Κωνσταντῖνος ὁ Λάσκαρης, εὑρισκόμενος ἀκόμη εἰς Κωνσταντινούπολιν, εἶχε σχηματίσει συλλογὴν Ἀντιγράφων τῶν Κλασικῶν τῆς Ἑλλάδος Συγγραφέων. Ἡ Συλλογὴ αὕτη, μετακομισθεῖσα εἰς τὴν Σικελίαν καὶ εἰς τὴν Ἰταλίαν, ἔκαμε γνωστοὺς εἰς τὴν Εὐρώπην τοὺς ἐνδοξοτέρους Συγγραφεῖς τῆς Ἑλληνικῆς Ἀρχαιότητος. Διάφορα Συγγράμματα ἀντιγεγραμμένα ἀπὸ τὰς ἰδίας αὐτοῦ χεῖρας, φέρουσιν ἐπιγραφάς, αἱ ὁποῖαι ἀναμιμνήσκουσιν ἢ σπουδαίαν τινὰ περιγραφήν, ἢ ἐκφράζουσιν εὐγενές τι αἴσθημα. Ἐφ᾽ ἑνὸς ὡραίου Ἀντιγράφου τῶν Πολιτικῶν τοῦ Ἀριστοτέλους εἶναι ἡ ἀκόλουθος Ἐπιγραφή

«Πλείστη χάρις τῷ Θεῷ, αἰτίῳ παντὸς ἀγαθοῦ. Κωνσταντίνου Λασκάρεως τοῦ Βυζαντίου ὁ κόπος καὶ τὸ κτῆμα, καὶ μετ᾽ αὐτὸν τοῦ συνιέντος.»

Τὰ χειρόγραφα τοῦ Ἡροδότου, τοῦ Θουκυδίδου, τοῦ Εὐριπίδου, τοῦ Σοφοκλέους, τοῦ Πλάτωνος καὶ λοιπῶν φέρουσι διαφόρους Ἐπιγραφάς, ἀναφερομένας εἰς τὴν κατὰ τὴν Σικελίαν καὶ Ἰταλίαν διατριβὴν τοῦ Λασκάρεως. Εἰς τὴν Συλλογὴν ταύτην εὑρίσκονται καὶ Ἐπιστολαὶ πρὸς διαφόρους ἄλλους φυγάδας τοῦ Βυζαντίου, καὶ Ἱστορικαὶ Περικοπαὶ οὐδέποτε ἐκδο-

μόνης ύποτάσσονται τάς υψηλάς άξιώσεις της έπαγγελλομένης ευδαιμονίας των. Υπομένουν καρτερόψυχοι, διά νά σωθώσι μίαν ήμέραν άπό τά δεινά, ένώ

θεΐσαι. Μία Σύνοψις Γενικής Ιστορίας, τήν όποίαν ό Λάσκαρης είχεν εξακολουθήσει μέχρι της αλώσεως της Κωνσταντινουπόλεως, τελειώνει μέ τήν διήγησιν τού θανάτου του Αυτοκράτορος και τούς έφεξής λόγους· «Καί έπί τούτου άπώλετο ή Βασιλεία τών Ρωμαίων, και ή Ελευθερία, και Ευγένεια, και Λόγοι και πάν αγαθόν.»

Είς τήν έποχήν, καθ' ήν ό Λάσκαρης μετέβη είς τήν Ίταλίαν, ήγεμόνευεν είς τήν Φλωρεντίαν ό φιλόμουσος Κόσμος Μεδίκης. Αυτός περιέθαλψεν ήδη πολλάς φυγάδων οικογενείας και ουδέποτε έπαυσεν άπό τό φιλάνθρωπον τούτο έργον, δι' άρκετήν άνταμοιβήν τού όποίου ένόμισε τήν παρουσίαν του Λασκάρεως, φέροντος μεθ' εαυτού τάς τέχνας και τά μνημεία της Ελλάδος. Είς τήν Φλωρεντίαν ήρχισε τότε ή πρόθυμος καλλιέργεια τών Τεχνών και της Φιλοσοφίας. Διά τούτο ή πόλις αύτη ώνομάσθη «Πόλις του Όμήρου». Υπό τήν προστασίαν του φιλομούσου Μεδίκου ή λατρεία τών τεχνών και της Ελληνικής μεγαλοφυΐας προήχθη έπί τοσούτον, ώστε είς τό παλάτιον τούτου έωρτάσθη τό Γενέθλιον του Πλάτωνος, τό όποίον ήτο πεπαυμένον είς τάς Αθήνας πρό δώδεκα αιώνων.

Ή Ιταλία δέν ήτο τό μόνον άσυλον τών πεπαιδευμένων φυγάδων Ελλήνων. Ανδρόνικος ό Κοντοβλάκος ύπήγε (1474) είς τήν Βασιλείαν, πόλιν της Ελβετίας, όπου έχρημάτισε διδάσκαλος του Ιωάννου Ρεϊχλίνου, όστις ένέπνευσεν είς τούς Γερμανούς τήν κλίσιν πρός τήν Ελληνικήν Φιλολογίαν. Αυτό τούτο έπραξεν είς τήν Γαλλίαν και ό έκ Σπάρτης Ερμώνυμος, χρηματίσας Διδάσκαλος της Ελληνικής Φιλολογίας είς τό Πανεπιστήμιον τών Παρισίων.

Ήμπορεί τις νά παρατηρήση ένταύθα, ότι ή Τοσκάνα, μολονότι μικρόν και αδύνατον Κράτος, άπέκτησε μεγάλην λαμπρότητα και δόξαν διά τήν είς τάς Επιστήμας και τάς Καλάς Τέχνας πρόοδον τών Κατοίκων της, προστατευομένας άπό φιλομούσους Ηγεμόνας.

Οι Έλληνες, άποκτήσαντες ήδη αρκετάς δάφνας διά τούς πο-

άφ' έτέρου προέβαλλε πᾶσαν ἀποφυγὴν ἡ ἁπλῆ ἐξώμωσις.

Οἱ Ἕλληνες τιμῶσι τῶν Προγόνων των τὸ Ἐθνικὸν Ὄνομα, μολονότι αἱ Μεταβολαί τοὺς δίδουσι νέον καὶ ξένον. Ἀλλὰ πᾶν ξένον εἶναι καὶ προσωρινόν. Δὲν ἀφίνουσι διὰ τοῦτο τὴν πατρῴαν γῆν, διὰ νὰ μὴ χάσωσι τὸν ἐθνισμὸν καὶ αὐτὴν ἴσως τὴν Θρησκείαν των, πνιγόμενοι εἰς τὸν ὠκεανὸν τοῦ ἄλλου Κόσμου.

Ἡ Ἑλλὰς καταμολύνεται ἐκ συνεχείας ἀπὸ τὰς ἀγρίας φυλάς, ὅσαι καταρρέουσιν ἀπὸ τὸν Καύκασον, πλημμυροῦσαι ὅλην τὴν ὡραίαν Εὐρώπην. Φυλάττει ὅμως παρακαταθήκην ἱερὰν τὴν Γλῶσσαν τῶν Πατέρων της, ἂν καὶ τρόπον τινὰ ἐφιλοτιμήθησαν νὰ τὴν ἀφανίσωσιν ὁλόκληρον αἱ προηγηθεῖσαι Ῥωμαϊκαὶ καὶ Ἑνετικαὶ ἀναμίξεις (α). Εἰς αὐτὴν καὶ τὴν Θρησκείαν χρεωστοῦσι τὸν χαρακτῆ-

---

λεμικοὺς των ἀγῶνας, εἶναι καιρὸς νὰ ἐμβῶσι καὶ πάλιν εἰς τὸ στάδιον τῶν Μαθήσεων καὶ τῶν Καλῶν Τεχνῶν, ὡς προγονικήν των ἀρετήν.

(α) Ἡ Τουρκική, ἂν καὶ ἐπικρατοῦσα Διάλεκτος τῆς Ἐξουσίας, εἰσῆξεν ὀλιγωτέρους μολυσμούς. Ἔφερεν ἐλάττωσιν ἐπαισθητὴν καὶ τούτων ἡ Μεταβολὴ τοῦ 1821.

Αἱ ἀπὸ τὴν βίαν τῶν ἐξολοθρευτικῶν πολέμων προελθοῦσαι μεταναστάσεις τῶν Ἀλβανῶν δὲν ἐξέτεινον κατ' εὐτυχίαν ἔξω τῆς σφαίρας των τὴν διεφθαρμένην Ἀλβανικὴν γλῶσσαν. Ὑπάρχουσα αὕτη παραφυάς τις τῆς ἀρχαίας Ἰλλυρικῆς, περιέχει ἀρκετὰς Ἑλληνικάς, καὶ μάλιστα Αἰολικάς, λέξεις, καὶ ἓν τρίτον Σλαβονικάς, Λατινικάς καὶ Κελτικάς. Προσθέτων τις καὶ τὴν μετέπειτα μῖξιν πολλῶν Τουρκικῶν, ἀφοῦ χρόνου ἐπλημμύρησαν οἱ βάρβαροι τὴν Θρᾴκην, Ἰλλυρίαν καὶ Ἠ-

ρά των καὶ τὴν διαμόρφωσιν τῶν ἠθῶν των οἱ Ἕλληνες. Ἄρα, ἐνῷ ἡ Θρησκεία καὶ ἡ Γλῶσσα δὲν παρεχαράχθησαν, ἐπομένως μήτε τὸ Ἔθνος καὶ ὁ χαρακτήρ του ἐξουδενώθησαν. Καὶ βλέπομεν, ὅτι, ἐνῷ ἡ Θρησκεία σώζει πρῶτον τὴν Γλῶσσαν, αὕτη ἀκολούθως ἐλευθερώνει τὴν Θρησκείαν καὶ τὴν Πατρίδα ἀπὸ τὰ δεσμά των. .

Εἶναι ἀληθινόν, ὅτι αἱ Ἀποικίαι τῆς Ἀσίας, τοῦ Πόντου καὶ ἄλλων μερῶν ἐστερήθησαν, ὅ,τι ηὐτύχησε νὰ ἐπιφυλάξῃ εἰς ἑαυτὴν ἀγαθὸν ἡ Ἑλλάς. Εἴπομεν (α), ὅτι ὁλόκληροι Λαοὶ παρὰ τὴν ἀπίθανον μείωσιν τοῦ πληθυσμοῦ των ὑπεχρεώθησαν νὰ δεχθῶσι καὶ τὴν φωνὴν τοῦ νέου Κυρίου των. Ἀλλ' οἱ ἴδιοι Ἕλληνες προέβλεψαν μετέπειτα τὴν ἔλλειψιν αὐτὴν διὰ τῆς εἰς τὸ Τουρκικὸν μεταγλωττίσεως τῶν Θρησκευτικῶν Βιβλίων μὲ χαρακτῆρας Ἑλληνικούς. Κατ' αὐτὴν τὴν μέθοδον καὶ οἱ Λαοὶ οὗτοι, ἄπειροι παντάπασι καὶ τῶν στοιχειωδεστέρων ἰδεῶν τῆς κοινωνίας, παιδαγωγοῦνται εἰς τὴν εὐδαιμονίαν ἐκείνην, τὴν ὁποίαν ἐπαγγέλλεται ἡ μελέτη τῶν Γραφῶν καὶ ἡ σταθερότης τοῦ Θρησκευτικοῦ χαρακτῆρος. Τὸ μέτρον τῆς μεταγλωττίσεως διαδέχονται πολὺ πλέον ἀξιέπαινοι προσπαθήσεις, ἀφορῶ-

---

πειρον, εὑρίσκει εἰς αὐτὴν τὴν μεγαλυτέραν τραγελαφικὴν ἀηδίαν.

Τὴν ἰδίαν ἔλαβε τύχην καὶ ἡ ἰδιότροπος τῶν Λακώνων, καὶ ἐκείνη τῶν Βλάχων τῆς Ἠπείρου καὶ Θεσσαλίας. Εἰς τούτους ὅλους εἶναι κοινὴ καὶ ἡ καθομιλουμένη Ἐθνικὴ Διάλεκτος, τῆς ὁποίας ἡ ἀπὸ τοῦ 1821 βελτίωσις καθίσταται περίεργος τῷ ὄντι.

(α) Σελ. 17.

σαι τήν σύστασιν Σχολείων Ἑλληνικῶν ἐν τῷ μέσῳ τῆς παχυτέρας βαρβαρότητος.

Εἰς τήν ἀμάθειαν τῶν Τούρκων (α) πρέπει νά ὁμολογήσῃ ὁ Ἕλλην καί τινα χάριν. Τοὺς διεκράτει αὕτη ἁλυσοδεμένους τρόπον τινὰ εἰς μίαν θέσιν, ἔνεκα τῆς ὁποίας ἠγνόουν, ποῖα μέτρα ὠφέλουν, καί ποῖα ἔβλαπτον ἀναφορικῶς ὡς πρὸς τὸ Πολιτικόν των Σύστημα. Οἰστρηλατούμενοι οὗτοι ἀπὸ προσ-

---

(α) Ὁ κοινότερος χαρακτὴρ τῶν Τούρκων ἦτον ἡ ἀμάθεια. Δὲν ἦσαν διὰ τοῦτο ἐπιτήδειοι τύραννοι. Ἄλλως ἡ Ἑλλὰς ἤθελεν ἀναστενάζει περισσότερον καιρὸν ὑπὸ τὸν ζυγόν των.

Τῆς ἀμαθείας τὰ ὀλέθρια ἀποτελέσματα προβλέπων, ὡς φαίνεται, κάποιος Ἰμβραχὴμ Ἐφένδης (γνωστὸς εἰς τὰ Χρονικὰ τῶν Τούρκων, ἐκ τῆς ὁποίας διεπραγματεύθη Συνθήκης μὲ τοὺς Ἑνετοὺς καὶ Αὐστριακοὺς εἰς τὴν μικρὰν πόλιν τῆς Σερβίας Βασσάροβιτς,) ἠθέλησεν (ἐπὶ τοῦ Σουλτάν Ἀχμὲτ Γ΄, 1727), νὰ εἰσάξῃ τὸν τύπον εἰς τὴν Κωνσταντινούπολιν. Ἡ εἰσαγωγὴ ἐπεκυρώθη διὰ Χὰτ Σεριφίου· ἀπὸ δὲ τὴν τύπωσιν ἐξαιροῦντο μόνον τὰ Κανονικὰ καὶ τὰ Νομικὰ Βιβλία. Ἀλλὰ μὲ τὸν συμβάντα (1746) θάνατον τοῦ Διευθυντοῦ ἔμεινε νεκρὰ καὶ ἡ ἐπιχείρησις. Μετέπειτα ἐπὶ τοῦ Σουλτάν Ἀβδοὺλ Χαμὶτ ἀνεστερεώθη (1784) οὗτος, καταργηθεὶς μετὰ τριετίαν μὲ τὴν πτῶσιν τοῦ ὑπερασπιστοῦ του Μεγάλου Βεζύρη Χαμὶδ Χαλὶλ Πασσᾶ. Ὁ τελευταῖος Σουλτάν Μαχμούτ, μιμούμενος τὸ παράδειγμα τῶν δύο σημειωθέντων προκατόχων του, ὑπεστήριξε τοῦτον, ἀφοῦ ἐδοκίμασεν ὅλας τὰς εἰς τὸν Ἀλκορανικὸν Νόμον στηριζομένας ἐνστάσεις τῶν Μουφτίδων, Σοφτάδων καὶ Οὐλλεμάδων. Ἔκτοτε, ὡς φαίνεται, προδιέθετεν οὗτος τὸν σκοπόν, τῆς ὁποίας ἐπραγματοποίησε, 1826, γενικῆς Μεταρρυθμίσεως τοῦ ἐσωτερικοῦ του. Εἰς τὴν Κωνσταντινούπολιν δημοσιεύονται ἤδη καὶ Ἐφημερίδες Τουρκικαί.

Ποία δύναμις ὑπερφυσικὴ δύναται νὰ πολεμήσῃ πλέον τὴν ἐπιρροὴν τῶν Φώτων;

φοράς χρημάτων, άπαξ διδομένων, ή καί αδύνατοι νά έκτιμώσι τά αγαθά καί τήν δύναμιν τών Φώτων, έσυγχώρουν τήν σύστασιν Σχολείων μέ τόσην εύκολίαν, μ' δσην δυσκολίαν κατεπείθοντο νά παραχωρήσωσι τήν οίκοδομήν, ή έπισκευήν, Ναού τινος.

Εξάγεται λοιπόν, δτι ή Τουρκική Κυριαρχία, άν καί έπέφερε τά πάνδεινα διά τήν βαρβαρότητά της, ήτο προτιμητέα διά τήν άμάθειάν της μέχρι τινός παρά πάσαν άλλην συστηματικήν καί πεφωτισμένην Δυναστείαν (α). Άλλως ήθελεν έξαντλήσει δλην τήν προσοχήν της είς τόν περιορισμόν τών διανοητικών δυνάμεων τού Έλληνος, ή καί όλόκληρον, έάν έδύνατο, τήν φωτοκτονίαν, σπρώχνουσα τούτον έπιτηδείως είς τήν τελείαν διαφθοράν τού πνεύματος καί τών ήθών του. Τάχα παρομοία φωτοσβέστις έκ συστήματος Εξουσία ήθελεν εύδοκιμήσει είς τήν διάθεσιν Έθνους, φύσει ορμητικού πρός τάς Μούσας;

Τήν πρώτην έπάνοδον τών Μαθήσεων είς τήν Ελλάδα θεωρούμεν διά τού Δαμοδού τής Κεφαλληνίας. Είς τήν Έλληνικήν Σχολήν του, κοινήν δι' δλην τήν Ελλάδα, παρέδιδεν ούτος καί άνώτερα Μαθήματα. Διά τής προσφυούς μεθόδου τών παραδόσεών του ανέδειξεν είς διάστημα όλίγον πολλούς Μαθητάς, μεταξύ τών όποίων διεκρίθη καί ό Μοσχόπουλος (β).

Ο Ιστορικός τής νέας Ελλάδος θέλει διαιωνί-

(α) Ζήτει καί Έποχ. Δ' Κεφ. Γ'.

(β) Χρηματίσας Διδάσκαλος καί τού Νικολάου Μαυρομμάτου, ένός τών όπαδών τού Ρήγα.

σει τήν εύγνωμοσύνην τοϋ Έθνους προς εκείνους, διά τής γενναίας προσπαθήσεως των οποίων ελαβον ΰπαρξιν τά Γυμνάσια τών Ιωαννίνων, Άθωνος, Πάτμου, Θεσσαλονίκης, Χίου, Σίφνου, Σμύρνης, Κυδωνιών, Βυζαντίου, Ίασίου, Βουκουρεστίου κλπ. Πλήθος άλλο Διδακτικών Καταστημάτων είς διάφορα μέρη τής Ελλάδος (α) έπεϊχον τήν δευτέραν τάξιν.

(α) Άπό τήν τιμήν αυτήν μένει υστέρα πολύ ή Πελοπόννησος. Τό ισχυρότερον μέρος της, οί Προεστώτες, έχοντες τό παράδειγμα τών επίσης βασανιζομένων Ιωαννίνων, τής Θεσσαλονίκης, τών Αθηνών, τής Κρήτης καί αυτής ακόμη, άν πρέπη νά είπωμεν, τής ενδοτέρας Ασίας, ήμπόρουν νά καταστήσωσι Γυμνάσιον Έλληνικόν τοϋ πρώτου βαθμού ώς πρός τήν περίστασιν εκείνην τής Ελλάδος. Αλλά, φαίνεται, δέν είχον αύτήν τήν εύγενή διάθεσιν, περιπεπλεγμένοι έξαιρετικώς είς τήν τύρβην τών πολιτικών πραγμάτων τοϋ τόπου. Ή δέ λυπηρά αποτυχία τοϋ Καριτσιώτου Εμπόρου, έπιχειρισθέντος δι' ίδίας δαπάνης τήν εις τήν Πατρίδα του (Λακωνίαν) άνέγερσιν μιας Σχολής, αποδεικνύει πασιφανώς, ότι ή Παιδεία όχι μόνον ήμελεΐτο, άλλά καί κατετρέχετο κατά δυστυχίαν περισσοτέραν άπό τούς ανθρώπους τούτους.

Οί ολίγοι μεταβαίνοντες είς τήν Εύρώπην νέοι Πελοποννήσιοι έσπούδαζον μάλλον τήν Ιατρικήν καί όχι ποτέ μέ τόν σκοπόν τοϋ νά φωτίσωσι τήν Πατρίδα των ώς Σχολάρχαι. Τό ίδιον ήκολούθουν καί οί σπουδάζοντες είς τά Γυμνάσια τής Ελλάδος διασκορπιζόμενοι είς άλλους τόπους, ένώ δέν εύρισκον είς τήν γήν τής γεννήσεώς των περίθαλψιν καί πόρον. Οί δέ γαυριώντες είς τόν πομπώδη τίτλον τοϋ Προύχοντος δέν έστελλον ούδέ τά τέκνα των είς τήν Εύρώπην, ή αλλού, έπί προφάσει άθεϊσμοΰ.

Τό κακόν τούτο έλαβε τόν χαρακτήρα μιας γενικής προλήψεως, όθεν έπήγασε τό νά φαίνωνται Διδάσκαλοι είς τόν τόπον τούτον Καλόγηροί τινες, πλήρεις θεοβλαβείας καί οπαδοί

Άν έλειπεν άπό αύτά ή διδασκαλία τών υψηλοτέρων γνώσεων, δσας ό ανθρώπινος νοΰς έγέννησε καί έκαλλιέργησε· τούτο ήτο συνέπεια φυσική τών ελλείψεων καί τών πολιτικών ύπονοιών, τάς οποίας προέβαλλον ύποχρεωτικώς αί τότε καταστάσεις. Δέν ήμπορεΐ νά ζητή τις άνδρικάς άρετάς άπό μίαν νηπιώδη ήλικίαν.

Μάς συγχωρείται νά εΐπωμεν μεολοντούτο, δτι τά κυριώτερα μαθήματα, δσα μορφώνουσι τόν πολίτην έπάξιον τού πολυτίμου τούτου ονόματος, καί άπό τά όποια ή Ελλάς είχε τήν μεγαλυτέραν χρείαν, ευρίσκοντο σποράδην είς τάς Διαλογικάς εισηγήσεις τοΰ δαιμονίου Σωκράτους, καί τών Μαθητών του τάς πρωτοτύπους έρεύνας. Τό πνεύμα τών νέων καλλιεργούμενον άπό τάς άρχετύπους ταύτας ιδέας καί τάς άλλας τών διαφόρων Ρητόρων, Ιστορικών καί Ποιητών, έφωδιάζετο οπωσδήποτε μέ τά αισθήματα εκείνα, δσα έμελλον νά χρησιμεύσωσιν ώς κρηπίς είς τήν μέλλουσαν Μεταβολήν τής Ελλάδος.

Τό Σχολεΐον τών Ιωαννίνων, διΐθυνόμενον άπό τούς Μπαλάνους, Σουγδουρείς, Μελετίους καί άλλους, διέχυσε πρώτον είς τήν Ελλάδα φώτα, άν καί μικρά, Φιλοσοφίας. Καρπούς πολυτίμους προσέφερον επίσης καί εκείνα τού Άθωνος, Χίου, Σμύρ-

---

τοΰ μονοτόνου συστήματος τών ξηρών Γραμματικών. Μοναδική είς τήν Πελοπόννησον ύπήρξεν ή τοιαύτης φύσεως Ελληνική Σχολή τής Δημητσάνης (Θεισώας). Ή Πελοπόννησος διά τούτο δέν έδειξε τούς έκ συγκρίσεως άρκετούς Λογίους της είς τήν Έπανάστασιν. Μικραί έξαιρέσεις δέν άναιρούν τήν καθολικήν αυτήν παρατήρησιν.

νης, Κυδωνιών, Βυζαντίου καί Ίασίου. Ό ώφελιμώτατος Ευγένιος Βούλγαρης, σαλεύσας τον βαρύν λήθαργον τής άπαιδευσίας, ό Θεοτόκης, Δανιήλ, Λάμπρος Φωτιάδης, Τσελεμπής, Πρώϊος, Στέφανος και άλλοι υπήρξαν τόσοι 'Απόστολοι τής μελλούσης πολιτικής τού Έθνους τύχης, εμπνευσμένοι τόν θείον προς τήν έκπαίδευσιν τής νεολαίας και τήν πατρίδα έρωτα.

Τό Έλληνικόν Όνομα τιμώσι διαφερόντως και εκείνοι, όσοι συνέδραμον ύλικώς εις τήν έκδοσιν βιβλίων, τήν σύστασιν βιβλιοθηκών και τήν έκπαίδευσιν νέων πολλών εις τήν Εύρώπην. Μεταξύ τών τοιούτων διαπρέπουσι καί άλλοι καί πρό πάντων οί άξιότιμοι Ζωσιμάδαι, διαχειρισθέντες ώφελίμως τά πλούτη των.

Πάσα εν γένει τάξις Ελλήνων συνέτρεχεν άμιλλωμένη εις τον πολλαπλασιασμόν τής παιδείας. 'Αδίκως προσήψάν τίνες εις τό Ίερατείον τής 'Ανατολής τήν κατηγορίαν, ότι ήγάπα τήν μωρίαν τού Λαού καί τό σκότος, ένώ υπηρέτει τον Πατέρα τών Φώτων. Τα Μοναστήρια, εις τά όποία εύρισκον οί Έλληνες πολλήν ήθικήν παρηγορίαν, ήσαν ώσεπιτοπολύ τά σπουδαστήρια τής Ελληνικής καί αί άποθήκαι δημοσίων βιβλιοθηκών αξίων λόγου· οί δέ νάρθηκες καί τά προαύλια τών Ναών τά προπαιδευτικά καταγώγια τών παίδων. Έκ τού Ιερατικού Τάγματος βλέπομεν πολλούς κατά διαφόρους εποχάς, πεπροικισμένους μέ ύψηλήν παιδείαν καί άληθινήν άρετήν, κήρυκας θερμούς τής ηθικής άναπλάσεως τού Έθνους διά τών παραδόσεων, τών εκδόσεων καί τού άμβωνος, καί μεμακρυσμένους άπό τού νά έχωσι τήν σοφίαν τού Θεού ώς εργαστήριον

Γ. ΠΑΠΑΦΛΕΣΣΑΣ.

αίσχροκερδείας καί πολιτικών σκοπών, κατά τό παράδειγμα τόσων άλλων. Τό Ίερατεΐον τής 'Ανατολής δέν κατεδίωξέ ποτε βίβλους, τυπογραφίας καί διδασκάλους όποιωνδήποτε δοξασιών, εκτός άν ούτοι έφαίνοντο πραγματικώς διαστρέφοντες τήν άθωότητα, θέλοντες νά τήν έμφυτεύσωσιν έξ άπαλών όνύχων ιδέας, τάς όποίας ήτον άδύνατον αυτή νά χωνεύση. Τέλος πάντων πρός άπόδειξιν τής συστηματικής καί ένθέρμου προστασίας τών φώτων ένθυμεΐταί τις καί άλλας διαφόρους πράξεις καί τήν λαμπρύνουσαν πολύ πλέον τόν Θρόνον τής Κωνσταντινουπόλεως Συνοδικήν Έγκύκλιον τοΰ 1807 περί συστάσεως Σχολείων (α). Δέν μας λανθάνουσι καί παραφοραί τινες τοΰ ίδίου περί τής Φιλοσοφίας· άλλ' ειμεθα πάρα βέβαιοι, δτι εις ταύτας έδωσαν αφορμήν ή διαγωγή καί τά όρμητικά πάθη ανθρώπων ήμιμαθών καί δούλων τών προλήψεων.

Τήν άφοσίωσιν τών Ελλήνων εις τάς Μούσας έπιβεβαιοΐ ό άπό τοΰ 1813 σχηματισμός τής Φιλομούσου Εταιρίας τών Αθηνών (β) καί ή δι' αυτής σύστασις τής Ελληνικής καί Φιλοσοφικής Σχο-

(α) Ή Έγκύκλιος αΰτη έδημοσιεύθη καί διά τής Φιλολογικής Εφημερίδος ό Λόγιος Ερμής, 1819.

Μία τών έντίμων προσπαθήσεων τοΰ ίδίου Θρόνου έστάθη καί τελευταΐον ή αγορά μεγάλου αριθμού βιβλίων. Ήσαν δέ ταΰτα λείψανα τών βιβλιοθηκών, όσας ή Τουρκική Εξουσία έδήμευσεν άπό τοΰ 1821.

Τό Ίερατεΐον κατώρθωσε πρό άρκετοΰ καιρού τήν εισαγωγήν τοΰ Τύπου είς τό Βυζάντιον.Τό παράδειγμά του ήκολούθησεν ή πόλις τοΰ Ίασίου καί τελευταΐον έκεΐναι τής Χίου καί τών Κυδωνιών.

(β) Ίδέ Έποχ. Β', Κεφ. Γ'.

λῆς. Υπό τήν έπαγρύπνησιν τῆς ιδίας διετηρήθησαν άβλαβεῖς πολλαί επίζηλοι Άρχαιότητες. Δέν άναφέρομεν έδώ τόν παραδειγματικόν ζῆλον πρός τά φώτα τῶν Χίων, τῶν Σμυρναίων καί τῶν Κυδωνιέων.

Τῶν Συγγραφέων, τῶν Μεταφραστῶν καί τῶν Σχολιαστῶν δλοι οί άγῶνες ἔτεινον εἰς τόν ἴδιον σκοπόν τῆς λογικῆς μορφώσεως τῶν Ελλήνων. Ἡ μεταγλώττισις μυρίων ἄλλων καί μάλιστα τῆς Ἱστορίας τοῦ Καστριώτου ἐπαρουσίαζεν εἰς τόν Έλληνα τόν καθρέπτην τῆς δυνατῆς μεταβολῆς του ἀπό τήν κατάστασιν τῆς τυραννίας εἰς ἐκείνην τῆς ἐλευθερίας. Εἰς ταύτην ἔβλεπε καί ἐδιδάσκετο οὗτος τά εὐτυχῆ ἀποτελέσματα τοῦ πατριωτισμοῦ, τόν χαρακτῆρα τοῦ ἀξίου Ἀρχηγοῦ, τήν ἀδυναμίαν ἑνός βαρβάρου Στρατοῦ, τό ζημιῶδες τῶν προλήψεων, τήν θείαν διεκδίκησιν τοῦ προδότου, τά πλεονεκτήματα τῆς ἀνδρείας καί τῆς ἐμπιστοσύνης, τήν ἀνωφελῆ μετάνοιαν τῶν σφαλμάτων, τά ὀφέλη τῶν στρατηγιῶν κτλ.

Τοῦ φιλοσόφου Βεκκαρία τό περίφημον περί Ἐγκλημάτων καί Ποινῶν Σύγγραμμα προσφέρει (1812)

Τό Σύστημα τοῦτο, παῦσαν ἐπί τῆς Μεταβολῆς τοῦ 1821, άνανεώθη περί τόν Σεπτέμβριον τοῦ 1825, μολονότι οἱ Ἀθηναῖοι δέν εἶχον ἤδη ἐξησφαλισμένην οὐδέ αὐτήν τήν φυσικήν ὕπαρξίν των. Ἐσχημάτισεν εὐθύς Καταστήματα τῆς νέας Λαγκαστρικῆς Μεθόδου καί τῆς Ἑλληνικῆς διά τά ἄρρενα καί τά κοράσια, Βιβλιοθήκην καί Μουσεῖον εἰς τήν Ἀκρόπολιν. Ἔμελλεν ὅμως νά νεκρώσῃ ὅλας τάς ἐκ τούτου νέας ἐλπίδας τῶν Ἑλλήνων ἡ πρόξενος πολλῶν δυστυχιῶν ἡμέρα τῆς 24 Μαΐου, 1827, καθ' ἥν ἀνεπέτασε τήν Ἡμισέληνον ὁ Ρεσσήτ Μεχμέτ Πασσᾶς ἐπί τῶν ἐρειπίων τῆς Ἀκροπόλεως.

ὁ ἀοίδιμος Κοραῆς, καὶ διαθέτει τὴν Νεολαίαν μὲ τὴν ἀκόλουθον πρόρρησιν μᾶλλον, ἢ συμβουλήν· «Θέλει ἐλθεῖν καιρός, ὁπόταν ἡ Πατρὶς ἔχῃ νὰ ζητήσῃ Νόμους ἀπὸ (αὐτήν)». καὶ Νόμους βέβαια δὲν ἐννόει ἄλλους παρὰ τοὺς Πολιτικοὺς (α). Τόσον ἦτο πεπεισμένος περὶ τούτου, ὥστε δὲν ἐδίσταξε καὶ πρὶν ἔτι (ἀπὸ τῶν 1807) νὰ κηρύξῃ· «Ἡ εἶναι βέβαιον, ὅτι ἐνεργεῖται τῆς Ἑλλάδος ἡ ἀναγέννησις, ἢ δὲν εἶναι τίποτε βέβαιον εἰς τὸν Κόσμον (β)».

Εἰς τὴν πρόγνωσίν σου ταύτην δὲν ἐλάνθασες, ἀθάνατε Κοραῆ! Ἡ ἀναγέννησις τῶν Φώτων, τῆς ὁποίας διεκρίθης ὁ ἐνεργητικώτατος πρόμαχος, ἔπρεπε νὰ ἐπιφέρῃ φυσικῶς καὶ τὴν πολιτικὴν ἀναγέννησιν τῆς Ἑλλάδος. Οἱ φίλοι τοῦ δεσποτισμοῦ δὲν ἠδυνήθησαν νὰ γελάσωσι τὰ χρυσᾶ ταῦτα γράμματά σου, καὶ νὰ τὰ κάψωσιν, ὡς ἄλλοτε ἐκεῖνα τοῦ Ρήγα, ὡς ἀντίθεα (ἀντιπολιτικά).

Πόσον ἐκ προσθήκης ὁ Ἕλλην ἐφρονιματίζετο ἀπὸ τὰς Ὀπτασίας τοῦ Ἱερωνύμου Ἀγαθαγγέλου

(α) Εἰς τὸ ἴδιον ἀπευθύνετο πνεῦμα καὶ πάντοτε καὶ τελευταῖον (1819), ἐκδίδων τὴν πολυμαθῆ καὶ πολύτιμον Ἀντίρρησίν του κατὰ τοῦ Κοδρικᾶ, ἢ τοῦ περιβοήτου Δόγματος τῶν Σκεπτικῶν Φιλοσόφων καὶ τῶν Σοφιστῶν· «Νόμῳ (συνηθείᾳ) καλόν, νόμῳ κακόν.» Διὰ τοῦ Διαλόγου τοῦ Μαροκένου Δερβίσση καὶ τοῦ Εὐρωπαίου Περιηγητοῦ ἐξεικόνισε θαυμασίως τὴν τύραννον Διοίκησιν τῶν Τούρκων, καὶ ἐδίδαξεν ἐπιτηδείως τὰ στοιχεῖα καὶ τὰ κοινὰ εὐτυχήματα μιᾶς ἀγαθῆς Πολιτείας.

(β) Ἰδὲ εἰς τὴν ἔκδοσιν τοῦ Ἰσοκράτους Μέρ. Α´, σελ. νστ´.

(α)! Πόσον ἐναβρύνετο εἰς τὰς ἀναμνήσεις τῶν διαφόρων Κινημάτων (β)! Πόσον ἐσεμνύνετο εἰς τὸν πολυχρόνιον πόλεμον τῶν ὀλίγων μέν, ἀλλὰ ἀκαταμαχήτων, Σουλιωτῶν (γ)! Πόσον ἔχαιρεν εἰς τὴν αὐτόνομον κατάστασιν τῶν Μανιατῶν, τῶν Σφακιανῶν καὶ ἄλλων!

Ἡ Ἱστορία τὸν ἐβεβαίωνεν, ὅτι δὲν ἐνικήθη ποτέ, ἢ ἐχάθη ἐνδόξως, ὅποιος Λαὸς ἐκινήθη σταθερὸς ὑπὲρ τῆς ἐλευθερίας του. Τὸν ἐβεβαίωνεν, ὅτι τῶν τυράννων ἡ ὑπερτεροῦσα ὑλικὴ δύναμις δὲν ἰσοβαρεῖ ποτε μὲ τὴν ἠθικὴν ἐκείνην ἀνδρείαν, τὴν ὁποίαν ἐμπνέει εἰς τὸν ἄνθρωπον τὸ εὐγενὲς τοῦ πα-

(α) Χρονολογουμένας τῷ ασοθ΄ (1279), καὶ ἐκδοθείσας εἰς τὸ Μεδιόλανον τῷ αφνέ (1555). Μεταπεφρασμέναι διεφυλάττοντο ἀπὸ πολλοὺς χειρόγραφοι, ὡς κῶδιξ τις θεῖος, ἀναγγέλλων βεβαίαν τὴν ἀπὸ τοὺς Τούρκους σωτηρίαν τῆς Ἑλλάδος.

Ἡ ἰδέα αὕτη ἦτον ἐντετυπωμένη εἰς τὰς κεφαλάς καὶ τῶν ἰδίων Τούρκων, πολλοὶ τῶν ὁποίων ὡμολόγουν φθάσασαν τὴν συντέλειαν τῆς πολιτικῆς των ἐξουσίας.

Ἐπιτήδειοί τινες, γνωρίζοντες τὴν τοιαύτην ὑπόληψιν τοῦ Λαοῦ περὶ τῶν εὐαγγελισμῶν τοῦ Ἀγαθαγγέλου, ἐνήργησαν τὴν εἰς Μεσολόγγιον μετατύπωσίν του, 1824.

(β) Ζήτει Ἐποχ. Β΄, Κεφ. Α΄.

(γ) Ἱστορικὸν μνημεῖον τοῦ ἡρωϊσμοῦ τῆς νέας Ἑλλάδος εἶναι καὶ ἡ Πάργα. Ἂν οἱ Κάτοικοί της ἐπωλήθησαν ἕνεκα μιᾶς πολιτικῆς, ἀφορώσης τὸν σύνδεσμον σχέσεών τινων μετὰ τοῦ τυράννου τῆς Ἠπείρου, ἀπέδειξαν ὅμως καὶ εἰς τὴν τελευταίαν ἔτι στιγμὴν τὰ ἀγαπητότερα ὑπὲρ τῆς πατρίδος των αἰσθήματα. Ἀφίνοντες τὸν τόπον των, συμμετέφερον τοὺς Προγόνους καὶ τοὺς Θεούς των.

τριωτισμοῦ αἴσθημα. Τὸν ἐβεβαίωνε πάντοτε τεταπεινωμένην ταύτην ἐνώπιον τῆς θείας ἐκείνης πανοπλίας, μὲ τὴν ὁποίαν περιβάλλει τὸν μὲ νοῦν Λαὸν ἡ εἰλικρινὴς ἀφοσίωσις πρὸς τὸ πολιτικόν του δίκαιον. Τὰ λαμπρὰ συμβάντα τοῦ Μαραθῶνος, πολεμαρχοῦντος τοῦ Μιλτιάδου· τῶν Στενῶν τῆς Σαλαμῖνος, ὁδηγοῦντος τοῦ Θεμιστοκλέους· καὶ τῶν Πλαταιῶν τῆς Βοιωτίας, στρατηγούντων τοῦ Ἀριστείδου καὶ τοῦ Παυσανίου, προέκειντο εἰς τοῦτον τόσαι ζωηραὶ εἰκόνες τῆς ὑπεροχῆς τοῦ πατριωτιτισμοῦ καὶ τοῦ φιλελευθέρου πνεύματος ἐναντίον τῆς βαρβαρότητος καὶ τοῦ ἐγωϊσμοῦ.

Τὴν φαντασίαν τοῦ Ἕλληνος ἐμεγάλυνον αἱ σκιαὶ τοῦ Λεωνίδου καὶ τῶν Τριακοσίων, ἀποθανατισθέντων εἰς τὰς Θερμοπύλας· ἐμψύχωνον οἱ Θρασύβουλοι, σωτῆρες τῆς Πατρίδος των ἀπὸ τὴν ἐπιβεβλημένην τυραννίαν τῶν ξένων: τῆς Σπάρτης καὶ τοῦ Φιλίππου· ἐνεθάρρυνεν ἡ ἱστορία τοῦ Κίμωνος, τοῦ Ἀγησιλάου, τοῦ Ἀλεξάνδρου καὶ μυρίων ἄλλων.

Εἰς τὸν καθρέπτην τῶν Ἑλβετῶν, οἵτινες ἀπετίναξαν καὶ ἀπροπαρασκεύαστοι τὸν τότε βάρβαρον ζυγὸν τῶν Αὐστριακῶν, ἔβλεπεν ὁ Ἕλλην, ὅτι καὶ μὴ ἔχων ἰσόπαλα τὰ μέσα, δύναται νὰ παρατάξῃ κατὰ τοῦ τυράννου του τὴν θέλησιν καὶ ἐπιμονήν του. Εἰς ἐκεῖνον τῶν Ἰσπανῶν, ὑποτεταγμένων εἰς τοὺς Ἄραβας ἐπέκεινα τῶν ἑπτὰ αἰώνων, παρετήρει, ὅτι καὶ ἡ πλέον πολυχρόνιος δυναστεία καταβάλλεται ἀπὸ ἕνα Λαόν, πολεμοῦντα ὑπὲρ τῶν δικαίων του. Τί ἄλλο ἐβεβαίωσαν οἱ Ἰσπανοὶ καὶ ἐσχάτως, πολεμοῦντες τὸν νικητὴν ὅλης τῆς Εὐρώπης Ναπολέοντα; Σαφηνίζεται ἐδῶ καὶ ἡ πολύτιμος ἀξία τοῦ θρησκευτικοῦ χαρακτῆρος.

Ό Έλλην δὲν ἀγνοοῦσεν ἤδη, ὅτι ὁ ὀλίγος καὶ ἐνδεὴς Λαὸς τῶν Ὁλλανδῶν ἔπαυσεν ἀναστενάζων ὑπὸ τὸ σιδηροῦν σκῆπτρον τῆς Ἰσπανίας, ἅμα ἔδραμεν εἰς τὰ ὅπλα ἀπηλπισμένος. Ἤξευρεν, ὅτι τὴν γενναίαν θέλησιν τῶν γειτόνων μὲ τοὺς Ἰσπανοὺς Πορτογάλων δὲν ἐδάμασε μήτε ἡ δύναμις, μήτε ἡ γειτονία, μήτε τὰ πλούτη τῆς Ἰσπανίας,. Ἐγνώριζε τὰ πρόσφατα παραδείγματα τῶν Ἀγγλικῶν Ἀποικιῶν τῆς Ἀμερικῆς κατὰ τῆς Μητροπόλεώς των, καὶ τῶν Ἡνωμένων Ἐπαρχιῶν κατὰ τῆς Ἰσπανίας. Πλέον ἀκόμη πρόσφατον παράδειγμα ἐφάνη τὸ ἀνήκουστον τόλμημα τῶν Μαύρων τοῦ Ἁγίου Δομινίκου, καὶ ἀπεδείχθη, ὅτι τὸ αἴσθημα τοῦ πατριωτισμοῦ δὲν ἀφίνει ἀνελευθέρους μήτε αὐτοὺς τοὺς ἀργυρωνήτους δούλους.

Ὡς τοιοῦτοι οἱ Ἕλληνες ἔσωζον πάντοτε τὰς μεγαλυτέρας περὶ τῆς ἐλευθερίας των ἐλπίδας, γινόμενοι πολλάκις ἀνώτεροι τοῦ ἑαυτοῦ των. Οἱ δὲ Τοῦρκοι, ἂν καὶ κατειργάσθησαν ὅλα, δὲν ἴσχυσαν ὅμως νὰ γίνωσι κύριοι καὶ τοῦ πνεύματος τούτων. Ἡ βία, ἂν δημιουργῇ ὑποκριτάς, δὲν μορφώνει φρόνημα. Ὁ θρίαμβός της, πρόσκαιρος πάντοτε, ἀδυνατεῖ νὰ στηρίξῃ διαρκῆ κανένα πολιτικὸν σκοπόν. Εἰς μάτην λοιπὸν ἀπεθέριζεν ὁ τύραννος τὸ πλούσιον καὶ τὸ διαπρέπον μέρος (α). Ἐστοχάζετο, ὅτι

(α) Ἡ Ἐξουσία τῶν Σουλτάνων ὕποπτος πάντοτε, ὡς μὴ περιφρουρουμένη ἀπὸ τὴν ἀγάπην τῶν κυβερνωμένων, ἐξέτεινε τὸ ἴδιον σύστημά της καὶ ἐναντίον τῶν Τούρκων, ἅμα ἐμεγαλύνοντο εἰς τὰς ἀξιώσεις καὶ τὰ πλούτη. Ἁπλῆ ὑποψία ἢ συ-

71

έθυσίαζε τὸ πνεῦμα τῆς Ἑλλάδος, θυσιάζων ὀλίγους. Ἀλλὰ πόσον ἦτον ἠπατημένος! Τὰ Ἔθνη δὲν θυσιάζονται. Εἶναι ἆρα ἀναλλοίωτον τὸ πνεῦμα των.

Οἱ Ἕλληνες κάτοικοι μιᾶς γῆς, τόσον ἐπιζήλου διὰ τὰ πλεονεκτήματα τῆς φύσεως καὶ τῆς γεωγραφικῆς θέσεώς της, ἦτον ἀδύνατον νὰ μὴν ὀργῶσιν εἰς τὴν ἐλευθερίαν των, πνέοντες τὰ σκληρότερα μίση ἐναντίον μιᾶς τυραννίας, ἡ ὁποία ἐμαστίγωνεν ἐν μέρει καὶ αὐτὴν ἀκόμη τὴν Εὐρώπην διὰ τῶν προ-

κοφαντία ἦρκει εἰς τὴν καταδίκην ὁποιουδήποτε. Ποίαν ἐπομένως οἱ Σουλτάνοι ἔπρεπε νὰ ἐλπίζωσι πιστὴν ὑποταγὴν ἀπὸ τοὺς ὑπηκόους των, ἐνῷ δὲν τοὺς ἠσφάλιζον ἀπὸ τὰ δεινὰ τῆς συκοφαντίας ; Καὶ πρὸς αὐτὸν τὸν Θεὸν προσευχόμενος ὁ Δαβὶδ εἶπε πρῶτον· «Φύλαξόν με, Κύριε! ἀπὸ συκοφαντίας ἀνθρώπων» καὶ ἔπειτα ὑπεσχέθη· «καὶ φυλάξω τὰς ἐντολάς σου». Μόνοι οἱ Τοῦρκοι, ἀλλ' ὄχι ποτὲ οἱ Ἕλληνες, δοξάζοντες τὸ ἀναμάρτητον εἰς τὴν ὀντότητα τῆς Σουλτανικῆς Ἐξουσίας, καὶ μᾶλλον τετυφλωμένοι ἀπὸ τὴν ἐκ τῆς θεοβλαβείας προερχομένην πλάνην, ὡμολόγουν ὡς ἀρετὰς ὅλα τὰ ἁμαρτήματα τῶν Σουλτάνων, καὶ ὡς θείαν ἀπόφασιν τὴν θέλησιν καὶ τοὺς παραλογισμούς των.

Αἱ κτηματικαὶ καταστάσεις ὅλων τῶν θανατουμένων ἐδημεύοντο. Εἰς τὰ 1830 βλέπομεν ἓν παράδειγμα ὅλως διόλου ἐναντίον. Ὁ Μέγας Ὕπατος, Ρεσσὴτ Μεχμὲτ Πασσᾶς ἐκδίδων τὴν ἐναντίον τῶν Καπετανέων τῆς ὑποκειμένης Στερεᾶς Ἀπόφασίν του (Ἰωάννινα, 27 Νοεμβρίου 1830,) προσθέτει·

«Ἄρθρ. Ε'. Ὅσοι δὲ (Καπετανέοι) φανοῦν ἀπειθεῖς καὶ φονευθοῦν, ἡ οὐσία των νὰ μένῃ ἀβλαβής, καὶ νὰ τὴν οἰκειο- «ποιοῦνται μέχρι λεπτοῦ τὰ τέκνα των...»

Θέλομεν ἐνταῦθα νὰ ὑποστήσωμεν, ὅτι ἀπὸ τὴν ἀντίθεον ἰδέαν τῆς δημεύσεως ἤρχισαν τέλος πάντων μακρυνόμενοι καὶ οἱ Τοῦρκοι, ἂν καὶ ἐθεωροῦντο μέχρι τοῦδε ἀμετάβλητοι ἀπὸ τὰς ἕξεις των.

72

λήψεων καί τής βαρβαρότητός της. Ή καλή, ή κακή, Διοίκησις ενός Κράτους έπηρεάζει έν μέρει καί εις την κατάστασιν τών άλλων.

Ή πολυανθρωπία τής Ελλάδος έσμικρύνθη πρό άρκετοΰ καιρού (α). Άλλ' όσον είναι βέβαιον τούτο, τόσον εξ εναντίας παρετηρήθη κατά διαφόρους περιστάσεις, ότι ό οξυδερκής, μεθοδικός καί φιλόπονος "Ελλην ήδυνήθη νά άντιπαλαίση με πολλαπλάσιον άριθμόν άνθρώπων, οί όποιοι άφ' ενός μέρους έλάτρευον έκ συστήματος τήν άργίαν καί τήν ήδυπάθειαν, καί άφ' ετέρου κατεδικάσθησαν τρόπον τινά νά μήν έκπηδήσωσί ποτε άπό τούς δρους τής νηπιώδους λογικότητος καί τής στρεβλής ηθικής των (β). Ή πολυανθρωπία άρα δέν συνιστά τήν δύναμιν ή δέ άμάθεια καί ή αταξία είναι ό όλεθριώτερος έχθρός καί τής πλέον κολοσσαίας Επικρατείας.

"Αν έβιάσθη ό "Ελλην νά κατοικήση τά τραχύτατα βουνά καί τάς πέτρας τών Νήσων, ωφελήθη μάλιστα, χωρίς νά ζημιωθή ζημίαν άνεπανόρθωτον. Γυμναστικώτερος καί έπιτηδειότερος ήδη προώδευεν εις τάς επιχειρήσεις του, άναπτύσσων τό λογικόν του καί τά έντιμα μέσα τού βίου. Τών Τούρκων εξ έναν-

(α) Εις καθέν τετραγωνικόν μίλιον μόλις φέρει ήδη 872 ψυχάς.

(β) Άπόρροιαν τής τοιαύτης ηθικής θεωρούμεν τήν έπέμβασίν των καί εις αύτάς άκόμη τάς άποφάσεις τοΰ Πλάστου. Είχον άξίωμα τό «Πάς μή Τούρκος ούκ άνθρωπος» καί τούτο πρός άλλα πολλά τών Τούρκων είναι «Τί άν είποι Τούρκος άνήρ;» βλέπομεν μολοντοΰτο, ότι ή άπαιδευσία καί ή άδελφή μ' αυτήν βαρβαρότης δέν ήμπόρουν ήνωμέναι νά γεννήσωσι κακοηθέστερον άλλο άπόφθεγμα.

τίας αί ληστρικαί προσκτήσεις τοΰ πλούτου, ή τρυφηλότης, ό γάμος (α), ή άτακτος Κυβέρνησις καί ή πρό καιρού έκτεθηλυμένη άνατροφή τών Διαδόχων τού Θρόνου, εις τόσην έφερον παραλυσίαν καί χαύνωσιν τάς άλλοτε ρωμαλέας δυνάμεις των, ώστε καί πρό χρόνων έτι δέν ήμπόρουν ούτοι νά συγκροτώσι, τάς όποιας πρό τινος καιρού έσχημάτιζον Στρατιάς φοβεράς οί εύφυεις Σουλτάνοι καί οί θαυμαστοί Ύπατοί των. Τό ήθικόν των πρός τόν πόλεμον έμηδένισαν ένταυτώ οί Λεγεώνες της Άρκτου πρώτοι, καί προσέτι ή κατά της Αιγύπτου έκστρατεία. Εις δέ τούς Έλληνας άπέκειτο ν' άφαιρέσωσιν δλως διόλου τό παραπέτασμα, όπισθεν τού όποίου έκρύπτετο ή όχι τόσον έκτετυλιγμένη έτι άδυναμία τού 'Οθωμανικοΰ Βασιλείου.

Της μεγαλοπρεπείας ό τύφος δέν εικονίζει τήν άληθή δύναμιν της 'Εξουσίας. Ποία άλλη λοιπόν ύπερφυσική αίτία παρ' έκείνην της άντιζηλίας καί τών συμφερόντων ύπεστήριζεν ένα Θρόνον, μήν έχοντα χρήσιν αισθήσεως όρθής, ούδέ ένέργειαν ώρίμου λογισμού;

(α) Μ' όλην τήν πολυγαμίαν τών Τούρκων ό εις τήν Άσίαν πληθυσμός των ήρχισεν έλαττούμενος άπό τινος καιρού. Εις τήν Εύρωπαϊκήν Τουρκίαν άριθμοΰνται 2,000,000· οί δέ Έλληνες μ' όλους τούς καταδιωγμούς των εις 3,000,000. Ώστε, συμπεριλαμβανομένων καί τών περί τά Βόρεια Εθνών, όσα ένώνει μέ τούς Έλληνας ή Θρησκεία : (δηλονότι τών Σέρβων 1,800,000· τών Βουλγάρων 1,500,000· καθώς καί τών Μολδαυο - Βλάχων 1,500,000·) εύρίσκει τις τετραπλάσιον σχεδόν τόν πληθυσμόν των εις 7,800,000.

Εις την ηθικήν και την πολιτικήν άρετήν των κατά μέρος πολιτών χρεωστούσι τα Έθνη την δύναμιν και την ύπεροχήν των. Άρετήν τοιαύτην ήλπισαν άπό τούς συμπολίτας των εκείνοι, όσοι συνέλαβον την μεγάλην ίδέαν του να διοργανίσωσι τον Πόλεμον. Είδομεν μέχρι τοΰδε τα βραδέα μέν, άλλα προοδευτικά, μέσα των Ελλήνων, όσα αναφέρονται εις τα χρονικά της δουλείας των, εξηγούντα το μυστήριον της ηθικής καταστάσεώς των ως προς την Μεταβολήν του 1821. Είδομεν μ' άλλους λόγους όλα εκείνα τα στοιχεία, όσα έμελλον αναποφεύκτως να τους βάλωσι μίαν ημέραν εις κίνησιν κατά του δεσποτισμού, υπό τον όποιον εστέναζον τόσους αιώνας. Θέλομεν ακολούθως εξετάσει, οποίων περιστάσεων συνέπεια είναι το Σύστημα των Φιλικών. Πού, πότε και από ποίους έλαβε τας αρχάς του, και οποίος υπήρξεν ο Οργανισμός του.

ΕΠΟΧΗ ΔΕΥΤΕΡΑ

Συμβάντα ἀπὸ τοῦ 1769· καὶ Ἀρχαὶ
τῆς Φιλικῆς Ἑταιρείας.

ΚΕΦΑΛΑΙΟΝ Α'

Ἡ Ἑλλὰς ὡς πρὸς τὴν Ρωσσίαν. — Ἐπανάστασις τοῦ 1769· — Χασσὰν Πασσᾶς καὶ Κλέπται, ἢ ἐξολόθρευσις τῶν Ἀλβανῶν. — Λάμπρος Κατσώνης, ἢ Πόλεμος τοῦ 1790. — Ρήγας Φεραῖος. — Οἱ Ρῶσσοι εἰς τὴν Ἑπτάνησον. — Κωνσταντῖνος Ὑψηλάντης. — Παππᾶ Θύμιος. — Ἐπανάστασις τοῦ Ὀλύμπου κλπ. 1809. — Δαντσιλάτ, Κολοκοτρώνης καὶ Ἀλῆ Φαρμάκης.

Εἰς τὴν ἱστορικὴν σειρὰν τῶν συμβάντων ἐκείνων, ὅσα ἐγέννησαν ἐκ μικρῶν μεγάλα ἀποτελέσματα, διακρίνεται ἕν κατὰ τὸν ΙΘ΄ Αἰῶνα καὶ ἡ ΕΤΑΙΡΙΑ ΤΩΝ ΦΙΛΙΚΩΝ. Σχηματισθεῖσα αὕτη ἀπὸ μικρὰ κατὰ τὰς ἀρχὰς στοιχεῖα, ἀπετέλεσε τὸ σημαντικώτερον ἔργον τῆς Μεταβολῆς τοῦ 1821. Ἀφίνομεν τὸν παραλληλισμόν της μ' ἄλλα παρομοίας φύσεως ἔργα.

Εἴδομεν προηγουμένως (α) τὰ αἴτια, ὅσα ὑπαγόρευον εἰς τὸ τυραννούμενον Ἑλληνικὸν Ἔθνος τὴν ἀνάγκην τοῦ νὰ ἐλπίζῃ εἰς ἕνα, ἂν καὶ βίαιον, Πόλεμον. Εἶχε πάντοτε τοῦτο τὸν ἴδιον σκοπὸν ἀπὸ τὸν ὁποῖον προέκυψεν.

(α) Ἐποχ. Α΄, Κεφ. Α΄, σελ. 12 - 27.

Ο ΠΟΛΕΜΟΣ ΤΟΥ 1769 (α)

Δέν ήτον αὐτοκίνητος οὗτος, ἀλλ' ἀπόρροιά τις ἐκείνου τοῦ 1768 μεταξὺ Ρωσσίας καὶ Τουρκίας, εἰς τὸν ὁποῖον ἔδωσαν ἀφορμὴν αἱ μετὰ τῶν συμπολιτευομένων Πολωνῶν σχέσεις καὶ αἱ πρὸς ἀλλήλους ἐπιδρομαὶ τῶν Τατάρων καὶ τῶν Κοζάκων εἰς τὰς χώρας τῶν Ρώσσων καὶ τῶν Τούρκων. Οἱ Ἕλληνες τότε δὲν εἶχον πρόοδον ἠθῶν τοιαύτην, ὁποία ἠδύνατο νὰ δείξῃ τὸ ἐλπιζόμενον ἀποτέλεσμα εἰς περίστασιν παρομοίαν. Βεβαιοῦται μολοντοῦτο ἡ ἔκτοτε πρὸς τὴν ἐλευθερίαν των διηνεκὴς ἐπιθυμία, καταθλιβομένη ἀπὸ μόνην τὴν βίαν. Ἀλλὰ ἡ βία ἦτον ἀδύνατον νὰ θεωρηθῇ αἰώνιος, ὡς ἀντίθετος εἰς τὰς ἀρχὰς τῆς μόνης αἰωνίου Δικαιοσύνης. Ἦσαν ἄρα, ἀναπόφευκτός τις συνέπεια τὰ περιοδικὰ παρομοίας φύσεως Συμβάντα μέχρι τοῦ 1821.

Ἀδύνατοι οἱ Ἕλληνες εἰς τὸ ἐσωτερικόν των, ἐγκαταλελειμμένοι ἀπὸ ὅλην τὴν Εὐρώπην, καὶ πάντοτε ἐπιθυμοῦντες τὴν σωτηρίαν των ἐκ τῆς Δυναστείας, ἐνατένιζον ὡσεπιτοπολὺ εἰς τοὺς Ὁμοθρήσκους τῆς Ἄρκτου. Τὸ πνεῦμα τοῦτο ἠθέλησαν νὰ

(α) Πρὸ αὐτοῦ συνέβη ὁ Πόλεμος τῶν Αἰτωλῶν καὶ Ἀκαρνάνων εἰς τὰ 1692. Ὁ Λιβέριος Ἱερακάρης, βοηθούμενος ἀπὸ τοὺς Ἐνετοὺς μὲ δύναμιν θαλασσίαν, ἀπέβη εἰς τὴν Ἄρταν. Οἱ Ἀρματωλοὶ καὶ οἱ Κάτοικοι τὸν ὑπεδέχθησαν καὶ συνέτρεξαν τὰς ἐπιχειρήσεις του. Εἰς ὀλίγον διάστημα καιροῦ ἡ Ἀκαρνανία καὶ ἡ Αἰτωλία ἐκυριεύθησαν· ἡ δὲ Ἐπανάστασις προέβη μέχρι τῶν Φερσάλων. Ἡ Ἐκστρατεία αὕτη, διαρκέσασα τετραετίαν περίπου, διελύθη ἕνεκα τοῦ συμβιβασμοῦ, γενομένου μεταξὺ τῶν Ἐνετῶν καὶ τῶν Τούρκων.

ύποστήσωσι διάφοροι ώς αίτίαν τής διαρκούς δουλείας τού Έθνους ύπό τους Τούρκους. Δέν θεωρούμεν έδώ τάς άφορμάς τής ζηλοτυπίας : ζηλοτυπίας, ή όρμή τής όποίας διεκρίθη σφοδροτέρα καί πλέον διά τούτο κινδυνώδης έπί τών άρχών τού Πολέμου τού 1821. Έπιθυμούμεν νά ίδωμεν μόνον, ποίαι προϋπήρξαν αί προηγούμεναι αίτίαι αύτού τού φαινομένου.

Έν τώ μέσω τής μεγαλυτέρας βαρβαρότητος τού παλαιού Κόσμου ή Έλλάς μόνη ήδυνήθη νά προάξη τά φώτα καί τόν πολιτισμόν. Τά άγαθά της αύτά έφρόντισε νά μεταδώση καί είς τήν Άσίαν καί είς τήν Εύρώπην διά τής θαλασσοπλοΐας καί τών άποικιών. Διά τών μεγάλων έκστρατειών της έξέτεινε τά ίδια καί είς άλλους βεβαρβαρωμένους τόπους έπί Άλεξάνδρου. Έπί τής έσχάτης καταστροφής της τέλος πάντων ή ίδία έναπέθεσε τάς μούσας της είς τούς κόλπους τής Εύρώπης. Άλλ' όποίαν άπήλαυσεν άμοιβήν είς τάς δυστυχίας της; Άλλο παρά τήν καταφρόνησιν καί τήν έπιβουλήν δέν είδεν, ούδέ έγνώρισε διαφοράν τινα μεταξύ τών άγρίων τής άνατολής καί τών τότε Χριστιανών τής Εύρώπης. Μαρτυρεί ή Ίστορία. Εύρέθη διά τούτο συνδεδεμένη ήθικώς μέ τούς Ρώσσους διά τό όμόθρησκον καί τήν κολακευτικήν πολιτείαν τούτων. Θέλομεν ίδει, όποίον είχεν αύτη σκοπόν. Άλλ' έν τοσούτω ό άνθρωπος προσηλώνεται φυσικά πρός τόν θεωρούμενον εύεργέτην του, άπό τόν όποίον δύναται νά έλπίζη άνώτερα όφέλη. Ό Έλλην όχι μόνον δέν έχαιρε καμμίαν τιμήν πολιτικήν πλησίον τού άλλου Κόσμου, άλλά καί έμισείτο καταφρονούμενος καί μή κρινόμενος ούδέ άξιος ταφής εις τον θάνατόν του. Οί άνθρωποι του Βορέως τον μετεχειρίσθησαν έξ εναντίας ώς ένα άδελφόν. Πλησίον τούτων εύρεν ούτος καταφύγιον εις τάς άμηχανίας του, περίθαλψιν εις τάς δυστυχίας του, εύκολίας έμπορικάς, τιμάς στρατιωτικάς καί πολιτικάς, καί έλπίδας σοβαράς περί τής μελλούσης τύχης του. Διά τούς λόγους αυτούς δέν ήρνήθη είς καμμίαν περίστασιν σχεδόν τήν πρός αυτούς ήθικήν έμπιστοσύνην του (α).

Είναι γνωσταί αί περί τής Ευρωπαϊκής Τουρκίας Όδηγίαι του Μεγάλου Πέτρου πρός τούς Διαδόχους του. Ό προορατικός ούτος νους έγνώρισε πρώτος μεταξύ των άλλων τήν κατάστασιν καί τό πολεμικόν πνεύμα των Ελλήνων άπό του καιρού εκείνου, καί δέν ήπατήθη προβλέπων, πόσον έμελλον νά κατασταθώσι βοηθά εις τούς σκοπούς του. Ή Αικατερίνη Β' δεικνύει διά τής διαγωγής της στάδιον επιχειρημάτων. Είς τούτο ήλπισαν οί Έλληνες καί τήν μερικήν ώφέλειαν τής Πατρίδος των. Εύρέθησαν έντεύθεν έτοιμοι (β) είς τήν ευκαιρίαν του 1769, προδιατεθείσαν διά του απεσταλμένου Παππάζογλου, των Όρλόφων, του Μαρούτση Θεσσαλού καί άλλων.

(α) Παραδειγματιζόμεθα τήν περίστασιν του 1808. Ή Γαλλία, παραλαβούσα τήν Έπτάνησον, έζήτησεν όρκον πίστεως καί άπό τό είς τήν Άγίαν Μαύραν ευρισκόμενον Ελληνικόν Σώμα (3,000 περίπου). 'Αλλ' όρκιζόμενον τούτο, ότι θέλει γνωρίζει έχθρόν του όποιονδήποτε πολέμιον τής Γαλλίας, είπεν «Εκτός τών Ρώσσων». Ήτον επόμενον εντεύθεν τό νά μή γίνη δεκτόν ύπό τήν σημαίαν τής Γαλλίας.

(β) Μετά χρόνους 55 τής κατακτήσεως τής Πελοποννήσου ύπό τών Τούρκων.

Μικραί άποστολαί, μεγάλαι ύποσχέσεις καί ή παράδοξος έμφάνισις τοῦ Ρωσσικοῦ Στόλου, ίδού τά έλατήρια, δσα ΐσχυσαν νά τούς ένθαρρύνωσι διά τοῦ Ίερατείου μᾶλλον είς μίαν Κίνησιν τόσον άβέβαιον είς τά άποτελέσματά της, δσον έξήρτητο ή καλή ή κακή ἔκβασίς της άπό τήν διάθεσιν καί τό συμφέρον ξένου.

Οί Μπενᾶκαι, οί Μαυρομιχᾶλαι καί οί Κρεββαταῖ, πρωτοστάται τοῦ Κινήματος, ἔδειξαν, ὅτι δέν ήσαν οί άνθρωποι τῆς έποχῆς. Είχον τόν εύγενῆ ένθουσιασμόν, ὄχι ὅμως καί τόν ὤριμον νοῦν, διά νά προΐδωσιν έξ ένός μέρους τούς πολιτικούς σκοπούς καί τήν βαρύτητα τῶν ὑποσχέσεων τῆς Αίκατερίνης, καί νά μελετήσωσιν έκ τοῦ ἄλλου τήν ήθικήν κατάστασιν (α) τοῦ Ἔθνους των, ἂν ἦτον άρμοδία ὡς πρός μίαν Έπιχείρησιν, τόσου λόγου άξίαν. Ἡ δύναμις τῶν Τούρκων έφαίνετο ἤδη κολοσσαία καί ίσχυρά· ούδέ είχε παρέλθει χρόνος πολύς, καθ' ὅν ό Μέγας Πέτρος, περικυκλωμένος είς τόν Προῦτον

(α) Τοῦτο ἔφερε τόν άφανισμόν τοῦ Τόπου πολύ πλέον. Ἡ άλήθεια αὔτη μαρτύρεται άκόμη καί άπό τούς ίδίους Κατοίκους τῆς Πελοποννήσου. Οί είρημένοι (Κρεββαταῖ κλ.) άπεποιήθησαν νά δεχθῶσιν άξιόχρεων βοήθειαν Στρατιωτικήν. Έζήτησαν μόνον Λόχους τινάς πρός παραδειγματισμόν, καί χρήματα. Ύπέσχοντο δέ καθείς, ὅτι δύναται νά κινήσῃ τρεῖς καί τέσσαρας χιλιάδας ένόπλων. Τοιουτοτρόπως εὑρέθη άδύνατος ή Κίνησις, καί θυσιάζονται ἔξω τῆς Τριπολιτσᾶς οί όλίγοι άκολουθήσαντες Ρῶσσοι. Δι' αὑτήν ἴσως τήν αίτίαν ἔδειξαν οὗτοι είς τό Νεόκαστρον μετέπειτα τήν μεγαλυτέραν άναλγησίαν, καθ' ἥν στιγμήν έπεκαλοῦντο τήν βοήθειάν των αί άπηλπισμέναι ψυχαί τῆς Σφακτηρίας.

έκ 250.000 Τούρκων, μόλις διεσώθη διά τής συζύγου του Αικατερίνης μέ δόσεις χρημάτων σημαντικάς καί μέ τήν άπόδοσιν τοΰ Άζόφ τής Ταναΐδος (α).

Άφίνοντες έν μέρει τάς παρατηρήσεις μας αύτάς, άναγκαζόμεθα νά όμολογήσωμεν, ότι καί είς ταύτην τήν περίστασιν έπαιξεν έπιτηδείως τό συμφέρον τοΰ δυνατοΰ μέ τό αίμα τοΰ άδυνάτου. Έντός όλίγου, άν καί έγινε κατά τόν Τσεσμέν πυρίκαυστος ό Στόλος τών Τούρκων ύπό τοΰ Όρλώφ (1770), ή Πελοπόννησος, ή Αίτωλία καί πολλαί Νήσοι μένουσιν έγκαταλελειμμέναι είς τά δεινά ένός βεβιασμένου Πολέμου, ή τήν μανιώδη έκδίκησιν τοΰ άδυσωπήτου έχθροΰ των, μήν έχουσαι δύναμιν ίδίαν. Αί έλπίδες των κόπτονται διά μιάς. Ή δέ άδιάκοπος εισροή τών ληστών τής 'Αλβανίας φέρει είς όλα της τά βήματα τόν έξανδραποδισμόν, καί άφίνει είς τά λείψανα τούς τύπους φρικωδεστάτης άπανθρωπίας. Μεταξύ τών πολλών είναι γνωστός διά τάς ίδιαιτέρας κακουργίας του κάποιος Μέτς 'Αράπης.

Ή Αίκατερίνη, είς τήν όποίαν ήρνήθησαν οί Έλληνες νά δώσωσι καί Όρκον Πίστεως, περιώρισε τήν συμπάθειάν της, είς τάς όποίας διεπραγματεύθη (1774) ώφελίμους (β) Συνθήκας είς τό Κουτζούκ

(α) Οί Ρώσσοι μόλις έπανέκτησαν τοΰτο έπί τοΰ Πολέμου τοΰ 1736, ή διά τής Συνθήκης τοΰ Βελιγραδίου (1739) γενομένης έπί τής Αύτοκρατορίσσης Άννης καί τών Σουλτάνων Άχμέτ Β' καί Μοχάμετ Ε'.

(β) Ή Τουρκία έγνώρισε τότε άνεξάρτητον τήν Κριμαίαν, καί δέν έφύλαξεν είς αύτήν, είμή τά θρησκευτικά δίκαια τοΰ Μοχαμετανικοΰ Καλλιφάτου. Παρεχώρησεν είς τούς Ρώσσους

ΑΝΘΙΜΟΣ ΓΑΖΗΣ.

Καϊρνατσὶκ (Βουλγαρικὴν Κωμόπολιν) μὲ τὸν σκληρότερον ὅλων τῶν Σουλτάνων Μουσταφᾶν Γ'. Προεκήρυξεν οὗτος τὴν σημειωθεῖσαν Ἀμνηστίαν πρὸς ὅλα τὰ μέτοχα τοῦ Πολέμου μέρη τῆς Ἑλλάδος. Ἀλλ' ἁπλούσταται αἱ Προκηρύξεις δὲν στηρίζουσι Συνθήκας, δὲν πραγματοποιοῦν τὸ δίκαιον. Ἡ Αἰκατερίνη ἔδειξεν ἤδη, ὅτι ἐστερεῖτο τὴν ἐπιχειρηματικὴν προαίρεσιν τοῦ νὰ ὑπερασπισθῇ ὁπωσδήποτε καὶ τοὺς ἄλλους τόπους καὶ τὴν Πελοπόννησον, κατατρυχομένην εἰς ὁλόκληρον δεκαετίαν· τὴν Πελοπόνησον, ὁ πληθυσμὸς τῆς ὁποίας ἐλαττοῦται τόσον σημαντικὰ (α) διὰ τὰς σφαγὰς καὶ τὸν διασκορπισμὸν μεγάλου μέρους· τὴν Πελοπόννησον, μέγα μέρος τῆς ὁποίας βιάζεται νὰ ὑπερασπισθῇ διὰ τῶν ὅπλων εἰς τὰ ὅρη, ὅθεν γεννᾶται τὸ ἀδιάλλακτον ἔκτοτε μῖσος μεταξὺ τῶν δεσποτῶν καὶ τῶν δούλων αὐτοῦ τοῦ τόπου.

Παράδοξοι ὑποσχέσεις, παρόδοξοι ἀπροσεξίαι ῥίπτουσι τὴν Ἑλλάδα εἰς ἓν χάος δυστυχημάτων χειροτέρων, παρὰ τὰ ὁποῖα ὑπέφερεν ἄλλοτε. Ἀλλὰ παράδοξοι πάλιν περιστάσεις τὴν θέτουσιν εἰς στάσιν τοῦ νὰ διεκδικηθῇ ἐλευθερουμένη ἀπὸ τοὺς ἀγρίους τῆς Ἀλβανίας. Μετὰ παρέλευσιν καιροῦ βιάζεται ἡ Τουρκικὴ Ἐξουσία διατάττουσα τὴν ἔξοδον τούτων ἀπὸ τὴν Χερσόνησον. Αὐτοὶ δὲν ὑπακούουσι·

τὴν κατὰ τὸν Εὔξεινον Πόντον ἐλευθέραν ναυτιλίαν, καὶ παρέδωκε τὰ φρούρια Κιμβοὔρνον, Γενικαλέ, Κερτσλέ, Ταναΐδα καὶ Ταϊνγαρόκ, καθὼς καὶ τὰς μεταξὺ τοῦ Βορυσθένους Ποταμοῦ τῆς Ρωσσο-Πολωνίας (Νίπρου) καὶ τοῦ Βόγου Ἐπαρχίας.

(α) Εἰς τὴν ἐποχὴν αὐτὴν ἔπαθε περισσότερον ἡ Λακεδαίμων.

μεταχειρίζονται χωρίς διαφοράν τους εντοπίους Τούρκους καί τους Έλληνας· καί αφανίζουσι κατά κράτος δύο της Πελοποννήσου Σατράπας, τον ένα αποσταλέντα εκ της Σκόνδρας, καί τον άλλον επονομαζόμενον εμπαικτικώς Π ρ α σ σ ã ν, ως Αργείον. Ή τοιαύτη πολιτεία των ύπεχρέωσεν είς μέτρα δραστηριώτερα τον Σουλτάνον Άπδοὺλ Χαμήτ. Διορίζεται εναντίον των με πληρεξουσιότητα απόλυτον ο Τσεζάερλης

ΧΑΤΖΗ ΧΑΣΣΑΝ ΠΑΣΣΑΣ,

ακολουθούμενος από τον Μαυρογέννην. Είς την Αργολικήν της Πελοποννήσου φθάνει ούτος περί τάς αρχάς του Ιουλίου, 1779, καί προσκαλεί βοηθούς τους φυγάδας εις τα όρη Πελοποννησίους, ή τους λεγομένους Κλέπτας, παρακινούμενος από την ανάγκην καί μάλλον από τους ιδίους Τούρκους του τόπου. Είδομεν πρωτότυπον τούτου Διάταγμα (Μπουγιουρδί) περιέχον αυτολεξεί· ".... σᾶς διορίζομεν να σκοτώνετε χωρίς φόβον τους ζορπάδες (α). Είναι δικά σας όλα τα πράγματά των. Νά μᾶς φέρετε μόνον τα κεφάλια των· καί σᾶς συγχωρούμεν, όσα εκάμετε κ α ί δ ε ν ε κ ά μ ε τ ε καπαέτια....,,

Ξεχωριστήν υποδεξίωσιν καί τιμάς κατά την συνήθειαν των Τούρκων έλαβον τότε ο Αναγνώστης καί Κωνσταντίνος (β) Κολοκοτρώναι, καθώς καί ο

(α) Δηλονότι τους αποστάτας Αλβανούς.

(β) Είναι ούτος ο πατήρ του νυν Θεοδώρου Κολοκοτρώνη. Μόνος των άλλων δεν επαρουσιάσθη προσωπικώς προς τον

Κύρ Μουστάκας, έχοντες την ανωτέραν εις τους Κλέπτας σημασίαν. Ήσαν ούτοι των 'Αλβανών οι παντοτεινοί και ασυμβίβαστοι διώκται. Ή συμμαχία των εβίασε πολύ πλέον την συγκέντρωσιν των, περί ων ό λόγος, 'Αλβανών εις την ατείχιστον έτι Τριπολιτσάν, έξω της οποίας ενικήθησαν (α) ούτοι διά της πρώτης και τελευταίας μάχης.

Οι Πελοποννήσιοι διεκδικήθησαν αρκετά εις τα πολυχρόνια δεινά των. Εκ του όλου των 'Αλβανών, αριθμουμένων υπέρ τας 10,000, μόλις διεσώθησαν το εν τρίτον μέχρι του Ισθμού και της Μεγαρικής. Ενθυμούνται πολλοί την εις Τριπολιτσάν σχηματισθείσαν πυραμίδα εκ των κεφαλών των θανατωθέντων. Όθεν αν αι κακουργίαι των άφησαν εις την μνήμην των Πελοποννησίων εποχήν φρίκης, δεν έμεινεν όμως και εις τους απογόνους τούτων (των ληστών) ολιγώτερον φρικώδες το τραγικόν των τέλος. Τοιουτοτρόπως ενομίσθη από τους ιδίους η εποχή του 1821 ως η προωρισμένη ευκαιρία του να διεκδικηθώσι και ούτοι την περίστασιν του 1779.

Παρά την εξάλειψιν των 'Αλβανών επήγασαν ήδη και άλλα ωφελήματα. Οι Κλέπται δεν άφησαν

Χασσάν Πασσάν υποπτεύων, διά την οποίαν είχεν επήρειαν γενικήν εις τους Κλέπτας της Χερσονήσου.

(α) Οι Κλέπται ως 4,000 ήδη ετοποθετήθησαν εις τα Τρίκορφα. Εναντίον των επέπεσον όλοι οι 'Αλβανοί, ηναγκασμένοι από το διά του Παρθενίου κινήσαν Ιππικόν και την άλλην Πεζικήν δύναμιν του Χασσάν Πασσά. Εκεί έλαβον τον μεγαλύτερον αφανισμόν των. Έκτοτε ηκούσθη σημαντικόν το όνομα του Κολοκοτρώνη εις την Ευρωπαϊκήν Τουρκίαν και μάλιστα την 'Αλβανίαν.

τὰ ὅπλα περιφερόμενοι εἰς τὰ φαλακρὰ τῆς Χερσονήσου ὄρη, καὶ ἐμψυχωμένοι ἀπὸ τὴν ὑπερηφάνειαν τῆς νίκης τῶν Τρικόρφων. Οἱ ἐντόπιοι Τοῦρκοι ὑπεχρεώθησαν νὰ περιορίσωσιν ἐν μέρει τὰς βίας των ἐναντίον τοῦ Λαοῦ (α)· καὶ ἡ Μάνη, βοηθὸς ἐπίσης εἰς τὰς ἐπιχειρήσεις τοῦ Χασσὰν Πασσᾶ, ἐμετρίασε τὴν ἐναντίον της μνησικακίαν τῆς Ἐξουσίας, ἐνῷ ἐπέμεινεν ἡ ὑστέρα διὰ τῶν Μαυρομιχαλέων εἰς τὴν προηγηθεῖσαν ἐχθροπραξίαν τοῦ 1769.

Τοιοῦτον ἔλαβε τέλος δυστυχὲς ἡ πρώτη τῶν Ἑλλήνων Ἐπιχείρησις κατὰ τοῦ τυράννου των. Ὡς σῶμα ἀδύνατον ἔγιναν τὸ ὁλοκαύτωμα τοῦ συμφέροντος καὶ τῆς ἐκδικήσεως, εὑρεθέντες ἐν τῷ μέσῳ δύο Ἡφαιστείων τῆς ἀπάτης καὶ τῆς βαρβαρότητος.

(α) Ἐπεβουλεύθησαν μετ' ὀλίγον τὴν ὑπεροχὴν τῶν Κλεπτῶν διὰ συστηματικῆς ἐκστρατείας. Τὸν Κωνσταντῖνον Κολοκοτρώνην ἐπολιόρκησαν, βεβιασμένον πλέον, εἰς τὴν Μεγάλην Καστάνιτσαν τῶν Βαρδουνοχωρίων τοῦ Μισθρός, ὅστις μετὰ πεισματώδη πόλεμον ἐξῆλθε πληγωμένος, καὶ διεσώθη μὲ τὸ ξίφος εἰς τὰς χεῖρας. Ἐπροδόθη ὅμως κατὰ συνέπειαν ἀπὸ ἕνα Τουρκαλβανόν, ἄλλοτε στρατιώτην του, καὶ ἐθανατώθη.

Τοιαύτη ἐστάθη ἡ πρώτη καταδρομὴ τῶν Κλεπτῶν εἰς τὴν Πελοπόννησον. Ἡ τελευταία, ἐνεργηθεῖσα καὶ πάλιν ἐναντίον ὡσεπιτοπλεῖστον τῆς ἰδίας Κολοκοτρωνικῆς Οἰκογενείας, ἢ τοῦ νῦν Θεοδώρου, χρονολογεῖται εἰς τὰ 1806.

Ἐπὶ τῆς πρώτης ἐποχῆς ᾐχμαλώτισαν οἱ Τοῦρκοι δύο ἀνηλίκους υἱοὺς τοῦ Κωνσταντίνου. Ὑπεχρεώθησαν οὗτοι νὰ ἀφήσωσι τὴν Θρησκείαν τῶν Πατέρων των, προχωρήσαντες καὶ εἰς σημαντικὰ ἀξιώματα τῆς Τουρκικῆς Ἐξουσίας.

Τοιοῦτόν τι ἔπαθε καὶ ἡ Μαυρομιχαλικὴ Οἰκογένεια ἐξ ἄλλης περιστάσεως.

Βεβιασμένοι μολοντοϋτο καί πάλιν κατέφευγον εις τήν Ρωσσίαν, ώς εις βωμόν τινα ελπίδος, προκρίνοντες τό φαινόμενον μή χείρον άπό τά υπάρχοντα δύο κακά. Έθεώρουν ώς υποφερτά δλα εκτός τής τυραννίας τών Τούρκων, εις τό πνεύμα τών όποιων ήσαν πάντοτε ένοχοποιημένοι.

Ή Ρωσσία δέν είχεν έτι υποστήσει τάς δυνάμεις της τοιαύτας, ώστε νά μήν έχη τήν χρείαν καί ξένων ενίοτε θυμάτων. Ή χρεία της αύτη θέλει εξακολουθήσει μέχρι τού 1809. Έκαμε διά τούτο τάς σημαντικωτέρας περιποιήσεις εις τό Ίερατείον τών Ελλήνων, ήνοιγεν εις τούς λοιπούς τάς άγκάλας της διά τού εμπορίου καί τής παραχωρήσεως γαιών καλλιεργησίμων, καί έπάσχισε νά μορφώση διά τών Σχολείων της καί Ρωσσο - Έλληνας. Υπήρχον συγχρόνως τολμηροί τινες θηρεύοντες στάδιον τύχης. Ή χειρ τής Ρωσσίας έξετείνετο καί μέχρι τούτων. Τά φαινόμενα αύτά δέν ώφελούσι παντελώς τούς άμεταβλήτους διά πολύν ακόμη χρόνον Τούρκους.

Ό αδύνατος γίνεται πάντοτε τό παίγνιον τού δυνατού. Τοιούτος παρουσιάζεται ό Έλλην καί εις τά 1787, δτε έκηρύχθη ό μεταξύ Ρωσσίας καί Τουρκίας Πόλεμος, προελθών άπό αμοιβαία περί τής πολιτικής καί περί τού έμπορίου παράπονα (α). Ή Αικατερίνη Β', κυρία πρό ολίγου τού Κράτους τού Ηρακλείου (τής Γεωργίας) καί εκείνου τού Χάν τής Κριμαίας (έπονομασθείσης Ταυρικής Χερσονήσου),

---

(α) Κυρίως οι Τούρκοι δέν υπέφερον τήν προηγηθείσαν άπορρόφησιν τής Κριμαίας έκ μέρους τών Ρώσσων.

προκηρύττει (α) "πρὸς τὸ "'Ιερατεῖον καὶ λοιποὺς πάσης τάξεως καὶ βαθμοῦ Ἕλληνας τὴν ἐπιθυμίαν της εἰς τὸ νὰ ἐλευθερώσῃ τὴν Ὀρθόδοξον Ἐκκλησίαν ἀπὸ τὸν θεοστυγῆ Τουρκικὸν ζυγόν... Προσκαλεῖ τὸν θρίαμβον τῆς κοινῆς ἐλευθερώσεως· παρακινεῖ νέαν Ἀποστασίαν καὶ ἕνωσιν τῶν Ἑλληνικῶν ὅπλων μὲ ἐκεῖνα τῶν Ρώσσων· σημειώνει τὴν ἀγαθότητα τῆς καρδίας της καὶ τὴν μητρικὴν διὰ τὸ ὁμόθρησκον φροντίδα της· καὶ βεβαιώνει ὑπεράσπισιν καὶ βοήθειαν ἀπὸ τὰ ὅπλα της τελείαν...,,

Ἡ πολιτικὴ ἔννοια τῆς Προκηρύξεως αὐτῆς ὁποία ἦτο; Τάχα ἡ σωτηρία τῆς Θρησκείας, ἢ ἡ ἐκ μονομερείας ὠφέλεια ἑνὸς ἀντιπερισπασμοῦ, τόσον ἔτι ἀναγκαίου, ὅσον ἐκηρύχθησαν ἤδη σύμμαχοι τῆς Πόρτας ἡ Ἀγγλία καὶ Πρωσσία, ζητοῦσαι εἰρήνην (β); Εἶναι ἀδύνατος ἐλευθερία θρησκευτικὴ χωρὶς τῆς πολιτικῆς, μάλιστα ὑπὸ τὴν κυριότητα Ἔθνους βαρβάρου. Ἡ τύχη τοῦ Πολέμου τούτου ἦτον ἀβεβαιοτέρα τοῦ προτέρου· καὶ ὅμως μέρος Ἑλλήνων οἰστρηλατεῖται ἀπὸ τὴν ἐλπίδα τῆς ἀληθινῆς του σωτηρίας, καθ' ἣν ἐποχὴν ἐξακολουθεῖ ἡ Αἰκατερίνη τὸν κηρυχθέντα Πόλεμον παρὰ τοῦ Ἀβδοὺλ Χαμίτ. Ἡ περίστασις τοῦ 1769 ἀποκαθιστᾷ προσεκτικοὺς τοὺς Πελοποννησίους ἤδη.

(α) Εἴδομεν Ἀντίτυπον τῆς Προκηρύξεως αὐτῆς, χρονολογουμένης 17 Φεβρουαρίου, 1788.
(β) Ἡ Αὐστρία συνεμάχει ἤδη μὲ τὴν Ρωσσίαν

Ό περίφημος, άλλά πολυπαθέστατος,

ΛΑΜΠΡΟΣ ΚΑΤΣΩΝΗΣ

(Λεβαδείτης) αποστέλλεται (1790) διά τοϋ Τριεστίου εις τό Αίγαΐον μέ ένα Στολίσκον. Τον συντρέχουσιν έξωθεν Έλληνες πολλοί· άλλά δεν ευρίσκει εσωτερικώς συναγωνιστάς, ειμή τον 'Ανδροΰτσον, πατέρα του 'Οδυσσέως, δεδιωγμένον εκ της Στερεάς, τον Καρακατσάνην Πετσιώτην καί τρωγλοδύτας τινάς, ή Κακαβουλαίους, της Μάνης. Έντοσούτω ή Αικατερίνη κάμνει τάς σπονδάς του Ίασίου (α), άφοϋ ό Σοβαρώφ έκυρίευσε τό Ίσμαήλιον εξ εφόδου, κρατήσασα τους μέχρι τοϋ Νίστρου τόπους της Τουρκίας· ό δέ Λάμπρος παρατάττεται μέχρι τινός κατά τοϋ Κουτσούκ Χουσεήν Πασσα, άλλά μήν εύρίσκων μ' όλας τάς παρακινήσεις του σύμφωνον τουλάχιστον τήν Μάνην, κατατροπώνεται καί διαφεύγει νυκτός μέ εν πλοιάριον, δοκιμάζων δι' άρκετόν καιρόν τάς μαγαλυτέρας δυστυχίας. Ό 'Αρχηγός τοϋ Τουρκικού Στόλου τιμά τους Μαυρομιχαλέους της Μάνης· άλλ' αύτοί δέν παραδίδουσιν εις τήν διάκρισίν του τους ζητηθέντας πρόσφυγας εκ τοϋ σώματος τοϋ Λάμπρου. Οί ίδιοι ώδήγησαν καί τον 'Ανδροϋτσον εις τον Ζαχαριάν, περίφημον της έποχης Κλέπτην, όστις τον συνώδευσε μέχρι τοϋ αίγιαλοΰ της Βοστίτσης.

Οί Πελοποννήσιοι καί οί Αίγαιοπελαγΐται, άκα-

(α) Αί Σπονδαί αύται έπεκυρώθησαν διά της Συνθήκης τοϋ Ίασίου, 1792, έπί τοϋ Σελήμ Γ'.

τάπειστοι διὰ τὴν προτέραν ἐγκατάλειψίν των εἰς τὰς εἰσηγήσεις τῶν Ρωσσικῶν Προξένων καὶ τὰς ἐπισήμους ὑποσχέσεις τῆς Αἰκατερίνης, ἀποφεύγουσι τοὺς κινδύνους νέας καταστροφῆς· ἡ Στερεὰ ὅμως ρίπτεται εἰς ἀνωφελῆ μεταμέλειαν, θυσιαζομένη ἐκ δευτέρου. Ἰδοὺ ὅτι ὁ δυνατός, μεταχειριζόμενος κεφάλαιον τὴν ἀφῃρημένην ἀπάτην, ἀποβλέπει πάντοτε εἰς βέβαιον ὑλικὸν συμφέρον· ὁ δὲ ἀδύνατος, καταθέτων τὴν κατάστασιν καὶ τὸ αἷμα του, χωνεύεται εἰς τὸν κρατῆρα τῆς ἀνυποστάτου ἐλπίδος. Τὰ κηρύγματα καὶ αἱ μεγαλοπρεπεῖς προσφοραὶ ἦσαν ὅλα λόγοι καὶ ἐπιχειρήματα ἐπιφανείας.

Αἱ μνημονευθεῖσαι περιστάσεις ἀπετέλεσαν συγχρόνως καὶ τὴν ἀδυσώπητον μνησικακίαν τῶν Τούρκων. Οἱ Ἕλληνες ἐντεῦθεν θεωροῦνται ὕποπτοι εἰς πᾶσαν ἐποχὴν Πολέμου· πάσχουν· ἀλλά, χωρὶς νὰ ἀνατρέχωσιν εἰς τὰ αἰτιατὰ τῆς ἐξαιρετικῆς αὐτῆς δυστυχίας των, αὐξάνουσι τὸ πρὸς τοὺς Τούρκους μῖσος, καθὸ ἀμέσους ἐνεργοὺς τῶν δεινῶν των· οὐδὲ μακρύνονταί ποτε ἀπὸ τὸν σκοπὸν καὶ τὴν ἐλπίδα τῆς ἐκδικήσεως καὶ τῆς σωτηρίας των.

Ἤδη αἱ προαναφερθεῖσαι περιστάσεις ψυχραίνουν πολλούς, καὶ σύρουν τὸ ὄμμα των ἐκεῖ, ὅθεν ἤρχισε φαινομένη ἡ καταστροφὴ τῶν Δυναστειῶν. Ἡ Μεταβολὴ τῆς Γαλλίας ὑπόσχεται κατ' ἕνα τρόπον τὴν παγκόσμιον ἐλευθερίαν. Μορφώνει αὕτη νέα φρονήματα καὶ νέον Κόσμον. Τὴν ὑπόσχεσιν ταύτην ἐδείκνυον ὑποστηρίζοντα τὰ ἀνδραγαθήματα τοῦ νέου Ἀρχηγοῦ της μ' ὅλην τὴν ἐναντίον του στενοτάτην συμμαχίαν τῆς πρωτοστάτιδος Ἀγγλίας, τῆς Αὐστρίας, τῆς Ρωσσίας, καὶ ἄλλων καὶ τῆς παραπληρωματικῆς Τουρκίας.

Ἀτενίζουσιν ἤδη μερικοὶ πρὸς τὸν νέον Ἀλέξανδρον τῆς Εὐρώπης: τὸν Ναπολέοντα· ἀλλὰ δὲν ἐγνώριζον προλαμβανόμενοι, τί ἐζήτουν μέσον τῶν ξένων. Ἂν δὲν τοὺς ὠφέλησεν ὡς πρὸς τοῦτο ἡ Ἱστορία τῶν Προγόνων των· τοὐλάχιστον ἡ ἀνάπτυξις τόσων προσφάτων περιστάσεων ἔπρεπε νὰ τοὺς διδάξῃ, ὅτι ἡ διάλεκτος τῆς Διπλωματίας εἶναι ὡσεπιτοπλεῖστον μία καὶ ἡ αὐτὴ παντοῦ ὑπὸ διαφόρους τροποποιήσεις· ὅτι αἱ ἐπιθυμίαι τῶν δυνατῶν εἶναι αἱ αὐταὶ παντοῦ ὑπὸ διάφορα προσχήματα· ὅτι ἡ διάλεκτος τῶν πρώτων καὶ τὸ σύστημα τῶν δευτέρων καλύπτονται πρὸς τὸ φαινόμενον ὑπὸ τοὺς πλέον εὐαρέστους σκοποὺς τῆς ἀγαθοποιίας, ἑωσοῦ κατορθωθῶσι τὰ συμφέροντα, εἰς τὰ ὁποῖα τείνουν· καὶ ὅτι οἱ πλανώμενοι Λαοὶ κατὰ συνέπειαν δὲν ἀλλάσσουσι κατάστασιν πολιτικήν, ἀλλὰ πρόσωπον μόνον τυράννων.

Ἡ Ρωσσία πρότερον, σύμφωνος καὶ μ' ἄλλους (τὸν Ἰωσὴφ Β'), καὶ ἡ Γαλλία ἤδη σύμφωνος μὲ τὸν ἑαυτόν της, ἔχουσι καὶ ἡ μία καὶ ἡ ἄλλη μέσον συντελεστικόν, διὰ νὰ μὴν εἴπωμεν παίγνιον, τῶν ἐκτεταμένων στοχασμῶν των τὰς περὶ τῆς Ἐλευθερίας των προσδοκίας τῶν Ἑλλήνων. Δὲν ἀποβλέπουσι κυρίως, εἰμὴ εἰς τὴν ἰδικὴν ἀπορρόφησιν τοῦ Ὀθωμανικοῦ Βασιλείου. Μόνη ἄλλοτε ἡ περὶ τῆς Κωνσταντινουπόλεως ζηλοτυπία, μόναι ἤδη αἱ μεταβολαὶ τῆς Εὐρωπαϊκῆς καταστάσεως ἀναβάλλουν τὴν πραγματοποίησιν παρομοίων στοχασμῶν. Ἡ Ρωσσία καὶ ἡ ἡπατημένη Αὐστρία ἀφίνονται ἤδη, ἡ πρώτη έν μέρει καὶ ἡ δευτέρα ὁλικῶς, ἀπὸ τὰς μεταξύ τῶν συμφωνίας περὶ τῆς διανομῆς τῆς Ὀθωμανικῆς Ἐπικρατείας, καὶ συνεπιδίδονται νὰ ἀπαντήσωσι τὸν χείμαρρον τοῦ νέου πνεύματος καὶ τῶν νέων προόδων τῆς Γαλλίας. Προέρχεται ἐντεῦθεν καὶ ἡ συμμαχία τῆς Ρωσσίας μετὰ τῆς Τουρκίας εἰς τὰ 1798 κατὰ τῆς Γαλλίας, πολεμούσης εἰς τὴν Αἴγυπτον (α).

Ο ΡΗΓΑΣ ΦΕΡΑΙΟΣ (β)

συλλαμβάνει εἰς τὴν ἐποχὴν αὐτὴν τὴν μεγάλην ἰδέαν περὶ τῆς Ἑλληνικῆς Ἐλευθερίας, ἐνδίδων ὡσεπιτοπλεῖστον εἰς τὰς σπερμολογίας τῶν διεσπαρμένων Ἀποστόλων τοῦ Ναπολέοντος. Μεγαλόφρων καὶ ἐπιχειρηματίας, ἀλλ' ὄχι τόσον σκεπτικὸς καὶ κρυψίνους· κάτοχος γνώσεων πολλῶν καὶ ζωηρὸς εἰς τὸ πνεῦμα, ἀλλ' ἐπιπόλαιος ἐξεταστὴς τῶν

(α) Ἡ Συμμαχία αὕτη διελύθη διὰ τῶν εἰς Παρισίους (1801 καὶ 1802) καὶ τῶν μετ' αὐτὰς εἰς Ἀμβιανὸν γενομένων Σπονδῶν ἐπὶ Ἀλεξάνδρου Α'. Ἀνανεώθη ὅμως περὶ τὰ τέλη τοῦ 1805, ὅτε ἡ Ρωσσία σύμμαχος τῆς Αὐστρίας καὶ Ἀγγλίας νικᾶται εἰς τὸ Ἀουστερλίτζ.

(β) Ὅσον ἠσχήμισε τὴν πόλιν τῶν Φερῶν τῆς Θεσσαλίας ὁ διαβόητος τύραννός της Ἀλέξανδρος Φεραῖος (φονεύσας τὸν ἀδελφόν του Πολύδωρον, φονέα καὶ τοῦτον πρότερον τοῦ ἄλλου τυράννου ἀδελφοῦ του Ἰάσονος) τόσον τιμᾷ αὐτήν, ἂν καὶ πολίχνιον πλέον, ὁ Ρήγας κατὰ τοὺς ἐσχάτους χρόνους. Ἕνεκα τούτου δὲν μετεχειρίζετο ὁ Ρήγας τὸ ἀρχαῖον τοπικὸν ὄνομα τῆς πατρίδος του, κατὰ τὴν ὁποίαν ἔκαμον χρῆσιν διάφοροι ἄλλων τόπων, ἀλλὰ τὸ μεταγενέστερον Β ε λ ε σ τ η ν ό ς.

πραγμάτων καί μάλλον τής καταστάσεως τοῦ "Εθνους του: ὁ Ρήγας φαίνεται μάλλον ὁ "Ανθρωπος καί ὄχι ὁ 'Αρχηγός. Εἰς τὴν ἐνέργειαν τούτου ἀποδίδεται ἡ ἐναντίον τοῦ Σουλτάνου κίνησις τοῦ εἰς Βιδίνι Παζβάντογλου (α), κηρυχθέντος Ὑπερασπιστοῦ τοῦ ἀθετηθέντος 'Αλκορανίου καὶ Προστάτου τοῦ Ρεαγιᾶ.

Μακρυνόμενος ὁ Ρήγας ἀπὸ τὰ πολιτικὰ τῆς Δακίας ἐπὶ τοῦ Ἡγεμόνος Μιχαήλου Σούτσου, εὑρίσκει εἰς τὴν Βιέννην σύμφωνον μὲ τοὺς σκοπούς του ὅλον τὸ μέρος τῶν Λογίων καὶ 'Εμπόρων Ἑλλήνων. Εἰς τὴν Μητρόπολιν αὐτὴν ἤκμαζεν ἤδη τὸ ἐμπόριον τῆς Εὐρωπαϊκῆς Τουρκίας. Συνηγροικημένος μὲ τὸν Ναπολέοντα, 'Αρχιστράτηγον ἤδη, ἐνησχολήθη εἰς τὸν ὀργανισμὸν τοῦ "Εθνους του, καὶ μᾶλλον εἰς τὴν προπαρασκευὴν τοῦ Κινήματός του, διὰ τῶν Ποιήσεων καὶ ἄλλων συντελεστικῶν μεταφράσεων καὶ συντάξεων (β).

(α) Ὁ Δερέμπεης οὗτος ηὐγνωμόνει πρὸς τὸν Ρήγαν, καθὸ σωτῆρά του εἰς τὴν ἐποχήν, κατὰ τὴν ὁποίαν ἐπεβουλεύθη ἀπὸ τὸν ἰσχύοντα Ἡγεμόνα τῆς Βλαχίας Νικόλαον Μαυρογέννην. Ἠκολούθησε διὰ τοῦτο πιστὰ τὰς ὁδηγίας του.

Τοῦ ἰδίου Παζβάντογλου ἔγραφεν ὁ Ρήγας, κατὰ τὴν βεβαίωσίν τινων, τὰς προσφυεῖς πρὸς τὸν Σουλτάνον δικαιολογίας τῆς διαγωγῆς του.

Ὁ Παζβάντογλους ἐδείχθη ὑπέροχος τῶν ἐναντίον του Δυνάμεων τῆς Ἐξουσίας δι' ἀρκετὸν καιρόν.

(β) Συνέταξεν οὗτος σχέδια Νόμων Πολιτικῶν καὶ Πολεμικῶν. 'Απάνθισμα ἐκ τοῦ συγγράμματος τοῦ Βομβὰν περὶ Πολιορκιῶν καὶ Πολεμικῶν προβλέψεων· τὴν Χωρογραφικὴν Χάρταν τῆς Ἑλλάδος καὶ ἄλλα. Τὸ σημειούμενον 'Απάνθισμα ἔφερε τὸν τίτλον Ἐγκόλπιον Στρατιωτικόν.

Ὡς 'Αρχηγὸς τοῦ μέλλοντος Κινήματος ἔφερε καὶ Σφραγῖδα

Τὸ πολεμικὸν Σχέδιόν του ἐθεμελιοῦτο εἰς τὴν ἀντιπερισπαστικὴν ἐπανάστασιν τοῦ Παζβάντογλου, καὶ εἰς τὴν διὰ τῆς Ἠπείρου καὶ τῆς Θεσσαλίας (α) προσωπικὴν κίνησίν του διὰ τῆς βοηθείας 20.000 Γάλλων.

Δὲν ἠξεύρομεν, ἂν ἡ Γαλλία, ἐπιφορτισμένη τότε τὸν πόλεμον ὅλης τῆς Εὐρώπης, ἐδύνατο νὰ μείνῃ πιστὴ εἰς τὴν ὑποτιθεμένην βεβαίαν ὑπόσχεσίν της. Ἂς εἴπωμεν μεολοντοῦτο, ὅτι ὁ περισπασμὸς τῆς Ἀνατολῆς δὲν ἦτον ἀδιάφορος εἰς αὐτήν, ὡς ἱκανὸς νὰ ἐξαντλήσῃ μέγα μέρος τῆς προσοχῆς τῶν ἐνεργητικῶν Δυνάμεων τῆς Ἀγγλίας καὶ Ρωσσίας.

Ἐντοσούτῳ ὁ Ρήγας καταβαίνει εἰς τὴν Τεργέστην, σκοπεύων νὰ συνομιλήσῃ εἰς τὴν Βενετίαν μὲ τὸν Ναπολέοντα. Ἐκεῖ συλλαμβάνεται ἐκ προδοσίας (9 Ἰανουαρίου, 1797). Ἡ προδοσία ἔγινεν ἐκ μέρους τινὸς Δημητρίου Οἰκονόμου Κοζανίτου (β), ἐπιθυμοῦντος πάντοτε τὴν ἀπόκτησιν τοῦ εἰς Τεργέστην Τουρκικοῦ Προξενείου. Ἦτον αὐτὸς σύντροφος ἐμ-

---

Ἐθνικήν, σημειώνουσαν τρία Ρόπαλα, φέροντα τὸ καθὲν ἀνὰ τρία σημεῖα τοῦ Σταυροῦ. Ἡ περιγραφή της ἦτο· «Ὑπὲρ Πίστεως, Πατρίδος, Νόμων καὶ Ἐλευθερίας».

(α) Διὰ τὴν αἰτίαν αὐτὴν μετέφρασε καὶ τὸ περὶ Θεσσαλίας μέρος τοῦ Νέου Ἀναχάρσιδος.

Συμπεριλαμβάνουσιν ἄλλοι εἰς τὸ Σχέδιον τοῦτο καὶ τὴν κίνησιν τῆς Σερβίας καὶ Βουλγαρίας.

(β) Θέλουσιν ἄλλοι εἰδοποιημένην τὴν Διοίκησιν τῆς Αὐστρίας δι' ἑνὸς Ὑπουργοῦ της, πρὸς τὸν ὁποῖον ὁ Ρήγας ἐξεφράσθη περὶ τῶν σκοπῶν του, καθ' ἣν στιγμὴν ἡ πολιτικὴ τοῦ Βυζαντίου δὲν ἦτο σύμφωνος μ' ἐκείνην τῆς Βιέννης.

πορικός του 'Αντωνίου Κορωνιού (Χίου), προς τον όποιον ό Ρήγας διεύθυνεν έκ της Βιέννης, πριν της καταβάσεώς του, τα προς τον Ναπολέοντα γράμματα του καί 12 κιβώτια, περιέχοντα τα αντίτυπα τών Ποιήσεων καί τών άλλων Συντάξεών του. Ό Κορωνιός έτυχε τότε απών είς τήν καταντικρύ Ίστριαν. καί είς τήν εύκαιρίαν αυτήν ό Κοζανίτης παρουσιάζει όλα ταϋτα προς τον Διοικητήν της Πόλεως Βαρώνα Πετόνκην. Αυτός καί άλλοι εξ Πολιτικοί εξετάζουσι τον Ρήγαν· Π ρ ο σ π α θ ώ, τους αποκρίνεται ό Έλλην, τ ό κ α λ ό ν τ ο ΰ Έ θ ν ο υ ς μ ο υ, χωρίς νά ενοχλώ τήν ήσυχίαν καμμιάς Ευρωπαϊκής Δυνάμεως. Καί απεκρίθη δίκαια. Ή παρρησία καί τό στωμύλον του ανδρός έκαμον τήν σημαντικωτέραν έντύπωσιν είς τον Πετόνκην. 'Αρκετόν μέρος Ελλήνων, καί τό νοημονέστερον μάλιστα, ήθελεν ύποπέσει τότε είς τον ίδιον βέβαιον κίνδυνον, άν δέν προελαμβάνοντο νά ριφθώσιν είς τήν θάλασσαν αί περί χρηματικών προβλέψεων Ύπογραφαί διαφόρων.

Ό Ρήγας επιχειρίζεται τήν αύτοχειρίαν του, θέλων εξ ενός μέρους νά άποφύγη τήν βιαίαν όμολογίαν τών σχεδίων του, καί βλέπων έκ του άλλου τήν μεταβληθεΐσαν πολιτικήν της Αυστρίας ώς προς τήν Τουρκίαν. 'Αποτυγχάνει όμως, καί μεταφέρεται είς τήν Βιέννην. Ή θέσις του Αύτοκράτορος Φραγκίσκου ήτον ήδη επισφαλής διά τήν κυρίευσιν της Βενετίας από τους Γάλλους μετά τήν διάβασιν τών Άλπεων. Ή αδιαφορία συνέφερεν είς τήν πολιτικήν της Ρωσσίας· ό δέ Σουλτάνος, ειδοποιούμενος διά του Πρέσβεώς του, καθώς καί δι' εκείνου της Αυστρίας, περί όλων, απαιτεί τον φαινόμενον αποστάτην Έλληνα. Εις την συνωμοσίαν τούτου υποθέτει ολόκληρον το Ελληνικόν Έθνος· στοχάζεται να λάβη τα δραστηριώτερα μέτρα εναντίον του, και μόλις δυσωπείται δια χρηματικής θυσίας. Ο Ρήγας παραδίδεται εις τον εχθρόν, τον οποίον έμελλε να πολεμήση, με άλλους επτά εκ των οπαδών του, εννοουμένου και του Α. Κορωνιού.

Ο Παζβάντογλους εφρόντισε να διασώση τον φίλον του, κρατήσας τας δεούσας θέσεις. Πεπεισμένος εις τον ίδιον καιρόν από Έλληνάς τινας και ο Αλή Πασσάς των Ιωαννίνων απέστειλε να τον παραλάβη, εάν δυνηθή (α). Βεβιασμένος ήδη ο Μαρασλή Αλή Πασσάς του Βελιγραδίου, προέλαβε να τον θανατώση με τους οπαδούς του. "Οἱ Έλληνες θέλουσιν εκδικηθή το αἷμά μου μίαν ημέραν,,. είπεν αποθνήσκων ο Ρήγας, και δεν εψεύσθη (β).

(α) Άλλοι ενήργησαν και εις την Κωνσταντινούπολιν αυτήν την απολύτρωσίν του δια μιάς συμφωνηθείσης ποσότητος 500,000 γροσίων· προέλαβεν όμως ο θάνατός του.

(β) Δημοσιεύομεν ενταύθα τον Επιτάφιον του Ρήγα, πεποιημένον παρά του Ειρηναίου Θηρσίου.

"ΕΠΙΤΑΦΙΟΝ ΕΙΣ ΡΗΓΑΝ ΚΑΙ ΤΟΥΣ ΣΥΝ ΑΥΤΩ, ΑΠΟΛΩΛΟΤΑΣ,,.

Ούτοι ελευθερίην θηρώμενοι αγλαόμορφον
εύρον ενί ξυλόχοις οκρυόεντα μόρον.
Χαίρετε Θηρευταί κοιμώμενοι, εισόκεν ηώς
έλθη απ' Ουλύμπου λαμπάδ' ανισχομένη·
και τότ' εγειρόμενοι πολίων βρόμω ορνυμενάων
Δαίμονες εις άγραν σπεύδετ' αλεξίκακον,,.

Κρίνονται αμφίβολα πολύ τα αποτελέσματα της αμέσου μεταβάσεως του Ρήγα εις την Ελλάδα. Το εσωτερικόν αυτής δεν ήτο διωργανισμένον διόλου σχεδόν. Απλαί αι Ποιήσεις δεν ήσαν ικαναί να αποτελέσωσι το μέγα τούτο έργον. Η περίοδος της Φιλικής Εταιρίας είναι μάρτυς, ως θέλομεν εξηγηθή. Συγχρόνως δεν υπήρχεν ήδη ουδέ η απαιτουμένη πρόοδος του ηθικού: το αρμοδιώτερον μέσον. Και ο Ρήγας και οι Σύντροφοί του εστάθμισαν, φαίνεται, από εκείνην του ιδίου εαυτού των την κατάστασιν της κοινής ηθικής. Ενταυτώ τα παθήματα της Πελοποννήσου και του Αιγαίου και τα διπλά της Στερεάς ήσαν ακόμη νεαρά· και ήτο δύσκολον πολλά, δια να μην είπωμεν αδύνατον, το να καταπεισθώσιν εξ ετοίμου οι τόποι ούτοι εις ένα, τόσον επίσης απροπαρασκεύαστον, Πόλεμον. Προ παντός άλλου εστερείτο η Ελλάς Ναυτικόν μάλλον ή ήττον δυνατόν. Η μετοχή της Ηπείρου προέκειτο απίθανος επίσης, ως επιβαρυνομένης από τον Αλή Πασσάν. Η δε διακράτησις της Θεσσαλίας εχρειάζετο και δύναμιν σημαντικήν δια την έκτασίν της και Ιππικόν αξιόχρεων δια την πεδινήν της θέσιν. Δεν θέλομεν να επιστηριχθώμεν εις τας ενθουσιώδεις παραστάσεις ολίγων.

Ύστερον όλων τούτων, ποίαν εδύνατο να επιτύχη πρόοδον ο Ρήγας, κεκηρυγμένος κατά του Ιερατείου (α) και των Προεστώτων: τα δύο ελα-

---

(α) Η Μεγάλη Εκκλησία της Κωνσταντινουπόλεως αφώρισε μάλιστα την ανάγνωσιν, όσων έγραψεν ούτος κατά του Ιερατείου.

στικώτερα έργα να καί τά σημαντικώτερα στοιχεία τοϋ Έθνους ; (α)

"Αν ό Ναπολέων, κρατήσας καί τάς 'Ιονίους Νήσους (β) διά τής Ειρήνης τοΰ Καμποφορμίου, συνέπραττεν άποφασιστικώς, έδύνατο νά άποτελέσῃ τι λαμπρόν, χωρίς νά ύποθέσωμεν, ότι ήμπόρει νά δοκιμάσῃ τήν τύχην τής Αίγύπτου (1799). 'Αλλά, πρέπει νά μή δυσπιστήσῃ τις περί τής άνεξαρτησίας τών Ελλήνων άπό όποιαν-

(α) Καί τά δύο ταύτα Συστήματα είδεν ό Ρήγας ώς τά όργανα τής Τουρκικής τυραννίας. Είς τό ούσιώδες τούτο μέρος δέν έσκέφθη τόσον καλά, ούδέ ήρεύνησε, φαίνεται, τάς προηγηθείσας έποχάς, κατά τάς όποίας έδειξαν καί τό Ίερατείον καί οί Προεστώτες διάφορον πολιτείαν. Όλίγαι έξαιρέσεις δέν άποτελοΰν γενικόν κανόνα.

Ή περί τοΰ Ίερατείου καί μάλλον κατά τών Προεστώτων ίδέα δέν διελύθη μέ τόν θάνατον τούτου. Παρετήρησαν έπιπολαίως, όσοι είπον, ότι τήν ίδίαν έπρέσβευσε καί τό Σύστημα τών Φιλικών. (Ζήτει Έποχ. Γ', Κεφ. Β').

Ή αύτή ίδέα κατά τών Προεστώτων ήτο πάντοτε έντετυπωμένη καί είς τούς Πολεμικούς. Πολλοί έθεώρουν άναγκαίαν τήν θυσίαν όλων τούτων διά τήν πρόοδον τοΰ Πολέμου. 'Αλλά τοΰτο δέν ήτον άλλο, ειμή άμοιβαία τις έπιβουλή διά πολιτικά καί άτομικά συμφέροντα. Πρέπει δέ νά όμολογήσωμεν, ότι ή ϋπαρξις τών δύο Τάξεων (τών Πολεμικών καί τών Προεστώτων) ύπήρξεν ή αίτία τοΰ νά μήν ύποπέσῃ τό Έθνος είς τήν έξαιρετικήν τυραννίαν τής μιάς, ή τής άλλης. Ή μέση Τάξις τών Πολιτών συνήργησε πάντοτε είς τήν ύπεροχήν πότε τής μιάς, καί πότε τής άλλης· ήτον όμως άδύνατος νά παραταχθή μόνη έναντίον τής μιάς, μήν έχουσα τήν συνδρομήν τής άλλης.

(β) Ότε έσύστησε καί τήν πολυθρύλητον Δημοκρατίαν τής Επτανήσου. Ήτον άδύνατον τό νά έπιστηριχθή αύτη διά τήν έλλειψιν τής άρμοδίου ήθικής.

δήποτε κυριαρχίαν άλλου; Τήν άμφιβολίαν μας ύποστηρίζει ή περιοδική τύχη τής Έπτανήσου μ' δλην τήν διάφορον πολιτικήν της θέσιν. Πολύ πλέον ήδύνατο νά χορηγήση περίστασις τοιαύτη τήν δεδικαιωμένην ένώπιον τής Διπλωματίας αίτίαν τοϋ νά κατακερματισθή ή Ελλάς, μήν έχουσα πλέον ελπίδα σωτηρίας είς τό μέλλον. Άν δέν ήκολούθει καί τούτο, τούλάχιστον ό τόπος ούτος ήθελε κατασταθή, κατά πιθανώτερον συλλογισμόν, τό θέατρον ένός γενικωτέρου Πολέμου.

Άγνοούμεν κυρίως τάς μεταξύ τοϋ Ναπολέοντος καί τοϋ Ρήγα συμβάσεις, άν ύπήρξαν, καί όποίας ήσαν φύσεως καί λεπτομερείας. Άλλ', όποίαι καί άν θεωρηθώσιν αύταί, ή δυστυχία τής Ελλάδος προεμηνύετο βεβαία. Ό Ναπολέων δέν είχεν έτι άποκλειστικήν είς τό μέρος του τήν στρατιωτικήν δύναμιν τής Στερεάς· ή δέ θέσις τής Ελλάδος έμελλε νά συγκεντρώση τήν ζηλότυπον άντεκδίκησιν τής ήνωμένης ήδη Αγγλίας καί Ρωσσίας.

Έξω τούτων τά περί τής παγκοίνου Έλευθερίας προκηρύγματα δέν ήσαν άλλο πραγματικώς, είμή έπιχειρήματα ύπεροχής, καθώς άπεδείχθη. Ό δεσποτισμός τά διεδέχετο καθ' δλον του τόν χαρακτήρα. Πόσα Έθνη, άναπαυόμενα είς τήν έλπίδα τής έλευθερίας των, είδον καί πάλιν έπί τής κεφαλής των καταφερομένην τήν μάστιγα τοϋ νέου προσώπου! Είς τήν ίδίαν τύχην ύπέπεσε καί αύτή ή Εστία, ή όποία έθέρμανε τά πνεύματα τών περισσοτέρων άνθρώπων.

Ό έσωτερικός όργανισμός τής Ελλάδος ήτο δύσκολος, καθώς προείπομεν, καί έργον πολλού

7

χρόνου. Άπό τήν αίτίαν αύτήν, προλαμβάνων τήν άδηλότητα τοῦ μέλλοντος τῶν δύο γενικωτέρων πνευμάτων τῆς Εὐρώπης, ὁ Ρήγας ἠθέλησεν ἴσως ν' ἀφιερωθῇ ὅλως διόλου εἰς μέτρα δραστήρια καὶ εἰς ἐλπίδας ἐξωτερικὰς διὰ τήν ἐλευθερίαν τῆς πατρίδος του. Θέλομεν δὲ ἴδει ἀντικειμένας εἰς τοῦτο τὰ ἀρχὰς τοῦ Συστήματος τῶν Φιλικῶν, ὡς θεμελιουμένας εἰς ἐλπίδας ἐσωτερικὰς καὶ εἰς τὴν μοναδικὴν κίνησιν τῶν ὅπλων τῆς Ἑλλάδος.

Τελειώνοντες ἤδη τὰ περὶ τοῦ Ρήγα, χρεωστοῦμεν νὰ ὁμολογήσωμεν, ὅτι ἡ δόξα τῆς Μεταβολῆς τοῦ 1821 ἀνήκει κατὰ μέγα μέρος καὶ εἰς τοῦτον. Τὰ δυστυχήματα καὶ αὐτοῦ καὶ τῶν προκατόχων του ἐδίδαξαν τοὺς Ἕλληνας, καθ' ὃν τρόπον ἐδίδαξαν τὸν μέγαν Πέτρον αἱ νίκαι τοῦ Καρόλου ΙΒ΄. Ἂν ὁ βίαιος θάνατός του ἐματαίωσε τὰ μέτρα ἑνὸς ὁποιουδήποτε Κινήματος, διεκράτει ὅμως εἰς τὰ πνεύματα πολλῶν τὴν ζωηρότητα τῶν ἐλευθερίων αἰσθημάτων καὶ τὴν ἐνδιάθετον ἐπιμονὴν τῆς ἐκδικήσεως. Ἡ πρόχειρος διάδοσις τῶν ὑπὲρ τῆς Ἐλευθερίας ἐνθουσιαστικῶν ἰδεῶν ἤθελεν ἀκολουθήσει εἰς μέρος τοῦ Ἔθνους περισσότερον, ἐὰν δὲν κατεδικάζοντο αἱ ἐκδόσεις (α) εἰς τὴν φθορὰν τοῦ πυρός. Ἀπορεῖται

(α) Διεσώθησαν ὀλίγα μόνον φυλλάδια ἐκ τῶν Ποιήσεων τούτου. Οἱ Ἕλληνες τὰς ἀντέγραφον μὲ τόσην προθυμίαν, ὅση ἦτον ἡ σπανιότης των καὶ ἡ δίψα τῆς μὴ ὑπαρχούσης Ἐλευθερίας.

Καθ' ὅσον ἠξεύρομεν, δύο ἦσαν κυρίως αἱ Ποιήσεις τοῦ Ρήγα, ὅστις ἔγραψε διὰ τὸν Λαὸν εἰς ἁπλούστατον ὕφος, ἀλλὰ μὲ μεγάλην ἐπιτυχίαν.

κατά τούτο, πώς δέν έλαβε τήν ίδίαν τύχην, ή τουλάχιστον πώς δέν άλυσόδεσε καί τήν Χωρογραφικήν Χάρταν τοϋ ιδίου, ώς γενομένην διά τόν αυτόν σκοπόν.

Η ΕΠΤΑΝΗΣΟΣ,

ή αί Έλληνικαί Νήσοι τοϋ 'Ιονίου, είναι ήδη τό

Ο ΘΟΥΡΙΟΣ·

"'Ως πότε, παληκάρια ! νά ζοΰμε στά στενά...,,

Καί ό ΠΑΙΑΝ

"Όλα τά έθνη πολεμούν,
Καί στους τυράννους τους όρμούν...,,

Ό Θούριος ήτο τό αγαπητότερον "Ασμα τοϋ 'Α. Υψηλάντου. Εις ενα λόγον αί Ποιήσεις τοϋ Ρήγα άπετέλεσαν είς τό πνεύμα των Ελλήνων τό όνομα τούτου όνομα ενθουσιασμού.

Όλίγον ύστερον ό Α. Κοραής, σύμφωνος μετά τοϋ Ρήγα, αναιρών (1800) τήν κατά τής ελευθερίας πραγματείαν τού Άνθίμου, Πατριάρχου των Ιεροσολύμων, έποίησε τό·

"ΕΛΛΗΝΕΣ Συμπατριώται !
Δούλοι νά 'μεθα ώς πότε ;...,,

Είναι άξία παρατηρήσεως ή μετάπλασις τούτου υπό τόν τίτλον Ώδή υπέρ τής Ελλάδος. Έδημοσιεύθη διά τοϋ Λογίου Έρμοϋ (1 'Ιανουαρίου, 1818), εξ ονόματος πλαστού τινος Μοναχού τοϋ 'Αγίου Όρους. Ή μεταμόρφωσις αΰτη έχει μέν πρόσχημα τήν Παιδείαν καί Φιλογενείαν, βαδίζει όμως κατ' έκτασιν τό αυτό πολιτικόν πνεύμα, καί πολλάκις περιέχει τάς ιδίας πρωτοτύπους φράσεις περί τής συμφωνίας, τής λαμπράς άπογονίας, τής αμοιβαίας αγάπης κτλ.

Κοινότατος εις τους Έλληνας ήτο καί ό Παιάν·

"Δεύτε, Παίδες τών Ελλήνων !...,,

πεποιημένος κατά μίμησιν εκείνου τής Γαλλικής Δημοκρατίας,

Μήλον της Έριδος μεταξύ της Ρωσσίας και της Γαλλίας διά τους περί Ελλάδος και γενικώτερον περί δλης της Ευρωπαϊκής Τουρκίας σκοπούς των. Κείμεναι εις την δυτικήν πλευράν της Στερεάς και της Πελοποννήσου, σχηματίζουσι το πλέον αξιόχρεων εναντίον των ορμητήριον. Η Ρωσσία έσπευδε νά δείξη εις την Μεσόγειον δύναμίν τινα αντιπαραθετικήν εναντίον των εκτεταμένων σκοπών της Μεταβολής, να συστέλλη το περί Ελευθερίας φρόνημα ενώνον βαθμηδόν τους Έλληνας με τους Γάλλους, και να εκτελέση, εάν δυνηθή, ταχύτερον το περί Τουρκίας πατροπαράδοτον σχέδιόν της διά της Βαλτικής και του Ευξείνου. Ο νέος Αυτοκράτωρ Παύλος φαίνεται έτοιμος ν' ακολουθήση την πραγματοποίησίν του. Η Γαλλία ήθελε να παραλύση τούτο, οικειόνουσα εις το μέρος της μίαν γην, από την συμμαχίαν της οποίας εθεώρει μέλλοντα ωφελήματα. Η Αγγλία προέβλεπε την ανάγκην του να μηδενίση τα μέτρα της μιας και της άλλης· αλλ' εν τοσούτω θεωρούσα ζηλότυπος και πεφοβισμένη ενταυτώ την υπεροχήν της Μεταβολής, βιάζεται συντρέχουσα την πολιτικήν της Ρωσσίας, διά να την έχη σύμμαχον εναντίον της· και ήδη η Ρωσσία, φαινομένη ειρηνική μετά της Τουρκίας, καταλαμβάνει, 1799, στρατιωτικώς την Επτάνησον, κηρυχθείσαν Ε λ ε υ θ έ ρ α ν Δ η μ ο κ ρ α τ ί α ν, ενώ παραδίδεται πολιτικώς εις την προστασίαν της Οθωμανικής Πόρτας. Της λυκοφιλίας αυτής τα αποτελέσματα εξηγούνται μετ' ου πολύ. Οι Ρώσσοι, ως ισχυρότεροι, δίδουν εις αυτήν και Νόμους, καταφρονούντες το δικαίωμα των

Τούρκων, ώς αδυνάτων. Έχει τις μολοντούτο νά παρατηρήση τό άσυμβίβαστον τής συνδιανομής τών Ρώσσων καί τών Τούρκων, ένώ οί δεύτεροι εξώκειλον διά τήν βαρβαρότητά των εις πολλάς εναντίον τών Κατοίκων καταχρήσεις καί φόνους άκόμη.

Κολακεύουν οί Ρώσσοι τούς Έλληνας, συνιστώντες υπό τήν ύπηρεσίαν των καί Σώματα Ελληνικά διά μέλλοντας σκοπούς. Συγχρόνως αναβαίνουσι τούς Θρόνους τής μέν Δακίας ό Κωνσταντίνος Υψηλάντης καί ό Αλέξανδρος Μουρούζης, τής δέ Μεγάλης Εκκλησίας ό Γρηγόριος, όλοι Ρωσσίζοντες. Εις χειρόγραφον Ημερολόγιον τού 1800 είδομεν Συμφωνίαν τινά μεταξύ τών τριών τούτων περί τής έπαναστάσεως τής Ελλάδος διά τού κινήματος τής Σερβίας· δι' αυτής δέ, καθώς καί διά τών άλλων γειτόνων Επαρχιών, νά ενεργηθή ή κατάσχεσις τού Αίμου, καί τοιουτοτρόπως νά έξαπλωθή ό Πόλεμος μέχρι τής Θεσσαλίας καί τής Πελοποννήσου. Τό σχέδιον τούτο, αν ύπήρξε, θεωρείται καθ' ύπαγόρευσιν ξένην, άποτεινομένην εις τό μέτρον τού νά ενεργηθή διά τών άνωτέρω ατόμων, ό,τι έπεθύμησεν ό Ναπολέων διά τού Ρήγα, άλλ' άπέτυχε (α). Πιθα-

---

(α) Ή Γαλλία άπέτυχεν έπίσης καί μετέπειτα, ότε εύρίσκοντο οί Ρώσσοι εις τήν Επτάνησον έπί τού Στολάρχου καί Πληρεξουσίου Διοικητού Θεοδώρου Θεοδωρίδου Ούζακώφ. Διωργάνισε τότε τήν κίνησιν τής Πελοποννήσου καί τούς Σουλιώτας, άποστείλασα είς τό Μαραθονήσι έν πλοίον πολεμοφοδίων πρός τόν Ζαχαριάν καί τούς Καπετανέους τής Μάνης. Άλλ' έξ ενός μέρους οί Άγγλοι προπαρεσκευάσθησαν ήδη νά άποβιβάσωσι Δύναμιν Στρατιωτικήν εις τάς Παλαιάς Πάτρας,

νολογεῖ μολοντοῦτο ἐν μέρει τὴν ὕπαρξίν του ἡ διαγωγὴ τοῦ Ὑψηλάντου. Ἄμα ἔφθασεν οὗτος εἰς τὸ Βουκουρέστιον, ἔλαβεν ἀμέσως συνέντευξιν μυστικὴν μὲ τοὺς ἀπὸ τὸν Ζέμονα ἐξεπίτηδες ἐλθόντας Στέφανον Τσιφκοβὶτς καὶ Ὀσποδὰρ Πέτρον Τοπρέναν, ἀπεσταλμένους ἀπὸ τὸν εἰς Βελι-

ὑποπτεύοντες τὴν κατάσχεσιν τῆς Πελοποννήσου ἐκ μέρους τῶν Γάλλων· καὶ ἐκ τοῦ ἄλλου ὁ ᾽ΑντωνόΜπεης, σπεύδων νὰ δείξῃ ἐκδούλευσιν πιστὴν εἰς τὴν Τουρκικὴν Ἐξουσίαν, διὰ νὰ ἐπαναλάβῃ τὴν Ἡγεμονίαν τῆς Μάνης, ἐπρόδωσε τὴν ἀποστολὴν τῶν πολεμοφοδίων εἰς τὸν Πασσᾶν τῆς Χερσονήσου. Συγχρόνως οἱ Πρόξενοι τῶν ἄλλων Δυνάμεων ἀνέφερον τὴν ὑπόθεσιν πρὸς τοὺς εἰς Κωνσταντινούπολιν Πρέσβεις των. Ὑπέθεσαν οὗτοι σύμφωνον τὴν Πόρταν δυνάμει μιᾶς μυστικῆς Συνθήκης, γενομένης (4 Ἰουλίου) μεταξὺ αὐτῆς καὶ τῆς Γαλλίας· παραπονέθησαν· οἱ Τοῦρκοι ὅμως ἀπεποιήθησαν πᾶσαν μετοχήν, καὶ τέλος πάντων ὑπεχρεώθησαν νὰ διευθύνωσι τὸν Σερεμὲτ Πεῆν (Κρῆτα) μὲ 11 πολεμικὰ Πλοῖα. Αὐτὸς ἐπολέμησε καταστρέψας πολλοὺς Καπετανέους τῆς Μάνης, σύμμαχος τῶν ὁποίων ἦτο καὶ ὁ Ζαχαριᾶς (ἀφήσας ἤδη τὸν πόλεμον τῶν Μπαρδουναίων Τούρκων). Κατέστησε δὲ εἰς τὴν Ἡγεμονίαν τὸν ᾽ΑντωνόΜπεην.

Οἱ Ἀρχιερεῖς καὶ οἱ Προεστῶτες τῆς Πελοποννήσου, προσκληθέντες ἐξεπίτηδες, ἠρωτήθησαν καὶ ἀπεκρίθησαν τὴν παντελῆ ἄγνοιάν των περὶ τῶν τρεχόντων. Τότε ὁ Πασσᾶς ἐζήτησεν ἐπιμόνως τὴν κεφαλὴν τοῦ Ζαχαριᾶ· καὶ οὗτοι τὸν ὑπεκρίθησαν τὴν ἀδυναμίαν των εἰς μέτρον τοιοῦτον, ὄχι ὡς τόσον δυσκατόρθωτον, ὅσον διὰ τὴν ὁποίαν εἶχον ἀνάγκην τοῦ Ζαχαριᾶ, ἀποτελοῦντος στάσιν τινὰ ἰσορροπίας τῶν Πελοποννησιακῶν πραγμάτων μεταξὺ τῶν Τούρκων καὶ τῶν Ἑλλήνων.

Ὕστερον ὅλων τούτων ἐμεθοδεύθη καὶ ἐπέτυχεν ἡ δολοφονία τοῦ Ζαχαριᾶ ἐκ μέρους τινὸς ᾽Αναδόχου του Μανιάτου (ἴσως καθ᾽ ὑπαγόρευσιν καὶ συνδρομὴν τοῦ προμνησθέντος ᾽ΑντωνόΜπεη).

γράδην Καρα - Γιώργην, Στάνον Κλάβαν καί Όσποδάρ Μελάκον.

Ή διακατοχή της Έπτανήσου καί της Σερβίας ή έπανάστασις (α) ήλεκτρίζει θαυμασίως τά πνεύματα τών 'Ελλήνων. Ή Ρωσσία ρίπτει καί εις τήν Ήπειρον τοΰς πόδας της, καταλαβοϋσα (1806) τήν Πάργαν. Ύπό τήν προστασίαν της σύρεται μέγας αριθμός Ελλήνων. Οί Τούρκοι, παίγνιον ήδη της άδυναμίας των, άποξενώνονται του δικαιώματος της 'Εμπορικής Σημαίας· οί δέ Έλληνες, χωρίς ν' άπελπισθώσιν άπό τάς κατά τήν Ήπειρον ατυχίας τοΰ Κίτσου Βότσαρη καί τοΰ Σαμουήλ Καλογήρου, τά κινήματα τών όποιων (1802) έφερον χαρακτήρα μερικόν, προσηλώνουσι τό βλέμμα των εις τήν επιθυμητήν προχώρησιν τών Σέρβων καί τήν έλπιζομένην ρήξιν νέου Πολέμου μεταξύ Ρωσσίας καί Τούρκων. Ή οργή της Πόρτας σύρεται εναντίον της διαγωγής τών μνημονευθέντων (β) Ηγεμόνων της Δακίας. Διαδέχονται τούτους άλλοι Γαλλόφρονες· πλήν εις μάτην. Αί ήνωμέναι Δυνάμεις της Ρωσσίας καί 'Αγγλίας δίδουσι τόν νόμον εις

(α) Οί Σέρβοι, διοικούμενοι διά πολύν καιρόν άπό Κνέζας καί Ζουπάνας : ήτοι 'Ηγεμόνας καί Τοπάρχας, έξέτεινον άλλοτε (1350, έπί τοΰ Στεφάνου τοΰ έπονομασθέντος Δυνατοΰ), τήν κυριότητά των μέχρι της Θεσσαλονίκης. Καταπολεμηθέντες έπειτα (1389) άπό τούς Τούρκους εις τό πεδίον Κόσοβον, ύπετάγησαν τέλος πάντων εις τούτους (1439). Τά συνεχή δεινά των άπό τούς Σατράπας καί τούς Δαΐδας τοΰ Βελιγραδίου εστάθησαν άφόρητα, καί έδωσαν τάς αίτίας εις τήν Έπανάστασιν τοΰ 1802.

(β) Σελ. 101.

την πολιτικήν τοΰ Σουλτάν Σελίμ· και ήδη οί πρώην Ηγεμόνες επανέρχονται εις τας Καθέδρας των.

Η Σάλπιγξ τοΰ Πολέμου ήχεΐ και πάλιν περί τά τέλη τοΰ 1806. Ό Αϊδδήν Πασσάς εισβάλλει εις τήν Δακίαν· ό δέ Κωνσταντίνος Υψηλάντης, αδύνατος νά κρατηθή μόνος, αναχωρεί κατά τον Αΰγουστον, άφήσας δύναμίν τινα Στρατιωτικήν εις τήν Βλαχίαν ύπό τήν ύπόσχεσιν τής όγλιγώρου επιστροφής του. Ή δύναμις αΰτη, συγκειμένη από Κροάτας ώσεπιτοπλεϊστον, ύπερασπίζετο εις τά όρη καί τά Μοναστήρια μέχρι τής 25 Νοεμβρίου, πολεμήσασα μόνον εις τά χωρία Μορτσινιάνον καί Γλίτανε μέ τούς εις τό Όρζιπένι καί Κοτόκαν στρατοπεδευμένους 8000 Τούρκους.

Η Ρωσσία, τεταραγμένη ήδη διά τήν άναγόρευσιν τοΰ Ναπολέοντος ώς Αυτοκράτορος τής Γαλλίας, δοκιμάζει τάς συνακολούθους δυστυχείς περιστάσεις τοΰ Άουστερλίτς καί τοΰ έκ τής Νεαπόλεως διωγμοΰ τών Άγγλο - Ρώσσων από τον στρατηγόν Μασσέναν. Εντεύθεν ό καθολικός Πόλεμος τής Ευρωπαϊκής Ηπείρου καί ή επιρροή τής νέας Αυτοκρατορίας τήν υποβάλλουν εις τό μέτρον τής κατασχέσεως τών δύο Ηγεμονιών τής Δακίας.

Ό Στρατηγός Μίχελσον εισβάλλει εις τό Βουκουρέστιον κατά τον Δεκέμβριον μέ κάποιον πλάγιον τρόπον. Όλίγον ύστερον (8 Φεβρουαρίου 1807), εισέβαλε διά τοΰ Ελλησπόντου κατέμπροσθεν τής Κωνσταντινουπόλεως καί ό Αγγλικός στόλος ύπό τον Ναύαρχον Δουκφόρθην, σκοπόν έχων την βιαίαν συμμάχησιν τοΰ Σουλτάνου κατά της Γαλλίας. Οί Γάλλοι δμως ύπερισχύουν εις τό πνεύμα της ταλανιζομένης ήδη Πόρτας, καί τήν όδηγούν εις κάποια ασφαλιστικά μέτρα, διά τά όποια καί έθυσίασαν καί έκοπίασαν έξ ανάγκης οί Έλληνες της Κωνσταντινουπόλεως καί του Ελλησπόντου, προηγουμένου τού Πατριάρχου των Γρηγορίου.

Ο ΚΩΝΣΤΑΝΤΙΝΟΣ ΥΨΗΛΑΝΤΗΣ,

ακολουθών τήν Ρωσσικήν Έκστρατείαν, ενεργεί τόν σχηματισμόν ενός Ελληνικού Σώματος ώς 3,400 υπό τόν άξιωματικόν Νικόλαον Πάγκαλον. Τό Σώμα τούτο ηύδοκίμησεν εις τάς κατά τού Γκιουργκιόβου μάχας καί τήν ένδοξον νίκην τού Όπιλέστι. Τό πάν σαλεύεται καί ελπίζει εν τοσούτω. Εις τήν Επτάνησον διοργανίζεται τό Κίνημα τών μεσημβρινών επαρχιών της Ευρωπαϊκής Τουρκίας. Ο Σινιάβιν, Ναύαρχος τού Ρωσσικού Στόλου, καταστρέφει εκείνον τών Τούρκων κατά τό Αίγαίον· οί δέ Έλληνες θεωρούσιν ήδη τήν προωρισμένην ώραν της σωτηρίας των από τήν μάστιγα της Οθωμανικής τυραννίας. Τί απολαμβάνουν δμως, ένω ή μεταξύ της Γαλλίας καί Ρωσσίας Ειρήνη τού Τιλσίτ, αφήσασα ήσυχον τήν Ήπειρον, επέφερε τήν Άνακωχήν της Σλοβοΐας, (12 Αυγούστου, 1807); Οί Τούρκοι εκδικούνται τήν πρός τούς Ρώσσους αφοσίωσιν τούτων. Σφάζονται καί άλλοι καί ό γηραιός Άλέξανδρος Υψηλάντης, πατήρ τού έπαναστάτου Κωνσταντίνου· καί αρπάζονται αί περιουσίαι διαφόρων, εις τήν Στερεάν πρό πάντων. Ο τύραννος Άλή Πασσάς δράττει ήδη τήν ευκαιρίαν τού νά θεμελιώσῃ τὴν ὑπεροχήν του εἰς τὴν Ἤπειρον διὰ τῶν ὠμοτέρων τρόπων (α), μὴ βλέπων ταλαντευομένην πλέον τὴν τύχην ὁλοκλήρου τοῦ Ὀθωμανικοῦ Βασιλείου. Ἀλλ' ἐκτὸς τῶν Ἑλλήνων, δὲν ἀπέβησαν ὀλιγώτερον ἀτυχεῖς καὶ αἱ ἐλπίδες τῶν Σέρβων μετὰ πολυχρόνιον πόλεμον. Ἀφέθησαν εἰς τὴν π ρ α ό τ η τ α τ ῶ ν Τ ο ύ ρ κ ω ν, βεβαιωθεῖσαν διὰ τῶν τραγικωτέρων πράξεων τοῦ 1813. Τὰ πράγματα ἔκτοτε λαμβάνουσι νέαν ὁπωσδήποτε μορφήν. Αἱ περὶ τῆς Εὐρωπαϊκῆς Τουρκίας πλάγιαι προσπαθήσεις τῆς Ρωσσίας καὶ Γαλλίας ἐξηγοῦνται εἰς τὸ Τιλσίτ· καὶ μεταξὺ τῶν δύο ἡνωμένων ἤδη φιλοδόξων Αὐτοκρατόρων (τοῦ Ἀλεξάνδρου καὶ τοῦ Ναπολέοντος) προτείνεται ἡ διανομή της. Ἡ Ἑλλὰς συμπεριλαμβανομένης τῆς Ἀλβανίας καὶ τῆς Ἰλλυρίας, πίπτει εἰς τὴν μερίδα τῆς Γαλλίας. Κανεὶς δὲν γίνεται λόγος περὶ τῆς πολιτικῆς ὑπάρξεώς της, μ' ὅσας ἔκαμε τοσάκις προθύμους θυσίας. Μολαταῦτα ἡ περὶ τῆς Κωνσταντινουπόλεως ἀνοικονόμητος ζηλοτυπία παρίσταται καὶ πάλιν, καθὼς καὶ ἄλλοτε (β), τὸ μόνον ἀνυπέρβλητον ἔμποδον· αἱ προβληθεῖσαι συμφωνίαι μένουσι μέχρι λόγου· ἡ δὲ Ἑλλὰς ἀπαλλάττεται παραδόξως ἀπὸ μίαν περίστασιν, ἡ ὁποία ἔμελλε νὰ τὴν στερήσῃ πλέον

(α) Ἔχομεν τὰ παραδείγματα τῆς Βοσκοπόλεως, τῆς Πρεβέζης, καὶ τόσων ἄλλων Πόλεων καὶ Κωμοπόλεων, γενομένων τῶν περισσοτέρων παρανάλωμα τῆς ἀπανθρωπίας τοῦ Ἰσοὺφ Ἀράπη.

(β) Ἴδε Σελ. 89.

πᾶσαν περὶ τῆς 'Ανεξαρτησίας καὶ τῆς Αὐτονόμου καταστάσεώς της ἐλπίδα.

Οἱ Γάλλοι διαδέχονται τοὺς Ρώσσους εἰς τὴν Ἑπτάνησον (α). Ἀπηλπισμένον ἤδη τὸ ἐκεῖ Στρατιωτικὸν Σῶμα τῶν Ἑλλήνων (β), σχεδιάζει εἰς τὴν Ἀγίαν Μαύραν καὶ ἀποφασίζει (1808) τὴν ἔξοδόν του εἰς τὴν Στερεάν, διὰ νὰ κινήσῃ νέαν Ἐπανάστασιν τοῦ τόπου ὑπὸ τὸ πρόσχημα τῆς τυραννίας τοῦ Ἀλῆ Πασσᾶ. Μεταξὺ τῆς Ρωσσίας καὶ Τουρκίας ἦτον ἤδη συμπεφωνημένη ἡ Ἀνακωχὴ τῶν ὅπλων· τὰ δὲ Στρατεύματα τῆς πρώτης διέμενον εἰς τὰς Ἡγεμονίας τοῦ Ἰασίου καὶ τοῦ Βουκουρεστίου.

Οἱ Πολεμικοὶ Ἕλληνες τῆς Ἁγίας Μαύρας συναγροικοῦνται μὲ τοὺς ἔξω Ὁπλαρχηγούς, ἕνας τῶν ὁποίων ἦτο καὶ ὁ

ΠΑΠΠΑ ΘΥΜΙΟΣ.

Διὰ τὰ μίση των κατὰ τοῦ Ἀλῆ Πασσᾶ εὗρον εὐχαρίστους καὶ τοὺς Λαρισσαίους Τούρκους, καὶ ἑτοίμους νὰ συμπράξωσι πλαγίως πολλοὺς σημαντικοὺς Ἀλβανούς. Ἀλλ' ὁ Παππᾶ Θύμιος προλαμβάνει κινηθεὶς εἰς τὰ Χάσια τοῦ Ὀλύμπου (γ), ὁ Μουχ-

---

(α) Μετὰ τὴν ἀνωτέρω Εἰρήνην τοῦ Τιλσίτ, 1807.

(β) Εἶναι τὸ ἴδιον, περὶ τοῦ ὁποίου ἀνεφέραμεν Σελ. 78, Σχόλ. α'.

(γ) Κυρίως δὲν προέλαβεν οὗτος τὸν πόλεμον, ἀλλ' ἐβιάσθη. Τό, περὶ οὗ ὁ λόγος, Σχέδιον τοῦ 1808 ἐπρόδωσε πρὸς τὸν Ἀλῆ Πασσᾶν Δελιγιάννης τις, Καπετάνιος τοῦ Μετσόβου. Ὁ Ἀλῆ Πασσᾶς, προλαμβάνων τὴν περίστασιν, διεύθυνεν ὑπὸ τὸν υἱόν του Μουχτὰρ Πασσᾶν τοὺς Σωματοφύλακάς του (Τσοχαταρέους) μὲ μεγάλην βίαν. Ὁ Παππᾶ

τάρ Πασσᾶς τὸν καταστρέφει μετὰ μίαν ἀντίστασιν γενναίαν· καὶ αὐτὴ ἡ περίστασις φέρει τὴν παραλυσίαν ὁλοκλήρου τοῦ σχεδίου τῶν εἰς τὴν Ἁγίαν Μαύραν. Ἡ ἔξοδος τούτων ἐμποδίζεται διὰ τῶν παρακλήσεων τοῦ Ἀλῆ Πασσᾶ πρὸς τὸν Δαντσιλῶτον· καὶ οὗτοι συμπεριλαμβάνονται πλέον ὑπὸ τὴν δούλευσιν τῆς Γαλλίας. Οἱ Ὀλύμπιοι δὲν συμβουλεύονται τὸ παρελθόν, ἢ τὰ παραδείγματα τῶν διαφόρων ἐποχῶν. Ὁ Σύλλογος τοῦ Ἐρφόρτου (1808), ἡ μὴ ἐπικύρωσις τῶν Συμφωνιῶν τῆς ἐν Σλοβοΐᾳ Ἀνακωχῆς, καὶ μάλιστα ἐκείνων, ὅσαι ἀπέβλεπον τὴν Μολδαυΐαν καὶ Βλαχίαν, ἐστάθησαν τὰ αἴτια, ἕνεκα τῶν ὁποίων ματαιοῦνται αἱ εἰς τὸ Ἰάσιον διαπραγματεύσεις, καὶ ἐπαναλαμβάνεται (1809) ὁ Πόλεμος μεταξὺ Ρωσσίας καὶ Τούρκων. Ἡ Ρωσσία ἐπανακαλεῖ καὶ πάλιν τὴν Ἐπανάστασιν τῆς Στερεᾶς. Ἐντεῦθεν

Ο ΟΛΥΜΠΟΣ, Η ΟΣΣΑ

καὶ ἄλλοι Τόποι ἐπανίστανται· ἡ δὲ Στερεὰ ὅλη ταράττεται ἀπὸ τὰ μέτρα τοῦ Ἀλῆ Πασσᾶ, σπεύδοντος νὰ ἀνακαλύψῃ ὁλόκληρον τὴν ὑποτιθεμένην συναγροίκησίν της εἰς τὰ Ρωσσικὰ κινήματα.

Θύμιος ἐκλαμβάνει μακρόθεν τὸ Στράτευμα τοῦτο ὡς ἐκεῖνο τῆς Ἁγίας Μαύρας. Εἰς τὴν πλησίασίν του ὅμως ἐγνώρισεν ἀμέσως τὴν προδοσίαν, βιάζεται πολεμῶν, ἂν καὶ ἀπροπαρασκεύαστος, καὶ μόλις διασώζεται. Μετέπειτα συνελήφθη ἐξ ἀπάτης παρὰ τοῦ Ἀλῆ Πασσᾶ, ὅστις τὸν διεμέλισεν εἰς τέσσαρα μέρη.

Εἰς τὴν ἀνωτέρω μάχην ἔπεσεν ὁ ἀδελφός του Θεόδωρος, παραταχθεὶς μὲ πολλὴν γενναιότητα.

109

Εις την ύπόθεσιν της έπαναστάσεως αυτής ένοχοποιείται καί πάλιν μέγα μέρος τοϋ Ίερατείου, ή σωτηρία τοϋ όποιου χρεωστείται ακολούθως εις την παραδειγματικήν πίστιν τοϋ Δημητρίου Καλογήρου. Ποίος δέν θαυμάζει τήν υπέρ Πατρίδος εύαισθησίαν τούτων τών ανθρώπων, μαχομένων ήδη εις τό κέντρον τών στρατιωτικών δυνάμεων τοϋ Τούρκου χωρίς τινος άλλης βοηθείας καί μάλιστα τής θαλασσίου ; Οί Έλληνες, πιστοί εις τάς ελπίδας των, γενναίοι εις τάς δυστυχίας των, περιμένουν νά ίδωσι τήν ύποστήριξιν τοϋ Όλύμπου, ώς έγγύησιν τοϋ ασφαλούς κινήματος καί τών άλλων Τόπων έν γένει. Άλλά τά πράγματα εξηγούνται μέ τήν αυτήν διάλεκτον καί πάλιν. Οί Μπαχλάβαι μεμονωμένοι αφίνονται εις τό πεπρωμένον τής τόλμης των, καί προσφέρονται τελευταίον θύματα θεληματικά διά τήν κινδυνεύουσαν κατάστασιν τών έπαναστάντων τόπων. Καμμία περί τούτων μνεία δέν γίνεται εις τήν Ειρήνην τοϋ Βουκουρεστίου(16 Μαΐου, 1812), ή όποία άφαιρεί άπό τούς Τούρκους τήν Βασσαραβίαν καί τό Άνατολικόν μέρος τής Μολδαυΐας, καί αποκαθιστά τήν Ρωσσίαν Προστάτιδα τής Βλαχίας καί τοϋ λοιπού μέρους τής Μολδαυΐας.

Αποδεικνύεται ώς τόσον, ότι ή Ελλάς έξ ενός μέρους πάντοτε νενικημένη καί άείποτε ακαταμάχητος καί έκ τοϋ άλλου πάντοτε έλπίζουσα τήν έλευθερίαν της καί άδιακόπως άπατωμένη διά τήν ακάθεκτον ορμήν της : ή Ελλάς έπρόσφερεν εις τό θυσιαστήριον ξένων συμφερόντων τήν μερίδα τοϋ πολυτίμου αίματός της. Ώς άποζημίωσιν δέ τούτου ἔλαβεν ὄχι τήν παῦσιν, ἤ τοὐλάχιστον τήν μετρίασιν, ἀλλά μᾶλλον τήν αὔξησιν τῶν δεινῶν της.

Ἀπό τήν μακράν αὐτήν, ἀλλά τόσον ἐπιζήμιον πεῖραν, προέκυψε τό νά μή πιστεύωσι πολλοί τούς Ἀποστόλους τῆς Φιλικῆς Ἑταιρίας, εὐκολύνοντας τά πάντα διά τῆς συνδρομῆς τῆς Ρωσσίας. Τό μόνον δέ, ὅσον ἐπιθυμητόν, τόσον πιστευτόν, ἦτον ἁπλῆ ἡ ῥῆξις ἑνός Πολέμου διά τάς ἐξακολουθούσας ἀσυμβιβάστους διαπραγματεύσεις τῆς Πετρουπόλεως καί τοῦ Βυζαντίου.

Ὅ,τι κατώρθωσεν ἡ Ρωσσία εἰς τόν Ὄλυμπον καί κατά τόν ἔσχατον Πόλεμόν της, τοῦτο ἐνήργει (1809) καί ἡ Γαλλία διά τοῦ φρονίμου Δαντσιλώτου, μολονότι, ἡ ἀκαταμάχητος Ἰσπανία: τό μοναδικόν στοιχεῖον τῆς σωτηρίας τῆς Πρωσσίας καί Αὐστρίας, ἐχώνευεν ἤδη εἰς τό μέρος της ὅλον τόν πεισματικόν ἀγῶνα τοῦ γενναίου νικητοῦ τῶν ἄλλων, τοῦ Ναπολέοντος. Τήν περί τοῦ Κινήματος τῆς Ἑλλάδος πρότασιν ἐγκολπώθησαν ὁ Θ. Κολοκοτρώνης, θερμός ἐπίσης ἐνεργός τοῦ ἰδίου πνεύματος καί ἐπί τοῦ Σινιάβιν, οἱ Μαυρομιχαλαῖοι καί ὅλοι οἱ εἰς τάς Ἰονίους φυγάδες Πολεμικοί τῆς Στερεᾶς. Σύμφωνος τό παραδοξότερον εὑρέθη καί ὁ Ἀλῆ Φαρμάκης (Λαλαῖος), φυγάς καί αὐτός εἰς τήν Ζάκυνθον. Εἶναι οὗτος γνωστός εἰς τήν πρό τῆς Ἐπαναστάσεως Ἱστορίαν τῆς Πελοποννήσου (α).

(α) Κατήγετο ἀπό μίαν τῶν σημαντικῶν οἰκογενειῶν τοῦ Λάλα. Ὑποπτεύων τήν Ἐξουσίαν, ἀνήγειρε πύργον πολεμικόν πρός ἀσφάλειάν του. Ὁ Βελῆ Πασσᾶς ἐπείσθη εἰς τήν ἐξόντωσίν του. Διά τόν σκοπόν τοῦτον ἐνεργήθη ἡ διαίρεσις

Ύπέσχετο διά τῶν σχέσεων καί τῆς ἐπηρείας του ὄχι μόνον τήν μέ τούς Ἕλληνας ἕνωσιν τῶν Λαλαίων καί Μπαρδουναίων Τούρκων, ἀλλά καί τήν ἄμεσον κυρίευσιν πολλῶν Φρουρίων τοῦ μεσημβρινοῦ καί τοῦ δυτικοῦ μέρους τῆς Πελοποννήσου. Εἰς τά γενικώτερα μέτρα τῆς μεταξύ τῶν Ἑλλήνων καί τοῦ Ἀλῆ Φαρμάκη Συμφωνίας περιείχοντο, κατά τήν ζῶσαν πληροφορίαν διαφόρων, τά ἑξῆς.

«Σύμφωνοι οἱ Ἕλληνες καί Τοῦρκοι νά πολεμήσωσι τήν τυραννίαν τῶν Πασσάδων τῆς Πελοποννήσου — Ἀναφέροντες τάς αἰτίας τῆς τοιαύ-

τῶν Λαλαίων καί μάλιστα τοῦ Μουσταφᾶ Ἀγᾶ, ἀνεψιοῦ τοῦ Ἀλῆ Φαρμάκη. Τοιουτοτρόπως κινεῖται ἐναντίον του ὁ Πασσόρ Πεῆς.

Εἰς τήν περίστασίν του αὐτήν ὁ Ἀλῆ Φαρμάκης ἐπεκαλέσθη βοηθόν του τόν εἰς Ζάκυνθον Θ. Κολοκοτρώνην, ἐπενθυμίζων τήν μεταξύ των πατρικήν φιλίαν. Ὁ Κολοκοτρώνης συμμερίζεται τήν δυστυχίαν τοῦ φίλου του. Τό ὄνομα τούτου ἦτον ἐπίφοβον πολλά εἰς τούς Τούρκους. Ὁ Πασσόρ Πεῆς, ἀτυχής εἰς τάς πολιορκητικάς του ἐργασίας, ὑπόσχεται εἰς τόν Ἀλῆ Φαρμάκην τήν συγχώρησιν τοῦ Βελῆ Πασσᾶ, ἐάν παραδώσῃ μόνον τόν Κολοκοτρώνην. Ὁ Λαλαῖος δέν καταδέχεται νά ἐπιορκήσῃ. Ἡ συνθήκη τῆς Ἀμνηστείας γίνεται δεκτή τέλος πάντων· καί ὁ Ἀλῆ Φαρμάκης φροντίζει, ὡς οὐσιωδέστερον τῆς τιμῆς του ὑποκείμενον, τήν ἐλευθέραν ἀναχώρησιν τοῦ πιστοῦ βοηθοῦ του.

Τοιουτοτρόπως διασώζεται καί πάλιν ὁ Κολοκοτρώνης εἰς τήν Ζάκυνθον, προλαμβάνων τάς ἐκδοθείσας ἐναντίον τῆς Συνθήκης διαταγάς τοῦ Βελῆ Πασσᾶ περί τῆς κατακρατήσεώς του. Ὁ Ἴδιος Βελῆ Πασσᾶς ἐφρόντισε καί μετέπειτα νά τόν παραλάβῃ μέσον χρηματικῶν θυσιῶν· ἀλλ' ἡ Ἰονική Κυβέρνησις δέν κατεδέχθη νά τόν παραδώσῃ.

Εἰς τήν νῆσον τῆς Ζακύνθου μετέβη μετ' ὀλίγον καί ὁ Ἀλῆ Φαρμάκης, φεύγων τήν ἐπιβουλήν τοῦ Βελῆ Πασσᾶ.

της διαγωγής των προς τον Σουλτάνον, νά διαφυλάττωσι τον Ίσθμόν, κόπτοντες την διά ξηράς συγκοινωνίαν τής Κωνσταντινουπόλεως μέ τήν Πελοπόννησον — Ή Σημαία τών ήνωμένων Μερών νά φέρη αμοιβαία τά σύμβολα τής Ημισελήνου καί τού Σταυρού κλπ».

Ποία ασυλλόγιστος άπάτη συνδυασμού !

Ό Θ. Κολοκοτρώνης καί ό Άλή Φαρμάκης μετέβησαν εις Κέρκυραν, διά νά άπέλθωσιν εις τόν Ναπολέοντα, καί νά τον πληροφορήσωσιν, οτι κινούσι τήν Πελοπόννησον καί όλην τήν Ελλάδα, εάν λάβωσι τά άπαιτούμενα βοηθήματα. Ό Δαντσιλώτ τούς έμπόδισε, γράψας ό ίδιος περί τούτων όλων. Οί ειρημένοι μετέβησαν εκείθεν εις τήν Τσαμουργιάν, διά νά κατορθώσωσι σύμμαχόν των τόν ισχυρώτερον τής εποχής Σουλεϊμάν Τσαπάραν, καί δι' αύτοϋ τόν άντιπερισπασμόν τών Ήπειρωτικών δυνάμεων τής Τουρκικής Εξουσίας. Ό Π. Μαυρομιχάλης εφοδιάζεται εις τήν Κέρκυραν παρά τού Δαντσιλώτου μέ πολεμοφόδια άρκετά καί χρηματικά μέσα. Αλλά, καθ' ήν στιγμήν περιεμένοντο άνώτεραι οδηγίαι περί τού Κινήματος, καί ήσαν έτοιμοι νά έξέλθωσιν έκ τής Αγίας Μαύρας οί Έλληνες καί τό Γαλλικόν Σώμα, συνιστάμενον άπό Κόρσους, οί Άγγλοι καταλαμβάνουσι τάς νήσους τής Κεφαλληνίας, Ζακύνθου καί Ιθάκης, ό Δαντσιλώτ ευρίσκεται έξαίφνης είς θέσιν άμυντικήν, εμποδίζονται αί προπαρασκευαί, καί παραλύεται εξ ολοκλήρου τό σχέδιον τοϋ νέου Κινήματος. Ίσως κατ' εύτυχίαν

Είδομεν μέχρι τούδε άπό τάς διαφόρους σημαν-

113

τικωτέρας περιστάσεις, ότι οί "Ελληνες διέκειντο εις έχθροπραξίαν διηνεκή μέ τον τύραννόν των. 'Αλλά το τέρμα καταστάσεως παρομοίας έπρεπε νά φθάση πλέον. Τά αλλεπάλληλα παθήματα τούς καθοδηγούν εις μέτρα πολύ πλέον αρμόδια· καί τούτων τήν έξέτασιν θέλομεν κάμει, άμα έρευνήσωμεν έν μέρει τήν παρατελευταίαν κατάστασιν τού 'Οθωμανικού Βασιλείου

ΚΕΦΑΛΑΙΟΝ Β'.

Κατάστασις τοῦ Ὀθωμανικοῦ Βασιλείου, ἢ Ἐπιστροφή — Σουλτάν Σελίμ Γ' — Μουσταφᾶ Παϊρακτάρης. — Δερεμπεῖδες. — Σουλτάν Μαχμούτ. — Γενίτσαροι. — Νομοθεσία Τούρκων. — Τελευταῖαι παρατηρήσεις ἐπὶ τῆς καταστάσεως τῆς Ἑλλάδος.

Οἱ Ὀθωμανοὶ ἤρχισαν κυρίως στερούμενοι τὸ πρῶτον πολεμικόν των πνεῦμα ἀπὸ τῆς Βασιλείας τῶν Διαδόχων τοῦ Μουρὰτ Δ' (1689), καθ' ὃν καιρὸν ἡ Ρωσσία προετοιμάζετο νὰ ἐξέλθῃ ἀπὸ τὴν σύγχυσιν καὶ τὴν βαρβαρότητα, εἰς τὴν ὁποίαν εὑρίσκετο ἐπὶ τῆς ἐξουσίας τοῦ Οἴκου τοῦ Ρομανώφ. Ἡ πολιτικὴ των Ἐξουσία, ταλαντευομένη πρὸ καιροῦ ἀπὸ τὰς ἐπηρείας τῆς Εὐρωπαϊκῆς Πολιτικῆς, καὶ στερουμένη βαθμηδὸν τὰς κατακτήσεις της πρὸς τὴν Ἄρκτον, ὀπισθοδρομεῖ ταχεῖα, ἀπὸ τὴν ὁποίαν κατεῖχε πρὸ ὀλίγου θέσιν, καὶ ὑπάρχει περιοδικῶς κατὰ θαῦμα δυνάμει τῆς ἐξωτερικῆς ἀντιζηλίας.

Τώρα ἐκτείνουσιν εἰς αὐτὴν οἱ Ρῶσσοι χεῖρα ἰδιωφέλιμον, ἀνακαλύπτοντες τὴν ἀδυναμίαν της, καὶ τὴν παραλύουν. Τώρα ἀσθμαίνουσαν τὴν ἐμψυχώνουν οἱ Γάλλοι, καὶ τὴν ὑποστηρίζουν, ὡς ἓν στέλεχος, διὰ τὸ συμφέρον των. Τώρα οἱ Ἄγγλοι τὴν ἐπηρεάζουν διὰ τῆς βίας. Τώρα καὶ οἱ Φαναριῶται τῆς Αὐλῆς της, διηρημένοι εἰς τὰς στάσεις τῶν Ρώσσων καὶ τῶν Γάλλων, τὴν θάπτουσι πολιτικῶς, θηρεύοντες πραγματικῶς τὸ συμφέρον τῶν ἐντολέων των. Τοιουτοτρόπως ἡ νάνος καὶ παλίμβουλος πολιτική της δὲν δεικνύει ούδέ σημεία ανδρικού χαρακτήρος· ή δέ μάχαιρα τοΰ δημίου : τό μόνον δραστήριον μέσον της πολιτικής διαγωγής της, δέν την προξενεί βελτίωσίν τινα, καθώς δέν τήν ώφελεί ούδέ ή πλέον αυστηρά εκδίκησις πρός τάς συνεχείς επαναστάσεις του εσωτερικού της. Ή 'Εξουσία τών Σουλτάνων καταντά, ώς άλλοτε εκείνη τών Αυτοκρατόρων, εις τήν όλεθρίαν χαύνωσιν καί τήν έξ αυτής προερχομένην άδυναμίαν. Ή τοιαύτη κατάστασίς της καλύπτεται μολοντούτο κατά μέγα μέρος άπό τό πομπώδες του Διαδήματος, τήν κολοσσαίαν έκτασιν τών τόπων της καί τόν όχι ευκαταφρόνητον πληθυσμόν της. Ή άφαίρεσις ολοκλήρου τούτου του προσωπείου έναπέκειτο εις τους Έλληνας.

Τήν άναρρύθμισιν του εσωτερικού του Τουρκικού Βασιλείου έστοχάσθη πρώτος ο Σουλτάν Σελίμ Γ' διά τής τακτοποιήσεως του Στρατού· έγινεν όμως θύμα τών υψηλών του στοχασμών, άμα ήρχισε τήν πραγματοποίησίν των. Ή δύναμις τών Τοπαρχών (Δερεμπείδων), ήνωμένη καί μ' εκείνην τών επίσης φίλων τής αταξίας Γενιτσάρων, καθώς καί μέ τό ήθικόν του Έθνους ολοκλήρου, καί μάλιστα μέ τό σύστημα τών Ουλεμάδων, υπερτερεί ήδη εκείνην τών Σουλτάνων, καθ' όποιονδήποτε λόγον έξεταζομένην. Οί Γενιτσάροι εντεύθεν καταβιβάζουσιν άπό τόν Θρόνον τόν Σελίμην, καί αναγορεύουσι (1807) τόν κούφον Μουσταφάν Δ'. Ό Σελίμ ενεργεί ήδη διά του στενού φίλου του καί συμβούλου Μουσταφά Κιοσέ - Κεχαγιά· καί ούτος διοργανίζει Έταιρίαν μυστικήν μετά του Πασσά του Ρουστσουκίου

Μουσταφά Παϊρακτάρη. Ὁ τελευταῖος,ἔχων σχέσεις στενάς μετά τοῦ ἰσχυροῦ Ἰσοὺφ Πεή, Δερέμπεη τῶν Σερρῶν, ἐνεργεῖ τὴν κίνησιν εἰκοσιτεσσάρων Δέρεμπεΐδων τῆς Ρούμελης πρώτης καὶ δευτέρας τάξεως. Τοιουτοτρόπως κινεῖται δυνατὸς ὁ Μουσταφᾶ Παϊρακτάρης, στρατοπεδεύων ἔξω τῆς Κωνσταντινουπόλεως εἰς τὸ πεδίον, λεγόμενον Τιρπιτσὶ Μεϊδανί, μ' ἕνα ὡς ἔγγιστα 18,000 ἐκλεκτὸν Στρατόν. Ὁ Σουλτὰν Μουσταφᾶς τὸν ὑπεδέχθη μὲ πολλὴν περιποίησιν. Ὁ Ἰσοὺφ Πεὴς ἐπρότεινε τότε τὴν σύλληψιν τούτου καὶ ὅσων ἔφερε πλησίον του Μεγιστάνων, καθὼς καὶ τὴν ἄμεσον ἀνασύστασιν τοῦ Σουλτὰν Σελίμ· ἀλλ' ὁ Μουσταφᾶ Παϊρακτάρης ἀμελεῖ, φοβούμενος τὸν πυρπολισμὸν τῆς Κωνσταντινουπόλεως, πρὶν ἢ καταλάβῃ στρατιωτικῶς τὰς ἀνηκούσας θέσεις. Ἕνεκα τούτου ἀνέβαλε διὰ τριμηνίαν σχεδὸν τὴν εἴσοδόν του εἰς τὴν Κωνσταντινούπολιν. Τὸ μέρος τοῦ Σουλτὰν Μουσταφᾶ ἐγνώρισεν ἤδη ὁλόκληρον τὸ σχέδιον τῶν ἐναντίων· τότε πνίγει ἀμέσως τὸν Σουλτὰν Σελίμ· ὁ δὲ Σουλτὰν Μουσταφᾶς πάσχει συγχρόνως νὰ θανατώσῃ καὶ τὸν ἀδελφόν του Μαχμοὺτ (α)· τὸν κτυπᾶ εἰς τὸ μέτωπον (μὲ τὸ λεγόμενον σουρανί)· ἀλλ' εὐνοῦχός τις Ἄραψ διασώζει τοῦτον. Τὸν Σελίμην παρουσιάζουσι τότε εἰς τὸ Κοινὸν

(α) Ὁ Μαχμοὺτ δὲν ἔλειψεν οὐδὲ μίαν στιγμὴν ἀπὸ τὴν συνομιλίαν τοῦ θείου του Σουλτὰν Σελίμ, ὑπάρχοντα ἤδη (κατὰ τὴν συνήθειαν τῶν Τούρκων) εἰς τὸ Καφάσι. Ἐδιδάχθη ἀπὸ τοῦτον ὅλον τὸ πνεῦμα τῆς πολιτικῆς του, καὶ ταύτην ἠκολούθησε, κατορθώσας τελευταῖον πλήρη τὴν ἐφαρμογήν της.

ἐπὶ ψάθης διὰ τοῦ Καποῦ-'Αρασί. Ὁ Μουσταφᾶ Παϊρακτάρης εἰσβάλλει εἰς τὴν Κωνσταντινούπολιν, θρηνωδεῖ ἐπὶ τοῦ πτώματος τοῦ Σελίμ, καὶ θανατώνει τὸν Μουσταφᾶν καὶ τοὺς πιστούς του Χασσεκίδας. Τότε ἐζητήθη καὶ ἐνθρονίζεται ὁ Μαχμοὺτ Β΄, ἐπὶ συμφωνίᾳ τοῦ νὰ ῥυθμισθῇ τὸ σύστημα τῶν Γενιτσάρων κλπ. Ὁ Μαχμοὺτ πολιτεύεται, μὴν εὐαρεστούμενος κυρίως μήτε εἰς τὴν δύναμιν τοῦ Μουσταφᾶ Παϊρακτάρη, μήτε εἰς ἐκείνην τῶν Γενιτσάρων. Ἀκολούθως διὰ γενικῆς ἀποστασίας τῶν Γενιτσάρων ὁ Μουσταφᾶ Παϊρακτάρης καὶ τὸ Κόμμα του ἐξολοθρεύονται ἐνεργείᾳ τοῦ βασιλεύοντος Μαχμούτ. Ὁ Ὕπατος οὗτος, νομίσας ἐξησφαλισμένην τὴν θέσιν του, ἀπεμάκρυνε τὴν Στρατιωτικήν του δύναμιν, καὶ ἔδωσεν οὕτως ἐξ ἑνὸς μέρους εἰς τοὺς Γενιτσάρους τὸ θάρρος καὶ τὴν περίστασιν τοῦ νὰ συμφωνήσωσι, καὶ εἰς τὸν Μαχμοὺτ Β΄ τὴν εὐκαιρίαν τοῦ νὰ τὸν ἐξαλείψῃ διὰ τῆς ἑνώσεώς του μὲ τοὺς Γενιτσάρους.

Ἡ τοιαύτη κατάστασις τοῦ Τουρκικοῦ Βασιλείου ἦτον εἰς τοὺς Ἕλληνας προτιμητέα παρὰ τὴν ἐκ τῆς τακτοποιήσεώς του ἐλπιζομένην ἄνεσιν ὡς πρὸς τὰ δεινά, ὅσα ἐδοκίμαζον ἀπὸ τοὺς ἰδιώτας Τούρκους. Ἤθελον ἄλλως θεωρεῖ ἀδύνατον σχεδὸν τὸ ν' ἀντιπαλαίσωσί ποτε μὲ μίαν Δύναμιν τακτικήν, ἂν καὶ Τουρκικὴν πάντοτε. Τὸ πνεῦμα τοῦτο δὲν ἦτο ξένον καὶ ἀπὸ τὰς Δυνάμεις αὐτάς, μία ἐκ τῶν ὁποίων δὲν ἄφινε δι' ἀρκετὸν καιρὸν ἥσυχον τὸ Ὀθωμανικὸν Βασίλειον, διεγείρουσα ταραχάς, καὶ ἐμψυχώνουσα τὴν ἀταξίαν. Παρετηρήθη δέ, ὅτι, τότε μόνον εἰσήχθη ἡ Τακτικὴ εἰς τὸ Κράτος τοῦτο, ὅτε ἐσυμφώνησε τό συμφέρον μιας έκ τών Δυνάμεων. Άλλοι έβοήθησαν πρώτοι τήν σύστασιν τοΰ Τακτικού είς τήν Αίγυπτον· καί άλλοι τό ένθαρρύνουσιν έσχάτως είς τήν Κωνσταντινούπολιν.

Τό σύστημα τών Δερεμπείδων κατεσπάρασσε τό Όθωμανικόν Βασίλειον είς τήν Άνατολήν, τήν Θράκη ν καί τήν Ρούμελην. Ήσαν ούτοι κατά πρώτον Άγιάναι, ή Διοικηταί, διωρισμένοι ύπό τάς διαταγάς τών Πασσάδων. Βαθμηδόν άπέβησαν ίσχυροί διά τήν άναξιότητα τούτων· καί τελευταίον άπέπτυσσαν πάσαν ύποταγήν είς τούς Σουλτάνους, σχηματίσαντες τάς Τοπαρχίας. Ήμπορεί τις έν μέρει νά τούς όμοιάση μέ τούς Άρματωλούς, ή τά Καπετανάτα, τής Ελλάδος. Τοιούτοι διεκρίθησαν ό Παζβάντογλους (α), φθάσας είς τήν ίδέαν τού ότι δύναται νά άναβιβασθή καί είς τόν Θρόνον τών Σουλτάνων. ό Ίσμαήλ τών Σερρών, ό Πατήρ τού Μαχμούτ Πασσά τής Δράμας, ό Καβανόζογλους τού Παζαρτσικίου τής Φιλιππουπόλεως, ό Τερσενικλίογλους τού Ρουστσουκίου, ό Καραφεΐζής τών Σκοπίων, ό Μανάφης, ό Δαγδεβηρέν (β) καί Καράογλους τής Άνδριανουπόλεως, ό Άλή Πεής τού Τεπελενιού είς τήν Ήπειρον· καί είς τήν Άσίαν ό Καραοσμάνογλους (γ), ό Τσαπάνογλους, Μπου-

---

(α) Περί τού όποίου άνεφέραμεν Σελ. 91.

(β) Έξηγείται δέ ό Άναποδογυρίζων Όρη.

(γ) Διεβλήθη ούτος πρός τόν Σουλτάν Σελίμην, ώς γενόμενος ύπέρπλουτος διά τής εύρέσεως ένός θησαυρού κεκρυμμένου. Ό Σελίμης τόν διέταξε νά τού έξηγηθή περί τούτου. Είς άπάντησιν ό Καραοσμάνογλους τόν διεύθυνεν όλα τά ήνία τών

λατανλής, Έλλέζογλους, Ναζίφης, Χαδδίμογλους, Καλιοντσής, Τεκελίογλους Μεχμέτ Άγάς, νικητής υπέρ τριετίαν διά ξηράς και θαλάσσης εναντίον του Σουλτάνου, και άλλοι.

Ήκμασαν ούτοι κυριώτερον επί του Σουλτάν Σελίμ. Αυτός υπεχρεώθη νά τούς ήσυχάση πολιτικώς, εμπιστευθείς εις τούς ιδίους τήν διοίκησιν των Επαρχιών υπό τον τίτλον του Βοεβόνδα, και Μουσελίμη, αφού απηλπίσθη νά τούς υποτάξη πολεμικώς, και νά ειρηνεύση τήν ληστευομένην Επικράτειάν του. Η προσωρινή αύτη και επίπλαστος συνδιαλλαγή συνέβη μετά τό λεγόμενον Ρ ε μ π ε λ ι ό ν τ ή ς Σ μ ύ ρ ν η ς (1797), όπου ηδυνήθη νά έπαναγάγη τήν ευταξίαν ο Καραοσμάνογλους της Μαγνησίας. Ο Σουλτάν Μαχμούτ Β', αναβάς εις τον Θρόνον από τών 1808, ηδυνήθη διά τής επιμονής του και τής απάτης νά εξολοθρεύση όλους τούτους και τούς μετέπειτα, γενόμενος ο μόνος τών Τοπαρχιών Ριζοσπάστης. Ο ίδιος εξετέλεσε (1826) το σχέδιον του θείου του Σελίμ Γ' εναντίον των Γενιτσάρων, αναφανείς ο Καίσαρ κατά τών Πραιτωριανών και ο Μέγας Πέτρος κατά τών Στερλίντσων. Ώς τοιούτος θέλει συναριθμηθή εις τήν Ιστορίαν του Τουρκικού Βασιλείου ένας εκ τών κατά καιρούς περιφήμων Σουλτάνων.

Οι διοριζόμενοι μετέπειτα αντί τών Δερεμπεΐδων Πασσάδες Β' βαθμού μετηλλάσσοντο συχνά,

αγρών του, γράφων, ότι εις ταύτα : (ήγουν εις τήν γεωργίαν) εύρε τον κεκρυμμένον θησαυρόν.

Φιλοσοφικωτέραν εξήγησιν δεν ημπόρει νά κάμη άλλος ι

καθώς καί οί της Α' τάξεως. Τό μέτρον τοΰτο απέβλεπεν εις τόν σκοπόν τοΰ νά μή δυνηθώσιν ούτοι ν' άκολουθήσωσί ποτε τά ίχνη τών πρώτων 'Αποστατών διά τής ύπεροχής τοΰ πλούτου καί τών σχέσεων. 'Αλλ' ή περίστασις αύτη έγέννησε τόν έκ προσθήκης μεγαλύτερον άφανισμόν τοΰ 'Υπηκόου. Τό Δερεμπεϊκόν Σύστημα, έχον τήν άνάγκην τοΰ Λαοΰ διά τήν διατήρησίν του καί μετριωτέρας έκ συγκρίσεως τάς χρείας διά τήν έλλειψιν τών Αύλικών κηφήνων, δέν έσκληρύνετο τόσον έναντίον τούτου, καί μάλλον τόν ύπερασπίζετο άπό τάς κακώσεις παντός άλλου (α). 'Αλλ' ή συνεχής μετάθεσις τών Πασσάδων έπέφερε διά τάς άναλόγους μέ τόν βαθμόν καί τήν πολυτέλειάν των άνάγκας τόσον σκληροτέραν τήν έκτρύχωσίν του, όσον ύπετίθετο όλιγοχρόνιος ή διαμονή των. Ό Σουλτάνος ήδύνετο τρόπον τινά θεωρών τόν πλουτισμόν τοΰ Ταμείου του· άλλά δέν ήσθάνετο τά μέλλοντα άποτελέσματα τής άπογυμνώσεως τοΰ ύπηκόου. Οί δέ Μεγιστάνες καί μάλλον ό εύνοούμενος Χαλέτ 'Εφένδης άδιαφόρουν, άποβλέποντες εις τήν εύχαρίστησιν τής φιλοχρηματίας τοΰ Κυρίου των.

Καί ή Πελοπόννησος καί ή Στερεά έπαθον πολύ άπό τήν περίστασιν αύτήν. Ή έξοδος τοΰ πρώτου Πασσα καί ή είσοδος τοΰ νέου ύπέβαλλον τό πτωχόν 'Υπήκοον εις δαπάνας ύπερβολικάς· καί έδείχθη, ότι δέν ήδύνατο νά γίνη χειρότερος ά-

---

(α) Διά νά μή σπαράσσηται ό Έλλην άπό όλους τούς Τούρκους ένός τόπου, έφρόντιζε νά κερδαίνη τήν προστασίαν ένός 'Αγα. Τοιαύτη ήτον ή κατάστασίς του έν γένει.

φανισμός εις ένα τόπον, όπου ήλλασσε (καί τούτο συνέβαινε πολλάκις) το προσωπικόν τής Εξουσίας εντός ενός χρόνου. Εκτός τούτων έδεικνύετο ή μεγαλυτέρα αδιαφορία εις την πλεονεξίαν τών Πασσάδων καί όλων τών Υπαλλήλων μέχρι τών Σπαΐδων. Διά χειροτέραν δυστυχίαν έδίδετο έσχάτως είς τούς τελευταίους ή διά Φερμανίων άδεια τοϋ νά δεκατίζουν έναντίον τών όρων, τών διαλαμβανομένων είς τά Μπεράτιά των. Αί καταχρήσεις αύταί, ήνωμέναι καί μέ τάς άλλας άπείρους άδικίας καί τά βαρύτατα τέλη, κατέστησαν, καθώς προείπομεν (α), είς χρέη ύπέρογκα καί αίωνίως άναποζημίωτα όχι μόνον τά Κοινά τών Έπαρχιών, άλλά καί έκεϊνα τών Χωρίων, καί καθέν μερικώς άτομον.

Μία άπό τάς καιριωτέρας καί δυσεπανορθώτους πληγάς τού Όθωμανικού Βασιλείου ήτο τό μέγα καί πολυπληθές Τάγμα τών Γενιτσάρων. Εσυστήθη τούτο άπό νεοσυλλέκτους Στρατιώτας επί τού Όρχάνη (β), ή κατ' άλλους έπί τού Μουράτ Α' καί διαδόχου τού Όρχάνη. Ή προϊούσα αύξησίς του απετέλεσε τήν τρομερόν έπήρειάν του είς τά πράγματα τού Κράτους. Οί Γενιτσάροι εις ένα λόγον ώμοίαζον τούς άπό τού μεγαλοφυούς Ίβάν Β' Στερλίντσους. Άλλοτε πολεμικοί καί δυνατοί, έπειτα παραδεδομένοι είς τήν άβρότητα καί τήν ήδυπάθειαν έν τώ μέσω τών πόλεων, έφερον, ώς μή όδηγούμενοι άπό τό λογικόν διά τήν άμάθειαν καί τήν βαρβαρότητά των, τάς μεγαλυτέρας άνωμαλίας τού Βασιλείου, καταβιβάζοντες, όσάκις ήθελον,

---
(α) Σελ. 25. (β) Ίδε Σελ. 14, Σχόλ. α'.

τούς Σουλτάνους, καί ώσεπιτοπλεϊστον μεταλλάσσοντες καί θυσιάζοντες τό Ύπουργεΐον τής Πόρτας διά τών άποστασιών, συνέπεια τών όποίων ήσαν οί έκ τών πυρκαϊών άφανισμοί τοϋ Ύπηκόου. Ήσαν άρα άλλοι ταραχώδεις Βένετοι καί Πράσινοι τής 'Ανατολικής Αύτοκρατορίας, καί ώς άλλοι Πραιτωριανοί τής παλαιάς Ρώμης, θέλοντες πάντοτε τήν ύπεροχήν των είς τήν Έξουσίαν.

Οί Τούρκοι δέν είχον έθνισμόν πολιτικόν, άλλά θρησκευτικόν. Όλαι διά τοϋτο αί πράξεις των έθεμελιοΰντο είς ίδέας καί παραδόσεις θρησκευτικάς, καί γενικώτερον είς τό πεπρωμένον τοϋ Ούρανοΰ (α). Άπό τήν ίδίαν πηγήν, ή διά τό άνο-

(α) Μία έκ τών έξαιρετικών προλήψεων τών Τούρκων, ή πλέον έπικίνδυνος μάλιστα καί είς τήν πολιτικήν καί είς τήν ίδιωτικήν διαγωγήν των, ήτο καί ή ήνωμένη μέ τήν φαντασίαν πίστις είς τάς μαγείας καί τάς προρρήσεις τών 'Αστρολόγων (Μουνετσίμιδων), άν καί έναντίας είς τό δογματικόν μέρος τής Θρησκείας των. Καμμίαν καί ώς πρός τοϋτο δέν μετεχειρίζοντο κριτικήν τοϋ λογικοϋ. Τοιοϋτοι είναι οί καρποί τής άπαιδευσίας.

Διά νά έννοήση τις καλώς τών 'Επαγγελματικών τής Προγνωστικής αύτής τήν έπιρροήν είς τό πνεϋμα τής 'Οθωμανικής Έξουσίας, άρκεϊ νά παρατηρήση μόνον, ότι μήτε 'Αξιώματα έδίδοντο, μήτε έκπλευσις Στόλου έγίνετο, μήτε δημόσιος οίκοδομή έθεμελιοϋτο, είμή είς τάς προγεγραμμένας άπό τούς τοιούτους ήμέρας. Κατά τοϋτο οί Σουλτάνοι, άκολουθοϋντες τό παράδειγμα τών παλαιών Καλλίφων, είχον είς τά Βασίλειά των καί Άρχιμάντιν (Μινετσίμπασην), τιμώμενον ώς τό έξαιρετώτερον μέρος τών Ύπουργών τής Θρησκείας (Ούλεμάδων).

Οί τοιοϋτοι Μάντεις έκαμον συχνά έμπόριον αίσχρόν τήν

μοιόμορφον των θρησκευτικών εντυπώσεων, προήρχοντο καί τά μεταξύ των μίση. Ό Άσιανός έθεώρει καί άπεστρέφετο τρόπον τινά ώς νόθους δλους τής Εύρωπαϊκής Τουρκίας τούς Τούρκους, καί μάλλον τούς 'Αλβανούς. Αύτοί έξ εναντίας τόν κατεφρόνουν καί τόν έπωνόμαζον Χαλδούπην, συγκοινωνοϋντες μάλλον μέ τούς Έλληνας. Τό σχισματικόν τούτο μίσος θέλει συμβάλει αρκετά είς τόν Πόλεμον τών Ελλήνων.

Ή κακία καί τά ατακτήματα έπλεόναζον είς τό Βασίλειον τών Τούρκων καί δι' άλλας ισχυράς αίτίας καί διά τήν έτι ισχυροτέραν τής Νομοθεσίας των. Άν οί γραπτοί αύστηροί Νόμοι σκληρύνουν τά ήθη, πολλαπλασιάζουν τούς κακούς, καί άφίνουν ώσεπιτοπλείστον άτιμώρητα τά έγκλήματα· πόσον πρέπει νά στοχασθή τις έπιρρεπεστέραν είς όλα αύτά τά έλαττώματα τήν ώσεπιτοπλείστον άγραπτον Νομοθεσίαν τών Τούρκων. Οί κακούργοι τοιουτοτρόπως άπέφευγον κατά μέγα μέρος τήν δικαίαν ποινήν τών πράξεών των, διά τήν οποίαν έδιδον εξαίρετου προσοχήν τού νά κρύπτωνται· οί δέ άθώοι

τέχνην των, αργυρολογούντες τούς αμαθείς και μωροπίστους. Εις τούτους επώλουν με τιμήν άκριβή γράμματά τινα, έχοντα σχήμα τετραγώνου. Εις τό μέσον τούτων έγράφετο με στοιχεία χονδρά τό όνομα εκείνου, εις τόν όποίον εγγυώντο τήν βεβαίαν άποφυγήν παντός δυστυχήματος και κινδύνου.

Είδομεν δε και ημείς εις διαφόρους 'Αλβανούς, θύματα τών πολέμων, ευρεθέντα Γράμματα (ή κοινότερον Φυλακτά), τοιαύτης φύσεως, άλλα σχήματος τετραγώνου, και άλλα σχοινοτενή, έχοντα πλάτος τριών δακτύλων και μάκρος επέκεινα τών 20 και 30 πήχεων και ολογεγραμμένα.

ύπέκυπτον εις τά δεινά τής αυθαιρεσίας καί τής σκληρότητος.

Ή Κωνσταντινούπολις, ό Εύξεινος Πόντος καί ό 'Αδριατικός είχον ήδη σύρει εις τό μέρος των τούς νοημονεστέρους καί πλουσιωτέρους των Ελλήνων. Καθόσον προέβαινε τό ήθικόν τούτων, ήτο δύσκολον πολλά τό νά ύποφέρωσι διαμένοντες εις τόπους άλλους, όπου ή τυραννία δέν είχεν ώσεπιτοπλείστον ούδέ τόν ελάχιστον χαλινόν.

Ένεκα τούτου, καθώς καί διά τάς προηγηθείσας περιστάσεις των Πολέμων, έδεικνύετο επαισθητή ή ελάττωσις τού εμπορίου, τού πλουτισμού καί τής ηθικής των λοιπών μερών τής Ελλάδος κατά τούς τελευταίους χρόνους. Οί πλουσιώτεροί της τόποι εις τήν Μεσόγειον ήσαν πρό πάντων ή Ύδρα καί αί Πέτσαι· άλλά δέν άγνοεί καθείς τήν μελετωμένην άποίκισίν των εις τήν Δαλματίαν. Τάς ήσύχαζε πρός καιρόν ή άνεμιζομένη εις τά πλοία των Ρωσσική Σημαία· ήτον όμως αδύνατον σχεδόν τό νά μήν έκτείνη καί έναντίον των ή 'Οθωμανική 'Εξουσία τήν άρπαγα καί αίματοσταγή χείρά της. Εις περίπτωσιν τοιαύτην, άν δέν προελάμβανον νά σχηματίσωσι νέαν 'Αποικίαν οί θαλασσέμποροι Νησιώται, ήθελον διαδεχθή βεβαίως τήν κατάστασιν τής Πάτμου καί τού Μεσολογγίου, στερούμενοι τό ναυτικόν καί τά πλούτη των.

'Αφίνοντες έν μέρει τήν Πελοπόννησον, εις τήν όποίαν ούδέποτε διέπρεψαν αί Μαθήσεις, παρατηρούμεν μόνον, ότι εις τήν Στερεάν καί τό Αίγαίον δέν ύπήρχον κατά τούς τελευταίους χρόνους άξια λόγου Σχολεία, ένώ πρό ολίγου έλαμπρύνοντο μ' αύτά αί πόλεις των Ιωαννίνων, τής Θεσσαλονίκης καὶ τῆς Πάτμου. Ἐπίσης εἶχον λείψει, καὶ μάλιστα ἀπὸ τὴν Θεσσαλίαν, τὰ βιομηχανικὰ Ἐργοστάσια. Ἀπὸ τὰς ἀφορμὰς αὐτὰς ἐφαίνετο χειροτέρα ἡ εἰς τὸ μέλλον ἀπογύμνωσις τῆς Ἑλλάδος ἀπ' ὅλα τὰ μονιμώτερα τῆς προόδου της στοιχεῖα.

Οἱ Ἕλληνες μέχρι τοῦ 1750 ἐσχηματίζοντο γενικῶς εἰς δύο κλάσεις, τὴν μίαν ἐνεργητικήν, καὶ τὴν ἄλλην παθητικήν. Εἰς τὴν πρώτην ἀνῆκον οἱ Ἀρματωλοί, ἢ οἱ Κλέπται, εὑρισκόμενοι πάντοτε ἐν ἐνεργείᾳ κατὰ τῆς τυραννίας τῶν Τούρκων· ἀλλ' ἡ περὶ τῆς Ἐλευθερίας εὐγενὴς ἰδέα περιωρίζετο εἰς μόνα τὰ ἄτομά των. Εἰς τὴν δευτέραν περιείχοντο ὅλον τὸ ἐπίλοιπον Ἔθνος θεωρούμενον εἰς ὅλας του τὰς τάξεις. Αὐταὶ ἐπεθύμουν καὶ ηὔχοντο τὴν λύτρωσίν των· ἀλλὰ τὴν ἐθεώρουν ἀδύνατον, τρομάζουσαι εἰς τὴν μάχαιραν, τὴν δύναμιν καὶ αὐτὴν τὴν θέαν τῶν Τούρκων. Ἡ περίστασις τοῦ 1769 ἥνωσε μὲ τοὺς πρώτους καὶ τὸ Ἱερατεῖον καὶ τοὺς Πολιτικούς. Ὁ δεσμὸς οὗτος προήχθη πολὺ πλέον καὶ εἰς τὰς μετέπειτα διαφόρους εὐκαιρίας, κατὰ τὰς ὁποίας ἔλαβον μέρος καὶ οἱ Λόγιοι καὶ οἱ Ἔμποροι τοῦ Ἔθνους.

Τοιουτοτρόπως ἤρχισε διαλυόμενον βαθμηδὸν τὸ σκοτεινὸν νέφος τοῦ φόβου καὶ τῶν προλήψεων, καὶ ἀνεκαλοῦντο εἰς πολλοὺς τὰ αἰσθήματα ἐκεῖνα, ὅσα ἀνύψωνόν ποτε τοὺς Προπάτορας ὑπὲρ πᾶν Ἔθνος (α). Ἐσχάτως δέ, ἢ ὀλίγον πρὶν τοῦ σχημα-

---

(α) Ἀπ' αὐτὰ ἐγεννήθη καὶ ἡ φιλοτιμία τοῦ νὰ λαμβάνωσι καὶ ἐπιθετίζωνται οἱ νέοι Ἕλληνες μὲ τὰ λαμπρὰ ὀνό-

τισμοΰ τής Φιλικής Εταιρίας, έφαίνοντο έμψυχώνουσαι τά αίσθήματα αυτά καί περιστάσεις έξωτερικαί, δτε (1812 καί 1813) αί Κυβερνήσεις τής Ευρώπης, εναντίαι τοΰ νενικημένου εις τήν Ρωσσίαν, άλλά νικητοΰ τοΰ Λούτσεν καί Μπάουτσεν, Ναπολέοντος, ύπέσχοντο δι' αλλεπαλλήλων διαβεβαιώσεων εις τούς Λαούς τήν πλήρη άνάκτησιν τών δικαίων των. Δέν ήτον εντεύθεν παράδοξον διόλου, άν ήλπιζον καί Έλληνες πολλοί άπό τήν γενναιότητα καί τήν δικαιοσύνην τών Δυνατών καί τής Πατρίδος των τήν πολιτικήν βελτίωσιν, καθό τυραννουμένης άπό Έθνος, πάντοτε επιζήμιον εις τήν ανθρωπότητα διά τά ήθη καί τήν Κυβέρνησίν του.

ματα τών Προγόνων των. Έθεωροΰντο καί ταΰτα ώς έν στοιχείον γοητευτικόν τής μελλούσης τύχης των.

ΚΕΦΑΛΑΙΟΝ Γ'.

Οί Έλληνες εις την Βιέννην — Καποδίστριας — Φιλόμουσος Εταιρία — Άρχαί της Φιλικής Εταιρίας — Παρατηρήσεις.

Άν ή πολιτεία των προκατόχων τοΰ Ρήγα Επιχειρηματιών, αύτοΰ τοΰ ιδίου καί των μεταγενεστέρων δέν έτελεσφόρησε (διά τάς προεκτεθείσας άφορμάς) εις τους υψηλούς περί της Ελλάδος σκοπούς της· ήρκεσεν δμως, διότι κατέστησε τους Έλληνας πλέον φρονίμους (α) ώς προς την εκλογήν των προσφορωτέρων μέτρων, τά οποία έπρεπε ν' άκολουθήσωσι διά την άποβολήν τοΰ ζυγοΰ των. Καί μολοντοΰτο δέν πρέπει νά παρατρέξωμεν καί ήδη τάς έκ νέου δοκιμασίας των ιδίων εις τους Παρισίους έν μέρει καί την Βιέννην γενικώτερον. Μήτε εις τάς τελευταίας μεγάλας περιστάσεις της Ευρώπης τους άφινεν ή έλπίς τοΰ δτι ήμποροΰν νά άξιωθώσι την γενναίαν συνδρομήν των Εθναρχών εις την μεταβολήν της τύχης των. Ήσαν μακράν τοΰ νά προΐδωσι, ποΐαι άρχαί πολιτικαί θέλουσι δώσει μετ' ού πολύ την αίτίαν των Ευρωπαϊκών άναβρασμών.

Εις την Βιέννην (1813) γίνονται λόγοι τινές μεταξύ των Λογίων καί Εμπόρων Ελλήνων περί της Ελλάδος, περί της καταστάσεως της οποίας παρουσιάζεται καί έν Υπόμνημα. Όλοι έθεώρουν ήδη εις τό υποκείμενον τοΰ Κόμητος Καποδίστρια

(α) Ίδε καί Σελ. 98.

τὸν τύπον μεγάλων ἐλπίδων. Ἀλλ' ἀκατάπειστος οὗτος εἰς τὴν ἐνέργειαν τῶν προτεινομένων δραστηρίων μέτρων, ἐβεβαίωνε πάντοτε τὸ νὰ μὴν ἐλπίζωσιν οἱ Ἕλληνες ἀπ' εὐθείας ἐκ μέρους τῆς Εὐρώπης, καὶ πρὸ πάντων παρετήρει· «Πρέπει πρῶτον νὰ μορφώσωμεν Ἕλληνας, καὶ ἔπειτα νὰ κάμωμεν Ἑλλάδα». Ἐννόει δὲ τὴν προηγουμένην χρείαν τοῦ νὰ διαδοθῶσι τὰ φῶτα τοὐλάχιστον εἰς τὸ περισσότερον μέρος τούτων· καὶ ὅτι ἀπὸ μόνην τὴν ἐκπαίδευσιν δύναται νὰ πηγάσῃ ἀναγκαίως ἡ ἀνάστασις τοῦ Ἔθνους, ὡς καρπὸς ὥριμος καὶ ὄχι ἄωρος (α).

(α) Ἀπὸ τῆς νεαρᾶς του ἡλικίας ὁ Καποδίστριας ἀπέβλεπεν εἰς τὸν μέγαν καὶ ἱερὸν σκοπὸν τῆς Ἐλευθερίας τῆς Ἑλλάδος. Μᾶς ἀποδεικνύει τοῦτο μικρὰ ἔποψις ἐπὶ τῆς διαγωγῆς του. Μέλος τῆς Κυβερνήσεως τῆς Ἰονίου Πολιτείας, ἀφ' ἧς ἐποχῆς ὡρίσθη εἰς τὴν Κωνσταντινούπολιν ἡ περὶ τῆς Ἑπτανήσου Συνθήκη τῶν 20 Μαρτίου, 1800, ἐνίσχυσε τὴν σπουδὴν τῆς Ἑλληνικῆς Γλώσσης, μέχρι τοῦδε ἐξορίστου σχεδὸν καὶ ἀπὸ τὸν ἰδιωτικὸν ἀκόμη βίον τῶν Ἑπτανησίων, καὶ ἐνήργησε σπουδαίως τὴν σύστασιν Στρατιωτικῆς Σχολῆς, εἰς τὴν ὁποίαν παρέδωσε μεταξὺ τῶν ἄλλων καὶ ὁ Νικόλαος Μαυρομμάτης καὶ ὁ Κόμης Λοβέρδος (Κεφαλλήν, τὴν σήμερον Ἀντιστράτηγος εἰς τὴν Γαλλίαν). Ὁ ἴδιος ἐσύστησε καὶ Πολιτικὴν Ἐφημερίδα, τὸ Λύκειον, καὶ τὴν Ἐπιστημονικὴν Ἑταιρίαν, γνωστὴν ὑπὸ τὸν τίτλον Ἰονικὴ Ἀκαδημία. Ταύτης Γραμματεὺς καὶ Καθηγητὴς ὑπῆρξε καὶ ὁ περίφημος Μαθηματικὸς Κάρολος Δουπὲν (Γάλλος).

Εἰς τὴν ἔμμεσον προσπάθειαν τοῦ Καποδίστρια χρεωστεῖται κυρίως ὁ ἀναφερόμενος (Σελ. 101) σχηματισμὸς τῶν Ἑλληνικῶν Σωμάτων, μισθοδοτουμένων ἀπὸ τὴν ἰδίαν Ἑπτάνησον. Διὰ μερικὸν καιρὸν διεύθυνε καὶ τὴν διοίκησιν τούτων,

ΓΕΩΡΓΙΟΣ ΓΕΝΝΑΔΙΟΣ

Οἱ Ἀθηναῖοι, πνέοντες τὴν εὐγενῆ. φιλοτιμίαν τοῦ νὰ ἐπαναφέρωσι τὰς Μούσας εἰς τὴν πρώτην κλασικὴν ἑστίαν των, ἤρχισαν τὴν σύστασιν Ἑλληνικῆς τινος Σχολῆς. Διὰ τὴν τελειοτέραν μόρφωσίν της ἔγραψαν πρὸς τὸν Ἄνθιμον Γαζῆν, εὑρισκόμενον εἰς τὴν Βιέννην, διὰ νὰ ἐπικαλεσθῇ ὑπὲρ αὐτῆς τὴν συνδρομὴν τῶν διεσπαρμένων εἰς τὴν Εὐρώπην Ἑλλήνων. Ἡ Βιέννη συνεκέντρωνεν ἀρκετὸν μέρος τούτων εἰς τὴν ἐποχὴν αὐτήν. Ὁ Γαζῆς καὶ ὁ Ἰγνάτιος ἐπαρουσίασαν τὰ γράμματα ταῦτα πρὸς τὸν Καποδίστριαν καὶ τοὺς ἄλλους. Ὁ Καποδίστριας ἐγκολπώθη τὴν ὑπόθεσιν αὐτὴν ὡς ὠφέλιμον καὶ συνᾴδουσαν μὲ τὸ σχέδιόν του.

συνδέσας μὲ τοὺς ἀνωτέρους Ἀξιωματικοὺς των Ἕλληνας σχέσεις τὰς πλέον στενὰς καὶ τὰς πλέον ὠφελίμους διὰ τὸ μέλλον τῆς Πατρίδος. Ἡ οἰκία του ἦτο τὸ πανδοχεῖον ὅλων τῶν ἐθελοντῶν καὶ προσφύγων Πολεμικῶν τῆς Ρούμελης καὶ τῆς Πελοποννήσου.

Τοιουτοτρόπως ἀπεκαθίστατο ἡ Ἑπτάνησος ἡ μόνη ἑστία, ὅθεν ἔμελλε νὰ ἐνεργηθῇ βαθμηδὸν καὶ ὥριμος ὁ πόλεμος ὅλης τῆς Ἑλλάδος. Ἀλλ', ἅμα ἐστερήθη αὐτὴ τὴν αὐτονομίαν της διὰ τῆς Συνθήκης τοῦ Τιλσίτ, ὁ Καποδίστριας, βλέπων ματαιουμένους ὡς πρὸς τοῦτο τὸ μέρος τοὺς ὑψηλοὺς σκοπούς του, δὲν ὑπέφερε νὰ ὑπηρετήσῃ μήτε τοὺς νέους κυρίους τῆς Πατρίδος του, μήτε τὸν τύραννον ὅλης τῆς Ἑλλάδος. Αἱ ἐλπίδες του προσηλώνονται εἰς Δύναμίν τινα, τὴν Ρωσσίαν, μεμακρυσμένην μέν, ἀλλὰ πάντοτε ἐπελπίζουσαν τὴν περὶ τῆς Ἑλλάδος ὠφέλιμον συνδρομήν της. Ὡς τοιοῦτος τὴν ὑπηρέτει ἀπὸ τοῦ 1808, ἀφωσιωμένος πάντοτε, παρὰ τὴν πιστὴν ἐκπλήρωσιν τῶν χρεῶν του, εἰς τὴν Ἑλλάδα καὶ εἰς τὴν σωτηρίαν της.

Ἴσως δυνηθῶμεν νὰ ἐξηγήσωμεν ἄλλοτε, ὅσα ὁ μέγας οὗτος νοῦς ἐμελέτα περὶ τῆς Ἑλλάδος μέτρα, χρονιώτερα μὲν κατὰ μέρος, ἀλλὰ πλέον βάσιμα καὶ ἐκτεταμένα.

Έκτοτε ενδυναμώθη ή **Φιλόμουσος Εταιρία**, ενεργηθείσης τής χρηματικής συνδρομής διά τού Καποδίστρια εκ μέρους τών Βασιλέων καί διαφόρων Πριγκίπων. Συνέπραξαν εις την περίστασιν αυτήν καί ό Μητροπολίτης Ιγνάτιος, Στούρζας καί διάφοροι Μεγαλέμπσροι. Πολιτικαί περιστάσεις τού τόπου εκείνου υπαγόρευσαν την μετάθεσιν της Εταιρίας αυτής εις τό Μόναχον. Τότε εδημιουργήθησαν καί τα πολυθρύλητα **Δακτυλίδια**, τό μέν διά την αποφασισθείσαν Ακαδημίαν τών Αθηνών (α), φέρον έμβλημα την Γλαύκα· τό δέ δι' εκείνην τού Πηλίου Όρους, φέρον τόν Χείρωνα Κένταυρον. Τά Δακτυλίδια αυτά εσήμαινον τόν αναγκαίον, καθό σωτήριον, δεσμόν μεταξύ τών Ελλήνων.

Η Εταιρία αύτη, γνωστή υπό τό όνομα **Φιλόμουσος Εταιρία τών Αθηνών**, εύρεν όλην την φιλότιμον υποδοχήν εις τό πνεύμα τών Ελλήνων. Τά Δακτυλίδια επροσφέροντο πρός τούς Συνδρομητάς (β) εις δείξιν τού ποσού, τής οποίας έδιδον χρηματικής βοηθείας.

(α) Ό Λιμπέριος Πενάκης (Πελοποννήσιος) παρετήρησε τότε, ότι ή σύστασις τοιαύτης Ακαδημίας κατά τάς Αθήνας θέλει βλάψει τόν Λαόν τής Ελλάδος, διεγείρουσα τής Οθωμανικής Εξουσίας τάς υποψίας, προερχομένας μάλιστα από την ένωσιν τών Μοναρχών τής Ευρώπης. Αί παρατηρήσεις αυταί δέν απεδοκιμάσθησαν. Η Ακαδημία δέν έλαβε διά τούτο την μόρφωσιν τού γενομένου σχεδίου· καί μέγα μέρος τών καταβολών εχρησίμευσεν εις την εκτύπωσιν τού Λεξικού τού Ανθίμου Γαζή καί την υποτροφίαν αρκετών Ελλήνων μαθητών τής Ευρώπης.

(β) Διηρούντο ούτοι εις δύο Βαθμούς, τών Συνηγόρων καί τών Ευεργετών.

Τήν Έταιρίαν ταύτην ακολουθεί εκείνη των Φιλικών. Ποιοι ήσαν οι Δημιουργοί της;

Πολλοί ύψιπέται Πολιτικοί ηθέλησαν νά πετάξωσι διά της φαντασίας των από τον Άνταρκτικόν εις τον Άρκτικόν πόλον, ύποπτεύοντες, διά νά μήν είπωμεν πιστεύοντες, ως τοιούτους, τον Ύπουργόν Καποδίστριαν καί τινας άλλους (α). Άλλοι πάλιν έρριψαν τά όμματά των επί τινων λαμπρών Οικογενειών των Ελλήνων, καθ' ον τρόπον τους ύπαγόρευον ή μέθοδος του παρατηρείν τά πράγματα, ή συμπάθεια καί ή αντιπάθεια. Άλλοι τέλος πάντων ύπέθεσαν τους οπαδούς του Ρήγα Φεραίου διά τό όμοιόμορφον του πράγματος. Αί ύπολήψεις έχουσι δύναμιν σημαντικήν εις τά πνεύματα των ανθρώπων, αποκαθιστώσαι πιστευτά καί τά πλέον ανύπαρκτα. Φαίνεται όμως άπορον παρά πολύ, ότι μέγα μέρος ανθρώπων δεν ηθέλησε νά ρίψη καί εν όμμα εις τήν μεγάλην Οικογένειαν της Φύσεως. Ημείς θέλομεν ακολουθήσει εναντίον εκ διαμέτρου δρόμον, καί θαρρούμεν, ότι θέλομεν πλησιάσει τήν αλήθειαν.

Κατά τά τέλη του 1813 διεχύθη εις τήν Όδησ-

(α) Άνέτρεξάν τινες εις προγενεστέραν εποχήν, πλάττοντες συμφωνίας μεταξύ του Καποδίστρια, του Αλεξάνδρου Μαυροκορδάτου (του Φυραρή), καί του Ροδοφοίνικος. Μολοντούτο, αν εκλάβωμεν εναντίον πάσης πίστεως, ως πιθανόν, ότι εμελέτησαν ούτοι τήν πέραν του Δουνάβεως μετάβασιν των ευρισκομένων εις τήν Ρωσσίαν Έλληνο-Βουλγάρων· τούτο δεν δύναται νά έχη τι κοινόν μήτε ως προς τάς αρχάς, μήτε ως προς τήν φύσιν της Φιλικής Εταιρίας.

σον ή φήμη της διά του Καποδίστρια ένισχυθείσης Φιλομούσου Εταιρίας εις την Βιέννην. Τα πνεύματα νέων τινών Ελλήνων, παρεισδύοντα τολμηρώς εις ύψηλοτέρας εικασίας, άνεπόλουν, ό,τι έφαίνετο πραγματικώς άνυπόστατον· καί, τό χειρότερον, έχλεύαζον παν, ό,τι ήδύνατο νά ήναι εύκολον. Όποία τώ δντι έπρεπε νά ήναι ή λογική κατάστασις άνθρώπων, μή δεδιδαγμένων άπό τήν πείραν, καί άγνοούντων, πότε καί πώς έπρεπε νά ζητήσουν, ό,τι έπεθύμουν ν' άποκτήσωσι;

Άλλ' έν τούτοις ή ένεργητική περί Ελευθερίας ιδέα κυοφορείται αύτομάτως εις τινα πνεύματα, καί μετ' όλίγον δεσμός άδιάρρηκτος διαδέχεται την περί τής έκτελέσεώς της περισπούδαστον φροντίδα. Νέοι Έλληνες, καταφυγόντες εις τήν Όδησσόν, ώς εις άσυλον, μακράν τής δυναστευομένης πατρίδος των, συνέρχονται καί συνομιλούν. Τό συνδέον τάς καρδίας των έλατήριον ήτο μοναδικώς τό φρόνημα τού πατριωτισμού. Ό Νικόλαος Σκουφάς, (καταγόμενος έκ τής Άρτης), ό Αθανάσιος Τσακάλωφ (Ίωαννίτης, άνήκων εις τό γένος του Γεκελή), καί ό Παναγιώτης Α. Αναγνωστόπουλος, (πατρίδα έχων τήν Ανδρίτσαιναν τού Φαναρίου τής Πελοποννήσου), οί τρείς ούτοι, άγνώριστοι πρώτον μεταξύ των καί έπειτα φίλοι, σκέπτονται τάς διαθέσεις τών Χριστιανών τής Εύρώπης κατά τάς γενομένας δοκιμασίας εις πολλάς προτέρας περιστάσεις, λαμβάνουσι πρό οφθαλμών έξ ένός μέρους τήν ήθικήν καί πολιτικήν κατάστασιν τών Τούρκων, καί έκ του άλλου τόν χαρακτήρα καθώς καί τάς πηγάς τών δυνάμεων τής Ελλάδος· άλλά διαλύονται χωρίς ν' άποφασίσωσι τίποτε όριστικόν. Ό Σκουφδς, πεπυρωμένος ύπερβολικά άπό τάς ήδη γενομένας όμιλίας, κατέστρωσεν έγγράφους τινάς παρατηρήσεις, άφορώσας μέν τήν έλευθέρωσιν τής Ελλάδος, άλλ' άπροσαρμόστους. Ώς τοιαύται κινούν τόν γέλωτα τών άλλων δύο. Ό Σκουφδς πειράζεται. Μέ τούτον ήτον έτι πλέον ήνωμένος ό 'Αναγνωστόπουλος. Οί δύο ούτοι σχεδιάζουν είς τήν φαντασίαν των τό πέρας τού μεγάλου έργου. Διενυκτέρευον πολλάκις όλοκλήρους νύκτας είς τάς γλυκείας έπαναλήψεις τών άπεραντολογιών των. Βάσιν είχον αύταί τόν σχηματισμόν ένός μυστηριώδους Δεσμού, καί τήν πλήρη προδιάθεσιν ένός Πολέμου, δυνάμει τού όποίου νά κατορθώσωσιν οί Έλληνες μόνοι, ό,τι ήλπισαν είς μάτην πρό πολλού άπ' άλλους.

Ή τοιαύτη κατάστασις τών πραγμάτων διήρκεσεν ώς τά μέσα τού 1814. Γίνονται τότε αί έπαναλήψεις περί ένός Εταιρικού Δεσμού. Ό Σκουφδς παρουσιάζει καί πάλιν τούς προτέρους στοχασμούς του, πλέον συνηρμοσμένους (α). 'Από τούτους έσχεδιάσθησαν βάσεις τινές τού Συστήματος : δηλονότι ό Βαθμός τών Βλάμιδων, έκεΐνος τών Συστημένων, καί ίκανόν μέρος τού Μεγάλου Όρκου καί τής Διδασκαλίας. Τοιουτοτρόπως διαδέχονται τούς μέχρι τούδε έπιπολαίους στοχασμούς ένέργειαι έσκεμμέναι. Είς τήν Βιέννην άρα ένισχύθη ή Φιλόμουσος, είς δέ τήν 'Οδησσόν έσυστήθη ή Πολιτική

(α) Είς τήν έκθεσιν τούτων ένησχολήθη πολύ καί ό Τσακάλωφ.

Έταιρία (α) τῆς Ἑλλάδος. Πρῶτος δέ, ὅς τις συνέλαβε τὴν ἐνεργητικὴν ἰδέαν τῆς Ἐπαναστάσεως εἶναι ὁ Ν. Σκουφᾶς, ἀποσπάσας ἀπὸ τὰς ἰδιαιτέρας των ὑποθέσεις πρῶτον τὸν Τσακάλωφ καὶ δεύτερον τὸν Ἀναγνωστόπουλον. Οἱ τρεῖς οὗτοι ἀπεφάσισαν νὰ βάλωσιν εἰς ἐνέργειαν τὰς μέχρι τοῦδε κεχυμένας ἰδέας τοῦ Ἔθνους. Ἦσαν ἄρα οἱ ἄνθρωποι, οἱ ἔχοντες θέλησιν, καὶ θέλησιν ἀποφασιστικήν.

Ὁ μέλλων Πόλεμος δὲν ἦτον, ὡς ἄλλοι, ἔργον φιλοδοξίας, ἢ ἐξωτερικοῦ τινος σκοποῦ. Ἐθεωρεῖτο Πόλεμος περὶ τῶν ὅλων. Προέκειτο ἄρα ἡ ἀνάγκη τοῦ νὰ συνδεθῶσιν οἱ Ἕλληνες διὰ τῆς ἀγάπης, κατὰ τὸ παράδειγμα τοῦ Θεμελιωτοῦ τῆς Θρησκείας των. Διὰ τὸ πνεῦμα τοῦτο ἔδοσαν εἰς τὴν ἐπιχείρησίν των τὸν τίτλον

ΕΤΑΙΡΙΑ ΤΩΝ ΦΙΛΙΚΩΝ,

βάσιν ἔχουσα τὴν κοινὴν εἰλικρίνειαν καὶ ὁμόνοιαν κατὰ τὸ ἠθικόν της μέρος, καὶ τὴν δι' αὐτῆς κατορθουμένην Ἐλευθερίαν κατὰ τὸ πραγματικόν της τέλος. Ἀπεφασίσθη δὲ μυστικὴ ἐξ ἀνάγκης, ἐνῷ ὑπεχρεοῦτο νὰ προσέξῃ ὄχι μόνον τὴν Μουσουλμανικὴν Ἐξουσίαν τῆς φρίκης, ἂν καὶ κυλιομένην εἰς τὴν ἠλιθιότητα· ἀλλὰ καὶ τόσους ἄλλους ὀξυδερκεῖς, ὅσοι διεκρίνοντο πνέοντες τὴν Φαρισ-

---

(α) Ἡ χρονολογία ταύτης, 1814, συμπίπτει μὲ τὸ Τουρκικόν: ἤτοι μὲ τὸ Ἀπὸ τῆς Φυγῆς τοῦ Μωάμεθ Ἔτος 1229. Εἰς δὲ τὸ 1255 θέλει φύγει καὶ ἡ Ἑλλὰς ἀπὸ τὰς χεῖρας τῶν ζώντων ὀπαδῶν του Τούρκων.

σαϊκὴν κατὰ τοῦ Δικαίου καὶ τῆς Ἐλευθερίας τῶν Ἐθνῶν λύσσαν.

Ἡ Φιλικὴ Ἑταιρία, πηγάζουσα, ὡς εἴδομεν, ἀπὸ τὴν μέσην τάξιν τῶν Ἑλλήνων, ἰχνηλατεῖ μὲν τὴν ἠθικὴν ἄλλης ἀρχαίας (α), ἀλλὰ δὲν εἶναι κλάδος τῆς ἰδίας, ὡς ἐκείνη τῶν Ἀνθρακέων. Εἰς μάτην ἔδοσεν εἰς τὰς διπλωματικὰς συζητήσεις ὑπόθεσιν τοιαύτην ἡ σύμπτωσις τῶν Εὐρωπαϊκῶν Ἐπαναστάσεων τοῦ 1821. Εἰς μάτην ἐπίσης ἐπεχείρησαν νὰ ὑποστήσωσιν ἄλλοι, ὅτι ἡ Ἑταιρία τῶν Ἑλλήνων ὑπῆρξεν ἔργον ἑτεροκίνητον ὑπὸ τὴν ἐπήρειαν ἄλλης Δυνάμεως, τῆς Ρωσσίας, καθὼς ἄλλοτε τῆς Γαλλίας ἐπὶ τοῦ Ρήγα. Τοῦ Ἑλληνικοῦ αἰσθήματος ἦτον αὕτη καρπὸς καθαρός· τῆς Ὀθωμανικῆς τυραννίας ἀναπόφευκτον ἀποτέλεσμα. Ὅπου ἡ Ἐξουσία ἐπιβουλεύεται τὰς ἐλευθερίας τῶν πολιτῶν καὶ τὴν ἐλευθέραν ἐξήγησιν τῶν αἰσθημάτων· ὅπου αὕτη καταφρονοῦσα τὰ ἀναπαλλοτρίωτα δίκαια τοῦ Κοινοῦ, συνιστᾷ εἰς τὴν σφαῖράν της κοινωνίαν χωριστήν, μεταχειριζομένη τοὺς λοιποὺς ὡς κτήνη· ἐκεῖ εὑρίσκονται οἱ ἄνθρωποι εἰς τὴν ἀνάγκην τοῦ νὰ ὑποσκάπτωσι τὴν πτῶσίν τις· ἐκεῖ ἀναφαίνονται αἱ τρομακτικαὶ καὶ πεισματώδεις ρήξεις.

Ἡ Φιλικὴ Ἑταιρία ἦτον ὑπόχρεως ἐν μέρει τοῦ νὰ ἐνεργῇ δραστηρίως εἰς τὴν ψυχὴν τοῦ Ἔθνους. Καθ' ὃν καιρὸν ἐδεσπόζετο τοῦτο καὶ ἠθικῶς, ἦτον ἀνάγκη πᾶσα νὰ μὴν ἐπαφεθῇ εἰς τὴν τυχαίαν ροπὴν τῶν πραγμάτων, ὡς στερούμενον ἔτι τὴν

(α) Ἴδε Κεφ. Δ'.

ανάλογον ηθικήν του. Διά την τελευταίαν ταύτην αίτίαν εστοχάσθησαν πολλοί άνάρμοστον ετι τήν εναρξιν Συστήματος τοιούτου, καθ' ήν εποχήν μάλιστα δέν εφαίνοντο βοηθητικαί αί έξωτερικαί περιστάσεις. Αλλά ποίος τολμητίας νούς ύπέσχετο προσφορώτερον τό μέλλον ; Ποίον τυραννούμενον Έθνος αφίνει, αν καί μικράν, τήν υπάρχουσαν εύκολίαν, θηρεύον άλλην αβέβαιον ; Έπειτα ή έλπίς περί ενός Ρωσσικού Πολέμου, μόνου βοηθητικού εις τήν Έπανάστασιν τής Ελλάδος, δέν ήτον αποβολιμαία κατά τήν εποχήν αυτήν. Τέλος πάντων οί Αρχηγοί τής Έταιρίας δέν προσδιώρισαν προθεσμίαν τινά είς τήν κίνησιν του Έθνους· καί θέλομεν είπει τάς κυρίας περιστάσεις, όσαι παρεβίασαν τόν Πόλεμον.

Τήν Φιλικήν Έταιρίαν ήθέλησαν νά χαρακτηρίσωσί τινες ως Συνωμοσίαν όλίγων. Δέν υψώνομεν φωνήν ύπερασπιζόμενοι μέρη, άλλά τήν άλήθειαν. Είμεθα δέ πεπεισμένοι, ότι παρομοία κατηγορία δέν επιστηρίζεται διόλου είς βάσεις, εξαγομένας από αυτά τά πράγματα. Τό έργον τής Έπαναστάσεως ήτο δυσχερές καθ' όλας του τάς φάσεις· ουδέ ήμπορεί νά φαντασθη τις, ότι έδύνατο νά πραγματοποιηθή εξ άπροόπτου. Έπρεπε νά εξηγηθή συμφωνούσα ή γνώμη όλου τού Έθνους· καί είς τήν ένωσίν της ώφειλον νά σπουδάσωσιν ο λ ί γ ο ι. Έπρεπε νά προβλεφθώσι μέσα πολλά, ενώ δέν τά ύπέσχετο, ως άλλοτε, Δύναμις ξένη· καί είς τήν οικονομίαν τούτων ήτον ανάγκη του νά φροντίσωσιν ο λ ί γ ο ι. Έπρεπε νά δοθή ή μεγαλυτέρα προσοχή είς τάς πολλά πιθανολογουμένας εσωτερικάς καί εξωτερικάς επιβουλάς, ενώ μήτε οί Τούρκοι ως κυριεύοντες, μήτε οί Χριστιανοί της Ευρώπης έδέχοντο την ύπαρξιν μιας Μεταβολής, άποτεινομένης εις τον σκοπόν τοϋ να άποξενώση τους πρώτους άπό το δικαίωμα τοϋ άρχειν, καί χορηγούσης εις τους δευτέρους τάς μεγαλυτέρας υπονοίας νέων ταραχών καί νέων πολέμων. Είναι κοιναί αί προσωπικαί προλήψεις κατά τών Επαναστάσεων. Ήτον άρα άφευκτος συνέπεια ή μυστηριότης, καθώς καί ή τέχνη της υποκρισίας, ώς αναγκαία να διευθύνη εις τον μέγαν σκοπόν την συνείδησιν καί τά πάθη τών άνθρώπων, καί να τά καταστήση ούτω χρήσιμα δια τοϋ μέλλοντος αποτελέσματος τοϋ Πολέμου. Ιδού ή Εταιρία τών Φιλικών! Αύτη συνήργησεν εις τάς προκαταρκτικός εργασίας περί τοϋ Πολέμου. Ιδού το Έθνος τών Ελλήνων! Ήθελε τοϋτο τόν Πόλεμον. Μήτε Θρησκεία, μήτε Συνθήκη Νόμων, μήτε άλλο τι το ήνωνε μ' εκείνο τών Τούρκων. Είδον διά τοϋτο μεματαιωμένας πάντοτε οί τύραννοι τάς ελπίδας των περί της πίστεώς του, μήτε εύρον σταθερόν δογματιστήν τοϋ συμφέροντος των ουδέ εκείνον τόν Έλληνα, τόν όποιον άνέστησαν εκ τοϋ μηδενός εις τάς ύψηλοτέρας θέσεις. Τοιούτον πάντοτε υπήρξε το φιλότιμον περί τοϋ εθνισμού του φρόνημα τοϋ Έλληνος.

Ήπατήθησαν οί Έλληνες άπό τους Αποστόλους τών Φιλικών;... Αλλά πώς δέν ήπατήθησαν καί άπό τους Αποστόλους τοϋ Σουλτάνου, πεμφθέντας εις τά τέλη τοϋ 1822 καί αρχάς τοϋ 1823, ότε μάλιστα έκινδύνευον τόν προφανέστερον κίνδυνον : Πώς διάφοροι, γνωρίσαντες εντελώς τάς άρχάς της Εταιρίας, εδιπλασίασαν τόν ζήλόν των, καί εθυσίασαν την κατάστασίν των; Άν εις την περί

Πολέμου μυστήριον ένωσίν τινων θεωρήται ή ύπαρξις αἰσχρᾶς συνωμοσίας, πόθεν όλος ό Λαός, άπειρος της Ἑταιρίας, έδραξαν τα όπλα εἰς τήν πρώτην φωνήν μ' ὅλας τὰς ἐλλείψεις μάλιστα, μ' ὅλην τὴν ἀδυναμίαν των ; Οἱ Φιλικοί δεν ἔκαμον παῦσιν τῶν ἐργασιῶν των, ἅμα ἤρχισε τὸ στάδιον τοῦ 1821, ἂν δὲν εἶχον τὰ αὐτὰ αἰσθήματα μὲ τὸ Ἔθνος. Ἡ ἕνωσίς των προεζητεῖτο, διὰ νὰ ὁροθετήσῃ τὰ πνεύματα, νὰ προλάβῃ κάθε πρόσκομμα δυνατόν, καὶ μὲ συντομίαν νὰ ρινίσῃ τὴν σιδηρᾶν ἄλυσον τῆς τυραννίας. Τῆς Ἐλευθερίας ὁ ζῆλος καὶ τῶν κινδύνων ἡ φιλότιμος καταφρόνησις διέκρινον πάντοτε τὸν Ἕλληνα. Φιλικοί δὲ αὐτοχειροτόνητοι ἀπετελοῦντο οἱ διδασκόμενοι καθημέραν τὴν εὐαγγελικὴν ἠθικὴν τοῦ ἄμβωνος, καὶ οἱ σπουδάζοντες ἢ ἀκούοντες ἀπ' ἄλλους τὸν πατριωτισμὸν τοῦ Θεμιστοκλέους, τὴν ὑπὲρ τῶν Λαῶν του ἑκούσιον θυσίαν τοῦ Κέκροπος, τὴν ὑπερφυσικὴν μεγαλοψυχίαν τοῦ Λεωνίδου καὶ τὴν εἰς τοὺς νόμους εὐπείθειαν τοῦ Ἀγησιλάου. Ἐνῷ δὲ ἡ τυραννία κατέφερε τὸν Λαὸν εἰς τὴν ἀπελπισίαν, καὶ ὑπαγόρευεν αὐτὴ ἡ ἰδία τὴν ἀνάγκην τῶν βιαιοτέρων μέτρων· ἤρκει νὰ φρονηματίσωσι τοῦτον αἱ συμβουλαὶ καὶ τὸ παράδειγμα τοῦ νοημονεστέρου μέρους.

Ἡ κατάστασις τῶν Ὑποκειμένων, ἀπὸ τὰ ὁποῖα ἐμορφώθη ἡ Φιλικὴ Ἑταιρία, ὑπῆρξεν ἐκ προσθήκης τὸ ὑποκείμενον πολλῶν σκέψεων. Ἡ ὑπόθεσις αὕτη προήχθη πολύπλοκος καὶ ἀπὸ τὸ ὕψος τοῦ πράγματος καὶ ἀπὸ τὰς παραδόσεις τῶν πλανώντων καὶ πλανωμένων. Αἱ εἰς τὸ Ἐφοδιαστικὸν τῶν Ἱερέων ὑπάρχουσαι 16 γραμμαὶ ἐνομίσθησαν ἀπὸ πολλοὺς ὡς παρεμφαντικαὶ τῶν συνιστώντων τὴν Ἀρχὴν Δεκαὲξ ἀτόμων (α), ἂν καὶ δὲν ἦσαν ἄλλο κυρίως, εἰμὴ στολή τις τοῦ Συμβόλου τούτου. Ἄλλοι πάλιν εἶπον τυχοδιώκτας τοὺς Θεμελιωτὰς αὐτῆς, ὡς νὰ προσδιώριζεν ἀφοριστικῶς φυσικός τις νόμος τὸν σχηματισμόν της ἀπὸ ὑποκείμενα ἐξόχου ὑπολήψεως καὶ καταστάσεως. Ἡμποροῦμεν νὰ παρατηρήσωμεν, ὅτι παρόμοιοι Ἄνθρωποι δύσκολα ἤθελον ἐπιχειρήσει πρῶτοι ἓν ἔργον, τὸ ὁποῖον ἔμελλε νὰ τοὺς στερήσῃ τὰ ἀγαθὰ τῆς ἡσυχίας, καὶ νὰ τοὺς θέσῃ τὸ χειρότερον εἰς κίνδυνον στιγμιαῖον. Ἡ μορφὴ τῆς Ἑταιρίας καὶ ἡ σειρὰ τῶν ἐνεργειῶν της μᾶς ἀποδεικνύει, ὅτι ἡ ὑπόθεσις δὲν ὡδηγήθη ἀπὸ τῆς ἀρχῆς μέχρι τέλους ἀπὸ ἄτομα τοιαύτης ἠθικῆς, ὁποίαν παρέδοσαν ἀβέβαιαι φῆμαι. Αἱ τοιαῦται δυσφημίαι ἐκορυφώθησαν μάλιστα μετὰ τὸν Πόλεμον, ἢ τὴν δυστυχῆ ἀποτυχίαν τοῦ Α. Ὑψηλάντου. Ὁ κρατὴρ των, ὅθεν ἐξερρέοντο, ὑπῆρξεν ἡ Πίσα τῆς Τοσκάνας ὅπου Ἕλληνές τινες ὠνειροπόλουν ἄλλος τὴν Ἡγεμονίαν τῆς Ἑλλάδος καὶ ἄλλος τὴν Ἀνωτέραν Ἀρχηγίαν τῆς Ἐκκλησίας της. Στοχαζόμεθα, ὅτι ἡ περὶ τῆς Ἀρχῆς ἰδέα, ὁποιαδήποτε καὶ ἂν ἦτον, ἔπρεπε νὰ θριαμβεύσῃ καὶ μετὰ τὸν Πόλεμον μέχρι τῆς συστάσεως Ἐθνοδιοικήσεως. Ἐσυμβούλευσάν τινες τὴν παντελῆ περὶ τῆς Ἑται-

---

(α) Ὁ ἀριθμὸς τῶν Δεκαὲξ ἐχαίρετο ὑπόληψιν ἐξαίρετον εἰς τὴν γνώμην τοῦ Κοινοῦ ἀπὸ τῆς ἐποχῆς τοῦ Ρήγα.
Ἐχρησίμευσε καὶ οὗτος ὡς τέχνασμα, μάλιστα εἰς τὴν Κωνσταντινούπολιν.
Ζήτει καὶ Κεφ. Δ΄.

ρίας καί τής Αρχής της άποσιώπησιν, ώς έπιζημίων καί τών δύο διά τάς συγχρόνους συμπτώσεις τών έν μέρει Ευρωπαϊκών Επαναστάσεων. Άλλ' οί συνιστώντες αυτάς δέν άνήκον είς καμμίαν ξένην συμμετοχήν. Ήσαν Έλληνες.

Παρατηρούμεν τέλος πάντων, ότι ή πολυθρύλητος κατασταθεΐσα Αρχή τής Εταιρίας δέν ήτον άλλο, ειμή Επιτροπή τις αύτεπάγγελτος όλου τού Έθνους, συνισταμένη άπό τούς πρώτους Σχεδιαστάς καί Μετόχους. Διεύθυνεν αυτη όλον τό πνεύμα τής ύποθέσεως καί τάς άνταποκρίσεις, έφρόντιζε περί όλων, καί εύρίσκετο παντού διά τού σκορπισμού τών Μελών της, χωρίς νά γνωρίζηται.

Η τοιαύτη περί τού προσωπικού της άγνοια κατώρθωσε τό σημαντικώτερον μέρος, τού όποίου προέθεσεν ύψηλού σκοπού. Τοιαύται έγίνοντο αί άπαντήσεις είς τάς περί τούτου έρεύνας διαφόρων· «Ἀ ρ χ ή ύπάρχει· άλλά τόσον είναι ύψηλή καί άπόκρυφος, ώστε δέν συμφέρει νά τήν γνωρίζῃ τις, μήτε πρέπει νά έρωτᾷ, διά νά μή προσκρούῃ. Ο Έλλην, γνωρίζων άπλώς τήν ύπαρξίν της, χρεωστεί νά έκτελῇ πρόθυμος τάς διαταγάς της, έκπληρών ούτω τά πρός τήν Θρησκείαν καί τήν Πατρίδα καθήκοντά του». Τοιουτοτρόπως έπίστευε καθείς, καί όλοι έσέβοντο νοερώς ύπέρ τό δέον, ό,τι δέν έγνώριζον πραγματικώς, φαινόμενον άνώτερον τής προσοχής των. Κανείς έπομένως δέν έθεώρει ένεργούμενα τά πράγματα άπό άνθρώπους τής δευτέρας τάξεως. Τοιαύτη είναι ή άδυναμία τών άνθρώπων. Τούς πλήττουν ώσεπιτοπολύ τά μεγάλα όνόματα καί όχι τά μεγάλα πράγματα.

141

Κεφάλαιον, δσων μέχρι τοῦδε εἴπομεν περὶ τῶν πρώτων στοιχείων τῆς Ἑταιρίας, ἀποκρινόμενον, μὲ τὴν ὁποίαν ἐλάβομεν (α). ἀρχήν, εἶναι· **Ἀ δ ύ-ν α τ ο ι, ἀ λ λ ὰ φ ι λ ο π ά τ ρ ι δ έ ς τ ι ν ε ς κ α ὶ ἄ ξ ι ο ι Ἕ λ λ η ν ε ς (β) κ α τ ώ ρ θ ω σ α ν τ ὸ ν Π ό λ ε μ ο ν τ ῆ ς Ἑ λ λ ά δ ο ς.**

(α) Σελ. 75.

(β) Λέγουν τινές, ὅτι ἐρριψοκινδύνευσαν οὗτοι τὸ Ἔθνος εἰς τὸν ἔσχατον κίνδυνον. Ἀλλ', ὅταν τις ἐξετάζῃ μεταφυσικῶς τὰ πράγματα, εὑρίσκει, ὅτι καὶ ὁ Θεμιστοκλῆς ἔπρεπε νὰ κατηγορηθῇ, διότι ὑπέβαλε διὰ τοῦ στρατηγήματός του τὸ Ναυτικὸν τῶν Ἑλλήνων εἰς τύχην ἀβέβαιον, ἄν ὁ Ξέρξης ἤθελεν ἔχει φρόνησιν ἱκανὴν εἰς τὸ νὰ μὴ μεταχειρισθῇ τὸν πολύσωμον στόλον του εἰς τὸ Στενὸν τῆς Σαλαμῖνος. Καὶ ὅμως ὁ Θεμιστοκλῆς ἐθαυμάσθη καὶ ἐπαινεῖται διὰ τὴν ἐπιτυχίαν τοῦ σκοποῦ του, ὡς σωτηρίαν ὅλης τῆς Ἑλλάδος. Διὰ τὸν ἴδιον λόγον χρεωστεῖ τις νὰ ἐπαινέσῃ τοὺς Ὀργανιστὰς τῆς Ἐπαναστάσεως. Ὁ σκοπός των ἀπετέλεσε τὴν ἐλευθερίαν τῆς Ἑλλάδος.

ΚΕΦΑΛΑΙΟΝ Δ'.

Ὀργανισμός, ἢ Διδασκαλία, τῆς Ἐταιρίας τῶν Φιλικῶν.

Πρὶν ἢ ἔμβωμεν εἰς τὴν ἐξέτασιν τῶν ἀρχικῶν ἐργασιῶν τῆς Φιλικῆς Ἐταιρίας, στοχαζόμεθα ὄχι περιττὸν τὸ νὰ πραγματευθῶμεν περὶ τοῦ Ὀργανισμοῦ της, μολονότι ἐτελειοποιήθη ὑστερόχρονος οὗτος (1817) εἰς τὴν Κωνσταντινούπολιν. Οἱ αὐτουργοί του ἐδανείσθησαν Κανόνας πολλοὺς ἀπὸ τὴν Ἐταιρίαν τῶν Μασσόνων, καὶ τοὺς ἐφήρμοσαν ἐπιτηδείως εἰς τὸ πνεῦμα καὶ τὰ πάθη τοῦ Ἔθνους. Ἦτο διὰ τοῦτο ἠθικώτατος καὶ προβλεπτικώτατος ὡς πρὸς ὅλα τὰ στοιχεῖα τῆς συντηρήσεως καὶ τῆς προόδου τοῦ Συστήματος. Ἡ ὕλη του δίδει τὴν ἀφορμὴν πολλῶν παρατηρήσεων. Μίαν ἀπ' αὐτὰς θεωροῦμεν καὶ τὸν προσδιορισμὸν τῆς ἀσχέτου διαγωγῆς τῶν Φιλικῶν μ' ἄλλας τῆς ἰδίας, ἢ διαφόρου φύσεως Ἐταιρίας. Κατ' αὐτὸν τὸν τρόπον μήτε ὁ Μέτοχος ἄλλης Ἐταιρίας ἦτο δεκτός, εἰμὴ κατ' ἐξαίρεσιν· καὶ ἔτι πλέον ὁ ἅπαξ ὀνομαζόμενος Φιλικὸς δὲν συνεχωρεῖτο εἰς τὴν εἴσοδον ἄλλης. Ἡ φρόνιμος αὕτη πρόβλεψις ἀπεμάκρυνεν ἀπὸ τὴν Ἐταιρίαν τοὺς Προσηλύτους ἄλλων κατακεκριμένων Ἐταιριῶν, καὶ μᾶλλον τοὺς ἀγύρτας ἐκείνους, ὅσοι κυνηγοῦν τὸν πόρον καὶ τὴν πολιτικήν των τύχην εἰς Συστήματα τοιαῦτα.

Ὡς πρὸς τὸ ἐνεργητικόν του μέρος δὲν ἦτο τόσον δημοτικός. Τὸ πᾶν ἀπεταμιεύετο καὶ δικαίως, εις την άπόκρυφον 'Αρχήν. Μήτε έθεωρεῖτο απολύτως ούσιώδες· μήτε αί περιστάσεις συνεχώρουν, το μέτρον συστηματικών Συναθροίσεων. "Αλλως τε παρά τας πιθανάς διακινδυνεύσεις ή περιττή σωρεία αδυνατεί να σκεφθή ήσυχός ποτε, και ν' αποτελέση βάσιμον και ύψηλον έργον.

"Εν μέτρον έπρεπε να ασφαλίζη τας αμοιβαίας κοινοποιήσεις της 'Εταιρίας. 'Ιδού ή αιτία της μορφώσεως νέου 'Αλφαβήτου, δχι πολυπλόκου, μήτε τόσον δυσκόλου, (κατά τα έχοντα το εκ συνθήκης Λεξικόν). 'Εσύγκειτο τοῦτο από στοιχεία 'Ελληνικά και 'Αραβικούς αριθμούς : όλα 22, ως ακολούθως.

η | ξ | υ | ψ | ω | 1 | 2 | 3 | 4 | 5 | 6 | 7 | 4α | 8
α | β | γ | δ | ε | ζ | θ | ι | κ | λ | μ | ν | ξ | ο
9 | ο | α | β | γ | δ | 9α| ε
π | ρ | σ | τ | φ | χ | ψ| ου

Αί ύπογραφαί ήσαν συμβολικαί χωρίς άλλου τινός. 'Εσυγχωροῦντο αί εκ συνθήκης άλληγορίαι δια την περιπλοκήν τοῦ νοήματος. Εις χρήσιν ήτον ωσεπιτοπλεῖστον και ή συνήθης 'Ελληνική γραφή δια της παρενθέσεως των μετωνυμικών λέξεων. Μετεχειρίζοντό τίνες και την Σκυτάλην (α).

Τα ανωτέρω Γράμματα, κυρίως λεγόμενα Γ ρ ά μ μ α τ α τ ῶ ν 'Ι ε ρ έ ω ν, δεν ήσαν γνωστά εις τους δύο πρώτους Βαθμούς των 'Αδελφοποιητών και των Συστημένων.

(α) Ζήτει 'Εποχ. Γ' Κεφ. Δ'.

Διὰ τὴν διαφορὰν τῶν ἠθικῶν καταστάσεων ἡ Φιλικὴ Έταιρία διηρεῖτο εἰς ἑπτὰ Βαθμούς. Ἦσαν δὲ οὗτοι

Α'. Ὁ τῶν Βλάμιδων ('Αδελφοποιητῶν)·
Β'. Ὁ τῶν Συστημένων·
Γ'. Ὁ τῶν Ἱερέων·
Δ'. Ὁ τῶν Ποιμένων·
Ε'. Ὁ τῶν Ἀρχιποιμένων·
ΣΤ'. Ὁ τῶν Ἀφιερωμένων·
Ζ'. Ὁ τῶν Ἀρχηγῶν τῶν Ἀφιερωμένων.

ΠΕΡΙ ΤΩΝ ΑΔΕΛΦΟΠΟΙΗΤΩΝ

Αἱ ἔρευναι περὶ τῶν παραλαμβανομένων εἰς τὴν Έταιρίαν ἐγίνοντο πολλὰ αὐστηραί. Δὲν ἦτο συγκεχωρημένη ἡ ἀποδοχὴ ἀνθρώπων διεφθαρμένων, ἂν καὶ δὲν ἀπέφυγεν ἡ Ἑταιρία τὸ δυστύχημα τοῦτο.

Ὁ Κατηχούμενος ἐξετάζετο κατὰ πρῶτον μὲ τρόπον ἐπιτήδειον, ἂν ἔχῃ τὰς διακρινομένας ἀρετὰς τοῦ πολίτου, γνωριζόμενος εἰλικρινὴς ἐραστὴς τῆς Ἐλευθερίας καὶ τῆς Πατρίδος του, ἐνάρετος εἰς τὸν βίον του καὶ ἄσχετος πάσης ἄλλης Μυστικῆς Ἑταιρίας. Παρὰ τὰς θεμελιώδεις ταύτας προφυλάξεις ἐζητεῖτο, ἂν οὗτος δὲν ἐκινεῖτο ἀπὸ περιέργειαν ἁπλῆν, ἢ ἐπίβουλον, ἀλλ' ἀπὸ ἀληθῆ πατριωτισμόν. Δίδων τοιουτοτρόπως ἀνύποπτα τὰ δείγματα τῆς ἐμπιστοσύνης του, ἐγίνετο δεκτὸς εἰς τὸν Βαθμὸν τοῦ Ἀ δ ε λ φ ο π ο ι η τ ο ῦ (α), ὁρκιζό-

---

(α) Ἡ Ἀδελφοποίησις ἢ καλλίτερον Ἀδελφοποιΐα, ἐπεκράτει ἐκ παλαιᾶς τινος συνηθείας εἰς τοὺς Ἕλληνας. Ἐνεργεῖτο ἐπ' Ἐκκλησίας δι' Ἱερέως, εὐχῶν καὶ περιζωσμάτων,

μενος επί τοϋ Ίεροϋ Ευαγγελίου, και διδασκόμενος τά ανήκοντα της χειρός Σημεία (α). Ο Αδελφοποιούμενος έπανελάμβανε κατά χρέος τον δρκον τρίς· και ερωτώμενος, Άν αυτά, δσα επανέλαβε τρίς, ήναι αληθή· άπεκρίνετο· Ναί! Είναι και έσονται αληθή· και διά άσφά-

---

Άπέβλεπε δε τον σκοπόν τοϋ νά συζώσι δύο, ή και περισσότεροι, ώς τέκνα μιας μητρός, συμβοηθούμενοι υποχρεωτικώς εις δλας τάς περιστάσεις των. Πολλάκις έκληρονομοϋντο αμοιβαίως κατά νόμον ιδιωτικής συμφωνίας. Εις την Στερεάν συνειθίζετο αυτη και μεταξύ Έλληνος και Τούρκου. Δεν ήξεύρομεν, αν υπήρχε πρίν, ή ή τυραννία των Τούρκων έγέννησε την ανάγκην παρομοίου δεσμού.

Έκτελείτο ακόμη και εν άλλο είδος Αδελφοποιίας ανωτέρου βαθμού διά τοϋ συναλλάγματος και τοϋ άμοιβαίου ένδύματος τών χιτώνων. Την πραξιν ταύτην ένήργουν ώσεπιτοπλείστον αί μητέρες τών Αδελφοποιουμένων.

Καταντα το ίδιον και ή λεγομένη Σταυρ-Αδελφότης. Οί Αδελφοποιητοί ώνομάζοντο Αλβανιστί Βλάμιδες, χυδαιοβαρβάρως Μπουραζέριδες, και τουρκικώτερον Άρκατάσσιδες (ώς εκ τοϋ Καρδάς, σημαίνοντος Αδελφόν). Από τούς Θρακας και Μακεδόνας ελέγοντο Μπράτιμοι (εκ τοϋ Μπράτε).

Εις την νέαν Ίστορίαν της Ελλάδος απαντώνται δλαι αύται αί ονομασίαι.

(α) Εις εν αντίγραφον Διδασκαλίας εΐδομεν και την άκόλουθον περίοδον «Άλλ', αν ούτος εύρίσκετο εις την περίστασιν αυτήν έξω της Ελλάδος, και δεν εύκολύνετο ό δι' Ιερέως δρκος του, τότε έξηγοϋντο εις αυτόν τά Σημεία και οί Λόγοι, εχρεώστει δε ο ίδιος να άδελφοποιηθή, με όποιον άλλον συναπαντατο εις την Ελλάδα, Μέλος τοϋ βαθμού του». Δεν ήμπορούμεν όμως να άποδεχθώμεν το άσυνάρτητον της ιδέας αυτής, και συμπεραίνομεν, ότι είναι παραπλήρωμα ξένον και μεταγενέστερον.

λειαν των υποσχέσεών μου ορκίζομαι εις τό θείον και ιερόν Ευαγγέλιον. Μέ τό μέσον τούτο ύπεβάλλετο είς δρκον κατά τόν Έκκλησιαστικόν Νόμον, εκτελούμενον καί δι' Ιερέως, εάν δέν έδίδετο ύποψία.

Ή Άδελφοποιΐα παρεδέχθη διά τήν χειραγωγίαν τών πολλών, χωρίς νά μερικίζηται είς δύο μόνους, άν καί εκτελείτο κανονικώς άπό έν είς δεύτερον πρόσωπον (α).

Ό Άδελφοποιούμενος συνωδεύετο μ' έν Έφοδιαστικόν, φέρον άπλώς ένα Σταυρόν. Οί διαγνωριστικοί λόγοι του ήσαν «Τσιμπούκι, Τσαρούχι».

Είς τά πρώτα περί τών Ίερέων βλέπομεν καί τά περί τών Σημείων αύτοΰ τού Βαθμού (β).

ΠΕΡΙ ΤΩΝ ΣΥΣΤΗΜΕΝΩΝ

Οί Συστημένοι ήσαν έν Τάγμα μετεχόντων είς τήν Εταιρίαν. Πρός ένδειξιν τής μετοχής των έφερον έν Έγγραφον, όνομαζόμενον Συστατικόν

(α) Φέρεται είς έν Αντίγραφον Διδασκαλίας καί τούτο· «δτι ό Άδελφοποιούμενος είδοποιείτο νά έχη κεκαθαρμένα τά όπλα του καί έτοιμα είς τό κιβώτιόν του πενήντα φυσέκια διά νά τά μεταχειρισθή, δταν τόν προστάξη ό Άρχηγός του. Μήτε περί τούτου, μήτε εναντίον τίνος έμελλε νά έξοπλισθή, τού έδίδετο καμμία γνώσις».

Μολοντούτο γνωρίζομεν, δτι οί Βλάμιδες δέν ήξευρον τίποτε περισσότερον, παρά τά άνωτέρω. Μέ άλλους λόγους ήξευρον άπλώς, δτι ύπήρχόν τινες φροντίζοντες ύπέρ τής Πατρίδος.

(β) Ό Βαθμός τών Βλάμιδων διήρκει· πιθανολογείται δέ, δτι έλαβε παύσιν μετά τόν διορισμόν τών Εφοριών.

πῶν Ἱερέων. Εἰς τοῦτο ἐσημειώνετο μὲ συντομίαν.

«Τὸν Συμπολίτην μου Κύριον... ἐκ Πατρίδος... ἐτῶν... Ἐπαγγέλματος... συστήνω εἰς ὅλους τοὺς φίλους μου ὡς πιστὸν πατριώτην καὶ τίμιον ἄνθρωπον».

Ἐφανερώνετο ὁ Τόπος, ὅπου ἐγράφη, ἡ Μηνολογία καὶ τὸ Σημεῖον τοῦ συνιστῶντος Φιλικοῦ (α). Ἄνωθεν ἐφέρετο τὸ Σημεῖον τοῦ Σταυροῦ. Περιετριγυρίζετο οὗτος ἀπὸ κλάδον ἐλαίας, σημαίνοντα τὸ σταθερὸν τῆς φρονήσεως καὶ τῆς ὑπὲρ πατρίδος ἀγάπης. Εἶχεν ὑπὸ τὴν βάσιν του τὴν Ἡμισέληνον: τὸ Ἐθνικὸν Σύμβολον τῶν Τούρκων. Ἦτον αὕτη πρημνής· καὶ διὰ τούτου ἐννοεῖτο ἡ μέλλουσα πτῶσις τοῦ Ὀθωμανικοῦ Βασιλείου. Ἐγράφετο ὄπισθεν τὸ ὄνομα τῆς μητρὸς τοῦ Συστημένου.

Οἱ Συστημένοι δὲν ἤξευρον, ἂν ὑπῆρχον Ἀδελφοποιητοί. Ἐγνωρίζοντο μόνον ὡς ἐπιφορτισμένοι νὰ συνιστῶσι τοὺς Φιλοπάτριδας, καὶ νὰ ἐπαγρυπνῶσιν εἰς τὴν ἀσφάλειαν τῶν Μετεχόντων. Ἐφρόντιζον καὶ περὶ παντὸς ἄλλου ὠφελίμου εἰς τὸ Σύστημα τῆς Ἑταιρίας. Ὁ Ἱερεὺς τῶν Φιλικῶν προσεῖχε κατὰ χρέος, μὴ δώσῃ εἰς τούτους νὰ καταλάβωσί τι περισσότερον. Ὤφειλον νὰ ἠξεύρωσιν οὗτοι μόνον, ὅτι ὑπάρχει τις Ἑταιρία, ἐνασχολουμένη εἰς τὸ κοινὸν καλὸν τοῦ Ἔθνους.

Ὁ Ἱερεὺς ἠρώτα διὰ τοῦ διωρισμένου μέσου ἕνα, τὸν ὁποῖον ἐγνώρισε Συστημένον, Ἂν ἦναι

(α) Ἴδε κατωτέρω.

Ἱερεύς. Ἅμα παρετήρει ἄγνοιαν, εἶχε χρέος εἰς τὴν συναναστροφήν του μ' ἐκεῖνον νὰ ὁδηγήσῃ τὴν ὁμιλίαν ἀδιάφορον, καὶ νὰ μάθῃ τὸ ὄνομα τῆς Μητρός του. Ἔπρεπε νὰ ἐντυπώσῃ καλῶς εἰς τὴν μνήμην του τοῦτο. Μετὰ παρέλευσιν ἡμερῶν ἐζήτει ἀπὸ τὸν ἴδιον τὸ Συστατικόν του. Ὁ Συστημένος δὲν ἐσυγχωρεῖτο νὰ τὸ παραδώσῃ εὐθύς, χωρὶς ν' ἀντιζητήσῃ πρῶτον τὸ Γράμμα τῆς Ὑπεροχῆς τοῦ Ἱερέως. Ὤφειλεν οὗτος νὰ τὸ παρουσιάσῃ μακρόθεν ὀλίγον. Λαμβάνων τοιουτοτρόπως ὁ Ἱερεὺς τὸ Συστατικὸν τούτου ἐθεώρει, εἰς ποῖον εἶναι γεγραμμένον ὄπισθεν μὲ τὰ Στοιχεῖα τῶν Ἱερέων τὸ ὄνομα τῆς Μητρός του. Τὰ γράμματα ταῦτα ἐλάνθανον τὸν Συστημένον.

Ἀπαγορεύετο ὁ Ἱερεὺς νὰ κάμῃ ἐρεύνας περισσοτέρας, μήτε ὡμίλει γενικώτερα περὶ τῆς Ἑταιρίας πράγματα μὲ τὸν Συστημένον. Ἄν συναπαντοῦσέ τινα, τὸ συστατικὸν τοῦ ὁποίου Ὄνομα δὲν ἐσυμφώνει μ' ἐκεῖνο, τὸ ὁποῖον ἤκουσεν ἀπὸ στόματος τοῦ ἰδίου, ἐντωάμα ὑπώπτευε δόλον, καὶ ἐχρεώστει νὰ ἐρευνήσῃ μὲ λεπτομέρειαν ὅλην τὴν διαγωγήν, τὴν κατάστασιν, τὰς σχέσεις καὶ τὰ ταξείδια τούτου, καταγράφων ἐνταυτῷ τὸ ἠθικόν του, τὸ Σημεῖον τοῦ ὑπογράψαντος τὸ Συστατικόν, καὶ ὅσα ἄλλα ἐξηκρίβωσε μόνος καὶ ἀπὸ ἄλλους διὰ τὸ αὐτὸ ὑποκείμενον. Ἀκολούθως ἔπρεπε νὰ διευθύνῃ χωρὶς ἀργοπορίας τὰς παρατηρήσεις του διὰ τοῦ διωρισμένου μέσου εἰς τοὺς Ἑταίρους, ἢ τὴν Ἀρχήν των, μὴ παραιτούμενος καὶ μετὰ ταῦτα ἐξετάζων καὶ εἰδοποιῶν τὴν ἰδίαν. Δοθείσης τοιαύτης περιστάσεως, ἡ Ἑταιρία ύπέκειτο νά καταφύγη εις τά αναγκαία περί της καταπαύσεως αυτών των καταχρήσεων μέτρα. Ό δέ Ιερεύς υπεβάλλετο απαραιτήτως νά μεταχειρισθή όλα τά δυνατά μέσα πρός άσφάλειαν του όλου. Έσυγχωρεϊτο τελευταίον νά άποδοκιμάση τόν τοιούτον μέ τήν πρόφασιν, ότι οί Ιερείς τών Φιλικών δέν ήμποροΰν νά συνιστώσιν άλλον εις τήν Εταιρίαν, άν και ανώτεροι κατά τήν τάξιν.

Ή εξομολόγησις τών Συστημένων ήτο μία και μόνη. Εξετάζετο τό ήθος, ή διαγωγή, αί σχέσεις καί ή κατάστασίς των· καί ακόμη άν ούτοι έχωσι κανέν μέγα προτέρημα, άν γνωρίζωσι μυστικόν τι πολιτικόν, ή άλλο άπόκρυφον (α). Όλα δέ ταΰτα έτεινον εις τόν σκοπόν τοϋ νά καρποφορήται ή Εταιρία εις διάφορα μέσα χρήσιμα καί εις τήν οίκονομίαν καί εις τάς προόδους της. Αφού τέλος πάντων ό Συστημένος κατέβαλε μίαν, όποιαν ηδύνατο, χρηματικήν ποσότητα, συνεβουλεύετο ώς ακολούθως.

(α) Ιδού τό μέρος τούτο τής Εξομολογήσεως. Όποιους έχεις συγγενείς ; Κατετρέχθησαν ούτοι, ή οί Συγγενείς των, άπό τους τυράννους ; Πότε ; Διά ποίαν αιτίαν καί κατά ποίον τρόπον ;»

«Έχεις κανένα φίλον πιστόν, καί ποίον ; Ή μέγαν εχθρόν, καί διά ποίαν αίτίαν ;»

«Είσαι ευχαριστημένος εις τήν κατάστασίν σου· καί πού στοχάζεσαι νά διατρίψης είς τό μέλλον ;»

«Ηξεύρεις κανέν μυστικόν πολιτικόν, καμμίαν άκοινολόγητον έφεύρεσιν ; Πόθεν τό έμαθες ; Τό γνωρίζουν καί άλλοι ; Όποιοι είναι αυτοί ; Έχεις τάς αναγκαίας αποδείξεις ; Καί τί είναι τούτο ;»

«Έχεις κανέν μέγα προτέρημα κρυφόν, ή κοινολογημένον, ή καμμίαν ξεχωριστήν έπιτηδειότητα ;» κτλ.

«Ώ Συμπολίτα Συστημένε είς τούς Φίλους τής Πατρίδος! Μή λησμονήσῃς ποτὲ τὸν Ὅρκον, τὸν ὁποῖον ἔκαμες ἐνώπιον τοῦ ἀληθινοῦ Θεοῦ. Αὐτὸς δὲν θέλει σοῦ εἶναι δύσκολος καὶ βαρύς, συνιστάμενος εἰς τὸ νὰ φυλάξῃς τὸ μυστικόν, νὰ ἀγαπᾷς τὴν δυστυχισμένην Πατρίδα σου, καὶ νὰ ἦσαι ἐνάρετος εἰς τὴν διαγωγήν σου. Οἱ ἄνθρωποι, εἰς τοὺς ὁποίους ἔδωκες αὐτὴν τὴν μεθ' ὅρκου ὑπόσχεσιν, εἶναι ὅλοι Συμπολῖταί σου. Ἡ ἐπιθυμία τοῦ νὰ συνδράμουν γενικῶς τὸ ὅλον, καὶ μερικῶς καθένα ἀπὸ τοὺς ἀδελφούς των, τοὺς ἔδεσεν εἰς τόσον σφικτὴν ἕνωσιν, ὥστε θυσιάζουσι πολλὰ εἰς τὸν Κόσμον. Θεμελιούμενοι εἰς τὰς φρικτὰς ταύτας Ἐντολάς, τὰς ὁποίας καθημερινῶς κηρύττει μὲ δυνατὴν φωνὴν ἡ θεία Ἐκκλησία·

Μάχου ὑπὲρ Πίστεως καὶ ὑπὲρ Πατρίδος!

Ἀγαπήσῃς τὸν πλησίον σου ὡς σεαυτόν!

Μισήσῃς, καταδιώξῃς καὶ ἐξολοθρεύσῃς τὸν ἐχθρὸν τῆς Θρησκείας, τοῦ Ἔθνους καὶ τῆς Πατρίδος σου!

ἐπεχειρίσθησαν τοῦτο τὸ μέγα ἔργον».

«Μὴ παύῃς λοιπὸν καὶ σὺ τοῦ νὰ βοηθῇς, ὅσον δύνασαι. Ἡ βοήθειά σου γίνεται εἰς ὅλον τὸ δυστυχισμένον Ἔθνος, διὰ νὰ ἐλαφρώσῃ βαρύτατον ζυγόν, ὑπὸ τὸν ὁποῖον στενάζει τόσους αἰῶνας. Μὴ λησμονήσῃς δέ, ὅτι τὸ ἁμάρτημα ἀργά, ἢ ὀγλίγωρα, παιδεύεται εἰς τοῦτον τὸν Κόσμον. Ἂν δὲν λάβῃ εἰς τοῦτον τὴν πρέπουσαν ποινήν, οἱ στεναγμοὶ ἑνὸς μεγάλου καὶ δυστυχοῦς Έθνους ἀναβαίνοντες, ὡς ὁ καπνός, εἰς τὸν Οὐρανόν, θέλουν ζητήσει τὴν τιμωρίαν του εἰς τὴν ἄλλην ζωὴν ἀπ' ἐκεῖνον, ὅς τις ἐκδικεῖ τὴν παράβασιν καὶ κακίαν».

Εἰς τοὺς Συστημένους ἐδίδετο ἕνας Ὅρκος ἁπλοῦς, παρόμοιος σχεδὸν μὲ τὸν πρῶτον τῶν Ἱερέων. Δὲν ἐγνώριζον οὗτοι πράγματα βαθύτερα.

Οἱ λόγοι τῶν Συστημένων ἦσαν·

Ο Α'. « Πρὸ πολλοῦ τὸ ἐπιθυμοῦσα ».
Ο Β'. « Ὁμοίως καὶ ἐγώ ».

Σύνθημα δὲ εἶχον·

Ο Α'. λ. (λάμδα). — Ο Β'. α.
Ο Α'. ν — Ο Β'. τ.
Ο Α'. ο. — Ο Β'. υ.

ΠΕΡΙ ΤΩΝ ΙΕΡΕΩΝ

Τὸ ἠθικὸν τῆς Διδασκαλίας ἐξετείνετο πλατύτερον εἰς τοῦτο τὸ μέρος. Ἐπίσης ἐδίδετο σαφεστέρα καὶ ἡ ἐξήγησις τοῦ πράγματος. Εἰς τὸν Βαθμὸν τῶν Ἱερέων παρεδέχοντο ἀδιαφόρως καὶ οἱ μὴ προϋπάρχοντες Συστημένοι, ὅταν ἐγνωρίζετο ἀμέσως ἡ ἀπαιτουμένη ἠθικὴ καὶ πολιτικὴ ἀξιότης των.

Ἡ ἐξέτασις τοῦ χειροτονουμένου Ἱερέως ἐγίνετο πολλὰ ἐκτενής. Αἱ προφυλάξεις ἐκανονίζοντο πολλὰ συνεχεῖς καὶ ἀκριβεῖς. Οἱ Ἱερεῖς συνίστων τὸ μεγαλύτερον μέρος τῆς Ἑταιρίας.

Ὅταν ἐγκρίνετο ὁ Συστημένος εἰς τὸν προβιβασμὸν τοῦ Ἱερέως, ἐφέρετο δι' ἄλλου, ἀνήκοντος εἰς τὸν ἴδιον ἢ ἀνώτερον Βαθμόν, εἰς μέρος κρυφόν, ἐξομολογούμενος κατὰ τὸν διωρισμένον τρόπον. Ἁγνίζετο τρόπον τινά, διὰ νὰ προχωρήσῃ εἰς τὰ ἐνδότερα τῆς ὑποθέσεως. Ἀλλ', ὅσα ἔμελλεν ἤδη νὰ μάθῃ, ἦσαν ἱερά. Ἐξήρτητο ἀπὸ αὐτὰ ἡ τύχη τοῦ Ἔθνους. Διὰ τοῦτο ἐσυγχωρεῖτο εἰς αὐτὸν νὰ στοχασθῇ, ἂν ἦτον ἱκανὸς νὰ φυλάξῃ τὸ Μυστήριον μὲ κίνδυνον τῆς ζωῆς του καὶ πᾶσαν ἐνδεχομένην σκληρὰν βάσανον. Ἀκόμη, καὶ ὡς ὑποκείμενος πλέον εἰς τὴν ἀνάγκην τοῦ νὰ γίνηται καὶ φονεὺς τοῦ παραβάτου τῶν Ὅρκων, ὅς τις ἤθελε τύχει χωρὶς ἐξαίρεσιν καὶ τῶν πλησιεστέρων συγγενῶν του, ὡδηγεῖτο νὰ λάβῃ πρὸ ὀφθαλμῶν, ὅτι κάθε ἄλλος δεσμὸς ἢ ὑποχρέωσις ἐνομίζετο οὐδὲν ὡς πρὸς τοῦτον τῆς Ἑταιρίας. Δι' αὐτῆς τῆς εἰσηγήσεως παρετηρεῖτο τὸ σταθερὸν ἢ ἄστατον τῆς ψυχῆς του, καὶ ἐδοκιμάζετο ἡ εἰλικρίνεια καὶ εὐκαρδία, ἢ ἡ σμικροψυχία καὶ ἡ πανοῦργος ὑπόκρισίς του. Ἕως ἐδῶ ἐδύνατο νὰ παραιτηθῇ ἀπὸ ὑποχρέωσιν τοιαύτην, ἐὰν ἔβλεπεν εἰς τὸν ἑαυτόν του ἀνικανότητα, ἢ ἄλλο ἐμπόδιον ἰσχυρόν.

Τὴν ἡμέραν ἐκείνην ἀπελύετο· ἀλλὰ τὴν ἐπαύριον ἔπρεπεν ἄφευκτα νὰ ἐνταμωθῇ, διὰ νὰ ἀκούσῃ Ἄρθρα τινά, προμηθευόμενος ἐγκαίρως καὶ μὲ ἓν κίτρινον κηρίον, (σημαῖνον τὸ δι' αἵματος ἀποκτώμενον φῶς τῆς ἐλευθερίας). Ἡ ἄκρα προσοχὴ καὶ τὸ βαθὺ σκότος τῆς νυκτὸς προσδιωρίζοντο εἰς τὴν ἐργασίαν αὐτήν, διὰ νὰ γίνηται ἡ Κατήχησις νήφουσα καὶ ἡσυχαστική. Διὰ τὴν αἰτίαν αὐτὴν δὲν ἐσυγχωροῦντο ἐκτεταμέναι ὁμιλίαι κατὰ τὴν ἡμέραν ἐκείνην παὶ εἰς τοὺς δύο.

Ἐν πρώτοις ὡρκίζετο οὗτος εἰς τὸ Ὄνομα τῆς Ἀληθείας καὶ τῆς Δικαιοσύνης ἐνώπιον τοῦ Ὑπερτάτου Όντος, ότι θυσιάζων καί την ιδίαν του ζωήν, καί έτοιμος νά ύπομείνη τά σκληρότερα μέτρα, θέλει φυλάττει μυστικόν καθ' δλην τήν δύναμιν της τελειότητος του Μυστηρίου εκείνο, τό όποιον έμελλεν ήδη νά του εξηγηθή ό άλλος, άποκρινόμενος και δλην τήν άλήθειαν εις τάς ερωτήσεις. Εξετάζετο έπειτα·

Πως ζή.

Πόθεν είναι ό πόρος της ζωής του.

Ποίους συγγενείς έχει.

Τίνος Επαγγέλματος και ποίας καταστάσεως είναι.

Άν έσυγχίσθη ποτέ μέ φίλον του, ή άλλον. Άν έφιλιώθη μέ τούτον· καί πώς συνέβησαν και τά δύο.

Άν ήναι νυμφευμένος. Άν έχη κλίσιν νά νυμφευθή.

Άν έχη έρωτα. Άν ειχέ ποτε. Άν παρητήθη, καί άπό ποίον καιρόν.

Άν τόν ήκολούθησε ζημία, ή μεταβολή της καταστάσεώς του.

Άν ήναι ευχαριστημένος εις τήν κατάστασίν του, ή τό επάγγελμα.

Άν έχη φίλον πιστόν, καί ποίος είναι ούτος.

Πώς στοχάζεται, ότι ζή τώρα, καί πώς εις τό εξής.

Τοιουτοτρόπως εξιχνιάζοντο βαθύτερα τά φρονήματά του. Τότε τόν έξηγείτο τό πνεύμα της Εταιρίας, ως συνισταμένης καθαρώς άπό Έλληνας φιλοπάτριδας, καί όνομαζομένης Ε τ α ι ρ ί α τ ω ν Φ ι λ ι κ ω ν, σκοπόν έχουσα τήν Ελευθέρωσιν καί τήν ευδαιμονίαν του Έθνους. Έως εδώ ώνομάζετο ό Πρόσκλητος, ή Προσήλυτος, Ίερεύς τ ώ ν Φ ι λ ι κ ώ ν.

Μετά μίαν ήμέραν συνήρχοντο καί πάλιν σιωπώντες οί δύο εις μέρος άσφαλές. Πρώτον έτίθετο έπί τινος τραπέζης μία Εικών, έπάνω τής όποίας άφινεν οΰτος τό κηρίον. 'Αλλά καί εις αύτήν τήν ώραν έρωτάτο κατ' έπανάληψιν, καί είχεν άκόμη καιρόν τοϋ νά παραιτηθη, έάν δέν έστοχάζετο ίκανόν τόν έαυτόν του. 'Από τόν δεσμόν, εις τόν όποιον έμβαινεν, ό θάνατος μόνος ήτο τό μέσον τής σωτηρίας του. Ή μεταμέλειά του μετ' όλίγην ώραν ήτο άσυγχώρητος. Τοιουτοτρόπως έγίνοντο δεύτεραι δοκιμαί τής χαρακτηριστικής σταθερότητός του, καί έδίδοντο δλα τά σημεία τής άπαραβιάστου προαιρέσεως.

Πλησίον τής τραπέζης έγονάτιζε μετέπειτα μέ τό δεξιόν μόνον γόνυ. Ό Κατηχητής, σχηματίζων τρίς εις αυτόν τό σημειον τοϋ Σταυροϋ, άφοϋ τόν έδιδε νά άσπασθη τήν Εικόνα, έφερε τό δεξιόν χέρι του έπάνω εις αύτήν άνοικτόν, καί σβήνων κάθε άλλο κηρίον, παρέδιδεν εις τούτον άναμμένον τό κίτρινον, τό όποιον έπρεπε νά βαστά μέ τήν άριστεράν χειρά του. Τότε κατανυκτικός καί μέ φωνήν πάσχουσαν έλεγε· «Α ύ τ ό τ ό κ η ρ ί ο ν ε ί ν α ι ό μ ό ν ο ς μ ά ρ τ υ ς, τ ό ν ό π ο ι ο ν ή δ υ σ τ υ χ ή ς Π α τ ρ ί ς μ α ς λ α μ β ά ν ε ι, δ τ α ν τ ά Τ έ κ ν α τ η ς ό μ ν ύ ω σ ι τ ό ν Ό ρ κ ο ν τ ή ς Έ λ ε υ θ ε ρ ί α ς τ ω ν.» Ό Κατηχούμενος εύθύς έσχημάτιζεν άπαξ τό σημείον τοϋ Σταυροϋ· καί, ένώ ό άλλος άνεγίνωσκεν, αύτός έπαναλάμβανε τόν άκόλουθον Μέγαν Ό ρκον μ' δλον τό άνήκον εις τήν ίερότητα καί τό μεγαλειον τής ύποθέσεως σέβας.

Ο ΜΕΓΑΣ ΟΡΚΟΣ

«Ὀρκίζομαι ἐνώπιον τοῦ ἀληθινοῦ Θεοῦ οἰκειοθελῶς, ὅτι θέλω εἶμαι ἐπὶ ζωῆς μου πιστὸς εἰς τὴν Ἑταιρίαν κατὰ πάντα. Νὰ μὴ φανερώσω τὸ παραμικρὸν ἀπὸ τὰ Σημεῖα καὶ Λόγους της· μήτε νὰ σταθῶ κατ' οὐδένα λόγον ἡ ἀφορμὴ τοῦ νὰ καταλάβωσιν ἄλλοι ποτέ, ὅτι γνωρίζω τι περὶ τούτων, μήτε εἰς συγγενεῖς μου, μήτε εἰς Πνευματικόν, ἢ φίλον μου».

«Ὀρκίζομαι, ὅτι εἰς τὸ ἑξῆς δὲν θέλω ἔμβει εἰς καμμίαν ἄλλην Ἑταιρίαν, ὁποία καὶ ἂν ἦναι, μήτε εἰς κανένα δεσμὸν ὑποχρεωτικόν. Καὶ μάλιστα, ὁποιονδήποτε δεσμὸν ἂν εἶχα, καὶ τὸν πλέον ἀδιάφορον ὡς πρὸς τὴν Ἑταιρίαν, θέλω τὸν νομίζει, ὡς οὐδέν».

«Ὀρκίζομαι, ὅτι θέλω τρέφει εἰς τὴν καρδίαν μου ἀδιάλλακτον μῖσος ἐναντίον τῶν τυράννων τῆς Πατρίδος μου, τῶν ὀπαδῶν καὶ τῶν ὁμοφρόνων μὲ τούτους. Θέλω ἐνεργεῖ κατὰ πάντα τρόπον πρὸς βλάβην των καὶ αὐτὸν τὸν παντελῆ ὄλεθρόν των, ὅταν ἡ περίστασις συγχωρήσῃ».

«Ὀρκίζομαι νὰ μὴ μεταχειρισθῶ ποτε βίαν, διὰ νὰ συγγνωρισθῶ μὲ κανένα Συναδελφόν, προσέχων ἐξ ἐναντίας μὲ τὴν μεγαλυτέραν ἐπιμέλειαν νὰ μὴ λανθασθῶ κατὰ τοῦτο, γινόμενος αἴτιος ἀκολούθου τινὸς συμβάντος».

«Ὀρκίζομαι νὰ συντρέχω, ὅπου εὕρω τινὰ Συναδελφόν, μὲ ὅλην τὴν δύναμιν καὶ τὴν κατάστασίν μου. Νὰ προσφέρω εἰς αὐτὸν σέβας καὶ ὑπακοήν, ἂν ἦναι μεγαλύτερος εἰς τὸν βαθμόν· καί, ἂν ἔτυχε πρότερον ἐχθρός μου, τόσον περισσότερον νὰ τὸν ἀγαπῶ καὶ νὰ τὸν συντρέχω, καθόσον ἡ ἔχθρα μου ἤθελεν εἶναι μεγαλυτέρα».

«Ὁρκίζομαι, ὅτι, καθὼς ἐγὼ παρεδέχθην εἰς τὴν Ἑταιρίαν, νὰ δέχωμαι παρομοίως ἄλλον Ἀδελφόν, μεταχειριζόμενος πάντα τρόπον καὶ ὅλην τὴν κανονιζομένην ἄργητα, ἕωσοῦ τὸν γνωρίσω Ἕλληνα ἀληθῆ, θερμὸν ὑπερασπιστὴν τῆς Πατρίδος, ἄνθρωπον ἐνάρετον καὶ ἄξιον ὄχι μόνον νὰ φυλάττῃ τὸ Μυστικόν, ἀλλὰ νὰ κατηχήσῃ καὶ ἄλλον ὀρθοῦ φρονήματος».

«Ὁρκίζομαι νὰ μὴν ὠφελῶμαι κατ' οὐδένα τρόπον ἀπὸ τὰ χρήματα τῆς Ἑταιρίας, θεωρῶν αὐτὰ ὡς ἱερὸν πρᾶγμα καὶ ἐνέχυρον ἀνῆκον εἰς ὅλον τὸ Ἔθνας μου. Νὰ προφυλάττωμαι παρομοίως καὶ εἰς τὰ λαμβανόμενα καὶ στελλόμενα ἐσφραγισμένα Γράμματα».

«Ὁρκίζομαι νὰ μὴν ἐρωτῶ ποτε κανένα τῶν Φιλικῶν μὲ περιέργειαν, διὰ νὰ μάθω, ὁποῖος τὸν ἐδέχθη εἰς τὴν Ἑταιρίαν. Κατὰ τοῦτο δὲ μήτε ἐγὼ νὰ φανερώσω, ἢ νὰ δώσω ἀφορμὴν εἰς τοῦτον, νὰ καταλάβῃ, ποῖος μὲ παρεδέχθη. Νὰ ὑποκρίνωμαι μάλιστα ἄγνοιαν, ἂν γνωρίσω τὸ Σημεῖον εἰς τὸ Ἐφοδιαστικόν τινος».

«Ὁρκίζομαι νὰ προσέχω πάντοτε εἰς τὴν διαγωγήν μου, διὰ νὰ ἦμαι ἐνάρετος. Νὰ εὐλαβῶμαι τὴν Θρησκείαν μου, χωρὶς νὰ καταφρονῶ τὰς ἄλλας. Νὰ δίδω πάντοτε τὸ καλὸν παράδειγμα. Νὰ συμβουλεύω καὶ νὰ συντρέχω τὸν ἀσθενῆ, τὸν δυστυχῆ καὶ τὸν ἀδύνατον. Νὰ σέβωμαι τὴν ἱερὰν Δικαιοσύνην, τὰ ἔθιμα, τὰ

Κριτήρια καί τούς Διοικητάς τοῦ τόπου, εἰς τὸν ὁποῖον διατρίβω».

Ὕστερον ὅλων τούτων ἀφιερωμένος εἰς αὐτὴν τὴν σκιὰν τῆς Πατρίδος, ἔλεγε·

«Τέλος πάντων ὁρκίζομαι εἰς Σέ, ὢ Ἱερὰ Πατρίς! ὁρκίζομαι εἰς τὰς πολυχρονίους βασάνους Σου· ὁρκίζομαι εἰς τὰ πικρὰ δάκρυα, τὰ ὁποῖα τόσους αἰῶνας ἔχυσαν τὰ ταλαίπωρα Τέκνα Σου· εἰς τὰ ἴδιά μου δάκρυα, χυνόμενα εἰς ταύτην τὴν στιγμήν, καὶ εἰς τὴν μέλλουσαν Ἐλευθερίαν τῶν Ὁμογενῶν μου, ὅτι ἀφιερώνομαι ὅλος εἰς Σέ. Εἰς τὸ ἑξῆς Σὺ θέλεις εἶσαι ἡ αἰτία καὶ ὁ σκοπὸς τῶν διαλογισμῶν μου. Τὸ Ὄνομά Σου ὁ ὁδηγὸς τῶν πράξεών μου, καὶ ἡ εὐτυχία Σου ἡ ἀνταμοιβὴ τῶν κόπων μου. Ἡ Θεία Δικαιοσύνη νὰ ἐξαντλήσῃ ἐπὶ τῆς κεφαλῆς μου ὅλους τοὺς κεραυνούς της, τὸ ὄνομά μου νὰ ἦναι εἰς ἀποστροφήν, καὶ τὸ ὑποκείμενόν μου τὸ ἀντικείμενον τῆς κατάρας καὶ τοῦ ἀναθέματος τῶν Ὁμογενῶν μου, ἀνίσως λησμονήσω εἰς μίαν στιγμὴν τὰς δυστυχίας των, καὶ δὲν ἐκπληρώσω τὸ χρέος μου. Τέλος ὁ θάνατός μου ἂς ἦναι ἡ ἄφευκτος τιμωρία τοῦ ἁμαρτήματός μου, διὰ νὰ μὴ μολύνω τὴν ἁγιότητα τῆς Ἑταιρίας μὲ τὴν συμμετοχήν μου».

Τὸν Ὅρκον τοῦτον ἐχρεώστει νὰ ἀντιγράψῃ εὐθύς, διὰ νὰ ἔχῃ πρὸ τῶν ὀφθαλμῶν του, ὅσα ὤμωσεν ὑπὲρ τῆς Πατρίδος του. Ὁ Ἱερεὺς ἐπέβαλλε τότε τὴν δεξιάν χεῖρά του εἰς τὸν ἀριστερὸν ὦμον τούτου, καὶ σηκώνων μὲ τὴν ἀριστεράν του τὴν Εἰκόνα, κρατουμένην συγχρόνως μὲ τὴν δεξιὰν τοῦ ἄλλου, ἔλεγε·

«Ενώπιον τοῦ ἑνὸς ἀοράτου καὶ πανταχοῦ παρόντος ἀληθινοῦ Θεοῦ, τοῦ Αὐτοδικαίου, Ἐκδικητοῦ τῆς παραβάσεως καὶ τιμωροῦ τῆς κακίας κατὰ τοὺς Κανόνας τῆς Φιλικῆς Ἑταιρίας καὶ τὴν δύναμιν, τὴν ὁποίαν μὲ ἔδωκαν οἱ Μεγάλοι Ἱερεῖς τῶν Ἐλευσινίων (α) καθιερῶ τὸν... ἐκ Πατρίδος... ἐτῶν... Ἐπαγγέλματος... καὶ δέχομαι αὐτὸν ὡς Μέλος καθὼς καὶ ἐγὼ παρεδέχθην, εἰς τὴν Ἑταιρίαν τῶν Φιλικῶν».

Μετὰ τὴν καθιέρωσιν ταύτην ἐσβήνετο τὸ κίτρινον κηρίον, καὶ παρηγγέλλετο οὗτος νὰ τὸ φυλάττῃ (β) καλῶς, ὡς ἀναγκαῖον καὶ ὕστερον. Τοιουτοτρόπως ἔφερε πλησίον του αὐτὸς τὸν παντοτεινὸν μάρτυρα τῶν ἐνόρκων ὑποσχέσεών του.

Τὴν ἐπιοῦσαν ἡμέραν τὸν ἐξηγοῦντο τὰ Στοιχεῖα καὶ Σημεῖα τῶν Ἱερέων. Συγχρόνως τὸν ἐγνωρίζοντο καὶ τὰ Διαγνωριστικὰ Μέσα, τὰ ὀνομαζόμενα τῶν Συστημένων. Παρὰ τὸν Μέγαν Ὅρκον ἐλάμβανεν οὗτος ἀντιγεγραμμένα τὴν Πρώτην Διδασκαλίαν, τὸν Πρῶτον Ὅρκον, τὰ Ἄρθρα τῆς πρώτης Ἐξομολογήσεως, τὸν σκοπὸν τῆς Ἑταιρίας, καὶ τέλος τὴν ἐξακολούθησιν

(α) Ὁ τίτλος οὗτος ἦτον ἐπιτηδευτός, ἀποβλέπων ἐπίσης εἰς μόνην τὴν ἔκπληξιν τοῦ Κατηχουμένου.

(β) Πολλοὶ καὶ μέχρι τῆς σήμερον ἀκόμη φυλάττουσι τοῦτο μὲ πολλὴν προσοχήν, καὶ τὸ τιμῶσιν ὡς δεῖγμα τοῦ πατριωτισμοῦ των. Μερικοὶ ἤλπιζον μέχρι τινὸς καὶ τὴν ὑλικὴν ὠφέλειάν του.

της Διδασκαλίας. Έγίνοντο δλα ταύτα διά των Στοιχείων των Ιερέων (α) κατά τάξιν, μέ προσοχήν, άκριβή έπιθεώρησιν των Εγγράφων καί δευτέραν έξομολόγησιν κατά τό "Αρθρον Ε' τής έξομολογήσεως των Συστημένων (β). Τότε ό νέος Ίερεύς έλάμβανεν, όποιον ήθελε ξένον Όνομα μετωνυμικόν (γ), καί κατέβαλε μίαν ποσότητα χρημάτων (δ) κατά τόν πατριωτισμόν καί

(α) Ό τρόπος ούτος δέν έπεκράτησε πολύ διά τήν δυσκολίαν τής άντιγραφής, ή καί τήν άποδειχθείσαν περιττότητά του. Είδομεν δέ διάφορα Άντίγραφα Κατηχήσεων (άπό του 1818) μέ τούς συνήθεις Ελληνικούς Χαρακτήρας.

(β) Ίδε Σελ: 149 Σχόλ: α'. Καί παρέμπροσθεν.

(γ) Είδομεν τούτο είς πολλά πρωτότυπα Έγγραφα των Ιερέων. Είς παρόμοιον του Γρηγορίου Δικαίου έφέρετο τό Εύαγόρας.

(δ) Ή χρηματική ζήτησις παρετρέχετο ένίοτε, όπότε έφαίνετο προσβάλλουσα τό πνεύμα έκείνου, δστις ήτο μέν χρήσιμος κατ' άλλους τρόπους, δέν ήμπόρει δμως νά έχη τήν άμεσον προαίρεσιν του νά καταβάλη.

Τής Εταιρίας ή προοδευτική ένέργεια καί του μέλλοντος Πολέμου ή κίνησις έζήτουν άναποφεύκτως σημαντικάς δαπάνας καί προοικονομήσεις. Έγινε πρόβλεψις πορισμών τινων· άλλά συμβάσαί τινες περιστάσεις, ή μικρά διάρκεια του Συστήματος καί ή βιασθείσα κατ' ένα τρόπον ρήξις του Πολέμου άνέτρεψαν σχεδόν δλους τούτους.

Ό πρώτος καί θεμελιώδης πόρος ήτον αί άπ' εύθείας συνεισφοραί των Κατηχουμένων. Κατά συνέπειαν διωργανίσθησαν καί άλλοι ύπό τό πρόσχημα τής συστάσεως Σχολείων, έκδόσεως βιβλίων καί άλλων τοιούτων άνυπόπτων μέσων.

Άξία σημειώσεως είναι ή κατά τό Άρνούτ - Κιογιού του Βοσπόρου γενομένη ένοχλητική φροντίς του Σκουφά καί άλλων Εταίρων διά τήν χημικήν κατασκευήν του Φιλοσοφικού Λίθου: (ή τήν μεταβολήν του χαλκού είς πολύτιμον μέταλ-

τὴν κατάστασίν του. Τὴν προσφοράν του ταύτην· ἔπρεπε νὰ συνοδεύσῃ καὶ μὲ μίαν Ἐπιστολὴν πρὸς. ὅποιον ἤθελεν Ὄνομα καὶ Πόλιν, ἢ πλησιά-

---

λον). Τὴν ἰδέαν αὐτήν, ἐμψύχωσεν ὁ Δ. Ὕπατρος. Ἀλλ', ἐνῶ· δὲν ἐτελεσφόρησεν, ἐκινδύνευσεν ἐνταυτῷ καὶ τὴν Ἐταιρίαν.

Ἐργασίαν τοιαύτην ἐπεχείρησαν, καθὼς ἄλλοτε οἱ μαλθακοὶ Βαβυλώνιοι, καί τινες εἰς τὰ Ἰωάννινα ἐπὶ τοῦ Ἀλῆ Πασσᾶ, διὰ τὴν σωματικὴν ὑγείαν τοῦ ὁποίου ὑπεσχέθησαν· ἄλλοι (ἀγύρται) καὶ τὴν κατασκευὴν τῆς Πανακείας. Ὅλοι δὲ οὗτοι ἀντημείφθησαν διὰ τῆς ἀγχόνης.

Διὰ τὴν μετέπειτα σημασίαν τοῦ προσωπικοῦ της ἡ Ἐταιρία εὐκολύνετο, ἀλλὰ δὲν κατεδέχθη νὰ μεταχειρισθῇ ἄλλα μέσα διὰ τὸν πλουτισμὸν τοῦ Ταμείου της· ἂν καὶ συνήθως ἡ καλὴ ἔκβασις ἑνὸς πράγματος νομιμοποιεῖ, ὡς δίκαια, ὅλα τὰ μέσα, ὅσα οἱ ἄνθρωποι μεταχειρίζονται διὰ τὴν ἐπιτυχίαν ἑνὸς σκοποῦ, τοιαύτης μάλιστα φύσεως. Οἱ νικηταὶ ἐκηρύχθησαν καὶ δίκαιοι.

Εἶπόν τινες, ὅτι ἡ Ἐταιρία συνήθροισε πολλὰ χρήματα. Ἰδιαιτέρως ἐδυσφημίσθησαν Μέλη τινά, ὡς σφετερισθέντα ποσότητας μεγάλας. Θεωροῦμεν καὶ τοῦτο συκοφαντίαν παράλογον καὶ τόσον ἀνίσχυρον, ὅσον αἱ προσφερόμεναι ποσότητες ἐσημειοῦντο εἰς τὰ Γράμματα τῆς Ἀφιερώσεως τῶν Προσηλύτων, τὰ ὁποῖα ὅλα ὑπάρχουν. Εἶναι ἀληθινόν, ὅτι ἠνοίγετο δρόμος εὐρὺς εἰς τὴν κατάχρησιν, ἕνεκα τῆς ὁποίας ἐλάμβανον οἱ Κατηχηταὶ ἀδείας τοῦ νὰ δέχωνται, ὅποιον ἐνέκρινον, καὶ ὁποίαν οὗτος ἔκαμε προσφοράν. Ἀλλὰ καὶ τοῦτο ἐστάθη μία τῶν σημαντικωτέρων αἰτιῶν, αἱ ὁποῖαι ὑπηγόρευσαν τὸ μέτρον τῶν Ἐφοριῶν. Ἐμπόδισαν αὐταὶ παντὸς εἴδους κατάχρησιν. Ἡ προσφορὰ ἑκάστου δὲν ὑπερέβαινεν ὡσεπιτοπλεῖστον τὸν μείζονα ἀριθμὸν τῶν 200 γροσίων, καταντῶσα καὶ μέχρι τῶν 10. Καὶ δυνάμεθα νὰ εἴπωμεν ἐκ προσθήκης, ὅτι δὲν δύναται νὰ ὑπερβαίνῃ τοὺς 20 ὁ ἀριθμὸς ἐκείνων, ὅσοι συνεισέφερον ποσότητα 300, 500, 700, 1.000· ἢ καὶ 2.000 γροσίων, ἀφοῦ ἡ Ἐταιρία ἐξετάνθη ἐντὸς τῆς Ἑλλάδος μέχρι τῆς συστάσεως τῶν Ἐφοριῶν.

ΠΕΤΡΟΣ ΜΑΥΡΟΜΙΧΑΛΗΣ

ζουσαν ή απομεμακρυσμένην, (όχι όμως τόσον παράξενον, ώστε τά κινῇ τήν περιέργειαν καί ύπό-

Παρά τό βάρος τῶν τακτικῶν ἐξόδων ἡ Ἐταιρία ὑπεβλήθη πολλάκις καί εἰς τήν ἀνάγκην ἐκτάκτου δαπάνης, διά νά προλάβῃ ἕν ἐπικείμενον δεινόν. Πολλοί ἐκ τῶν Κατηχητῶν εἶχον τήν χρείαν τοῦ νά οἰκονομῶνται ἀπό τά χρήματα τῶν συνεισφορῶν· καί ἐκ τῶν Κατηχουμένων τά δύο τρίτα ἐξεπλήρωνον τό χρέος τῆς καταβολῆς μέχρις ὑποσχέσεως : (δηλονότι ἐγγυῶντο νά προσφέρωσιν ἐν καιρῷ). Ἄν τέλος πάντων θεωρηθῇ κατάχρησις, ἡ ὁποία ἀναμφιβόλως πρέπει νά παρεισέδυσεν, αὕτη ἠκολούθησεν ἀπό Προσηλύτους τινάς ἀσυνειδήτους καί ὄχι ποτέ ἀπό τοὺς Δημιουργούς τῆς Ἐταιρίας. Ἐξαιροῦντες λοιπόν τήν ποσότητα 10,000 γροσίων, τήν ὁποίαν ὁ Παναγιώτης Σέκερης ἔδωκεν εἰς τήν Κωνσταντινούπολιν· ἐκείνην τῶν 30,000 τοῦ Γεωργίου Λεβέντη εἰς τό Βουκουρέστιον· καί τήν ἄλλην τῶν 30,000 ὅσα ὁ Γρηγόριος Δικαῖος ἔλαβεν ἀπό διαφόρους εἰς τήν Βλαχο-Μολδαυίαν· δέν δυνάμεθα κατά συνείδησιν νά ἐπιβαρύνωμεν τήν Ἐταιρίαν μέ ἄλλην περισσοτέραν τῶν 20,000 γροσίων. Αἱ ποσότητες αὐταί δέν ἔχουσι σχέσιν τινά μέ τάς ἐπισωρευθείσας εἰς τήν ἐποχήν, ὅτε ἀνέλαβε τήν διοίκησιν τῶν πραγμάτων ὁ Α. Ὑψηλάντης. Πανταχόθεν καί μάλιστα ἀπό τούς ἐντός τῆς Ρωσσίας Ἕλληνας καί τήν Βλαχο - Μολδαυίαν ἐδόθησαν τότε ποσότητες σημαντικαί κατά σύγκρισιν.

Ὁ Σκουφᾶς ἀπέθανεν ἐν ἄκρᾳ πτωχείᾳ. Ὁ Τσακάλωφ ἐγνωρίσθη ἐπίσης πάμπτωχος· καί ὁ Ἀναγνωστόπουλος δέν καυχᾶται, εἰμή εἰς τήν ἀνέχειαν : ἀπόδειξις τοῦ πλέον ἀκριβοῦς πατριωτισμοῦ, μολονότι τόν ἐπαρουσιάσθησαν (μάλιστα καί ἐπί τῆς Ἐταιρίας καί κατά τό πρῶτον Ἔτος τῆς Ἐπαναστάσεως), πολλόταται εὐκαιρίαι ἰδιοφελείας. Ἐκ τῶν δευτέρων ὁ Ξάνθος μόνος ἔλαβεν εἰς Κωνσταντινούπολιν 12,000 γρόσια, καί 3,000 μετά ταῦτα. Κατά τήν ἔκρηξιν τοῦ Πολέμου ἔλαβεν ἔτι μέχρι τῶν 50,000 ἐν εἰδήσει τοῦ Ἀρχηγοῦ τῆς Ἐπαναστάσεως διά τάς κατεπειγούσας ἀνάγκας του, ἐξοδεύσας μέρος ἀρκετόν εἰς τόν Ἀγκῶνα διά τάς περιθάλψεις καί ἐφο-

ψίαν.) Εἰς αὐτὴν (α) ἐφανέρωνε τὴν ἡλικίαν, τὸ ἐπάγγελμα, τὸν τόπον τῆς γεννήσεώς του καὶ τὸ ποσὸν τῆς προσφορᾶς, ἐπιφορτιζόμενον εἰς τὸν ἄλλον, διὰ νὰ τὸ διευθύνῃ ἀσφαλῶς εἰς τὸν

διάσεις τῶν μεταβαινόντων εἰς τὴν Ἑλλάδα Ἑλλήνων. Ὁ Δικαῖος καὶ πρὶν καὶ μετὰ τὸν ἀγῶνα ἔλαβε χρήματα καὶ κτήματα πλουτήσας.

Ἀσυνείδητοί τινες κατηγόρησαν τὸν Π. Σέκερην, ὡς λαβόντα χρήματα. Πόθεν ; Διὰ τὰς προσφορὰς ἐδίδοντο κανονικῶς Ἀποδείξεις. Ποῖος ἔχει νὰ παρουσιάσῃ τοιαύτας περὶ τοῦ Σέκερη ;

Ὁ Σέκερης ἐθυσίασε τὴν κατάστασίν του ὑπὲρ τοῦ Ἔθνους. Εἶναι διὰ τοῦτο δυστυχέστατος ἤδη. Προδοθεὶς εἰς τὴν Κωνσταντινούπολιν πρὸς τὸν Καπετὰν Πασσᾶν, καὶ ἐπαπειλούμενος τὸν ἔσχατον κίνδυνον, ἐβοηθήθη διὰ τῆς χαρακτηριστικῆς του σταθερότητος καὶ τοῦ σχετικοῦ μὲ τὸν Καπετὰν Πασσᾶν Σπυρίδωνος Μαύρου, καὶ τελευταῖον ἠμπόρεσε νὰ διασωθῇ εἰς τὴν Ὁδησσόν, ἐνῶ δύο Ἀδελφοί του εὑρίσκοντο εἰς τὸν Ἀγῶνα : ὁ Ἀθανάσιος καὶ ὁ Γεώργιος. (Παύομεν ἤδη, ἔχοντες νὰ ἐξηγηθῶμεν τὰ περὶ τούτου εἰς διάφορα μέρη).

(α) Καταχωροῦμεν διὰ περιέργειαν ἀντίγραφον παρομοίας Ἐπιστολῆς.

«Κύριε ... !   Εἰς ...

«Ἐπειδή, Φίλε ! ἔμαθον, ὅτι καταγίνεσαι εἰς Μεταφράσεις καὶ Ἐκδόσεις Βιβλίων : ἔργον τῷόντι ἱερὸν καὶ ἄξιον τοῦ Ἑλληνικοῦ Ὀνόματος, καί, ἐπειδὴ ἐγὼ κατὰ δυστυχίαν ὢν Ἰατρὸς καὶ μιᾶς ἡλικίας ἐπέκεινα τῶν τεσσαράκοντα χρόνων δὲν ἠμπορῶ νὰ σὲ μιμηθῶ διὰ τοὺς περισπασμοὺς τοῦ ἐπαγγέλματός μου καὶ τὰς συνεχεῖς ἀσθενείας τοῦ σώματός μου, ἐγχειρίζω εἰς τὸν Κύριον ... εὑρισκόμενον εἰς ... Ἐπαγγέλματος ... Φλωρία Βενέτικα ... διὰ νὰ σὲ τὰ στείλῃ πρὸς βοήθειαν τῆς Ἐκδόσεως Βιβλίων».

«Ὅταν δὲ σὺν Θεῷ ἀποκατασταθῶ εἰς τὴν Πατρίδα μου ... τότε πάλιν θέλω σὲ στείλει, ὅσα ἡ χρηματική μου δύναμις συγχωρήσῃ».

....

δυστυχή (δήθεν) φίλον του, ή εις το νεοσυστηθέν Σχολείον, ή εις έκδοσιν ή αγοράν Βιβλίων, ή εις ύπανδρείαν Αδελφής του, ή εις κανέν Μοναστήριον, υπογραφόμενος και φανερώνων τον καιρόν και τον τόπον. Ή Επιστολή παρετηρείτο, αν περιείχεν όλα, όσα έπρεπε να φανερώνωνται. Ο νέος Ιερεύς έβαλλε δύο Σημεία, όποια ήθελε να μεταχειρισθή, καθαρώς γεγραμμένα, και μήτε μικρά μήτε μεγάλα. Το πρώτον, ονομαζόμενον Τ ή ς Αφιερώσεως, δεν εσυγχωρείτο να μεταχειρισθή άλλοτε· το δε δεύτερον Τής Καθιερώσεως μετεχειρίζετο εις τα προς την Εταιρίαν Γράμματά του.

Έκτοτε εκοινολογούντο εις αυτόν τα περί των Συστημένων, των οποίων τα γνωριστικά Σημεία του εξηγήθησαν· το Εφοδιαστικόν, με το οποίον αντέγραφε το ιδικόν του, υπογραφομένου του Κατηχητού κατά τον διωρισμένον τρόπον (α) κτλ. καθώς και ο τρόπος της αποστολής των γραμμάτων και των χρημάτων. Έν από τα ουσιώδη χρέη του Κατηχητού ήτο το να εξετάζη ακόμη, αν ο νέος Ιερεύς, καθώς προείπομεν (β), γνωρίζη τι μυστήριον πολιτικόν, ή ευδοκιμή εις σπάνιόν τι και σημαντικόν προτέρημα.

Ο Κατηχητής, αν κατά περίστασιν προ του Μεγάλου Όρκου υπώπτευε τον Κατηχούμενον εις την καθαρότητα του φρονήματός του, εδύνατο να μακρυνθή από αυτόν, δίδων παύσιν εις την Κατήχησιν υπό το πρόσχημα, ότι αφίνει άλλον εις την θέσιν του. Εσυγχωρείτο εις τον Ιερέα το

(α) Ίδε περαιτέρω. — (β) Ολίγον άνωτ. Σελ. 159 Σχόλ. β'.

Ιδιον καί μετά τόν Μέγαν Ὅρκον· ἀλλ' ἔμενε προσεκτικὸς πάντοτε, μὴν ὑποπέσῃ εἰς τὴν ὀργὴν τῆς Ἐταιρίας διὰ τὰ λάθη του. Ἄν δὲ πάλιν εὑρίσκετο βεβιασμένος νὰ παύσῃ τὴν Κατήχησιν πρὸς τὸ τέλος διὰ τὴν βαθεῖαν κακίαν τοῦ ὑποκειμένου, τότε κρινόμενος ἐπαιδεύετο μὲ τὴν στέρησιν τῶν Προνομίων τοῦ Ἱερέως, ἢ δὲν προεβιβάζετό ποτε εἰς ἀνώτερον Βαθμόν. Τοῦ ἁμαρτήματος τούτου ἡ ποινὴ δὲν ὠλιγόστευεν, μήτε ἀθωοῦτο παντάπασιν ὁ Ἱερεύς, ἂν ὀλίγωρα δὲν ἐλάμβανε βέβαια καὶ ἀποφασιστικὰ μέτρα πρὸς ἀσφάλειαν γενικὴν τῆς Ἐταιρίας καὶ μερικὴν ἑνὸς ἑκάστου τῶν Μελῶν της, εἰδοποιῶν περὶ ὅλων τὸν Ἀνώτερον, ἢ τὴν Ἀρχήν. Συγχρόνως συνέτρεχον κατὰ χρέος καὶ ἄλλοι Ἱερεῖς, θεωροῦντες τὸ συμβὰν ὡς ἴδιον. Καὶ οἱ Ἱερεῖς καὶ οἱ Συστημένοι συμβοηθοῦντο ἀναμεταξύ των εἰς τὰς συγχωρουμένας περιστάσεις πρὸς ἐξερεύνησιν δόλου, ἀπάτης, πρὸς κατάπαυσιν παντοίας καταχρήσεως, καὶ δι' ὁποιανδήποτε ὠφέλειαν γενικὴν καὶ μερικὴν τῶν Μελῶν τῆς Ἐταιρίας.

Τελευταῖον ὁ Ἱερεὺς ὑπέσχετο εἰς τοῦτον πᾶσαν συνδρομὴν ἐκ μέρους τῆς Ἐταιρίας κατὰ τὰς θεμελιώδεις ἀρχάς της. Τὸν ἐδίδασκεν, ὁποῖος ἦτον ὁ ἀληθὴς πατριωτισμός, ἡ ἀρετή, ἡ χρειώδης γενικὴ καὶ μερικὴ ἀσφάλεια καὶ ὠφέλεια τῆς Ἐταιρίας, καὶ ἡ παντελὴς ἀφιέρωσις ὅλων ἐν γένει τῶν Μελῶν της. Ἐστερέωνεν εἰς τὸ πνεῦμά του, ὁποίαν πρέπει νὰ δεικνύῃ ἀγάπην, πίστιν καὶ συνδρομὴν πρὸς τὴν συντήρησιν καὶ τὴν ἐνέργειαν ὅλων τῶν ἀρχῶν, διὰ τῶν ὁποίων ἐκανονίσθη τὸ Σύστημα τῆς Ἐταιρίας. Ὕστερον

165

δλων τούτων τον ύπέβαλεν εις τον άκόλουθον Όρκον.

ΟΡΚΟΣ ΕΣΧΑΤΟΣ

« Όρκίζομαι, ώς άνθρωπος τίμιος καί έπιθυμών την εύτυχίαν τών Συμπατριωτών μου, άπό τήν όποίαν έξήρτηται καί ή έδική μου, εις δ,τι έχω ίερόν καί άκριβόν εις τόν Κόσμον

«Έπειδή αύτοθελήτως έμβήκα Μέλος είς τήν Έταιρίαν, καί αύτοθελήτως έδωκα τάς ένόρκους ύποσχέσεις μου είς αύτήν, θέλω φυλάξει δλα άπαραλλάκτως· θέλω είμαι πιστός έφ' δρου ζωής μου καί είς δλην τήν Έταιρίαν γενικώς καί μερικώς είς δλα τά Μέλη της.

« Εις όποιανδήποτε περίστασιν της άνθρωπίνου άστασίας εύρεθώ, θέλω όδηγηθή άπό τάς θεμελιώδεις άρχάς, αί όποίαι διδάσκονται είς τήν Διδασκαλίαν, ήτις ένεπιστεύθη εις έμέ.

«Όλα ταύτα έννοούνται καθ' όλην τήν δύναμίν των».

Μετά τον Όρκον τούτον άφίνετο έλεύθερος είς τάς έργασίας του ό νέος Ίερεύς δι' ένός άμοιβαίου άσπασμού.

Τό Έφοδιαστικόν τών Ίερέων έσχηματίζετο δι' ένός Τετραγώνου παραλληλογράμμου, φέροντος έσω Δεκαέξ Στήλας (α). Άνωθεν έφέρετο κατά κάθετον μέν ό Σταυρός, πεφραγμένος μέ κλάδον έλαίας· είς δέ τάς πλευράς του έξεχούσας κατά πλαγίαν γωνίαν δύο Λογχοφόρους Σημαίας, τήν μέν γράφουσαν τήν Έλευθερίαν, τήν δέ τόν

(α) Συνδεδεμένας μέ δύο γραμμάς Χιαστού Σχήματος.

Θάνατον διὰ μόνων τῶν ἀρκτικῶν καὶ τελευταίων στοιχείων τῶν λέξεων· (Η ΕΑ — Η ΘΣ).
Ἰδοὺ ὁ τρόπος καὶ τὰ περιεχόμενα τοῦ

ΕΦΟΔΙΑΣΤΙΚΟΥ

«4η23ωο878 3ωοωη γ353487 4ω ηγ3ωο8- Καθιερονο Ιερεα Φιλικον κε αφιερο- 78 3α β37 ηυη937 β3α γ35343α ωβωνο ισ τιν αγαπιν τισ Φιλικισ Ετεο3ημ 4ω 3α β37 39ωοηα93α37 β87 6ωριασ κε ισ τιν ιπερασπισιν τον Μευη587 3ωοω87 β87 ω5ωγα37387 β87 γαλον Ιερεον τον Ελεφσινιον τον α369853β37 (...) ωβ87 (...) ω9ημυ- Σιμπολιτιν (...) ετον (...) Επαγ-4ω56ηβ8α (...) 8α 2ωο678 39ωοηα93- κελματοσ (...) οσ θερμον ιπερασπι- αβ37 β3α ωξψω6873ηα β3α 9ηβο ψ8α στιν τισ εβδεμονιασ τισ Πατριδοσ 4ηβ3δ32ω7βη 4ω 8043α2ω7βη 9ηοη βε κατιχιθεντα κε ορκισθεντα παρα του (...)»
(...) κτλ. (α)

(α) Εἰς ἄλλο, πρωτότυπον καὶ τοῦτο, Δίπλωμα Ἱερέως εἴδομεν παρηλλαγμένην τὴν ἀρχήν, ὡς ἀκολούθως:

«Ισ το Ονομα τισ μελουσισ Σοτιριασ καθιερονο» κτλ.

Τὴν δὲ χρονολογίαν·

Ό Κατηχών υπέγραφεν εδώ τό Σημεϊόν του, γνωστόν εις την 'Αρχήν (α).

Τά Σημεία και οί Λόγοι τοϋ Διαγνωριστικοΰ μέρους ήσαν α', ή επιτηδεία σύσφιξις τών δύο χειρών, ενουμένων τών παλαμών. Πρώτον έκαμε τούτο το Σημεϊον, ός τις ήθελε νά γνωρισθή μέ άλλον, δι' ενός αδιαφόρου τρόπου. Ήρώτα δε συμβολικώς, άν ήναι εκ τοϋ Δεσμοΰ τών Φιλικών β', Το άμεσον τρίψιμον τοϋ οφθαλμού και κατόπι τοϋ αυτίου. Τοΰτο ήτον ή άπάντησις τοϋ δευτέρου, γενομένη διά της δεξιάς χειρός. Έφανέ-

«... τριαντα Απριλιου το ικοστο προτο τον Φιλικον».

Συμπεραίνομεν ότι ό Κατηχήσας έγραψε κατά λάθος τό«τών Φιλικών» άντί τοΰ Τών Χριστιανών : ήτοι Άπό Χριστοΰ.
(α) Έχομεν Πρωτότυπον Έγγραφον τής Αρχής ύπ' Άρ. 119 (Ζήτει Έποχ. Δ' Κεφ. Ζ') επάνω τοΰ όποίου φέρεται ή Σφραγίς αυτής κυκλική. Έχει δέ εις μέν τόν όμφαλόν της τό σημείον τοΰ Σταυροϋ, επί κεφαλής τούτου τό κεφαλαιώδες στοιχείον Ε, καί κατά πλευράς τόν αριθμόν 16, ούτω

Ε
(1 † 6). Εις δέ τόν δεύτερον καί τελευταϊον κύκλον κεχωρισμένα τά ακόλουθα Κεφαλαιώδη Στοιχεία, όλα 9.

« Ε / Ν / Π / Α / Α / Ι / Α / Α / Π / »

Άν καί τό «Ε καί 16» εξηγεί τρόπον τινά «Ἑ τ α ι- ρ ί α τ ῶ ν Δ ε κ α ὲ ξ» δέν ήτον όμως, είμή έν επιτήδευμα άπλοϋν. Ομοίως καί τά εννέα αρχικά Ονομάτων στοιχεία επιτηδεύθησαν, διά νά φέρωσι μόνον σύγχισιν. Καί τψόντι· πόσοι επονοκεφάλισαν ενασχοληθέντες μέ πολλήν προσοχήν εις τήν έξήγησιν τής υποτιθεμένης πραγματικότητος των.

Τοιαύτην είχον αρχήν καί αί 16 στήλαι τοΰ Εφοδιαστικοϋ τών Ιερέων καθώς καί τό περαιτέρω Χ ά κ η κ ι.

ρωνε δέ, ότι τ ò ν ε ί δ ε καί τ ò ν ή κ ο υ σ ε. Τότε ό πρώτος σφίγγων τήν άριστεράν χεϊρά του, έκτύπα είς αύτήν τούς δύο τής δεξιάς δακτύλους (τόν λειχανόν καί τόν δεικτικόν), σημαίνων μέ τοΰτο, δτι τ ò ν προσκαλεϊ. Ό δε δεύτερος τον έπλησίαζεν εύθύς, καί μέ τόν διωρισμένον τρόπον έδιδε καί έλάμβανε χεϊρα. Οί Λόγοι ή Έρωταπόκρισις, τών Ίερέων, κοινά καί εις τούς Συστημένους, ήσαν·

Ό Α΄. Πόσ' έχεις;
Ό Β΄. Όσ' έχεις.
Ό Α΄. Πόσα;
Ό Β΄. Δεκαέξ. (Έννόει ίσως τάς 16 στήλας τοΰ Έφοδιαστικοΰ τοΰ Ίερέως).
Ό Α΄. Τίποτε περισσότερον;
Ό Β΄. Όχι.
Ό Α΄. Έπιθυμοΰσα νά μοί τό είπήτε.
Ό Β΄. Είπέ τό πρώτον, νά είπω τό δεύτερον.
Τοιουτοτρόπως ήκολούθει τό Σύνθημα.
Ό Α΄. χ. — Ό Β΄. α.
Ό Α΄. κ. — Ό Β΄. η.
Ό Α΄. κ. — Ό Β΄. ι· — (Χάκηκι).

Τότε γνωριζόμενοι οί δύο συνωμίλουν μερικώτερον περί τών δύο κατωτέρων Τάξεων (τών Συστημένων καί τών Άδελφοποιητών). Έξηγοΰντο, όποία έστοχάζοντο προσφορώτερα είς τάς πράξεις τής Εταιρίας σχέδια, καί ποίας έλαβε καθείς διαταγάς άπό τούς άνωτέρους του, ή άπό τήν Άρχήν. Τί είδε· τί ήκουσε· τί παρετήρησε, καί καθεξής.

Οί Ιερείς είχον άνεξαίρετον τό δικαίωμα τοΰ νά πληθύνωσι τούς Μετόχους κατά τούς σημειωθέντας δρους. Κανείς δέν έγνώριζε τήν πηγήν τής Ύποθέσεως.

ΠΕΡΙ ΤΩΝ ΠΟΙΜΕΝΩΝ

Ήσαν ούτοι ό άνώτερος Βαθμός τών Ιερέων, προβιβαζόμενοι δι' άλλου Ποιμένος.

Τό Έφοδιαστικόν τοϋ Βαθμοϋ τούτου έσημείωνε μίαν Ήμισέληνον πρημνή, φέρουσαν άνωθεν έρεισμένον κατά κάθετον τό σημείον τοϋ Σταυρού. Πρός τήν δεξιάν πλευράν του ήτο λογχοφόρος Σημαία, περιέχουσα τόν Άκοίμητον Όφθαλμόν μέ τάς δύο κόρας. (Αίνίττετο δι' αύτοϋ τό άγρυπνον καί προσεκτικόν τής Εταιρίας.) Είς δέ τήν άριστεράν έφέρετο Άγκυρα, περιτετυλιγμένη μέ ένα Όφιν, τού όποίου ή κεφαλή έκλινε πρός μίαν Μέλισσαν. (Έννοείτο ή φρόνησις, ή ώριμος έκλογή καί τό βάσιμον τοϋ πράγματος). Έγράφετο τό Έφοδιαστικόν διά τών γραμμάτων τών Ιερέων, ώς άκολούθως·

«Τόν Ιερέα, κατηχηθέντα παρά τοϋ Ιερέως (α), γνωρίσας άξιον έσύστησα. Καί, δυνάμει τής διά τής νέας Ύπογραφής άδείας των, έδέχθην Ποιμένα· καί, ώς τοιοϋτον, είδοποιών τόν Μέγαν Άρχηγόν τών Ποιμένων, συστήνω».

ΠΕΡΙ ΤΩΝ ΑΡΧΙΠΟΙΜΕΝΩΝ

Ήσαν ούτοι Βαθμός άνώτερος τών Ποιμένων, τελειοποιηθείς μάλλον είς τό Βουκουρέστιον. Δέν

(α) Έπροστίθετο έδώ τό Σημείον τοϋ άναφερομένου Ιερέως.

ἔλαβεν ὅμως ἔκτασιν, ὡς οἱ ἄλλοι.

ΠΕΡΙ ΤΩΝ ΑΦΙΕΡΩΜΕΝΩΝ

Ὅρκος.

«Ἐνώπιον τοῦ ἀοράτου καὶ ἀληθινοῦ Θεοῦ, τὸν ὁποῖον ἀγαπῶ καὶ λατρεύω ἐξ ὅλης μου τῆς ψυχῆς, καὶ ἐξ ὅλης τῆς διανοίας καὶ ἐξ ὅλης τῆς ἰσχύος μου; ὁρκίζομαι, ὅτι θέλω εἶμαι πιστὸς εἰς τὴν Ἑταιρίαν τῶν Φιλικῶν κατὰ πάντα ἐφ' ὅρου ζωῆς μου. Δὲν θέλω εἰπῶ, φανερώσω, ἢ κάμω νὰ καταλάβουν κανὲν ἀπὸ τὰ Σημεῖά της, ἢ λόγους της, ἢ ὅτι ἐγὼ εἶμαι Μέλος εἰς αὐτήν, ἢ ὅτι ἐξεύρω τι περὶ αὐτῆς, εἰς κανένα ἄνθρωπον, οὔτε εἰς Πνευματικόν, οὔτε εἰς συγγενεῖς μου, οὔτε εἰς φίλους μου».

«Ὁρκίζομαι, ὅτι θέλω εἶμαι πιστὸς εἰς τὴν ἱερὰν Θρησκείαν μας, εὐλαβὴς εἰς τὰ θεῖα, χωρὶς νὰ καταφρονῶ τὰς ξένας Θρησκείας. Θέλω προσέχει εἰς τὴν διαγωγήν μου νὰ ἦναι τιμία καὶ ἐνάρετος κατὰ πάντα. Θέλω ἀγαπῶ τὸν πλησίον μου, καὶ βοηθῶ τὸν δυστυχῆ καὶ ἀδύνατον. Θέλω εἶμαι πιστὸς πρὸς τοὺς φίλους μου καὶ ἠγαπημένος μὲ ὅλους τοῦ Ἔθνους μας καὶ μὲ τοὺς βοηθοῦντας αὐτό».

«Ὁρκίζομαι, ὅτι θέλω εἶμαι πάντοτε ὑπήκοος πρὸς τὸν Ἀρχηγόν μου, ἢ εἰς ἐκεῖνον, τὸν ὁποῖον ἤθελέ με διορίσει εἰς ἔλλειψίν του· ἢ εἰς ἐκεῖνον, τὸν ὁποῖον ἡ ἰδία Ἀρχὴ ἤθελέ με προστάξει νὰ ὑπακούσω. Δὲν θέλω δουλεύσει τινά, καθ' ὁποῖον τρόπον καὶ ἂν ἦναι, χωρὶς τὴν ἄδειαν τοῦ Ἀρχηγοῦ μου, ἢ τῆς Ἀρχῆς· καὶ χωρὶς ἄργηταν θέλει παραιτηθώ άπό τήν δούλευσιν, άφοΰ προσταχθώ».

«'Ορκίζομαι, ότι ποτέ δέν θέλει είπώ τινός 'Αδελφού μας, ή άλλου τινός, ποίος με έδέχθη είς τήν Έταιρίαν ούτε θέλω έρωτήσει άλλον διά τούτο ούτε θέλω μεταχειρισθώ βίαν, διά νά γνωρίσω ένα 'Ομογενή ώς 'Αδελφόν. Θέλω άγαπώ τόν έχθρόν μου, καί θέλω τόν συγχωρήσω, δι' ό, τι καί άν μέ έβλαψεν, άφοΰ μάθω, ότι είναι 'Αδελφός είς τήν Έταιρίαν καθώς δέν θέλει λυπηθώ νά παιδεύσω, ή καί νά φονεύσω, ένα παραβάτην ή έχθρόν τής 'Εταιρίας, όποιος καί άν ήναι; όταν προσταχθώ. Καί, άνίσως σταλώ άπό τόν 'Αρχηγόν μου ή άπό άλλον τινά 'Αδελφόν, μέ γράμματα ή χρήματα τής 'Εταιρίας πρός άλλον, ή μοΰ δοθώσι νά τά φυλάττω, θέλει τό άκολουθώ κατά τήν διαταγήν του».

«'Ορκίζομαι, ότι θέλει προσπαθώ νά ήμαι ύγιής καθ' όλον μου τό σώμα. Δέν θέλω δώσει ποτέ τό κακόν παράδειγμα τής μέθης, φθοροποιών παιγνιδίων καί άλλων ποταπών έλαττωμάτων είς τούς 'Αδελφούς μας, ή είς τούς μικροτέρους είς τόν βαθμόν, καί είς τούς λοιπούς Όμογενείς μας. Καί, όσάκις μέ παιδεύση δι' αύτά, ή άλλα σφάλματα ό 'Αρχηγός μου, ή ή 'Αρχή, θέλω ύποφέρει τήν τιμωρίαν μ' όλην τήν ύπακοήν».

«'Ορκίζομαι, ότι δέν θέλω δώσει τόν βαθμόν τοΰ 'Αφιερωμένου είς τινα. Καί, όσους 'Αδελφοποιητούς δέχωμαι είς τήν Έταιρίαν, θέλω έξετάζει καλώς διά τήν διαγωγήν καί φρονήματά των θέλω βαστώ πάντοτε τά όνόματά των έγγράφως, τήν πατρίδα των, τήν ήλικίαν των καί τό έπάγγελμά των, καί θέλω τά άναφέρει εἰς τὸν Ἀρχηγόν μου, καί νά άκολουθῶ δι' αὐτούς, καθὼς ἤθελέ με προστάξει. Δέν θέλει δεχθῶ ποτε ἀλλοεθνῆ Ἀδελφοποιητόν, οὔτε ἄνθρωπον κακῆς ὑπολήψεως καί διαγωγῆς καί μὲ ἀχρεῖα ἐλαττώματα».

«Ὀρκίζομαι, ὅτι θέλω ἀγαπῶ πάντοτε ἐξ ὅλης ψυχῆς καί καρδίας τὴν Πατρίδα μου καί τοὺς Ὁμογενεῖς μου. Θέλω καταφρονεῖ τὴν ζωήν, διά νά τοὺς κάμω καλόν. Θέλω βοηθεῖ τοὺς Συναδελφούς μου μὲ ὅλην μου τὴν δύναμιν καί κατάστασιν. Θέλω μισεῖ αἰωνίως τοὺς τυράννους μας καί τοὺς ὁμόφρονάς των, κατατρέχων καί βλάπτων αὐτοὺς μὲ ὅλας τὰς δυνάμεις μου».

«Ὀρκίζομαι, ὅτι θέλω ἀποκριθῆ τὴν ἀλήθειαν, εἰς ὅ,τι ἐρωτηθῶ ἀπὸ τὸν Κατηχοῦντά με».

Ἤδη τὸν ἐγίνετο ἡ ἐξομολόγησις, ὡς ἀκολούθως.

«Κατετρέχθης ποτὲ ἀπὸ τοὺς τυράννους μας, ἢ ἀπὸ ἄλλον τινά· καί διά ποίαν αἰτίαν ;»

«Ἔχεις κανένα καλὸν φίλον, ἢ κανένα μέγαν ἐχθρόν ; »

«Ἐξεύρεις κανέν μέγα μυστικὸν πολιτικόν, ἢ καμμίαν ἀπόκρυφον ἐφεύρεσιν, ἢ ἄλλο τι ἀξιόλογον ;»

«Ἔχεις καμμίαν ξεχωριστὴν ἐπιτηδειότητα ; Ἐξεύρεις καμμίαν τέχνην ; »

(Ἀφιέρωσις)

«Φέρω μάρτυρα τὸν ἀλάνθαστον ὀφθαλμὸν τοῦ Δημιουργοῦ μας, εἰς τὸν ὁποῖον κανεὶς συλλογισμὸς καί ἐπιθυμία δὲν εἶναι ἀπόκρυφος, ὅτι ἐπιθυμῶν τῆς ταλαιπώρου Πατρίδος μας καί τοῦ δυστυχοῦς Γένους μας τὴν ἀνάστασιν, ἐμβαίνω Μέλος εἰς αὐτὴν τὴν Ἀδελφότητα· ὅτι ἡ ἀφιέρωσίς μου γίνεται χωρὶς νὰ παρακινηθῶ ἀπὸ καμμίαν ἄλλην αἰτίαν, εἰμὴ μόνον ἀπὸ ἀληθῆ πατριωτισμόν· ὅτι ἔδωσα τὸν Ὅρκον μου μὲ ἐλευθέραν θέλησιν, εὑρισκόμενος ὑγιὴς καὶ κατὰ τὸν νοῦν καὶ κατὰ τὸ σῶμα· Τὸν Ὅρκον τοῦτον ὑπόσχομαι, ὡς τίμιος ἄνθρωπος καὶ ὀμνύω εἰς τὸ πανάγιον καὶ φοβερὸν Ὄνομα τοῦ Θεοῦ, νὰ φυλάξω ἀπαρασάλευτα. Ἀνίσως ποτὲ λησμονήσω τὴν ὑπόσχεσίν μου, καὶ δὲν φερθῶ ὡς πιστὸς Πατριώτης καὶ ὡς ἀληθινὸς Ἀφιερωμένος, τὸ μὲν σῶμα μου ἀφίνω εἰς ὅλα τὰ βάσανα καὶ δυστυχίας ταύτης τῆς προσκαίρου ζωῆς καὶ εἰς τὸν σκληρότατον καὶ ἀτιμότατον θάνατον, νὰ μὴν ἀξιωθῶ ταφῆς καὶ εὐλογίας τῆς ἁγίας μας Ἐκκλησίας, ἀλλὰ νὰ μείνῃ διὰ τροφὴν εἰς τὰ ἄγρια θηρία καὶ ὄρνεα· τὴν δὲ ψυχήν μου παραδίδω διὰ αἰώνιον κόλασιν εἰς τὰς χεῖρας τῶν δαιμόνων: τῶν ἐχθρῶν τοῦ ἀληθινοῦ Θεοῦ καὶ τῆς Ἱερᾶς Πίστεώς μας, καὶ τὸ ὄνομά μου νὰ γίνῃ τὸ ὄνομα τῆς κατάρας καὶ τοῦ ἀναθέματος, ὡς τὰ ὀνόματα τοῦ Κάϊν καὶ τοῦ Ἰούδα. Σὺ λοιπόν, Ἀδελφέ! δέξου τὴν ἀφιέρωσίν μου, τὴν ὁποίαν τώρα καὶ διὰ πάντα προσφέρω εἰς τὸ Γένος μου διὰ τὴν Ἐλευθερίαν του ὑπὸ τὰς προσταγὰς αὐτῆς τῆς κρυφῆς καὶ ἀγνώστου Ἀρχῆς τῆς Ἑταιρίας μὲ τὰς χεῖράς μου, μὲ τοὺς πόδας μου, μὲ τὴν γλῶσσάν μου, καὶ μὲ ὅλον μου τὸ σῶμα, τὴν ψυχὴν καὶ κατάστασιν, ἐνόσῳ ἡ ψυχή μου κατοικεῖ εἰς τὸ σῶμά μου. Δέξου με Ἀδελφὸν Ἀφιερωμένον εἰς αὐτὸν τὸν ἱερὸν Δεσμόν».

Ό Κατηχών τὸν ἔλεγε. Δέχομαί σε.
Ό Κατηχούμενος ἐξηκολούθει·

«Γνωρίζων τὸν θερμὸν ζῆλόν μου εἰς κάθε καλὸν τῆς ἀθλίας Πατρίδος μας καὶ τὴν ἀπόφασίν μου, ἐπιβεβαίωσον καὶ ἐγγυήσου διὰ τὴν ἀφιέρωσίν μου».

Ό Κατηχών ἔλεγε· Ἐπιβεβαιῶ καὶ ἐγγυοῦμαι.

Ἔπειτα κτυπῶν τοῦτον τρὶς μὲ σπαθίον εἰς τὰς πλάτας, ἐπρόφερε· Διὰ ὑστερινὴν φορὰν κτυπᾶσαι αὐτοῦ. Καὶ δίδων εἰς αὐτὸν τὸ σπαθίον, ἐξηκολούθει.

«Ἡ Πατρὶς σοῦ τὸ δίδει νὰ τὸ μεταχειρισθῇς δι' αὐτήν, ὅμως μὲ τὴν ἄδειάν της. Αὐτὸ εἶναι τὸ τιμιώτερον καὶ ἀκριβέστερον ἐνέχυρόν της, καὶ διὰ τὴν τιμήν του ἔκαμες τὸν Ὅρκον».

Κατὰ συνέπειαν ὁ Κατηχούμενος ἔγραφεν ἓν Γράμμα, πρὸς ὅποιον καὶ ὅπου ἤθελε, φανερώνων τὴν πατρίδα, τὴν ἡλικίαν, τὸ ἐπάγγελμα, τὸ ὄνομα καὶ ἐπίθετόν του. Ἐξήγει εἰς τοῦτο, στελλόμενον διὰ τοῦ Κατηχητοῦ πρὸς τὴν Ἀρχήν, ὅσην ἔκαμε προσφοράν, καὶ ἐτελείωνε μὲ τὰς ἐξῆς λέξεις «Καὶ ἀφιερωνόμενος εἰς τὴν ἀγάπην σας, μένω...» Ἔβαλλεν ἓν σημεῖον, τὸ ὁποῖον δὲν ἔπρεπε νὰ ἴδῃ ὁ Κατηχών. Μὲ τοῦτο τὸν ἔγραφεν ἡ Ἀρχή. Ἔπειτα ὁ Κατηχών τὸν ἐξηγεῖτο τὰ Σημεῖα καὶ Λόγους τῶν Συστημένων κλπ. διὰ νὰ γνωρίζῃ τοὺς Συναδελφούς. Τελευταῖον τὸν ἔδιδε καὶ τὸ Ἐφοδιαστικόν, γραφόμενον κατά τον ακόλουθον τρόπον.

ς†

'Εγώ ο δούλος τοϋ Θεού... (α) μαρτυρώ, οτι ό δούλος τοϋ Θεού... (β) εξωμολογήθη εις εμέ δλα τά αμαρτήματα του, τά όποια ώς αμαρτωλός και ώς άνθρωπος έπταισε. Υπήκουσε δε και έβαλεν εις πράξιν με όλην την έπιμέλειαν όλας τάς διαταγάς, τάς οποίας τον διώρισα. Διά τοϋτο τω δίδω το Παρόν εις άπόδειξιν της καλής και Χριστιανικής διαγωγής του».

(Υπεγράφετο με το Σημεΐόν του μόνον το τοϋ Ίερέως).

ΠΕΡΙ ΤΩΝ ΑΡΧΗΓΩΝ ΤΩΝ ΑΦΙΕΡΩΜΕΝΩΝ

Ὅρκος.

«Ενώπιον τοϋ αληθινού Θεού ορκίζομαι, ότι τον Βαθμόν, τον οποίον λαμβάνω, δέν θέλω δώσει εις τινα των 'Αδελφών, οποίου Βαθμού και αν ήναι, ειμή όταν λάβω την άδειαν άπό την Άρχην των Φιλικών».

«Ορκίζομαι, ότι έχων την άδειαν νά κάμνω και νά προστάζω Αφιερωμένους και 'Αδελφούς, δεν θέλω την μεταχειρισθή ποτέ διά μερικόν οφελός μου μήτε έχθροπαθείας ιδικάς μου, μήτε θέλω δώσει ποτέ προσταγάς μικροπρεπείς και ατίμους· αλλά, τότε μόνον θέλω μεταχειρίζωμαι την δύνα-

---

(α) Έσημειώνετο εν Καλογηρικόν όνομα.
(β) Έσημειώνετο επίσης το όνομα και επώνυμον.

μίν μου, όταν ήναι διά τό καλόν τής Εταιρίας καί διά τήν άσφάλειάν της· καί τότε πάλιν μέ πολλήν ημερότητα καί γλυκύτητα».

«Όρκίζομαι, ότι θέλω προσέχει εις τήν διαγωγήν μου, διά νά μή δίδω σκάνδαλον εις τούς Αδελφούς καί Συμπατριώτας. Ομοίως θέλω προσέχει νά μή δείξω, ότι έχω Βαθμόν άνώτερον, διά νά μή προξενήται ζηλοτυπία. Θέλω προσέχει όμοίως νά μή βάλλω τήν ζωήν μου εις κίνδυνον χωρίς ώφέλειαν τής Εταιρίας Θέλω άποφεύγει τάς φιλονεικίας καί έχθρας όχι μόνον μέ τούς Αδελφούς, άλλά καί μέ όλους τούς όμογενείς μου. Θέλω φροντίζει όμοίως νά ήμαι ύγιής· επειδή καί ώς Άρχηγός Αφιερωμένων χρεωστώ εις τήν Εταιρίαν καί τήν άσφάλειαν τών άλλων καί τήν ίδίαν ίδικήν μου, άπό τήν όποίαν κρέμαται καί ή ησυχία τών άλλων».

«Όρκίζομαι, ότι θέλω ειδοποιεί τήν Αρχήν διά τάς προόδους καί διά τόν άριθμόν τών Άδελφοποιητών άπό καιρόν εις καιρόν· όμοίως καί δι' ό,τι άξιόλογον ήθελον ίδεί, άκούσει, ή ξεσκεπάσει, χωρίς άναβολήν, τό όποίον ήμπορεί νά ώφελήση, ή νά βλάψη, τήν Εταιρίαν. Θέλω φροντίζει νά κάμω περιγραφήν τού τόπου, εις τόν όποίον ήθελα εύρεθή· καί τοιαύτας περιγραφάς δέν θέλω εμπιστευθή εις άλλον νά τάς κάμη, είμή εις άνθρωπον, ός τις έχει καλήν γνωριμίαν τού τόπου, καί δέν βαστά φατρίαν. Τέλος.»

«Όρκίζομαι καί ύπόσχομαι έκ δευτέρου, ότι τούς Όρκους, τούς όποίους ώς Ιερεύς καί ώς Αφιερωμένος έκαμα, θέλω φυλάττει άπαρασάλευτα, ών πιστός εις τήν Εταιρίαν καί ύπήκοος εις τήν Άρχήν Αύτής».

Έγραφεν έπειτα τό Γράμμα του εις τήν Αρχήν, βάλλων κρυφίως τό Ιδιον Σημείον, τό όποιον μετεχειρίσθη, όταν έγινεν Αφιερωμένος. Όπισθεν δέ τού Εφοδιαστικού τού Αφιερωμένου έγράφετο τό Εφοδιαστικόν τού Αρχηγού τών Αφιερωμένων ούτω·

«Αλκιβιάδης (ή όποιον άλλο ήρωϊκόν όνομα είχεν ό Κατηχών) Αρχηγός τών Αφιερωμένων, Στρατιώτης τού Ιερού Λόχου τής Φυλακής τού Θυσιαστηρίου, μέ τήν δύναμιν τής Αφιερώσεώς μου, δέχομαι τόν Αριστείδην (...) διά Σύντροφόν μου εις τόν Ιερόν Λόχον».

(Ή Υπογραφή ετίθετο μόνον διά τού Σημείου τού Ιερέως).

Έπειτα εξηγούντο τά γνωριστικά Σημεία καί οί Λόγοι τού Ποιμένος.

ΕΠΟΧΗ ΤΡΙΤΗ

Ἡ Ἑταιρία μέχρι τῆς ἀναγορεύσεως τοῦ Α. Ὑψηλάντου.

ΚΕΦΑΛΑΙΟΝ Α'

Ἀπόπειραι τοῦ Σκουφᾶ εἰς Μόσχαν — Ὅρκος τῶν Ἀρχηγῶν τῆς Ἑταιρίας — Νικόλαος Γαλάτης καὶ Συμβάντα εἰς Πετρούπολιν — Ἀναγνωσταρᾶς, Χρυσοσπάθης — Βατικιώτης — Ἄνθιμος Γαζῆς — Σκέψεις τῶν Ἀρχηγῶν τῆς Ἑταιρίας πρὸ τῆς καταβάσεώς των εἰς Κωνσταντινούπολιν.

Οἱ μνημονευθέντες (α) Δημιουργοὶ τῆς Ἑταιρίας δὲν ἤρχισαν ἀμέσους εἰς τὴν Ὀδησσὸν τὰς ἐργασίας των ἐκ τινος συμβεβηκότος. Εἶναι δὲ τοῦτο ἡ εἰς τὴν Μόσχαν (β) ὑποχρεωτικὴ μετάβασις τοῦ Σκουφᾶ, προσκληθέντος διὰ τῆς ἐκεῖ Ἐμπορικῆς Τραπέζης ἕνεκα τῆς πεπτωκυίας οἰκίας του. Μ' ὅλην τῶν ἰδίων του ὑποθέσεων τὴν ἀσχολίαν ἤρχισεν οὗτος (τὸ φθινόπωρον τοῦ 1815) τὴν ἐφαρμογὴν τῆς Κατηχήσεως εἰς τὴν πόλιν ταύτην, πρὶν ἢ γνωρίσῃ, ἂν ἦτον ἡ ἁρμοδία ὥρα, ἴσως καὶ ὁ ἄνθρωπος· αἱ δοκιμαί του ὅμως ἀπέτυχον, γενόμεναι πρὸς ἐμπόρους τινὰς καὶ πρὸς τὸν Γεώργιον Σέκε-

---

(α) Ἐποχ. Β', Κεφ. Γ'.
(β) Ὅπου μετέβη καὶ ὁ Τσακάλωφ δι' ἰδιαιτέρας ὑποθέσεις.

ρην (α) μεταβαίνοντα διά τής Μόσχας εις Παρίσια. Ή καταφρόνησις καί ό βάρβαρος χλευασμός τινων συνώδευον καί προσέβαλλον τήν αίσθαντικήν καρδίαν τοΰ Σκουφά (β) καί εις τήν άναχώρησίν του ακόμη. Εις τήν Όδησσόν έπέστρεψεν ούτος περί τάς αρχάς τοΰ 1816. Παρηγορείται άπό τόν 'Αναγνωστόπουλον εις τάς δυσαρεσκείας του. Καί οί δύο ούτοι μέλλουν ήδη νά άκολουθήσωσι τήν τολμηράν ύπόθεσίν των (γ), όρκισθέντες τόν άκόλουθον Όρκον (δ).

(α) Οί Σεκεραίοι κατάγονται έκ τής Τριπολιτσάς, Τόν Γεώργιον συνιστών (1821) ό Κοραής πρός τόν Δ. Ύψηλάντην, δέν έδίστασε νά χαρακτηρίση αύτολεξεί «νέον εις τήν ήλικίαν, άλλά γέροντα εις τόν νοΰν».

(β) Ό Σκουφάς έστερήθη πολύ τήν ύπόληψίν του εις τήν στάσιν, τοΰ όποίου μετήρχετο έμπορίου. Εντεύθεν έθεωρείτο ώς άγύρτης.

Ήτον άνθρωπος άπλοΰς, άλλά μέ πολλήν εύαισθησίαν καί πατριωτισμόν. Είχε διάθεσιν εις τά έπιτηδεύματα καί τά μηχανουργήματα· όχι όμως καί άνάλογον έπιτηδειότητα. Ζήτει καί είς τό Κεφ. Β'.

(γ) Ποίος δέν ήθελε τούς όνομάσει πάρα τολμηρούς καί ώς πρός τήν ιδικήν των καί ώς πρός έκείνην τοΰ Έθνους όλοκλήρου τήν δυστυχίαν, ένώ δέν έσυμβουλεύοντο ήδη τάς δυνάμεις των, άλλά τό θάρρος τοΰ τυφλού ένθουσιασμοΰ ; Ό 'Αναγνωστόπουλος έκαμε συνεχείς πρός τόν Σκουφάν τοιαύτας παρατηρήσεις· τούτου όμως έφαίνετο ό ένθουσιασμός αύξάνων μάλλον άπό τήν άκραν πρός τούς έμπόρους δυσαρέσκειάν του. Ήτον άνυπόμονος διά τοΰτο νά τούς δείξη, ότι δέν είναι εύτυχής, ός τις έχη χρήματα, άλλ' ό έλεύθερος· καί άνώτερος τούτου έκείνος, ός τις ένεργήση τήν έλευθερίαν του.

(δ) Είχον έπί τής τραπέζης έν πινάκιον καί έπί τούτου έν

«Όρκιζόμεθα ώς τίμιοι άνθρωποι: ώς άνθρωποι, οί όποιοι δέν κινούμεθα άπό κανέν άλλο αίσθημα, ειμή άπό τό πρός τήν Ελευθερίαν τής ταλαιπώρου Πατρίδος μας, ίνα συντρέξωμεν μέ τόν νούν, μέ τήν καρδίαν καί μέ τό σώμά μας είς τήν έλευθερίαν της, μή πτοούμενοι μήτε πύρ, μήτε σίδηρον, μήτ' όποιανδήποτε βάσανον ώς άπό μέρους ούτινοσδήποτε, ός τις ήθελε τολμήσει νά μάς άποκόψη άπό τήν ίερότητα τού σκοπού μας. Οί κόποι καί άγώνες θέλουν λογίζεσθαι ώς μηδέν ώς πρός τήν άπόφασίν μας. Ό,τι δέ ήθελεν είναι μυστικόν μεταξύ ήμών, τούτο έπ' ούδεμιᾷ περιστάσει δέν μπορεί νά κοινοποιηθῇ είς άλλον, άν έκ συμφώνου δέν έγκριθῇ ή κοινοποίησίς του».

«Όρκιζόμεθα δέ πρό πάντων, ότι μεταξύ ήμών καί τών τυράννων τής Πατρίδος μας τό πύρ καί ό σίδηρος είναι τά μόνα μέσα τής διαλλαγής καί τίποτ' άλλο».

«Έκ τού έναντίου δέ καί ήθελεν άναιρέσωμεν τήν ίερότητα τών χρεών μας, κινούμενοι άπό αίσχροκέρδειάν τινα, ή δειλίαν, ή άλλην όποιανδήποτε αίτίαν, τό όνομά μας νά παραδίδεται είς τό αίώνιον άνάθεμα καί είς τήν κατάραν τών Όμογενών μας· τό αίμά μας νά χυθῇ, ώς χύνεται αύτήν ταύτην τήν στιγμήν ό οίνος ούτος (α)· τό δέ σώμά μας μή άξιούμε-

---

μαχαίριον. Όρθιοι έκράτουν ό καθείς μέ τήν άριστεράν έν ποτήριον οίνου, τήν δέ δεξιάν είχον έπί τής καρδίας των όρκιζόμενοι.

(α) Έχυσαν καί οί δύο μέρος τού οίνου έπί τού ξίφους.

νον ταφής νά γίνη βορά των θηρίων και των ορνέων. 'Αμήν». (α)

Έκτοτε άπεφάσισαν νά δέχωνται προσηλύτους, καθ' όσον έσυγχώρει ή κατάστασις τοΰ έργου των. Τούτου ή τελειότης άνεβάλλετο άκόμη. Ό Άνθιμος Γαζής περιεμένετο εις Όδησσόν, και πρός τούτον έσκόπευον νά παραστήσωσιν ούτοι πλήρη τήν άλήθειαν καί τον σκοπόν των, έλπίζοντες βεβαίαν τήν έκ μέρους του συνδρομήν, ένεκα τής πείρας καί τών γνώσεών του, εις τήν διαρρύθμισιν ένός Όργανισμού πλέον καταλλήλου. Περιεμένετο συγχρόνως καί ό Τσακάλωφ έκ τής Μόσχας. Έντοσούτω ό 'Αναγνωστόπουλος δέχεται εις τήν Έταιρίαν τον σχετικόν του Άθανάσιον Σέκερην, εις τήν οίκίαν τοΰ όποίου εύρον όλην τήν προαιρετικήν ύποδοχήν άκολούθως καί αύτός καί ό Σκουφάς.

Νέα περίστασις παρουσιάζεται ύπό οίωνούς έπίσης καλούς καί κακούς. Εις τήν Όδησσόν φαίνεται Νικόλαός τις Γαλάτης ('Ιθακήσιος), φιλιωθείς μέ τόν Σκουφάν κατά πρώτον καί έπειτα μέ τόν Άναγνωστόπουλον. Κηρυττόμενος ώς συγγενής τοΰ Κόμητος Καποδίστρια, διεφήμιζε τήν όσονούπω άφιξίν του εις τήν Πετρούπολιν ένεκα σημαντικών ύποθέσεων. Ό Σκουφάς, αί πράξεις τοΰ όποίου έσυντροφεύοντο άπό τό εύαπάτητον, έπρόσεξεν, ώς ήτον έπόμενον, εις τοΰτον, καί τόν δέχεται εις τήν Έταιρίαν. Τό σφάλμα τοΰτο διαδέχεται άμέσως άλλο άνοικονόμητον. Ό

(α) Άσπασθέντες έπιον τό ύπόλοιπον τοΰ οίνου, καί ύπέγραψαν τόν όρκον.

Σκουφάς φανερώνει πρός τόν ίδιον πλαγίως πως τά περί τής 'Αρχής (α). Είναι περιττόν τό νά έξηγηθή τις έπί τών ύποσχέσεων, δσας έδιδεν ό

(α) Ό Γαλάτης, γενόμενος Έταίρος, έδειξεν άπαραδειγμάτιστον ένθουσιασμόν, τόν όποίον ύπεστήριζε τό παρρησιαστικόν καί τολμηρόν πνεύμά του. Ύπέσχετο ώς κατορθωτά δχι μόνον τά δύσκολα, άλλά καί τά φύσει άκατόρθωτα. Παρόμοιαι ύποσχέσεις έκλόνισαν τήν άπαλήν καρδίαν τού Σκουφά δστις τόν έξηγήθη άπαντών είς έρωτήσεις του τινάς περί τής 'Αρχής, δτι
«Ή 'Αρχή είναι είς τήν 'Ελλάδα. Αύτή τόν έκαμε συμμέτοχόν της, διά τήν όποίαν έδειξεν έμπιστοσύνην καί ένθερμον έκδούλευσιν. Είσαι λοιπόν (άποτείνεται πρός τούτον) είς περίστασιν τού νά τρέξης τόν ίδιον δρόμον· καί έξήρτηται άπό σέ τό νά συμπεριληφθής είς τήν όλομέλειάν της, ή όχυ».
Αύτά έξεφράσθη ό Σκουφάς κατάξηρα. Άλλ' ό Γαλάτης, δπως καί άν τά έθεώρησε κατ' άρχάς, δέν ήργησε μετ' όλίγον νά έμβατεύση είς τήν άλήθειαν. Έγινε δέ ό πρόξενος τής μεγαλυτέρας καί έντός τής Ρωσσίας καί είς τήν 'Ελλάδα άνυπολημψίας τού Συστήματος, κηρυττομένου ώς άγυρτικού.
Ό ίδιος Σκουφάς, θέλων νά λυτρωθή άπό τάς συνεχείς περί τής 'Αρχής έρωτήσεις τού Α. Σέκερη, μετεχειρίσθη άλλο πνεύμα, έξηγηθείς πρός τούτον, δτι «ή καταγωγή της είναι πρός τά βαθύτερα τής Ρωσσίας· καί δτι έρειδομένη αύτη είς τήν είλικρίνειαν καί τόν πατριωτισμόν του, ένεπιστεύθη νά τόν παραδεχθή ώς έν Μέλος. Άλλά, πρός Θεόν ! (τόν προσθέτει), πρόσεξε, μήν έκστομήσης τούτο είς κανένα». Ό Σέκερης ήρώτησεν, άν ήξεύρη τι περί αύτής ό 'Αναγνωστόπουλος. Ό Σκουφάς ήρνήθη παρατηρών· «Δύνανται τά τοιαύτα είς καθένα ;» Ό 'Αναγνωστόπουλος ήθέλησεν άκολούθως νά δοκιμάση εύφήμως πως τόν Σέκερην περί τού φρονήματός του ώς πρός τήν 'Αρχήν· παρετηρήθη δέ, δτι έκρυπτεν ούτος τήν δόξαν διά τόν έαυτόν του.
Είς παρομοίαν ύπέπεσε περίστασιν ό Σκουφάς είς τήν Μό-

Γαλάτης περὶ μεγάλων πραγμάτων. Οἱ πανοῦργοι, ἐνδυόμενοι τὸν θώρακα τῆς ὑποκρισίας, μεταμορφώνουσι τὸ πνεῦμά των, καθὼς οἱ πολύποδες τὸ χρῶμά των.

Ἐφωπλισμένος τοιουτοτρόπως κινεῖ εἰς τὴν Πετρούπολιν. Τὰ πάθη ἐκεῖνα, ὅσα γεννῶνται ἀπὸ τὴν μεταξὺ τῶν δυνάμεων καὶ τῶν ἐπιθυμιῶν ἀνισότητα, σύρουσι τὸν ἄνθρωπον εἰς τὰς μεγαλυτέρας παραδρομὰς καὶ ἀτοπίας. Τοιοῦτος δείκνυται ὁ Γαλάτης εἰς τὴν ἐποχὴν αὐτήν. Ἐπιρρεπὴς εἰς τὸ καλὸν καὶ εἰς τὸ κακὸν ἐπίσης, κενόδοξος καὶ ἀχαλίνωτος ἀπὸ τὸ ὁρμητικόν του πνεῦμα, δὲν ἀφῆκε τίποτε, ἀπ' ὅσα ἐδύναντο νὰ ριψοκινδυνεύσωσι βεβαίως τὴν ὑπόληψιν καὶ ὕπαρξιν τῆς ἀρτιπαγοῦς Ἑταιρίας. Ἐκτείνει, ὅπου ὑπάγει, τοὺς προσηλύτους· κατηχεῖ τὸν γηραιὸν Ἡγεμόνα Α. Μαυροκορδάτον (τὸν Φυραρῆν) καὶ πολλοὺς Μεγαλεμπόρους, καὶ ἐμπνέει σέβας ἐνταυτῷ καὶ ἔκπληξιν εἰς ὅλους. Ἐνῷ ἐξ ἑνὸς μέρους ἐκήρυττε τὸν ἑαυτόν του Κ ό μ η τ α τ ο ῦ Ἑ λ λ η ν ι κ ο ῦ Ἔ θ ν ο υ ς (α) σπρώχνεται ἐκ τοῦ

σχαν καὶ μὲ τὸν Ἀντώνιον Κομιζόπουλον (Φιλιππουπολίτην). Εἶναι δὲ παρατηρητέαι αἱ ἀντιφάσεις τῶν ἐξηγήσεών του. Τὸν Γαλάτην ἔσυρεν εἰς τὴν Ἑλλάδα, ὅθεν δὲν ἠμπόρει οὗτος, οὐδὲ ἐγνώριζε, νὰ συνάψῃ τίποτε. Τὸν Σέκερην εἰς τὰ ἐνδότερα τῆς Ρωσσίας, ὅπου ἦτον ἀδύνατον εἰς αὐτὸν τὸ νὰ διακρίνῃ τι εἰμὴ ὑπὸ ἀφῃρημένας ἰδέας· κτλ. Ἐντεῦθεν ἐγεννήθη ἡ ἀκατανόητος Πυργοποιία τῶν δημιουργῶν προσώπων τῆς Φιλικῆς Ἑταιρίας.

(α) Εἶπε μάλιστα, ὁρμώμενος ἀπὸ τὸ ἀλλόκοτόν του πνεῦμα, πρὸς μίαν ἑταίραν, ὅτι ἐστάλη ἀπό τινα τάξιν ἀνθρώπων ὡς Πρέσβυς τοῦ Ἔθνους.

άλλου άπό την ατίθασσον κενοσπουδίαν του και εις την ίδέαν τοϋ νά κατηχήση τόν Καποδίστριαν· άλλ' ούτος τόν θεωρεί, καί τοϋ διακόπτει την παράλογον όρμήν λέγων· «Είσαι νέος, καί πηδάς δπου καί δπως δέν πρέπει».

Έντοσούτω ή Ρωσσική Κυβέρνησις υποπτεύουσα εις την διαγωγήν τούτου έπίφοβον συνωμοσίαν, κρατεί ύπό φύλαξιν, 1816, καί αυτόν καί δλους τούς εις την Πετρούπολιν παρεπιδήμους Έλληνας. Τό πάν ήδη έφαίνετο έν ήρεμία, δτε παρόμοιόν τι, δσον ανέλπιστον, τόσον περίεργον, συμβάν ταράττει τούς Έλληνας, καί υποβάλλει τά πνεύματα δλων τών ανθρώπων εις την πλέον έπίμονα ερευναν της αληθούς αιτίας. Σπείρονται φήμαι πολυειδείς. Κατ' εύτυχίαν αί σφραγισθείσαι άλληλογραφίαι τών συλληφθέντων δέν έδωσαν την ΰλην υπονοίας έπικινδύνου. Οί άλλοι απολύονται· άλλ' ό Γαλάτης αποβάλλεται έξω τών συνόρων, καί διατάττεται νά προσέχη τούτου τήν διαγωγήν ό Πίν, Πρόξενος της Ρωσσίας είς τό Βουκουρέστιον καί Ίάσιον (α).

Κατά τήν ίδίαν έποχήν ήλθον εις τήν πόλιν της 'Οδησσού Πολεμικοί τινες Έλληνες, διευθυ-

---

(α) Τό μετέπειτα ίστορικόν τούτου ζήτει Κεφ. Δ'.

Ό Σκουφάς, συναισθανόμενος τό βάρος τοϋ σφάλματός του, δέν ώμολόγησε πρός τόν Άναγνωστόπουλον τίποτε, είμή μετά δεκαμηνίαν. Άλλ' ένας συλλογισμός άσυνήθης καί μία σιωπή βαθεία τόν έπρόδιδε πάντοτε. Φαίνεται, δτι έμελλε νά διαδεχθή την λύπην αύτήν της καρδίας του μία άλλη παρομοίας σχεδόν φύσεως, διά νά τόν φέρη εις τόν θάνατον, καθώς ό ίδιος έλεγε. Θέλομεν έξηγηθή καί περί της δευτέρας εις τό Κεφ. Β'.

νόμενοι εις την Πετρούπολιν. Ήσαν ούτοι ό Αναγνωσταράς (α), Ηλίας Χρυσοσπάθης καί τις Παναγιώτης Δημητρόπουλος (Μανιάται). Σκοπόν είχον νά έπικαλεσθώσιν άπό τόν Αυτοκράτορα Άλέξανδρον μέσον τού Καποδίστρια άντιμισθίαν τινά, όσων έπρόσφερον είν τήν Επτάνησον δουλεύσεων υπό τήν Ρωσσικήν Διοίκησιν τού 1806 (β). Μέ τούτους γνωρίζεται ό Άναγνωστόπουλος, όστις προβλέπων, μέ όποιον ούτοι έπρεπε νά δεχθώσιν ενθουσιασμόν τό Μυστήριον, ώς φυσικοί εχθροί τών Τούρκων, ήρχισε νά τούς κατηχή εις τήν Εταιρίαν· άλλά περιστάσεις τινές έζήτησαν τήν προσωρινήν άπουσίαν του άπό τήν Όδησσόν, καί ούτως ό Σκουφάς έδωκε τό τέλος τής κατηχήσεως. Αυτοί έφαντάσθησαν μάλιστα τήν ύπόθεσιν ώς επιχείρημα πλάγιον τής Ρωσσίας. Ό Αναγνωσταράς έδιδε τήν πλέον εξαίρετον πίστιν καί τιμήν εις τόν Άναγνωστόπουλον. Όλοι δέ συμφωνήσαντες νά ένταμωθώσιν εις Κωνσταντινούπολιν μετά τού Σκουφά καί Άναγνωστοπούλου, άνεχώρησαν πλήρεις ευχαριστήσεως εις τήν Πετρούπολιν.

Ό Άναγνωστόπουλος, μεταβάς, ώς είπομεν ά-

(α) Υπεγράφετο ούτος **Άναγνώστης Παππα.
γεωργίου**. Κατήγετο άπό τήν Πολιανήν τού Λεονταρίου (Επαρχίας τής Πελοποννήσου). Ήτο γέρων πολύπειρος. Υπήρξεν ένας τών σημαντικών Καπετανέων Κλεπτών τής Χερσονήσου, σύντροφος τού γνωστού Ζαχαριά.

(β) Εις τό ίδιον διευθύνοντο μέρος διά τόν αύτόν λόγον καί ό Χριστόφορος Περραιβός, έπίσης γέρων πολυπαθής καί πολύπειρος· καί ό Ιωάννης Φαρμάκης (Όλύμπιος), περίφημος άντάρτης κατά τού Άλή Πασσά τών Ιωαννίνων.

νωτέρω, εἰς τὸ Ἰσμαήλιον, παρέλαβεν εἰς τὸ Σύστημα τοὺς ἐκεῖ ἐπισημοτέρους Ἕλληνας : δηλονότι τὸν ἀξιωματικὸν Παππαδόπουλον (Καλαματηνόν), τὸν Βατικιώτην (α) καὶ πολλοὺς Μεγαλεμπόρους.

Ἐντοσούτῳ ἔρχεται ἀπὸ τὴν Βιένην εἰς τὴν Ὀδησσὸν ὁ Α. Γαζῆς. Ὁ Σκουφᾶς τὸν πλησιάζει καὶ τὸν ὁμιλεῖ ἰδιαιτέρως. Τὸν ἀπαντᾷ ὁ Γαζῆς «Σκουφᾶ! Σεῖς εἶσθε νέοι· καὶ κάμετε καλὰ ν' ἀφήσητε ἡμᾶς τοὺς γέροντας, διὰ νὰ ἀκολουθήσωμεν τὸ στάδιον τῶν Φώτων. Ἤκουσά τι, περὶ τοῦ ὁποίου μὲ προβάλλετε· ἀλλὰ δὲν εἶμαι » σύμφωνος, μολονότι δὲν εἶμαι καὶ ἐναντίος». (β)

(α) Ὁ Βατικιώτης ἦτον Ἀρχηγὸς ὅλων τῶν Βουλγάρων, συμποσουμένων εἰς 14,000 περίπου. Εἰδοποίησεν ἐκ πλαγίου τοὺς ὑπὸ τὴν ὁδηγίαν του Ἀρχηγοὺς τοῦ Σώματος τούτου, καὶ ἦτον ἀμεταθέτως ἕτοιμος τοῦ νὰ τιναχθῇ ἔξω εἰς τὴν πρώτην ῥῆξιν τοῦ Πολέμου μ' ὅλον του τὸ Σῶμα. Ἀλλὰ κακὸς δαίμων τοῦ ἀφαιρεῖ μετέπειτα τὴν ζωὴν (εἰς τὸν εἰκοστὸν ἕβδομον χρόνον τῆς ἡλικίας του), καθ' ἣν ἐποχὴν ἐπέστρεφεν ἀπὸ τὴν Πετρούπολιν εἰς τὴν Μόσχαν.

(β) Ὁ Γαζῆς δὲν ἐδέχθη τὴν συμμετοχήν του, ἢ ὡς φρονιματισμένος ἄλλως περὶ τῆς καταστάσεως τοῦ Ἔθνους του, ἢ ὡς ἐξογκωθεὶς ἀπὸ τὰς ὑπὲρ τὸ δέον περιποιήσεις τῶν Ἐμπόρων τῆς Ὀδησσοῦ. Δὲν εἶναι δὲ παράδοξον, ἂν ὁ Γ. Σέκερης, διαβαίνων τὴν Βιένην, ἐσύστησεν εἰς τὸ πνεῦμά του τὴν ἀνυποληψίαν τοῦ πράγματος.

Μολοντοῦτο ὁ Σκουφᾶς καὶ οἱ Συνεργοί του εἰδοποίησαν πρὸς τοὺς Ἑταιριστὰς τῆς Ὀδησσοῦ καὶ ἄλλων τόπων τὴν παραδοχὴν τοῦ Γαζῆ. Ἐνεκρίθη τὸ μέτρον τοῦτο, ὡς συντεῖνον πολὺ εἰς τὴν ὑπόληψιν τῆς Ἑταιρίας διὰ τὴν περὶ τὸν Γαζῆν ἰδέαν τῶν ἀνθρώπων.

Οἱ ἴδιοι Ἀρχηγοὶ ἔλαβον δεύτερον μέτρον. Ὁ Τσακάλωφ

187

Μετ' ολίγον άνεχώρησεν εις τό Πήλιον Όρος, την Πατρίδα του, διά νά συστήση την Σχολήν περί της όποιας προανεφέραμεν (α).

Αί προηγηθεΐσαι αποτυχία ι τοΰ Σκουφα εις τήν Μόσχαν, τα μετέπειτα δεινά συμβάντα τοϋ Γαλάτη, ή αποποίησις τοΰ Γαζή καί άλλα, όσα παρακολουθούν επιχειρήσεις παρομοίας, διαχύνουν άηδίαν άρκετήν εις το πνεύμα τών μνημονευθέντων Πρωτενεργών της Εταιρίας. Δεν δειλιοΰν μεολοντοΰτο, αποφασίζοντες τήν σύντονον κατάβασίν των εις τήν Ελλάδα. Δέν είχον τον σκοπόν τοϋ νά συγκεντρώσωσιν αμέσως τήν Έταιρίαν εις τήν Κωνσταντινούπολιν. Άλλ' είδον μετέπειτα, (καί δέν ήπατήθησαν διόλου ώς προς τούτο), δτι ή πρόοδος της ήδύνατο νά ένεργηθη εις ένα τόπον, όπου ή πολιτική Διοίκησις διά τήν ληθαργίαν της, ή σωρεία τοΰ ύγιοΰς μέρους τών Ελλήνων καί ή δύναμις τών σχέσεων έμελλον, άμιλλώμενα τρόπον τινά, νά χορηγήσωσι τάς μεγαλυτέρας ευκολίας. Έκρινον τέλος πάντων, δτι επί τη βάσει τοΰ μέτρου τούτου δέν διεκινδύνευεν ολόκληρον τό Έθνος εις ένδεχομένην τινά άνακάλυψιν (β). Θέλομεν δέ ϊδει, δτι μετά τους 363

παρακολουθεί τον Γαζην μέχρι της Κωνσταντινουπόλεως, διά νά ήμπορέση νά τον πείση καν έκτος της Ρωσσίας. Άλλ' έμεινεν άτελεσφόρητον καί τούτο. Ό έπιφορτισμένος την έκτέλεσίν του (Τσακάλωφ), δέν τολμα το παραμικρόν, καί μεταβαίνει εις Σμύρνην.

(α) Έποχ. Β', Κεφ. Γ'.

(β) Ήμπόρουν ούτοι νά συγκεντρωθώσιν εις τήν Μάνην. ή εις κανέν άλλο μέρος της Πελοποννήσου ή εις κανέν Μοναστήριον της Στερεάς. Σκεπτόμενοι όμως έπί τών προτέ-

χρόνους τῆς ἁλώσεώς της ἡ Κωνσταντινούπολις μέλλει νὰ κατασταθῇ τὸ Ἀμφικτυονικὸν Συνέδριον τῆς Ἑλληνικῆς Ἑταιρίας καὶ τὸ ἐνθουσιῶδες ὄργανον μεγάλων πραγμάτων.

Πρὸ τῆς ἐξόδου των ἀπὸ τὴν Ρωσσίαν ἐφοδιάζονται οὗτοι μὲ τὰς ἀκολούθους σκέψεις.

Α'. Ἡ μετάβασίς των νὰ μὴν ἔχῃ τελικὸν σκοπὸν τὴν ἄμεσον ἔναρξιν τῆς Κατηχήσεως, πρὶν ἢ παρατηρηθῇ ἐκ τοῦ πλησίον τὸ Ἔθνος, ἂν ἦναι ἐπιδεκτικὸν τῶν πρὸς τὴν Ἐλευθερίαν του μέτρων, καὶ δὲν στερῆται τὰ περὶ τοῦ πρώτου βήματος χρηματικὰ μέσα.

Β'. Νὰ ἐξετασθῇ ὁ πληθυσμὸς τῆς Πελοποννήσου καὶ τῆς Στερεᾶς, τὸ ποσὸν τῶν ἐνόπλων, ἡ κατάστασις τοῦ Ναυτικοῦ εἰς τὸ Αἰγαῖον, καὶ ποῖον δύναται νὰ ἦναι τὸ προσφορώτερον, ὡς ἑστία τῆς Ἐπαναστάσεως, μέρος.

Κατὰ τὸν ἴδιον λόγον νὰ ἐξακριβωθῇ καὶ ἡ κατάστασις τῶν Τούρκων τῆς Ἑλλάδος.

Γ'. Ἅμα εὕρωσι συνᾴδοντα μὲ τὸν σκοπόν των ὅλα ταῦτα, νὰ βαλθῶσιν εἰς τὴν δυνατὴν ἐνέργειαν, καὶ ἐφοδιαζόμενοι ἀπ' ὅλας τὰς πληροφορίας νὰ ζητήσωσι τὸν Ἀρχηγὸν τῆς Ἐπα-

ρων συμβάντων, ὅτι οἱ Τοῦρκοι ἔλαβον τὴν αἰτίαν νὰ ἐξολοθρεύσωσιν ὁλοκλήρους Λαοὺς διὰ τὰς ὑποψίας των, ἢ ἕνεκα τοιούτων ἀνακαλύψεων, ἀπεφάσισαν τὴν Κωνσταντινούπολιν αὐτήν, ὡς τὸν ἁρμοδιώτερον τόπον. Τοιουτοτρόπως δέ, ἂν ἀνεκαλύπτετο ἡ ὑπόθεσις, μήτε ὁ Λαός της, μήτε τὸ ὑπόλοιπον Ἔθνος ἤθελεν ὑποφέρει. Ἡ Τουρκικὴ Ἐξουσία δὲν ὑπώπτευέ ποτε τὴν Καθέδράν της· πάντοτε δὲ τοὺς ἄλλους τόπους.

ναστάσεως. Δοδείσης δὲ τῆς ἀποτυχίας των, νὰ διαλυθῶσιν εἰς τὰ ἴδια (α).

(α) Ἡ διάλυσίς των εἰς περίστασιν τοιαύτην δὲν ἦτο δύσκολος διὰ τὸ ὀλιγάριθμον τῶν Προσηλύτων. Ὅλοι οὗτοι μόλις ἀνέβαινον μέχρι τοῦδε τοὺς 30· οἱ περισσότεροι μάλιστα ἀνήκοντες εἰς τὸ σύστημα ἐκείνων τῶν ἀνθρώπων, οἱ ὁποῖοι ἐλπίζουν ὅλα ἀπ' ἄλλους, ἀγαπῶντες, κατὰ τὸν κοινὸν λόγον, «Καὶ τὴν κοιλίαν γεμάτην, καὶ τὸ ἀρνὶ ἀκέραιον».

ΚΕΦΑΛΑΙΟΝ Β'.

Κατάβασις τοῦ Σκουφᾶ καὶ Ἀναγνωστοπούλου εἰς Κωνσταντινούπολιν— Παναγιώτης Σέκερης— Ἀσημάκης Κροκίδας —Ἐμμανουὴλ Ξάνθος —Ἀποστολὴ τοῦ Λουριώτου εἰς Ἰταλίαν —Ἀποβίωσις τοῦ Σκουφᾶ. Χαρακτὴρ τούτου Σφραγὶς τῆς Ἀρχῆς— Ἀποδοχὴ τοῦ Σέκερη εἰς τὴν Ἀρχὴν— Ἀποστολαὶ τοῦ Ἀναγνωσταρᾶ, Χρυσοσπάθη καὶ Φαρμάκη εἰς Πελοπόννησον, Μάνην καὶ Στερεάν— Κουντουριώτης— Πρόοδος τῆς Ἑταιρίας εἰς τὴν Πελοπόννησον. Εἰς τὴν Στερεάν— Λεόντιος. Ἀλῆ Πασσᾶς. Μάνθος— Παππᾶ Μόσχος— Κόνσολοι Λεβαδείας— Λασπᾶς— Ἀποστολὴ Ὑπάτρου εἰς Αἴγυπτον καὶ Συρίαν— Κατήχησις τοῦ Πατριάρχου Ἀλεξανδρείας.

Ἡ ἔκθεσις τῶν ἐντὸς τῆς Ἑλλάδος ἐνεργειῶν τῆς Φιλικῆς Ἑταιρίας ἑλκύει ἐπίσης τὸ περίεργον ὄμμα τοῦ παρατηρητοῦ. Δι' αὐτῆς θέλει τεθῇ εἰς στάσιν τοῦ νὰ διακρίνῃ οὗτος ἐναργέστερον πᾶν, ὅ,τι συνετέλεσεν εἰς τὴν πρόοδόν της, καθὼς καὶ τὰ αἴτια, ὅσα ἤρχισαν ἐν τῷ μέσῳ τόσων ἀγαθῶν οἰωνῶν νὰ ἐπαπειλῶσι τὴν ἐπιστροφήν της.

Ὁ Σκουφᾶς καὶ ὁ Ἀναγνωστόπουλος ἀναχωροῦσιν αἰφνιδίως ἐκ τῆς Ὀδησσοῦ, καὶ φαίνονται μετὰ παρέλευσίν τινος καιροῦ εἰς τὴν Κωνσταντινούπολιν κατὰ τὰ τέλη τοῦ Μαρτίου, 1817. Κατοικήσαντες εἰς τὸ Ἀρναούτκιοϊου, κωμόπολιν Δυτικὴν τοῦ Θρακικοῦ Βοσπόρου, δὲν ἔκαμον ἄλλο ἐντὸς ἑνὸς μηνός, ἀλλ' ἔγραψαν μόνον τὸν εἰς Σμύρνην Τσακάλωφ νὰ προφθάσῃ τὸ ὀλιγωρότερον, καὶ συνέρραπτον τὰ ἔτι ἀσύρραπτα τετράδιά των.

Παρατηρηταὶ ὅλων τῶν μερῶν τῆς Κωνσταντινουπόλεως, έπλησίαζον κάποτε ό μέν 'Αναγνωστόπουλος εις τον Π. Σέκερην, ό δε Σκουφάς εις το κατάστημα τοΰ Λεμονή Παλαιολόγου, όπου έγραμμάτευεν ό 'Εμμανουήλ Ξάνθος (Πάτμιος). Ούτω δέχονται εις την Έταιρίαν ό μεν Σκουφάς τον Ξάνθον, ό δε 'Αναγνωστόπουλος τον Σέκερην. Ό πρώτος εκτός τοΰ Γράμματος της Καθιερώσεως δεν συνεισέφερε τίποτ' άλλο, ώς στερούμενος· ό δε Σέκερης 10.000 γρόσια Τουρκικά, τα όποια έφύλαττεν ό Κατηχητής του ώς παρακαταθήκην ίεράν, δια να χρησιμεύσωσιν εις την άνάπτυξιν τών πρώτων ενεργειών της Εταιρίας εντός της Ελλάδος (α).

Ό Σέκερης κατήχησε τον Σπυρίδωνα Μαΰρον· ούτος άλλους· καί πάλιν ό Σέκερης τον Κουμπάρην, άλλους Μεγαλεμπόρους καί διαφόρους Πλοιάρχους τών νήσων τοΰ Αιγαίου καί τοΰ 'Ιονίου. Ό 'Αναγνωστόπουλος δέχεται συγχρόνως τον μεγα-

(α) Ό 'Αναγνωστόπουλος, προβλέπων περιστάσεις τινάς, περί τών όποίων θέλομεν έξηγηθή άλλου, έφρόντισε να προλάβη τόν Σέκερην, παρακινών να διευθύνη την συνδρομήν αυτήν πρός τόν εις 'Οδησσόν 'Αδελφόν του, δια να χρησιμεύση εις τόν δέοντα καιρόν. 'Αλλ' ό πολύτιμος ούτος Έλλην σιωπά τότε, καί πρός το έσπέρας αποστέλλει τήν περί ής ό λόγος, ποσότητα εις τήν οίκίαν τοΰ 'Αναγνωστοπούλου Ό Σκουφάς έρωτά τόν φίλον του, τί είναι αυτά; Είναι ή συνεισφορά τοΰ Σέκερη, αποκρίνεται ό 'Αναγνωστόπουλος. Τότε καί οί δύο έπίστευσαν τήν μέλλουσαν πρόοδον τής έπιχειρήσεώς των όχι δια τήν ποσότητα τών χρημάτων, άλλα δια τήν άπόπειραν τοΰ έλληνικοΰ αισθήματος. 'Εζήτουν δε τον άρμόδιον καιρόν, καί μάλλον ό 'Αναγνωστόπουλος, τοΰ να δείξωσι πρός τόν Σέκερην, πόσον καί αυτοί ήξεύρουν να έκτιμοΰν τα αισθήματα του.

λέμπορον Ἀσημάκην Κροκίδαν (α), Ἐπίτροπον τοῦ Ἀλῆ Πασσᾶ παρὰ τῇ Ὀθωμανικῇ Πόρτᾳ. Ὁ ἔντιμος οὗτος πολίτης συνετέλεσε σημαντικὰ διὰ τῶν ἐντέχνων παρακινήσεών του εἰς τὸ νὰ μυηθῶσι τὴν Ἑταιρίαν ὁ Μάνθος Οἰκονόμου καὶ ἄλλοι σημαντικοὶ ὑπουργοὶ τοῦ τυράννου τῶν Ἰωαννίνων.

Τοιουτοτρόπως ἤρχισεν εἰς τὴν Κωνσταντινούπολιν ἡ διάδοσις τῆς Ἑταιρίας μὲ τόσην φρόνησιν καὶ μυστηριότητα, ὥστε ἦτον ἀδύνατον οὐδὲ νὰ φέρῃ τις κατὰ νοῦν, ὅτι ὑπῆρχε καὶ ἐνεργεῖτο τοιοῦτόν τι. Οἱ Ἀρχηγοὶ τοῦ Συστήματος, ἄγνωστοι διόλου εἰς τὸν τόπον τοῦτον, ἐνῷ ἀφ' ἑνὸς μέρους ἠδύνοντο εἰς τὴν πρόοδον τῆς ἐπιχειρήσεώς των (β), προσεῖχον ἐκ τοῦ ἄλλου εἰς τὴν ἐγειρομένην ὑπόληψίν των.

Τὸ ἔργον τῆς κατηχήσεως ἔκαμεν ἤδη στάσιν.

(α) Ὀμνύων οὗτος τὸν Μέγαν Ὅρκον, διεκόπτετο ἀπὸ ἀλληλοδιάδοχον ῥοὴν δακρύων.

(β) Περίεργον τῷόντι! Οἱ Ἔμποροι τῆς Κωνσταντινουπόλεως καὶ ἐν γένει τῆς Τουρκίας ἔδειξαν τὴν μεγαλυτέραν προθυμίαν καὶ γενναιότητα παρ' ἐκείνους τῆς Ρωσσίας, ἀπὸ τοὺς ὁποίους ἠλπίζετο περισσότερον ἡ ἀποδοχὴ καὶ ἡ ἔκτασις τοῦ Μυστηρίου. Ὡς αἰτίαν θεωροῦμεν, ἢ ὅσα ἐξεθέσαμεν (εἰς τὸ Κεφ. Α΄) περὶ τῶν συμβάντων τῆς Μόσχας καὶ τῆς Πετρουπόλεως· ἢ ὅτι δὲν συνῃσθάνοντο πλέον οὗτοι εἰς τὰ κακά, μεμακρυσμένοι ἀπὸ τοὺς τόπους, ὅπου ἐπράττοντο.

Αὐτοὶ καὶ ὅλοι ἐν γένει τῆς Εὐρώπης οἱ Ἔμποροι τότε ἔλαβον τὸν μέγαν ἐνθουσιασμόν, καὶ συναμιλλώμενοι τρόπον τινὰ συνέτρεξαν τεραστίως εἰς τὴν ὑπόθεσιν τοῦ μέλλοντος Πολέμου, ὅτε εἶδον ἐκείνους τῆς Τουρκίας ἐπιχειριζομένους τὰ πάντα ἐντὸς τῆς ἑστίας τῶν τυράννων.

ΝΙΚΗΤΑΡΑΣ

Οί 'Αρχηγοί της Εταιρίας περιορίζονται νά πορισθώσιν δλας τάς πληροφορίας, τάς όποιας διέγραψαν πρό της κινήσεως των είς Κωνσταντινούπολιν (α). Ό Σέκερης καί Σπυρίδων Παππαπάνος τούς δίδουσι πρώτοι, δσας είχον ήδη περί Ναυτικού· άλλ' έλειπεις πολλά. Ήτον έντεΰθεν ζητητέα είς άκρον ή όσονούπω κατάβασις τών μνημονευθέντων (β) Καπετανέων. Έθεωροϋντο ούτοι οί ίκανώτεροι διά νά τρέξωσι παντού έφοδιασθέντες, καί νά συνάψωσιν είς εν τά γενικώτερα στοιχεία τών άπαιτουμένων παρατηρήσεων έπί τοϋ πληθυσμού καί της άλλης καταστάσεως της Ελλάδος.

Ό Σκουφάς έν τούτοις, καταθλιβόμενος συχνά άπό τάς περί 'Αρχής άλλεπαλλήλους καί όχληράς έρωτήσεις τοϋ Ξάνθου, όμολογεΐ δλην τήν άλήθειαν, παρά τήν μεταξύ τών Συναγωνιστών του γραπτήν συνθήκην. Ό Ξάνθος έκτοτε (γ) λαμβάνει θέσιν ένεργητικήν είς τά πράγματα της Εταιρίας, καί προχωρών είς προβλέψεις μακρυτέρας, προσπαθεί έπιτηδείως τήν παραίτησίν του, άπό τό όποιον είχε χρέος, ζητών κατ' ένα τρόπον καί τήν περί τούτου γνώμην τών νέων του Συντρόφων. Αύτοί τόν έννοοϋν, καί δέν συγκατατίθενται. Μολοντοϋτο σοφίζεται ούτος μυρία, δημιουργών καθ' έκάστην ύποθέσεις νέας καί πολλά δυσκόλους, άπαιτούσας τήν άτομικήν του σύμπραξιν.

Παρατηρών ό Σέκερης τήν συνεχή συνανα-

(α) Ίδε Σελ. 188 :— (β) Σελ. 184— 185.
(γ) Άπό τά τέλη τοϋ Μαΐου 1817.

στροφήν τούτου μέ τόν Σκουφάν καί τόν Άναγνωστόπουλον, ύποπτεύει καί σπεύδει νά προλάβη τήν κατήχησίν του· άλλά μέ λύπην του μανθάνει τό έναντίον. "Αν ήτο δυνατόν νά ήξεύρη τότε, δ,τι έμαθε μετ' όλίγον, ή Εταιρία άναμφιβόλως έστερείτο τόν Σέκερην, τόσον ώφέλιμον είς τά πράγματά της (α).

Κατά τήν έποχήν αύτήν έκρίθη ή άνάγκη Αποστολής τινος είς τήν Ιταλίαν. Τό έργον τούτο άνέλαβεν ό Χριστόδουλος Λουριώτης, έπιφορτισθείς τήν κατήχησιν τών έκεί εύρισκομένων Ελλήνων. Άλλ' άπέθανεν ούτος, άμα έφθασεν είς Λιβόρνον.

Συμπίπτει ένταυτώ ή άποβίωσις τού Σκουφά. Πρό ίκανών ήμερών τής άσθενείας του ούτος εύρίσκετο βεβυθισμένος είς συλλογισμούς τόσον δεινούς, ώστε ή σπανία δι' αύτόν σοβαρότης καί κατήφεια τού προσώπου άπεικόνιζε τήν φλέγουσαν τήν καρδίαν του βαθείαν λύπην. Δέν έξεφράζετο περί αύτής, άν καί έρωτάτο συχνά άπό τούς φίλους του. Ή λύπη του έφαίνετο μεγαλυνομένη, καθόσον έπληροφορείτο τά κακουργήματα τού Γαλάτη είς τήν Βλαχο-Μολδαυΐαν, καί ήκουε τάς

(α) Ό Σέκερης προβλέπων τό άνοικονόμητον τού Ξάνθου, παρετήρησεν άκριβέστατα τήν μέλλουσαν διαγωγήν τούτου, καθόσον άπέβλεπε τό χρηματικόν. "Αν δέ τότε, ένφ δέν ήτον άκόμη φρονηματισμένος έντελώς, έλάμβανε μικράν περί τής κυρίας αύτού θέσεως ίδέαν, ή Εταιρία ήθελε χάσει είς τήν άφευκτον παραίτησίν του τό μόνον ύποστήριγμα τών χρηματικών χρειών της. Χωρίς τών χρημάτων δέν κατορθούταί τι· καθώς καί χωρίς τών άνθρώπων είναι άσυντελή τά χρήματα.

άνωτέρας ώς προς τήν κατάστασιν τής Εταιρίας χρηματικάς απαιτήσεις του Ξάνθου (α). Τέλος πάντων εξηγείται έλεεινολογών εαυτόν διά τήν άπροσεξίαν του (β)· ασθενεί και αποθνήσκει κα-

---

(α) Ό Σέκερης παρεπονείτο πικρά περί τής γενομένης εις τον Ξάνθον περιττής δαπάνης· καί είχε δίκαιον. Πρώτον ότι τα χρήματα αυτά έμελλον να χρησιμεύσωσιν εις άλλας ούσιώδεις επιχειρήσεις· και δεύτερον, διότι τα άφήρεσεν ό ίδιος άπό τήν κατάστασίν του μέ μόνον τον σκοπόν τοϋ νά βοηθήση τό Σύστημα, τό όποιον παρηκολούθουν άνάγκαι πολλαί καί μεγάλαι.

(β) «Δύο πράγματα, είπε, μέ καταθλίβουν. Τα έκαμα, νομίζων, πώς ήθελον ωφελήσει. Έδέχθην εις τήν Έταιρίαν τον Γαλάτην καί τον Ξάνθον. Ό πρώτος έχει κλίσιν εις τάς κακοπραγίας. Ποιος ήμπορεί νά μας ασφαλίση άπ' αυτάς ; Ό δεύτερος άσωτεύει τά χρήματα τής Εταιρίας. Ποιος άγνοεί, ότι ό τοιούτος δύναται νά είναι υποκείμενος καί εις άλλα ελαττώματα ; Δέν ήξεύρω άν θέλη μ' αφήσει τήν ζωήν ή προσβολή τής λύπης. Αλλά σεις Αδελφοί ! μάρτυρες τών αισθημάτων καί τής καρδίας μου, όμολογήσατε, άν δέν ώδήγησε τάς πράξεις μου πάντοτε όχι τό ίδιον, αλλά τό κοινόν συμφέρον. Δέν πταίω έγώ, άν υπάρχουν εις τον κόσμον άνθρωποι τοιούτοι. Πταίω μόνον, διότι έπρεπε νά ήξεύρω, ότι υπάρχουν».

Έδάκρυσε μετά τους λόγους του τούτους.

Προ έξ ήμερων τοϋ θανάτου του ήτο φθασμένος εις τήν Κωνσταντινούπολιν ό Τσακάλωφ. Ποία λυπηρά σκηνή ! Πλησιάζει αυτός τον πολυηγαπημένον φίλον του, τον ομιλεί· αλλ' ήδη ό Σκουφάς δέν έχει πλέον νοϋν· ατενίζει μόνον τους οφθαλμούς του εις αυτόν, καί φαίνεται, ότι δακρύει.

Ό Αναγνωστόπουλος, προσβληθείς παρά πολύ άπό τόν θάνατον τοϋ φίλου του, έσυλλογίζετο, τί έπρεπε νά κάμη, διά νά ήμπορέση νά απαλλαχθή άπό τό όνειδος τής αποτυχίας μιάς επιχειρήσεως, έπαπειλουμένης πολυειδώς. Δύο ήσαν τά κυριώτερα περιστατικά : ό Γαλάτης καί ό Ξάνθος. Ό πρώτος, ευρισκόμενος εις τό Βουκουρέστιον, έμαθεν ύπάρχον-

τὰ τέλη τοῦ Ἰουλίου, 1819, ἔχων τὸ τεσσαρακοστὸν ἔτος τῆς ἡλικίας του. Ἄφησεν ἀπαρηγόρητον λύπην εἰς ὅλους, ὅσοι τὸν ἐγνώρισαν ἐκ τοῦ πλησίον.

Ὁ Σκουφᾶς ἦτον ἄνθρωπος αὐστηρᾶς ἠθικῆς, μὲ εὐαίσθητον καὶ ἀγαθὴν καρδίαν, φιλάνθρωπος, ἐνεργητικὸς καὶ μὲ μέγαν πατριωτισμόν. Ἦτο μετρίας παιδείας, ἀλλὰ μεγάλης πείρας. Τὸ ὄνομα Ἑλλὰς ἐθεώρει ὡς τὸ γλυκύτερον ὑποκείμενον τῶν στοχασμῶν του. Ἐτίμα τὴν ἀρετὴν καὶ τὸν ἐνάρετον ἄνθρωπον. Δὲν ἐφρόνει ὡς τοιοῦτον τὸν πολλὰ πεπαιδευμένον, ἀλλ' ἀνωφελῆ εἰς τὴν ἀνθρωπότητα καὶ εἰς τὸ Ἔθνος του· τὸν μὲ ὀλιγώτερα φῶτα, μὲ νοῦν ὑγιῆ καὶ ὠφέλιμον. Δὲν ἐχθρεύετο τοὺς Τούρκους, ἀλλὰ τὴν Διοίκησιν καὶ τὴν πολιτικήν των. Ἦτον ἐχθρὸς ἀδιάλλακτος καθενὸς ἐν γένει μισέλληνος. Ἀστεῖος καὶ εὐάρεστος εἰς τὴν ὁμιλίαν καὶ τὰς εὐθυμίας, ἐνθυμεῖτο πολὺ τὴν εὐεργεσίαν, χωρὶς νὰ καταδέχηται ἐκδικούμενος τὴν κακίαν τοῦ ἄλλου. Εἰς τὸν σκοπὸν τῆς Ἑταιρίας ἐνόμιζε χρήσιμα τὰ στρατηγήματα καὶ τὰ ἐπιτηδεύματα, ὡς εἴπαμεν· ἀλλ' ἀπετύγχανε συχνὰ εἰς τὴν ἐκτέλεσίν των. Τοιοῦτος ἦτον ὁ πρωταγωνιστὴς τοῦ ἐνδόξου σκο-

---

τας εἰς τὴν Κωνσταντινούπολιν τοὺς Πρωτενεργοὺς τῆς Ἑταιρίας, καὶ ἀπεφάσισε νὰ καταβῇ, διὰ νὰ τοὺς προδώσῃ καὶ νὰ κάμῃ, ὅσα δυνηθῇ κακὰ κατὰ τὴν πρὸς τὴν Ἀρχὴν ἐπιγραφομένην Ἀναφορὰν τοῦ Θεοδώρου Νέγρη ἀπὸ Ἰάσιον. Ὁ Ξάνθος, ἐνῷ ἐζήτει ἀκαταπαύστως ποσότητας χρημάτων, παρετηρήθη, ὅτι ἐκοινοποίησε τὸ Μυστήριον καὶ εἰς τὴν οἰκογένειάν του. Ὁ Σέκερης δι' ὅλα ταῦτα ηὔξανε τὰ παράπονά του.

ποῦ τῆς Ἑλληνικῆς Παλιγγενεσίας ἀείμνηστος ΣΚΟΥΦΑΣ!!!

Μετὰ τὸ συμβὰν τοῦτο, ἡνωμένοι οἱ τρεῖς : Ἀναγνωστόπουλος, Τσακάλωφ καὶ Ξάνθος ἐφρόντισαν τὴν τελειοποίησιν τῆς Διδασκαλίας (α) καὶ τὸν σχηματισμὸν τῆς Σφραγῖδος τῆς Ἀρχῆς (β).

Ἤδη εἰς τὴν ἄφιξιν τῶν περιμενομένων Καπετανέων ἐπρόκειντο δύο τινά· ἢ ἡ διάλυσις τῆς Ἐπιχειρήσεως, ἐὰν δὲν ἐφαίνοντο ἐλπίδες σημαντικαὶ ἀπὸ μέρος των· ἢ μεταρρύθμισίς τις καὶ συνεννόησις μ' ἄλλους χρηστοὺς καὶ μὲ πατριωτισμὸν πολίτας. Ὁ Ἀναγνωστόπουλος καὶ Τσακάλωφ συσκέπτονται περὶ ὅλων τούτων, καὶ εὑρίσκουσι σύμφωνοι, ὡς προηγητέαν ἐξ ἀνάγκης, τὴν συμμετοχὴν τοῦ Σέκερη εἰς τὴν Ἀρχήν. Ἡ ὑπόθεσις αὕτη προτείνεται καὶ εἰς τὸν Ξάνθον, ἐναντιωθέντα κατ' ἀρχὰς διὰ λόγους, τοὺς ὁποίους παρατρέχομεν, καὶ πεισθέντα ἔπειτα κατ' ἀνάγκην. Προπαρεσκευασμένος ὁ Ἀναγνωστόπουλος, ἐξηγεῖται πρὸς τὸν Σέκερην. Αὐτὸς πείθεται, χωρὶς νὰ ὀλιγοψυχήσῃ εἰς τὸ βάρος καὶ τὸν κίνδυνον τοῦ ἔργου, δεικνύων ὅλων τὸν ὑπέρμετρον ἐνθουσιασμὸν ὄχι διὰ λόγων, ὡς ἄλλοι, ἀλλὰ διὰ χρηματικῶν θυσιῶν (γ).

(α) Ὁποίαν περιεγράψαμεν διὰ τοῦ Κεφ. Δ' τῆς Ἐποχ. Β'.

(β) Ἴδε Σελ. 167, Σχόλ. α'.

(γ) Εἶναι περίεργος εἰς τὴν περίστασιν αὐτὴν ὁ τρόπος τοῦ Ἀναγνωστοπούλου καὶ ἡ διάθεσις τοῦ Σέκερη.

Ὁ πρῶτος, φιλοτιμούμενος ἐξ ἑνὸς μέρους νὰ πείσῃ, καὶ ὑποπτεύων ἐκ τοῦ ἄλλου τὴν ἀποποίησιν τοῦ Σέκερη μανθάνοντος πλέον, ὁποῖα ἦσαν τὰ συνιστῶντα τὴν Ἀρχὴν Ὑποκείμενα, ἐνῷ ὅλοι τὰ ἐφρόνουν ὡς ὑψηλὰ καὶ μεγάλα·

Καταβαίνουσιν έντοσούτω οί μνημονευθέντες Πολεμικοί Έλληνες διά τής Όδησσοϋ, εύεργετηθέντες παρά τοϋ Αυτοκράτορος 'Αλεξάνδρου, καθ' ήν ήλθεν έποχήν είς τήν Μόσχαν μετά τοϋ Καποδίστρια. Οΰτοι έφοδιάζονται χωρίς αναβολής μέ χρήματα (α) καί μ' οδηγίας, καί αναχωρούν πάραυτα, ό

προοιμιάζεται πρός τόν Σέκερην, ώς άκολούθως.

«Θέλω σέ ομιλήσει· άλλά τό ύποκείμενον τής ομιλίας μου είναι πολλά σημαντικόν, καί δέν θέλει σέ γνωρισθή, αν πρώτον δέν άποφασίσης όριστικώς έν άπό τά δύο, περί τών όποιων θέλεις έρωτηθή. Η αποδοχή, ή έξεναντίας ή άρνησις, τής προτάσεώς μου θέλουν δείξει έπίσης καί τήν δύναμιν τοϋ νοός σου καί τόν πατριωτισμόν σου. Λάβε αύτό τό μαχαιρίδιον· καί άκούων τήν πρότασίν μου, θέλεις είσαι βεβιασμένος, άν δέν τήν δεχθής δειλιών, ή νά μέ σφάξης, ή νά μέ προδώσης. Έξέτασον λοιπόν τήν καρδίαν σου, καί είπέ με, άν πρέπη νά σ' έξηγηθώ. Τοιουτοτρόπως άπαλλάττεσαι τοϋ ν' άδικήσης ένα συμπατριώτην σου καί σέ τόν ίδιον».

Ό Σέκερης άπεκρίθη· «Φρονείς, πώς θέλω καταδεχθή νά δειχθώ κατώτερός σου ; Άν τό πράγμα προξενή δειλίαν, διατί σύ δέν φοβείσαι ; Δέν είναι άρα τοιοΰτον. Καί πώς έγώ νά φοβηθώ ; Λέγε ελευθέρως, φίλε ! καί σ' έγγυώμαι μέ τήν κατάστασιν καί μέ τό αίμά μου».

Μετά τοΰτο έξηγήθη ό 'Αναγνωστόπουλος, ό δέ Σέκερης έξεπλήρωσεν, ὅ,τι ύπεσχέθη.

Η μεγάλη προσπάθεια τοϋ 'Αναγνωστοπούλου είς τήν παραδοχήν τοϋ Σέκερη είχε τριπλοϋν σκοπόν· πρώτον τήν δικαίαν έκτίμησιν τών αίσθημάτων τούτου τοϋ πολυτίμου πολίτου· δεύτερον τήν βαρύτητα τής ψήφου του είς φιλονεικουμένας τινάς ύποθέσεις· καί τρίτον τήν χρείαν τοϋ νά γνωρίζη αύτόπτης ούτος τήν διαχείρισιν τών χρημάτων του.

(α) Ελήφθησαν ταϋτα άπό τόν Σέκερην διά λογαριασμόν καί είς βάρος τής Εταιρίας, μή ύπερβαίνοντα τάς 20,000 Δραχμών (καθ' ημάς).

μὲν Ἀναγνωσταρᾶς διὰ τὴν Πελοπόννησον καὶ ὁ Χρυσοσπάθης διὰ τὴν Μάνην (α). Συγχρόνως ἀπεστάλη εἰς τὴν Θεσσαλίαν καὶ τὴν Μακεδονίαν ὁ Ἰωάννης Φαρμάκης (β), τυχὼν τότε εἰς Κωνσταντινούπολιν. Ἐπεφορτίσθησαν οὗτοι νὰ τρέξωσι παντοῦ μὲ πολλὴν ταχύτητα καὶ προσοχήν, καὶ νὰ διαδώσωσι τὸ Μυστήριον εἰς τοὺς Καπετανέους τῆς ξηρᾶς καὶ θαλάσσης, εἰς τοὺς γνωριζομένους εἰλικρινεῖς καὶ πατριώτας Ἕλληνας, καὶ ἐν γένει εἰς τοὺς πειραγμένους ἀπὸ τοὺς Τούρκους. Ἐξῃροῦντο ἐκεῖνοι, ὅσοι εἶχον μεγάλα συμφέροντα πλησίον τούτων (γ).

(α) Εἰς τὸ ἴδιον μέρος ἐστάλησαν κατόπι καὶ ὁ Καμαρηνὸς Κ. Κυριακὸς (καταγόμενος ἐκ τῆς Καλαμάτας), καὶ ὁ Νικόλαος Κορνήλιος. Ὁ πρῶτος κατήχησε τὸν Πέτρον Μαυρομιχάλην, Ἡγεμόνα τῆς Μάνης, πρὸς τὸν ὁποῖον ὑπεσχέθησαν διάφοροι ἄρρητα ῥήματα.

(β) Ἀνεφέραμεν περὶ τούτου Σελ. 185, Σχόλ. β.

(γ) Τὸ πνεῦμα τοῦ ἀποκλεισμοῦ αὐτοῦ δὲν ἦτον ἔξω λόγου, ἂν καὶ τὸ ἀπέδειξεν ἐπισφαλὲς ἡ πεῖρα. Θέλομεν κατόπιν ἀναφέρει πολλοὺς ἐκ τῶν τοιούτων, ὅσοι ἔδειξαν εἰς τὴν ὑπόθεσιν τῆς Ἑταιρίας τὸν εἰλικρινέστερον ζῆλον, ἐνῷ ἐδυσφημοῦντο μέχρι τοῦδε ὡς διῶκται τῆς κοινῆς ἐλευθερίας, διὰ τὰ ὁποῖα ἀπελάμβανον ὀφέλη.

Ἡ ἄγνοια, ἡ ἀπάτη, ὁ φθόνος καὶ ἡ ἀντιπάθεια διέχυσαν τὴν ἰδέαν, ὅτι οἱ Ἀρχηγοὶ τῆς Ἑταιρίας ἐκανόνισαν καὶ τὸ ἀπαράδεκτον τῶν Χίων. Εἶναι τοῦτο συκοφαντία προφανής. Παρὰ τὸ ὁποῖον εἴπομεν μέτρον δὲν ὑπάρχει ἄλλο. Ἐκ τούτου δὲ ἔλαβον πολλοὶ τὸ κατὰ Φαναριωτῶν καὶ τῶν ἐγκρίτων Ἀρχιερέων συμπέρασμα, γνωρίζοντες, ὅτι δυσκόλως ὁ ἄνθρωπος θυσιάζει τὰ παρόντα ἀγαθά, ὁπωσδήποτε καὶ ἂν θεωρηθῶσι, διὰ μέλλοντα καὶ ἀβέβαια, ὁποίας καὶ ἄν ἤθελον ὑποτεθῇ ἀνωτέρας ἀξίας. Δὲν ἠδίκησαν ἄρα καμμίαν οἱ

Ή περισπούδαστος φροντίς τοϋ περί Άρχιερέων καί Ίερέων κεφαλαίου έναπετέθη είς τήν φρόνησιν τών Καπετανέων.

Δημιουργοί τής Εταιρίας τάξιν, άποβλέποντες είς τήν άσφάλειαν μιάς τόσον ένδόξου καί τόσον κρισίμου Επιχειρήσεως. Ιδού έκ παραδείγματος τόσαι περιστάσεις. Άν ό Ήγεμών Σκαρλάτος Καλλιμάχης έδικαίωσε τό μέτρον τούτων, παρουσιάσας πρός τόν Σουλτάνον μεταπεφρασμένην είς τό Άραβικόν τήν Κατήχησιν τής Εταιρίας· ό διάδοχός του Ήγεμών Μιχαήλ Σούτσος άπέδειξε διά τής διαγωγής του, ότι ό άχρεΐος άνθρωπος δέν ύπάρχει μόνον μεταξύ έκείνων, όσοι έχουσι μεγάλα συμφέροντα· καί ότι, ός τις έκ τούτων βλέπει τήν Ιστορίαν, ήξεύρει νά τά θυσιάζη. Άπό τοιαύτας όρμώμενοι άρχάς καί πολλοί άλλοι, έγιναν θύματα μεταξύ τοϋ Ίεροϋ Λόχου. Ο Νέγρης, ραδιούργος μέν φύσει, άλλά συναγωνισθείς ύπέρπολυ πρό τοϋ Άγώνος, συνεμέθεξε καί είς τάς κακώσεις τοϋ πολέμου άποθανών έπί ψάθης είς τό Ναύπλιον. Ο δέ Ιάκωβος Ρίζος, συνδραμών είς τήν θυσίαν, τήν όποίαν έκαμεν ό Μ. Σούτσος, προσέφερε τόν πρός τήν Πατρίδα φόρον του.

Αύται είναι άλήθειαι, τάς όποίας ό Ιστορικός πρέπει ν' άναφέρη μέ έμφασιν καί σέβας.

Η ιδέα περί τών πολυπαθών Χίων άντιβαίνει όλότελα, είς τόν όποιον προέθετο ή Εταιρία σκοπόν τοϋ νά διαδώση τό πνεϋμά της είς όλας τάς Πόλεις καί τάς Έπαρχίας. Άν δέ έξήχθη συμπέρασμα τοιοϋτον, διότι δέν έστάλη είς τήν Χίον κανείς Απόστολος, είναι καί τοϋτο μία παρατήρησις τόσον έπισφαλής, καθόσον οί Άρχηγοί τής Εταιρίας, γνωρίζοντες τούς Χίους άφωσιωμένους όλως διόλου είς τήν έμπορίαν καί τήν γεωργίαν, άγυμνάστους είς τά όπλα καί μιάς ζωής μαλακωτέρας, δέν έκρινον τήν ύποκίνησίν των ώς έργον πρώτης άνάγκης.

Μολαταϋτα πολλοί άπό τούς είς διάφορα μέρη έμπορευομένους Χίους έγιναν Εταίροι, βοηθήσαντες κατά τήν δύναμίν των· έπέκεινα τών 25 κατετάχθησαν ύπό τήν Σημαίαν

Προς τους ιδίους επεβλήθησαν τα χρέη του να λάβωσιν ιδέαν, όσον είναι δυνατόν, πληρεστέραν περί του πληθυσμού των Ελλήνων και των Τούρκων της Ελλάδος· πόσοι εκ των δύο μερών δύνανται να φέρωσιν όπλα· ειδικώτερον δε περί της Μάνης, των Σφακίων και των Σουλιωτών· και τέλος πάντων ποίοι είναι οι πλέον εκ των λεγομένων Κλεπτών ονομαστοί Καπετανέοι. Τας περί όλων τούτων των αντικειμένων θετικωτέρας πληροφορίας ώφειλον να διευθύνωσιν εγγράφους και με άνθρωπον πιστόν εις Κωνσταντινούπολιν.

Κατέβησαν εις την Ύδραν, όπου δεν ενέκρινον να γνωρισθώσι κατ' αρχάς εις κανένα εκ των εντοπίων. Συστημένοι εκ της Κωνσταντινουπόλεως προς τον εκ Καλαβρύτων Νικηφόρον Παμπούκην, τότε Διδάσκαλον της Ελληνικής Σχολής της Νήσου, κατέλυσαν εις την οικίαν του. Τούτον πρώτον παρέλαβον εις την Εταιρίαν, και διά του ιδίου εσχετίσθησαν κατά συνέπειαν με τους Προκρίτους του τόπου. Εκ τούτων, καθώς και εξ εκείνων της Νήσου των Πετσών, κατήχησαν (α) πολλούς. Ο Αναγνωσταράς επεχείρησε

του Ιερού Λόχου και εθυσιάσθησαν· πλήθος άλλο έχυσαν παντού το αίμά των· και ολόκληρος η Νήσος υπέφερε διπλήν καταστροφήν διά τον ζήλόν της προς την Ελευθερίαν.

(α) Του Αναγνωσταρά εστάθη παράδοξος ο τρόπος τον οποίον ωσεπιπολύ μετεχειρίζετο προς εκείνους, όσους ήθελε να κατηχήση. Κιθαρίζων το λεγόμενον κοινώς Π ο υ- ζ ο ύ κ ι, έτραγώδει ή κανέν του Ρήγα, ή Κλεπτικόν Άσμα και ούτω διεγείρων τον ενθουσιασμόν, ευκόλυνε την πιστήν αποδοχήν της Κατηχήσεως. Ήτον άρα κατ' ένα τρόπον ο

νά κατηχήση καί τόν Κουντουριώτην. Αύτός, ένω έδειξε πολύν ένθουσιασμόν καί καμμίαν έναντίωσιν, έζήτησεν έγγραφον τοϋ Καποδίστρια, καί έπέμεινε νά πληροφορηθή, άν ήναι ούτος ό Άρχηγός τής Εταιρίας. Ό Άναγνωσταράς τόν παρήτησεν όμολογήσας τήν περί τά τοιαΰτα άγνοιάν του.

Κατηχήθησαν συγχρόνως διάφοροι έκ τών είς τάς Νήσους ταύτας παροίκων Πελοποννησίων. Τούτων τούς άγχινουστέρους καί έπιτηδειοτέρους έκλέγει ώς Άποστόλους ό Άναγνωσταράς. Άλλά τό σημαντικώτερον άντικείμενον τών σκέψεων καί τούτου καί τών συντρόφων του ήτον ήδη ή έπιτηδεία διάδοσις τής Εταιρίας είς τήν Πελοπόννησον. Ό Χρυσοσπάθης καί ό Άναγνωσταράς δέν έφαίνοντο οί άρμόδιοι άνθρωποι, ώς έγνωσμένοι είς τούς Τούρκους καί τήν Έξουσίαν διά τήν φανεράν έχθραν των κατά τής τυραννίας, καί ώς δύσκολοι διά τοϋτο νά συσχετισθώσιν άπ' εύθείας μέ τούς πολιτικούς τοϋ τόπου, οί όποιοι ήθελον άποφύγει νά τούς πλησιάσουν.

Ήδη συνθηματισθέντες περί τοϋ τρόπου τών συναγροικήσεών των, άνεχώρησαν ό Φαρμάκης (α) καί Χρυσοσπάθης είς τά διωρισμένα μέρη.

Όρφεύς τών Φιλικών.

(α) Ό Φαρμάκης ώμολόγει μετέπειτα, ότι ήθέλησε νά κατηχήση είς τήν Έταιρίαν τόν έξόριστον τότε είς τό όρος τοϋ Άθωνος Γρηγόριον Πατριάρχην· ότι ό σεβάσμιος ούτος Γέρων έδειξεν εύθύς ζωηρότατον ένθουσιασμόν ύπέρ τοϋ πνεύματος τής Εταιρίας· ηύχήθη έκ καρδίας· καί λέγων «Έμένα έχετε 'ποϋ μ' έχετε» δέν ήθέλησε καί νά όρκομωτήση κατά τήν Διδασκαλίαν. Παρά τήν έπιβαλλομένην άπό τόν ίε-

Ὁ Ἀναγνωσταρᾶς μόνος ἔμεινεν εἰς Ὕδραν διά τινα καιρόν· ὁ δὲ Ν. Παμπούκης ἀνέλαβε τὴν ἀποστολὴν τῆς Πελοποννήσου.

Μετέβη οὗτος διὰ τοῦ Ἄργους εἰς Τριπολιτσὰν ὑπὸ τὸ πρόσχημα τοῦ νὰ ἐγκαλέσῃ τὸν Ἰωάννην Περρούκαν διὰ διαφορὰν ἰδιαιτέραν. Διὰ προηγουμένης ἐντεῦθεν συμφωνίας τὴν μὲν ἡμέραν ἔτρεχεν εἰς τὰς αὐλὰς τῶν Ἀγάδων ἐγκαλῶν τὸν Ι. Περρούκαν ὡς ἄδικον· τὴν δὲ νύκτα τὸν παρέδιδε τὴν Κατήχησιν. Διὰ νὰ ἔχῃ ἐπομένως τὴν ἀνύποπτον καὶ μὲ τοὺς Πολιτικοὺς τῆς Πελοποννήσου συνέντευξιν, ἐδείκνυεν, ὅτι ἐγκαλεῖ καὶ ἐνώπιον τούτων τὸν ἴδιον Περρούκαν. Δυνάμει τοῦ τοιούτου μέτρου ηὐδοκίμησεν εἰς τὸν σκοπόν του, κατηχήσας τὸν Περρούκαν, Σωτήριον Χαραλάμπου καὶ Σωτήριον Θεοχαρόπουλον (καταγομένους ἐκ τῶν Καλαβρύτων), τὸν Παππᾶ Ἀλέξιον καὶ Παναγιώτην Ζαφειρόπουλον (ἐκ τῆς Ἀνδριτσαίνης τοῦ Φαναρίου).

Ὁ Παμπούκης διέδωκε καὶ εἰς ἄλλους ὀλίγους τὸ Μυστήριον, μεταχειριζόμενος τὴν προσφορωτέραν ἐκλογήν. Κατήχησε τὸν Παναγιώτην Ἰατράκον, Χειροῦργον τοῦ τότε Τοπὰλ Πασσᾶ, διὰ νὰ μανθάνωνται δι' αὐτοῦ τὰ μυστικὰ τοῦ Σατραπείου· τὸν Γεώργιον Σπυριδώνου (Κορίνθιον) καὶ Γεώργιον Διδασκαλόπουλον (Περαχωρίτην),

ρατικόν του χαρακτῆρα ὑποχρέωσιν, παρετήρησεν, ὅτι, ἂν ἀνακαλυφθῇ ποτε εἰς τὰ βιβλία τῆς Ἑταιρίας τὸ ὄνομά του, θέλει διακινδυνεύσει ὁλόκληρον τὸ Ἔθνος, τοῦ ὁποίου προεῖχε πάντοτε, ἀπὸ τὴν τύραννον Ἐξουσίαν. Τελευταίαν δὲ παρατήρησιν ἔκαμε τὸ νὰ προσέξωσι πολὺ οἱ Ἑταῖροι μήπως βλάψωσιν ἀντὶ νὰ ὠφελήσωσι τὴν Ἑλλάδα.

ώς έχοντας τά πιστά είς τά μυστικά τοῦ Κιαμήλ Πεή, Δεφδέρ Κεχαγιᾶ, Ἀρναούτογλου καί λοιπῶν σημαντικῶν Τούρκων. Ἐκ τῶν Ἐμπόρων παρέλαβε τόν Παναγιώτην Ἀρβάλην καί Παναγιώτην Ταμιχτσῆν, ὡς τούς πλέον ἑτοίμους εἰς τήν διάδοσιν τοῦ Μυστηρίου. Καί τῳόντι ! Ὁ Ἀρβάλης ἔγινε τό δραστηριώτερον ὄργανον τοῦ προσηλυτισμοῦ εἰς αὐτόν τόν τόπον· ἡ δέ Μητρόπολις τῆς Χερσονήσου κατέστη ἐντός ὀλίγου τό δεύτερον σχεδόν μετά τήν Κωνσταντινούπολιν καί τήν Μολδαυο - Βλαχίαν κέντρον τῆς Ἑταιρίας.

Ἀπό τήν κλάσιν τοῦ Ἱερατείου κατηχήθησαν πρῶτοι ἤδη παρά τοῦ Παμπούκη Ἀρχιερεῖς μέν ὁ Ναυπλίας Γρηγόριος, ὁ Κορίνθου Ζαχαρίας καί ὁ Ἀρκαδιουπόλεως (ἤ Χριστιανουπόλεως) Γερμανός· Ἡγούμενοι δέ ἐκεῖνος τοῦ Βράχου Δανιήλ, ὁ τοῦ Ἁγίου Γεωργίου (τοῦ Φενεοῦ) Ναθαναήλ, καί οἱ ἐγκριτώτεροι τοῦ Μεγάλου Σπηλαίου καί τῶν Ταξιαρχῶν (α).

(α) Ὁ Νικηφόρος ἐπροδόθη μετ' ὀλίγον· καί εἰδοποιούμενος ἀπό τούς φίλους του (μάλιστα τόν Π. Ἰατράκον), ἠναγκάσθη νά διαφύγῃ. Καθ' ἥν στιγμήν ἐφίππευεν εἰς τήν Τριπολιτσάν, τόν λέγουν οἱ συνοδεύοντες Ἐταῖροι· «Κύριος κατευοδώσοι τά βήματά σου ! Τώρα σέ συνευγάλλωμεν ὡς ἰδιώτην, καί εἰς τήν ἐπιστροφήν σου νά σέ ὑποδεχθῶμεν εἰς τήν θύραν ταύτην ὡς ἀληθῆ Νικηφόρον καί τροπαιοῦχον κατά τῶν τυράννων μέ τούς Ἐλευθερωτάς».

Ὁ Πασσᾶς τῆς Πελοποννήσου ἐζήτησε διά διαταγῆς του τοῦτον ἀπό τούς Ὑδραίους, εἰς τούς ὁποίους καί ἐπαπείλει τόν ἀποκλεισμόν τοῦ ἐμπορίου των ἀπό τά παράλια τῆς Χερσονήσου. Οἱ Ὑδραῖοι, ἀγνοοῦντες περί ὅλων, ἐνῷ τοὐς ὑπεκρύπτετο οὗτος, τόν συμβουλεύουν τήν ἄμεσον ἀναχώρησίν του. Τοιου-

Ὁ Ἀναγνωσταρᾶς, πληροφορούμενος τὴν αἰσίαν ἀποδοχὴν τοῦ Μυστηρίου, μετέβη εἰς τὰ Ἰμβλάκικα τῆς Πελοποννήσου, ὅπου συνετέλεσε μεγάλως. Ἰδού! Ὁ ἄλλοτε ὑποβλεπόμενος ὡς κακοποιὸς καὶ λῃστὴς δέχεται κατ' αὐτὴν τὴν ἐποχὴν ὡς ἀδελφὸς καὶ συμπολίτης ἀπ' ὅλους, ἐκτὸς τῶν πρώτων ἐχθρῶν του. Ὁ ἴδιος ἀπέστειλεν Ἀποστόλους εἰς ὅλην τὴν Ἑπτάνησον, ὅπου γίνεται πλῆθος προσηλύτων. Τὰ Γράμματα τῶν Καθιερώσεων, αἱ πρὸς τὴν Ἀρχὴν Ἀναφοραὶ καὶ γνωμοδοτήσεις διαφόρων ἐλαμβάνοντο καὶ ἀπεταμιεύοντο εἰς χεῖρας τῶν τριῶν μνημονευθέντων Καπετανέων·

Εἰς τὴν Πελοπόννησον κατέβησαν κατὰ συνέχειαν καὶ ἄλλοι ἀπὸ τὴν Κωνσταντινούπολιν, ἀκολουθήσαντες τὸ ἔργον τοῦ Κατηχητοῦ (1818). Ὁ Θεοχάρης Ρένδης (Κορίνθιος), συστηματικός, φιλελεύθερος καὶ σύννους, καὶ ὁ Γεώργιος Καλαρᾶς πυραλαμβάνονται εἰς τὴν Ἑταιρίαν ἀπὸ τὸν Ἀντώνιον Πελοπίδαν. Ἡ εἰς τὴν κωμόπολιν Τρίκκαλα παλαιὰ καὶ ἐπίσημος οἰκογένεια τῶν Νοταραίων (α) δεικνύει κατ' ἀρχὰς ὄχι τόσην εὐχαρίστησιν, ἂν καὶ μετεχειρίσθη πρὸς αὐτὴν ὁ ἀπεσταλμένος ὄχι τὸ κοινόν, ἀλλὰ νέον Σύνθημα· «Ἐλευθερία, ἢ Σύμμαχος».

Ἀλλ' εὐκολύνθη ἡ εἴσοδος καὶ ταύτης μετ' ὀλί-

τοτρόπως ὁ Νικηφόρος μετέβη εἰς τὴν Λιβόρνον καὶ Πίσαν, ὅπου ἐνήργει ἐκ συνεχείας περὶ τῆς ἰδίας ὑποθέσεως τῆς Πατρίδος μὲ τοὺς ἐκεῖ Ἕλληνας, ἀπὸ τὰς ἀρχὰς τοῦ Ἀπριλίου τοῦ 1818.

(α) Πρὸς τούτους ἦτο συστημένος ὁ Πελοπίδας παρὰ τοῦ Γρηγορίου Δικαίου.

γον διά τοϋ Καλαρα. Τό Μυστήριον εντεύθεν επολλαπλασιάσθη είς τήν Κορινθίαν, Μεγαρίδα καί τάς Νήσους τοϋ Σαρωνικοϋ.

Καί είς τήν Βοστίτσαν καί είς τά Καλάβρυτα κατηχούνται ήδη πολλοί σημαντικοί. Είς τήν πόλιν τών Πατρών ήτο διαδεδομένη ή Εταιρία. Ό ενθουσιασμός καί έδώ δέν διέφερε διόλου άπ' εκείνον τής Κωνσταντινουπόλεως καί τής Τριπολιτσάς. Τον Γερμανόν, Μητροπολίτην τής Αχαΐας, προλαμβάνει ό Πελοπίδας μέ τούς ακολούθους λόγους· «Π α ρ α σ τ ά τ η ς Ἑ λ λ ή ν ω ν ἦ λ - θ ο ν π ρ ὸ ς σ ὲ τ ὸ ν Π ο ι μ έ ν α τ ῶ ν Π α τ ρ ῶ ν!» Ό Μητροπολίτης ούτος δέχεται τό Μυστήριον. Θέλει δέ διακριθή ώς έν όργανον ωφέλιμον ήδη καί μετά τήν έναρξιν τού Πολέμου διά τής φρονήσεως, τού πατριωτισμού καί τής προσωπικής του επηρείας.

Ὀλίγωρα μετεδόθη ή Εταιρία καί είς τήν μέσην τάξιν αυτού τού τόπου. Είς τήν Καθέδραν τής Τριπολιτσάς προεχώρησε καί μέχρι τού Σιτραπείου. Είς τούς περισσοτέρους έγνωρίζετο τό όνομά της παρηλλαγμένον «Ἀ δ ε λ φ ι κ ή Ἑ τ α ι ρ ί α». Οί δέ Κατηχηταί πρός μέν τό φαινόμενον έλεγον, ότι έστάλησαν άπό φιλογενείς τινας, διά νά εύρωσι καμμίαν θέσιν ανάλογον είς τήν οίκοδομήν μεγάλης τινός Σχολής· ιδιαιτέρως δέ έβεβαίωνον, ότι μ ί α ἀ ν ω τ ά τ η Ἀ ρ χ ὴ θ έ λ ε ι ὑ π ε ρ α σ π ι σ θ ῆ τ ὰ δ ί κ α ι α τ ο ῦ Ἔ θ ν ο υ ς. Ή οικία τού Ἀρβάλη ήτον ήδη τό πολυπληθές συνέδριον τών Εταίρων.

Λεόντιός τις, καταγόμενος άπό τό Δίστομον τής Λεβαδείας, έπαρουσιάσθη είς τά Ιωάννινα (1818).

Προσήλωσεν ούτος εις τήν Έταιρίαν πολλούς καί τους πλησιάζοντας τον 'Αλή Πασσάν. Διατρανοΰται δέ, όποιον έπνεον πατριωτισμόν καί οί φαινόμενοι τής πλέον αισχράς τυραννίας υπηρέται. Συνέλαβεν ούτος τήν ίδέαν τοϋ να κατηχήσω και τόν ίδιον 'Αλή Πασσάν ύπό άλλα προσχήματα. Είναι τόσον βέβαιον τούτο (α), όσον είναι ανύπαρκτος ή φήμη της μελετηθείσης κατηχήσεως τοϋ εις Κωνσταντινούπολη Πασσάρ Πεή, ασπόνδου εχθρού του 'Αλή Πασσά. Παρομοία παραφορά εδύνατο νά ριψοκινδυνεύση εις μάτην ολόκληρον, ή μέρος άρκετόν, του Έθνους. Οί περί τον 'Αλή Πασσάν "Ελληνες εμπόδισαν τον Λεόντιον από τον σκοπόν του τούτον. Εις τήν μετέπειτα (1820) περίστασιν αύτοϋ τοϋ τυράννου

(α) Βέβαιον επίσης είναι, ότι εστάλη από τήν Κωνσταντινούπολιν ό 'Ιεροκήρυξ Γερμανός 'Εσφιγμενίτης, καταγόμενος άπό τά Τρίκκαλα της Κορίνθου, μέ τό σχέδιον τοϋ νά ύποκριθή τόν"Αγιον είς τά 'Ιωάννινα (κατά τό παράδειγμα τοϋ Κοσμά, εύλαβουμένου τόσον άπό τον 'Αλή Πασσάν), νά σχετισθή τοιουτοτρόπως μέ τον πανούργον τούτον τύραννον, νά τόν συμβουλεύση κατά πρώτον περί πολλών γνωστών πραγμάτων, νά κηρύξη ώς θεάρεστον τήν διαγωγήν του, καί τελευταίον νά τόν προφητεύση, ώς άπό Θεού άπεσταλμένος, τήν μέλλουσαν δυστυχή κατάστασίν του διά τό περί αύτοϋ επίβουλον τοϋ Σουλτάνου φρόνημα, άν δέν προλάβη τήν μέ τους "Ελληνας θρησκευτικήν ενωσίν του.

'Από την άποστολήν αυτήν ήτον επόμενον έν έκ των δύο: ή ό θάνατος τοϋ Μοναχού "Ελληνος, ή μεταβολή τις εις τό θρησκευτικόν πνεύμα τοϋ 'Αλή Πασσά· πιθανωτέρα δέ όλων ή μετέπειτα ουδετερότης εις τά Ελληνικά πράγματα. Συνέβη όμως ό πόλεμος τοϋ Σουλτάνου εναντίον τούτου, καθ' όν καιρόν μόλις είχεν εκπλεύσει τον Έλλήσποντον ό 'Απεσταλμένος.

ὁ Ὀδυσσεὺς Ἀνδρούτσου ἐπρότεινεν ὡς σωτηριώδη τὴν ἕνωσίν του μὲ τὴν μεγάλην Ἑταιρίαν τῶν Ἑλλήνων (α). Ὁ Ἀλῆ Πασσᾶς ἐφρόντισεν ἤδη νὰ ἐγκολπωθῇ τὸ πνεῦμα τοῦτο, προβάλλων τὸ νὰ κατασταθῇ ἡ Ἤπειρος μέχρι τῆς Θεσσαλίας ὡς ἡγεμονεία του, τὰ δὲ λοιπὰ μέρη τῆς Ἑλλάδος μέχρι τῆς Πελοποννήσου ἐλεύθερα ὑπὸ τὴν προστασίαν τοῦ ἰδίου. Οἱ Ἕλληνες ὅμως δὲν ἐπίστευον, πρὶν ἢ βαπτισθῇ, διὰ τὴν προτέραν του διαγωγὴν (β)· ὁ δὲ Γραμματεύς του Μάνθος (γ) διέλυσε, τὰ ὁποῖα ὁ Ὁμὲρ Βρυώνης ἔδωκεν εἰς τοῦτον ὀλέθρια σχέδια, προβλέπων εἰς τὴν ἔκβασίν των τὴν ἀδύνατον πρόοδον τοῦ ἐγκυμονοῦντος Πολέμου τῆς Ἑλλάδος.

Ἡ Ἑταιρία ἐπολλαπλασιάσθη εἰς τὰ Ἰωάννινα καὶ τὰ πέριξ μέρη πρὸς ὅλους τοὺς Πολεμικοὺς καὶ Πολιτικούς των. Περὶ τὰ τέλη τοῦ 1819 συνήργησε πολὺ καὶ ὁ Ἀλεξάκης Βλαχόπουλος (δ). Εἰς τὰ Ἰωάννινα κατηχήθησαν καί τινες Λεβαδεῖται: ὁ Λάμπρος Νάκος καὶ Ἰωάννης Φίλων, εἰδοποιηθέντες προηγουμένως, ἀλλ' ἁπλῶς, πα-

---

(α) Τὸ ἴδιον σχεδὸν πνεῦμα ἠκολούθησεν ἀκόμη ὁ Ἀλέξιος Νούτσος καὶ ἄλλοι. Βλέποντες οὗτοι, πόσον ἡ ἀσφάλεια τοῦ Σουλίου ἦτον ἁρμοδία εἰς τὴν κίνησιν τῆς Ἠπείρου, ἐπάσχισαν νὰ πείσωσι τοῦτον, διὰ νὰ ἐμβῇ εἰς αὐτὸ μὲ τοὺς θησαυρούς του καὶ ὅσην ἠδύνατο νὰ σύρῃ πολεμικὴν ὕλην.

(Θέλομεν ὁμιλήσει κατὰ πλάτος ἄλλοτε εἰς τὰ τοῦ Σουλίου περὶ ὅλων τούτων τῶν περιστάσεων, ὡς συσχετικῶν πολλὰ μὲ τὰ πράγματα τῆς Ἑλλάδος).

(β) Ἴδε Ἐποχ. Δ' Κεφ. Ε'.

(γ) Καταγόμενος ἀπὸ τὸ Ζαγόρι.

(δ) Ζήτει τὰ περὶ τούτου Ἐποχ. Δ' Κεφ. Ε'.

ρά τοΰ 'Αριστείδου εις τάς Παλαιάς Πάτρας.

Καί τις Παππά Μόσχος (α) απετέλεσε τεράστια εις τάς επαρχίας τών Σαλώνων καί Λιδωρικίου, τρέχων 'Απόστολος μέ τό περιτραχήλιόν του. "Αλλος δέ ώφελούμενος από τήν περί τά πράγματα άγνοιαν τών ανθρώπων καί τήν άδυναμίαν τοΰ έρωτός των πρός τήν 'Ελευθερίαν, ό 'Αθανάσιος Ζαρείφης ένήργησεν ωφελίμως καί άλλοϋ καί εις τήν Λεβαδείαν, δπου έλαβον ΰπαρξιν οί μοναδικοί εις τήν 'Ιστορίαν τής Έταιρίας Κόνσολοι τής Λεβαδείας (β).

(α) 'Αποθανών είς τά 1825.
(β) Έχομεν εις χείρας μας πρωτότυπον Έγγραφον, εις τό όποιον φέρονται υπογεγραμμένοι οί Κόνσολοι ούτοι. Θεωροϋμεν περίεργον τήν δημοσίευσίν του.

«ΑΘΗΝΩΝ ΔΙΟΝΥΣΙΟΣ έπιβεβαιοϊ.

Διά τοΰ παρόντος δήλον γίνεται, δτι έδιώρισα τόν Μάνθον Τζήρον πεντηκόνταρχον μέ πενήντα ονομάτους, καί νά άγροικέται από τήν σήμερον ό ούλουφές τοΰ ιδίου πρός γρ. 50 τόν μήνα, σαράντα ή πενήντα ανθρώπους, όσους μπιτίση, καί διά ένδειξιν αληθείας έγένετο τό παρόν.

1821, 'Απριλίου 24, Λιβαδεία.

Νικόλαος Νάκου καί Κόνσολας Λιβαδείας
κοινή ψήφω βεβαιώ τά άνωθεν.
'Ιωάννης Στάμου Λογοθέτης βεβαιώ.
'Ιωάννης Φίλωνος καί Κόνσολος Λιβαδείας
κοινή ψήφω βεβαιώ τά άνωθεν».

Ό Νικόλαος Λασπάς (Σιατισταίος) συναριθμείται επίσης μεταξύ εκείνων, όσοι έλαβον περίεργον εν μέρει θέσιν εις την Εταιρίαν. Γραμματεύων πλησίον διαφόρων Πασσάδων έχρημάτισε τό ώφέλιμον όργανον καί ό εισηγητής πολλών σχεδίων. Καθ' όν καιρόν οί Σουλτανικοί επολέμων τόν 'Αλή Πασσάν, συνήργησεν ούτος εις τό μέτρον τού εφοπλισμού τών Ελλήνων διά τόν διπλούν λόγον τού νά έκριζωθή ή επήρεια τού πανούργου τούτου τυράννου άπ' όλην τήν Στερεάν, καί νά εύρεθή ένοπλον μέρος άρκετόν εις τόν πλησιάζοντα Πόλεμον τής Ελλάδος. Οί Λαρισσαίοι Τούρκοι είδον δυσάρεστοι τήν περίστασιν αυτήν, ουδέ ήπατήθησαν εις τάς κρίσεις των, ένώ οι άρματωθέντες Έλληνες, έξηγριωμένοι άπό τόν πόλεμον καί κολακευόμενοι άπό τάς έτοίμους ωφελείας του, μετεχειρίσθησαν κατά συνέχειαν τά όπλα των καί εναντίον τών ιδίων Βασιλικών. Οί Εταίροι, όσοι διωργάνιζον πρό τού Πολέμου εις τάς Επαρχίας τής Ηπείρου καί Θεσσαλίας, ενήργουν καί μετέπειτα μέ τόν ίδιον ενθουσιασμόν. Ή καταστροφή τών Καλαρρυτών προήλθεν ώσεπιτοπολύ έκ τής στρατηγικής προμελέτης τούτων· ή δέ κρίσιμος Νίκη τού Μακρυνόρους (1821) διά τών προειδοποιήσεων τού Λασπά.

Ελπιζόμενα βοηθήματα μεταφέρουσι τήν Εταιρίαν εις τήν Αίγυπτον καί τήν Συρίαν. Ό σκοπός της καί ώς πρός ταύτα τά μέρη ήτον ό ίδιος μ' έκείνον τών Ιονικών Νήσων. Τά χρήματα έμελλον νά ενδυναμώσωσι τόν Πόλεμον· τοιαύτη δέ βοήθεια έπρεπε νά έλπίζηται καί άπό τούς Εμπόρους τής 'Αλεξανδρείας. Ώς πρός τήν

211

Συρίαν δέ, ή τό Λιβάνιον Όρος, ήτο διάφορος ένώ οί γενναίοι μαχηταί του ήμπόρουν νά δώσωσι σημαντικόν περισπασμόν εις τήν δύναμιν τής Αιγύπτου.

'Αποστέλλονται έκ τής Κωνσταντινουπόλεως ό Δημήτριος Ύπατρος καί ό Πελοπίδας, μολονότι κατέβη πρό αυτών εις τήν 'Αλεξάνδρειαν καί τις Χατσή Σέργιος. Καθ' όδόν κατηχούσι τόν εις τήν Πάτμον παρενδημούντα Θεόφιλον Πατριάρχην τής 'Αλεξανδρείας. Εις τήν 'Αλεξάνδρειαν εύρον ευδιαθέτους όλους τούς 'Εμπόρους καί τόν Θεόδωρον Τουσίτσαν, πλησιάζοντα τόν Μεχμέτ 'Αλήν. 'Εντεύθεν ό Ύπατρος μετέβη εις τήν Συρίαν καί Κύπρον (α).

(α) Ζήτει τήν μετέπειτα συνέχειαν τών περί τής Αίγύπτου καί Συρίας 'Εποχ. Δ'. Κεφ. Γ' καί Ε'.

ΚΕΦΑΛΑΙΟΝ Γ'

Ζήλος τῶν Ἑλλήνων πρός τήν Ἐλευθερίαν — Παραστάσεις τῆς Νεολαίας Δραματικαί — Ἐφημερίδες — Ἡρωϊκά Ἄσματα — Προφητεῖαι — Πλατομαντεία.

Ποία ἤδη διεχύνετο ἡ χαρὰ εἰς τὴν καρδίαν ἑκάστου! Πολλοί, καταφρονοῦντες καὶ ἡσυχίαν καὶ ἰδιωφελίμους ἐπιχειρήσεις, ἔτρεχον Ἀπόστολοι παντοῦ καὶ μὲ κίνδυνον τῆς ζωῆς των στιγμιαῖον. Πολλοὶ ἠκολούθουν συγχρόνως τὰ ἰδιωτικὰ χρέη των καὶ ἐκεῖνα τοῦ Κατηχητοῦ. Οἰκίαι καὶ γραφεῖα Ἐμπόρων μετεσχηματίσθησαν εἰς κοινοσυμβούλια τῶν Ἑταίρων. Πνευματικοὶ ἀξιοσέβαστοι ἐδίδασκον τοὺς ἐξαγορευομένους τὰ χρέη τοῦ πατριώτου· καὶ ἤδη τὸ Ἱερατεῖον παντὸς βαθμοῦ δίδει τὰς πλέον ἐξόχους διακρίσεις τῆς εὐαισθήτου ἀγάπης του πρὸς τὴν σωτηρίαν τῆς Πατρίδος. Τοιουτοτρόπως οἱ Θρόνοι τῆς Ἀνατολικῆς Ἐκκλησίας, θεωρούμενοι ὡς ἀστέρες ἀπλανεῖς εἰς τὴν σφαῖραν τῆς μεγάλης ὑποθέσεως τοῦ Ἔθνους, ἔμελλον νὰ διατρέξωσι στάδιον λαμπρότερον, ἐὰν δὲν συνέβαινεν ἡ ἔκλειψις τῶν χρονιωτέρων ἐνεργειῶν τῆς Ἑταιρίας.

Ἡ Νεολαία ἄρχεται συγχρόνως τὰς Ἡρωϊκὰς παραστάσεις τοῦ Θεμιστοκλέους (α), τοῦ Ἀχιλλέως καὶ

(α) Εἰς τὴν Παράστασιν τοῦ Θεμιστοκλέους, γενομένην κατὰ τὸν Αὔγουστον τοῦ 1817, καὶ εἰς ἐκείνην, 16 Φεβρουαρίου, 1818, τοῦ Φιλοκτήτου τοῦ Σοφοκλέους, (μεταφρασθέντος εἰς τὴν καθομιλουμένην γλῶσσαν ἀπὸ τὸν Νικόλαον Πίκολον), ἐθαυμάσθησαν οἱ Ἕλληνες ὑποκριταὶ καὶ

τῶν Σουλιωτῶν εἰς τὴν Ὀδησσόν, τὸ Ἰάσιον, τὴν Κέρκυραν καὶ ἄλλας πόλεις. Ὁ δὲ Ἰωάννης Μακρῆς, ἕνας τῶν Διδασκάλων τοῦ νεοσυστάτου Ὀδησσινοῦ Γυμνασίου, κηρύττει (5 Αὐγούστου). «...Ἡ Πατρὶς εἶναι μία Θεά, καὶ εἰς αὐτὴν χρεωστοῦμεν νὰ θυσιάζωμεν τὸ πᾶν. Ἡ ΕΛΕΥΘΕΡΙΑ αὐτῆς καὶ ἡ ὀρθὴ καὶ ἐλευθέριος τῶν τέκνων της ἀγωγὴ ἦσαν τὰ δύο μεγάλα ἐλατήρια τῆς καρδίας καὶ τῶν πράξεων ἐκείνων τῶν Προγόνων μας...»

Διεγείρεται ἡ εὐγενὴς ἅμιλλα τοῦ πολλαπλασιασμοῦ τῶν Ἐφημερίδων (α). Εἰς τὸν ἀοίδιμον Κοραῆν, τὸν Σωκράτην τῆς νέας Ἑλλάδος, ὀφείλεται προηγουμένως ἡ τόσον ὠφέλιμος συμβουλὴ περὶ τούτων (β). Πρῶτος ἐντεῦθεν ἀπὸ τοῦ 1811 ὁ Α.

πρὸ πάντων ὁ Γεώργιος Ἀβραμιώτης διὰ τὸν δυσμίμητον τρόπον του, καθ' ὅσον ἀφορᾷ τὴν Σκηνικὴν τέχνην.

Δὲν εἶναι ἀλησμονητέος μήτε ὁ Θ ά ν α τ ο ς τ ο ῦ Δ η μ ο σ θ έ ν ο υ ς, συντεθεὶς ἀπὸ τὸν ἴδιον Πίκολον, καὶ παρασταθεὶς κατὰ τὴν 7 Σεπτεμβρίου, 1818. Καὶ αὐτὴ ἡ παράστασις, φέρουσα ὑπόθεσιν ὑπὲρ τῆς Πατρίδος ἐνθουσιαστικήν, ἀνεβίβασε τοὺς ἀκροατὰς Ἕλληνας εἰς τὸν κόσμον τῶν φαντασιῶν, καταγοητεύσασα τὰς καρδίας των.

(α) Διὰ τὴν τυραννίαν τῶν Τούρκων οἱ Ἕλληνες δὲν εἶχον ὕπαρξιν πολιτικήν. Δὲν ἠμπόρουν διὰ τοῦτο νὰ ἐκδίδωσιν ἐντὸς τῆς Ἑλλάδος τὰς Ἐφημερίδας των, μάλιστα πολιτικάς.

(β) Ὁ Κοραῆς δὲν περιωρίσθη εἰς μόνους τοὺς ἰδίους κόπους, ἐνῷ τὰ Προλεγόμενά του ἐσχημάτιζον τόσας περιοδικὰς Ἐφημερίδας. Ἔσπευσε νὰ λάβῃ βοηθοὺς εἰς τὸ μέγα ἔργον τῆς πνευματικῆς προόδου τοῦ Ἔθνους καὶ ὅλους τοὺς Λογίους, οἱ περισσότεροι τῶν ὁποίων διεκρίθησαν ὀπαδοὶ τοῦ φιλολογικοῦ Συστήματός του, καὶ ὅλοι γενικῶς σύμφωνοι μὲ τὰς πολιτικὰς ὑπὲρ τῆς Ἑλλάδος ἰδέας του.

Γαζής έπεχείρησε τήν έκδοσιν τής Φιλολογικής Έφημερίδος ό Λόγιος Έρμής είς τήν Βιέναν, δπου διήρκεσε μέχρι τοΰ 1821. Ή Έφημερίς αϋτη, γεγραμμένη είς τήν καθαρωτέραν γλώσσαν, έχαιρε τήν πρώτην ύπόληψιν τοΰ Έθνους, διά τήν όποίαν έπρόσφερε πολυειδή ύλην (α). Ό Λόγιος Έρμής άνέφερε σποράδην τό περί Πατρίδος πολιτικόν σχέδιον τών Έλλήνων ύπό τό έρεθειστικόν ύπέρ τής παιδείας καί κατά τής άδικίας πρόσχημα (β).

(α) Είχεν άντίζηλον τήν Καλλιόπην. Ό Έκδότης τής δευτέρας ήθέλησε νά μάς βεβαιώση έπίπλαστον τήν μεταξύ τών δύο Έφημερίδων έριδα, διά νά μή δοθή ύπόνοιά τις έκ τής συμφωνίας των είς τήν Κυβέρνησιν τοΰ τόπου.

(β) Έχομεν νά άναφέρωμεν έν έκ τών πολλών αύτής τής Έφημερίδος : τήν κρίσιν ένός Γερμανοΰ Φιλοσόφου (καί τοιοΰτος ύποτίθεται ό Κρύγιος), είς τό έκδοθέν, 1818, Σύνταγμα τής Φιλοσοφίας τοΰ Μ. Κούμα. Προλογιζόμενος είς τοΰτο ό Έλλην Φιλόσοφος, έγκωμιάζει έξ ένός μέρους τήν Έλλάδα, ώς μητέρα καί τροφόν τής Φιλοσοφίας, τήν θρηνεί δέ μέ τρόπον έρεθειστικόν έκ τοΰ άλλου, ώς στενάζουσαν ύπό τόν ζυγόν τής άδικίας καί άμαθείας, λέγων· «Τίνες είναι αί έλπίδες σου, ποθεινοτάτη Πατρίς ; Τίς δαιμόνων θέλει σοΰ γενήν άρωγός ; Τίς θέλει σ' έλευθερώσειν άπό τήν άτιμίαν τής άπαιδευσίας καί άδικίας; Τίς θέλει έκνίψειν τό σεβάσμιονπρόσωπόν σου άπό τής πολυχρονίουβαρβαρότητος τόν φρικώδη ρύπον ;» Είς ταΰτα έπιφέρεται ή ένθουσιώδης έπίσης κρίσις τοΰ Γερμανοΰ Φιλοσόφου. «Καί άν τις ένταΰθα δέν δύναται νά άπαρνηθή τοΰ πατριώτου Συγγραφέως τήν θερμοτάτην πρός τήν Πατρίδα συμπάθειαν, πρέπει δμως ένταυτώ νά τήν θαυμάση, δτι δέν ζητεί τήν βοήθειαν μόνον έξωτερικώς, άλλά μάλλον

Μετά τά 1815 έπαρουσιάσθησαν Έφημερίδες Έλληνικαί καί ή Καλλιόπη (1818) τοϋ 'Αθανασίου Σταγειρίτου· ό Φιλολογικός Τηλέγραφος τοΰ Ιατρού 'Αλεξανδρίδου· ή Μέλισσα τοΰ Ίππέως Κονδοϋ (Κερκυραίου)· ή 'Αθηνά (διά τής συστηθείσης εις Παρισίους Εταιρίας, 1818), περιέχουσα καί πολιτικάς ειδήσεις (α)· ή Ίρις, ή τά νΰν Ελληνικά, εκδιδομένη (1819) εις Λονδίνον μέ διπλούν σκοπόν Φιλολογίας καί Πολιτικής, καί πολλαί άλλαι Περιοδικαί Πραγματεΐαι.

Άπό τάς ιδίας υπέρ Πατρίδος αρχάς πηγάζει, νομίζομεν, ή σύστασις καί τής εις Σμύρνην Εμπορικής Λέσχης. Τό σκοπούμενον αποτέλεσμα καί τό πνεϋμά της γνωρίζονται άπό τό Σύμβολον τών αλληλουχουμένων κρίκων καί τό έπικρεμάμενον εις τήν είσοδον τής αιθούσης Πινάκιον τών Κανόνων, έχον επί κορυφής Έμβλημα δύο χείρας συνεσφιγμένας καί έπιγραφήν·

«'Α δέ χείρ τάν χείρα νίζει».

Κατά τήν έποχήν αυτήν άναφαίνονται καί διάφοροι υπέρ τής Πατρίδος των Τυρταίοι, κα-

έσωτερικώς διά τής άνανεωθείσης τοΰ Γένους του παιδείας. Είθε μόνον εναντίαι περιστάσεις νά μή έμποδίσουν εις τό λαμπρόν τούτο στάδιον τούς έκ νέου παιδευομένους Έλληνας ! 'Αλλά τίς ήξεύρει, τί είναι γεγραμμένον εις τήν βίβλον τής Ειμαρμένης ;»

(α) Διήρκεσεν αύτη ολίγον. Μία Διοίκησις μήτε τήν έπλησίασεν εις τά σύνορά της, ώς φιλελευθέραν.

Μεταξύ άλλων έκήρυξεν ή Έφημερίς αυτή καί άναφανδόν (Σελ. 104). «Σύ δέ ώ γλυκυτάτη φωνή τής Ελευθερίας, πετώσα άπό τάς Άλπεις εις τόν Πίνδον καί εκείθεν εις τόν Ελικώνα, άντήχει εις τάς άκοάς όλων τών Ελλήνων...».

τα τὸ παράδειγμα τοῦ Ρήγα. Οἱ Έλληνες, ἔχοντες κλίσιν καὶ φαντασίαν εἰς τὴν Ποίησιν, ἐνθουσιάζοντο δι' αὐτῆς εἰς τὴν μέλλουσαν Ἐπιχείρησίν των. Τὰ Ἡρωϊκὰ ταῦτα Ποιήματα ἀνεπλήρωνον τὰς ἐλλείψεις τῶν Πολιτικῶν Ἐφημερίδων, τόσον μάλιστα χρησιμώτερα, ὅσον ἦσαν καταληπτὰ εἰς τὸ Κοινόν, τὴν φαντασίαν τοῦ ὁποίου ὕψωνον ἐνεργοῦντα δραστηρίως εἰς τὴν ψυχήν του.

Εἰς τὰ Ἄσματα αὐτὰ χρεωστεῖ ἡ Ἐλευθερία τῆς Ἑλλάδος μέγα μέρος, ὡς ἑνώσαντα, καθὼς καὶ ἡ Ἑταιρία, τὴν γνώμην ὅλων (α). Τοὺς δὲ ποιητάς των Ἕλληνας δύναταί τις νὰ ὀνομάσῃ τόσους Παύλους τῆς πολιτικῆς σωτηρίας τοῦ Ἔθνους. Ποία γενεὰ θέλει λησμονήσει τὸν Παναγιώτην Ἀνδρόνικον (Τριπολιτσιώτην), κράζοντα ἀπὸ τῶν 1818 ὡς ἐκ μέρους τῆς Ἑλλάδος, θρηνούσης τὴν κατάστασιν τῶν τέκνων της.

«Ξυπνῆστε, Τέκνα!
    φθάνει ὁ ὕπνος·
Τρέξατε ὅλα,
        κ' ἦλθεν ὁ Δεῖπνος
        ὁ μυστικός».
καὶ παρακινοῦντα τοὺς Ὁμογενεῖς του·
    «Δράξατ', Ἀδέλφια!
    ρομφαίας βέλη·

(α) Ἴδε καὶ τὰ διαλαμβανόμενα περὶ τῶν Κλεπτικῶν Τραγωδίων Ἐποχ. Α΄, Κεφ. Β΄.

«'Ελευθερίαν

ζητεί καί θέλει

ή Μήτηρ μας».

Ένώ κατεγίνετο, εις δσα άναφέραμεν, τό νοήμον μέρον τοϋ "Εθνους, τό πλήθος τούτου έχειραγωγεΐτο ωφελίμως καί άπό τάς 'Οπτασίας τοϋ Άγαθαγγέλου, πιστεύον δογματικώς τήν μέλλουσαν μεταβολήν της τύχης του. Έπρέσβευεν, δτι « Ή άδημονία, αί όδύναι καί αίχμαλωσίαι (θέλουσι) προσφέρει (εις τοϋτο) γήρας ευτυχές». Καί τω όντι! Δέν υπάρχει καμμία τυραννία, δσον σκληρά καί αν θεωρηθή, μή δίδουσα άφ' εαυτής καί τάς αιτίας αισίων συνεπειών. Είναι άρα εν φαινόμενον περιοδικόν, αν και φύσει τρομακτικόν, ώς δμοιάζουσα χείμαρρον όρμητικόν καί παρασύροντα παν, δ,τι φαίνεται προσκόπτον τήν όρμήν της. Ή Τυραννία τείνει εις τό έναντίον άκρον της ησύχου καί ευεργετικής Πολιτείας, ή όποία μήτε τον διαβαίνοντα ταξειδιώτην αύτοϋ τοϋ βίου τρομάζει, καί διαχύνει αφθόνους τάς ωφελείας της εις τήν Κοινωνίαν. Άλλ' ουδέποτε δύναται νά ήναι διαρκής πλέον, άμα ή σφαίρα τών πνευμάτων καθαρισθή άπό τους υετούς της άγνοιας, της πλάνης καί τοϋ φόβου. Ή ϋπαρξίς της παύει, διότι μόνη πάντοτε είναι τό αίτιατόν τών άδημονιών, τών δυσπραγιών, τών επαναστάσεων καί της δι' αυτών έπανερχομένης ελευθερίας τών τυραννουμένων.

Όχι μόνον οί προφητεΐαι τοϋ 'Αγαθαγγέλου, άλλά καί οί Χρησμοί Λέοντος τοϋ Σοφού, τοϋ Έπισκόπου Παττάρων Μεθοδίου, καί τοϋ Ταρασίου Πατριάρχου Κωνσταντινουπόλεως, αἱ Ἀστρολογικαὶ παρατηρήσεις τοῦ Σοφοῦ Ρηγίνου καὶ ἡ Ἱερὰ Ἀποκάλυψις, ἐξηγούμενα ἀπὸ πολλούς, ἐβεβαίωνον εἰς τὸν ὄχλον τὴν ἄφευκτον Ἐλευθερίαν του εἰς μίαν ἡμέραν. Δὲν εἶναι περιττόν, ἂν καὶ παράδοξον φύσει, καθὸ ἀνυπόστατον, τὸ νὰ εἴπῃ τις, πόσον ἔτι ἐγαργαλίζετο ὁ ὄχλος διὰ τῆς ὀστεομαντείας (α),

(α) Ἀπόρροια τῶν ἀρχαίων προλήψεων ἔμεινεν εἰς τοὺς Ἕλληνας, καὶ μᾶλλον τοὺς Πολεμικοὺς καὶ τοὺς χωρικούς των, ἡ προμαντεία τῆς πλάτης τῶν προβάτων καὶ αἰγῶν (ἐψημένων). Πολλάκις ὠφέλησεν ἡ πρόληψις αὕτη χωρὶς ἐλπίδα, πολλάκις ἔβλαψε χωρὶς λόγον. Στρατὸς ὀλίγος καὶ διακινδυνεύων ἐμψυχώθη αἰφνιδίως διὰ τῆς αἰσίας ἐξηγήσεως τῶν σημείων της, καὶ ἐκέρδισε νίκην ἀβέβαιον· καὶ ἐξ ἐναντίας Στρατὸς πολυάριθμος καὶ ἔχων ὑγιὲς τὸ ἠθικόν του, ἐδειλίασε διὰ τὴν ἀποφράδα πρόγνωσίν των, καὶ ἐνικήθη στερηθεὶς τὴν ἐλπίδα καὶ τὴν τόλμην του. Ὑπήρξαμεν ἐκ περιστάσεως αὐτόπται ὅλων τούτων. Ἐντεῦθεν ἡ καλὴ ἢ κακὴ ἔκβασις μιᾶς μάχης ἐκρέματο ἐνίοτε ἀπὸ τὴν καλὴν ἢ κακὴν μάντευσιν τῆς πλάτης, καὶ μάλιστα ἂν ἤθελε τύχῃ γέρων ὁ τοιοῦτος μάντις. Αἱ συμπτώσεις, ἡνωμέναι μὲ τὰς κινδυνώδεις προλήψεις τῆς ἀμαθείας, ἔμελλον νὰ δώσωσι καὶ εἰς τὰ κόκκαλα τοῦ ζώου ἐπήρειαν θείαν. Ἐνθυμούμεθα, ὁποίαν ἄφησε (1826) ἱστορικὴν ἐποχὴν εἰς τὸ Ναύπλιον μία, φερομένη ἀπὸ τὸν Πανοῦτσον Νοταρᾶν, πλάτη. Αἱ περὶ τῶν τοιούτων ἀποδοκιμασίαι τῆς θρησκείας μας δὲν ἴσχυσαν οὐδὲ εἰς τὸ πνεῦμα αὐτοῦ τοῦ ἐρευνητοῦ τῶν Ἱερῶν Γραφῶν γέροντος. Τὸ φύσει ἄκακον ζῷον τῆς γῆς καθίσταται παραδόξως, καὶ ἄπνουν μάλιστα, τὸ ὑποκείμενον ἀπεχθείας καὶ λύπης εἰς τὴν ζώνην τῆς τοιαύτης Διαγνωστικῆς.

Εἰς τὴν Ἤπειρον καὶ ἄλλα τῆς Στερεᾶς μέρη ἐπικρατεῖ καὶ ἡ Κρανιομαντεία τοῦ ἰδίου ζώου.

Πολλαχοῦ ἀκόμη τὰ τέκνα τοῦ ἀποθνήσκοντος πατρὸς θέλουν νὰ προΐδωσι τὴν εἰς τὸ μέλλον κατάστασίν των διὰ τῆς

ή πλατομαντείας, κατά διαφόρους περιστάσεις.

αύτοψίας τοΰ κρανίου αύτοΰ τοϋ ίδιου. "Αρα μήτε ό θάνατος, κατά τήν άψευδεστάτην 'Εκκλησίαν μας, δύναται νά καταστήση πολλάκις ἀ ξ ι ο μ α κ ά ρ ι σ τ ο ν τόν άνθρωπον.

Δέν είναι όλιγώτερον άξιογέλαστοι καί αί περί τών οιωνισμών έπικρατοΰσαι προλήψεις. Τί δύναται νά στοχασθῇ τις, όταν ένθυμηθῇ τόν Όδυσσέα Άνδρούτσου καί πολλούς Όπλαρχηγούς πιστεύοντας (καί έκδικουμένους ένίοτε) ώς κάκιστον οίωνόν τήν καθ' όδόν συνάντησίν των μέ Π α π- π ᾶ ν ('Ιερέα), ότε διευθύνοντο είς τι μέρος, καί μάλιστα ότε έξεστράτευον;

ΚΕΦΑΛΑΙΟΝ Δ'.

Σκέψεις των Άρχηγων της Εταιρίας περί Άρχηγοϋ της Έπαναστάσεως— Προκαταρκτικαί ενέργειαι— 'Αποστολή τοϋ Ξάνθου προς τον Α. Γαζήν— Συνθήκη των Άρχηγων της Εταιρίας— Εφοδιαστικά Έγγραφα τοϋ Ξάνθου προς τον Καποδίστριαν· τοϋ Άναγνωστοπούλου προς τον Νέγρην κτλ.— Διαγωγή τοϋ Γαλάτου είς Κωνσταντινούπολιν. Φόνος τούτου καί αποτελέσματα.

Οί Καπετανέοι (α) διαθέσαντες παν, δ,τι ηδυνήθησαν, κατά τάς οδηγίας των Άρχηγων της Εταιρίας, απέστειλαν είς την Κωνσταντινούπολιν τον Π. Δημητρόπουλον, φέροντα εγγράφους τάς εκθέσεις τούτων. Ελήφθησαν αύται κατά τον Αύγουστον τοϋ 1818. Εννοείται, ότι είς την έκτέλεσιν, όσων έλαβον οί Άρχηγοί προ οφθαλμών, πρίν ή καταβώσιν είς Κωνσταντινούπολιν (β), έχρειάσθη ό καιρός άπό τοϋ Μαρτίου των 1817 μέχρι τοϋ Αυγούστου των 1818.

Αυτοί ούτοι οί Άρχηγοί προεχώρησαν εντεύθεν είς ένεργείας πλέον σοβαράς καί δραστηρίους, οδηγούμενοι άπό τάς προόδους της επιχειρήσεώς των. Περιστρεφόμενοι ήδη είς τό πλέον μέγα καί τολμηρόν άντικείμενον τοϋ Πολέμου, δέν έβλεπον άλλην δυσκολίαν παρ' εκείνην της επιτυχίας τοϋ Άρχηγοϋ της Έπαναστάσεως. Κάθε άλλο υπέσχετο ή άξιότης των καί τούτου έχομεν άπόδειξιν

(α) Ίδε Κεφ. Β' της παρούσης Έποχ.
(β) Ίδε είς τό τέλος τοϋ Κεφ. Α' της παρούσης Εποχής.

τῶν ἰδίων τὰ ἀποφασιστικὰ κινήματα, τὰ ὁποῖα προώδευον ἐπὶ τοσοῦτον, ἐφ' ὅσον ἡ αἰτία παρομοίων φαινομένων ἀπεδίδετο ἀλλοῦ, καὶ οὗτοι ὠφελούμενοι ἀπὸ τὸ πνεῦμα τοῦτο ἐκίνουν τὸν σημαντικώτερον σκοπόν, ὅστις ἐπλησίασε τοσάκις τὸ Ἔθνος εἰς τὸν ὄλεθρον καὶ εἰς τὴν σωτηρίαν του.

Εἰς τὰς πολυειδεῖς ἐρεύνας των περὶ τοῦ ἀξίου Ὁδηγοῦ τῆς Ἐπαναστάσεως (α) προσηλώθησαν ἀμεταθέτως πρὸς τὸ ὑποκείμενον τοῦ Καποδίστρια.

(α) Δύσκολοι εἰς τὸ νὰ φέρωσιν οὗτοι ἐπὶ πολὺ παρόμοιον βάρος διὰ τὰς ἀμφιβαλλομένας συνεπείας τινῶν φαινομένων, ἐζήτουν Ἀρχηγόν, ἔχοντα νοῦν (ὅστις εἶναι τὸ μαντεῖον τῶν μελλόντων, καθόσον δύναται νὰ ἰσχύῃ ὡς πρὸς τὴν ἀνθρώπινον λογικότητα), ὑπόληψιν, προσκτηθεῖσαν διὰ τῆς ἀρετῆς· καὶ χρήματα, ἂν ἦτο δυνατόν. Ἦτον ἀνάγκη ἐνταυτῷ νὰ λείψωσιν αἱ περὶ τῆς Ἀρχῆς περιέργειαι, καὶ νὰ λάβωσι τὰ πνεύματα τὴν χρειώδη περὶ τῆς μελλούσης ἐπιχειρήσεως ἐμψύχωσιν. Ὁ Πόλεμος τέλος πάντων ἔπρεπε νὰ διοικηθῇ ἀπὸ ἕνα μόνον, διὰ ν' ἀποφύγῃ τὸ Ἔθνος τὰ δημαρχικὰ καὶ δημαγωγικὰ δεινά, ἐπιπολάζοντα εἰς παρομοίας Πολιτικὰς Μεταβολάς.

Ἡ ἀνωτέρα Ἀρχηγία ἑνὸς ὑπαγορεύετο, ὡς τὸ οὐσιωδέστερον κεφάλαιον, καὶ ἀπὸ τὸν Θούριον τοῦ Ρήγα·

«Καὶ τῆς Πατρίδος ἕνας νὰ γένῃ Ἀρχηγὸς»

ἀπαράλλακτα, ὅπως ἐξεφράσθη καὶ ὁ Ἡγεμὼν τῶν Ποιητῶν Ἕλλην·

«... εἷς κοίρανος ἔστω...»

πολὺ δὲ πλέον ἐζητεῖτο εἰς τὴν περίστασιν αὐτὴν καὶ τὴν μετέπειτα μέχρι τῶν Ἐθνικῶν Συντάξεων ὁ Κοίρανος ἀπόλυτος μέν, ἀλλ' ἐνάρετος, δίκαιος καὶ φίλος τῆς ἐλευθερίας καὶ τῆς ἀληθοῦς εὐδαιμονίας τοῦ Ἔθνους.

Άλλα δεν ετόλμων να εκτανθώσι μέχρι τούτου, ενόσω δεν ησφάλιζον την Εταιρίαν από περιστατικά τινα, επαπειλούντα και αυτήν την ύπαρξίν της, προοικονομούντες συγχρόνως και ελλείψεις ιδίας όχι δευτέρου λόγου. Εστοχάσθησαν εντεύθεν·

Α'. Να εξασφαλίσωσι την Εταιρίαν από τους κινδύνους, όσους προέβαλλεν η διαγωγή του Γαλάτου, περιμενομένου εις Κωνσταντινούπολιν (α).

Β'. Να κατορθώσωσιν, ώστε να πεισθή ο αμφιγνωμών έτι Α. Γαζής, του οποίου η υπόληψις υπέσχετο τας μεγαλυτέρας ωφελείας εις το μέρος, όπου ευρίσκετο.

Γ'. Να ειδοποιήσωσι τους Καπετανέους της Στερεάς και της Πελοποννήσου περί της γενομένης προς τον Σουλτάνον ειδοποιήσεως εκ μέρους ενός από τους Πρέσβεις της Κωνσταντινουπόλεως (β). Και

(α) Ίδε Σελ. 195—196 Σχόλ. β'.

(β) Ανέφερεν ούτος προς τον Σουλτάνον να ανοίξη τους οφθαλμούς του· διότι η Ρωσσία διέσπειρεν Αποστόλους, δια να αναστατώση τους υπηκόους του Έλληνας. Ο Σουλτάνος δεν έδωσε κατ' ευτυχίαν τελείαν πίστιν, υποπτεύσας διπλωματικήν τινα περιπλοκήν· περιωρίσθη δε μόνον να προσέξη την Πελοπόννησον και την Στερεάν, εάν ησυχάζουν. Πληροφορηθέντες τούτο οι Διευθυνταί της Εταιρίας, εμήνυσαν εις τους Καπετανέους την τρέχουσαν ειδοποίησιν, και τους επέβαλον το χρέος του να ενεργήσωσιν επιμόνως, ώστε να λείψη πάσα άμεσος αιτία οποιασδήποτε υποψίας και να μη φανή που ουδέ γιδοκλέφτης. (Μετεχειρίσθησαν αυτήν την ιδίαν λέξιν, τόσον κοινήν εις τούτους). Οι Καπετανέοι ενήργησαν με πολύν ζήλον εις την εκπλήρωσιν, όσων έλαβον νέων οδηγιών.

Εις την ειδοποίησιν ταύτην έδωσαν αφορμήν τα συμβάντα του Γαλάτου εις την Πετρούπολιν.

Δ'. Νά λάβωσιν ἓν μέτρον, διά τοῦ ὁποίου ν' ἀπαγορευθῇ αὐστηρῶς εἰς καθένα τούτων παντός εἴδους κατάχρησις, ἢ κίνημά τι γινόμενον ἰδιαιτέρως ἀπό μόνην τήν θέλησιν ἑνός χωρίς τῆς ἀμοιβαίας συγκαταθέσεως καί τῶν τριῶν.

Ὡς πρός τό πρῶτον ἀπεφάσισαν. Ἐάν λάβωσι διδόμενα θετικά περί τῆς ἀσφαλείας τοῦ Συστήματος ἐκ τῆς διαγωγῆς τοῦ Γαλάτου, νά τόν ὁδηγήσωσιν ἐπιτηδείως εἰς τόν Μαυρομιχάλην τῆς Μάνης, ἢ τόν Μούρτσινον, εἰδοποιουμένους ἰδιαιτέρως τήν διά δαπάνης τῆς Ἑταιρίας διαφύλαξιν τούτου μέχρι τῆς Κινήσεως τοῦ Πολέμου. Εἰς ἐναντίαν ἐπίφοβον περίστασιν, νά θανατωθῇ ἀφεύκτως.

Περί τοῦ δευτέρου ἀπέστειλαν (23 Ὀκτωβρίου 1818), τόν Ξάνθον εἰς τό Πήλιον Ὄρος (α).

Διά τό τρίτον διεύθυνον ἔκτακτον ἀπεσταλμένον πρός τούς τρεῖς Καπετανέους.

Περί δέ τοῦ τελευταίου ἔκαμον μεταξύ των ἔγγραφον Συνθήκην, τήν ὁποίαν ὑπέγραψαν ὁ Ἀναγνωστόπουλος, Τσακάλωφ καί Ξάνθος, λαβόντες ὁ καθείς ἀνά ἓν ἴσον. Εἰς τήν Συνθήκην αὐτήν περιείχοντο·

(α) Ἡ μεγαλυτέρα ἐπιθυμία τῶν Ἀρχηγῶν τῆς Ἑταιρίας ἦτο τό νά κάμωσι κοινωνόν τόν Γαζῆν εἰς τό περί τῆς ἐκλογῆς τοῦ Καποδίστρια σχέδιόν των, καί νά τόν καταπείσωσι νά γράψῃ συμφώνως μέ αὐτούς τήν ἀνάγκην τοῦ νά δεχθῇ οὗτος τήν πρόσκλησίν των. Ἐγνώριζον δέ, πόσον ὑπελήπτετο τόν Γαζῆν ὁ Καποδίστριας.

Ὁ Ξάνθος ἐπέστρεψε μετ' ὀλίγον· παρέστησε πολλάς ἐκ μέρους τοῦ Γαζῆ ὑποσχέσεις, κατά τά ὁποῖα ἔκαμον μεταξύ των σχέδια· δέν ἐφάνη ὅμως τίποτε πραγματοποιημένον.

Α'. Νά μήν ήμπορή τις χωρίς τής άμοιβαίας συγκαταθέσεως δλων νά ένεργή ύπόθεσιν σημαντικήν : δηλονότι

Νά μή δανείζηται, ή λαμβάνη, χρήματα έπ' όνόματι τής 'Εταιρίας·

Νά μή δεχθή τινα είς τήν 'Αρχήν, καί νά μή φανερώση τήν ίδίαν είς κανένα, έκτός όμολογουμένης άνάγκης, ή μεγάλης ώφελείας, προκυπτούσης άπό τήν μίαν, ή τήν άλλην περίπτωσιν.

Β. Νά μήν ήμπορή τις έπ' ούδεμιά προφάσει ή περιστάσει νά βιάση τήν ρήξιν τοΰ Πολέμου μερικώς ή γενικώς.

Γ'. Νά πείθηται καθείς ύποχρεωτικώς είς τόν 'Αρχηγόν τοΰ Έθνους, όποιοσδήποτε έγκριθή καί παρουσιασθή.

Δ'. Ό έκλεχθησόμενος 'Αρχηγός νά ένεργή άπολύτως περί δλων, συμβουλευόμενος τούς 'Υπογεγραμμένους. Δι' αύτό τοΰτο νά ύπογράψη κατά χρέος τήν Συνθήκην.

Οί ίδιοι ούτοι 'Αρχηγοί, προβλέποντες, ότι θέλουσιν εύρεθή είς τήν άνάγκην τοΰ νά παραδεχθώσι καί άλλους είς τήν όλομέλειάν των, έκαμον Διπλώματα ένός προσδιωρισμένου άριθμοΰ, διά νά τά δίδωσιν είς έκείνους, δσους ήθελον όνομάσει Μέλη τής 'Αρχής. 'Εντεΰθεν ύπέγραψε καί ό Σέκερης είς τήν άνωτέρω Συνθήκην.

Θεωροΰντες έπειτα περιττήν πλέον τήν περαιτέρω διαμονήν των είς Κωνσταντινούπολιν, άπεφάσισαν· ό μέν Ξάνθος νά διευθυνθή είς Πετρούπολιν πρός τόν Καποδίστριαν, παρακαλών τοΰτον, ή νά άναδεχθή τήν 'Αρχηγίαν τής 'Εταιρίας καί τοΰ μέλλοντος Πολέμου, ή νά δώση σχέδιον πώς

ΜΑΡΚΟΣ ΒΟΤΖΑΡΗΣ

πρέπει νά διευθυνθώσι καί τά δύο· ό Τσακάλωφ εις τήν Μάνην πρός τόν Μαυρομιχάλην καί τόν Μούρτσινον· καί ό 'Αναγνωστόπουλος εις τήν Μολδαυο - Βλαχίαν πρός τόν Νέγρην, δλοι συστημένοι παρά τής 'Αρχής. Αί συστάσεις αύται διέφερον πολύ εις τό πνεύμά των (α). Ή έννοια εκείνης τού Ξάνθου πρός τόν Καποδίστριαν ήτο τοιαύτη.

«Τά δυσβάστακτα δεινά, διά τά όποια στενάζει πρό τοσούτων αιώνων ή δυστυχής, άλλά ένδοξος, Ελλάς, ή Πατρίς μας, ύπαγόρευσαν τό μέτρον τής ένώσεως εις άνθρώπους, οί όποιοι δέν έχουν άλλο άντικείμενον παρά τήν έλευθερίαν τής Πατρίδος. 'Ενήργησαν ούτοι· (παρίστατο ένταύθα ή κατάστασις τών μέχρι τούδε πράξεών των μέ τήν μεγαλυτέραν συντομίαν, καί ήκολούθει ό κύριος σκοπός τής άποστολής).

«Διοργανίσαντες τοιουτοτρόπως τά πράγματα, οί άνθρωποι ούτοι έπίστευσαν άδιστάκτως, ότι ήθελον βλάψει καί έαυτούς καί τήν όποίαν έπεχείρησαν ύπόθεσιν, άν δέν έστρεφον τό όμμα καί τάς έλπίδας των πρός τό λαμπρόν 'Υποκείμενον τής Υ. Ε».

«Ό Κύριος Ξάνθος, άξιος τής έμπιστοσύνης μας, θέλει έξιστορήσει πάν, ό,τι δέν ήμπορούμεν νά σημειώσωμεν έγγράφως... Εις τήν Υ. Ε. άπόκειται ή περαιτέρω διεύθυνσις, ή έπιτυχία ή άποτυχία τής 'Επιχειρήσεως...».

(α) Είναι αύται αί πρώται 'Επιστολαί, αί όποιαι έγράφησαν ώς έκ μέρους τής 'Αρχής, καί έσφραγίσθησαν μέ τήν Σφραγίδά της. Δέν είχον 'Ημερομηνίαν καί Τόπον, άλλά μόνον Χρονολογίαν.

Τοιουτοτρόπως οί Ἀρχηγοί τῆς Ἑταιρίας ἔδειξαν, ὅτι προῃσθάνθησαν τὴν ἀνάγκην, τὴν ὁποίαν μετέπειτα (1827), ἐξηγήθη πανδήμως τὸ Ἔθνος τῶν Ἑλλήνων.

Τῆς ἄλλης πρὸς τὸν Νέγρην.

«Ἡ Φιλικὴ Ἀρχή, λαβοῦσα τεκμήρια ἱκανὰ τοῦ εἰλικρινοῦς ζήλου, τοῦ πατριωτισμοῦ καὶ τῆς παιδείας Σου, ἠξίωσε νὰ Σὲ προβιβάσῃ εἰς Βαθμὸν ἀνώτερον, καὶ νὰ Σὲ καταστήσῃ διὰ τούτου εἰς θέσιν ἐνεργητικήν, διὰ νὰ δυνηθῇς ἐν καιρῷ νὰ συνδράμῃς πρεπόντως εἰς τὴν ἐκτέλεσιν τῶν σκοπῶν τῶν Μεγάλων Ἱερέων τῶν Ἐλευσινίων. Εἶναι οὗτοι συμπατριῶταί Σου Ἕλληνες, καὶ δὲν πνέουν εἰμὴ τὴν Ἐλευθερίαν τῆς δυστήνου πατρίδος μας Ἑλλάδος».

«Ὁ Κύριος Ἀναγνωστόπουλος, χαίρων τὴν ἐμπιστοσύνην μας διὰ τὴν καθαρὰν ἀφοσίωσίν του εἰς τὰ ἀγαθὰ τῆς Πατρίδος, διετάγη νὰ μεταβῇ αὐτόσε, διὰ νὰ ἐκτελέσῃ, ὅσα ἐπεφορτίσθη. Εἶναι δὲ ἐπιτεταγμένος νὰ ζητήσῃ τὴν συνδρομήν Σου, καθ' ὅσον δύναται».

«Οὕτω δὲ μὴ ἀμφιβάλλουσα, εἰς ὅ,τι ἐξεφράσθη, Σ' ἀπονέμει τὰς εὐλογίας της...».

Παρόμοιαι ἦσαν καὶ αἱ ἄλλαι πρὸς τὸν Μαυρομιχάλην καὶ τὸν Μούρτσινον. Ἐξάγεται δέ, ὅτι βλέποντες οὗτοι κατὰ λόγον τινά, ὁποῖον ἤθελε φέρει ἀποτέλεσμα ἡ ἀποστολὴ τοῦ Ξάνθου, διετέθησαν εἰς ἕνα τρόπον, ὥστε ὁ Ἀναγνωστόπουλος καὶ ὁ Τσακάλωφ νὰ ἔχωσι στάδιον ἀνοικτὸν εἰς τὴν ἐνδεχομένην ἀποτυχίαν τοῦ Ξάνθου. Ὁ Σέκερης ἀπεφασίσθη νὰ μένῃ εἰς Κωνσταντινούπολιν ὡς κέντρον, συνεννοούμενος μὲ τοὺς λοιποὺς συναδελφούς του εις τα αφορώντα ειδικώς την θέσιν των και γενικώς να πράγματα της Εταιρίας. Συνέθεσάν τινες μεταξύ των και Σκυτάλην δια την μυστικωτέραν ανταπόκρισιν. Ο Αναγνωστόπουλος, προδιατιθέμενος κατ' ένα τρόπον, εις την οποίαν ανεδέχθη αποστολήν, διεύθυνε προ αυτού τον Γρηγόριον Δικαίον (α), εφωδιασμένον με τας ανηκούσας οδηγίας και συστημένον προς τον Νέγρην εις το Ιάσιον.

Κατά την εποχήν αυτήν φθάνει ο Γαλάτης εις Κωνσταντινούπολιν, χωρίς να δείξη ουδέ την ελαχίστην μεταβολήν εις την μέχρι τούδε διαγωγήν του. Συμβουλευόμενος μάλλον το φανταστικόν παρά το κριτικόν της ψυχής του, απέβλεπεν εις τον μοναδικόν σκοπόν του να κατασταθή αυτός το απεριόριστον κέντρον και το ταμείον της Εταιρίας. Εις μάτην αγωνίζονται οι Αρχηγοί να διαρρυθμίσωσι το δύστροπον πνεύμα του διά των νουθεσιών και των θυσιών των. Συνετέλουν όλαι αυταί εις οικονομίαν στιγμιαίαν. Ο Γαλάτης θρασύς εις την γλώσσαν, ανήσυχος εις τον νουν, άπληστος από χρήματα, εις τόσας εξετραχηλίσθη ατοπίας, ώστε παρά την στενήν σχέσιν του με μίαν ύποπτον Πρεσβείαν ετόλμησε να επαπειλή και προδοσίαν (β)

(α) Αυτόν, πολλά ασήμαντον Ιεροδιάκονον πρώτον, αλλά διαπρέψαντα μετέπειτα εις την Επανάστασιν, εσύστησεν ο Αναγνωσταράς, (καθ' ην εποχήν ευρίσκετο εις την Κωνσταντινούπολιν), προς τον Αναγνωστόπουλον, όστις τον παραδέχθη εις την Εταιρίαν.

(β) Μίαν των ημερών εκίνησεν ως μαινόμενος εις την οι-

άμεσον εις τούς Τούρκους. Ώς τοιούτος ύπώπτευεν όλους τούς Εταίρους.

Η Εταιρία σαλεύεται ήδη. Παραλαμβάνει αυτή εις την ολομέλειάν της ενα Ίθακήσιον (α), όστις συνήργησεν υπέρπολυ εις την καταπράϋνσιν της τρομεράς ορμής τούτου του άνθρώπου. Θέλει νά άπαλλαχθή άπό αυτόν· άλλά τίποτε δέν έφαίνετο ίκανόν νά πείση τόν μακρυσμόν του άπό τήν Κωνσταντινούπολιν, μεχρισού γράμματά τινα τών Πελοποννησίων, παρουσιασθέντα μεθοδικώς· καί πρός τούτον, καθώς καί μυρίαι άλλαι ύποσχέσεις τών Αρχηγών τής Εταιρίας, έμψυχώνουσι τούς πλεονεκτικούς σκοπούς του. Τοιουτοτρόπως πείθεται ούτος νά συνακολουθήση τόν Τσακάλωφ εις τήν Πελοπόννησον καί Μάνην, διά νά συνεργήση περί τών μέσων τού μέλλοντος Πολέμου· καί άναχωρεί τόν Σεπτέμβριον τού 1818, συνωδευ-

---

κίαν τού Χαλέτ Έφένδη. Κατά θείαν οικονομίαν μετεμελήθη καθ' όδόν, έπιπληχθείς άπό ένα συμπολίτην του Ίθακήσιον, πρός τόν όποίον ώμολόγησε χωρίς συστολήν τόν σκοπόν του. Έπιστρέψας εις τήν οικίαν έκείνων, τούς όποίους ήθελε πρό ολίγων στιγμών προδώσει, έρωτήθη, πού ήτο· καί αύτός χαμογελών τούς λέγει τήν άλήθειαν, προσθέτων· «Έκαμα τούτο· διότι σάς έζήτησα τά Γράμματα τών Προσηλύτων, καί δέν μ' έμπιστεύθητε καθό σύντροφον».

Οί Αρχηγοί μέ όλα ταύτα δέν ήμπόρουν νά πιστεύσωσιν, ότι έκινήθη εις παρόμοιον άνοσιούργημα. Μετ' όλίγον όμως προφθάνουσιν έντρομοι ένας κατόπι τού άλλου διάφοροι Έμποροι, πληροφορηθέντες τό συμβάν άπό τόν ίδιον πλοίαρχον Ίθακήσιον. Τότε έπίστευσαν τήν έξαιρετικήν κακουργίαν τούτου τού άνθρώπου, άποφασίσαντες τήν άμετάθετον έξόντωσίν του.

(α) Περί τού όποίου είπομεν Σελ. 227, Σχόλ. β'.

μένος καί άπό τον Δημητρόπουλον, μέ πλοίαρχόν τινα Πετσιώτην. Ό Σέκερης συνιστά εις τάς Πέτσας προς φίλους του τινάς τον Τσακάλωφ. Μετά τούτους ήτοιμάσθησιν ό 'Αναγνωστόπουλος καί Ξάνθος· άλλά δέν άνεχώρουν, πρίν ή μάθωσι τό άποτέλεσμα τής άποστολής τοϋ Τσακάλωφ ώς πρός τόν Γαλάτην. Ό 'Αναγνωστόπουλος τότε διέθεσε, τό όποιον μέχρι τοΰδε έκράτει 'Αρχείον καί τήν Σφραγίδα τής Εταιρίας. Φαίνεται δέ, δτι μέρος τών Γραμμάτων καί σχεδίων έλαβεν ό ίδιος, καί τά λοιπά έναπέθεσεν εις φίλον του τινά.

Ό Τσακάλωφ φθάσας εις τάς Πέτσας έπροσπάθει νά πείση τόν Γαλάτην, διά νά διευθυνθώσιν εις τήν Μάνην· αύτός όμως έπέμενεν εις τήν έκ τής Τριπολιτσάς διέλευσίν του, λέγων, δτι έπεθύμει νά ένταμώση έκεϊ ένα φίλον του 'Ιατρόν Έπτανήσιον. Πρός τάς άλλας καί ή περίστασις αύτή έπεσφράγισε, τούς όποιους είχεν οΰτος κακούς σκοπούς. Ό Τσακάλωφ συμμορφώνεται εις τήν πρότασίν του· τόν πείθει δέ νά περιηγηθώσι πρώτον μνημεία τινα τής 'Αρχαιότητος εις τήν καταντικρύ Ερμιόνην, δπου μετέβησαν. Αύτός καί ό Γαλάτης βηματίζονται εις παραλληλόγραμμον. Έφθασαν εις έν κοίλωμα, δπου ό Δημητρόπουλος ειδοποιεί διά νεύματος τόν πρώτον, δτι είναι ή ώρα. Ό Τσακάλωφ έντεϋθεν δέν προοδεύει, ύποκρινόμενος, δτι παρατηρεί τι. Ό Δημητρόπουλος λαμβάνει τήν θέσιν του καί πυροβολεί τόν Γαλάτην. Αύτός καί πληγωμένος άποσύρει τό ξίφος, καί όρμά κατά μέτωπον πρός τόν φονέα του, δς τις τόν πυροβολεί έκ δευτέρου εἰς τὸ στῆθος καὶ τὸν θανατώνει (α). Τοιοῦτον ἐστάθη τὸ τέλος τοῦ διαβοήτου Γαλάτου κατὰ τὸν Νοέμβριον τοῦ 1819 (β).

(α) Ὁ Γαλάτης ἔζησεν ὡς 1/4 τῆς ὥρας. Κατὰ τὰς τελευταίας ταύτας στιγμάς του ἐφώναξε δακρυρροῶν· «Ἄχ! Μ' ἐφάγετε! Τί σᾶς ἔκαμα;» Ὁ Δημητρόπουλος συντρίβεται καὶ περιχέεται ἀπὸ δάκρυα. Πλησιάσας δὲ τὸν ψυχορραγοῦντα, λέγει· «Ὦ δυστυχῆ ἄνθρωπε! Τὰ δάκρυά μου εἶναι ὁ μάρτυς τῆς καρδίας μου, ὅτι σ' ἐλυπούμην· ἀλλὰ πῶς ἄλλως ἦτο δυνατὸν νὰ γλυτώσωμεν ἀπὸ τὴν ἀνοικονόμητον κακίαν σου;»

Ὁ Τσακάλωφ, ἀκούσας τὴν πρώτην πιστολιάν, ἐνόμισεν, ὡς φαίνεται, ὅτι ἐκτυπήθη ὁ ἴδιος, καὶ ἔφυγε μὲ πολλὴν ταχύτητα εἰς μίαν ὀπὴν ἑνὸς πλησίου ὑψώματος, ὅθεν παρετήρει τὸ ἀποβησόμενον τῆς τραγικῆς ἐκείνης σκηνῆς.

(β) Ἀπὸ τὸ συμβὰν τοῦτο ἔλαβόν τινες τὴν αἰτίαν τοῦ νὰ εἴπωσιν, ὅτι ἡ Ἑταιρία ἐθανάτωσε πολλούς. Ἀποκρινόμεθα μὲ τὸν θετικώτερον τρόπον, ὅτι ἡ Ἑταιρία δὲν ἐθανάτωσεν ἄλλον παρὰ τὸν ἀναφερόμενον Γαλάτην, ἀφοῦ μάλιστα μετεχειρίσθη ὅλα της τὰ μέσα, διὰ νὰ τὸν ἐπαναγάγῃ εἰς τὸν ὀρθὸν λόγον καὶ τὴν τιμὴν τῶν ὅρκων του. Μὲ ἄλλους λόγους ὁ ἀμερόληπτος παρατηρητὴς δύναται νὰ γνωρίσῃ, ἀπ' ὅσα ἐξεθέσαμεν, ὁπόσον οἱ Ἀρχηγοὶ τῆς Ἑταιρίας ἐπροσπάθησαν νὰ προλάβωσι τὰ αἴτια, τὰ ὁποῖα ἠμπόρουν νὰ τοὺς φέρωσιν εἰς παρομοίαν δυσάρεστον θέσιν. Ἀλλ' ὅτε ἔβλεπον τὴν κακίαν ἀδιόρθωτον καὶ παίζουσαν μὲ τοῦ Ἔθνους τὴν τύχην, δὲν ἤθελον ἐπαινεθῇ, φρονοῦμεν, σεβόμενοι τὸν θάνατον ἑνὸς ἀντ' ἐκείνου ὅλης τῆς Ἑλλάδος.

Ἄν εἴπῃ τις, ὅτι ἔπρεπε νὰ δοθῇ ἀλάνθαστος προσοχὴ εἰς τὰς παραδοχὰς παρομοίων ἐπικινδύνων ἀνθρώπων, καὶ περισσοτέρα μὲ νοῦν καὶ μέθοδον παρατήρησις εἰς τὰ πράγματα· τὸν τοιοῦτον παραπέμπομεν εἰς τὴν Ἱστορίαν, διὰ νὰ ἴδῃ, ὅτι αἱ καταχρήσεις καὶ αἱ προδοσίαι δὲν ἔλειψάν ποτε μήτε ἀπὸ τὰ θεῖα κατὰ παραχώρησιν, μήτε ἀπὸ τὰ ἀνθρώπινα κατὰ δυστυχίαν. Ἐντὸς τῶν δώδεκα Μαθητῶν τοῦ

Μετά τήν πραξιν ταύτην ό Τσακάλωφ καί Δημητρόπουλος κατέφυγον αμέσως διά τών Πετσών εις τήν Μάνην. Ή Τουρκική 'Εξουσία έλαβε τήν αίτίαν του νά ύποβάλη εις πρόστιμον τήν Πελοπόννησον. Μετ' ολίγον έζήτησεν έπιμόνως άπό τόν Μαυρομιχάλην τούς ένεργούς της δολοφονίας· άλλ' ούτος ήρνήθη τήν εις τάς επαρχίας του διαμονήν τοιούτων ανθρώπων. Ό Τσακάλωφ τελευταίον έβιάσθη νά μεταβή εις τήν Πίσαν της 'Ιταλίας, δπου διέμεινε σχεδόν μέχρι της ρήξεως του Πολέμου (α).

Μόλις ή Εταιρία ελευθερούται άπό τόν Γαλάτην καί περιπλέκεται μετέπειτα κινδυνεύουσα άπό τό φιλέκδικον του Ευσταθίου 'Αρχιμανδρίτου, άδελφου του θανατωθέντος. 'Αφού έπέφερεν ούτος τήν μεγαλυτέραν άνησυχίαν εις Κωνσταντινούπολιν, δπου δέν ήδυνήθη νά ίκανοποιηθή, δωροδοκεί κάποιον Φωκαν Σφαέλλον, καί τόν αποστέλλει εις Γαλάτσι, διά νά δολοφονήση τόν 'Αναγνωστόπουλον καί Δικαίον. "Ηδη ή 'Εφορία τοϋ Γαλατσίου ειδοποιείται εγκαίρως, καί ό Σφαέλλος ένεδρεύε-

Χριστού έφάνη ένας 'Ιούδας, καί εις τήν άπέραντον Έκκλησιαστικήν Ίστορίαν βλέπομεν πολλούς ψευδοΧρίστους καί ψευδοΠροφήτας. Τέλος πάντων θεωρούμεν, δτι οί 'Αρχηγοί της Εταιρίας δέν είναι μεμπτέοι, αν έτιμώρησαν τήν κακίαν.

Δέν είναι έπίσης άληθινόν, δτι οί ίδιοι έθανάτωσαν καί τόν Καμαρηνόν. Τό συμβάν τοϋτο προήλθεν άπ' ευθείας έκ μέρους του 'Αρχηγού της 'Επαναστάσεως 'Υψηλάντου (Ζήτει Έποχ. Δ', Κεφ. Α'), καθ' ην έποχήν ή 'Εταιρία παρέδωσεν εις τοϋτον τάς ηνίας τών υποθέσεων της, καί δέν ενήργει πλέον.

(α "Ιδε 'Εποχ. Δ', Κεφ. Α'.

ται λαμβάνων αρκετάς πληγάς, πριν ή είσέλθη εις Γαλάτσι. Μεταμελείται ούτος εις την δυστυχίαν του αυτήν, περιθάλπεται αξιούμενος συγγνώμην διά δευτέρων άγνισμών, και πίπτει έπειτα μαχόμενος εις το Δραγασάνι. Ό Αρχιμανδρίτης κατέβη ακολούθως εις την Πελοπόννησον, όπου προέλαβον φθάσασαι αι από την Κωνσταντινούπολιν οδηγίαι, συνοδευόμεναι και με την λεπτομερή σημείωσιν των χαρακτηριστικών τούτου. Κατά την Κόρινθον έμελλεν ούτος να θυσιασθή αφεύκτως, άν ό Θ. Ρένδης δεν ανεδέχετο την εγγύησιν της ησύχου διαγωγής του.

ΚΕΦΑΛΔΙΟΝ Ε'.

Διαγωγή κινδυνώδης τοΰ Δικαίου εις Μολδοβλαχίαν. Όλύμπιος, Σάββας καί Καραβιάς — Φόβοι τών Αρχόντων — Γεώργιος Λεβέντης — Μεθοδεύματα Άναγνωστοπούλου — Πρώτη 'Εφορία τοΰ Γαλατσίου. Καθήκοντα — Προσβολαί τών πνευμάτων — Νέγρης καί Άναγνωστόπουλος, ή τά περί τής 'Εφορίας τοΰ Ίασίου — Ένέργειαι καί πνεύμα τής όργανιζομένης Σχολής διά τήν Πελοπόννησον — Έγκύκλιοι τοΰ Πατριάρχου Γρηγορίου. Αποτελέσματα — Βοήθειαι διάφοροι τοΰ Λεβέντη — 'Εφορία Βουκουρεστίου — Νεόφυτος Δούκας.

Τὸ συμβὰν τοΰ Γαλάτη δὲν ἤργησε νὰ γνωστοποιηθῇ εἰς τὴν Κωνσταντινούπολιν δι' ἐπίτηδες ἀπεσταλμένου. Τοῦτο ἔβαλεν ὅλους εἰς θέσιν πλέον ἐνεργητικήν. Κατὰ τὰ τέλη Νοεμβρίου ἀναχωροῦσιν εἰς Γαλάτσι ὁ Ἀναγνωστόπουλος καὶ Ξάνθος, φθάσαντες τέλη Δεκεμβρίου. Ὁ Ξάνθος, ἐφοδιασθεὶς χρηματικῶς παρὰ τοῦ Ἀναγνωστοπούλου, ἔλαβε τὴν εἰς Πετρούπολιν διεύθυνσίν του· ὁ δὲ Ἀναγνωστόπουλος, ἑτοιμαζόμενος διὰ τὸ Ἰάσιον παρατηρεῖ εἰς τὰ πνεύματα ἕνα διερεθισμὸν τόσον μέγαν, ὅσον ἦτο πρόωρος καὶ ἐπίφοβος. Ὁ Δικαῖος ἐναντίον τῶν ὁδηγιῶν του ἐξήπλωσε τὸν Προσηλυτισμὸν ἄνευ διακρίσεως καὶ εἰς τὰς δύο Ἡγεμονείας τοῦ Ἰασίου καὶ Βουκουρεστίου, κινούμενος ἀπὸ ὑπέρμετρον ἐνθουσιασμόν, καὶ βοηθούμενος ἀπὸ τὴν φυσικήν του παρρησίαν καὶ τὴν ἐπιφάνειαν τοῦ Ἱερατικοῦ του σχήματος. Ἡ Βλαχία καὶ ἡ Μολδαυΐα παρίστατο ἤδη ἄλλη Ἑλλὰς διὰ τὸ πλῆθος τῶν μετοίκων καὶ παρεπιδήμων Ἑλλήνων, οἱ περισσότεροι τῶν ὁποίων εΐχον καί αισθήματα καί χρήματα.

Τό τολμηρότερον παρά τά άλλα κίνημα τοΰ Δικαίου ήτο τό νά φρονηματίση τόν Γεώργιον 'Ολύμπιον, τόν Σάββαν Καμινάρην καί Βασίλειον Καραβιάν, ότι ή 'Επανάστασις κινείται μετ' ολίγον, πρέπει νά εύρεθώσιν έτοιμοι ούτοι, καί έπ' αύτώ τούτω έρχεται ό 'Αναγνωστόπουλος, απεσταλμένος παρά τής 'Αρχής, διά νά διαθέση τά πάντα. Οί πολεμικοί αύτοί, πρόθυμοι εις περίστασιν τοιαύτην, συναμιλλώνται καί μεταχειρίζονται όλην τήν δραστηριότητά των.

Η κίνησις αύτη, άν καί μυστική, διήγειρε τήν περιέργειαν καί τούς φόβους τών 'Αρχόντων. Τάς ύποψίας των περί ταραχής τινος άνέφερον ούτοι πρός τόν Ηγεμόνα Α. Σούτσον, όστις συγκαλεί τό Συμβούλιόν του καί τούς έκεΐ Προξένους τών Δυνάμεων, καί έμπιστεύεται τήν φροντίδα τής ανακαλύψεως τοΰ πράγματος πρός τόν Γεώργιον Λεβέντην, Διερμηνέα τής Ρωσσικής Πρεσβείας. Αυτός γνωρίζων, ό,τι δέν ήξευρον οί 'Εντολείς του, οικονόμησε μέ πολλήν φρόνησιν καί πατριωτισμόν τήν ύπόθεσιν. Μολοντούτο κυριεύει ήδη φόβος μέγας καί τούτον, καί τόν Νέγρην καί πολλούς άλλους έκ τών φρονιμωτέρων Προσηλύτων, ένώ δέν έννόουν, όποίας είχε βάσεις τό πνεύμα τοΰ Δικαίου. Μίαν δέ έτρεφον μικράν παρηγορίαν εις τήν προμηνυομένην παρ' αύτού τοΰ Δικαίου άφιξιν τοΰ 'Αποστελλομένου έκ μέρους τής 'Αρχής.

Ο 'Αναγνωστόπουλος ειδοποιείται πάραυτα άπό τόν Νέγρην περί όλων τούτων. Η τοιαύτη τών πραγμάτων κατάστασις τόν έμπνέει φόβον καί λύπην ένταυτω εις τρόπον, ώστε συλλογίζεται ν' ακολουθήση ήδη εν από τα δύο· ή ν' αποσυρθή εις μέρος τι μυστικόν, μέχρις ού δειχθή το αποτέλεσμα της Αποστολής του Ξάνθου· ή να επινοήση μέσον τι επιτήδειον εις το να διαχύση την υπάρχουσαν ταραχήν των πνευμάτων. Το δεύτερον ήτο προτιμότερον. Άλλως ήθελε προσθέσει εις τον τρέχοντα βρασμόν νέας υποψίας με την μυστικήν φυγήν του.

Ο Αναγνωστόπουλος παρετήρησεν, οπόσον εκπλήττοντο τα πνεύματα εκείνων των ανθρώπων από νεοφανή επιτηδεύματα αναφορικώς ως προς την Επανάστασιν. Είδεν αφ' ετέρου μέρους, οποίαι εγίνοντο μεγάλαι καταχρήσεις, και οπόσον απεκαθίστατο επικινδυνωδεστέρα η προϊούσα επισώρευσις ανωφελών υποκειμένων. Εις παρομοίαν λοιπόν ελεεινότητα στοχάζεται ως καταλληλότερον μέσον, ικανόν και των πραγμάτων την διόρθωσιν να επαναφέρη και ένταυτω να προξενήση σέβας και φόβον: στοχάζεται εν είδος Εποπτών, επιφορτισμένων την απόλυτον εξέτασιν και παρατήρησιν όλων των πράξεων και των κινημάτων παντός Εταίρου, οποιουδήποτε ήθελεν είσθαι βαθμού και τάξεως. Εντεύθεν έχουσι τας αρχάς των αι Εφορίαι.

Πριν ή συστηθώσιν εις καμμίαν των Μητροπόλεων της Μολδαυο - Βλαχίας, έκρινεν εύλογον ούτος να κάμη απόπειράν τινα του, περί ού ο λόγος, μέτρου εις παράμερον θέσιν, διά να δοκιμασθή ολιγώτερον ζημιώδες το αποτέλεσμα εις ενδεχομένην τινά αποτυχίαν. Τοιαύτη εστάθη κυρίως η αιτία του σχηματισμού πρώτης Εφορίας εἰς τὸ Γαλάτσι. Συνίστατο αὕτη ἀπὸ πέντε τὰ εὐϋποληπτότερα ὑποκείμενα τῆς παραλίου ἐκείνης Κωμοπόλεως· καὶ μεταξὺ τούτων ἦσαν ὁ Ἰσπραΰνικος Δημήτριος Θέμελης (Πάτμιος), ὁ Παχάρνικος Νικόλαος Γρυπάρης (Σίφνιος), ὁ Μεγαλέμπορος τοῦ τόπου Δημήτριος Παππαγιαννόπουλος, καὶ ὁ Σέργιος Πρασσᾶς. Πρῶτον ἤδη μετὰ τόσους αἰῶνας ἀναγεννᾶται τὸ πολιτικὸν σύστημα τῶν Ἐφόρων τῆς Σπάρτης.

Τὰ χρέη τῶν Ἐφόρων τούτων ἐκανονίζοντο δι' ἑνὸς Ἐγγράφου, ὑπογεγραμμένου παρὰ τοῦ Ἀναγνωστοπούλου μὲ ἓν Ἑλληνικὸν Ὄνομα καὶ ἓν Σημεῖον. Ἦσαν δέ·

Α΄. Οἱ Ἔφοροι, ἅμα ἀναλάβωσι τὰς ἐργασίας, νὰ πληροφορηθῶσι μὲ θετικότητα ἐντὸς τριῶν ἡμερῶν περὶ τοῦ ἀριθμοῦ τῶν Προσηλύτων περὶ τῆς διαγωγῆς ἑνὸς ἑκάστου καὶ περὶ τῆς καταστάσεώς των. Τούτων ὅλων ἡ ἔρευνα νὰ ἐνεργηθῇ μὲ τὸν μυστικώτερον τρόπον.

Β΄. Νὰ συναθροίσωσιν ἀπ' ὅλους τοὺς κατηχητὰς Ἱερεῖς τὰς Διδασκαλίας ἐπὶ λόγῳ μελλούσης ἀνασκευῆς διὰ τὰς δοθείσας εἰς τὴν Ἀρχὴν ὑποψίας προδοσίας τινός. Εἰς καθένα δὲ τούτων νὰ δίδωσιν Ἀπόδειξιν διαλαμβάνουσαν μόνον τὴν λῆψιν καὶ ὑπογεγραμμένην μὲ τὸ Σημεῖον, τὸ ὁποῖον ἤθελεν ἐγκρίνει νὰ λάβῃ ἡ Ἐφορία ἅπαξ.

Γ΄. Ἐπεβάλλετο ἡ αὐστηρὰ φροντὶς τοῦ ν' ἀπαγορευθῶσιν οἱ Κατηχηταὶ Ἱερεῖς νὰ δέχωνται ἀπολύτως καὶ κατὰ τὴν ἰδίαν ἔγκρισίν των, ὡς πρότερον, ὅποιον τύχῃ.

Δοθείσης δὲ περιστάσεως, ὅτε Ἱερεύς τις ἤθελέ τινα ὡς ἄξιον τοῦ Μυστηρίου, ἐχρεώστει, πρὶν εἴπῃ τὸ παραμικρόν εις τον κατηχηθησόμενον, νά παρουσιάση προς τήν Έφορίαν εγγράφως, ή προφορικώς, τάς ιδιότητας, τήν κατάστασιν και τον τόπον της γεννήσεως και διαμονής τού υποκειμένου.

Αν αύτη ήθελεν έγκρίνει τό προβαλλόμενον πρόσωπον, ενήργει μόνη τήν παραδοχήν του εις τήν Εταιρίαν, εάν δεν εχαίρετο ό προτείνων Ιερεύς καλήν ύπόληψιν.

Δ'. Έπεβάλλετο ωσαύτως εις τους 'Εφόρους τό χρέος τού νά εμποδισθώσι τού λοιπού αι συνεισφοραί τών εισερχομένων εις τήν Εταιρίαν.

Έάν ούτοι ευηρεστούντο οικειοθελώς νά προσφέρωσι ποσότητά τινα χρηματικήν, αύτή παρακατετίθετο τότε εις τήν Έφορίαν, δίδουσαν τήν άναγκαίαν Άπόδειξιν τής παραλαβής.

Οποιοσδήποτε δέ ήθελε ζητήσει άπ' αυτήν χρήματα άνευ εγγράφου διαταγής τής 'Αρχής, ό τοιούτος νά αποβάλληται, τό δέ όνομά του νά σημειούται εις τό 'Αρχείον της.

Ε'. Αί Έφορίαι ύποχρεούντο νά έχωσι μεταξύ των τακτικήν 'Αλληλογραφίαν· τα δέ Έγγραφά των νά ύπογράφωνται μέ τό Έλληνικόν Όνομα, προστιθεμένου πρός αριστερά και τού παραδεχθέντος άπαξ Σημείου (α).

Ήσαν επίσης υπόχρεοι νά ειδοποιώνται συναλλήλως περί όλων τών συμβαινόντων εις τό τμήμα και τήν μυστικήν διοίκησίν των: δηλονότι

(α) Λόγου χάριν· Ή Εφορία τού Γαλατσίου, γράφουσα πρός εκείνην τού Βουκουρεστίου, υπεγράφετο ούτω (τό Σημείόν της) ΑΡΧΙΔΑΜΟΣ· ή άλλη δέ αποκρινομένη (τό Σημείόν της) ΑΡΙΣΤΕΙΔΗΣ.

περί ερευνών της 'Εξουσίας, περί υποψιών προδοσίας, περί ειδήσεων πολέμου κτλ. Ή παραμέλησις τοιούτων περιστατικών δεν εδικαιούτο με καμμίαν πρόφασιν.

ΣΤ'. 'Ημπόρουν αί 'Εφορίαι εις περίστασιν άλλως άνοικονόμητον νά έπεμβαίνωσι καί εις θάνατόν τινος προδότου. Είχον όμως τήν ευθύνην ν' αποδείξωσι δι' 'Αναφοράς των πρός τήν 'Αρχήν τάς πλέον σαφείς αιτίας, μαρτυρουμένας καί από τά εύϋποληπτότερα ύποκείμενα τοϋ τόπου, όπου έπράχθη τό έγκλημα.

Ζ'. Τελευταίον οί Έφοροι έπρεπεν αναγκαίως νά συνεδριάζωσι δίς της εβδομάδος κατά Τετράδην καί Σάββατον· περιστάσεως δέ κρισίμου δοθείσης, καί καθημέραν. Εις όλας δέ τάς συνεδριάσεις των ήσαν υπόχρεοι νά στρέφωσιν όλως τήν προσοχήν των εις τήν έννοιαν καί τήν ακριβή έκτέλεσιν τών επιβαλλομένων χρεών των.

'Η 'Εφορία τοϋ Γαλατσίου, ακολουθούσα κατά γράμμα τάς οδηγίας της, προώδευσε τόσον, ώστε τό πάν έξωμαλύνθη έντός ολίγου (α). Ή εύ-

(α) Πρέπει νά είπωμεν, όποίαν έπροξένησεν ή σύστασις της έκπληξιν καί σεβασμόν. Ό πεπαιδευμένος ήρχισε βλέπων έν μέλλον καλόν, καί ό απαίδευτος σωφρονιζόμενος καί ελπίζων. Μίαν τών ήμερών έγίνετο λόγος περί 'Εταιρίας εις τήν οικίαν τοϋ Νέγρη μεταξύ τούτου, τοϋ Στεφάνου Δούγκα, τοϋ Βενιαμίν Λεσβίου καί τοϋ Ευσταθίου 'Ιατρού. Πρός τά πολλά τών άλλων ό Δούγκας έξεφράσθη καί τοϋτο· Τώρα βλέπω εις τήν σύστασιν τών Έφοριών βουλάς υψηλάς καί σκέψεις ωρίμους.

Ή είδησις της συστάσεως της έν Γαλατσίω 'Εφορίας διεδόθη άστραπηδόν καθ' όλα τά μέρη, όπου υπήρχον 'Εται-

τυχής αύτη έκβασις ωδήγησε τον συστηματικόν στοχασμόν της καθιδρύσεως παρομοίων Καταστημάτων καί εις άλλους τόπους. Ὁ Ἀναγνωστόπουλος ήδη, δεδιδαγμένος εκ της πείρας, μεταβαίνει εις το Ἰάσιον, όπου ευρίσκει όλον τον ενθουσιασμόν καί τήν προθυμίαν εις τήν σύστασιν Ἐφορίας. Μεολοντοῦτο φαίνεται κατ' ένα τρόπον εμποδιζόμενον το έργον ένεκα της ματαιοδοξίας τοῦ Νέγρη, τοῦ οποίου ή τότε διαγωγή προεικόνισε κάλλιστα τήν μετέπειτα εις τήν Ελλάδα (α).

ροι, καί παντοῦ περιέμενον ανυπόμονοι την σύστασιν τοιούτων Καταστημάτων. Τόσος ήτον ο ενθουσιασμός, ώστε, όπου δεν ευκολύνετο νά ὑπάγῃ ο Ἀναγνωστόπουλος, εκεί ἐνεργείτο ὁ σχηματισμός Ἐφορίας με απλοῦν γράμμα τοῦ ἰδίου ἐπί τῇ προτάσει των εὐυπολήπτοτέρων Ὑποκειμένων. Παρόμοιόν τι ηκολούθησε πρώτον εις το Ἰσμαῆλι, καί έπειτα εις άλλα μέρη.

Μετά την ύπαρξιν των Ἐφοριῶν ἐλήφθησαν ὅλαι αἱ Διδασκαλίαι· ἀφέθησαν δε εις εκείνους μόνους, από τους οποίους οι Ἔφοροι ενόμισαν περιττόν νά τάς αφαιρέσουν. Όσοι περίεργοι ηρώτων, τ ί ά ρ α τ ρ έ χ ε ι ; ήκουον εις απάντησιν επιτετηδευμένην τινα φήμην· Η Ἀ ρ χ ή π α-
ρ α τ η ρ ε ῖ τ ά κ ι ν ή μ α τ α τ ῶ ν Μ ε λ ῶ ν της.

(α) Χρεωστεί τις εις τήν δικαιοσύνην να είπῃ, ό,τι καλόν ή κακόν είχεν ο άνθρωπος ούτος. Ηγάπα την Ἐλευθερίαν, αλλά πολύ περισσότερον την δόξαν του : Με άλλους λόγους, ήτο φιλελεύθερος, καθόσον προείχετο της ελευθερίας· και απεσπάτο από το Αρχοντολόγιον, καθόσον έβλεπεν, ότι ημπόρει να υπερτερήσῃ τους αντιζήλους του με έν άλλο μέσον—Είχε την φιλοτιμίαν τοῦ να παραλληλίζῃ τα μέσα από τα οποία ημπόρει να ελπίζῃ την απόκτησιν της επιθυμίας του, γιά να προκρίνῃ εκείνο, τό οποίον τόν διέκρινε φίλον τοῦ Ἔθνους του: Αν έβλεπε δηλονότι, ότι ημπόρει να έχῃ από τήν Ελλάδα, ό,τι τον επρόσφερεν ή Μολδαυΐα,

Τὸ νεοφανὲς εἶδος τῶν Ἐφοριῶν, ἐνῷ ἔδωσε βελτίωσιν σημαντικὴν εἰς τὰ πράγματα, προσέβαλλεν ἐνταυτῷ καὶ τὰ πνεύματα τῶν προσηλύτων Ἑλληνοβοϊάρων. Ἡ ὑπόθεσις αὕτη κατήντησε τὸ ἀντικείμενον πολλῶν σκέψεων· καὶ τόσῳ πλέον, ὅσῳ ὁ Νέγρης ὑπεκίνει ὅλα ταῦτα μὲ μόνον τὸ σκοπὸν τοῦ νὰ δυνηθῇ νὰ ἀνακαλύψῃ τὴν Ἀρχήν. Τοῦτο ἦτο τὸ ἀντικείμενον, περὶ τὸ ὁποῖον ἐστρέφοντο ὅλοι οἱ ὑπὸ διάφορα προσχήματα στοχασμοί του.

Ἤθελεν αὐτὸς τὴν σύστασιν τῆς Ἐφορίας εἰς Ἰάσιον· ἐπρότεινεν ὅμως, ἂν καὶ μὲ πολλὴν εὐγένειαν, ὡς Μέλη Προσηλύτους τινὰς ἐκ τῶν φίλων του. Ἡ πρότασις αὕτη ἔδωσεν ἀφορμὴν δυσαρεσκείας εἰς τὸ πλεῖστον μέρος τῶν Ἑταίρων, καὶ προέρχονται ἐντεῦθεν νέαι ἀρχαὶ διχονοιῶν.

προετίμα τὴν Ἑλλάδα— Δὲν ἐκτίθετο εἰς τὴν πάλην διὰ χρήματα, ἀλλὰ διὰ τὴν νίκην τῶν δοξασιῶν του. Καί, ἄν τις ἐδοκίμαζε νὰ ἀντιτάξῃ λόγους ἀναιρετικοὺς εἰς τοὺς στοχασμούς του, ἦτον ἕτοιμος, ἄν ἠμπόρει, νὰ τὸν καταστρέψῃ κυριευόμενος ἀπὸ τὴν μεγαλυτέραν ἰδιογνωμίαν— Ἐγίνετο ὠφέλιμος, καθόσον τις ἐπιτηδεύετο νὰ τὸν φρονηματίσῃ πλαγίως ὁποιονδήποτε στοχασμόν. Τοιουτοτρόπως ἀντανακλωμένη ἡ ἰδέα αὐτὴ ἀπὸ τὴν κεφαλήν του, ὑπεστηρίζετο μ' ὅλην τὴν συνήθη εἰς τοῦτον δραστηριότητα καὶ ἑτοιμολογίαν— Ἄοκνος εἰς τοὺς κόπους, τολμηρός, παιδείας ἀρκετῆς καὶ ἠθικῆς γενναίας ἦτο μ' ὅλην τὴν ὀξύνοιάν του πολλὰ μάταιος καὶ πολλὰ δύσκολος εἰς τὸ νὰ κρύπτῃ τὰ πάθη του.

Τὸ Γράμμα τῆς Ἀρχῆς, (περὶ τοῦ ὁποίου ἀνεφέραμεν Σελ. 226) ἔλαβεν οὗτος ἕνα μῆνα πρὸ τῆς συνεντεύξεώς του μὲ τὸν Ἀναγνωστόπουλον. Τόσον δὲ ἐνθουσιάσθη, ὥστε, ἀφοῦ τὸ ἐκοινοποίησεν εἰς πολλοὺς τῶν Ἑταίρων τοῦ Ἰασίου, ἔτρεξεν εἰς τὸ Βουκουρέστιον, κάμνων καὶ ἐκεῖ τὸ ἴδιον.

Τελευταίον τά Μέρη έναπέθεσαν τήν εκλογήν τοϋ προσωπικού εις τον Άναγνωστόπουλον, όστις ώνόμασεν εξ ανάγκης επταμελή την Έφορίαν, συγκερασμένην καί άπό τά δύο διχονοοϋντα Μέρη. Άλλ', ένω έμελλε νά δοθή τό Έπικυρωτικόν Έγγραφον, ό Νέγρης προτείνει τήν έπιθυμίαν του εις τό νά ύπογράψη καί αυτός. Ό Άναγνωστόπουλος δέν ένδίδει, δι' δσας ήθελον κάμει πολλοί παρατηρήσεις, καί δι' αυτήν τοϋ Νέγρη τήν πολιτικήν πρόβλεψιν «Έγώ δέν είμαι, αποκρίνεται, ειμή εν πιστόν όργανον τής Αρχής εις παρομοίας έπιχειρήσεις· επομένως δέν ήμπορώ νά πράξω τό παραμικρόν παρά τάς οδηγίας μου, χωρίς νά ύποπέσω εις βαρεΐαν ευθύνην. Κρίνε λοιπόν, άν δέχηται ή ευαισθησία σου τήν καιρίαν βλάβην ενός συμπατριώτου σου καί πιστού φίλου σου». Οί λόγοι ούτοι έσύντριψαν τήν καρδίαν τοϋ Νέγρη· άλλ' έφάνη άπό τά ψελλίσματά του ή μεγαλαυχία, ένεκα τής οποίας ώρμήθη νά προείπη πρός φίλους του, δτι μέλλει νά συνεπικυρώση καί αυτός τήν σύστασιν τής Εφορίας. Ό Άναγνωστόπουλος, αίσθανόμενος ήδη, όποια ήμπόρουν νά προέλθωσιν αποτελέσματα απευκταία άπό τήν δυσαρέσκειαν τούτου, επαναλαμβάνει· «Ο,τι φαίνεται άναγκαΐον εις ταύτην τήν περίστασιν είναι ή έπί τοϋ παρόντος άναβολή τής ενταύθα συστάσεως τής Εφορίας. Θέλω δέ άναφερθή πρός τήν Άρχήν περί τής ανάγκης τοϋ νά σάς έπιφορτίση τό έργον τοϋτο. Εγώ έν τοσούτω διευθύνομαι εις Βουκουρέστιον, όπου θέλω συστήσει τήν Εφορίαν».

Ό ίδιος παρατηρεί ήδη τόν ερεθισμόν τών πνευμάτων. Ήτο μὲν ἕτοιμος εἰς προφυλακτικάς τινας ἀντιθέσεις· ἀλλὰ δὲν ἐφαίνοντο καὶ αὗται ἱκαναὶ νὰ ὑπερβάλωσι πεφυσιωμένας σκέψεις ἀνθρώπων, οἱ ὁποῖοι, καίτοι νᾶνοι, ἐνόμιζον μεολοντοῦτο, ὅτι παίζουσιν εἰς τὰς χεῖράς των τὴν σφαῖραν τῆς Πολιτικῆς. Ἔβλεπεν ἑπομένως, ὅτι ἡ συνεχὴς αὕτη συζήτησις ἡμπόρει νὰ φέρῃ ἀνακάλυψίν τινα εἰς τὰ πράγματα· καὶ ὅτι παρόμοιοι ἄνθρωποι, ὑποτασσόμενοι εἰς τὸ μεγαλεῖον τῶν ἀντικειμένων, τὰ ὁποῖα τοὺς ἐκπλήττουν, χωρὶς νὰ ἠμποροῦν οὗτοι νὰ τὰ κρίνουν : τοιοῦτοι ἄνθρωποι πρέπει νὰ σπρωχθῶσιν ἐπιτηδείως εἰς μίαν ἀπέραντον σύγχυσιν.

Μεθοδεύεται ἐντεῦθεν τὸ μέτρον τοῦ νὰ κάμῃ πρὸς τὸν Νέγρην τὴν πρότασιν περὶ ἑνὸς κεντρικοῦ Σχολείου εἰς τὴν Πελοπόννησον. Τὸν προσθέτει δέ· «Τοιαύτη εἶναι ἡ θέλησις τῆς Ἀρχῆς· καὶ τούτου τὴν ἁρμοδίαν Διάταξιν ἀξιοῖ ἀπὸ τὴν ἀγχίνοιαν καὶ τὴν ἐμπειρίαν σου». Ὁ Νέγρης μαγεύεται, καὶ ἑτοιμάζει τὰ πάντα ἐντὸς ὀλίγου (α). Πιστεύει δέ, ὅτι παρόμοια ἔργα εἶναι βου-

---

(α) Τὸ περὶ Σχολείου ἀντικείμενον ἀπεκατέστη εἰς πολὺν καιρὸν ἡ μόνη μελέτη τῶν πνευμάτων, μολονότι ἡ ἰδέα του δὲν εἶχεν ἄλλον σκοπὸν παρὰ τὴν σύγχυσιν τῶν περιέργων καθὼς εἴπομεν, μεχρισοῦ ὁ Ξάνθος φανερώσῃ, ὁποῖον ἤθελε δείξει ἀποτέλεσμα ἡ ἀποστολή του.

Ἐξῆγον πολλοὶ βέβαιον συμπέρασμα, ὅτι ὑπὸ τὸν εὔσχημον τοῦτον τρόπον θέλουσι συναθροισθῆ οἱ Πεπαιδευμένοι εἰς τὴν Πελοπόννησον, ὡς τὸ καταλληλότερον μέρος εἰς τὴν κεντρικότητα τοῦ μέλλοντος Πολέμου.

Ὁ Νέγρης ἐρωτᾷ τὸν Ἀναγνωστόπουλον, Τί συμπεραίνει περὶ τῆς προκειμένης συστάσεως τοῦ Σχολείου; Αὐτὸς τὸν

λαί μεγάλων ανθρώπων· και δεν καταγίνεται πλέον εις άλλο, ειμή κατά ποίον τρόπον να δειχθή ευάρεστος δια της προθυμίας και της ικανότητάς του.

Ή επιτυχία αυτής της αποπείρας υπαγορεύει εις τον Άναγνωστόπουλον άλλο κίνημα πλέον θαρραλέον. Συλλογίζεται ή την πραγματικήν σύστασιν της Σχολής, ή το μέτρον του να επιμεληθώσιν οί Έφοροι την συνάθροισιν, όσων δυνηθώσι περισσοτέρων χρημάτων, ως αναγκαίων εις την ρήξιν του Πολέμου. Δια τον σκοπόν του

αποκρίνεται. Σύ δύνασαι να γνωρίσης τον σκοπόν, εις τον όποιον τείνει, ενώ έχεις τα πιστά και την αλληλογραφίαν με την Αρχήν. Ό Νέγρης επαναλαμβάνει παρατηρών το τοιούτον ώς πρόσχημα μιας συναθροίσεως Στρατιωτικών και Πολιτικών ανδρών. Ό 'Αναγνωστόπουλος προσποιείται επικυρών την ίδέαν του αυτήν.

Έν τούτοις ο Νέγρης και οί δύο Φιλόσοφοι Δούγκας και Βενιαμίν, καθώς και ο Δανιήλ Φιλιππίδης ενησχολήθησαν εις τον Όργανισμόν, και τον διέθεσαν κάλλιστα. Διορίζουν Έφόρους, κατά μίμησιν των πολιτικών Εφοριών, παντού· και λαβόντες διά της λεγομένης τσεδούλας την άδειαν από τον Ηγεμόνα Καλλιμάχην (28 Μαΐου, 1819), τον εκδίδουν διά του τύπου εις 800 Φυλλάδια.

Τοιουτοτρόπως πολλαπλασιάζεται ύλη ικανή προς διασκέδασιν των πνευμάτων, όσον των πολιτικών, τόσον και των Λογίων εκείνου του μέρους. Ή συνάθροισις των συνεισφορών προσδιωρίζετο εις Βασσαραβίαν, Βουκουρέστιον, Ίάσιον, Γαλάτσιον, Όδησσόν, Μόσχαν, Πετρούπολιν. Ταϊγανρόκ, Κωνσταντινούπολιν, Σμύρνην, Ύδραν, Ζάκυνθον, Λιβόρνον και Τριέστιον.

Διάφοροι Απόστολοι έφερον παντού Προκηρύξεις τοιαύτας. Εντεύθεν και οί γνωρίζοντες, και μη, την Εταιρίαν και τους σκοπούς της συνέτρεχον προς το ίδιον τέλος.

νά πραγματοποιηθη μέ ευκολίαν ή τό εν, ή τό άλλο, ενεργεί διά του εν Κωνσταντινουπόλει Σέκερη, καί ό Πατριάρχης Γρηγόριος πείθεται, (καθό φίλος τών Μουσών), εκδίδων Έγγραφα επίσημα πρός τούς Μητροπολίτας καί τόν Λαόν του ύπέρ της πράξεως του Ίασίου. Ό ίδιος Γρηγόριος έγραψε καί μερικώς είς σημαντικούς τινας κατά τόν διευθυνθέντα πρός τόν Σέκερην 'Ονομαστικόν Κατάλογον. Της δέ Σχολής ώνομάσθησαν Έπιστάται καί αυτός καί ό Πατριάρχης Ιεροσολύμων.

Αί Πατριαρχικαί Προκηρύξεις φθάσασαι μετ' ολίγον είς τάς Επαρχίας, ενέσπειρον τόσην εκπληξιν, όσον άνέφερον τό νά συνδράμωσι καί αί Εφορίαι. Ό άθώος Πατριάρχης δέν έγνώριζεν, άν ύπήρχον καί άλλαι παρ' εκείνας τών Σχολείων Πολιτικαί Έφορίαι. Εντεύθεν εδόθη τό μεγαλύτερον σέβας είς τήν Έταιρίαν' καί πολλοί έγίνοντο ζηλότυποι είς τήν τιμήν της εισαγωγής των, φρονούντες ήδη, ότι ή Αρχή της Εταιρίας υπάρχει καί ενεργεί συναινέσει του Αυτοκράτορος Αλεξάνδρου' καί ότι ό Καποδίστριας έγραψεν ιδιαιτέρως πρός τόν Πατριάρχην περί της εκδόσεως τών Εγκυκλίων (α).

(α) Τί δύναται νά στοχασθη τις διά πολλούς, βλέπων είς τήν· άπάτην όχι μόνον τούς φρονούντας τόν άγχίνουν, άλλά καί τούς πραγματικώς τοιούτους. Τό πνεύμα του Νέγρη άν καί τολμηρόν νά διατρέξη είς τήν κρίσιν τών φαινομένων, έμεινεν όμως άπονεναρκωμένον έν τω μέσω του σταδίου. Μόλις έμαθε τών πραγμάτων τήν άληθή πηγήν μετά τήν ρήξιν του Πολέμου. Τότε έπανέλαβε καθώς καί είς τήν Κωνσταντινούπολιν, (Ίδε Έποχ. Δ', Κεφ. Α'), άλλά μέ περισσότερον·

Μετά τήν διάθεσιν τῶν πραγμάτων τοῦ Ἰασίου ὁ Ἀναγνωστόπουλος μετέβη εἰς τὸ Βουκουρέστιον, ὅπου εὑρίσκοντο οἱ ἄνθρωποι ἔτι πλέον τεταραγμένοι ἕνεκα τῆς διαγωγῆς τοῦ Δικαίου, ὡς προείπομεν (α). Ἐνταμώνεται μὲ τὸν Γ. Λεβέντην, ὑποληπτόμενον σημαντικὰ εἰς τὸν τόπον τοῦτον. Ἀγαπῶν οὗτος τὴν ἐλευθερίαν τῆς Πατρίδος του μὲ εἰλικρίνειαν καὶ ὄχι κατ' ἐπίδειξιν, συνετέλεσε μεγάλως ὄχι μόνον εἰς τὰς σκέψεις, ὅσαι ἀπέβλεπον τὴν φρόνιμον ἔκτασιν τῆς Ἑταιρίας, ἀλλὰ καὶ δι' ἰδίας δαπάνης (β). Ἐξηγήθη πρὸς τὸν Ἀναγνωστόπουλον περὶ τῆς ταραχῆς τῶν πνευμάτων, τῶν πηγῶν της καὶ ὅ,τι ἐπενόησε, διὰ νὰ ἐφησυχάσῃ τὴν Ἐξουσίαν καὶ τὰ περίεργα πνεύματα τῶν Εὐρωπαίων.

Τὸν προτείνεται ἡ σύστασις τῆς Ἐφορίας, καὶ παραυτα τελειώνει. Ἐδῶ ἐφάνη ὄχι ὁ κίβδηλος πατριωτισμὸς τοῦ Ἰασίου. Ὁ Λεβέντης δέχεται ὡς

φανατισμὸν καὶ πικρίαν, κακολογῶν καὶ αὐτὰ καὶ τὸν Ἀναγνωστόπουλον, διότι τὸν ἡπάτησε.

(α) Σελ. 234.

(β) Ὁ Λεβέντης (καταγόμενος ἐκ τῆς Λακωνίας) ἐστάθη τὸ σημαντικώτερον ὄργανον τοῦ νὰ ὑπάρξῃ, ὅ,τι ἐφάνη τακτικὸν εἰς τὴν Βλαχίαν. Ἔδωσε ποσότητα περισσοτέραν τῶν 35,000 Τουρκικῶν γροσίων τῆς τότε ἐποχῆς, χωρὶς νὰ λάβῃ μήτε ὀβολόν. Ὁ Σέκερης, ἀπ' ὅσα ἔδωκεν ἐπὶ λόγῳ δανείου, ἔλαβε μέρος. Ποῖος ἄρα ἐκ τῶν δύο ἐθυσίασε περισσότερον; Τὴν λύσιν ταύτην, μὲ τὴν διαφορὰν τῶν δύο ἀνομοίων ἐποχῶν τῆς δόσεως, ἀφίνομεν εἰς ἄλλους.

Μ' ὅλας τὰς θυσίας του ὁ Λεβέντης διεβλήθη πρὸς τὸν Α. Ὑψηλάντην, καὶ τὸ χειρότερον ἐκακολογεῖτο ἀπὸ τὸν ἴδιον. Ὁ Ἀναγνωστόπουλος τὸν ὑπερασπίσθη μὲ τόνον.

χρησμούς τάς προτάσεις τοῦ Ἀναγνωστοπούλου. Τὸν βεβαιώνεται ἡ κατεπείγουσα χρεία τοῦ νὰ ἐμβασθῶσι χρήματα εἰς τὸν Σέκερην (α), καὶ οὗτος θυσιάζων τὰ ἴδιά του, ἀποδεικνύει, πόσον ἐκτελεῖ τὰ χρέη του πρὸς τὴν Πατρίδα, πόσον ἐκπληροῖ τὰς ἐνόρκους ὑποσχέσεις του.

Αἱ τοιαῦται ἀρεταὶ τοῦ Λεβέντη καὶ ἡ ἀνάγκη ἑνὸς πιστοῦ συντρόφου καὶ συμβούλου εἰς ξένον τόπον ὑπεχρέωσαν τὸν Ἀναγνωστόπουλον, διὰ νὰ τὸν δεχθῇ εἰς τὴν Ἀρχήν. Ὁ Λεβέντης ἐκ τούτου τόσον ηὔξησε τὸν ἐνθουσιασμόν του, ὥστε ἐπεμελεῖτο ἀνενδότως, διὰ νὰ κατορθώσῃ μόνος τὸ πᾶν, ἐὰν ἠμπόρει. Ὡς τοιοῦτος ἐστερήθη καὶ τὴν κατάστασίν του.

Τὰ μέλη, τὰ ὁποῖα συνίστων τὴν Ἐφορίαν τοῦ Βουκουρεστίου, ἦσαν οἱ δύο Διδάσκαλοι Νεόφυτος Δούκας (β) καὶ Κομητᾶς, ὁ Λεβέντης, Νικο-

---

(α) Δι' ὅσα οὗτος ἐδάνεισε πρὸ ὀλίγου τὴν Ἑταιρίαν μὴ ὑπερβαίνοντα τὰς 40,000 γροσίων Τουρκικῶν. Τὴν ἐπιστροφήν τούτων ὑπεσχέθη ὁ Ἀναγνωστόπουλος ἀπὸ Βουκουρέστιον.

(β) Ὁ Δούκας ἔδειξε καὶ πατριωτισμὸν καὶ φρόνησιν εἰς τὴν βελτίωσιν τῆς μεγάλης ὑποθέσεως τῶν Ἑλλήνων. Ἀπόδειξιν τοῦ παραδόξου ἐνθουσιασμοῦ τούτου τοῦ Γέροντος ἔχομεν καὶ τὴν ἀκόλουθον περίστασιν.

Εἰς μίαν πρὸς αὐτὸν ἐπίσκεψιν ὁ Ἀναγνωστόπουλος βλέπει κρεμαμένην μίαν εἰκόνα. Τὸν ἐρωτᾷ, τίνος εἶναι; καὶ αὐτὸς ἀποκρίνεται τοῦ «Κοραῆ». Παράξενον, λέγει ὁ Ἀναγνωστόπουλος, ἐνῷ εἶσθε ἐχθροί. Ὄχι, Φίλε! ἀπαντᾷ ὁ Δούκας· δὲν εἶμαι ἐχθρὸς τοῦ Κοραῆ, ἀλλὰ Γραμματικῶν τινων παραλογισμῶν του. Ἄλλως τὸν τιμῶ διὰ τὴν πολυμάθειαν καὶ τὴν φιλογενῆ καρδίαν του. Λαμβάνει ἐντεῦθεν ἀφορμὴν ὁ Ἀναγνωστόπουλος, μολονότι δὲν εἶχε μήτε τὴν παιδείαν, μήτε τὴν ἡλικίαν του, καὶ τὸν προτείνει τὴν παῦσιν

λόπουλος καί τις Δομνάνδος (α), Α' Γραμματεύς τής Ρωσσικής Προξενείας. Ἡ Ἐφορία αὕτη κατέστη ἡ κεντρικωτέρα, διευθύνουσα μὲ προσεκτικὸν τρόπον καὶ τὰς Ἑταιρικὰς ὑποθέσεις τοῦ Ἰασίου.

τῆς μεταξύ των διαιρέσεως εἰς μίαν μάλιστα περίστασιν, ὅτε τὸ Ἔθνος λαμβάνει μέρος εἰς αὐτήν, ἐνῶ ἔχει τὴν μεγαλυτέραν ἀνάγκην τῆς παρὰ τὰ ἄλλα ὠφελίμου ἑνώσεως, τὸ παράδειγμα τῆς ὁποίας πρέπει νὰ δώσωσι πρῶτοι αὐτοὶ οἱ ἴδιοι. Τὸν προσθέτει δὲ τὴν χρείαν τοῦ νὰ γράψῃ ὑπὲρ τοῦ Κοραῆ διὰ τῆς Ἐφημερίδος, διὰ νὰ γνωρίσῃ τὸ φρονιμώτερον μέρος τοῦ Ἔθνους, ὅτι μία σπανία καὶ μεγάλη αἰτία τοὺς ὑποχρεοῖ ν' ἀφήσωσι πεπαλαιωμένα πάθη. Ὁ χρηστὸς Γέρων πείθεται πάραυτα, καὶ συντάττει ὑπὲρ τοῦ Κοραῆ Διατριβήν, τὴν ὁποίαν ὁ Λεβέντης ἀπέστειλεν εἰς Παρίσια πρὸς τὸν ἐκεῖ Νικολόπουλον, ἐνεργήσαντα τὴν δημοσίευσίν της.

(α) Διὰ τῆς προτροπῆς τοῦ Λεβέντη ἐφανερώθη τὸ Μυστήριον καὶ εἰς τοῦτον.

ΚΕΦΑΛΑΙΟΝ ΣΤ'.

Συνωμοσία Δικαίου, Όλυμπίου και Φαρμάκη. Άνακάλυψις — Χαρακτήρ Δικαίου. Άποδοχή τούτου εις τήν Άρχήν — Αιτίαι και άποτελέσματα τής μεταβάσεως τοῦ Π. Α. Άναγνωστοπούλου εις Ρένι— Διαγωγή τοῦ Καποδίστρια εις τήν παρουσίασιν τοῦ Ε. Ξάνθου— Άναγόρευσις τοῦ Α. Υψηλάντου εις τήν Άρχηγίαν τῆς Ἑταιρίας και τῆς Ἐπαναστάσεως.

Ὁ Δικαῖος ἐμετρίασεν ἐπιπληχθεὶς τὴν ἀπρόσεκτον διαγωγὴν του. Διὰ τὸ ἀνήσυχον ὅμως καὶ στασιῶδες πνεῦμά του ἐσύρετο ἐνίοτε εἰς ἀτοπήματα πολὺ ἐπικίνδυνα. Συμφωνεῖ μὲ τὸν ἀνδρεῖον μέν, ἀλλὰ ἁπλοῦν, Γ. Ὀλύμπιον καὶ τὸν Ι. Φαρμάκην δι' ἐνόρκων καὶ ἐγγράφων δεσμῶν τὴν ἐπανάστασίν των εἰς ἐποχὴν καὶ ἡμέραν προσδιωρισμένην (α). Ἐννοεῖται, ὅτι ἡ πρᾶξις αὐ-

---

(α) Ὁ Δικαῖος, θέλων, ὡς φαίνεται, νὰ ἐκδικηθῇ εἴτε διὰ τὴν περιορισθεῖσαν σημασίαν του μετὰ τὴν ἐμφάνισιν τοῦ Ἀναγνωστοπούλου ἕνεκα τῶν Ἐφοριῶν, εἴτε δυσηρεστημένος εἰς τοὺς ὀνειδισμοὺς (ὡς ἀνωτέρω εἴπομεν) περὶ τῆς προτέρας διαγωγῆς του, πείθει τοὺς Πολεμικοὺς αὐτοὺς εἰς τὸ ἀκόλουθον, ἂν καὶ τόσον ἀνόητον καὶ ὀλέθριον, σχέδιον : Ὁ μὲν Ὀλύμπιος νὰ κινηθῇ εἰς τὴν Βλαχο - Μολδαυΐαν· ὁ Φαρμάκης εἰς τὴν Ρούμελην· καὶ αὐτὸς εἰς τὴν Πελοπόννησον. Ἡ ἀνακάλυψις παρομοίας τρομερᾶς προδοσίας ἤθελεν εἶναι ἀδύνατος, ἐνῷ ὅλοι εἶχον ὁρκισθῆ ἐπὶ τοῦ Εὐαγγελίου, ἂν δὲν μετεχειρίζετο ὁ Ἀναγνωστόπουλος, τὸ ὁποῖον θέλομεν ἤδη ἐκθέσει σχέδιον.

Αὐτὸς βλέπει μετηλλαγμένον τὸν τρόπον τοῦ Δικαίου, ὡς πρὸς τὰ ὁποῖα ἐπεφορτίσθη νὰ ἐκτελέσῃ χρέη· παρατηρεῖ· μανθάνει τὴν νυχθημερινὴν συνομιλίαν του μὲ τοὺς

τη έφερε χαρακτήρα όλως διόλου είδικόν. Οί Αρχηγοί της Εταιρίας δέν είχον τήν παραμικράν ίδέαν. Άπορον δέ είναι, ποία μετεχειρίσθη μέτρα

Πολεμικούς αυτούς· υποπτεύεται καί δοκιμάζει τήν άνακάλυψιν, χωρίς νά τόν είπη τι.

Ό Δικαίος ήδη διωρίσθη καί μεταβαίνει είς έν έκτος τής πόλεως Μοναστήριον, διά νά ίδη δήθεν Ηγούμενόν τινα, άν ήναι άξιος αποδοχής. Ό Αναγνωστόπουλος προλαμβάνει αίφνιδίως τόν Όλύμπιον λέγων, ότι έλαβε διαταγήν της Αρχής νά τόν προβιβάση είς βαθμόν άνώτερον, τού όποίου είχε. Τόν δίδει νά άσπασθή τό ίερόν Εύαγγέλιον, καί λέγει· «Γενναίε Συμπολίτα! Οί Μεγάλοι Ίερείς τών Έλευσινίων πληροφορηθέντες περί τού ζήλου καί πατριωτισμού σου, μέ διέταξαν νά σέ προβιβάσω. Ό Βαθμός, τόν οποίον ήξίωσαν νά λάβης είναι τής Ανωτάτης Στρατιωτικής Τάξεως. Αλλά, πρίν κάμης τόν περί τούτου όρκον σου, είμαι διατεταγμένος νά σέ κάμω μερικάς έρωτήσεις. Πρέπει όμως νά όρκισθής πρώτον είς τήν Αγίαν Τριάδα καί είς τήν Πατρίδα, ότι θέλεις είπει τήν άλήθειαν».

Όρκίζεται καί έρωτάται· «Πώς εύρίσκεται μέ τήν Διοίκησιν, τήν όποίαν ύπηρετεί. Ποία είναι ή Στρατιωτική Δύναμις τού τόπου, καί άν σύγκειται άπό ξένους, ή έντοπίους. Αν ήναι εύχαριστημένος άπό αυτήν. Ποίον καιρόν έμβήκεν είς τήν Εταιρίαν καί ποίους έγνώρισεν ώς Συναδελφούς. Είς ποίον άπ' αύτούς λέγει τά μυστικά του· καί ποία είναι αύτά».

Αποκρίνεται ό Όλύμπιος· «Είμαι άνυπόμονος, έωσού άρχίση ή Δουλειά τής Πατρίδος. Ή ύπό τήν όδηγίαν μου έν ένεργεία Στρατιωτική Δύναμις, είναι ώς 300 Παλικάρια (Σέρβοι, Βούλγαροι καί Ρουμελιώται)· άλλ' είναι δυνατόν είς μίαν περίστασιν νά γίνωσιν έως 5,000. Είναι καί δύναμις τοπική οί Πανδούροι· πλήν αύτοί ήσυχάζουν. Εύχαριστούμαι νά ύπηρετήσω τήν Πατρίδα, λαμβάνων τόν μισθόν μου. Είς τήν Εταιρίαν είμαι μήνας έπτά καί γνωρίζω πολλούς Αδελφούς». Τέλος πάντων όμολογεί τά μετά τού Δικαίου μυστικά του, όπως ήκολούθη-

πειστικά ό Δικαίος προς ανθρώπους φρονούντας προσωπευομένην την Άρχήν άπό τά πλέον έξοχα Υποκείμενα.

Ή Συνωμοσία αΰτη άνεκαλύφθη καί οίκονομήθη· τό δέ όργανόν της ύπερασπίσθη (α) έκ μέρους τοϋ 'Αναγνωστοπούλου· καί, χωρίς νά γίνη θΰμα παράκαιρον της άνοησίας του, άπεκατέστη μετά ταΰτα ώφέλιμον είς τήν Πατρίδα.

Είναι δύσκολον τό νά περιγράψη τις κατ' άκρίβειαν τον χαρακτήρα αύτοϋ τοϋ άνθρώπου. Ό Δι-

---

σαν· όποιας είχε κάμει όμιλίας μέ τον Θεόδωρον Βλαδιμηρέσκον· καί παραδίδει είς τον 'Αναγνωστόπουλον τό Συμφωνητικόν έγγραφόν των.

Ταύτης της Συνωμοσίας άπόρροια ήτο τό ένοπλον καί καταπληκτικόν κίνημα τοΰ Βλαδιμηρέσκου, παρουσιασθέντος ώς Προστάτου τοΰ καταπιεζομένου Λαοΰ άπό τους "Αρχοντας καί τήν Έξουσίαν. Ό 'Ολύμπιος έκαμε μέ τούτον Συμφωνίαν τινά, άποβλέπουσαν τά τοπικά πράγματα, χωρίς νά τον ειπη τι περί 'Εταιρίας, ή περί Έλλάδος. Στοχαζόμεθα, ότι είναι αΰτη μυστήριος άκόμη είς πολλούς τών Διπλωματικών έκείνου τοΰ τόπου, ένώ δέν ήμπόρεσαν τότε νά έννοήσωσι τήν πηγήν τοΰ, περί ού ό λόγος, Κινήματος τοΰ Βλαδιμηρέσκου.

Ό 'Ολύμπιος ήτον όλιγόλογος, μετριοπαθής καί φρόνιμος. Πιστός είς τήν Πατρίδα του· σταθερός είς τήν φιλίαν του καί μέ πολλήν είλικρίνειαν. Ό δέ Θεόδωρος φιλόδοξος, πανούργος, έχων έπιτόπιον έπιρροήν, άλλά άκατάστατος καί άνίκανος είς τό νά χωνεύση τήν ύψηλήν ίδέαν περί τοΰ Πολέμου της Έλλάδος.

(α) Ό Λεβέντης καί άλλοι τινές έγνωμοδότησαν τον θάνατον τοΰ Δικαίου. 'Αλλ' ό 'Αναγνωστόπουλος άπήντησε τήν περίστασιν αύτήν, έχων προ όφθαλμών τάς έκδουλεύσεις τοΰ άνθρώπου καί τό ένεργητικόν του, καί προβλέπων, ότι θέλει είναι καί οΰτος ένας τών άνθρώπων της 'Επαναστάσεως.

καΐος ήτον αναστήματος στρατιωτικού. Είχε πολύ αντιληπτικόν πνεύμα. Άν και ήτον ανυπόμονος εις τάς σκέψεις του, δεν άπεμακρύνετο πολύ άπό τοΰ νά εμβατεύη με ταχύτητα εις τά αίτια, έχων μικρά διδόμενα. Ό νοΰς του περιεστρέφετο, εις δ,τι έγνώριζε. Άν έλάμβανεν έξωθεν αφορμάς, ύψοΰτο και έμεγαλύνετο. Ό,τι με δυσκολίαν ήμπόρει νά έπινοήση, τούτο ήδύνατο νά έκτελή με πολλήν εύκολίαν. Ή υπερβολή συνώδευε τάς πράξεις του, και ή αυθάδεια τά κινήματά του ένεκα μιας ακράτητου ορμής. Εις τήν μεταμέλειάν του διά τινα σφάλματα ωθούμενος υπό τής ιδίας έξεως, ύπέπιπτεν εις άλλην ύπερβολήν. Ήτον άνθρωπος μιας φιλοδοξίας, ήνωμένης με ματαιότητα, άπό τήν όποίαν συρόμενος έγίνετο ώς έπι τό πολύ άπιστος και αγνώμων. Σπανίως έκεντάτο άπό τό αίσθημα τής ευγνωμοσύνης (α).

Ό Δικαίος συναισθάνεται τό μέγα βάρος τοΰ εγκλήματος, τής όποιας διωργάνισε Συνωμοσίας. Μεταμελείται ακολουθών τήν κατά γράμμα έκτέλεσιν,

---

(α) Μολαταΰτα ό παράξενος ούτος άνθρωπος συνήργησεν έξαισίως εις τον σκοπόν τής Επαναστάσεως και πριν και μετέπειτα. Διεκρίθη εις τήν έποχήν, κατά τήν όποίαν ωδηγείτο άπό τον Άναγνωστόπουλον· διότι προχωρών εις Μητροπολίτας, Άρχοντας και άλλού, δπου ενεκρίνετο, έξήπλωσε πολύ τήν Έταιρίαν. Εις τάς αρχάς τοΰ πολέμου μετεχειρίσθη όλην τήν άποφασιστικήν δραστηριότητά του πολεμικώς, μολονότι έκλινεν εις τήν άρπαγήν και εις τάς ηδονάς. Ή τελευταία δι' αυτόν εποχή είναι εκείνη τοΰ θανάτου του, ότε έπολέμησε προς μέτωπον τον ύπερήφανον Ίμβραχήμην. ("Αλλοτε θέλομεν ομιλήσει κατά πλάτος περι τών πολεμικών έργων και τούτου.)

17

δσων έλάμβανεν όδηγιών, μέχρι της έποχης, καθ' ην ό Νέγρης, άναχωρών είς την Κωνσταντινούπολιν, ένταμώνεται μέ τούτον είς τό Βουκουρέστιον, καί έμφυτεύει είς την κεφαλήν του τάς μεγαλυτέρας ύποψίας περί τινων ύποκειμένων. Έκτοτε συλλογίζεται αύτός καί περιεργάζεται κατά την συνήθειάν του. Ό 'Αναγνωστόπουλος προσέχει είς τό νά μή κακοποιηθή ό άνθρωπος· θέλει μάλιστα νά τόν κερδίση διά τής συμμετοχής του είς τήν 'Αρχήν, τήν όποίαν φανερώνει καί πρός τούτον (τέλη 'Ιουλίου 1819).

Είς τήν έκλογήν του αύτήν δέν άπέτυχε. Ό Δικαίος έξ έκείνης τής έποχής δέν ύπέπεσεν, είμή είς ό,τι τόν έσυρε σφάλμα ό λυσσώδης ένθουσιασμός καί τό παράξενον όρμητικόν του. Ύπώπτευεν όμως τούς νέους ήδη Συναδελφούς του· καί άναχωρών είς την Κωνσταντινούπολιν, έφοδιάζεται μέ τήν άκόλουθον σύστασιν τού 'Αναγνωστοπούλου.

«Ό 'Αρχιμανδρίτης Γρηγόριος Δικαίος, γνωρίσας ήδη τούς Μεγάλους Ίερείς τών 'Ελευσινίων, συνιστάται ώς τοιούτος είς τήν εύνοιάν των, όπως έχη χώραν είς τά Συμβούλιά των».

Ένώ τά πράγματα τής Μολδαυο - Βλαχίας έλαβον τήν χρειώδη άρμονίαν ύπό τήν άμεσον διεύθυνσιν τού Συστήματος τών 'Εφόρων· ένώ τά πνεύματα τών περιέργων έξήντλουν όλην τήν δύναμίν των είς τάς έπαναληπτικάς άνακρίσεις τών δύο άντικειμένων τ ώ ν Έ φ ο ρ ι ώ ν κ α ί τ ή ς Σ χ ο λ ή ς, τό πάν έφαίνετο πλησιάζον είς τήν τελειότητά του διά τής κρινομένης ώριμότητος τής

Αποστολής του Ξάνθου. Μολονοτούτο εννέα μήνες είχον ήδη παρέλθει (α), και καμμία δέν ήκούετο πούποτε είδησις περί τούτου. Ό Άναγνωστόπουλος βιάζεται νά τρέξη είς άναζήτησίν του· άναχωρεϊ κατά τόν Σεπτέμβριον είς τό Γαλάτσι, και έκείθεν εμβαίνει κατά τόν Νοέμβριον είς τό πλησίον καθαρτήριον της Τομάροβας (Ρένι). Λαμβάνει ήδη Γράμμα του Ξάνθου άπό Μόσχαν, (β) διά τοΰ όποιου άπέδιδεν ούτος τήν άργοπορίαν του είς τήν Ελλειψιν εξόδων. Γράφει είς τήν Έφορίαν του Ίσμαηλίου. Ό Ξάνθος έφοδιάζεται καί πάλιν, καί περί τάς αρχάς Ιανουαρίου, 1820, φθάνει είς Πετρούπολιν. Παρουσιάζεται πρός τόν Καποδίστριαν, έκθέτων καί προφορικώς όλον τό σύστημα τής Εταιρίας, τούς Όργανιστάς, τόν πολλαπλασιασμόν καί τήν πρόοδόν της· άλλ' άποβάλλεται.

Ό Καποδίστριας, ένώ έθεώρει πάντοτε παράκαιρον τήν ύπαρξίν της, δέν ήδύνατο καί ώς Υπουργός ξένης Δυνάμεως νά άναδεχθή, τήν όποίαν προεσημειώσαμεν (γ) Πρόσκλησιν. Δέν είναι έτι έξω τοΰ προκειμένου, άν παρατηρήσωμεν, όπόσον συνήργησεν ακόμη είς τήν άποδοκιμασίαν ταύτης ή αποστολή του Καμαρηνού έκ

(α) Δηλονότι άπό τόν Δεκέμβριον τοΰ 1818 μέχρι τοΰ Αύγούστου του 1819.

(β) Είς τήν Μόσχαν ό Ξάνθος έσχετίσθη πολύ μέ τόν Α. Κομιζόπουλον καί άλλους, συμπαραλαβών ώς Μέλος τής Αρχής καί τόν μεγαλέμπορον Νικόλαον Παξιμάδην (Ιωαννίτην).

(γ) Έποχ. Γ'. Κεφ. Δ'.

μέρους τοῦ Π. Μαυρομιχάλου, καὶ πρὸ αὐτῆς ἡ Ἐπιστολὴ τοῦ Νέγρη (α).

Ὁ Ξάνθος εὑρίσκεται ἤδη ἐν τῷ μέσῳ τῆς μεγαλυτέρας ἀμηχανίας· ἀλλ' ἦτον ἀπολύτως ἀναγκαία ἡ παρουσίασις ἑνὸς σημαντικοῦ Ὑποκειμένου. Ἐγνώριζεν ἐκ φήμης τὴν Ὑψηλαντικὴν οἰκογένειαν καὶ ἐξαιρέτως τὸν διαπρέψαντα εἰς τὰ Στρατιωτικὰ Ἀλέξανδρον Ὑψηλάντην. Παρουσιάζεται πρὸς τοῦτον ἐκφραζόμενος τὰ περὶ τῆς ἀποστολῆς του. Ὁ Ὑψηλάντης δέχεται εὐχαρίστως τὴν περὶ τῆς Ἀρχηγίας πρότασιν, ὑπογράφει τὴν μνημονευθεῖσαν (β) Συνθήκην, ἀφιεροῦται ὅλως εἰς τὴν ὑπόθεσιν τῆς Πατρίδος του, καὶ ἀναγνωρίζεται (15 Ἰουνίου, 1820,) ΓΕΝΙΚΟΣ ΕΠΙΤΡΟΠΟΣ ΤΗΣ ΑΡΧΗΣ.

(α) Ζήτει Ἐποχ. Δ. Κεφ. Α'.
(β) Σελ. 223-224.
Τὰ ἔγγραφα ταῦτα εὑρίσκονται ἀκόμη εἰς τὸν Ξάνθον.
Σημειωτέον, ὅτι ἀπὸ τοὺς Ἀδελφοὺς Ὑψηλάντας πρῶτος κατηχήθη εἰς τὴν Ὀδησσὸν ὁ Νικόλαος, ἔπειτα ὁ Δημήτριος καὶ τρίτος ὁ Ἀλέξανδρος.

ΕΠΟΧΗ ΤΕΤΑΡΤΗ

Συμβάντα διάφορα καί ἐργασίαι τοῦ Ὑψηλάντου καὶ ἄλλων μέχρι τῆς ῥήξεως τοῦ Πολέμου εἰς τὴν Δακίαν καὶ τὴν Ἑλλάδα.

ΚΕΦΑΛΑΙΟΝ Α'.

Διαγωγὴ τοῦ Νέγρη καὶ Δικαίου εἰς Κωνσταντινούπολιν—Ἀποτελέσματα τῆς πρὸς τὸν Καποδίστριαν Ἐπιστολῆς τοῦ Νέγρη—Φυγὴ τοῦ Ἀναγνωστοπούλου εἰς τὴν Ἰταλίαν—Πράξεις καὶ χαρακτὴρ τοῦ Μητροπολίτου Ἰγνατίου—Ὁ Ὑψηλάντης εἰς τὸ Κισνόβι—Διαγωγὴ Π. Μαυρομιχάλου—Ἀποστολὴ καὶ δολοφονία τοῦ Καμαρηνοῦ.

Πρὶν ἢ ἀρχίσωμεν τὴν ἔκθεσιν τῶν ἐργασιῶν τοῦ Ὑψηλάντου, ὡς Ἀρχηγοῦ τοῦ μέλλοντος Ἐπιχειρήματος, θέλομεν ἀναφέρει ἄξια λόγου περιστατικά, ἕνεκα τῶν ὁποίων διεκινδύνευσεν ἡ Ἑταιρία τὸν μεγαλύτερον κίνδυνον.

Ὁ Θ. Νέγρης, ἀπραγμονῶν εἰς τὴν Κωνσταντινούπολιν, φροντίζει νὰ ἐπηρεάσῃ τὸ πνεῦμα τοῦ Δικαίου, καὶ νὰ λάβῃ μέρος ἐνεργητικὸν εἰς τὰ πράγματα τῆς Ἑταιρίας. Δὲν ἐπιτυγχάνει τοῦτο, καὶ παρασύρεται εἰς παραδρομὰς πολλάς, ἀφορώσας ὡσεπιτοπλεῖστον τὴν ἀνίχνευσιν τῆς Ἀρχῆς. Ὁ Δικαῖος, ἰσχυρὸς κατὰ τὴν ἐποχὴν αὐτήν, ἐπολεμεῖτο καὶ ἀντεπολέμει τοῦτον. Τελευταῖον μὴν ὑποφέρων τὰς πικρὰς συκοφαντίας του κατὰ τῶν Πρωτενεργων καί των κινημάτων της Εταιρίας, καί υποπτεύων πολύ πλέον λυπηροτέρας συνεπείας, αποφασίζει νά τον θανατώση. Ζητεί δέ δι' επίτηδες απεσταλμένου (του Δημητροπούλου) την γνώμην του μόνου ήδη οδηγού του πνεύματος του Αναγνωστοπούλου, καί προβάλλει συγχρόνως τήν ανάγκην του νά γίνωσιν Έγγραφά τινα ώς εκ μέρους της Αρχής πρός τούς Πελοποννησίους ή καί αλλού, εάν ή χρεία καλέση. Ό Αναγνωστόπουλος μένει σύμφωνος ώς πρός τό δεύτερον, επιφορτίζων τό έργον εις τούτον καί τόν Σέκερην ώς πρός τήν πρώτην όμως πρότασιν εναντιούται, απαντών

«... Δικαίε! Τό ξίφος, τό όποιον σύ απροσέκτως ετοιμάζεις διά τον Νέγρην, θέλει διαπεράσει εμέ μάλλον. Ή θέσις, εις τήν όποιαν προεχώρησας, πρέπει νά σέ χορηγήση τόν ευγενή ενθουσιασμόν του νά δειχθής ανώτερος των παθών σου. Βλέπε από της στιγμής αυτής τήν ιστορίαν της ζωής σου είς τό μέλλον. Δέν μένει κρυπτή καμμία πράξις. Κρύπτε μόνον είς τήν καρδίαν σου τήν γενναίαν εκδίκησιν τού νά μή μάθη ούτος, δ,τι προσπαθεί καί περί τού οποίου σέ ώμίλησα. Ιδού ό ακίνδυνος θάνατος! Ός τις μεταχειρίζεται τοιαύτα χαμερπή καί ανόσια μέσα, μιαίνει αυτούς τούς σκοπούς του, αποκαθίσταται ύποπτος καί μισητός, καί τρέχει επομένως τόν άφευκτον κίνδυνόν του. Ελπίζω, πώς θέλεις πεισθή είς τήν αλήθειαν αυτήν, χωρίς νά λυπήσης ένα, δς τις προσπαθεί ανενδότως διά τό λαμπρόν σου μέλλον».

Ό πονηρός ούτος άνθρωπος μεταμελείται, καί μάλιστα ενεργών τήν είς τό Σταυροδρόμιον συνέν-

ΑΝΔΡΕΑΣ ΖΑΙΜΗΣ

τευξίν του μὲ τὸν Νέγρην, δὲν διστάζει καὶ νὰ παρουσιάσῃ τὴν Ἐπιστολὴν τοῦ Ἀναγνωστοπούλου. Ὁ Νέγρης ἐκπεπληγμένος τὸν ἐρωτᾷ, ἂν ἦτον ἄξιος τοιαύτης καταδίκης· ὁ δὲ Δικαῖος ἀποκρίνεται· «Ἡ Ἐπιστολὴ αὕτη σώζει καὶ τοὺς δύο ἀπὸ ἕνα κίνδυνον».

Ὁ Νέγρης ὑποκρίνεται φιλίαν· ἀλλ' ἀνήσυχος πάντοτε, καὶ ὄχι ὀλιγώτερον ζηλότυπος εἰς τὸ νὰ ἀνακαλύψῃ ἄλλως τὰ περὶ τῆς Ἀρχῆς, καὶ νὰ ἔμβῃ, εἰ δυνατόν, εἰς ἀλληλογραφίαν μὲ τὸν Καποδίστριαν, διευθύνει πρὸς τοῦτον Ἐπιστολήν, τὴν ὑπόληψιν τῆς ὁποίας θέλει νὰ ὑποστήσῃ διὰ τῆς συνυπογραφῆς καὶ ἄλλων. Τὸ πνεῦμα τῶν περιεχομένων εἰς αὐτὴν ἦτο·

«Ὁ Ἀναγνωστόπουλος καὶ ὁ Ξάνθος καταγίνονται ὑπὸ τὸ ὄνομα τῆς Ρωσσίας καὶ τοῦ Καποδίστρια νὰ διεγείρωσιν ἐντὸς τῆς Τουρκίας μίαν ἐπανάστασιν. Ἡμεῖς ἀγνοοῦντες τὴν ἀληθῆ τῶν πραγμάτων κίνησιν, ἐνομίσαμεν χρέος μας ἀπαραίτητον τὸ νὰ εἰδοποιήσωμεν... διὰ νὰ γνωρίσωμεν τοὺς τρόπους, κατὰ τοὺς ὁποίους δυνάμεθα ν' ἀκολουθήσωμεν ἑπομένως...»

Ἡ Ἐπιστολὴ αὕτη παραπίπτει ἔκ τινος περιστάσεως εἰς τὰς χεῖρας τοῦ Αὐτοκράτορος Ἀλεξάνδρου. Ὁ Καποδίστριας ἤδη ἐρωτᾶται μετὰ σπουδῆς, καὶ δὲν ἀρνεῖται τὴν παντελῆ ἄγνοιάν του περὶ τῶν διαλαμβανομένων εἰς ταύτην. Ἡ ἄρνησίς του ἦτον εἰλικρινής· καθότι δὲν εἶχεν οὗτος τὴν παραμικρὰν μετοχὴν εἰς τὰ πράγματα τῆς Ἑταιρίας, οὐδὲ ἐγνώριζε τὰς μέχρις ἐκείνης τῆς ἐποχῆς ένεργείας της (α). Ήδη έπιφορτίζεται ό Πρέσβυς Στρογανώφ (β) πρώτον νά έπιπλήξη τήν Πόρταν ώς άμελοΰσαν είς τήν διασποράν νέων ταραχών έντός τής Έπικρατείας της· καί δεύτερον νά συμβουλεύση τούς ένεργούς τών τοιούτων νά παύσουν περιορισθέντες είς τά χρέη των. Τοιαΰτα έφερεν άποτελέσματα τοϋ Νέγρη ή περιφιλαυτία.

Ή Πόρτα έπολιτεύθη καί είς τήν περίστασιν αύτήν μέ τήν συνήθη άδράνειάν της. Ή Εταιρία δμως ύπώπτευσεν άποτελέσματα οίκτρά, καί έλαβε κάποια προφυλακτικά μέτρα. Ό Άναγνωστόπουλος συγχρόνως, εύρισκόμενος είς τό καθαρτήριον τοΰ Ρένι (γ), είδοποιεΐται δι' έπίτηδες πεζοϋ άπό τό Βουκουρέστιον τήν περίστασιν αύτήν, καί όδηγεΐται νά γίνη ἄφαντος χωρίς άναβολής στιγμιαίας, άλλάσσων καί τό όνομά του, Τόν προσβάλλει παρευθύς άπροσδόκητος κεραυνός. Βλέπει οΰτος άδύνατον τό νά ύπάρξη άγνώριστος είς τήν Ρωσσίαν (δ) καί άποφασίζει τήν

(α) Ή είς τήν Πετρούπολιν άφιξις τοΰ Καμαρηνοΰ είναι ύστερόχρονος.

(β) Τήν ίδίαν έλαβε διαταγήν καί ό Πίνιν, Γενικός Πρόξενος είς Δακίαν.

(γ) Ίδε Σελ. 253.

(δ) Μολονότι περιεμένετο είς τό Ίσμαήλι καί τήν Όδησσόν άπό τό πλήθος τών έκεΐ Προσηλύτων. Κατά τήν περίστασιν αύτήν δλοι είχον κατηχηθή έκτός τών δούλων. Μολοντοΰτο θέλων νά προλάβη, άν καί ματαίως, τάς έκ τής αίφνιδίου έλλείψεώς του ύποψίας τούτων, γράφει πρός τήν Έφορίαν τοΰ Ίσμαηλίου, δτι «άνωτέρα Προσταγή ύποχρεώνει προσωρινώς τήν άμεσον άπουσίαν του είς άλλο μέρος» κτλ.

εἰς Ἰταλίαν διεύθυνσίν του πρὸς τὸν Μητροπολίτην Ἰγνάτιον (α), ὅπου ἔφθασε περὶ τὰς ἀρχὰς Ἀπριλίου, 1820.

Πρὸς τοῦτον ἐξιστορεῖ ὅλην τὴν κατάστασιν τῆς Ἑταιρίας. Ὁ Ἰγνάτιος ἔδωσε προσοχὴν πολλήν,

---

(α) Εἶναι περίεργα τὰ συμβάντα τοῦ Ἀναγνωστοπούλου κατὰ τὴν περίστασιν αὐτήν, ὅτε ὁ Δούναβις δὲν διεπλέετο διὰ τὴν διάλυσιν τῶν πάγων. Βιαζόμενος οὗτος κινεῖ διὰ ξηρᾶς παρὰ τὴν ὄχθην τοῦ Ποταμοῦ (Δεκέμβριον τοῦ 1819), συνοδευόμενος ἀπὸ ἕνα Προσήλυτον Πλοίαρχον Κρῆτα καὶ πέντε ναύτας. Προχωρεῖ καὶ αἴφνης εὑρίσκεται ἐν τῷ μέσῳ μιᾶς θαλάσσης, χωρὶς νὰ διακρίνῃ πλέον τὸν κατ' εὐθεῖαν δρόμον, περιπλεχθεὶς ἐντὸς τῶν βάλτων καὶ τῶν καλαμίων. Ὁ Πλοίαρχος παρεκίνει τὴν ὀπισθοδρόμησίν των· ἀλλ' ὁ Ἀναγνωστόπουλος, ὠθούμενος ἀπὸ τὴν ἄγνωστον εἰς τοῦτον περίστασιν, τὸν ἐφιλοτίμει τὴν προόδευσίν των. Ἐντοσούτῳ τοὺς καταλαμβάνει τὸ σκότος τῆς νυκτὸς ἐν τῷ μέσῳ τῆς αὐξηθείσης πλημμύρας. Ὁ Πλοίαρχος ἤδη συλλογίζεται, ὅτι παρομοία ἐπιμονὴ εἶναι ἓν εἶδος ἀπελπισίας. Ἀλλ' αἴφνης φαίνεται ἓν φῶς· πλησιάζουν εἰς τοῦτο μετὰ πολλὴν ὥραν, καὶ εὑρίσκουν μίαν καλύβην Ῥώσσων ἁλιέων, οἱ ὁποῖοι τοὺς ἐδέχθησαν. Ἡ πλημμύρα ἐγίνετο τρομερωτέρα δι' ὅλης τῆς νυκτός. Τὰ περιφράγματα τῆς καλύβης δὲν ἀντεῖχον πλέον· αἱ φωτίαι ἐσβήνοντο· καὶ μέχρι πρωίας ἔμενον ὅλοι ὄρθιοι ἐντὸς τῶν ὑδάτων. Ἡ ἡμέρα διαδέχεται τὴν νύκτα, τὰ ὕδατα παλινδρομοῦν, καὶ ὁ Ἀναγνωστόπουλος ἀκολουθεῖ τὴν ὁδοιπορίαν του μὲ βίαν. Δὲν ἔχουν ὅμως ὅλοι τὰς δυνάμεις τῆς πρώτης ἡμέρας διὰ νὰ ἀνθέξωσιν εἰς τοὺς ἡμιπηγμένους βάλτους. Συλλογίζονται νὰ ἐπανέλθωσιν εἰς τὴν καλύβην, καὶ νὰ ζητήσωσι συνδρομὴν ὁδηγίας. Ἀλλ' ἤδη φαίνεται ἓν πλοιάριον, διωρισμένον εἰς ἀναζήτησιν τοῦ Ἀναγνωστοπούλου παρὰ τοῦ Δ. Θέμελη. Διὰ τούτου σώζονται ἡμιθανεῖς εἰς τὸ Γαλάτσι, ὅθεν ὁ Ἀναγνωστόπουλος μετέβη εἰς τὸ Βουκουρέστι, λαβὼν συνέντευξιν μυστικὴν μετὰ τοῦ Λεβέντη, καὶ ἐκεῖθεν ἀνεχώρησεν εἰς τὴν Ἰταλίαν.

ἐπήνεσεν εἰλικρινῶς τὸν στοχασμὸν καὶ τοὺς κόπους της, ἤθελε νὰ τεθῇ εἰς θέσιν ἐνεργητικήν· ἀλλ' ἡ ἀποτυχία τοῦ Ξάνθου ὡς ἐκ μέρους τοῦ Καποδίστρια καὶ ἡ ἀτυχὴς ἀναβολὴ ἑνὸς Ρωσσικοῦ Πολέμου μὲ τὴν Πόρταν διέκοπτον τὴν τοιαύτην προθυμίαν του. Ἤθελε νὰ ἴδῃ σύμφωνον τὴν γνώμην τοῦ Καποδίστρια, τὸν ὁποῖον ἐτίμα παραπολύ· καὶ ἀπεφάσισε νὰ τὸν γράψῃ περὶ τῆς ἀποστολῆς τοῦ Ξάνθου. Ἐπυρώθη τελευταῖον εἰς τόσον βαθμόν, ἅμα ἐπληροφορήθη τὰ περὶ τῆς Ἀρχῆς (α), ὥστε ἔγραψε καὶ πρὸς τὸν Ἀλῆ Πασσᾶν, διὰ νὰ δεχθῇ οὗτος τὸν Χριστιανισμόν, ἂν θέλῃ νὰ στήσῃ τὴν σημαίαν του ἐπὶ τῶν Φρουρίων τῆς Κωνσταντινουπόλεως.

Ὁ Ἰγνάτιος, καθ' ὅσας ἐλάβομεν πληροφορίας, ἦτον ἄνθρωπος μεγαλοπρεπὴς καὶ φιλόδοξος. Ἤξευρε νὰ μεταχειρίζηται καλῶς, ὅσον εἶχε νοῦν. Διὰ νὰ φυλάττῃ δὲ τὴν περὶ τούτου ὑψηλὴν ἰδέαν τῶν ἄλλων, δὲν ἀφίνετο εἰς ἐκτεταμένας ὁμιλίας καὶ ἀνακαλύψεις πραγμάτων. Ἠγάπα τὴν Ἑλλάδα, τὸν πνευματώδη καὶ μὲ ἠθικὴν Ἕλληνα, ἐνῷ κατεφρόνει τὸν ἀμβλύνουν καὶ ἀπολίτευτον.

Ἐκ παρακινήσεως τοῦ Ἰγνατίου διέμεινεν ὁ Ἀναγνωστόπουλος εἰς τὴν Πίσαν μέχρι τοῦ Σεπτεμ-

---

(α) Ἐκ μέρους τοῦ Ἀναγνωστοπούλου.

Ὁ Τσακάλωφ κατὰ τὴν διατριβήν του εἰς τὴν Ἰταλίαν, παρέλαβε Μέλος τῆς Ἀρχῆς τὸν Ἀλέξανδρον Μαυροκορδάτον, εὑρισκόμενον καὶ αὐτὸν εἰς τὴν Πίσαν. Εἰς τὴν περίστασιν ταύτην ἐπρότεινεν ὁ Μαυροκορδάτος γενικὴν μεταρρύθμισιν τῆς Ἑταιρίας· ἀλλὰ δὲν ἐστάθη δεκτὴ ἡ πρότασίς του.

βρίου του 1820, δτε ειδοποιήθη πρώτον διά του εις Κωνσταντινούπολιν Δικαίου, δτι ό Μονόχειρ (α) άνέλαβε την ύπόθεσιν, περί της οποίας εστάλη ό Ξάνθος. Ή είδησις αΰτη έγνωστοποιήθη προς τον Ίγνάτιον και Μαυροκορδάτον.

Όλιγώτερον τρομερά ώς προς την Έταιρίαν περίστασις δεν εστάθη και εκείνη του Π. Μαυρομιχάλου, ένεχομένου εις την ίδίαν και του Θ. Νέγρη. Καθ' δν καιρόν ό 'Αναγνωστόπουλος και Τσακάλωφ εύρίσκοντο εις Κωνσταντινούπολιν, είχον άλληλογραφίαν στενήν μέ τούτον, δστις προσφέρων εις την Πατρίδα τάς έκδουλεύσεις του και εκείνας της Μάνης δλης διά του 'Αφιερωτικού Γράμματός του, έπρότεινεν άπ' ευθείας την άνάγκην του νά προκαταβάλη ή 'Αρχή (β) εις την διάθεσίν του μίαν ποσότητα χρηματικήν 1,000,000 γροσίων διά μισθώσεις στρατιωτών καί πολεμοφόδια. Αύτοί διεπολιτεύοντο μέχρι τινός την πρότασιν αυτήν (γ)· άλλ', άμα άνεχώρησαν άπό Κωνσταντινούπολιν, ό Νέγρης, γνωρισθείς ώς συναδελφός μέ τους ομήρους υιούς του, έμψυχώνει εις τό πνεύμα τούτων την πρότασιν τοΰ Πατρός

(α) Δέν ήμπόρουν νά έννοήση κανείς, τίς ήτον ό Μονόχειρ. Τοιούτος (καί κοινότερον Κουλοχέρης) παρωνομάσθη ό Υψηλάντης διά την στέρησιν της δεξιάς χειρός του εις μίαν μάχην.

(β) Έννοείται, δτι, καθώς καί άλλοι, καί ό Μαυρομιχάλης έστοχάζετο ώς 'Αρχήν τόν Καποδίστριαν, καί συμπέρανεν έκ τούτου δυνατήν την ένέργειαν της προτάσεώς του.

(γ) Μολονότι ή Εταιρία, έχουσα την άνάγκην τοιούτου υποκειμένου διά τούς οπλοφόρους της Μάνης, έβιάσθη νά τόν έμβάση διά δανείου υπέρ τάς 50.000 γροσίων.

των, καί τούς φρονηματίζει πλαγίως, δτι ό πατήρ των έδύνατο νά κάμη 'Αποστολήν τινα πρός τόν Καποδίστριαν, ζητῶν τήν, περί ἧς ὁ λόγος, ποσότητα καί όδηγίας(α).

Ἡ περίστασις αὕτη γνωρίζεται είς πολλούς. Ἕν σημαντικόν Μέλος τῶν Πατρῶν θέλει νά διασκεδάσῃ τήν ίδέαν αὐτήν, καί νά περιορίσῃ τόν Μαυρομιχάλην ἁπλῶς είς τό πνεῦμα τοῦ μέλλοντος Πολέμου. Ὁ Μαυρομιχάλης ἀπαντᾷ (11 Ιουλίου, 1819) προβάλλων τήν ἀνάγκην τοῦ νά γνωρισθῇ ἡ 'Αρχή είς τήν Πελοπόννησον «διά τήν γενικήν καί μερικήν ἀσφάλειαν». Μεμφόμενος ἐνταυτῷ τήν πολιτείαν τοῦ Περραιβοῦ καί τοῦ Τσακάλωφ διά τάς ψευδεῖς παραστάσεις των καί τόν πολλαπλασιασμόν τοῦ Μυστηρίου, έζήτει κατ' ἐπανάληψιν συνδρομήν χρηματικήν διά μελλούσας προπαρασκευάς, καί ἐπροσκάλει Συνέλευσιν είκοσαμελῆ έκ τῶν Προκριτωτέρων τῆς Πελοποννήσου είς τάς Κυτριάς (τήν Καθέδραν του), διά νά σκεφθῇ μέ ταύτην περί τῶν πρακτέων. Οἱ έν Πάτραις θεωροῦσιν ἤδη τήν χρείαν τοῦ νά άναφερθῶσι πρός τήν Άρχήν μέ μόνον καί πάλιν τό σκοπόν τοῦ νά έξαγοράσωσι καιρόν τινα, προβλέποντες, ὡς φαίνεται, τά άτοπήματα, ὅσα ἐδύνατο νά έπιφέρῃ μία ένεργουμένη άπ' εὐθείας παρά τοῦ Μαυρομιχάλου άποστολή. Είδοποιοῦσι δέ τοῦτον (11 Αὐγούστου,1819),

---

(α) Μέ τήν λέξιν Ὀδηγίας ὑπαινίττετο ὁ πονηρός Νέγρης τόν Καποδίστριαν ὡς Άρχηγόν, σπεύδων καί δι' αὐτῆς τῆς εὐκαιρίας νά άνακαλύψη τήν άληθή πηγήν τῆς Ἐταιρίας, ὅπως τήν έφαντάζετο.

νά έτοιμάση τά πρός τήν 'Αρχήν Γράμματά του, καί νά άποστείλη πρός αύτούς ένα τών πιστοτέρων του, διά νά τόν έφοδιάσωσιν έκεϊθεν μέ έγγραφα δλης τής Πελοποννησιακής 'Αδελφότητος. 'Αλλ' ό Μαυρομιχάλης, έμψυχωμένος μάλλον άπό τούς υίούς του, διακοινώσαντας εύθύς τάς ύπαγορεύσεις τοϋ Νέγρη, είχεν ήδη άποστείλει τόν Καμαρηνόν Κ. Κυριακόν, γράφων πρός τόν Καποδίστριαν τό πνεύμα τής άλληλογραφίας του μέ τούς είς Κωνσταντινούπολιν, τήν πολιτικήν άπάτην τούτων καί τήν άνάγκην, άπό τήν όποίαν ύπεχρεώθη νά άποφασίση παρομοίαν 'Αποστολήν πρός έκεϊνον, τόν όποϊον έφρόνει 'Αρχηγόν τής 'Επιχειρήσεως (α). 'Εντεύθεν άπεκρίθη πρός τούς είς Πάτρας Φιλικούς (β).

(α) 'Επιφέρομεν, δ,τι έγραφε πρός τούς είς Κωνσταντινούπολιν τόν Σέκερην καί Δικαίον (16 Δεκεμβρίου, 1819)·
«... Είδον Γράμμα σας πρός τόν έδώ 'Αναγνώστην... 'Από τούτο πληροφορηθείς διά τό άλλο... έκρότησα συνέλευσιν τών έδώ Πρωτίστων, ώμίλησα, δσα έχρειάζοντο, καί όμοφώνως έδωσαν δλοι δεήσεις πρός τόν Θεόν διά τούς αίτίους τής τοιαύτης εύτυχίας των. Στέλλω λοιπόν είς Κωνσταντινούπολιν έπιταυτού τόν... Καμαρηνόν, διά νά έξαποστείλη τά Γράμματά μου πρός τόν 'Ανήκοντα, καί νά σταθή, έωσοϋ λάβετε 'Απόκρισιν. Παρακαλεϊσθε δέ καί μερικώς καί γενικώς, διά νά γενήτε συνδρομηταί τής αίτήσεώς μας, ώστε νά ίδωμεν κ' έδώ άπηνθισμένην τήν πάλαι κατοικίαν τής άνδρείας».
'Α ν ή κ ω ν έννοείτο ό Καποδίστριας.
Κανείς δέν άμφιβάλλει, δτι τό πνεύμα τής 'Αποστολής αύτής ήτο διπλούν : ή περί 'Αρχής έξέτασις καί ή χρηματολογία ύπό τό πρόσχημα συστάσεως Σχολείου.

(β) Πρό τούτου δέ τού γράμματός του ύπάρχει άλλο

«...Τὰ πρὸς τὴν Ἀρχὴν Γράμματα παρ' ἐμοῦ καὶ παρὰ τῆς Πατρίδος μου πρὸ καιροῦ ἐπίτηδες ἐξαπέστειλα μὲ τὸν ἐμπιστευμένον μου Κ. Καμαρηνὸν Κ. Κυριακόν, ὅστις καὶ τὰ ἐπαράδωσε τῷ ἐν Κωνσταντινουπόλει Κ. Παναγιώτῃ Σέκερῃ, διὰ νὰ τὰ ἐξαποστείλῃ ἀσφαλῶς, καὶ μέχρι τοῦδε μὴ λαβὼν ἀπόκρισιν, μέλλει νὰ ἐκκινηθῇ διὰ παρεμπρὸς ὁ εἰρημένος Καμαρηνός, καὶ διὰ νὰ ἐγχειρήσῃ τὰ

πρὸς τοὺς ἰδίους, διαλαμβάνον· «... Κατ' αὐτὰς ἔλαβον Μπουγιουρδὶ καὶ γούνα παρὰ τοῦ νέου Καπετὰν Πασσᾶ, ἐπικυρωτικὰ τοῦ Μπεϊλικιοῦ μου, καὶ ἐκεῖθεν μένομεν ἀσφαλεῖς, καθὼς καὶ ὁ Υἱός μας μετὰ τοῦ Πατριάρχου καὶ λοιπῶν φίλων, Ρωμαῖοι καὶ Τοῦρκοι βεβαιοῦν τὴν ἀσφαλῆ Ἡγεμονίαν μας. Μολοντοῦτο ἠξεύροντας τὸ ἀκατάστατον τῆς Ὀθωμανικῆς Αὐλῆς, δὲν λείπω νὰ προβλέπω κάθε ἀναγκαῖον πρὸς ἀπάντησιν τῶν κατ' ἐμοῦ ἐναντίων καὶ ἐχθρικῶν κινημάτων. Διὰ τοῦτο καὶ σᾶς ἐπαρήγγειλα μέσον τοῦ Διερμηνευτοῦ σας..., ὁποῦ, ἐὰν ἦναι δυνατόν, νὰ προβλέψετε μερικὴν ποσότητα χρημάτων· ὁποῦ ἐξεναντίας ἐὰν ἤθελε μᾶς ἀκολουθήσει κανένα ἔξαφνον ἐναντίον, νὰ ἔχωμεν τρόπον πρὸς οἰκονομίαν τῶν ἀναγκαίων, διὰ νὰ μεταχειρισθῶμεν τὴν πρέπουσαν ἀντίστασιν...

Ἡ τωρινὴ μεγάλη ἀνάγκη μου εἶναι νὰ μετρήσω γρόσια εἰς Βασιλεύουσαν διὰ τὴν γούνα καὶ ἰπκά, καὶ χωρὶς τούτων κινδυνεύω. Ἐγώ, μάρτυς ἐστὶν ὁ Κύριος, ὑστεροῦμαι διόλου ἀπὸ μετρητά· καὶ ἐξ ὧν ταύτης τῆς ἀνάγκης στενοχωροῦμαι καὶ διὰ τὴν κυβέρνησιν τῶν 20 Ἀδελφῶν, ὁποῦ μέλλωσι νὰ ἔλθουν, καθὼς καὶ διὰ τὴν οἰκονομίαν τῶν ἀναγκαίων τοῦ Πολέμου· ὁποῦ, ἂν συμβῇ κανένα ἔξαφνον ἐναντίον, ὄντες προητοιμασμένοι, νὰ ἀντισταθῶμεν γενναίως, καὶ ν' ἀποδειχθῶμεν ὡς τοὺς παλαιοὺς Ἥρωας τῆς Σπάρτης...»

(Οἱ ἀναφερόμενοι 20 Ἀ δ ε λ φ ο ί, εἶναι ὁ Ὑψηλάντης καὶ ἡ συνοδία του, οἵτινες ἔμελλον νὰ καταβῶσιν εἰς τὴν Πελοπόννησον. Ζήτει Ἐποχ, Δ΄, Κεφ. Δ΄).

τῆς αἰτουμένης μας Σχολῆς γράμματα... εἰς τὸν κοινὸν ἡμῶν προστάτην Κ. Κ., καὶ διὰ νὰ ἀναφέρῃ διὰ ζώσης τὰ ἀναγκαῖα, ἅτινα καὶ ἐγράψαμεν προλαβόντως εἰς τὴν Ἀρχήν. Διὰ τοῦτο παρακαλῶ καὶ τὴν Ε... νὰ γράψετε ἐπιπόνου, συστένοντες αὐτὸν εἰς τὸν κοινὸν ἡμῶν Προστάτην, ὁποῦ διὰ συνδρομῆς καὶ προστασίας του νὰ λάβουν τὴν τελείαν τους ἔκβασιν. Δὲν ἔλειψε καὶ ὁ Κ. Περραιβὸς νὰ γράψῃ πρὸς τὴν Ἀρχήν, οὐ μόνον συμφώνως τῶν προγεγραμμένων μας, ἀλλὰ ἐπρόσθεσε καὶ ἄλλα πλείονα χρειώδη καὶ ὠφέλιμα, παραστένοντας ἐν τούτοις καὶ τὰ ὅσα εἶδε καὶ ἐκατάλαβεν ἐπάνω εἰς τὴν πατρίδα μας καὶ τὰ ὅσα ἀνήκουν διὰ τὴν ἀσφάλειαν...».

Ἡ εἰς τὴν Κωνσταντινούπολιν παρουσία τοῦ Καμαρηνοῦ, ἀνθρώπου ἀνοήτου μᾶλλον ἢ κακοῦ, ἐγέννησε σημαντικὴν σύγχυσιν. Αὐτὴν ηὔξανεν ἔτι πλέον ἡ ἐντάμωσις τούτου μὲ τὸν Νέγρην, ὅστις τοῦ ἐπότισε τὰς πικροτέρας συκοφαντίας κατὰ τῶν Δημιουργῶν τῆς Ἑταιρίας καὶ περισσότερον κατὰ τοῦ Ἀναγνωστοπούλου, ἐκδικούμενος τὰ συμβάντα τοῦ Ἰασίου (α). Δὲν ἀμφίβαλλε κανείς, ὁπόσον ἤθελε δυσαρεστήσει τὸν Καποδίστριαν ἡ περίστασις αὐτή, καὶ ποῖον ἤθελεν ἐπιφέρει ἀποτέλεσμα εἰς τὸ πνεῦμα τοῦ Μαυρομιχάλου.

Ἐντοσούτῳ ἐφωδιασμένος ὁ Καμαρηνὸς μὲ τὰς πλέον κακὰς ἰδέας, διευθύνεται εἰς τὴν Πετρούπολιν, ὅπου προλαμβάνει τὸ πνεῦμα τοῦ Καποδίστρια διὰ τῶν ἐξηγήσεών του. Τοῦτο ἀποδεικνύε-

---

(α) Ἴδε Σελ. 240 - 244.

ται άπό τήν μετέπειτα παρουσίασιν τοϋ Ξάνθου (α).

Ενεργείται έντοσούτω σημαντική συνεισφορά περί συστάσεως Γυμνασίου εις τήν Μάνην, τό μεγαλύτερον μέρος τής όποιας καταδαπανά ό Καμαρηνός εις μάτην, προχωρήσας καί είς τήν ίδέαν τοϋ νά καταστήση είς τόν εαυτόν του κέντρον ξεχωριστόν παρ' έκεΐνο τών 'Αρχηγών τής Εταιρίας. Μέ τόν σκοπόν τούτον κατασκευάζει καί σφραγίδα ίδίαν. Λαμβάνει τέλος πάντων τάς άπαντήσεις τοϋ Καποδίστρια πρός τόν Μαυρομιχάλην, τό πνεϋμα τών όποιων ήτο, καθ' άς έχομεν πληροφορίας βασιμωτέρας·

«... Έχει χρέος ιερόν τό νά άγαπά τις τήν Πατρίδα του, καί νά προσπαθή είς τήν ώφέλειάν της· άλλ', έάν δέν βαδίζη καί δρόμον κατάλληλον, είναι άχρησίμευτος πάσα προσπάθεια. Καί γνώσιν έχεις νά διακρίνης τόν δρόμον τούτον, καί είσαι είς θέσιν τοϋ νά διαπρέψης ό ώφελιμώτερος μεταξύ τών άλλων. Περί τών άνθρώπων καί τών ένεργειών, τών όποιων μέ γράφεις, δέν ήμπόρουν νά έχω ούδεμίαν ίδέαν. Καμμίαν έπομένως δέν δύναμαι νά κάμω κρίσιν. Παρατηρείς τήν ύπάρχουσαν ήσυχίαν, καί δέν είναι καλόν ν' άφίνεσαι είς ύποσχέσεις άβεβαίων πραγμάτων. Ό καιρός θέλει δείξει τήν άλήθειαν· άλλ' είναι άνάγκη μιάς έξιδιασμένης προσοχής...» Τά λοιπά άφίνοντο είς τήν προφορικήν παράστασιν τοϋ Καμαρηνοϋ.

Τά άναφερόμενα περί τής 'Απαντήσεως τοϋ Καποδίστρια έβεβαιοϋντο, άπ' δσας ό Καμαρηνός έξέ-

---

(α) Ίδε σελ. 253.

μεττε κατηγορίας, έξερχόμενος της Ρωσσικής Ἐπικρατείας, κατὰ τῆς Ἑταιρίας, τοῦ Ὑψηλάντου καὶ τοῦ μέλλοντος κινήματός του. «Ὁ Ὑψηλάντης (ἐκήρυττε), θέλει θυσιάσει τὸ Ἔθνος. Ἡμεῖς ἐδέχθημεν τὴν Ἑταιρίαν, ὡς ἔργον τοῦ Καποδίστρια ἐπληροφορήθημεν ὅμως, ὅτι δὲν ἔχει οὗτος τὴν παραμικρὰν ἰδέαν, μήτε ἐγκρίνει παρόμοια κινήματα. Στοχάζεται ὁ Ὑψηλάντης, πῶς θέλομεν τὸν ἀκούσει; Ἂς ἔλθῃ εἰς τὴν Πελοπόννησον. Ἰδοὺ ἀπόδειξις τῶν λόγων μου (δεικνύων τὴν πρὸς τὸν Μαυρομιχάλην Ἀπάντησιν τοῦ Καποδίστρια)! Πῶς δύναται νὰ ἀνθέξῃ τὸ Ἔθνος χωρὶς τῆς προηγουμένης κινήσεως ἑνὸς Ρωσσικοῦ Πολέμου;» κτλ.

Ἡ τοιαύτη ἀπρόσεκτος διαγωγὴ τοῦ Καμαρηνοῦ τρομάζει τὸν Ὑψηλάντην. Ζητεῖται αὐτὸς νὰ παραδώσῃ τὰ πρὸς τὸν Μαυρομιχάλην Γράμματα, ὡς δυνάμενα νὰ φέρωσι γενικὴν μεταβολὴν τῶν πνευμάτων· ἐναντιοῦται ὅμως· ὁ δὲ Ὑψηλάντης ἀποστέλλει μὲ πολλὴν βίαν καὶ τὸν θανατώνει εἰς τὸν Δούναβιν, κατὰ τὰ τέλη τοῦ Ὀκτωβρίου, 1820, διατάττων τὴν ἐξαίρετον φροντίδα περὶ τῶν γραμμάτων του.

ΚΕΦΑΛΑΙΟΝ Β'.

Χαρακτήρ τοῦ Α. Ὑψηλάντου — Ραδιουργίαι τοῦ Ἰασίου—Διαγωγὴ τοῦ Ὑψηλάντου καὶ δυσαρέσκειαι — Σκέψεις, ἀφορῶσαι τὴν διαρρύθμισιν τῆς διαγωγῆς τοῦ Ὑψηλάντου ὡς πρὸς τὸ μέλλον Κίνημα — Διαβολαὶ κατὰ τοῦ Ἀναγνωστοπούλου, καὶ συνδιαλέξεις τούτου μετὰ τοῦ Ὑψηλάντου — Ἐξέτασις περὶ τῆς πολιτικῆς διαγωγῆς τοῦ Αὐτοκράτορος Ἀλεξάνδρου καὶ τοῦ Ὑπουργοῦ του Καποδίστρια ὡς πρὸς τὴν Ἐπιχείρησιν τοῦ Ὑψηλάντου.

Ἡ ἀναγόρευσις τοῦ Α. Ὑψηλάντου ἔδωσε νέαν μορφὴν καὶ ψυχὴν εἰς τὰ πράγματα τῆς Ἑταιρίας. Συνέτρεχον εἰς τοῦτο ἡ λαμπρότης τῆς οἰκογενείας, ἡ διαγωγὴ τοῦ πάππου του Ἀλεξάνδρου καὶ τελευταῖον τοῦ πατρός του Κωνσταντίνου εἰς τὰ 1806, ἡ Στρατηγικὴ θέσις του εἰς τὴν Ρωσσίαν καὶ ἡ φημιζομένη εὔνοια, τὴν ὁποίαν ἔχαιρεν εἰς τὸ πνεῦμα τοῦ Αὐτοκράτορος Ἀλεξάνδρου. Αὐτὴ προσέτι ἡ περίστασις ἀπετέλει ὡς ὑπαρκτὴν τὴν Ἀρχὴν τῆς Ἑταιρίας, ὁποίαν τὴν ἐφαντάζοντο διάφοροι.

Ὁ Ὑψηλάντης, μακρυνόμενος εὐφήμως ἀπὸ τὴν ὑπηρεσίαν ξένου Ἔθνους, ὑπηρετεῖ πλέον τὴν δόξαν τῆς Πατρίδος του καὶ τὴν ἰδικήν του. Φέρει οὗτος τὸ πρῶτον ἱστορικὸν Ὄνομα τῆς Ἑλληνικῆς Ἐπαναστάσεως. Τὸ λογικόν του δὲν περιεστρέφετο ὡσεπιτοπλεῖστον, εἰμὴ εἰς τὰ Στρατιωτικά, εἰς τὰ ὁποῖα ἔδειξε τὴν πρώτην του κλίσιν. Εἶχε ψυχὴν ἀγαθὴν καὶ γενναίαν, ἀλλὰ νοῦν μέτριον : καὶ μ' ἄλλους λόγους ὀξὺν ἐν μέρει, ἀλλ' ὄχι ὥριμον. Μεγαλόδωρος καί παρρησιαστικός έπροσβάλλετο άπό τήν έπάρατον κολακείαν ένεκα τής ανατροφής, ή όποία δίδεται είς τάς οίκίας τών Πριγκίπων. Ήτον ώσεπιτοπλείστον κριτής έπιπόλαιος τών αντικειμένων είς τρόπον, ώστε έφαίνετο ατολμότερος είς τήν κρίσιν καί όχι είς τήν έκτέλεσίν των. Θέλομεν δέ ίδει, ότι τό όνομά του θέλει διαιωνίζεται όχι τόσον έκ τών πράξεών του, άλλ' έκ τής περιστάσεως, είς τήν όποίαν εύρέθη. Τιμώνται πάντοτε οί θεμελιωταί 'Αρχηγοί τής 'Ελευθερίας ένός Έθνους. Είς τήν ιδίαν ύπάγονται κατηγορίαν, καί όσοι άλλοι έλαβον θέσιν έξαιρετικήν είς τόν Πόλεμον. Ή Ελλάς δύναται νά παρουσιάση είς τό μέλλον αξιωτέρους πολλούς Πολεμικούς, όχι όμως καί λαμπροτέρους.

Ήδη ό 'Υψηλάντης, αναχωρήσας δι' άδείας άπό τήν Πετρούπολιν, διά νά κάμη τά λουτρά είς ξένους τόπους, ήλθεν είς Δουμπασάρι, όθεν ό μέν Ξάνθος άπεστάλη είς Βουκουρέστιον περί τάς άρχάς Σεπτεμβρίου φέρων διαταγάς πρός τούς έκεί Έφόρους καί άλλους Έταίρους· ό δέ 'Υψηλάντης κατέβη είς Κισνόβι, όπου έπροσκάλει τά πρωτενεργά 'Υποκείμενα τής 'Εταιρίας, διά νά σπεύσωσι νά τόν περιστοιχίσουν. Κατά συνέπειαν ταύτου κινούσιν ό 'Αναγνωστόπουλος καί Τσακάλωφ μέχρι τής Βιέννης (α), όπου ό δεύτερος έμεινεν ασθενή-

(α) Έκεί εύρον τούς μέ πολλήν παιδείαν καί φιλογένειαν 'Αδελφούς Καπετανάκιδας, μέ τούς όποίους συνωμίλησαν πολλά περί τής προκειμένης ύποθέσεως τού Πολέμου. Είς τό Σιμπίνι τής Τρανσυλβανίας έλαβεν ό 'Αναγνωστόπουλος συνέντευξιν ίδιαιτέραν μέ τόν Α. Χρηστόπουλον καί τόν

σας, ό δὲ πρῶτος ἠκολούθησε τὴν διεύθυνσίν του εἰς τὸ Βουκουρέστιον, καὶ ἐκεῖ ἔλαβε τὴν πολλὰ ἐπαινετικὴν Πρόσκλησιν τοῦ Ὑψηλάντου.

Ἀπ' ὅσα θέλομεν ἐκθέσει ἤδη, φαίνεται, ὅτι ἡ ραδιουργία, τυφλὴ ὡς πρὸς τὸ δημόσιον καλὸν καὶ πάντοτε ἐπίβουλος τῆς δόξης τῶν Δυνατῶν τῆς ἐποχῆς, ὑπηγόρευσε τὸν χαρακτῆρα τῆς διαγωγῆς τοῦ Ὑψηλάντου, ὁποία ἐξηγήθη.

Εὑρίσκοντο εἰς τὸ Ἰάσιον Ὑποκείμενά τινα, καταγινόμενα ἀνενδότως εἰς τὴν περίστασιν αὐτήν, διὰ νὰ προετοιμάσωσι μέλλον εὐτυχὲς εἰς τὸν ἑαυτόν των. Δὲν ἔκρινον τελείως, ὁποῖα ἠμπόρουν νὰ προέλθωσιν ἀτοπήματα ἀπὸ τὰ ἀσυλλόγιστα κινήματά των. Αὐτὰ ἐζωγράφιζον πρὸς τὸν Ὑψηλάντην πολλὰ διαφορετικὴν τὴν κατάστασιν τῶν πραγμάτων. Καὶ Στρατεύματα, ἔγραφον, καὶ χρήματα, καὶ πᾶν ἄλλο εἶναι ἕτοιμα· ἀπαιτεῖται μόνον ἡ ὁσονούπω παρουσία του. Ἐγνωμοδότουν δὲ τὸ νὰ διορισθῶσι προηγουμένως Χιλιαρχίαι τινὲς εἰς Ὑποκείμενα τῆς ἐκλογῆς των. Ὁ Ὑψηλάντης πείθεται καὶ ἀκολουθεῖ κατὰ γράμμα τὰς εἰσηγήσεις τούτων.

Ἐντεῦθεν ἐγεννήθη μεταξὺ τῶν Προσηλύτων ἡ τρομερὰ πυργοποιΐα τῆς Βλαχο - Μολδαυΐας εἰς τὴν ἐποχὴν ἐκείνην. Οἱ Ἀρχηγοὶ τῆς Ἐταιρίας, ἀγνοοῦντες ὅ,τι ἐτεκταίνετο ἡ στάσις τοῦ Ἰασίου, ἐνόμιζον, ὅτι ἡ ρῆξις τοῦ Πολέμου θέλει παραταθῆ διά τινα καιρόν· ἀλλ' ἐκ τοῦ ἐναντίου τὴν

Ἰατρὸν Βρετόν. Ὁ πρῶτος ἔδειξεν, ὡς νὰ προέβλεπε τὴν ἀπρόσεκτον διαγωγὴν τοῦ Ἀρχηγοῦ τῆς Ἐπαναστάσεως, καὶ ἔδωκε συμβουλὰς τὰς πλέον φρονίμους.

έδείκνυον όγλίγωρον πολύ τα κινήματα τοΰ Υψηλάντου. Ό Σάββας και ό Όλύμπιος ταράττονται σημαντικά εις τους διορισμούς των Χιλιάρχων, ένώ ήσαν ούτοι Πρωτοπαλήκαρα τών ιδίων. Τοιουτοτρόπως άρχεται τό κατά τοΰ Υψηλάντου πρώτον μίσος τοΰ Σάββα τό όποιον έγενικίσθη άκολούθως καθ' δλου τοΰ Κινήματος. Οι Όπλαρχηγοί ούτοι παρεπονοΰντο πρός την Έφορίαν τοΰ Βουκουρεστίου, δπου ήτο και ό Άναγνωστόπουλος.

Αύτός και οι άλλοι φίλοι του, δσοι έγνώριζον κάλλιστα την κατάστασιν τής Μολδαυο-Βλαχίας (α) και είχον έκ προσθήκης γνώσεις άκριβείς περί τής Πελοποννήσου και τών άλλων τόπων, σκέπτονται ήδη, και εύρίσκουν·

Α'. Νά άναβληθή ή Κίνησις τών δπλων, μέχρις ου προετοιμασθώσι τά μέσα.

Β'. Έντός τοΰ διαστήματος τούτου ό Αρχηγός τής Έπαναστάσεως νά έμβη εις την πλέον δραστήριον ένέργειαν, συνεννοούμενος μ' δλα τά μέρη τής Έλλάδος, διευθύνων Άξιωματικούς του εις την Πελοπόννησον, τάς Νήσους και την Ρούμελην· συνιστών Έφορίας διά την όγλιγωροτέραν και περισσοτέραν συνάθροισιν τοΰ χρηματικοΰ, και προδιαθέτων τούς Πολιτικούς και Πολεμικούς Αρχηγούς εις τρόπον, ώστε, άμα παρουσιασθή, νά ύποδεχθή άπό Άρχάς συστηματικάς και όχι άπό τόν άκέφαλον όχλον.

Γ'. Εις την Βλαχο-Μολδαυΐαν νά διορισθώσι Στρατάρχαι οι δύο άντίζηλοι Σάββας και Ό-

---

(α) Ίδε άκολούθως Κεφ. Δ χ

λύμπιος, καὶ πέντε Χιλίαρχοι, μεταξὺ τῶν ὁποίων νὰ ὀνομασθῇ καὶ ὁ ἐντόπιος Θ. Βλαδιμηρέσκος.

Συγχρόνως νὰ γράψῃ ὁ Ἀρχηγὸς τῆς Ἐπαναστάσεως εἰς μερικοὺς ἐκ τῶν Ἀρχόντων τῆς Α´ τάξεως, διὰ νὰ συνεισφέρωσιν ὑπὲρ τοῦ κοινοῦ σκοποῦ (α).

Δ´. Ὁ Ἀρχηγὸς τῆς Ἐπαναστάσεως νὰ περιστοιχισθῇ ἀπὸ ἓν Συμβούλιον, συγκείμενον ἀπὸ τὸν Μητροπολίτην Ἰγνάτιον, τὸν Α. Μαυροκορδάτον, τὸν Ἐμμανουὴλ Καπετανάκην, τὸν Α. Χρηστόπουλον, τὸν Χρησταρῆν Ἰατρόν, τὸν Ι. Ρίζον καὶ τὸν Γ. Λεβέντην (β).

Ε´. Γενομένων ὅλων τούτων ὁ Ἀρχηγὸς τῆς Ἐπαναστάσεως νὰ καταβῇ ἀγνώριστος εἰς τὴν Ἰταλίαν, ἢ τὸ Τριέστιον, καὶ διαπλεύσας εἰς τὴν Μάνην, νὰ ἐκδώσῃ ἐκεῖθεν τὰς Προκηρύξεις του, ἐμβαίνων εἰς τὴν Πελοπόννησον μὲ δύναμιν στρατιωτικήν.

Διὰ νὰ κατορθωθῇ δὲ καὶ περισπασμός τις εἰς τὸν Σουλτάνον, νὰ κινηθῶσι, μετὰ 25 ἡμέρας τῆς ἀναχωρήσεως τοῦ Ὑψηλάντου, οἱ Στρατάρχαι τῆς Βλαχο - Μολδαυΐας, ἔχοντες ἐπὶ κεφαλῆς, ὅποιον ἐγκρίνει νὰ διορίσῃ ὁ Ἀρχηγὸς ἧς Ἐπαναστάσεως.

(α) Πολλοὶ ἀπὸ αὐτοὺς ἦσαν διατεθειμένοι ἀπὸ τὸν Λεβέντην, καὶ δὲν περιέμενον εἰμὴ ἓν γράμμα μόνον τοῦ Ὑψηλάντου.

(β) Παρὰ τοὺς δύο πρώτους ὅλοι ἦσαν προειδοποιημένοι περὶ τούτου παρὰ τοῦ Ἀναγνωστοπούλου, περιμένοντες τὴν ἐπίσημον Πρόσκλησιν.

ΔΗΜΗΤΡΙΟΣ ΜΕΛΕΤΟΠΟΥΛΟΣ

Τὸ Σχέδιον τοῦτο ἀνέλαβε νὰ παρουσιάσῃ πρὸς τὸν Ὑψηλάντην ὁ Ἀναγνωστόπουλος, ἐπιφορτισμένος νὰ κάμῃ καὶ τὰς ἀναγκαίας ἀναπτύξεις ὡς πρὸς τὴν γενικότητα καὶ τὰς μερικότητάς του. Ἀλλ' οἱ Στασιασταὶ τοῦ Ἰασίου, πληροφορούμενοι ὅλα ταῦτα, ταράττονται φοβούμενοι πρὸ πάντων τὴν πλησίασιν τοῦ Ἀναγνωστοπούλου. Συρράπτουσιν ἐντεῦθεν τὴν ἀκόλουθον κατηγορίαν γράφοντες πρὸς τὸν Ὑψηλάντην·

«Ὁ Ἀναγνωστόπουλος, μανθάνων εἰς τὴν Ἰταλίαν τὸ ἀποτέλεσμα τῆς ἀποστολῆς τοῦ Ξάνθου, δὲν εὐχαριστήθη. Αὐτὸς καὶ ὁ Τσακάλωφ, μεταχειρισθέντες τὸν Ἰγνάτιον καὶ Μαυροκορδάτον, ἐσυμφώνησαν μὲ τὸν Ι. Καρατσᾶν τὴν Ἀρχηγίαν τῆς Ἐπαναστάσεως. Ἀλλ' ὁ Καρατσᾶς παρετήρησεν, ὅτι δὲν λαμβάνει μέρος εἰς τὴν Ἐπιχείρησιν, ἐνόσῳ ὑπάρχει ὁ Ὑψηλάντης. Τοιουτοτρόπως ἀπεφασίσθησαν ὁ Ἀναγνωστόπουλος καὶ Τσακάλωφ, διὰ νὰ φαρμακώσωσι τοῦτον. Ἀγνοεῖται, (ἐπρόσθετον), διὰ ποῖον λόγον ἔμεινεν εἰς τὴν Βιένναν ὁ δεύτερος. Ὁ δὲ Ἀναγνωστόπουλος, σχεδιάσας τὰ πάντα εἰς τὸ Βουκουρέστιον μὲ τοὺς ἐκεῖ φίλους του, συμπαρέλαβε τὸν Χρηστάρην, ἂν καὶ ἐχθρόν του μέχρι τοῦδε (α), καὶ ἔρχεται διὰ τὴν ἐκτέλεσιν αὐτοῦ τοῦ σκοποῦ...».

(α) Κατὰ τὴν προτέραν (1819) διατριβὴν τοῦ Ἀναγνωστοπούλου εἰς τὸ Βουκουρέστιον ὑπῆρχε μεταξὺ τούτου καὶ τοῦ Ἰατροῦ Χρηστάρη κάποια ἀντιπάθεια ἕνεκα τῆς ἀτάκτου διαγωγῆς τοῦ Δικαίου, τὸν ὁποῖον ὁ Χρηστάρης, ἄνθρωπος αὐστηρᾶς δικαιοσύνης, δὲν ὑπέφερε. Ἀκολούθως βεβαιωθεὶς οὗτος τοὺς ἀγῶνας καὶ τὰ μέτρα τοῦ Ἀναγνω-

Ὁ Ὑψηλάντης ἔδωσε πίστιν ἐντελῆ εἰς τὴν συκοφαντίαν αὐτήν· καί, ἐνῷ ὁ Ἀναγνωστόπουλος ἐβιάσθη διὰ τὴν εἰκοσαήμερον προσδιορισθεῖσαν κάθαρσιν τοῦ Σκουλενίου νὰ τὸν γράψῃ ἐπικαλούμενος τὴν ἄμεσον προσωπικὴν συνέντευξίν του· αὐτὸς δεικνύει ἐκ διαμέτρου διάφορον τῆς προτέρας διαγωγήν, ἐφαρμόζει τὴν βιαίαν πρόσκλησιν τούτου εἰς τὸ πνεῦμα τῆς προσγενομένης συκοφαντίας, ὑποκρίνεται ἀσθένειαν, καὶ ἀντιπροσκαλεῖ τὸν Ἀναγνωστόπουλον εἰς τὸ Κισνόβι διὰ τοῦ Τσερναουτσίου τῆς Αὐστρίας. Ὁ Ἀναγνωστόπουλος, μακρὰν τοῦ νὰ ὑποπτεύσῃ τι ἄλλο, παραδίδει ὅλα τὰ ἀναγκαῖα Ἔγγραφα εἰς ἔμπορόν τινα τοῦ Ἰασίου Παναγιώτην Πάνον διὰ τὸ φόβον τῶν Αὐστριακῶν, καὶ τρέχει πρὸς τὸν Ἀλέξανδρον ὡς εἰς σφαγήν (α).

στοπούλου, ἐζήτει τὴν ἁρμοδίαν εὐκαιρίαν τοῦ νὰ ἐλαφρώσῃ τὴν συνείδησίν του. Τοιουτοτρόπως ἐφιλιώθη στενὰ μὲ τοῦτον εἰς τὴν ἐπιστροφήν του· καὶ αὐτὴ ἡ περίστασις ἔδωσεν εἰς τοὺς στασιαστὰς τοῦ Ἰασίου τὴν εὐκολίαν εἰς τὴν συρραφὴν τῆς κατηγορίας ἐπὶ συνωμοσίᾳ.

(α) Κόλακές τινες περὶ τὸν Ἀρχηγὸν τῆς Ἐπαναστάσεως, σύμφωνοι μὲ τὸ πνεῦμα τῆς Στάσεως τοῦ Ἰασίου, ἐγνωμοδότουν διαφόρως περὶ τῆς θυσίας τούτου. Ἕνας, προσποιούμενος μάλιστα τὴν φιλίαν εἰς τὸν ἴδιον, ἐπρότεινεν, ὅτι πρέπει νὰ πίῃ ὁ Ἀναγνωστόπουλος τὸ δηλητήριον εἰς τὸ τσάι, ἐνῷ ἔρχεται νὰ τὸ δώσῃ εἰς ἄλλον. Ἄλλος Λογιώτατος εἶπε· «Μία πιστολιά ς' τὸ αὐτί εἶναι τὸ καλύτερον». Ὁ Ὑψηλάντης τεταραγμένος ἀποδοκιμάζει τὰς τοιαύτας προτάσεις· ὁμολογεῖ τὰς πολυειδεῖς ἐκδουλεύσεις τοῦ Ἀναγνωστοπούλου· προλέγει τὴν μέλαιναν ψῆφον τῶν ἀνθρώπων ἐναντίον παρομοίας πράξεως, καὶ γνωμοδοτεῖ· «Καλύτερον εἶναι νὰ εὕρητε τὸν τρόπον τοῦ

Δὲν ὑποδέχεται, μὲ τὴν ὁποίαν ἤλπιζεν οἰκειότητα. Ἐκθέτει μολοντοῦτο τὴν κατάστασιν τῶν πραγμάτων καὶ τὸ Σχέδιον τοῦ Βουκουρεστίου. Ἐρωτᾷ ὁ Ὑψηλάντης «Μέχρι τίνος καιροῦ ἑτοιμάζονται τὰ πάντα ;» Ἀποκρίνεται ὁ Ἀναγνωστόπουλος «Εἰς πέντε μῆνας». Αὐτὸς γελᾷ ἐπιφέρων· «Αἱ παραστάσεις σου μὲ φαίνονται πολλὰ ἐναντίαι, μ' ὅσας ἔχω ἄλλοθεν εἰδήσεις. Μολαταῦτα ἀνάγκη νὰ σκεφθῶμεν». (α)

Τὴν ἐπιοῦσαν λαμβάνει ὁ Ἀναγνωστόπουλος δευτέραν συνέντευξιν ἰδιαιτέραν, καὶ ἐρωτᾷ· «Ἂν ἐδύναντο νὰ ἐλπίσωσι βοήθειαν ἀπὸ τὴν Ρωσσίαν· ἂν τὸ μέλλον Κίνημα ἔγινε γνωστὸν εἰς τὸν Αὐτοκράτορα· ἂν ἡ Μεγαλειότης του συγκατετέθη νὰ λάβῃ θέσιν ἐνεργητικήν» — «Ἀπὸ τὰς ἐρωτήσεις σου, ἀπεκρίθη ὁ Ὑψηλάντης, καταλαμβάνω τὸ περὶ ἐμοῦ φρόνημά σου. Δὲν ἔχασα τὸν νοῦν μου νὰ ἐ μ π ε ρ δ ε υ θ ῶ εἰς παρομοίαν κινδυνώδη καὶ δι' ἐμὲ καὶ διὰ τὸ Ἔθνος ἐπιχείρησιν, πρὶν ἀσφαλισθῶ. Παρατηρῶ καὶ πρέπον καὶ ἀναγκαῖον νὰ σὲ εἴπω, ὅ,τι περὶ τοῦ ἀντικειμένου τούτου ἠκολούθησε, χωρὶς νὰ τὸ ἐκστομίσῃς εἰς ἄλλον». (Ἠκολούθει).

«Ἀναδεχθεὶς τὴν πρότασιν, τὴν ὁποίαν μ' ἐκάματε διὰ τοῦ Ξάνθου, καὶ πληροφορούμενος τὰ

νὰ προφυλαχθῶ ἀπὸ τοῦτον καὶ ὄχι πῶς νὰ τὸν θανατώσω».

Ἐὰν δὲν ἀντέτεινεν ὁ Ὑψηλάντης, ὁ Ἀναγνωστόπουλος ἐγίνετο ἄφευκτον θῦμα τὴν πονηρίας ἑνὸς ἀντιζήλου στασιάρχου.

(α) Ὁ γ έ λ ω ς ἐσήμαινεν ἀναμφιβόλως τὴν μετ' ὀλίγον ἔξοδόν του εἰς τὸ Ἰάσιον.

μετά τοϋ Καποδίστρια συμβάντα, εξηγήθην μέ τούτον, καί έμείναμεν σύμφωνοι εις δλα».

«Όλίγον ύστερον έτυχον εις τόν κήπον τόν Αύτοκράτορα. Μέ ήρώτησε, πότε άναχωρώ εις τά Λουτρά. Εύρον τότε τήν εύκαιρίαν τοϋ νά έπικαλεσθώ τήν συνδρομήν του εις τήν προκειμένην ύπόθεσιν».

«Ή Μεγαλειότης του, βεβαιούμενος περί τής αληθούς καταστάσεως τών πραγμάτων μας, καθ' άς είχον πληροφορίας, έπήνεσε τόν σκοπόν καί ύπεσχέθη τήν βοήθειάν του». (α)

(α) Τάς έκφράσεις αύτάς τοϋ Ύψηλάντου έδημοσίευσαν άλλοι πρό ήμών ώς άλήθειαν όμολογουμένην. Χρεωστοϋμεν σέβας έξαίρετον εις τήν σκιάν τοϋ Άρχηγοϋ τής Έπαναστάσεως· άλλά πολύ πλέον άγαπώμεν τήν άλήθειαν, καί βιαζόμεθα έντεϋθεν νά κάμωμεν τάς άκολούθους παρατηρήσεις.

Τήν συγκατάθεσιν τοϋ Αυτοκράτορος καί τοϋ Καποδίστρια θεωροϋμεν δλως άνύπαρκτον καί έπιτετηδευμένην μέ τόν σκοπόν τοϋ νά έμψυχωθη ή Εταιρία καί τό Έθνος, καί νά κατασταθή εύϋποληπτότερος ό Ύψηλάντης. Είμεθα βέβαιοι, δτι καί ό Ξάνθος μετεχειρίζετο τάς αύτάς σχεδόν λέξεις περί τής ίδίας ιδέας, καί συνάγεται άναμφιβόλως έν τι συνθηματικόν.

Ό άγχίνους Μονάρχης τής Ρωσσίας ήτον άνθρωπος, θέλων νά πείθη διά λόγου, καί όχι νά έκπλήττη άλλως τά άντίζηλα πνεύματα τών Ευρωπαίων. Εις τούς μέλλοντας στοχασμούς τούτων δέν ήτο δύσκολον νά έμβατεύση ούτος μετά τήν κίνησιν τής Ελληνικής Επαναστάσεως διά τοϋ Στρατηγοϋ καί Ύπασπιστοϋ του, καθ' όν καιρόν εύρίσκετο εις διενέξεις διπλωματικάς μέ τήν Πόρταν διά παραβιάσεις τινάς Συνθηκών καί τάς επομένας παραλόγους ενστάσεις της.

Ό Αύτοκράτωρ έμελλε νά εύρεθή μετ' όλίγον έκτος τής Επικρατείας του εις τήν Λαϊμβάχην, δπου ήθελον λάβει ΰπαρξιν αί ύψηλότεραι συνδιασκέψεις μετά τών Συμμάχων

Ό Άναγνωστόπουλος ερωτά και πάλιν «Διατί ό Ξάνθος άπεβλήθη μέ όρμήν άπό τον Καποδίστριαν ; — Διότι ό Καμαρηνός είπε πολλά έναντίον του ώς πρός τό γενικόν τών Επικρατειών και άναφορικώς ώς πρός τήν ίδικήν του διά τάς γενομένας ύβρεις άπό τήν Πόρταν.

Είναι λοιπόν πιθαναί κάν αί παρομοίας φύσεως έξηγήσεις του πρός τόν Υψηλάντην, ένώ προέβλεπε τάς ύποψίας καί τόν φθόνον όχι μόνον τών έχθρών του, άλλά καί τών ιδίων του Συμμάχων ; Ήτο πιθανόν, ότι ήθελε νά εύρεθη βεβιασμένος έκ προμελέτης, διά νά θυσιάση ύψηλά καί μεγάλα συμφέροντα, καί νά ύποφέρη είς όλα τ' άλλα τάς ύβρεις καί αύτού τού κλονιζομένου Θρόνου τής Κωνσταντινουπόλεως, καθώς συνέβη ;

Έπειτα, ένώ συνεννοήθη, ώς έλεγε, μέ τόν Καποδίστριαν, διά ποίον λόγον έπαρουσιάσθη, καθώς έκήρυττεν, έπ' αύτώ τούτω πρός τόν Αύτοκράτορα ; Ίσως δέν έπίστευσε τόν Καποδίστριαν. Άλλ' άπό τήν περίστασιν αύτήν δυνάμεθα νά συμπεράνωμεν δύο τινά· ή διότι ό Καποδίστριας άνευ τής συγκαταθέσεως τού Αύτοκράτορος ένέδωκεν είς τήν πρότασιν τούτου, ύποσχόμενος καί τήν θέλησιν τού Άνωτέρου του. ή ότι ό Αύτοκράτωρ μή κρίνων νά φανερωθη αύτοπροσώπως, ένήργησε διά τού Ύπουργού του.

Άν ύποτεθη τό πρώτον, ό Καποδίστριας έπρεπε νά πάθη διά μίαν διαγωγήν, ή όποία ήτον έπόμενον νά θεωρηθη, καί δικαίως, ώς φανερά έπιβουλή άπό τήν έξιδιασμένην λεπτύνοιαν έκείνου τού Μονάρχου.

Άν τό δεύτερον, ό Αύτοκράτωρ ήτον ήναγκασμένος κατά φυσικήν συνέπειαν νά άρνηθη τήν αίτησιν τού Ύψηλάντου. Άλλ', ένώ δέν συνέβη μήτε ποινή είς τόν Υπουργόν, μήτε άρνησις άπό τόν Μόναρχον, τί ήμπορεί νά στοχασθη τις ;

Τέλος πάντων, άν ό Καποδίστριας, ήτο σύμφωνος, διά ποίαν αίτίαν, άπαντών πρός τόν Μαυρομιχάλην, έγραψεν έναντίον τού πνεύματος καί τών ένεργειών τού Ύψηλάντου;

Μάς είναι γνωστόν, ότι ό Ύψηλάντης περιέμενε χρήματα άρκετά εύρισκόμενα καθ' όδόν· περιέμενε τόν άδελφόν του

τίον σας, άπαντα ό Ύψηλάντης. Πρό τούτου μάλιστα Γράμματα της Κωνσταντινουπόλεως τόν είχον

Δημήτριον, διά νά τοϋ παραδώση την πατρικήν περιουσίαν, όστις καί έκίνησεν άπό Κίοβον, λαβών δίμηνον άδειαν παρά τοϋ Στρατηγού Ραγέβσκη· ήξεύρομεν, ότι ό πλοίαρχος Δημήτριος Όρλώφ έκίνησε μέ τό πλοίόν του άπό Πέτσας είς Τριέστιον, διά νά τόν μεταφέρη είς τήν Ελλάδα κατά τά ίδιά του γράμματα πρός τόν Σέκερην, Δικαίον καί Γεώργιον Πάνου. (Ίδε Κεφ. Δ' της παρούσης Εποχής). Ύστερον όλων τούτων πώς έξηγείται ή αίφνίδιος καί τρομακτική μάλιστα έμβασίς του είς τό Ίάσιον; Πόθεν προήλθεν ή τόση βία, ώστε νά μή λάβη μήτε τά έπιπλα, μήτε τά άναγκαιότερα πρό πάντων έγγραφά του ;

Τήν παράξενον ταύτην περίστασιν δικαιώνουσί τινες διά τήν είς Βιδίνι σύλληψιν τοϋ Άριστείδου άποστελλομένου είς τήν Σερβίαν. Άλλά, μολονότι συνέβη προδοσία τρομερά έκ μέρους τινός Προξένου πρός τόν Πασσάν τοϋ Βιδινίου, ό Άριστείδης θανατώνεται μέν είς τήν Άδριανούπολιν, ή Όθωμανική όμως έξουσία δέν έδειξε καί είς τήν περίστασιν αύτήν φανεράν τήν δραστηριότητα των μέτρων της.

Παρατηρούμεν άπ' όλα ταύτα, ότι ή άπρόσεκτος διαγωγή του είς τό Κισνόβι τόν κατέστησεν ύποπτον είς τήν Έξουσίαν· ότι συνέλαβεν αύτη τόν σκοπόν νά τόν περιορίση, ή καί νά τόν τιμωρήση· καί ότι ειδοποιηθείς άπό φίλον του τινά έκ της Πετρουπόλεως, καί ύποχρεωμένος ένταυτφ άπό τό συμβάν τοϋ Άριστείδου καί τά γράμματα της Κωνσταντινουπόλεως, έτινάχθη νά είπωμεν ούτως, είς τόν Ίάσιον μέ παρομοίαν βίαν.

Κατά συνέπειαν, όσων έπεφέραμεν (Σελ. 128), προσθέτομεν καί ήδη ότι ό Καποδίστριας μόνην είχε φροντίδα της προόδου τοϋ φωτισμού τών Ελλήνων, διά νά σχηματισθώσιν ούτως οί άνθρωποι, οί όποιοι έμελλον νά όδηγήσωσιν άκολούθως τήν Ελλάδα καί τήν Διοίκησίν της. Τήν δέ κήρυξιν τοϋ Πολέμου της ήθελε πάντοτε σύγχρονον μέ τήν κήρυξιν ένός Ρωσσικού Κινήματος κατά της Τουρκίας. Τήν Ρωσσίαν έθεώρει ώς τό βοηθητικώτερον μέσον είς περίστασιν τοιαύτην διά τήν γεωγραφικήν της θέσιν.

λυπήσει παραπολύ. 'Αλλ' όλα ταύτα διεσκεδάσθησαν».

Κατά συνέπειαν ό Γεώργιος Καντακουζηνός εξηγείται προς τον Άναγνωστόπουλον την εναντίον του κατηγορίαν. Αυτός πλήττεται αίφνιδίως, απολογείται καί δικαιούται εις τό πνεύμα τού 'Υψηλάντου, παρατηρών τελευταίον τό νά προσέχη ούτος τούς συκοφάντας, ώς τούς μεγαλυτέρους εχθρούς του. Ό 'Υψηλάντης ήδη άπήντησε μέ κάποιον έλεγχον συνειδήσεως· «Έγώ δέν πταίω· έτσι μ'έγραψαν. Έν τοσούτω θέλεις πληροφορηθή κατά καιρόν τό περί σέ φρόνημά μου». Μ' όλ' αυτά προσείχετο ό 'Αναγνωστόπουλος, μή πλησιάση τόν 'Υψηλάντην, άπό τόν όποιον έζητήθη καί έδωσεν έγγραφον του νά ληφθώσι τά εμπιστευθέντα είς τόν Π. Πάνον (α) έγγραφα.

(α) Ίδε Σελ. 274.

ΚΕΦΑΛΑΙΟΝ Γ.

Αποστολαί τοῦ Δικαίου εἰς Κωνσταντινούπολιν καὶ Πελοπόννησον — Τοῦ Περραιβοῦ εἰς τὴν Ἤπειρον — Τοῦ Ὑπάτρου εἰς τὴν Θεσσαλίαν — Τοῦ Θέμελη εἰς τὸ Αἰγαῖον — Τοῦ Πελοπίδα εἰς Αἴγυπτον, κτλ.

Τοιοῦτον ἐστάθη τὸ πολίτευμα τοῦ Α. Ὑψηλάντου, ἅμα ἀνέλαβε τὴν Ἀρχηγίαν τοῦ μέλλοντος Πολέμου. Παρ' ἐκείνους τοῦ Ἰασίου ἤκουσεν εἰς τὸ Ἰσμαήλιον τὸν Δικαῖον, Περραιβόν, Ὕπατρον καὶ ἄλλους. Ὅλοι, ἐκτὸς τοῦ Περραιβοῦ (α), ἔτεινον εἰς τὸν σκοπὸν τοῦ ὀγλιγώρου κινήμιτος τῶν ὅπλων, παριστῶντες τὰς δυνάμεις τῆς Ἑλλάδος τοιαύτας, ὁποῖαι δὲν ἦσαν. Ὁ Ὑψηλάντης, ἐνδίδων καθ' ὅλην τὴν ἔκτασιν τοῦ λόγου, ἐνεργεῖ μέτρα τῆς στιγμῆς. Διορίζει δὲ τὸν Γ. Δικαῖον, δίδοντα πρὸς τοῦτον τὰς μεγαλυτέρας ὑποσχέσεις, Πληρε-

---

(α) Εἰς τὰς πομπώδεις παραστάσεις τοῦ Δικαίου(ἀναβάντος ἐκ τῆς Κωνσταντινουπόλεως), ἐναντιώθη μόνος ὁ Περραιβός, ἐκθέτων τὴν ἀληθῆ κατάστασιν τῆς Ἑλλάδος, καὶ προτείνων τὴν χρείαν ὡριμωτέρων μέτρων. Ὁ Ὑψηλάντης, εἴτε κυριευόμενος ἀπὸ ἐνθουσιασμὸν ὑπέρμετρον, καὶ πολὺ πλέον προκατειλημμένος, δὲν ἐνέδωκεν εἰς τὰς παρατηρήσεις τούτου, ἀνακαλῶν τὰ μεγαλουργήματα τῶν παλαιῶν Ἑλλήνων. Ἀλλὰ ποία ὑπῆρχε σύγκρισις τῶν καταστάσεων μεταξὺ τῶν Προγόνων καὶ τῶν Ἀπογόνων ;

Ὁ Περραιβὸς τελευταῖον ἔδωσε πρὸς τὸν Ὑψηλάντην ἔγγραφον ἔκθεσιν περὶ τῆς καταστάσεως τῆς Ἑλλάδος, διακρίνων ὡς μαχιμωτέρους ἐκ μὲν τῶν Πελοποννησίων τοὺς Ἀρκάδας καὶ Μανιάτας, ἐκ δὲ τῆς Στερεᾶς τοὺς Ἠπειρώτας

ξούσιον εις το να σχηματίση την Έφορίαν τοϋ Βυζαντίου, καί να διευθύνη τα πράγματα της Πελοποννήσου, προς τους Κατοίκους της όποίας διεύθυνε την άκόλουθον Προκήρυξιν.

«Σεβασμιώτατοι καί Πανιερώτατοι Άρχιερεΐς, Εύγενέστατοι Άρχοντες καί Προεστώτες Άνδρεΐοι Στρατηγοί καί Καπετάνιοι, καί πάντες οί Άδελφοί της Πελοποννήσου Έλληνες Φιλοπάτριδες!!

«Εις τας παρούσας κρισίμους περιστάσεις της Πατρίδος μας καμμία άλλη Έπαρχία της Έλλάδος δέν έδειξε τόσον ζήλον υπέρ της εύτυχοϋς έκβάσεως τών ίερών τοϋ Γένους σκοπών, δσον αί φιλογενεΐς ψυχαί σας, ώ Πελοποννήσιοι! Τα έργα σας κηρύττουσι τρανότατα, δτι εις τας φλέβας σας κυκλοφορεί άκόμη το εύγενές έκεΐνο Σπαρτιατικόν αίμα, το όποίον διήγειρε τον θαυμασμόν δλων τών αίώνων. Αί έκούσιαι καί υπέρ τας δυνάμεις σας συνεισφοραί άνακαλοϋσιν είς την μνήμην τας μεγάλας καί άμιμήτους θυσίας τών Προπατόρων σας· ή δέ άξιότιμος πειθαρχία καί ή γενναία άπόφασίς σας μαρτυροϋσιν, δτι είς τον όρίζοντά σας θέλει άνατείλει το φαεινόν της Έλευθερίας Άστρον, καί διαδώσει είς δλην την Έλλάδα τας λαμπράς του άκτίνας· καί δτι άπό το μέσον σας μέλλει να άναφανώσι νέοι Λεωνίδαι, οί όποΐοι μέ τας άνικήτους Φάλαγγάς των θέλουσιν έπιφέρει τρόμον είς τους έχθρους καί εύδαιμονίαν είς τούς Άδελφούς των Έλληνας».

«Ναί, ὦ Ἄνδρες Πελοποννήσιοι! Ἡ ὥρα τοῦ εὐγενοῦς Ἀγῶνος ἐγγίζει. Τὸ στάδιον τῆς δόξης ἀνοίγεται· κ' ἰδοὺ σᾶς πέμπω τὸν φιλογενέστατον καὶ ἀξιοσέβαστον διὰ τὰς ἀρετάς του καὶ τὸν πατριωτισμόν του Συμπολίτην σας Ἀρχιμανδρίτην Δικαῖον, τὸν διὰ τὰς μεγάλας ἐκδουλεύσεις του πρὸς τὴν Πατρίδα γνωστὸν καὶ εἰς ἐμὲ καὶ εἰς ἄλλους Ἀνωτέρους, διὰ νὰ σᾶς ὁδηγήσῃ εἰς τὸν ὀρθὸν τῆς Ἀθανασίας δρόμον. Ἡ Πανοσιότης του θέλει σᾶς ἐξηγήσει τὰ Σχέδιά μου, καὶ δώσει εἰς ἕκαστον τὰς πρὸς τὸ κοινὸν καλὸν Διαταγάς μου. Θεωρήσετέ τον, ὡς ἄλλον ἐμέ· βάλετε εἰς πρᾶξιν τὰς ὁδηγίας του, καὶ δώσατε παράδειγμα εἰς ὅλους τοὺς Ὁμογενεῖς σας, ὅτι ὁ καλὸς Πατριώτης, ὅταν πρόκειται λόγος περὶ κοινοῦ τῆς Πατρίδος συμφέροντος, πρέπει ν' ἀποχωρίζηται μὲ χαρὰν ἀπὸ τὰς ἀγκάλας τῶν γονέων, συγγενῶν καὶ φίλων του, νὰ θυσιάζῃ τὴν περιουσίαν του, νὰ καταφρονῇ κινδύνους, ταλαιπωρίας καὶ αὐτὸν τὸν θάνατον, καὶ ν' ἀκούῃ τὴν φωνὴν τῆς Πατρίδος».

«Ταῦτα ἀκολουθοῦντες ἐδοξάσθησαν οἱ Προπάτορές μας Ἕλληνες. Μὲ ταῦτα μόνον ἠμποροῦμεν καὶ ἡμεῖς ν' ἀποκτήσωμεν τοὺς ἀειθαλεῖς στεφάνους τῆς εὐκλείας, καὶ νὰ δείξωμεν εἰς ὅλα τὰ Ἔθνη τῆς Εὐρώπης, τὰ ὁποῖα ἀσπλάγχνως μᾶς κατηγοροῦσιν, ὅτι εἴμεθα ἀληθινοὶ τῶν Ἑλλήνων Ἀπόγονοι καὶ κληρονόμοι τῶν μεγάλων καὶ ἀμιμήτων Ἀρετῶν των».

«Ἑτοιμασθῆτε λοιπόν, Φίλτατοι Ὁμογενεῖς! ὥστε, ὅταν ἔλθῃ ἡ εὐτυχεστάτη τῆς ζωῆς μου ὥρα, νὰ καταφιλήσω τὸ ἱερὸν τῆς Πατρίδος μας έδαφος, καί νά εύρεθώ είς τό μέσον σας, νά ήναι τά πράγματα καλώς διατεταγμένα, καί νά μή μάς άκολουθήση ή παραμικρά άργοπορία· άλλ' άμέσως νά κινηθώμεν μέ τήν βοήθειαν τής Θείας Προνοίας πρός έπίτευξιν τού ίερωτάτου καί δικαιοτάτου ήμών σκοπού. Χαίρετε !»

«Τό Παρόν μου έσφραγίσθη καί έδόθη, Ίσμαήλ, τή 8 'Οκτωβρίου, 1820.
(Τ : Σ :)
ΑΛΕΞΑΝΔΡΟΣ ΥΨΗΛΑΝΤΗΣ».

Ό Περραιβός έπεφορτίσθη τήν άποστολήν τής 'Ηπείρου, ώς γνώριμος πρό χρόνων μέ τούς περισσοτέρους Καπετανέους της. Πρός τούτους ό Υψηλάντης διεύθυνε τό άκόλουθον "Εγγραφον.

«'Ανδρεΐοι 'Αρχηγοί τών Ελληνικών Στρατευμάτων!

Έγγίζει πλέον ό καιρός, τόν όποιον τοσούτους αίώνας έπροσμέναμεν. Ή προσκλητική Σάλπιγξ τής Πατρίδος έντός όλίγου μέλλει νά ήχήση. Διά τούτο σάς στέλλω τόν άνδρείον καί γενναίον Περραιβόν, τόν παλαιόν συναγωνιστήν σας, μέ τόν όποιον πολλάκις συνηγωνίσθητε κατά τών έχθρών τής Πατρίδος, καί έμοιράσατε εύτυχίας καί ταλαιπωρίας. Αύτός θέλει σάς έξηγήσει τούς σκοπούς μου, καί σάς δώσει τάς διαταγάς μου».

«'Ακούσατε λοιπόν τούς λόγους του· άκολουθήσατε τάς συμβουλάς του, καί δείξατε είς όλον τόν Κόσμον, ότι τφόντι είσθε 'Απόγονοι τών παλαιών

Ηρώων της Σαλαμίνος και των Θερμοπυλών, και δτι καταφρονείτε και σεις τον θάνατον, ώς και εκείνοι. Η δε ευγνώμων Πατρίς θέλει ανταμείψει τας ανδραγαθίας σας με τας πλουσίας της δωρεάς: δόξαν, ευγένειαν, τιμάς και αξιώματα».

«Ισμαήλ, την 7 Οκτωβρίου, 1820.
(Τ. Σ.)
ΑΛΕΞΑΝΔΡΟΣ ΥΨΗΛΑΝΤΗΣ».

Ο Περραιβός ήτο διωρισμένος «Αρχηγός των Ηπειρωτικών Όπλων». Παρόμοιαι ασυνάρτητοι πράξεις ήσαν απόρροια της περί τά πνεύματα απειρίας του Αρχηγού της Επαναστάσεως. Διά της Κωνσταντινουπόλεως, (όπου τον εδόθησαν 40,000 Γροσίων), και της Ύδρας κατέβη εις την Μάνην. Εκεί έλαβε νεωτέραν διαταγήν του Υψηλάντου, οδηγούμενος να αναβάλη την εις την Ήπειρον κίνησίν του (α). Εντεύθεν ανεχώρησε τη 15 Μαρτίου, 1821, ότε ευρίσκετο το Σούλι εις πόλεμον κατά του Σουλτάνου.

(α) Εις την Καλαμάταν έλαβεν ούτος συνέντευξιν μυστικήν μετά των Μητροπολιτών Μονεμβασίας και Χριστιανουπόλεως, του Παναγιώτου Κρεββατά και άλλων, παρόντος και του Π. Μαυρομιχάλου. Οι τρεις πρώτοι εθεώρουν αδύνατον το μέλλον Επιχείρημα διά την εσχάτην έλλειψιν των μέσων και το απειροπόλεμον του μεγαλυτέρου μέρους των κατοίκων. Τότε ο μεν Μαυρομιχάλης υπέσχετο την κίνησιν όλων των όπλων της Μάνης, γενομένης χρηματικής οικονομίας· ο δε Περραιβός επρότεινεν ως αναπόφευκτον την τακτικήν μίσθωσιν 500 Σουλιωτών διά την άσκησίν των εις τον άτακτον πόλεμον.

Ὁ Ὕπατρος διωρίσθη εἰς τὴν Θεσσαλίαν (α). Τοῦτον ἐπάσχισάν τινες νὰ ἐμποδίσωσιν εἰς τὴν Κωνσταντινούπολιν, ὡς γνωριζόμενον εἰς τοὺς Τούρκους, ἀφ' ἧς ἐποχῆς εὑρίσκετο πλησίον τοῦ Τατὰρ Ἀγᾶ τοῦ Ἀλῆ Πασσᾶ. Ἤδη, ὅτε ὑπῆρχεν ὁ πόλεμος τῶν Ἰωαννίνων, ἦτο πιθανὸν πολλὰ τὸ νὰ ὑποτεθῇ καὶ ὁ Ὕπατρος, διὰ τὸ ὁποῖον ἔμελλε ν' ἀκολουθήσῃ ἔργον, ὡς ἀπεσταλμένος παρὰ τοῦ ἰδίου Ἀλῆ Πασσᾶ. Αἱ τοιαῦται ὑποψίαι τῶν Ἑταίρων τῆς Κωνσταντινουπόλεως δὲν ἀπέβησαν ἐπισφαλεῖς, ὡς θέλομεν εἴπει (β).

Ὁ Ι. Φαρμάκης διωρίσθη νὰ καταβῇ εἰς τὰ Μαδεμο - Χώρια τῆς Μακεδονίας, ὡς Ἀρχηγός, ὅπου ἔμελλε νὰ διευθυνθῇ διὰ θαλάσσης ἐκ τῆς Κωνσταντινουπόλεως καὶ ὁ Ἐμμανουὴλ Παππᾶ μὲ πολεμοφόδια· ἐμποδίσθη ὅμως εἰς τὴν Βλαχίαν διὰ τὴν προλαβοῦσαν ῥῆξιν τοῦ Πολέμου.

Ὁ Νικόλαος Κανούσης (ἐκ τῆς Παλαιοπωγωνιανῆς τῆς Ἠπείρου) διωρίσθη εἰς ἀναζήτησιν τοῦ Θ. Κολοκοτρώνου καὶ Η. Χρυσοσπάθου, φέρων εἰς τούτους νέας Διαταγάς. Καταβαίνων διὰ τῆς Θεσσαλονίκης ἐμποδίσθη ἐκεῖ διά τινα καιρὸν ἕνεκα τοῦ συμβάντος τοῦ Ὑπάτρου. Εἰς τὴν Ἑλλάδα ἔφθασεν, ὅτε ἤρχισε καὶ ὁ Πόλεμος.

Ὁ Δ. Θέμελης (Πάτμιος), ἐκπληρώσας διαφόρους Ἀποστολὰς εἰς Βουκουρέστιον, Ἰάσιον, Το-

---

(α) Ἀπὸ τὴν Κωνσταντινούπολιν, ὡς φαίνεται, ἐπεφορτίσθη καὶ τὴν ἀποστολὴν τῶν Ἰωαννίνων (Ζήτει Κεφ. Ε' τῆς παρούσης Ἐποχ.).

(β) Ἴδε Κεφ. Ε' τῆς παρούσης Ἐποχ.

μάροβαν καί Ίσμυήλιον (α), έπεφορτίσθη τελευταίον καί εκείνην πρός τάς Νήσους τοΰ Αιγαίου, πρός τάς οποίας ό 'Υψηλάντης διεύθυνε τήν άκόλουθον Προκήρυξιν.

(α) Έχομεν εις χείρας μας Έγγραφα πρός τόν Θέμελην ώς έκ μέρους τής 'Αρχής καί τοΰ Ύψηλάντου, (άλλα καί τά δύο γεγραμμένα ίσως παρά τοΰ ιδίου). 'Ως περίεργα έν μέρει τά δημοσιεύομεν.

(Τ.Σ.) Κύριε Δημήτριε Θέμελη ! 'Αρ. 52.

«Καί παρά τής Επιστολής σου τής 18 Δεκεμβρίου τοΰ 1818 Έτους, ην διά τοΰ Σ. αδελφού Γρηγορίου Δικαίου έν καιρώ έλάβαμεν, καί παρ' ένός άλλου καλοΰ 'Αδελφού δια ζώσης φωνής έμάθαμεν τά φρονήματά σου, καί χαίροντες διά τόν ζήλον καί προθυμίαν σου, έπαινοΰμεν τήν άρετήν σου, ευχόμενοι σου να φανής πάντοτε άξιος τής ύπολήψεως, ήν περί σοΰ έλάβαμεν Σοί περικλείομεν τήν έσωθεν είς όνομα ΟΛΒΙΟΣ ΔΡΑΚΟΣ, νά τήν έγχειρήσης καί είς τούς λοιπούς συνεπιτροπεύοντάς σοι, διά νά άκολουθήσητε, ώς μέ αυτήν γράφομεν. Επειδή δέ ή προθεσμία τοΰ κοινοΰ 'Αγώνος έπλησίασε, καί όλοι χρεωστοΰμεν νά συντρέξωμεν, μήν παραβλέψης καί σύ ώς καλός πατριώτης, νά μας στείλης τήν βοήθειαν... διά μέσου τών έν Ίσμαήλι Φίλων...»

«Ό αξιέπαινος Φίλος, ός τις σοί περικλείει τήν Παρούσαν μας, έδιωρίσθη Γενικός Επίτροπος είς τάς υποθέσεις τής Εταιρίας μας. Διά τοΰτο είς τό έξης θέλεις δίδει όλην τήν πίστιν καί ύπακοήν είς τάς παρ' αύτοΰ διαταγάς. Τήν αυτήν μας άπόφασιν κοινοποίησον καί είς όλους τούς αύτοΰσε ευρισκομένους γνωστούς σοι 'Αδελφούς, (οϋς ασπαζόμεθα), διά νά άκολουθώσι».

«Έσο γενναίος· καί οδεύων τήν όδόν τής αρετής, θέλεις λάβει τόν χρεωστούμενον έπαινον άπ' όλους τούς ενάρετους 'Αδελφούς. Σέ ασπαζόμεθα εύχόμενοί σοι ύγείαν καί εύημερίαν».

Έτερον τοΰ Ύψηλάντου.

«Πανιερώτατοι καί Σεβασμιώτατοι Αρχιερείς, Ευγενέστατοι Άρχοντες και Προεστώτες καί πάντες οί Προΰχοντες τοΰ Γένους, οί απανταχού εις τάς Νήσους τοΰ 'Αρχιπελάγους διατρίβοντες.

Άνδρες Φιλοπάτριδες !

Εις τάς παρούσας κρισίμους περιστάσεις, δτε τά Έθνη τής Ευρώπης άπαντα αγωνίζονται νά αποκτήσωσι τά Εθνικά αυτών Δικαιώματα καί νά περιορίσωσι τήν δύναμιν τών τυράννων, ήρχισε ν' ανατέλλη καί τό λαμπρότατον Άστρον της ευδαιμονίας τής Ελλάδος. Ή ταχεία καί ευ-

«Τήν Εύγένειαν της ήδιστα περιπτυσσόμενος ακριβώς ασπάζομαι.

Πετρούπολις, αωκ', Ιουνίου ιε'.

«Άρχων Ίσπραΰνικε Κ. Δημήτριε Θέμελη ! Γνωστός έγένετο ó υπέρ τής Πατρίδος ένθερμος ζήλός της καί ή φροντίς όπου καταβάλλει εις τήν περί τοΰ Γένους ημών ώφέλειαν. Διό καί μοι έγχειρίσθη τό παρόν περικλειόμενον παρά τών Κυρίων πρός τήν Εύγένειαν της Γράμμα, τό όποιον άναγινώσκουσα κατά τάς ενόρκους υποσχέσεις της θέλει έξακολουθήσει, όσα τη διορίζονται έν αύτώ. Μανθάνουσα δέ ήδη καί έμέ όμόφρονά της, θέλει μέ είδοποιεΐ συνεχώς τά κατ' αυτήν καί τάς προόδους της, διευθύνουσα άείποτε τά πρός έμέ γράμματά της πρός τόν έν Ίσμαηλίω Κ. Γεώργιον Παππαδόπουλον Κορφινόν... Ταύτα έπί τοΰ παρόντος, καί μένω έπευχόμενος αυτή υγείαν καί έπιτυχίαν.

Αδελφός αγαπητός
ΑΛΕΞΑΝΔΡΟΣ ΥΨΗΛΑΝΤΗΣ

τυχής διάδοσις τὸν Φώτων εἰς ὅλας τὰς κλάσεις τοῦ Γένους μας διέλυσε τὸ σκοτεινὸν νέφος, τὸ ὁποῖον μέχρι τοῦδε κατεσκότιζε τὰ πνεύματα τῶν Ὁμογενῶν μας. Ὅλων οἱ ὀφθαλμοὶ ἠνεώχθησαν, καὶ τώρα πλέον παρίσταται ἔμπροσθεν αὐτῶν ἡ δουλεία μὲ τὰ μυσαρώτατα καὶ αἴσχιστα χρώματα. Τώρα ὅλοι κοινῶς, μικροὶ καὶ μεγάλοι, συναισθάνονται τὴν βαρεῖαν ἀτιμίαν τοῦ νὰ ὑποφέρωσιν εἰς τὸ ἑξῆς τὸν καταδυναστεύοντα ζυγὸν τῆς τυραννίας. Τὰ ὑψηλὰ ἐκεῖνα αἰσθήματα, τὰ ὁποῖα πάλαι ποτὲ ἀνύψωσαν τοὺς Προπάτοράς μας ὑπὲρ πάντα τὰ Ἔθνη, καὶ τοὺς ἀπεκατέσταιναν Ἥρωας, ἐμφωλεύουσι σήμερον καὶ εἰς τὰς ψυχὰς τῶν Ὁμογενῶν μας. Ὅλων αἱ καρδίαι καταφλέγονται ἀπὸ τὸν πρὸς τὴν Πατρίδα ἱερὸν ἔρωτα. Αὐτὴν τὴν ἱερὰν Πατρίδα ἔχουσι κέντρον τῶν πράξεών των, αὐτὴν ὁδηγὸν εἰς ὅλα των τὰ ἐπιχειρήματα, καὶ διὰ τὴν εὐδαιμονίαν αὐτῆς ἀπαρνοῦνται πᾶσαν μερικὴν εὐτυχίαν καὶ ἀνάπαυσιν, καταφρονοῦσι τοὺς μεγαλωτάτους κινδύνους, καὶ εἶναι ἕτοιμοι νὰ θυσιασθῶσι».

«Τὸν μεγάλον τοῦτον καὶ εὐγενῆ ἐνθουσιασμὸν ὑπὲρ τῆς Πατρίδος βλέποντες Ἄνδρες φιλοπάτριδες καὶ τὰ μέγιστα δυνάμενοι ὄχι μόνον μεταξὺ ἡμῶν, ἀλλὰ καὶ πολλῶν ἄλλων τῆς Εὐρώπης Ἐθνῶν, ὡς καλοὶ προνοηταὶ τῆς εὐδαιμονίας μας, ἀπεφάσισαν νὰ τὸν διευθύνωσιν εἰς τὸν ὀρθὸν λόγον καὶ δρόμον, καὶ νὰ τὸν μεταχειρισθῶσιν ὡς ὄργανον τῆς ἐλευθερίας ἡμῶν καὶ κοινῆς εὐδαιμονίας· καὶ πρὸς τοῦτο τὸ τέλος ἔδωσαν παντοῦ τὰς ἀναγκαίας καὶ προσηκούσας Διαταγάς».

«Αλλ' επειδή τού κοινού Λαού ή άθεκτος ορμή, όταν δεν οδηγήται από την φρόνησιν, ημπορεί να επιφέρη μάλλον βλάβην παρά ωφέλειαν, διά τούτο απεφάσισα κ' εγώ, ως Πληρεξούσιος όλων τούτων των Επιχειρημάτων, να εμπιστευθώ εις τας υμετέρας χείρας τους οίακας των κινημάτων αυτού, εύελπις ών, ότι, καθώς μέχρι τούδε διά της φιλογενείας σας καί της πατρικής στοργής και κηδεμονίας, εδυνήθητε ν' αποκτήσητε αγάπην και κοινήν υπόληψιν, θέλετε καί τώρα μεταχειρισθή όλους τους δυνατούς τρόπους, διά να οδηγήσητε φρονίμως τον διακαή ζήλον τού ποιμνίου σας, καί να διοικήσητε καλώς τα κινήματά σας».

«Στέλλω δε προς υμάς τον παρουσιαζόμενον Κύριον Δημήτριον Θέμελην, άνδρα φιλογενέστατον, ενάρετον, καί διά τον μεγάλον του πατριωτισμόν γνωστόν καί εις εμε και εις άλλους Ανωτέρους, όστις είναι προσταγμένος να σας είπη τους σκοπούς μου, καί να οδηγήση έκαστον, εις ό,τι πυρ' αυτού ζητεί σήμερον η Πατρίς».

«Έχετε λοιπόν, φίλοι Ομογενείς! εις αυτόν πεποίθησιν. Ακούσατε τους λόγους του, καί βάλετε τας οδηγίας του εις πράξιν· διότι εξ αυτών κρέμαται καί η κοινή τού Γένους ημών ευδαιμονία καί ενός εκάστου η μερική ευτυχία. Ας μη δειλιάση τις από τα προβλήματά του. Ηξεύρω, ότι εις όλων τας καρδίας είναι ερριζωμένη η ματαία εκείνη πρόληψις, ότι ποτέ μόνοι μας δεν ημπορούμεν να ελευθερωθώμεν, αλλά πρέπει να προσμένωμεν από ξένους την σωτηρίαν μας».

«Έκαστος νουνεχής ημπορεί να γνωρίση, πόσον ψευδής είναι η πρόληψις αύτη. Αρκεί μόνον να βαθύνη εις τά πράγματα της Πατρίδος μας. Ρίψατε τά βλέμματά σας εις τάς θαλάσσας, καί θέλετε τάς ίδεῖ κατασκεπασμένας άπό θαλασσοπόρους Όμογενεῖς, ετοίμους νά άκολουθήσωσι τό παράδειγμα τῶν Ἡρώων τῆς Σαλαμῖνος! Κοιτάξετε καί εις τήν ξηράν, καί άπανταχοῦ βλέπετε Λεωνίδας όδηγοῦντας φιλοπάτριδας Σπαρτιάτας! Κοιτάξετε τήν όμόνοιαν, ήτις συνδέει τῶν Ἡρώων τούτων τάς ψυχάς! Κοιτάξετε τήν προθυμίαν καί τόν ζῆλον αὐτῶν! Παραβάλετε τάς εξαισίους καί μεγάλας ταύτας άρετάς μέ τήν χαυνότητα, άδυναμίαν καί έσωτερικήν ταραχήν τοῦ έχθροῦ μας· καί τότε, αν ήμπορῆτε, είπατε, ότι άπό άλλους πρέπει νά προσμένωμεν τήν σωτηρίαν μας».

«Ναί, άδελφοί Ὁμογενεῖς! Ἔχετε πάντοτε πρό όφθαλμῶν, ότι ποτέ ξένος δέν βοηθεῖ ξένον χωρίς μεγαλώτατα κέρδη. Τό αίμα, τό όποῖον θέλουσι χύσει οί ξένοι δι' ήμᾶς, θέλομεν τό πληρώσει άκριβώτατα. Καί οὐαί εις τήν Ἑλλάδα, όταν συστηματική Δεσποτεία ένθρονισθῇ εις τά σπλάγχνα της! Ὅταν όμως μόνοι μας άποσείσωμεν τόν ζυγόν τῆς τυραννίας, τότε τῆς Εύρώπης ή πολιτική θέλει βιάσει όλας τάς ίσχυράς Δυνάμεις νά κλείσωσι μέ ήμᾶς συμμαχίας καί έπιμαχίας άδιαλύτους. Χαίρετε!

(Τ. Σ.) Τό παρόν έσφραγίσθη καί έδόθη 1820 Ίσμαῆλι, τῇ 8 Όκτωβρίου.

ΑΛΕΞΑΝΔΡΟΣ ΥΨΗΛΑΝΤΗΣ».

Ο Α. Πελοπίδας άπεστάλη εις τήν Αίγυπτον, έπιφορτισμένος νά φανερώσῃ «πρός όλους......» ότι ή έφετή ώρα τοΰ σκοποΰ δέν είναι μακράν, καί νά παρακινήση διά νά καταβάλωσιν όχι μόνον, δσα ένόρκως ύπεσχέθησαν, άλλά καί περισσότερα άκόμη διά τήν μεγάλην άνάγκην τής Πατρίδος. Άφοΰ δέ τά παραλάβη, νά άποπλεύση πάραυτα είς τάς Π. Πάτρας, δπου νά παραδώση τά πάντα είς τόν Ίωάννην Παππαδιαμαντόπουλον».

Είς τήν Αίγυπτον διεύθυνεν ό Υψηλάντης τήν άκόλουθον Προκήρυξιν.

«Αγαπητοί Αδελφοί τοΰ Ίεροΰ Δεσμοΰ τών Φιλικών, οί διατρίβοντες είς Αίγυπτον, καί Συμπολίται Φιλοπάτριδες, χαίρετε!

«Δυνάμει τής Πληρεξουσιότητος, τήν όποίαν ή Σεβαστή Αρχή τής Φιλικής Εταιρίας μέ ένεπιστεύθη, συστένω είς τήν ύμετέραν εΰνοιαν καί άγάπην τόν παρουσιαζόμενον γνωστόν σας Άδελφόν Κύριον Α. Πελοπίδαν. . . . .
. . . . ».

«Η ώρα έγγίζει, άγαπητοί Αδελφοί! Τό λαμπρόν άστρον τής Έλευθερίας μας άνατέλλει. Ακούσατε λοιπόν τήν φωνήν τής Πατρίδος. Τρέξατε νά συγκαταριθμηθήτε είς τόν χορόν τών συνεργών τής Ανεγέρσεώς της, καί καταβάλετε τώρα τάς ύποσχεθείσας συνεισφοράς σας. Αλλά τί λέγω; Όχι! Η Ελληνική ψυχή σας δέν θέλει βέβαια ύποφέρει νά συνεισφέρη, δσα ύπεσχέθη, δτε άκόμη τό κέντρον τών έλπίδων μας ήτον άφανές· άλλά θέλει φιλοτιμηθή είς τόν κρίσιμον τοΰτον καιρόν νά προσφέρη θυσίας καί ύπέρ τήν δύναμίν του έκαστος».

«Ναί, ὦ Ἕλληνες Ἀδελφοί! Μόνον μὲ τὸν τρόπον τοῦτον δυνάμεθα νὰ ἐλπίσωμεν εὐτυχῆ ἔκβασιν τῶν εὐχῶν μας. Μακάριοι λοιπόν, ὅσοι δώσητε τὸ καλὸν παράδειγμα εἰς τοὺς λοιποὺς ὁμογενεῖς! Τὰ ὀνόματα αὐτῶν θέλουσιν ἐγχαραχθῆ μὲ χρυσοὺς χαρακτῆρας εἰς τὸν ναὸν τῆς Ἀθανασίας, καὶ ἡ Πατρὶς θέλει τοὺς κηρύττει εἰς αἰῶνα τὸν ἅπαντα Σ ω τ ῆ ρ α ς κ α ὶ Ε ὐ ε ρ γ έ τ α ς τ η ς. Ἔρρωσθε!

Ἰσμαῆλι τῇ 8 Ὀκτωβρίου, 1820.

ΑΛΕΞΑΝΔΡΟΣ ΥΨΗΛΑΝΤΗΣ».

ΚΕΦΑΛΑΙΟΝ Δ'.

Ἀπόφασις τῆς εἰς τὴν Ἑλλάδα καταβάσεως τοῦ Α. Ὑψηλάντου— Πληρεξούσια— Δευτέρα ἀπόφασις περὶ τῆς ἐξόδου τοῦ ἰδίου εἰς τὴν Μολδαυο - Βλαχίαν — Παρατηρήσεις ἐπὶ τοῦ ἠθικοῦ τῶν διαφόρων τάξεων τῶν δύο Ἡγεμονειῶν Βλαχίας καὶ Μολδαυΐας — Ἀποστολὴ τοῦ Ἀριστείδου Πὰπ εἰς τὴν Σερβίαν — Προπαρασκευὴ εἰς Ἰάσιον — Ἔξοδος τοῦ Ὑψηλάντου — Προκήρυξις πρὸς τοὺς Φιλικούς.

Εἰς τὸ Ἰσμαῆλι ἀπεφασίσθη κατ' ἀρχὰς ἡ κατάβασις τοῦ Ὑψηλάντου εἰς τὴν Ἑλλάδα, ἢ τὴν Πελοπόννησον, ὅθεν ἔμελλε νὰ δοθῇ καὶ τὸ πρῶτον σημεῖον τοῦ Πολέμου. Ὁ διάπλους του ἤθελε γίνῃ ἀπὸ τὸ Τριέστιον ἐπὶ Ἑλληνικοῦ πλοίου. Ἀπόδειξιν τούτων ἔχομεν τὸ ἀκόλουθον Ἔγγραφον, τὴν ἐκτέλεσιν τοῦ ὁποίου ἐπεφορτίσθη ὁ Δικαῖος. Διευθύνετο πρὸς τὸν Γεώργιον Πάνου (Πετσιώτην).

«.... Εἶναι πρὸς τούτοις ἀναγκαῖον νὰ εὑρεθῇ μετὰ ἓξ ἑβδομάδας ἀπὸ τὴν σήμερον εἰς τὸ Τριέστι ἕνα καλὰ ἁρματωμένον καράβιον. Ἀλλὰ περὶ τούτου ὁμιλεῖτε μετὰ τοῦ ἀγαπητοῦ μου καὶ φιλοπάτριδος Ἀρχιμανδρίτου Δικαίου, καὶ διατάξετε τὸ πρᾶγμα καλύτερον. Ἐγὼ δὲ σᾶς βεβαιώνω, ὅτι ἡ Πατρὶς θέλει βραβεύσει τὸν ζῆλόν σας μὲ τὰ πλούσιά της δῶρα: δόξαν, εὐγένειαν (α),

---

(α) Εἰς μόνην τὴν Διακήρυξιν (τῶν 24 Φεβρουαρίου 1821), ἀνέφερεν ὁ Ὑψηλάντης τὴν προσφυῆ περὶ τῆς Εὐγε-

τιμάς και αξιώματα.

Ίσμαήλι, 8 Οκτωβρίου, 1820.

Φίλος και Αδελφός

ΑΛΕΞΑΝΔΡΟΣ ΥΨΗΛΑΝΤΗΣ».

Κατ' αυτήν την βάσιν οί Απεσταλμένοι επεφορτίσθησαν και το έργον του να γίνωσι Προσκλητήρια εκ μέρους των Κοινοτήτων της Ελλάδος, επικυρώνοντα προς τον Υψηλάντην την απαιτουμένην Πληρεξουσιότητα. Έχομεν να αναφέ-

---

νείας ιδέαν. «Μεταξύ ημών ε υ γ ε ν έ σ τ ε ρ ο ς είναι εκείνος, «ό σ τ ι ς α ν δ ρ ε ι ο τ έ ρ ω ς υ π ε ρ α σ π ι σ θ ή τ α δ ί κ α ι α τ η ς Π α τ ρ ί δ ο ς, κ α ί ω φ ε λ ι μ ω τ έ ρ ω ς τ η ν δ ο υ λ ε ύ σ η».

Έφιλονείκησάν τινες με τον Υψηλάντην, ώς επιχειριζόμενον ανεπαισθήτως την εισαγωγήν της διαφθοράς και της διαιρέσεως, διά των όποιων έδιδεν επισήμων υποσχέσεων περί Ευγενείας, ενώ ο μέλλων Αγών απέβλεπε να σβέση την ανισότητα : καρπόν και αυτήν της τυραννίας. Το παράδειγμα του Υψηλάντου ηκολούθουν ακόμη και διάφοροι Απόστολοι, κατά τα εις χείράς μας Έγγραφα. Δυνάμεθα μεολοντούτο να παρατηρήσωμεν, ότι όλα ταύτα ήσαν επιχειρήματα ενθουσιασμού πρόσκαιρα.

Κατά τον πρώτον και τον δεύτερον ακόμη χρόνον της Επαναστάσεως ήσαν ωσεπιτοπλείστον εν χρήσει οί αθώοι τίτλοι της Φιλογενείας, Φιλοπατρίας και της Γενναιότητος. Μετέπειτα εισεχώρησαν αι σκανδαλώδεις Ευγένειαι και Πανευγένειαι, αι Ενδοξότητες και Εξοχότητες, και μάλιστα αι Εκλαμπρότητες.

Με πολύν νουν κατέκρινεν όλους τούτους ο Θ. Κολοκοτρώνης εις μίαν των Εθνικών Συνελεύσεων της Ελλάδος, καθ' ην ώραν διεφιλονεικείτο το περί Τιτλοφορίας Κεφάλαιον. «Και Γενναιότατον, (είπε), και Ευγενέστατον, και Εξοχώτατον, και Εκλαμπρότατον, και Υψηλότατον, και Παναγιώτατον ακόμη με ωνόμασαν· πλην είμαι ο ίδιος».

ρώμεν τοιαύτης φύσεως Έγγραφον μιάς Νήσου, υποκειμένης ήδη υπό την Κυριότητα τοΰ Σουλτάνου.

«'Ημείς οι υπογεγραμμένοι Προεστώτες και Δημογέροντες τής Νήσου... εν ονόματι των παρ' ημών διοικουμένων Αδελφών μας κηρύττομεν δια τού Παρόντος·

«Ότι κατά θέλησιν αυτοπροαίρετον και κατά μίμησιν των λοιπών της Ελλάδος Επαρχιών άπεφασίσαμεν να άποτινάξωμεν τον καταδυναστεύοντα ζυγόν της τυραννίας, και να ζώμεν εις το εξής υπό Σύστημα Πολιτικόν, όποιον το όλον της Ελλάδος αποδεχθή, απολαμβάνοντες την εκ της νομίμου Διοικήσεως εύδαιμονίαν».

«'Αλλ' επειδή των τοιούτων μεγάλων Επιχειρημάτων ή αισία και κατ' εύχήν έκβασις έξήρτηται από την καλήν διευθέτησιν· δια τούτο και ήμείς, μιμούμενοι το όλον της Ελλάδος, προσκαλούμεν τον Έκλαμπρόταταν Πρίγκιπα Αλέξανδρον Υψηλάντην Αρχηγόν και Πληρεξούσιον Διοικητήν εις απόκτησιν των ιερών δικαιωμάτων μας και εις σύστασιν Πολιτικού Συστήματος, άναλογούντος με τον χαρακτήρα τοΰ Έθνους». (α)

(α) Από της πρώτης Διακηρύξεώς του (24 Φεβρουαρίου 1821), εκήρυξεν ό Υψηλάντης το μέλλον Σύστημα της Ελλάδος. «Το Έθνος συναθροιζόμενον θέλει εκλέξει τους Δημογέροντάς του, και εις την ύψιστον ταύτην «Βουλήν θέλουσιν υπείκει όλαι μας αι πράξεις». Είδομεν δε, ότι αι Επαρχίαι της Ελλάδος, μορφώνουσαι την Εθνικήν Διοίκησίν των, παρεδέχθησαν τάς αρχάς της Αντιπροσωπικής Πολιτείας, και τας καθιέρωσαν

«Ἐλπίζομεν, ὅτι ἡ Ἑλληνικὴ ψυχή του, καταφλεγομένη ἀπὸ τὸν καθαρὸν πατριωτισμόν, δὲν θέλει τὸν ἀφήσει νὰ μένῃ κωφὸς εἰς τὰς τόσας παρακλήσεις τῶν δυστυχούντων Ὁμογενῶν του. Περὶ δὲ τῆς ἀσφαλείας τοῦ Σεβαστοῦ Ὑποκειμένου του ἐγγυούμεθα ἅπαντες μὲ τὴν ζωήν μας».
1820, Μὴν Δεκέμβριος, (Τ.Σ. καὶ αἱ ὑπογραφαί)» (α).

Μολαταῦτα οἱ ἄνθρωποι, οἱ ὁποῖοι ἐσχημάτιζον τὸ Συμβούλιον τοῦ Ὑψηλάντου, δὲν εἶχον, φαίνεται, τὸν ἀπαιτούμενον πολιτικὸν καὶ στρατιωτικὸν νοῦν. Προέκυψαν ἐκ τούτου, ὅσα προανεφέραμεν (β)· ματαιοῦται τὸ σχέδιον τῆς καταβάσεως τοῦ Ἀρχηγοῦ εἰς τὴν Ἑλλάδα· καὶ βιάζεται ἡ κίνησις τῶν ὅπλων, καθὼς καὶ ἡ ἔξοδος τούτου εἰς τὴν Μολδαυο — Βλαχίαν. Διὰ τὴν ἐλλείπουσαν προδιάθεσιν τῶν ἀπαιτουμένων μέτρων δὲν θέλει δείξει ἡ περίστασις αὐτὴ κανὲν κολοσσαῖον ἔργον· ἀλλ' ἡ μεσημβρινὴ Ἑλλὰς θέλει δράξει τὴν εὐκαιρίαν μεγάλων ὠφελημάτων.

Οἱ πολλοὶ Κάτοικοι τῶν δύο Ἐπαρχιῶν τῆς Μολδαυΐας καὶ Βλαχίας παρὰ τὴν παχυλὴν ζωό-

---

διὰ τῶν Συνελεύσεών των ἐνώπιον Θεοῦ καὶ Ἀνθρώπων. Καὶ ὡς πρὸς τοῦτο οἱ Ἕλληνες δὲν ἠκολούθησαν ξένα παραδείγματα, ἀλλὰ τὰ ἴχνη τῶν Προγόνων των. Ἡ Σύνοδος τῶν Ἀμφικτυόνων ἦτον ἡ Βουλὴ ὅλης τῆς Ἑλλάδος συμπολιτευομένης.

(α) Δὲν γνωρίζομεν, ἂν ὅλαι αἱ Κοινότητες τῆς Ἑλλάδος ἔδωσαν Πληρεξούσια τοιαῦτα. Μᾶς φαίνεται δὲ **πιθανώτερον** τὸ νὰ μὴν ἔγραψαν διὰ τὴν προληφθεῖσαν Κίνησιν τοῦ Πολέμου.

(β) Ἴδε Κεφ. Β τῆς παρούσης Ἐποχ.

τητά των ήσαν άνάξιοι καί είς τά δπλα, δοκιμάζοντες τήν φρικτοτέραν τυραννίαν. Οί λεγόμενοι Πλαγιάσσιδες, Βουνδόροι, Βουτικάσσιδες καί Πανδούριδες (ή οί Όρεινοί) διεκρίνοντο οί γυμναστικώτεροι είς ταΰτα· οί Άρχοντες δμως, φύσει ακατάστατοι έξ ενός μέρους, έτρεφον έκ τοϋ άλλου μίσος κατά των Ελλήνων, ώς διοικούμενοι πρό χρόνων άπό τούτους. Ό φόβος της μελλούσης διαγωγής των ήθελεν είναι ολιγώτερος, άν είσήγοντο δλοι είς τήν Έταιρίαν ή άν έλαμβάνοντο τέλος πάντων (μετά τήν ρήξιν τοϋ Πολέμου) μέτρα συνετά καί μάλλον ή ήττον πρόσφορα ώς πρός τήν περίστασιν, πρίν ή άρχίσωσιν αί σκληραί παραφοραί τοϋ άχαλινώτου Στρατεύματος. Οί Βλάχοι, πλέον έπιρρεπεϊς είς τήν έλευθερίαν, ήσαν άκαταστατότεροι των Μολδαυών, μολονότι εδειξαν έπί της Εταιρίας τινές εύγενή φιλοτιμίαν (α).

Άπό τούς σποράδην εύρισκομένους Έλληνας είς αύτάς τάς Επαρχίας ύπήρχον τό περισσότερον μέρος οί λεγόμενοι Άρκατάσσιδες, μεταχειριζόμενοι τά δπλα έναντίον τής είσρροής των Κλεπτών· οί δέ δυνάμενοι νά όπλοφορήσωσιν ήσαν όλίγοι Ήπειρώται, Θεσσαλοί, Μακεδόνες, Άκαρνάνες, Βούλγαροι, Σέρβοι καί άλλοι, έννοούμενοι δλοι ύπό τό γενικόν όνομα Αλβανοί. Άλλ' ό αριθμός καί τούτων μόλις άνέβαινε τάς 4,000, καί αύτάς μέ άρκετά έλαττώματα.

Τής Δακίας ή κατάστασις ήτο τοιαύτη, ένω αί παράλιοι τοϋ διαχωρίζοντος Δουνάβεως ύπήρ-

---

(α) Ίδε Σελ. 272.

χον ένδυναμωμέναι μὲ Φρούρια, ἀπεριποίητα μέν, ἀλλ' ἀσφαλίζοντα ὁπωσδήποτε τοὺς Τούρκους, ἐπιμένοντας ἐντὸς τούτων εἰς καιρὸν πολέμου. Ἔχομεν τὰ παραδείγματα τῶν πρώτων μάλιστα ἐκστρατειῶν τῆς πεφοβητέας Ρωσσίας.

Προχωροῦντες μακρύτερον εὐρίσκομεν, ὅτι ἡ τρισάθλιος καὶ φλεγματικὴ Βουλγαρία, ἡ ποτὲ ἔνδοξος Μακεδονία, πτωχεύσασαι διόλου ἀπὸ φῶτα, συνεζυμώθησαν μὲ τὴν τυραννίαν, καὶ δὲν ἦσαν τὸ χειρότερον εἰς στάσιν τοῦ νὰ γνωρίζωσιν οὐδὲ ἐπιπολαίως τὴν κυριοσημασίαν τῆς λέξεως Ἐλευθερία. Ἡ Μολδαυο - Βλαχία εἶχε κάποιαν διαφορὰν διὰ τὴν μὲ τοὺς Ἕλληνας μῖξίν της καὶ τὴν παρουσίαν ἀρκετῶν Λογίων· εἰς τὴν Βουλγαρίαν ὅμως (καὶ τὴν Μακεδονίαν αὐτὴν κατὰ μέγα μέρος) οὐδὲ ἐτόλμα τις νὰ κάμῃ παρόμοια προβλήματα. Ἐνταυτῷ οἱ Τοῦρκοι ὅλων τούτων τῶν βορειοτέρων Τόπων ἦσαν ἀρκετὰ εὔτολμοι καὶ συνήθεις εἰς τὰ ὅπλα διὰ τοὺς συνεχεῖς πολέμους τῆς Ἄρκτου.

Διὰ τὰς αἰτίας αὐτὰς ἤθελον πολλοί, καθὼς προανεφέραμεν (α), τὴν ἔναρξιν τοῦ Πολέμου εἰς τὸ κέντρον τῆς Ἑλλάδος, παρόντος τοῦ Ὑψηλάντου· εἰς δὲ τὴν Λακίαν τὸν διορισμὸν τοῦ Ὀλυμπίου καὶ Σάββα, ὡς ἱκανῶν νὰ διακρατῶσι τοὐλάχιστον τὰς Ἐπαρχίας αὐτάς, καὶ νὰ ἀντιπερισπῶσι τοὺς Τούρκους, ἐὰν δὲν ἠδύναντο νὰ διαβῶσι τὸν Δούναβιν. Ἔκρινον· μάλιστα πολλοί, ὅτι βοηθούμενοι οὗτοι ἀπὸ ἕνα εἰδήμονα τῆς Τακτικῆς Πολεμικῆς, ἐξασκοῦντες μυστικῶς

(α) Σελ. 271— 272.

μικρά Σωμάτια, καί προεμβιβάζοντες επιτηδείως εις την Ίμβραήλαν, Γκιούργκιοβον καί Τοΰρον Στρατιώτας μεταμεμορφωμένους εις πραγματευτάς, ήδύναντο νά γίνωσι κύριοι των Φρουρίων τούτων (α). Άλλ' δλα ταΰτα ήσαν σχέδια μάλλον φανταστικά.

Αι παρατηρήσεις αύταί εξηγούν άλλως την άπάτην, εις την οποίαν υπέπεσεν ό Υψηλάντης. Εις τό νέον σχέδιόν του θέλει ούτος νά καταστήση μέτοχον την Σερβίαν διά τά πολλά καί δυνατά δπλα της. Ή επιτυχία τοΰ μέτρου τούτου ήλπίζετο διά τά μίση, τά οποία είχεν ήδη ό τόπος ούτος εναντίον τοΰ Αρχηγού του Μιλλόση Όμπρένοβιτς. Άλλ' ό απεσταλμένος, άν καί παράκαιρα, Αριστείδης Πώπ (β) θανατούται καθ' όδόν (γ), καί αύτη προσέτι ή περίστασις γίνεται

(α) Ό Σάββας μάλιστα υπέσχετο την αναιμωτί κυρίευσιν τοΰ Γκιουργκιόβου καί της Ίμβραήλας, όπου εισήρχετο ελευθέρως, ώς πιστός θεωρούμενος της Τουρκικής Εξουσίας.

(β) Κατήγετο Θεσσαλός. Ωνομάζετο πρώτον Α ρ ι σ τ ε ί δ η ς Π α π π ά, καί έπειτα Α ρ ι σ τ ε ί δ η ς Π ώ π. Αυτός καί ό Ύπατρος, υπάρχοντες πριν Υπηρέται της Θρησκείας, ενεδύθησαν καί πάλιν τό λαϊκόν σχήμα εις την έποχήν της Εταιρίας γινόμενοι Υπηρέται Πολιτικοί της Πατρίδος των.

Ό Αριστείδης, απεσταλμένος άπό την Κωνσταντινούπολιν μέ γράμματα ουσιωδέστατα, ήργοπόρησεν ένεκα πολλών αιτιών νά πλησιάση εγκαίρως τόν Υψηλάντην. Βεβαιώνουν, ότι τά γράμματα αυτά ήθελον δώσει μέγα φώς εις τάς επιχειρήσεις τούτου.

(γ) Περί τοΰ θανάτου τοΰ Αριστείδου υπάρχουν ίδέαι πολλαί, μία των οποίων είναι ή θρυλουμένη προδοσία τοΰ Ηγεμόνος Α. Σούτσου. Δεν είμεθα σύμφωνοι μήτε ώς πρός αυτήν. Ήξεύρομεν μάλιστα, ότι ό Ηγεμών ούτος έδειξε θε-

ὁ πρόδρομος τῆς ὀγλιγώρου καὶ βεβαίας δυστυχίας τοῦ Ὑψηλάντου.

Ἡ Συνέλευσις τῆς Λαϊμβάχης συνεκροτεῖτο εἰς τὴν ἐποχὴν αὐτήν. Τὸ πνεῦμά της ὡς πρὸς τὰ γενικὰ τῆς Εὐρώπης πράγματα, τὸ ὁποῖον ἤθελεν ἔχει βαρύτητα πολλοῦ λόγου καὶ εἰς ἐκεῖνα τῆς ἐπιταχυνομένης Ἑλληνικῆς Ἐπαναστάσεως, ἦτον ἀνεξήγητον ἔτι, μολονότι ἔκρινον πολλοὶ τὰς ἀρχάς της ὁμοιομόρφους ἐντελῶς μὲ τὰς προηγηθείσας τοῦ Ἐξλασαπέλ, τοῦ Τροπάου καὶ τῆς Βιέννης. Πᾶς φρόνιμος ἤδη ἐθεώρει ὡς πολλὰ πιθανὴν τὴν παρεξήγησιν τῶν ἀφορμῶν, τῶν συσχετικῶν περιστάσεων καὶ τοῦ σκοποῦ τοῦ Ἑλληνικοῦ Κινήματος· οὐδὲ ἦτο κατὰ συνέπειαν μακρὰν τοῦ νὰ προΐδῃ τὴν ἀνάγκην, ἡ ὁποία ἤθελεν ὑπαγορεύσει εἰς τοὺς Δυνατοὺς τὴν ἄμεσον διαχείρισιν ὅλων ἐκείνων τῶν μέσων, ὅσα ἠδύναντο νὰ σβέσωσι δι' ὀλίγου καὶ εἰς τὴν Ἀνατολὴν τὴν φλόγα τοῦ Πολέμου. Ὅλα ταῦτα, ἠνωμένα καὶ μὲ τὴν κρίσιμον ὁπωσδήποτε θέσιν τοῦ Αὐτοκράτορος Ἀλεξάνδρου, ἐξερχομένου τῆς Ἐπικρατείας του, δικαιώνουν τοὺς πολιτικοὺς στοχασμοὺς διαφόρων Ὑποκειμένων τοῦ Ἰασίου (α) καὶ ἄλλων τόπων, τὰ ὁποῖα ἐπάσχισαν ν' ἀποτρέψωσι τὸν Ὑψηλάντην ἀπὸ τὴν κίνησιν τοῦ Πολέμου, ὡς ἄκαιρον.

ληματικὴν ἀδιαφορίαν καὶ εἰς ἄλλας καὶ εἰς τὴν διαλαμβανομένην (Σελ. 234) περίστασιν. Ἄλλως ἐδύνατο νὰ συλλάβῃ τὸ σημαντικώτερον μέρος τῶν Ἑταίρων τῆς Βλαχίας, καὶ νὰ ἐπιφέρῃ οὕτω τὴν μεγαλυτέραν ἀνατροπὴν τοῦ Συστήματος.

(α) Μεταξὺ τῶν ὁποίων διακρίνεται ὁ Ἰ. Ρίζος (προσεπονομαζόμενος Νερολός).

Μεολαταΰτα ὁ βρασμὸς ἐκορυφοῦτο παντοῦ. Ὁ Γεώργιος Λασσάνης ἀποστέλλεται εἰς τὸ Ἰάσιον, ἐπιφορτιζόμενος νὰ προπαρασκευάσῃ Σώματα Ὁπλοφόρων. Ὁ Ἡγεμὼν Μιχαὴλ Σοῦτσος δὲν ἐγνώριζεν οὐσιωδῶς τὰ διατρέχοντα, οὐδὲ ἔλαβεν εἰς ταῦτα μετοχὴν ἐνεργόν. Ἡ διαγωγὴ τοῦ Λασσάνη διήγειρε δυσαρεσκείας. Ὅλα τὰ φαινόμενα ἐδείκνυον παιδαριώδες εἰς ὅλας του τὰς φάσεις τὸ μέλλον Κίνημα.

Ὁ Δούκας Κωνσταντίνου καὶ Γεράσιμος Ὀρφανὸς πληροφοροῦσι τὸν Ὑψηλάντην εἰς τὴν Κισνεύην (10 Φεβρουαρίου, 1820), ὅτι δὲν ὑπάρχει εἰς τὸ Ἰάσιον καμμία, ὁπωσδήποτε ἀξιόχρεως, Στρατιωτικὴ προετοιμασία. Ὁ Ὀρφανὸς ἐπέμεινε μάλιστα εἰς τὴν πρότασίν του νὰ ἀναβάλῃ οὗτος τὴν ἔξοδόν του. Ὁ Ὑψηλάντης τότε προσαιτιολογεῖ τὴν ἀπόφασίν του καὶ μὲ Γράμματα τῆς Κωνσταντινουπόλεως, προσκαλοῦντα τὴν ἄμεσον κίνησίν του διὰ τὴν γενομένην ἀνακάλυψιν τοῦ Μυστηρίου. Τελευταῖον διορίζονται καὶ οἱ δύο νὰ ἐπιστρέψωσιν εὐθὺς εἰς τὸ Ἰάσιον, ὅπου νὰ διαθέσωσιν, ὅσην ἠμπορέσουν, Δύναμιν. Ὁ Ὑψηλάντης διεύθυνε τὸ ἀκόλουθον Ἔγγραφον πρὸς τοὺς Πολεμικοὺς αὐτῆς τῆς Μητροπόλεως.

«Κύριοι Ἀρχηγοί!

«Κατὰ τὰς εἰδήσεις, τὰς ὁποίας ἔλαβον ἀπ' ὅλα τὰ μέρη τῆς φίλης ἡμῶν Πατρίδος, τὸ Πρᾶγμα δὲν ἐπιδέχεται πλέον τὴν παραμικρὰν ἀργοπορίαν· διὸ καὶ ἡ κίνησις ἡμῶν ἄφευκτος. Ὅθεν δώσατε ἀκρόασιν εἰς τοὺς ἐπιφέροντας τὸ πα-

20*

ρόν μου Κυρίους Δούκαν καί 'Ορφανόν, καί κατά τούς λόγους αὐτῶν θέλετε ἐνεργήσει ἑτοιμαζόμενοι, ὅσον ἐνδέχεται, μυστικῶς, καί περιμένοντες τήν τελευταίαν μου Προσταγήν, τήν ὁποίαν θέλω σᾶς στείλει κατ' αὐτάς, διά νά κινηθῆτε.

Ἔρρωσθε καί κραταιοῦσθε!

Κισνεύη, τῇ 18 Φεβρουαρίου, 1821.

ΑΛΕΞΑΝΔΡΟΣ ΥΨΗΛΑΝΤΗΣ».

Οἱ δύο οὗτοι συγκροτοῦσι συνέλευσιν γενικήν ἀπ' ὅλους τούτους (τὸ ἑσπέρας τῆς 19), δίδουσι τὸ ὕστερον Μυστικὸν μὲ ἔγγραφον ὅρκον, καί κοινοποιοῦσι τήν ἐπαύριον ἄφιξιν τοῦ Ὑψηλάντου. Τὸ ποσὸν τῶν στρατιωτῶν ἐλογίσθη κατ' αὐτήν τήν νύκτα εἰς 133.

Τήν 21 τοῦ Φεβρουαρίου ἐξῆλθεν ὁ Ὑψηλάντης ἐκ τῆς Βασσυραβίας, ὡς ὁδοιπόρος ἁπλοῦς, καί τήν 22 εἰσῆλθεν εἰς τὸ Ἰάσιον, συνοδευόμενος ἀπὸ δύο ἑκατοστάς Ἱππέων, τοὺς δύο Ἀδελφούς του Νικόλαον καί Γεώργιον, τὸν Γεώργιον Καντακουζηνὸν καί τινας ἄλλους. Εἰς τήν οἰκίαν τοῦ Ἰ. Ρίζου ἔλαβε συνέντευξιν μυστικήν μετά τοῦ Ἡγεμόνος Μ. Σούτσου τὸ ἐσπέρας τῆς ἰδίας ἡμέρας.

Θέλουν νά εἰπωσί τινες, ὅτι τὸ κατά τῆς Τουρκίας βίαιον κίνημα τούτου ἐμψυχοῦτο ὄχι μόνον ἀπὸ μίαν ἀνυπέρβλητον φιλοδοξίαν, ἀλλὰ καί ἀπὸ τήν νεάζουσαν εἰς τὸ πνεῦμά του ἐπιθυμίαν τῆς ἐκδικήσεως τοῦ σκληροῦ θανάτου τοῦ Πάππου του (α), καί τῶν πολλῶν ζημιῶν, ὅσαι μετά

(α) Ἴδε Σελ. 105.

ταύτα συνέβησαν εις την πατρικήν του περιουσίαν. Άλλ' όποΐαι και άν υπήρξαν αί άφορμαί, από τάς οποίας ώρμήθη ό ένδοξος ούτος Έλλην, κανείς δέν ήμπορεΐ νά άρνηθή ποτέ την μεγάλην προς τό Έθνος άγάπην του, τον άκρον πατριωτισμόν και την σταθεράν φιλοτιμίαν του (α), ένεκα των όποιων άπώλεσε τά δύο τρίτα της περιουσίας του, παρέβλεψεν ελπίδας και ησυχίαν, και έγιναν τελευταΐον θύματα υπέρ του Αγώνος της Ελλάδος αυτός, οί αδελφοί του και πολλοί των συγγενών, μιμούμενοι τό παράδειγμά του (β).

(α) Είναι αληθεστάτη ή έκφρασις αύτη του Υψηλάντου· «Όστις υπόσχεται, πρέπει νά έκτελή· άλλέως είναι άτιμος· Εγώ όρκισθείς ν' αποθάνω υπέρ της Πατρίδος δέν θέλω ζή, ειμή εάν βλέπω άναγκαΐον τούτο δι' αυτήν».

Τοιαύτην είχε γενναίαν ψυχήν ό 'Αρχηγός της Ελληνικής 'Επαναστάσεως.

(β) Πριν ή δώσωμεν τέλος εις τά περί τούτου άναφορικώς ώς προς την έξοδόν του εις τήν Μολδαυο - Βλαχίαν, κρίνομεν ούσιώδη την δημοσίευσιν και της ακολούθου Ἐπιστολής, γεγραμμένης μέ τήν αριστεράν χείρα του ιδίου κατά τό σωζόμενον πρωτότυπον. Διεύθυνε ταύτην πρός τον εις Όδησσόν Ίωάννην Μακρήν εις την στιγμήν, καθ' ήν έμελλε νά έξέλθη. Σαφηνίζονται καί δι' αυτής αί καταστάσεις του κινήματος, τά αισθήματα και αί ελπίδες του Αρχηγού της Επαναστάσεως.

«Φίλτατε Μακρή Χαίρε!

«Σήμερον άπέρχομαι μετά των Αδελφών μου καί φίλων· καί, θεία συνάρσει, αύριον γίνεται ή αρχή της έλευθερώσεως της κοινής ημών πολυπαθεστάτης Πατρίδος. Ό φιλανθρωπότατος Δημιουργός τή κραταιά αυτού χειρί θέλει προστατεύσει τά Δικαιώματα ημών, εάν όλοι θέλωμεν φανή άξια τέκνα της Ελλάδος, άξιοι Απόγονοι των Προπατόρων ημών».

Άπό τό Ίάσιον διεύθυνεν ό Υψηλάντης πρός τούς Φιλικούς τήν άκόλουθον μυστικήν Προκήρυξιν,

«Ναί, φίλε Μακρή ! Ἄς τρέξωμεν πάντες μετὰ προθυμίας καὶ ζήλου, καὶ ή νίκη τότε άφευκτος. Δὲν ἔχω καιρόν νὰ σὲ γράψω διεξοδικώτερον. Σοὶ διευθύνω τὴν Διακήρυξιν, τὴν ὁποίαν θέλεις διασκορπίσει πανταχοῦ, οἷς οἶδες τρόποις. Ἐὰν οἱ Ἔφοροι τῆς Ἑταιρίας τῶν Φιλικῶν ἀπὸ φόβον, εἴτε ἀπὸ ἄλλο τι αἴτιον δὲν θελήσωσι νὰ φανῶσιν ἄξιοι τοῦ ἐμπιστευθέντος αὐτοῖς ἱεροῦ ἔργου, ὑμεῖς οἱ λοιποὶ Ἀδελφοὶ βιάσατε αὐτοὺς εἰς τὸ νὰ ἐκτελῶσι καθηκόντως τὰ χρέη των, ἢ νὰ παραιτηθῶσι. Αὐτοί εἰσὶ τέσσαρες, ὁ Ἰωάννης Ἀμβροσίου, ὁ Ἀλέξανδρος Μαῦρος, ὁ Ἀλέξανδρος Κουμπάρης καὶ ὁ Ἠλίας Μάνεσης, πρὸς αὐτοὺς στέλλω μίαν Διακήρυξιν πρὸς τοὺς Ἀδελφοὺς τῆς Ἑταιρίας τῶν Φιλικῶν».

«Ἡ Πατρὶς προσκαλεῖ τὰ τέκνα της. Ὅσοι νέοι θελήσωσι νὰ ἀκολουθήσωσι μετ' ἐμοῦ, ἂς τρέξωσιν εἰς τὰς ἀγκάλας μου. Θέλουσι μὲ εὕρει πάντοτε εἰς τὴν ὁδὸν τῆς ἀρετῆς καὶ τῆς τιμῆς. Οἱ δὲ ἄλλοι ἂς σπεύσωσιν εἰς τὴν Πατρίδα. Ἀνάγκη πᾶσα νὰ πολλαπλασιάζωνται οἱ προτρεπτικοὶ λόγοι τῶν καλῶν. Ὅθεν σὺ ὁ καλὸς γράφε καὶ λέγε εἰς τὴν Ὀδησσόν, ὅσον καὶ εἰς ὅλα τὰ μέρη, ὅπου εὑρίσκονται Ἕλληνες : εἰς τὰ Παρίσια, εἰς τὴν Ἰταλίαν, καὶ Γερμανίαν καὶ ὅπου ἀλλοῦ. Ἐὰν εὑρεθῶσι κατὰ τύχην εἰς Ὀδησσόν τινες καλοὶ Ὀφφικιάλοι τοῦ Ναπολέοντος Γάλλοι, ἢ Ἰταλοί, μὲ χαρακτῆρα τίμιον καὶ μὲ μάθησιν εἰς τὰ πολεμικά, ἂς προσκληθῶσι· καὶ οἱ ἔχοντες χρείαν, ἂς ἐφοδιάζωνται μὲ τὰ ἀναγκαῖα χρήματα. Ὁμοίως καὶ ὅσοι Γραικοί, Σέρβοι, Βούλγαροι ἀρματωλοί ἂς λαμβάνωσι τὰ Πασαπόρτιά των, καὶ ἂς διευθύνωνται πρός με εἰς Βλαχομπογδανίαν. Δὲν ἔχω χρείαν νὰ συμβουλεύσω, ὅτι ταῦτα πάντα νὰ γίνωνται μετὰ φρονήσεως καὶ ἡσυχίας ἄνευ θορύβου».

«Ἐνφύσησον, Φίλε Μακρή ! εἰς τὰς ψυχὰς ὅλων τῶν Συμπατριωτῶν μας τὴν ἐδικήν σου ψυχήν, καὶ τότε θριαμβεύσωμεν ἀφεύκτως. Ἐγὼ δὲ θέλω πασχίσει νὰ ἀποδείξω τὸν ἑαυτόν μου ἄξιον τῶν, ἂν τρέφει ἡ Πατρίς, ἐλπίδων καὶ τῆς πί-

ΟΔΥΣΕΥΣ ΑΝΔΡΟΥΤΣΟΣ.

καθ' ήν ήμέραν έξέδωκεν έκείνην του Πολέμου (α). Είναι αυτή ή τελευταία μυστική Πραξίς του: Είναι, καθώς εξηγείται καί ό ίδιος, ό καρπός των πολυχρονίων προσπαθειών καί των ελπίδων τοϋ Ελληνικού Έθνους.

«'Αδελφοί της Εταιρίας των Φιλικών!

«Έφθασε τέλος πάντων ή ποθουμένη έκείνη λαμπρά στιγμή! Ιδού, ό σκοπός των πρό χρόνων ενεργειών μας καί άγώνων εκτυλίσσεται σήμερον ! Ή Φιλική Εταιρία θέλει διαμείνει αιωνίως τό μόνον σύνθημα της ευδαιμονίας μας».

«Σείς, φίλοι μου Συνεταίροι! έδείξατε, τί ό καθαρός καί θερμός πατριωτισμός δύναται. Άπό σας ελπίζει τώρα καί μεγαλύτερα ή Ελλάς είς τήν άνάστασίν της. Καί δικαίως· καθότι, άν διά μόνας έλ-

---

στεως, μέ τήν όποίαν μέ τιμώσιν οί φίλτατοί μου Συμπατριώται·

«Νίκη, ή θάνατος, υπέρ πίστεως καί υπέρ Πατρίδος!»

«Εις τήν Γραικικήν Έκκλησίαν οί Ιερείς νά εύχωνται είς τάς Θείας Ιερουργίας·

«Τών υπέρ της άνεγέρσεως τών κατά τών Τυράννων Τροπαίων ήμών τών Ευσεβών!»

«Τήν Προκήρυξιν... θέλεις τήν διαδώσει εις τάς 23. Αντιγραφαί ταύτης... επικυρωμέναι παρά πολλών... νά σταλώσι πανταχού...»

«Σέ ασπάζομαι έκ ψυχής

Ό ειλικρινής σου φίλος καί αδελφός
ΑΛΕΞΑΝΔΡΟΣ ΥΨΗΛΑΝΤΗΣ».

(α) Καί αί δύο εγράφησαν είς τό Κισνόβι κατά τό προς τον Ι. Μακρήν Γράμμα τοϋ Υψηλάντου.

πίδας έθυσιάζετε τὸ πᾶν, τί δὲν θέλετε πράξει τώρα, ὅτε ὁ φαεινὸς Ἀστὴρ τῆς ἐλευθερίας μας ἔλαμψε;»

«Ἄγετε λοιπόν, ὦ Ἀδελφοί! Συνδράμετε καὶ τὴν τελευταίαν ταύτην φορὰν ἕκαστος ὑπὲρ τὴν δύναμίν του εἰς ὡπλισμένους ἀνθρώπους, εἰς ὅπλα, χρήματα καὶ ἐνδύματα ἐθνικά· αἱ δὲ μεταγενέστεραι Γενεαὶ θέλουσιν εὐλογεῖ τὰ Ὀνόματά σας, καὶ θέλουν σᾶς κηρύττει ὡς τοὺς πρωταιτίους τῆς εὐδαιμονίας των».

Ἰάσιον, τῇ 24 Φεβρουαρίου, 1821.

ΑΛΕΞΑΝΔΡΟΣ ΥΨΗΛΑΝΤΗΣ
Γενικὸς Ἐπίτροπος τῆς Ἀρχῆς».

Ὁ Ὑψηλάντης παρασυρθεὶς εἰς πολλά, καθὼς προεξεθέσαμεν, ἐχρεώστει κἂν νὰ μεταχειρισθῇ εἰς τὴν ἐκλογὴν τῶν περὶ αὐτὸν ἀνθρώπους μετριόφρονας καὶ ὄχι καθ' ὑπερβολὴν φανατικούς: ἀνθρώπους εὐκολυνομένους εἰς τὰ μέσα καὶ ὄχι καταδεδιωγμένους ἀπὸ τὴν δυστυχίαν, καὶ διὰ τοῦτο ἀπηλπισμένους. Ἐχρεώστει τέλος πάντων νὰ μὴ προτιμήσῃ δίδων ὅλην τὴν ἐμπιστοσύνην του εἰς ἀνθρώπους, οἱ ὁποῖοι ἀφ' ἑνὸς μέρους ὑπέσχοντό τι εἰς τοὺς Ἕλληνας ἐν ὀνόματι τῆς Ρωσσίας καὶ τοῦ Ὑψηλάντου, καὶ ἀφ' ἑτέρου ἓν ἄλλο πρὸς τὸν Ὑψηλάντην ἐκ μέρους τῶν Ἑλλήνων. Εἶναι ἐκτὸς ἀμφιβολίας, ὅτι μεταξὺ τούτων δὲν ἤθελεν εὕρει κανένα ἐνεργὸν καὶ ἱκανὸν νὰ τὸν δίδῃ ἐπωφελεῖς συμβουλάς. Αἱ συμβουλαί, καθὼς καὶ αἱ ὑποσχέσεις τῶν τοιούτων, εἶναι πάντοτε κολακευτικαί, καὶ οὐδέποτε εἰλικρινεῖς καὶ πραγματικαί.

Κατὰ τὴν ἀπόφασιν, γνωρισμένην εἰς τὸν Σουλτάνον (α) ή Έπανάστασις των Ελλήνων ήτον αναπόφευκτος, εις όποιανδήποτε κατάστασιν καί ἄν ευρίσκοντο τά πράγματα. Ναί! Άλλά πρό πάντων ήτο αναπόφευκτον τό νά ληφθώσι μέτρα συνετώτερα καί υποσχόμενα αγαθοτέρας εκβάσεις. Πολλοί φρόνιμοι έβλεπον ήδη, όπόσας ό Ύψηλάντης απήντει δυσκολίας εις τό σχέδιον, τό όποιον παρεδέχθη· άλλά μόνη ή κλίσις των πρός τήν Ελευθερίαν έκαμε νά προχωρούν εις τά πρόσω έν τω μέσω τής μεγαλυτέρας αβεβαιότητος.

Μεολαταύτα, άν ή Ρωσσία εύκολύνετο νά μή κοινοποιήση τό Ψήφισμα τής Λαϊμβάχης, τό όποιον κατέπληξεν όλους, καί έκαμε τούς περισσοτέρους νά μήν ύπακούουν πρός τόν Ύψηλάντην καί τό χειρότερον νά τόν προδίδουν· άν έκτός τούτου μερικά Μυστικοσυμβούλια ήθελον διατηρήσει εντελή ούδετερότητα, καθώς οί άλλοι, καί ό Ύψηλάντης καί ή λοιπή Ελλάς ήθελον κάμει πλέον άξιοσημείωτα κινήματα καί προόδους, τά όποια θέλουσιν είναι τό ύποκείμενον τών λοιπών Τόμων.

(α) Ζήτει Κεφ. Ε' τής παρούσης Εποχ.

ΚΕΦΑΛΑΙΟΝ Ε'.

Σύστασις τῆς ἐν Κωνσταντινουπόλει Ἐφορίας — Ἐνθουσιασμός τῆς Μεγαλουπόλεως αὐτῆς — Διαγωγὴ τῶν Ἐφόρων — Προδοσία κατὰ τοῦ Π. Σέκερη — Κίνδυνος τῶν προεστώτων τῆς Πελοποννήσου εἰς Κωνσταντινούπολιν — Προδοσίαι τοῦ Ἀσημάκη Θεοδώρου· τοῦ Διόγου Ζακυνθίου κατὰ τοῦ Α. Βλαχοπούλου· τοῦ Ζαφειράκη Νιαουσαίου κατὰ τοῦ Ὑπάτρου· τοῦ Τσολάκογλου κατὰ τοῦ Γ. Καβοστεργιοπούλου· τοῦ Κωνσταντίνου Δουσίτσα κατὰ τοῦ Α. Πελοπίδα κτλ. — Διαβολαὶ κατὰ τῶν Ἑλλήνων — Δολοπλοκίαι τοῦ Λόρδου Μέϊτλαν μετὰ τοῦ Ἀλῆ Πασσᾶ — Ραδιουργίαι τοῦ Α. Κουμουνδουράκη καὶ Καλκαντῆ. Ἀποτελέσματα — Ὁ Ἰμβραχὴμ Πασσᾶς τῆς Πελοποννήσου ἀνακαλύπτει τὰς ἐνεργείας τοῦ Λόρδου Μέϊτλαν — Συκοφαντία τοῦ Α. Κουμουνδουράκη κατὰ τοῦ Π. Μαυρομιχάλου, καὶ προδοσία τῆς Ἑταιρίας — Σχέδιον σφαγῆς τῶν Προεστώτων καὶ τῶν ἀρχιερέων — Μυστικαὶ Διαταγαὶ καὶ διαγωγὴ τοῦ Χουρσὴτ Πασσᾶ — Ἡ σειρὰ καὶ τὸ πνεῦμα τῶν εἰς Πρέβεζαν περὶ πολέμου προτάσεων τοῦ Ἀλῆ Πασσᾶ πρὸς τοὺς Ἕλληνας — Διαγωγὴ τοῦ Σουλτάνου· τοῦ Μπαμπᾶ Πασσᾶ — Ὁ Χουρσὴτ Πασσᾶς ἐνδυναμώνει τὴν Διοίκησιν τῆς Πελοποννήσου — Ἡ Πόρτα ἀπορρίπτει τὰς ὑπὲρ τοῦ Ἀλῆ Πασσᾶ προτάσεις τινῶν ξένων.

Καὶ πρότερον καὶ μάλιστα μετὰ τὴν ἀναγόρευσιν τοῦ Ὑψηλάντου ἡ Κωνσταντινούπολις ηὔξησε τὸν ἐνθουσιασμόν της εἰς τὴν ὑπόθεσιν τῆς Ἑλλάδος τοιοῦτον, ὥστε τὸ Μυστήριον ἔγινε γνωστὸν εἰς ὅλας τὰς τάξεις καὶ εἰς τὰς γυναῖκας ἀκόμη. Καὶ ἄλλων καὶ πρὸ πάντων τοῦ ὁρμητικοῦ Δικαίου ἡ οἰκία ἦτο τὸ Βουλευτικὸν τῶν Ἑταίρων. Προεφυλάττετο οὗτος ἀπὸ τὴν παρατήρησιν τῆς Ἐ-

Εξουσίας διά μόνης τής συνεχούς μεταλλαγής τών καταλυμάτων του.

Ό Δικαίος, άμα κατέβη άπό Ίσμαήλιον, συνέστησε, κατά τάς διαταγάς τοΰ Υψηλάντου, τήν Έφορίαν τής Κωνσταντινουπόλεως άπό τούς εύϋποληπτοτέρους Μεγαλεμπόρους της. Ήσαν ούτοι ό Σπυρίδων Μαύρος, Κυριακός Κουμπάρης, 'Ιωάννης Μπάρπης καί Έπιτηρητής ό Δημήτριος Σχινάς. Τότε ήνοίχθη καί τό Βιβλίον τών Συνεισφορών, άπό τάς όποίας έφωδιάσθη καταβαίνων είς τήν Πελοπόννησον καί ό Δικαίος μέ 60.000 Γροσίων.

Όλοι ήδη ένθουσιώντες πιστεύουσι δογματικώς τήν βεβαίαν καταστροφήν τοΰ Οθωμανικού Βασιλείου έντός τής Καθέδρας του. Πολύ πλέον θερμαίνει τά πνεύματα ή διαδοθείσα φήμη έκ μέρους ένός, καταβάντος έκ τής Όδησσοΰ, δτι ή Ρωσσία θέλει βοηθήσει τούς Έλληνας μέ δύναμιν Στρατιωτικήν 60.000. Είς τό Σταυροδρόμιον γίνονται τά μεγαλύτερα καί συνεχέστερα Συμβούλια τών Εταίρων ύπό τό πρόσχημα τών Χορών καί τών Άποσπερίδων· καί, μολονότι ό Δανέζης παρατηρεί φρονίμως άνύπαρκτον τήν περί τής Ρωσσικής βοηθείας ίδέαν καί ώς άποτελέσματα τής φιλοδοξίας τοΰ Υψηλάντου δλα τά φαινόμενα, ή Έφορία άναφέρεται πρός τόν Αρχηγόν τής Έπαναστάσεως έπικαλουμένη τήν άποστολήν ένός δοκίμου Αρχιστρατήγου είς τήν Κωνσταντινούπολιν, καί τήν προμήθειαν ένός μιλιονίου Γροσίων καί άλλων μέσων διά τήν Έπανάστασίν της. Πρός αύτό τό τέλος

Εδιδον πολλοί καθεκάστην σχέδια διάφορα (α), καί άλλοι έλπίζοντες βεβαίαν τήν πραγματοποίησίν των, έτρεμον άναλογιζόμενοι τήν μέλλου-

---

(α) Έν έκ τούτων είναι καί τό λεγόμενον Μέγα Σχέδιον δοθέν άπό ένα Κεφαλλήνα.'Απέβλεπε τοΰτο τήν θυσίαν τοΰ Σουλτάνου καί τών Ίριτσαλίων, καθώς καί τήν αίφνίδιον σφαγήν τών Τούρκων διά τής έπιθέσεως πυρκαϊών τινων είς προσδιωρισμένα μέρη, τόν πυρπολισμόν τοΰ Στόλου, τοΰ Ναυστάθμου, τοΰ Τοπχανά καί τοΰ Βαρουτχανά, καί τήν κατοχήν, ή άλλως τήν διαρπαγήν, τοΰ Θησαυροφυλακείου. Δέν έπεμβαίνομεν ήδη είς τήν σημείωσιν τών άλλων λεπτομερειών του ώς κινδυνώδη είς πολλά Τάγματα καί ζώντας άνθρώπους.

Ποιον ήθελεν είναι τό πιθανώτερον άποτέλεσμά του, καί μάλιστα ώς πρός τήν τύχην τοΰ Λαοΰ τής Κωνσταντινουπόλεως καί άλλων γειτόνων τόπων ;... Καί μολοντοΰτο ή φρίκη καί τά δεινά έπιχειρήσεως τοιαύτης έμελλον νά συντελέσωσι σημαντικά ώς πρός τήν κίνησιν τής κυρίας Έλλάδος. Παρά τόν πιθανολογούμενον θάνατον τοΰ Σουλτάνου, τήν σημαντικήν θυσίαν τών Τούρκων καί τόν βεβαιότερον παρά τά άλλα πυρπολισμόν τοΰ έλλιμενισμένου καί συνδεδεμένου διά καμήλων Στόλου, τό Όθωμανικόν Βασίλειον ήθελεν εύρεθή διά πολύν καιρόν είς τήν μεγαλυτέραν παραλυσίαν καί άδυναμίαν. Τοιουτοτρόπως ή 'Επανάστασις έξετείνετο εύθύς είς όλην τήν Στερεάν καί μάλιστα τήν θάλασσαν, αί Νήσοι δέν ήθελον ύποπτεύει ούδέ τόν παραμικρόν κίνδυνον, όλα τά Φρούρια έπιπτον ώς άπρομήθευτα καί αί παντοειδείς πολεμικαί έπιχειρήσεις τών Ελλήνων δέν ήθελον άπαντά, τάς όποίας εύρον έπειτα άντιστάσεις. Οί Τοΰρκοι τέλος πάντων ήθελον γνωρίσει άργά τήν άληθή πηγήν τών πραγμάτων, ώς προκατειλημμένοι είς τήν ραδιουργίαν τοΰ 'Αλή Πασσά καί πρό παντός άλλου είς τό έπιχειρηματικόν τών Ρώσσων.

Λαμβάνων τις πρό όφθαλμών έξ ένός μέρους τάς άναποφεύκτους κακώσεις τών Ελλήνων τής Καθέδρας καί άλλων Έπαρχιών, καί άφ' έτέρου τά όφέλη τής Ελλάδος, εύρίσκε-

σαν φρικτήν αίματοχυσίαν. Άλλοι συγχρόνως διενέμοντο διά τής φαντασίας των τα παλάτια των Σουλτανίδων και των Μεγιστάνων, και άντεποιούντο τας Αρχηγίας εις την ώραν του κινήματος.

Ημπορούμεν να είπωμεν, ότι εις ούδεμίαν άλλην περίστασιν ευρέθησαν οι Έλληνες αυτής τής Μητροπόλεως συνδεδεμένοι ηθικώς είς τόσον βαθμόν. Οι Εταίροι θέλουν να φρονηματίσωσι και αυτόν εν γένει τον όχλον· και ήδη Εκκλησιαστικός τις Ρήτωρ κηρύττει επί τού άμβωνος τής Εκκλησίας μιας δυτικής Κωμοπόλεως του Θρακικού Βοσπόρου, (όπου συνέρχονται προειδοποιημένοι πλήθος Προσηλύτων)· «Είναι πλέον ή ώρα να πολεμήσωμεν και να εξαλείψωμεν τον τύραννον (επιφέρων με σιγανήν φωνήν) τών ψυχών μας». Η οξύνοια και το μεθοδικόν του Ελληνικού πνεύματος προχωρεί και μέχρι τούτου. Δάκρυα χαράς πατριωτικής, δάκρυα ελπίδων υψηλών χύνονται κατά τήν στιγμήν αυτήν από τους οφθαλμούς εκείνων,

---

ται τωόντι εις θέσιν δύσκολον, ώστε να επαινέση, ή να κατηγορήση, τους Εφόρους τής Κωνσταντινουπόλεως, διά τήν όποίαν έδειξαν εσχάτως δειλίαν.

Τούς ιδίους κατηγορούσιν ακόμη και δι' άλλας ατολμίας, και διότι δεν ενέδωσαν είς το σχέδιον του να εμβιβασθώσιν Έλληνες ναύται (υπό την μυστικήν διεύθυνσιν Εταίρων) εις τα Τουρκικά πολεμικά και φορτηγά πλοία διωρισμένα νά μεταφέρωσιν εκ τής Κωνσταντινουπόλεως πολεμοφόδια και τροφάς εις την ναυτικήν Μοίραν του Μούτου. Αν εγίνετο τούτο, τα πλοία αυτά κυριευόμενα (και δεν διστάζομεν να είπωμεν, με πολλήν ευκολίαν), ήθελον δώσει βοήθημα αξιόχρεων είς τον νέον Αγώνα τής Ελλάδος.

όσοι έγνώριζον τό πνεύμα τοϋ Λόγου. Ποίος ετόλμα νά προτείνη κρίσεις εναντίας, άν καί βασίμους ; Ό τοιούτος έθεωρείτο πάραυτα Τουρκολάτρης, άπεστρέφετο ώς μισελεύθερος, καί τέλος πάντων καθίστατο άποσυνάγωγος καί άπρόσιτος, κινδυνεύων καί αύτήν τήν ζωήν του.

Τόσος ήτον ό ενθουσιασμός των άνθρώπων! Τόσην είχον ούτοι πεποίθησιν περί τής Πολιτικής Μεταβολής, καθ' όσον έβλεπον πρός τά άλλα ελαττώματά της τήν Τουρκικήν Μοναρχίαν συρομένην ακόμη καί άπό ένα Ιουδαίον (α). Είναι βέβαιον, ότι τήν προσωπικήν άξιότητα ενός άνθρώπου δέν άμαυρώνουν μήτε ή καταγωγή, μήτε αι θρησκευτικαί ετεροδοξίαι· ποίαν όμως δέν έχουσιν έπήρειαν πάντοτε αί προλήψεις !

Μέ όλα ταύτα συνέπεσαν διάφοροι περιστάσεις, ένεκα τών οποίων οί Έφοροι τής Κωνσταντινουπόλεως ένεπνεύσθησαν τήν άτολμίαν τού νά μήν έπιχειρισθώσι τίποτε άξιον λόγου. Ό Π. Σέκερης προδίδεται πρός τόν Καπετάν Πασσάν άπό τινας αντιζήλους τού Μαυρομιχάλου Μυνιάτας, ώς συναγροικούμενος μέ τούτον διαβαλλόμενον έπί μυστική συναγροικήσει μέ τούς Ρώσσους (β).

(α) Ήτον ό λεγόμενος Χασκέλλ, τραπεζίτης καί εύνοούμενος τού Χαλέτ Έφένδη. Είς τριετίαν σχεδόν είχε τήν μεγαλυτέραν διπλωματικήν ίσχύν είς τά πράγματα τής Τουρκίας. Ένώ ή θέλησις τούτου ήτο θέλησις τού Χαλέτ Έφένδη· ή θέλησις τού Χαλέτ Έφένδη θέλησις τού Σουλτάνου· ή δέ θέλησις τού Σουλτάνου θέλησις τών Τούρκων· άρα ή θέλησις ενός Ιουδαίου ήτο θέλησις όλου τού Τουρκικού Έθνους καί τής Έξουσίας του.

(β) Ζήτει άκολούθως.

Διεσώθη παραδόξως διά τῆς χαρακτηριστικῆς ἐπιμονῆς του, τῆς εὐμενοῦς διαθέσεως τοῦ Καπετὰν Πασσᾶ ὡς πρὸς τὸν Μαυρομιχάλην, καὶ τῆς συνδρομῆς τῶν Ἑταίρων, οἱ ὁποῖοι ἐξέλαβον τὸν κίνδυνον ὡς ἴδιον.

Ἕνας Ἱερεὺς ὕποπτος, καθὸ φλύαρος, ἁρπάζεται εἰς τὴν Κωνσταντινούπολιν ἀπὸ τὸ Ἱερὸν τοῦ Ναοῦ, καὶ παραδίδεται εἰς τὴν ἐξορίαν.

Παρὰ τὴν ὁποίαν προανεφέραμεν διαγωγὴν τοῦ Σκαρλάτου Καλλιμάχη (α), ὁ Δικαῖος καὶ ἄλλοι ἀποφασίζουσι τὴν θυσίαν τῶν Προεστώτων (Βεκίλιδων) τῆς Πελοποννήσου Ἀθανασίου Κανακάρη καὶ Δημητρίου Περρούκα, κατηγορηθέντων ἐπὶ σκοπῷ προδοσίας τοῦ Μυστηρίου· ἡ Ἐφορία ὅμως δὲν συγκατανεύει, προβάλλουσα τὴν προκαταρκτικωτέραν χρῆσιν πλαγίων μέσων· ἀμοιβαῖαι ἀκολούθως ἐξηγήσεις καθησυχάζουσι τὴν ταραχὴν αὐτὴν (β), καὶ οἱ δύο Προεστῶτες παραλαμβάνονται εἰς τὴν Ἑταιρίαν. Ἴσως ἔδωσαν ἀφορμὴν αἱ φρόνιμοι παρατηρήσεις των περὶ τῶν τρεχόντων· ἢ ἰδιαίτεραι καὶ τόσον συ-

---

Οἱ ὅμηροι εἰς τὴν Κωνσταντινούπολιν υἱοὶ τοῦ Μαυρομιχάλου ἐτέθησαν τότε ὡς ὕποπτοι εἰς τὸ Πατριαρχεῖον, ὅθεν τοὺς ἐφυγάδευσαν ἀκολούθως οἱ Ἑταῖροι διὰ τοῦ Κουβαρᾶ Κεφαλληνέως, διὰ νὰ ἐνοχοποιήσουν οὕτω τὸν πατέρα των εἰς τὸ πνεῦμα τῆς Ἐξουσίας.

(α) Σελ. 300

(β) Ἀποδίδουσι ψευδῶς εἰς τὴν Ἑταιρίαν τὴν ἐπιχειρισθεῖσαν δολοφονίαν τοῦ Ἀναγνώστου Δεληγιάννη, Προεστοῦ καὶ τούτου τῆς Πελοποννήσου. Ἦτον αὕτη ἀποτέλεσμα ἰδιαιτέρων διαφορῶν καὶ καταδρομῶν περὶ Πελοποννησιακῶν, καὶ μᾶλλον τῆς Ἐπαρχίας Καρυταίνης, πραγμάτων.

νήθεις ραδιουργίαι, πηγάζουσαι άπό τάς περί τών πολιτικών προτιμήσεων διενέξεις.

Άλλος ό 'Ασημάκης Θεοδώρου (Πελοποννήσιος), άναβάς έξεπίτηδες άπό τήν 'Αλεξάνδρειαν, προδίδει είς τόν Τσαούς Πασσάν τό Μυστήριον έπ' έλπίδι τού νά έκδικήση τούς έχθρούς του (Πελοποννησίους τινάς Προεστώτας), καί νά δράξη, τήν όποίαν πάντοτε έπεθύμει πολιτικήν είς τήν πατρίδα του θέσιν (α). Οί Φιλικοί έκίνησαν πάντα λίθον νά τόν έξαλείψωσιν· άλλ' είς μάτην (β).

Ζακύνθιός τις, Διόγος όνομαζόμενος, καί άνήκων είς τήν τάξιν τών Συστημένων, έξομολογείται πρός τόν 'Αλή Πασσάν τό Μυστήριον, τά

(α) Πόσους βλέπομεν τοιούτους κατά διαφόρους περιστάσεις !

(β) Ό κακούργος ούτος άνθρωπος καί μετά τήν κήρυξιν άκόμη τού πολέμου άκολουθών τό έργον τής προδοσίας, έδωσεν είς τήν Τουρκικήν 'Εξουσίαν σχέδια διάφορα, όλεθριώτερον τών όποίων ήτο ή ραδιουργηθείσα ένοχοποίησις πολλών σημαντικών 'Ελλήνων, ώς άνταποκρινομένων δήθεν μέ τήν Πόρταν διά μυστικού τρόπου. 'Ανεκαλύφθη κατ' εύτυχίαν είς τά 1822.

Ό Σουλτάνος δέν έβράδυνε νά έκπληρώση μόνος, ό,τι έχρεώστουν νά κάμωσιν οί Έλληνες πρός τούτον, τόν Καλλιμάχην, τόν Κουμουνδουράκην καί τόν Φραντσέσκον Γεωργαντόπουλον (Τήνιον). Όλοι έβραβεύθησαν διά τής χειρός τού δημίου. Καί αύτός ό Σ. Καλλιμάχης, άν καί έψηφίσθη είς τάς πρώτας τού πολέμου στιγμάς 'Ηγεμών τής Βλαχίας, καί ένήργησε πολύ είς τήν άποτυχίαν τού 'Υψηλάντου, έξωρίσθη είς τήν Μπολούν τής 'Ασίας, όπου καί έτελείωσε διά τού πνιξίματος έντός τής οίκίας τού Μουσελίμη τού τόπου, κατά διαταγήν τού Σουλτάνου. Φαίνεται, ότι είναι προωρισμένον άνωθεν τό νά ύπάρχωσιν Οίκογένειαί τινες, ή καί άτομα, διά δυστυχίαν τής άνθρωπότητος.

Σημεία και τους Λόγους, προδίδων ένταυτώ και τον Άλεξάκην Βλαχόπουλον, ως Άπόστολον, και υπαγορεύων εις τον ίδιον την ανάγκην τού νά προφυλάττηται εις τό εξής άπό τους πιστοτέρους του Έλληνας. Ήτον ήδη, όσον παράδοξον, τόσον φρικώδες, φαινόμενον ό τρόπος τού τυράννου τούτου, χειρονομούντος τα Σημεία της Εταιρίας. Ό Βλαχόπουλος εξετάζεται κατ' ιδίαν, επιμένει εις τας αρνήσεις του, και υπεκφεύγει υπό διαφόρους τρόπους τον κίνδυνον της ώρας. Ό Αλή Πασσάς ανατρέχει εις ανωτέρους στοχασμούς· και, ενώ άφ' ενός μέρους συνδιαλέγεται περί τού αντικειμένου τούτου εις τήν Πρέβεζαν μ'ένα Άντιπρόσωπον άπεσταλμένον τού Άρμοστού της Επτανήσου (α)· αναγγέλλει άφ' ετέρου τα πάντα εις την Αυλήν της Κωνσταντινουπόλεως. Διά της ευκαιρίας αυτής ήλπισε νά διασκεδάση τό εναντίον του πνεύμα τού Σουλτάνου και δι' άλλας προηγηθείσας αφορμάς και διά τάς τελευταίας αγωγάς των Κονιάρων της Θεσσαλίας (β). Ή αδιάλλακτος

(α) Ζήτει τάς μεταξύ των δύο τούτων σχέσεις και λοιπά ακολούθως.

(β) Οι Τούρκοι της Θεσσαλίας, γνωριζόμενοι υπό τό κοινόν όνομα Κονιάροι και πάντοτε εχθροί των γειτόνων των Αλβανών, υπέφερον επί της διοικήσεως τούτου, ή τού υιού του Βελή Πασσά τάς ιδίας μέ τους Έλληνας δυστυχίας. Αι επιβαλλόμεναι εις τούτους Εκτελεστικαί Δυνάμεις συνίσταντο από Έλληνας· και δεν είναι δύσκολον τό νά στοχασθή τις, όποιαν ούτοι μετεχειρίζοντο εναντίον των εκδικητικήν σκληρότητα. Άπό περιστάσεις παρομοίας φύσεως πηγάζει αναμφιβόλως τό περί Ελλήνων γνωμικόν των Τούρκων εν γένει· «Αλλάχ Γκιαουρά φουρσάντ βέρμεσην»: δηλονότι «ό Θεός μή δώση δύναμιν εις τον Γκιάουραν!»

δμως άντιζηλία τοΰ Πασσόρ Πεή καί πολύ πλέον τό μίσος τοΰ ισχυρού Χαλέτ 'Εφένδη συντρέχουσιν ήδη υπέρ των Ελλήνων. Αί διακοινώσεις τοΰ 'Αλή Πασσά, αν καί αληθείς, εκλαμβάνονται ώς επίπλαστος πολιτική, άποβλέπουσα τήν άποφυγήν τής μελετωμένης καταδρομής του. Όλιγώτερον κινδυνώδης δέν εστάθη μετέπειτα ή περίστασις τοΰ Δ. Ύπάτρου (α), καταγομένου άπό τό Μέτσοβον. Κατά τόν Δεκέμβριον τοΰ 1820 κατέβη ούτος εις τήν Θεσσαλονίκην, δπου έγνωρίσθη καί συνωμίλησε μέ τόν 'Αθανάσιον Σκανδαλίδην, Στέργιον Πολύδωρον, Χρύσανθον Πρωτοσύγκελον (Σιναΐτην), Κυριάκην Τουσίτσαν, 'Αργυρόν Ταρπουχτσήν καί Χριστόδουλον Μπαλάνον, είς τόν όποιον είχε γράμματα άπό τόν έν Κωνσταντινουπόλει 'Εμμανουήλ Παππά. "Εφερε συγχρόνως Προκήρυξιν τοΰ Α. Ύψηλάντου καί άλλα Γράμματα πρός τούς 'Ολυμπίους Καπετανέους Γάτσον, Καρατάσσον, Συρόπουλον καί άλλους. "Εμελλε νά διευθυνθή διά τοΰ Μετσόβου είς τά 'Ιωάννινα, δπου συνιστάτο ώς 'Ιατρός παρά τοΰ Κορνηλίου πρός τόν Πασσόρ Πεήν καί Μαχμούτ Πασσάν (Δράμαλην), διά νά λάβη τήν είσοδον είς τόν 'Αλή Πασσάν. Ώς πρός τούς

'Από τήν εύκαιρίαν αύτήν ώφελούμενοι οί εχθροί τοΰ 'Αλή Πασσά, έμψυχώνουν τάς δυσαρεσκείας τούτων των άνθρώπων· καί ήδη κινοΰνται ώς 800 είς τήν Κωνσταντινούπολιν, άναφερόμενοι έναντίον του πρός τόν Σουλτάτον. Ό 'Αλή Πασσάς άνταπέστειλε διπλασίους άλλους υπέρ τοΰ μέρους του. 'Αλλά καί οί πρώτοι καί οί δεύτεροι ήνώθησαν έναντίον του. Τόσην εύρίσκει πίστιν ή τυραννία !

(α) Ίδε Σελ. 285.

Τούρκους τὸ φαινόμενον πρόσχημα ἦτο τὸ νὰ δυνηθῇ οὗτος νὰ τὸν θανατώσῃ διὰ δηλητηρίου. Ὡς πρὸς τὸν σκοπὸν δὲ τῆς ἀποστολῆς του εἶχεν ὁδηγίας νὰ ἐξηγηθῇ πρὸς τὸν Ἀλῆ Πασσᾶν, καὶ νὰ τὸν πείσῃ, ὥστε νὰ συμφωνήσῃ εἰς τὸ σχέδιον τῶν Σουλιωτῶν.

Ὁ Ὕπατρος μετέβη βίαιος εἰς τὴν Νιάουσαν πρὸς τὸν Ζαφειράκην, προεστῶτα αὐτῆς τῆς πόλεως. Ὁ Ζαφειράκης, εὑρισκόμενος τότε εἰς διχόνοιαν μετὰ τοῦ Σελὴμ Πασσᾶ διὰ τοὺς λογαριασμοὺς τῆς Νιαούσης, τὸν ὑποπτεύει ὡς κατάσκοπον τοῦ ἰδίου, ὑποκρίνεται τὸν μαινόμενον, καὶ δὲν τὸν δέχεται εἰς τὰς ἀρχάς. Τὴν τοιαύτην παράλογον ὑποψίαν του ὑπεστήριξεν ἡ σύσχεσις τοῦ Ὑπάτρου μὲ τὸν Κοντογιάννην Μετσοβίτην, ἔμπορον καὶ φίλον τῶν ἐναντίων του. Ἤδη συλλαμβάνονται καὶ αὐτὸς καὶ ὁ Ὕπατρος (α), τὰ ἔγγραφα τοῦ ὁποίου ἀναγινώσκονται, ἀνακαλύπτεται ὅλη ἡ ὑπόθεσις, γίνεται (Ἰλάμι) παρὰ τοῦ Καδδῆ, καὶ ὁ Ὕπατρος ἀποστέλλεται ὑπὸ φρουρὰν πρὸς τὸν Πασσὸρ Πεὴν (εἰς τὸ Στρατόπεδον τῶν Ἰωαννίνων).

Ὁ Ζαφειράκης ἐγνώρισε τὴν τόσον ἐπιζήμιον παραδρομήν του καὶ ἀπὸ τὴν ὅλην τῶν ἀναγνω-

---

(α) Διαφορετικὴν, παρὰ τὴν ὁποίαν ἀνεφέραμεν, αἰτίαν, τῆς συλλήψεως τούτου, λέγουσιν ἄλλοι τὴν ἀκόλουθον. Συστημένος ὁ Ὕπατρος παρὰ τοῦ Ἐμμανουὴλ Παππᾶ πρὸς τὸν Ζαφειράκην, ἠθέλησε νὰ τὸν ἐμψυχώσῃ, εἰπὼν πρὸς τὰ ἄλλα, ὅτι **βοηθὸς τοῦ μέλλοντος Πολέμου εἶναι ὁ Ἀλῆ Πασσᾶς**. Ὁ Ζαφειράκης, ἄσπονδος ἐχθρὸς τοῦ τυράννου τούτου, ταράττεται καὶ τὸν προδίδει.

σθέντων γραμμάτων καί άπό τούς όνειδισμούς τῶν εις Θεσσαλονίκην Έφόρων. Άμέσως δέ όδηγεῖ (α) τούς εις τά Χάσια Μπλαχαβαίους νά θανατώσωσι τήν Τουρκικήν Φρουράν, λαμβάνοντες τά ἔγγραφα καί ζῶντα τόν "Υπατρον· άλλ' εις τήν γενομένην ἔνεδραν θανατοῦται μόνος ὁ "Υπατρος· οἱ δὲ Τοῦρκοι παραδίδουσι διασωθέντες τά ἔγγραφα πρός τόν Πασσόρ Πεήν, ὅστις τά διεύθυνεν εύθύς εις τόν Κιζλάρ 'Αγᾶν τοῦ Σαραγίου, καί οὗτος τά έπαρουσίασε πρός τόν Σουλτάνον. Ὁ Ζαφειράκης ἤδη εὐχαριστεῖται διά Φερμανίου, ὅτι ἐπρόσφερε δούλευσιν, τήν ὁποίαν δὲν ἔκαμεν οὐδέ Τοῦρκος, πρός τό Δεβλέτι. Ὁ Σουλτάνος δὲν ἐνεπιστεύθη τά, περί ὧν ὁ λόγος, Γράμματα, εις τόν Μέγαν Διερμηνέα (β).

Μέγα μέρος τῶν εις Ἰωάννινα Τούρκων ἐξέλαβον καί τοῦτο ὡς ῥαδιουργίαν ἔμμεσον τοῦ Ἀλῆ Πισσᾶ. Ὁ Πασσόρ Πεής μάλιστα, ἐλπίζων ἤδη νά ἀνακαλύψῃ μυστικώτερα σχέδια τούτου, σπεύδει,

---

(α) Ὁ Ζαφειράκης συνεμμορφώθη ἔκτοτε μὲ τό πνεῦμα τοῦ Ἔθνους του καί ἐξέπλυνε τόν ῥύπον τῆς προδοσίας αὐτῆς μὲ τήν ἔκχυσιν τοῦ αἵματός του εις τά 1822, ὡς θέλομεν ἀναφέρει ἄλλοτε κατά πλάτος.

(β) Φαίνεται, ὅτι ὁ τότε Διερμηνεύς Ἰωάννης Καλλιμάχης ἐθεωρεῖτο ὕποπτος ἀπό τῆς ἐποχῆς αὐτῆς.

Πρός τοῦτον ἔγραψαν οἱ εις Θεσσαλονίκην Ἑταῖροι, ἐξαιτούμενοι νά τροποποιήσῃ, ὅσον εἶναι δυνατόν, τά Γράμματα τοῦ Ὑπάτρου· τούς ἀπεκρίθη νά ἡσυχάσουν ὡς πρός αὐτήν τήν περίστασιν, ἐνῷ ἠδυνήθη νά ἀπαντήσῃ ἄλλας χειροτέρας παρομοίας φύσεως.

Κατά τό συμβάν τοῦ Ὑπάτρου μετέβη εἰς τήν Κωνσταντινούπολιν καί ὁ Σ. Πολύδωρος ἐκ τῆς Θεσσαλονίκης, διά νά πληροφορήσῃ περί πάντων τούς ἐκεῖ Ἐφόρους.

ἀλλ' ἀδυνατεῖ, νὰ συλλάβῃ τοὺς ἀνθρώπους τῆς γενομένης ἐνέδρας.

Μετέπειτα κάποιος Τσολάκογλους, ἀποβλέπων εἰς τὸν σκοπὸν τοῦ νὰ ἀνακτήσῃ, τὴν ὁποίαν ἐστερήθη ἐπὶ τοῦ Ἀλῆ Πασσᾶ πολιτικὴν Ἀρχηγίαν τῶν Ἀγράφων, προδίδει πρὸς τὸν εἰς Λάρισαν Χουρσὴτ Πασσᾶν τὸν ἀντίζηλόν του Γεώργιον Καβοστεργιόπουλον. Ὁ προδοθεὶς σύρεται εἰς τὴν ἀγχόνην μ' ἄλλους ἐννέα ἐκ τῆς οἰκογενείας του· ἀλλὰ μετὰ τριμηνίαν λαμβάνει τὴν ἰδίαν ἀμοιβὴν ἀπὸ τὸν ἴδιον Χουρσὴτ Πασσᾶν καὶ ὁ Τσολάκογλους μετὰ τοῦ υἱοῦ του. Εἰς τοῦτον δὲν ἤλπιζόν ποτε οἱ ἄνθρωποι τοιαύτην ἐπονείδιστον διαγωγήν, ἐνῷ ἐπαινεῖτο μέχρι τοῦδε δακτυλοδεικτούμενος ὁ μόνος, ὅστις δὲν ἐκιβδήλευσε τὸν χαρακτῆρά του εἰς τὰς δυνατὰς τοῦ Ἀλῆ Πασσᾶ ἡμέρας. Ἀπὸ τὴν αἰτίαν αὐτὴν ἐλπίζοντες οἱ εἰς τὴν Κωνσταντινούπολιν, ὅτι θέλουσιν εὕρει τὸν θερμότερον συνεργὸν εἰς τὴν ὑπόθεσιν τοῦ ἔθνους, ἐξαπέστειλαν τὸν υἱόν του, ἐπιφορτισμένον νὰ τὸν ἐξηγήσῃ τὰ μέλλοντα κινήματα.

Παρόμοιαι σχεδὸν περιστάσεις ἀνέτρεψαν, τὰ ὁποῖα ἤλπιζεν ἡ Ἑταιρία μεγάλα βοηθήματα ἐκ μέρους τῆς Ἀλεξανδρείας. Οἱ γενόμενοι εἰς τὴν Μητρόπολιν αὐτὴν Ἑταῖροι μετὰ τὴν ἀποστολὴν τοῦ Πελοπίδα (α) ἔδειξαν τὴν μεγαλυτέραν προθυμίαν (β) εἰς τὴν ἐκπλήρωσιν, ὅσων ἔγραφεν εἰς τού-

---

(α) Ἴδε Σελ. 290.

(β') Μεταξὺ τούτων διεκρίθη ὁ Ἀθανάσιος Καζούλης (Ῥόδιος) εὑρισκόμενος εἰς τὴν ὑπηρεσίαν τοῦ Νομισματοκοπείου τοῦ Μεχμὲτ Ἀλῆ.

τους ὁ Ὑψηλάντης· ἀλλ' ἡ πρὸς τὸν Μεχμὲτ Ἀλῆν προδοσία τοῦ Κωνσταντίνου Τουσίτσα διακινδύνευσεν ὅλα καὶ αὐτὴν τὴν ζωὴν τῶν ἀνθρώπων. Κατ' εὐτυχίαν ὁ Ἀντιβασιλεὺς οὗτος ὑπεκρίθη ἄγνοιαν, κινούμενος ἀπὸ πολιτικὰς προβλέψεις. Ἤδη ὁ διωγμὸς τοῦ Ἀλῆ Πασσᾶ τῶν Ἰωαννίνων ἐπαρουσιάζετο εἰς τοῦτον ὁ πρόδρομος καὶ τῆς ἐναντίον του ἀκολούθου καταδρομῆς τοῦ Σουλτάνου, ἡ πολιτεία τοῦ ὁποίου δὲν τὸν ἐλάνθανε. Ἦτον ἄρα ἐπόμενον ἀποτέλεσμα ἡ εὐχαρίστησίς του εἰς πᾶν, ὅ,τι ἐδύνατο νὰ φέρῃ νέον περισπασμὸν εἰς τὸ ἐσωτερικὸν τοῦ μυστικοῦ ἐχθροῦ του (α). Μολαταῦτα ὁ ἀπεσταλμένος τοῦ Ὑψηλάντου ἐβιάσθη νὰ δραπετεύσῃ, ὅλαι αἱ ἐλπιζόμεναι ἐνέργειαι ἔμειναν νεκραὶ σχεδόν, καὶ μόλις περὶ τὰς ἀρχὰς τοῦ πολέμου ἐφάνησαν ὀλίγα βοηθήματα τροφίμων.

Εὐρωπαῖοί τινες, κινούμενοι ἀπὸ διαφόρους πολιτικὰς θεωρίας, γνωστὰς εἰς τοὺς ἰδίους, καὶ τῶν ὁποίων ἡ ἐξήγησις εἶναι σήμερον πάντῃ ἀνωφελής, ἤρχισαν ἀπὸ τοῦ 1819 εἰκονίζοντες τὸ τρέχον πνεῦμα τῶν Ἑλλήνων ὑπὸ διαφόρους ὄψεις.

(α) Ἀπὸ τὸ ἴδιον ὁδηγούμενος πνεῦμα ὁ Μεχμὲτ Ἀλῆ Πασσᾶς, δὲν ἀπηγόρευσε καὶ μετέπειτα τὴν εἰς τὴν Ἑλλάδα ἀναχώρησιν τῶν παρενδημούντων εἰς τὴν ἐπικράτειάν του Ἑλλήνων, συγχωρῶν τὸ παραδοξότερον καὶ τὰ ὅπλα των. Μέχρι τοῦ 1823 δὲν προσέφερε πρὸς τὸν Σουλτάνον καμμίαν εἰλικρινῆ συνδρομὴν κατὰ τῆς Ἑλλάδος, καὶ πολλάκις ἐξεφράσθη τὴν λύπην του, ὡς μὴ βλέπων τὸν Ἄνθρωπον τῆς ἐποχῆς εἰς τὸν τόπον τοῦτον. Ὁ Ὀδυσσεὺς Ἀνδρούτσου, θέλων νὰ καταστήσῃ τὸ πνεῦμα αὐτὸ ὠφέλιμον εἰς τὴν Ἑλλάδα, ἐπεχειρίσθη (1823) νὰ τὸν γράψῃ περὶ συμμαχίας· ἀλλὰ δὲν ηὐδοκίμησε.

321

Άπετέλεσαν τελευταίον νά προσηλώσωσιν έπί του αντικειμένου τούτου το βλέμμα του Σουλτάνου, διεγείροντες την ύποψίαν, ότι οί Έλληνες, βοηθούμενοι από ραδιουργίας μυστικάς τών Ρώσσων, προπαρεσκευάζοντο εις Έπανάστασιν. Είναι, φρονοΰμεν, πασίδηλον, όποιοι έστάθησαν οί αύτουργοί τών τοιούτων σπερμολογιών.

Ό Λόρδος Μέγας Αρμοστής της Έπτανήσου Θωμάς Μέϊτλαν έγνώριζεν εντελώς τον άληθή σκοπόν τών Ελλήνων. Ό Υπουργός ούτος, έχων προηγουμένως ιδιαιτέραν τινά άνταπόκρισιν μετά του Άλή Πασσά, μέ τον όποιον ύφαινε μυστικάς δολοπλοκίας, ήρχισε προσποιούμενος, ότι δύναται νά κατασταθή βοηθητικός εις τάς διαθέσεις τών Ελλήνων της Πελοποννήσου. Είχεν ήδη λάβει παρά του Άλή Πασσά την ύπόσχεσιν, ότι διά τών ραδιουργιών του ούτος δύναται νά κατορθώση, ώστε νά έκλεχθή ώς Διοικητής της Μάνης ή ό Αλέξανδρος Κουμουνδουράκης, ή ό Καλκαντής, αμφότεροι Μανιάται, κατατρεχθέντες διά τήν κακήν διαγωγήν των παρά του Μαυρομιχάλου, και παρεπιδημούντες προ χρόνων πολλών εις τά Κύθηρα. Οί δύο ούτοι είχον ύποσχεθή ν' άνοίξωσι προς τον Λόρδον Μέϊτλαν τάς θύρας της Πελοποννήσου εις τήν περίπτωσιν, καθ'ην ό ένας εξ αυτών ήθελε, διορισθή Διοικητής της Μάνης (α).

(α) Τούς ιδίους μάλιστα έσύστησεν ό Άλή Πασσάς εις τήν Κωνσταντινούπολιν προς τον έπιτετραμμένον τάς ύποθέσεις του Έλμάζ Μέτσον καί ούτος διά μέσου του Κασσάπ Πασσή ένησχολείτο νά φέρη εις έκβασιν το σχέδιον

Ο Ἰμβραχὴμ Πασσᾶς τῆς Πελοποννήσου εἶχεν ἤδη ἀνακαλύψει ὅλα, ὅσα ἐνήργει εἰς τὸ μέρος τοῦτο ὁ Λόρδος Μέϊτλαν διὰ μέσου πολλῶν ἀτόμων καὶ μάλιστα τοῦ Μάυιερ. Αὐτὸς ἔγραψε πρὸς τὸν ἐν Πάτραις Πρόξενον Φίλιππον Γρὶν καὶ πρὸς ἕνα ἄλλον Γκὸν Πάϊμπουμ, διὰ νὰ λάβωσι πληροφορίαν ἀκριβῆ περὶ τοῦ ἐφοπλισμοῦ τῶν φρουρίων τῆς Πελοποννήσου, καὶ ἐκτὸς τούτου περὶ τοῦ πνεύματος τῶν Ἑλλήνων ὡς πρὸς τοὺς Ἄγγλους. Ὁ Ἰμβραχὴμ Πασσᾶς δὲν ἔλειψε νὰ εἰδοποιήσῃ τὸν Σουλτάνον του περὶ πάντων.

τοῦ ἐντολέως του. (Τότε ἐπροδόθη καὶ ὁ Π. Σέκερης. Ἴδε Σελ. 312).

Ὁ Καπετὰν Πεῆς συνιστᾷ ἤδη τὸν Μαυρομιχάλην πρὸς τὸν Καπετὰν Πασσᾶν (κατὰ συνέπειαν ἑνὸς δώρου, διδομένου ἐκ συνηθείας ἐτησίως), λαμβάνει ὅλα τὰ ἀναγκαῖα μέτρα πρὸς ὑπεράσπισιν τοῦ εὐνοϊκοῦ του, καὶ τὸν ὑποστηρίζει, χωρὶς ν' ἀφήσῃ νὰ τοῦ διαφύγῃ οὐδεμία εὐκαιρία. Ὁ Κασσὰπ πασσῆς ἀφ' ἑτέρου ἐνησχολεῖτο ἀνενδότως εἰς τὴν ἔκβασιν τῆς ὑποθέσεως ταύτης διὰ τοῦ Μπερμπὲρ Πασσῆ (Ἀρχικουρέως) τοῦ Σουλτάνου· οἱ δὲ δύο Μανιᾶται ἤθελον κερδήσει τὸν σκοπὸν των ἀφεύκτως, ἂν δὲν ἀνεκαλύπτετο, ὅτι ὅλη αὐτὴ ἡ ῥαδιουργία ἦτον ἔργον τοῦ Ἀλῆ Πασσᾶ. Ὁ Καπετὰν Πασσᾶς, πληροφορημένος περὶ ὅλων, ἐξηγεῖται πρὸς τὸν Κασσὰπ Πασσῆν πᾶν, ὅ,τι ἠκολούθει καὶ τὸν εὐκολύνει τοιουτοτρόπως τὸ μέσον τοῦ νὰ εὔγῃ ἀπὸ τὴν ἀνησυχίαν καὶ τὴν ἀπάτην.

Ὁ Καπετὰν Πασσᾶς διατάττει χωρὶς ἀναβολῆς τὴν φυλάκισιν τῶν δύο Μανιατῶν· ἀλλ' οὗτοι ἔχοντες συστάσεις καὶ σχέσεις πλησίον τοῦ Πρέσβεως τῆς Ἀγγλίας κατέφυγον εἰς τὸ Πρεσβεῖον. Κατανταᾷ μολοντοῦτο νὰ συλληφθῇ ἕνας Ἀδελφὸς τοῦ Κουμουνδουράκη, ὅστις ἐρρίφθη εἰς τὸ Μπάνιον καὶ ἀπεκεφαλίσθη. Τοιουτοτρόπως δὲν ἠδυνήθησαν οἱ λοιποὶ Μανιᾶται νὰ ἐνεργήσωσι τίποτε.

Όταν τελευταίον παρετηρήθη, ότι τά βήματα αυτά έμειναν χωρίς έκβασιν ένεκα τών προσεχών παραδειγμάτων τότε υψώθη πλέον ή φωνή καί προς τον Σουλτάνον καί τους Αυλικούς του. Διάφορα Στρατηγήματα, διάφοροι μαρτυρίαι παρουσιάζονται, διά νά άποδειχθή καί νά πιστοποιηθή ή ετοιμαζομένη αποφασιστική Έπανάστασις τών Ελλήνων. Ταύτα όλα προσεπιβεβαιοί έκ προσθήκαις (α) ή παρά τού Α. Κουμουνδουράκη γραφείσα 'Επιστολή προς τους Προύχοντας Τούρκους τού Μισθρός (β). Δι' αυτής ύπεχρεώνοντο ούτοι νά λάβωσι μέτρα προσοχής, καί νά ειδοποιήσωσι τον Πασσάν τής Πελοποννήσου καί μάλιστα τον Σουλτάνον, ότι έξ πλοία υπό Ρωσσικήν Σημαίαν άπεβίβασαν πολεμοφόδια καί ζωοτροφίας προς τον Πετρόμπεην Μαυρομιχάλην, ώς συνακουόμενον μέ τήν Ρωσσίαν διά τήν Έ-

---

(α) Είναι γνωστόν εις όλους, ό,τι ανέφερε Πρέσβυς τις νεοελθών (1820) εις την Κωνσταντινούπολιν, προς τό Διβάνιον. Κατ' εύτυχίαν έθεωρήθη ύποπτος πολιτικής ραδιουργίας, από την όποίαν ήθέλησε νά έκφύγη ή Πόρτα διά τής άταραξίας της. Ή προσοχή τής Όθωμανικής Αυλής έξηντλείτο ήδη εις τους έσωτερικούς βρασμούς τών Γενιτσάρων καί τάς νέας περί τών απαιτήσεων τού Μονάρχου τής Ρωσσίας συνδιαλέξεις ώς προς τήν μή έκπληρωθείσαν Συνθήκην τού Ακερμανίου.

(β) Ό ίδιος Κουμουνδουράκης καί Καλκαντής έπρόδωσαν τήν Εταιρίαν καί προφορικώς προς τον Μουσταφάν 'Αγάν τής Μονεμβασίας διά μόνην τήν περί τής 'Ηγεμονείας τού Μαυρομιχάλου άντιζηλίαν. Διά κοινής συνελεύσεως συσκεφθέντες τότε όλοι οι 'Αγάδες τού Φρουρίου, άνεφέρθησαν εις τήν Τριπολιτσάν, ζητούντες όδηγίας.

πανάστασιν τῆς Πελοποννήσου : Πρᾶγμα ἀναντιρρήτως ψευδές.

Ἡ Ἐπιστολὴ ἐστάλη εἰς Τριπολιτσὰν πρὸς τὸν Μουσταφᾶ Πεὴν Καϊμακάμην. Αὐτὸς συμβουλεύεται σημαντικούς τινας Τούρκους τοῦ τόπου, καὶ σύμφωνα μὲ τούτους προσκαλεῖ τὸν Μαυρομιχάλην νὰ τὸν πληροφορήσῃ περὶ αὐτοῦ τοῦ προκειμένου νέου. Ὁ Μαυρομιχάλης, κυριευθεὶς ἀπὸ θαυμασμόν, ἀπεκρίθη μὲ τρόπον πολλὰ ἔμφρονα, ἀποδεικνύων τὴν ἀθωότητά του (α).

Καὶ μολαταῦτα ἠκολούθουν ἐκσφενδονιζόμεναι συχνὰ εἰς τὰ ὦτα τῶν Τούρκων αἱ πικραὶ κατὰ τῶν Ἑλλήνων πληροφορίαι. Οἱ Τοῦρκοι ἀνήσυχοι ἀπὸ τὴν ἰδίαν των συνείδησιν διὰ τὸν ἀφόρητον ζυγόν, ὑπὸ τὸν ὁποῖον ἐστέναζον οἱ δυστυχεῖς Χριστιανοί, συνέλαβον τέλος πάντων ὑποψίας βλαβεράς, καὶ ἤρχισαν νὰ σχηματίζουν τὸ ἀπάνθρωπον σχέδιον τοῦ νὰ θυσιάσουν ὅλους τοὺς Προὔχοντας, ἢ καὶ τοὺς Ἀρχιερεῖς, τῆς Πελοποννήσου πρὸ πάντων καὶ τῆς Στερεᾶς κατὰ δεύ-

---

(α) Κατὰ συνέπειαν τούτου κατώρθωσε σύμφωνα μὲ τὸν εἰρημένον Καϊμακάμην μίαν πρὸς τὸν Καπετὰν Πασσᾶν τῆς Κωνσταντινουπόλεως Ἀποστολήν, διὰ τῆς ὁποίας ἀνέπτυσσε τὴν ἐναντίον του ψευδῆ κατηγορίαν. Ὁ Μαυρομιχάλης ἐκτὸς τούτου ἄφησε τὸν υἱόν του ἐνέχυρον εἰς τὴν Κωνσταντινούπολιν. Θέλων εἰς τὸν ἴδιον καιρὸν νὰ φανῇ τοιοῦτος καὶ εἰς τοὺς ὀφθαλμοὺς τῆς Διοικήσεως τῆς Πελοποννήσου, ἐπρόσφερε πρὸς τὸν Μουσταφᾶ Πεὴν ἓν δῶρον, διὰ νὰ τὸν βάλῃ οὗτος εἰς θέσιν νὰ ἀνακαλύψῃ μέσον τῶν Τούρκων τοῦ Μισθροῦ τὸν αὐτουργὸν τῆς Ἐπιστολῆς, καθὼς καὶ τὸ πνεῦμα τῆς ραδιουργίας τὸ ὁποῖον τὴν ὑπηγόρευσε.

τερον λόγον. Όλαι μετέπειτα αί Τουρκικαί Άρχαί τών τόπων έλαβον διαταγάς μυστικάς άπό τήν Κωνσταντινούπολιν πρός έκτέλεσιν αύτοΰ τοΰ σχεδίου.

Ό Χουρσήτ Πασσάς, διοριζόμενος εις τήν Πελοπόννησον (α), έλαβε Διαταγήν έκτακτον τοΰ νά παρατηρήση τά κινήματά της, καί νά έμβάση εις αύτήν Στρατεύματα άπό τήν Στερεάν, έάν δοθη χρεία. Οί Πελοποννήσιοι, είδοποιηθέντες περί τούτου άπό τήν Κωνσταντινούπολιν έγκαίρως, έλαβον μέτρα άρμόδια, καί δέν ύπώπτευον ήδη τήν άνακάλυψιν τών πραγμάτων εις άλλον, είμή εις τόν Διερμηνέα τοΰ ίδίου Σατράπου Σταυράκην Ίωβίκην, Κωνσταντινουπολίτην. Διά τόν όμολογούμενον Τουρκολατρισμόν του έσπευδεν ούτος νά άνακαλύψη τά πάντα μέ κάθε τρόπον (β).

Ό Χουρσήτ Πασσάς δέν έδυνήθη νά λάβη τήν παραμικράν περί τών τρεχόντων βάσιμον ιδέαν· ήσύχασε, καί κατά συνέπειαν έλαβε τήν φροντίδα τοΰ ν' άφαιρέση καί άπό τήν Αύλήν τής Κωνσταντινουπόλεως πάσαν υποψίαν.

Καθ' ήν στιγμήν κατήντησε τέλος πάντων ύποπτος πρός τόν Σουλτάνον ό Άλή Πασσάς, συνήθροισεν εις τήν Πρέβεζαν τούς ύπεξουσίους του Έλληνας. Εις τούτους ύπεσχέθη τήν προμήθειαν δπλων, τών όποίων είχον χρείαν, καί έν δώρον 7,500,000 γροσίων, πληρωτέων δι' όμολογιών, τήν έξαργύρωσιν τών όποίων έσκόπευεν άδίκως νά έ-

---

(α) Όπου έφθασε τόν Δεκέμβριον τοΰ 1820.

(β) Ζήτει τά περί τούτου καί εις τό Κεφ. Η' τής παρούσης Έποχ.

πιβάλη εἰς τὰς Ἐπαρχίας. Ὁ ἴδιος ἀνέλαβεν εἰς τὸν ἴδιον καιρὸν τὴν ὑποχρέωσιν τοῦ νὰ διανέμῃ εἰς τοὺς στρατιώτας ἀνὰ μίαν ἕως πέντε μερίδας, ἅμα ἐμβῶσιν εἰς κίνησιν πολέμου, ἀναλόγως εἰς τὴν κάθε οἰκογένειαν μᾶλλον ἢ ἧττον πολυάριθμον, τὴν ἀνάλογον μὲ τὴν ἱκανότητα τῶν Στρατιωτῶν μηνιαίαν πληρωμὴν κτλ. Ὑπεσχέθη ἐνταυτῷ νὰ τοὺς ἐφοδιάσῃ μὲ διαφόρους Σημαίας, νὰ λαμβάνῃ τὰ 3)4 ἐκ τῶν γινομένων λαφύρων· καί, ἅμα ἤθελε καταντήσει ἀνεξάρτητος, νὰ ὑπόκεινται οὗτοι εἰς τὸν φόρον μιᾶς ἁπλῆς δεκατιᾶς. Τοῦ Ἀλῆ Πασσᾶ ὅλαι αὗται αἱ προτάσεις, γνωριζόμεναι ἐντελῶς πρὸς τὸν Λόρδον Μέϊτλαν (α), ἀπέβλεπον εἰς τὸν σκοπὸν τοῦ νὰ ἐνοχοποιήσουν τοὺς Ἕλληνας διὰ τῆς ἐνόπλου κινήσεώς των ἐναντίον τοῦ Σουλτάνου.

Οἱ Ἕλληνες δὲν εἶχον τὴν δύναμιν τοῦ νὰ ἐναντιωθοῦν εἰς τὸν νέον τοῦτον Φάλαριν. Οἱ μὲν ὑπήκουσαν· καὶ πρὸς τούτους οἱ ἐν Πάτραις Ἑταῖροι, ἀνακαλύπτοντες τὴν δολιότητα τοῦ πολιτικοῦ πνεύματος, ἔσπευσαν νὰ γράψωσι, διὰ νὰ τοὺς μακρύνωσιν ἀπὸ μίαν τόσον ἐπικίνδυνον ἀπάτην. Ἄλλοι ὑπὲρ τοὺς 80 εἶχον μεταβῆ εἰς τὴν Κωνσταντινούπολιν δὶς ἐντὸς τοῦ Ἔτους 1820, δηλονότι τὸν μῆνα Μάϊον καὶ Ἰούλιον. Δὲν ἔλει-

(α) Τοιοῦτον ἦτο τὸ σχεδιασθὲν στρατήγημα. Ἐξ ἑνὸς μέρους ὁ Ἀλῆ Πασσᾶς ἠγωνίζετο νὰ ὑποβάλῃ τοὺς Ἕλληνας εἰς μίαν βιαίαν κίνησιν ὅπλων· καὶ ἀφ' ἑτέρου ἄλλοι, κινούμενοι ἀπὸ ἰδιαίτερα συμφέροντα, παρέσταινον τοὺς Ἕλληνας διατεθειμένους εἰς ἐπανάστασιν, καὶ ἀπέδιδον οὕτω προσφορὰν τῆς ἀληθείας εἰς τὰς φιλικὰς Διακοινώσεις των.

ψαν νὰ περιγράψωσι τὴν εἰκόνα τῆς λυπηρᾶς θέσεώς των πρὸς ἐκεῖνον, ἀπὸ τὸν ὁποῖον ἤλπιζον βοήθειάν τινα εἰς τὰς δυστυχίας των· ἀλλ' ἀντὶ παρηγοριῶν ὁ Σουλτάνος διέταξε τὸν διωγμόν των ἀπὸ τὴν Κωνσταντινούπολιν ἐντὸς 24 ὡρῶν.

Εὔκολον εἶναι νὰ συμπεράνωμεν, ὁποία ἦτον ἡ ἀπελπισία αὐτῶν τῶν δυστυχῶν, ὅτε ἐξήρχοντο ἐκ τῆς Κωνσταντινουπόλεως.

Μετ' ὀλίγον ὁ Σουλτάνος διέταξε τὴν κίνησιν τῶν Στρατευμάτων του ἐναντίον τῆς Ἠπείρου. Αὐτὰ μετεχειρίσθησαν τοὺς Χριστιανούς, καθὼς καὶ τὰ φορτηγὰ ζῶα, ἐλεηλάτησαν τὰς ἰδιοκτησίας των καὶ ἐβίασαν ἄνδρας, γυναῖκας, νέας, νέους καὶ κα, θένα ἐν γένει, ὅς τις εἶχε τὴν δυστυχίαν τοῦ νὰ παρουσιασθῇ ἔμπροσθέν των. Μ' ὅλας αὐτὰς τὰς σκληρότητας οἱ Ἕλληνες, οἱ ὁποῖοι εἶχον λάβει τὰ ὅπλα, ἔτρεχον ἑνούμενοι μὲ αὐτὰ τὰ ἴδια στρατεύματα δι' ἐνεργείας τοῦ Λασπᾶ (α), διὰ νὰ συνδράμωσιν εἰς τὸν ἀφανισμὸν τοῦ ἐχθροῦ τοῦ Κυρίου των (β).

Ἡ διαμονὴ τοῦ Χουρσὴτ Πασσᾶ εἰς τὴν Πελοπόννησον ἐστάθη μόλις τριμηνιαία. Κατὰ τὸν Φε-

---

(α) Ἴδε Σελ. 210.

(β) Τὴν τοιαύτην διαγωγὴν των ἐκτιμῶν ὁ Μπαμπᾶ Πασσᾶς, ἀνεφέρθη πρὸς τὸν Σουλτάνον· καὶ οὗτος δὲν ἔλειψε νὰ γράψῃ πρὸς τὸν Πατριάρχην Γρηγόριον (κατὰ τὸν Σεπτέμβριον τοῦ 1820), φανερώνων μὲ εὐχαρίστησιν, ὅ,τι ἀνέφερε καλὸν ὑπὲρ τῶν Ἑλλήνων ὁ ἀνωτέρω Μπαμπᾶ Πασσᾶς. Ἐπέπρωτο ὅμως νὰ φαρμακισθῇ δι' ἀμοιβὴν αὐτῆς τῆς καλῆς διαθέσεώς του ὁ Πασσᾶς οὗτος ἀπὸ τοὺς ἄλλους τοῦ Στρατοπέδου τῶν Ἰωαννίνων: δηλονότι τὸν Χασὰν Πασσᾶν καὶ τὸν Ἰσμαὴλ Πασσᾶν.

βρουάριον τοῦ 1821 διοριζόμενος ἀρχηγὸς τῆς ἐναντίον τοῦ Ἀλῆ Πασσᾶ ἐκστρατείας, ἔλαβε νέας ὁδηγίας τοῦ νὰ ἐπιβαρύνῃ τὴν Πελοπόννησον μὲ στρατεύματα· καί, χρείας γενομένης, νὰ ἐνεργήσῃ τὴν σφαγὴν τῶν Ἀρχιερέων καὶ τῶν Προεστώτων τούτου τοῦ τόπου (α). Ὁ Χουρσὴτ Πασσᾶς ἐφρόντισε νὰ ἐμβιβάσῃ ἀπὸ τὴν Θεσσαλίαν ἓν Σῶμα στρατιωτῶν 1.000 περίπου.

Ἐσχάτως ἡ Πόρτα, βλέπουσα τὴν ζωηρὰν ἐξωτερικὴν προσπάθειαν διὰ τὴν συγχώρησιν τοῦ Ἀλῆ Πασσᾶ, ἤρχισε νὰ ἀμφιβάλλῃ ὀλιγώτερον περὶ τῆς ἀληθείας τῶν τότε ἀνακαλυφθέντων στρατηγημάτων. Ἴσως ἤθελεν ἀνακαλυφθῆ εἰς τὸν αὐτὸν καιρὸν καί τι πλέον ἀναφορικὸν εἰς τὰς μετὰ τοῦ Ἀλῆ Πασσᾶ ἀνταποκρίσεις διὰ τῆς μεσολαβήσεως τοῦ Μάνθου, Γραμματέως τοῦ ἰδίου. Δι' αὐτὰ καὶ ἄλλα αἴτια ἡ Πόρτα ὄχι μόνον ἀπέρριψεν ὅλας τὰς ὑπὲρ τοῦ Ἀλῆ Πασσᾶ προτάσεις, ἀλλ' ἐκ τοῦ ἐναντίου ἐζήτει πλέον παρ' ἄλλοτε ὅλα τὰ μέσα διὰ τὴν παντελῆ ἐξολόθρευσιν τούτου. Ταυτοχρόνως ἐπεθύμει νὰ μεταχειρισθῇ τὸ ἴδιον καὶ κατὰ τῶν Ἑλλήνων. Ἆρα αἱ μεσολαβήσεις ἄλλων ἀπεκατεστάθησαν μᾶλλον ἐπιζήμιοι, ἢ ὠφέλιμοι, εἰς τὸν Ἀλῆ Πασσᾶν.

Τοιοῦτοι ὑπῆρξαν οἱ λόγοι, διὰ τοὺς ὁποίους ἡ Πόρτα ἔλαβε τὰ ὅπλα ἐναντίον τοῦ Ἀλῆ Πασσᾶ μὲ τὴν πρόφασιν, ὅτι οὗτος ἐτόλμησε νὰ δολοφονήσῃ τὸν Πασσὸρ Πεὴν πρὸ τῶν ὀφθαλμῶν της.

(α) Θέλομεν ὁμιλήσει κατόπιν πλατύτερον περὶ τούτου τοῦ ἀντικειμένου.

ΚΕΦΑΛΑΙΟΝ ΣΤ'.

Σύστασις Έφοριών εις τάς νήσους Ύδρας, Πετσών καί Ψαρών — Πράξεις Δ. Θέμελη.

Αἱ Ναυτικαὶ Νῆσοι τῆς Ἑλλάδος ἐθεωροῦντο πάντοτε συμπληροῦσαι τὸ ἥμισυ τῆς πολεμικῆς δυνάμεώς της. Εἶναι βέβαιον, ὅτι μέγα μέρος τῶν Πλοιάρχων ἐμυήθη τὸ Μυστήριον εἰς τὴν Κωνσταντινούπολιν· ἔλειπεν ὅμως ὁ ἐσωτερικὸς ὀργανισμὸς τῶν Νήσων, τόσῳ πλέον ἀναγκαῖος, ὅσῳ ἐφαίνοντο ὄχι τόσον εὐδιάθετοι ἰσχυροί τινες. Οἱ φέροντες τὸ πρόσωπον τῆς Ἀρχῆς εἰς τὴν Κωνσταντινούπολιν ἐφρόντισαν καὶ πρὶν ἔτι νὰ εἰσάξωσιν εἰς ταύτας τὸ σύστημα τῶν Ἐφοριῶν κατὰ τὴν ἀκόλουθον ἐγκύκλιον. Ταύτης ἀποκόπτομεν τὰς ἀρχάς, ὡς ὁμοίας μ' ἐκείνας τῆς διευθυνομένης πρὸς τοὺς Πελοποννησίους.

«(Τ.Σ.) Ἀγαπητοὶ Ἀδελφοὶ καὶ περιπόθητοι, Κάτοικοι τῶν τριῶν Νήσων Ὕδρας, Σπέτσας καὶ Ψαρά!

«... Ἀνάγκη πᾶσα καὶ μερικώτερον νὰ συστήσωμεν Ἐφόρους κατὰ τόπους, οἵτινες νὰ ἔχουν τὸ δικαίωμα νὰ ἐπαγρυπνῶσιν εἰς τῶν Ἀδελφῶν τὴν ἡσυχίαν καὶ βελτίωσιν, νὰ λαμβάνουν τὰς Ἀναφορὰς καὶ Ἔγγραφά των πρὸς ἡμᾶς, καθὼς καὶ τὰς συνεισφορὰς αὐτῶν, καὶ νὰ εἰσακούωνται μὲ τοὺς Γενικοὺς Ἐφόρους τοῦ Ἔθνους. Διὰ τοῦτο ἐκρίναμεν ἀξίους τῆς Ἐφορίας ταύτης, καὶ κατεστήσαμεν Ἐφόρους τῶν πραγμάτων, ἐν μὲν τῇ Ὕδρᾳ τὸν Κ. Γκίκα Γ. Γκιώνην καὶ Κ. Γιακουμῆ Τουμπάζη· εἰς δὲ τὰς Σπέτσας τὸν Κ. Καπετὰν Παναγιώτην Μπότασην, Καπετὰν Γεώργη Πάνου καὶ Βασίλειον Φατσολάτη· εἰς δὲ τὰ Ψαρὰ τὸν Κ. Καπετὰν Δημήτριον Μαμούνη καὶ Κ. Νικολῆ Ἀποστόλη».

« Γινώσκοντες δέ, Άδελφοί ! ότι ή εύταξία καί εύπείθεια εις τήν Πολιτικήν Κοινωνίαν είναι τά σωτηριωδέστατα καί άναγκαιότερα· καί δπου αύται λείπουν, έκεΐ πυργοποιΐα, διχόνοιαι, μάχαι καί τέλος άφανισμός· διά τοϋτο πατρικώς νουθετοΰμεν ύμάς, Άδελφοί ! ϊνα πείθησθε αύτοίς. Αύτοί άγρυπνοϋσιν ύπέρ ύμών, καί « λόγον άποδώσουσι » κατά τόν θείον Παΰλον. Άκολουθήτε λοιπόν τοίς ϊχνεσιν αύτών· εις αύτούς παρέχετε τάς συνεισφοράς καί τά γράμματά σας πρός ήμάς, όντες βέβαιοι ότι... αί χρηματικαί χορηγίαι σας ύπέρ Πατρίδος άποταμιεύονται εις τήν γενικήν τοΰ Έθνους Κάσσαν διά καθαρωτάτων καί άκριβών Καταστίχων ».

« Έπειδή, Άδελφοί, ό παρών δεξιώτατος καί άρμοδιώτατος καιρός μάς παραστήνει τρόπους σωτηρίους, καί μάς προσκαλεί εις άγώνας, δόξαν, εύτυχίαν καί άθανασίαν, φιλοτιμηθήτε νά άπολαύσετε αύτά τά τόσον έπιθυμητά πράγματα. Φιλοτιμηθήτε νά μή χάσωμεν τοιοΰτον καιρόν, άλλά νά κερδήσωμεν έξ αύτοΰ, καταβάλλοντες κόπους καί κάθε άοκνίαν ».

« Ύδραΐοι, Πετσιώται καί Ψαριανοί άδελφοί· ένθυμηθήτε, όποιοι είστε περί τά τέλη τής παρελθούσης Έκατονταετηρίδος, καί εις ποίον βαθμόν δυνάμεως εύρίσκεσθε τώρα εις εικοσαετές διάστημα. Ποίος σάς ύψωσεν, Άδελφοί ; Ποίος σάς έφώτισε καί σάς ώδήγησεν εις αύτό τό ύψος, ώστε νά σάς θαυμάζουν καί αύτά τά πλέον δυνατά Έθνη Ή Θεία Βουλή καί Δύναμις, ήτις «έν άσθενεία τελειοΰται».

« Θαυμάσατε, Άδελφοί ! Σάς έξελέξατο ό Θεός καί σάς προητοίμασε, διά νά έκπληρώσητε τάς Προρρήσεις, τάς Άποκαλύψεις καί τούς Χρησμούς τών Άγίων, νά καταδαμάσετε τήν πόρνην Βαβυλώνα, καί νά συντρίψετε τήν κεφαλήν τοΰ Δράκοντος Λοιπόν μή δειλιάσετε ποσώς, άλλ' έτοιμάσετε τά ξύλινα τείχη σας, νά διασώσητε, ώς άλλοι Λακεδαιμόνιοι καί Άθηναίοι, τήν Πατρίδα. Έτοιμάσατε τά πλοΐά σας. Άλλοι άς φοβοΰνται τόν Ποσειδώνα. Οί έχθροί άς τόν τρέμουν· έπειδή ούτε οί Πρόγονοι των, ούτε αύτοί έχουν μέρος μετ' αύτοΰ· καί, άν έσείς έλείπετε, ήτον χαμένοι. Διά τοΰτο έλπίζομεν άδιστάκτως εις τήν έδικήν σας άξιότητα καί άνδρείαν, όχι μόνον νά χειρώσωμεν τάς ναυτικάς τῶν ἐναντίων Δυνάμεις, ἀλλά καί αὐτό τό κέντρον των νά διασαλεύσωμεν ἐκ θεμελίων».

«Γενῆτε ἕτοιμοι, διά νά ἀκολουθήσετε φρονίμως καί εὐτάκτως τήν πρώτην φωνήν τῆς Σάλπιγγός μας, τήν ὁποίαν θέλετε ἀκούσει ἐν καιρῷ πρέποντι παρά τῶν Ἐφόρων. Μολαταῦτα οἱ εὐκατάστατοι μή λησμονήσετε, ὅτι ἡ Πατρίς εὑρισκομένη ἤδη εἰς τοιαύτην πτῶσιν, χρειάζεται καί χρηματικά μέσα, διά νά κινηθῇ...»

Συγχρόνως διευθύνθησαν Γράμματα ἰδιαίτερα ὡς ἐκ μέρους τῆς Ἀρχῆς πρός διαφόρους σημαντικούς τῶν Νήσων τούτων, ἐνθουσιάζοντα ἕνα ἕκαστον εἰς τόν προσεχῆ Πόλεμον, καί φανερώνοντα τήν ἐκλογήν τοῦ Α. Ὑψηλάντου. Ἐπιφέρομεν ἕν, ἐπιγραφόμενον πρός τόν Γεώργιον Πάνου.

«(Τ. Σ.) Ἀ γ α π η τ έ Ἀ δ ε λ φ έ...!

«Ἐλάβομεν Γράμμα τῆς Ἐντιμότητός σου γεγραμμένον ἀπό 5 Ἰουλίου, 1818, καί ἀμέτρως ἐχάρημεν, ἐπαινέσαντες τόν ζῆλον καί προθυμίαν σου ὑπέρ τῶν κοινωφελῶν, καί κατατάττοντες καί τὄνομα τῆς Φιλογενείας σου εἰς τήν σειράν τῶν γνησίων Τέκνων τῆς Ἑλλάδος».

«Διά τήν παροῦσαν δεξιότητα τοῦ καιροῦ καί τήν εὐτυχῆ τῶν καθ' ἡμᾶς πραγμάτων πρόοδον, καθώς εἰς τό κοινόν ἡμῶν Γράμμα πλατύτερον λέγομεν, ἐνεκρίθη ἄριστον καί συμφέρον τό ν' ἀποκατασταθῶσιν ἁπανταχοῦ τῆς Ἑλλάδος Ἐφορίαι εἰς εὐκολωτέραν καί ταχυτέραν κίνησιν τῶν ὑποθέσεων τῆς Φιλικῆς Ἑταιρίας μας. Ὅθεν... ἀπεδέχθημεν καί τήν Ἐντιμότητά σου Μέλος αὐτῶν, μήν ἀμφιβάλλοντες εἰς τήν ἀξιότητα τοῦ Ὑποκειμένου σου, ὅτι θέλεις ἀκολουθήσει προθύμως τό ἴδιον τοῦτο ἔργον, συσκεπτόμενος μετά τῶν λοιπῶν Συναδελφῶν σου Ἐφόρων, περί ὅσων γράφομεν εἰς τό κοινόν Γράμμα μας καί μάλιστα τῆς ἑτοιμασίας τῶν πλοίων σας, τά ὁποῖα ἐλπίζομεν νά δοξασθῶσι κυβερνώμενα ἀπό τήν ἐμπειρίαν σας.

Μή λείψῃς, Ἀδελφέ Περιπόθητε, νά φανῇς χρήσιμος εἰς

τὴν Πατρίδα καὶ διὰ χρημάτων, καταβάλλων, ὅσα ὑπεσχέθης νὰ βοηθήσῃς, εἰ δυνατόν, καὶ ὑπὲρ δύναμιν, στοχαζόμενος, ὅτι ἡ Πατρὶς στερουμένη πάντων, ἀπὸ ἡμᾶς ζητεῖ πάντα: χεῖρας, πόδας, στήθη, μέταλλα, πλοῖα, τὰ ὁποῖα ὅταν ἡμεῖς καταβάλλωμεν προθύμως, ἕκαστος ὅ,τι ἔχει καὶ δύναται, τότε αὐτὴ μὲν θέλει ἀνορθωθῇ ἐξάπαντος, ἡμεῖς δὲ φυλάξαντες τὸν Ἑλληνικὸν χαρακτῆρα τῶν Προγόνων, θέλομεν γένῃ τὸ θαῦμα τῶν αἰώνων. Λοιπόν, Φίλε, καὶ ἡ ἀγάπη σου βοήθησον γινόμενος παράδειγμα τοῖς λοιποῖς, τοὺς ὁποίους καὶ παρακίνησον εἰς τὸ αὐτὸ νὰ συνεισφέρουν ἅπαντες, διὰ νὰ κινήσωμεν ὅσον τάχος τὴν Μηχανήν, καὶ νὰ μὴ χάσωμεν τὴν εὐκαιρίαν».

«Πρὸς τούτοις φανερώνομεν τῇ Φιλίᾳ σου, ὅτι Γενικώτερον. Ἔφορον ἐπὶ πάντων τῶν Ἑλληνικῶν Πραγμάτων ἀπεδείξαμεν τὸν σεβαστὸν Ἄνδρα Ἀλέξανδρον Ὑψηλάντην, ὡς ἐμπειρότερον καὶ ἀξιώτερον. Ὅθεν χρεωστεῖτε πάντα τὰ Μέλη, νὰ πείθεσθε εἰς τὰς Ὁδηγίας τῆς Ἐκλαμπρότητός του, διὰ νὰ ἀκολουθήσητε τὴν πρώτην φωνήν μας εὐτάκτως καὶ προθύμως, ὡς ἴδιον τῶν Προγόνων μας. Ἔρρωσο. 9».

Ὁ Δ. Θέμελης, διωρισμένος, ὡς εἴπομεν (α), διὰ τὸ Αἰγαῖον, κατέβη εἰς Κωνσταντινούπολιν (5 Δεκεμβρίου), ὅθεν ἔλαβεν ἔγγραφα συστατικὰ παρὰ τοῦ Νικολάου Μουρούζη, Διερμηνέως τῆς Ἄσπρης Θαλάσσης, καὶ τοῦ Πατριάρχου Γρηγορίου (β), διὰ νὰ κρύψῃ οὕτω τὸ πνεῦμα τῆς ἀποστολῆς του.

(α) Σελ: 296.

(β) Ἐμηνολογοῦντο ταῦτα τὸ μὲν τοῦ Μουρούζη τῇ ζ', τὸ δὲ τοῦ Πατριάρχου τῇ η' Ἰανουαρίου, 1821, κατὰ τὰ εἰς χεῖράς μας ἀντίγραφα.

Τάχα καὶ ὁ Πατριάρχης καὶ ὁ Μουρούζης ὑπεκρίνοντο, ἢ ἠγνόουν τὸ κύριον πνεῦμα τῆς ἀποστολῆς τοῦ Θέμελη;

Καὶ ὁ Δικαῖος καταβαίνων εἰς τὴν Πελοπόννησον ἔλαβε συστατικὰ ἐκ μέρους τοῦ Πατριάρχου, ὡς ἀποστελλόμενος Ἔξαρχος.

Τήν 16 Ιανουαρίου, 1821, έφθασεν εις Ψαρά, όπου έσύστησεν Εφορίαν (α). Δημοσιεύομεν τό ακόλουθον περί αυτής Έγγραφον όχι ολιγώτερον περίεργον πρός άλλα πολλά. Ησφάλιζε τούτο τήν πιστήν διαγωγήν τών Εφόρων.

«Κύριε !

«Επειδή και άχρι τούδε ευρισκόμεθα υστερημένοι τής ειδοποιήσεως τής εν Σπάρτη νεοσυστηθείσης Σχολής, αγνοούσαμεν και τα καθήκοντα χρέη μας· ήδη δε με τήν εις τα ενταύθα άφιξιν τού Ευγενεστάτου Κυρίου Δ. Θέμελη πληροφορηθέντες καλώς παρ' αυτού, ως και παρά τών συνεπιφερομένων Γραμμάτων τής διαληφθείσης Σχολής τα δέοντα βασίμως, εγνωρίσαμεν εντελώς τα χρέη μας. Και δή συστηθέντες ημείς οι υπογεγραμμένοι Έφοροι εις τα ενταύθα παρά τού διαληφθέντος Κυρίου Θέμελη με τήν Εφορίαν τού Δ ή μ ο υ Α χ α ι ο ύ, υποσχόμεθα, ότι θέλομεν προσπαθήσει όλαις δυνάμεσι, με όλον τόν χρεωστούμενον παρ' ημών ένθερμον και διακαέστατον ζήλον τε και επιμέλειαν, δια τήν σύναξιν τής συνδρομής τών ενταύθα φιλογενών συνδρομητών, τήν οποίαν συνάζοντες θέλομεν φυλάττει εις τήν ενταύθα κάσσαν μας δια τας προσηκούσας ανάγκας τών εξόδων δια τήν Σχολήν. Μένομεν.

Ψαρά, τη 21 Ιανουαρίου, 1821.

Δήμος Αχαιός, Αντώνης Κατσουλέρης, Κυριάκος Δ. Μαμούνη, Γεώργιος Κομνηνός, Νικολής Σπανός».

Ο Θέμελης μετέβη εκείθεν εις Μυτιλήνην, Κυδωνίας, Σμύρνην, Έφεσον, Σάμον, Πάτμον, Κάσον, Κάλυμνον και Νίσυρον, συνιστών πανταχού Εφορίας. Αλλ' εντοσούτω προδοθείς από

(α) Φαίνεται και εκ τούτου, ότι αί διαλαμβανόμεναι (Σελ. 329—330) Συστάσεις δεν έλαβον τήν απαιτουμένην ενέργειαν.

τούς Δημογέροντας και τον Μητροπολίτην τής Σμύρνης, εβιάσθη νά περιορισθή εις τήν Πάτμον μέχρι τής κινήσεως των όπλων (α).

(α) Δεν πρέπει συγχρόνως νά παρατρέξωμεν τήν έκτασιν, τήν οποίαν έλαβεν ή Εταιρία εις όλας ώσεπιτοπλείστον τάς Νήσους τής Μεσογείου κατά τήν εποχήν αυτήν. Οι ορκισθέντες τήν ελευθερίαν τής Πατρίδος έδειξαν έν γένει τήν χρειώδη πατριωτικήν σταθερότητα· και μεταξύ τούτων διαπρέπει επίσης διά τον ζήλον και τάς θυσίας του ό Χωματιανός, Πρεσβύτερος Οικονόμος τής Κέας. Εϊδομεν τούτου το Έφοδιαστικόν κατά τον ακόλουθον τύπον.

«Έν Ονόματι τής μελλούσης Σωτηρίας.

«Καθιερώνω Αρχιερέα Τζας και Θερμιών ζώνη χρυσή, και αφιερώνω εις τήν αγάπην τής Φιλικής Εταιρίας» κτλ.

Φαίνεται έκ τούτου, ότι και τά Εφοδιαστικά έλαβον μεγάλην τροποποίησιν ώς προς τήν θέσιν των ανθρώπων.

ΚΕΦΑΛΑΙΟΝ Ζ'.

Στοχασμοί των Πελοποννησίων περί Συστήματος εσωτερικού, πεμφθέντες προς την 'Αρχήν — 'Απαντήσεις της 'Αρχής και Διορισμός της Πελοποννησιακής 'Εφορίας— Διενέξεις των Πελοποννησίων — Π. Νοταράς — Σ. Χαραλάμπου· Α. Ζαήμης — Κατάβασις τοῦ Δικαίου εἰς Πέτσας. Όδηγίαι τούτου προς τους Πελοποννησίους— Συνέλευσις της Βοστίτσης και αποτελέσματα.

Καὶ πρὶν καὶ μετὰ τὴν ἀναγόρευσιν τοῦ Ὑψηλάντου ἤρχισαν καὶ εἰς τὴν Πελοπόννησον, ὀλέθριοί τινες διαφωνίαι. Ἐπήγαζον αὗται καὶ ἀπὸ αὐτὴν τὴν φύσιν τοῦ Ὀργανισμοῦ τῆς Ἑταιρίας, χορηγοῦντος εἰς πολλοὺς τὴν ἄδειαν τοῦ κατηχεῖν καὶ ἐνεργεῖν, καὶ ἀπὸ τὴν μέχρι τοῦδε ἔλλειψιν ἑνὸς Κανονισμοῦ, διὰ τὴν ὁποίαν δὲν ἦτο προσδιωρισμένη εἰς τὴν Πελοπόννησον καμμία Ἱεραρχία. Ὅλοι ἐντεῦθεν ἐθεώρουν κέντρον τὸν ἑαυτόν των, καὶ ἦτον ἐπόμενον τὸ νὰ μὴ προκύψῃ τίποτε σημαντικὸν ἀπὸ τὰς αὐτομάτους καὶ ἀκανονίστους ἐνεργείας τούτου καὶ ἐκείνου, μάλιστα ὡς πρὸς τὴν χρειωδεστέραν παρὰ τὰ ἄλλα προετοιμασίαν τοῦ πολέμου.

Οἱ Προεστῶτες τοῦ τόπου τούτου ἤθελον πρὸ πάντων τὴν συστηματικὴν ὑπεροχήν των καὶ εἰς τὴν περίστασιν αὐτήν, μὴν ὑποφέροντες τοῦτο εἰς ἄλλους ὑποδεεστέρους ὡς πρὸς τὴν τότε πολιτικὴν τάξιν. Χωρὶς νὰ ἀναπτύξωμεν ἤδη τὸ πνεῦμα τῶν Ἀποστόλων, χρεωστοῦμεν νὰ εἴπωμεν, ὅτι αὐτοί, τοὐλάχιστον ὡς πρὸς τὴν Πελοπόννησον, ήνωμένοι στενά καί μέ τό επίσης δυνατόν μέρος τοΰ 'Ιερατείου, ήμπόρουν νά διενεργήσωσι συστηματικώς εις τάς στιγμάς αυτάς, ώς έχοντες έργον τήν ένασχόλησίν των εις τά πράγματα τοΰ τόπου. Αί διευθυνθεΐσαι πρός τήν Άρχήν ακόλουθοι Προτάσεις τών ιδίων αποδεικνύουν, ο,τι είπομεν, καθώς καί τό περί Εταιρίας καί τοΰ Πολέμου πνεΰμά των.

«Στοχασμοί τών Πελοποννησίων περί καλοΰ Συστήματος.

«Α. Νά διορισθώσι δι' εγγράφων Έπιταγών τινες τών προεστοτέρων έν Πελοποννήσω 'Αδελφών, ους άν έγκρίνη τό οξυδερκές όμμα τής 'Αρχής, οίτινες νά συνυπακούωνται μετ' αυτής, όδηγούμενοι εις τά γενικώτερα καί οδηγούντες έν μέρει, δσα αρμόδια εις τήν ενταύθα τοπικήν κατάστασιν, μέ άκριβή παρατήρησιν τοΰ καιρού καί τών περιστάσεων, άποφεύγοντες τό παράκαιρον τών πραγμάτων, έμποδίζοντες ενδεχομένην τινά κατάχρησιν, έπαγρυπνοΰντες εις ώφέλειαν τής όλομελείας καί ειδοποιούντες, δσα αναγκαία».

«Β'. Νά προσταχθώσιν άπαντες γενικώς οί λοιποί τών έν Πελοποννήσω 'Αδελφών δι' Εγγράφων ιδιαιτέρων μετά τών Σημείων καί τής Σφραγίδος, ίνα άναφέρωσι κάθετι οπού ήθελον στοχασθή ώφέλιμον καί άναγκαίον εις τούς διορισθέντας Προκρίτους 'Αδελφούς, καί διά τής γνώμης καί συμβουλής εκείνων νά ένεργήται κάθετι, χωρίς νά ήμπορή καθένας νά κινήται ή νά ένεργή τι ιδιορρύθμως καί κατά τό δοκούν αύτφ, άλλά νά πείθωνται κατά τήν όδηγίαν τών Διωρισμένων εις όλας τάς υποθέσεις, όπού άνάγονται εις τό Σύστημα τής Άδελφότητος, διά νά φυλάττεται ή καλή αρμονία καί τάξις».

«Γ'. Νά δοθή ή άδεια νά συναχθή έδώ εις Πελοπόννησον όλη ή ποσότης τής συνεισφοράς τών έν Πελοποννήσω 'Αδελφών, καί νά κατατεθή εις κοινόν Ταμείον, νά οίκονομήται πρός αΰξησίν της, καί νά χρησιμεύη έν καιρώ πρός ώφέλειαν γενικήν ή μερικήν τών Όμογενών, καθό ή χρεία τό ά-

ΚΑΡΑΙΣΚΑΚΗΣ

παιτήσει· ὅτι τοιαῦται χρεῖαι συνεχῶς ἀναφύονται ἐνταῦθα, καὶ πολλὰ ἀναγκαῖα παρατρέχονται δι' ἔλλειψιν τῶν χρημάτων. Ἡ δὲ χρῆσις τῶν χρημάτων τούτων θέλει γίνεται πάντοτε κοινῇ γνώμῃ τῶν Προκρίτων Ἀδελφῶν καὶ τῇ εἰδήσει καὶ ἀδείᾳ τῆς Ἀρχῆς».

«Δ'. Νὰ προσταχθῶσιν οἱ Πρόκριτοι τῶν Ἀδελφῶν, διὰ νὰ διορίσωσι καὶ τὸν ἀσφαλῆ τόπον τῆς καταθέσεως τῶν χρημάτων καὶ δύο ἢ τρεῖς τιμίους ἄνδρας Ἀδελφοὺς πρὸς κυβέρνησιν αὐτῶν μὲ τὸν ἀσφαλέστερον καὶ ἐπωφελέστερον τρόπον, ὁποῦ ἤθελε στοχάζωνται, προσέχοντες ἵνα μὴ τι δαπανηθῇ ἐξ αὐτῶν ἄνευ τῆς κοινῆς γνώμης».

«Ε'. Εἰς τὰ ἰδιαίτερα πρὸς ἕκαστον τῶν Ἀδελφῶν προστακτικὰ Γράμματα τῆς Ἀρχῆς νὰ διορίζωνται, διὰ νὰ μετρήσωσι καθεὶς τὴν συνεισφοράν του εἰς τοὺς διωρισμένους Προκρίτους Ἀδελφούς· ἐκεῖνοι δὲ νὰ φροντίζωσι περὶ τῆς οἰκονομίας, ὡς εἴρηται».

«ΣΤ'. Νὰ διορισθῶσιν, εἰ εὔλογον, καὶ οἱ εἰς τὰς πέριξ τῆς Πελοποννήσου Νήσους κατοικοῦντες Ἀδελφοί, μάλιστα δὲ οἱ εἰς τὰς Ἰονικάς, δι' ἐγγράφων Προσταγῶν, ἵνα καταμετρήσωσι καὶ αὐτοὶ τὴν συνεισφορὰν των εἰς τοὺς ἐν Πελοποννήσῳ διωρισμένους Προκρίτους Ἀδελφούς· ἐπειδὴ τοιουτοτρόπως καὶ ἡ Ἀρχὴ θέλει ἔχει ἐκ τοῦ προχείρου τὴν χρῆσιν τῶν χρημάτων ἐν καιρῷ χρείας, καὶ ἡ ποσότης καλῶς διοικουμένη θέλει αὐξάνει».

«Ζ'. Νὰ προστάζηται καθεὶς νὰ μὴ παρεκτρέπηται, μήτε νὰ παρακούῃ εἰς τὰς ὁδηγίας τῶν Προκρίτων, ὅτι ἀποβάλλεται ὡς μέλος σεσηπός».

«Η'. Δι' ἀσφάλειαν τῆς ἀλληλογραφίας μας νὰ διορισθῇ ἐν Ὕδρᾳ εἰς τῶν ἐκεῖσε Ἀδελφῶν, πρὸς ὃν νὰ διευθύνωνται καὶ τὰ αὐτόθεν διὰ τὰ ἐνταῦθα Γράμματα καὶ τὰ ἐντεῦθεν διὰ τὰ αὐτόθι, καὶ νὰ προσταχθῇ, διὰ νὰ τὰ στέλλῃ ἀσφαλῶς... Τοῦ δὲ διορισθέντος νὰ γίνῃ τὸ Ὄνομα γνωστόν».

Τοὺς Στοχασμοὺς τούτους ὑπέγραψαν ὁ Γερμανὸς Π. Πατρῶν (α), ὁ Κερνίκης Προκόπιος, Ἀσημάκης

(α) Τοῦ ὁποίου στοχαζόμεθα καὶ τὴν σύνθεσίν των.

Ζαήμης, Σωτήριος Χαραλάμπου, Ἀνδρέας, Πανοῦτσος καὶ Σωτήριος ἀδελφοὶ Νοταραῖοι, οἱ Ἀδελφοὶ Δάσιοι, Γεώργιος Καλαρᾶς, Ἰωάννης Περρούκας, Πρωτοσύγκελος Ἀμβρόσιος, Παναγιώτης Ζαφειρόπουλος, Ἀνδρέας Λόνδος, Γεώργιος Σισίνης, Δημήτριος Παππατσόνης, Νικόλαος Λόνδος, Ἀνδρέας Ζαήμης, Παναγιώτης Ἀρβάλης, Σωτήριος Θεοχαρόπουλος, Ἀναγνώστης Κοπανίτσας καὶ Μελέτιος Μελετόπουλος. Ὁ ἀναδεχθεὶς τὴν ἀποστολὴν αὐτήν... ἐπεφορτίσθη νὰ ἐξετάσῃ συγχρόνως καὶ τὴν κατάστασιν τῆς Ἀρχῆς. Προεχώρησεν οὗτος μέχρι τῆς Ὀδησσοῦ, ἐπιστρέψας περὶ τὸ φθινόπωρον τοῦ 1820, φέρων τὰ ἀκόλουθα πρὸς τοὺς Πελοποννησίους Ἔγγραφα περὶ συστάσεως τῆς Ἐφορίας κ.λ.π. καὶ πρῶτος εἰδοποιήσας τὴν ἀναγόρευσιν τοῦ Ὑψηλάντου.

«Πανιερώτατοι καὶ Σεβαστοὶ Ἅγιοι Ἀρχιερεῖς, Εὐγενέστατοι Ἄρχοντες καὶ λοιποὶ Ἀδελφοὶ Πελοποννήσιοι χαίρετε!

«Ἄγκαλα καὶ βραδέως, μ' ὅλον τοῦτο τὰ χρέη πρὸς τὸν πλησίον, καθὸ ἱερὰ καὶ ἀπαραβίαστα, μᾶς ἠνάγκασαν, καὶ τοι ἀσχολουμένους εἰς πολλὰ καὶ πολυειδῆ, νὰ σᾶς ἀποκριθῶμεν, ὅσα πρόσφορα καὶ συμφέροντα, ὑπὲρ ὧν ἀναφέρετε πρὸς ἡμᾶς».

«Προηγουμένως οὖν πληροφορηθέντες ἐκ τῶν γεγραμμένων σας ἅπαντα τὰ πρακτικά σας, ἐπηνέσαμεν ἀναλόγως τὸν ἔνθερμον ζῆλόν σας, τὴν ἄοκνον προθυμίαν καὶ ἐπιμονήν σας, τὴν ὁποίαν διατηρεῖτε ἀπαραμοιώτως εἰς ὄφελος τοῦ δυστυχοῦς ἡμῶν Ἔθνους. Ὁ τρόπος σας, δι' οὗ μέχρι τοῦ νῦν τὸ πρᾶγμα ἐνεργεῖται, ἀποδεικνύει ἐναργέστατα, ὅσους πόνους, ἀγῶνας καὶ θυσίας καταβάλλετε, τὰς ὁποίας θέλει ἀνταμείψει ἀφθόνως μίαν ἡμέραν ἡ Πατρίς, συναριθμοῦσα καὶ ὑμᾶς εἰς τὴν σειρὰν τῶν τοιούτων ἀθανάτων Υἱῶν της».

«Περιττὸν στοχαζόμεθα, μὲ λέξεις καὶ μὲ φράσεις νὰ σᾶς ἀποδείξωμεν τό, πόσον τὸ Πρᾶγμα ὑπάρχει κατορθωτόν, ὅταν τὸ συνοδεύσωμεν μετὰ τῆς ἀπαιτουμένης ἐπιμελείας, ἐπιμονῆς καὶ ἀποφάσεως. Καθότι, τὸ πρῶτον μέσον εἰς τὸν Ἄνθρωπον εἰς ἐκτέλεσιν παντὸς ἐπιχειρήματος εἶναι ἡ ἐπιμονή, τὴν ὁποίαν, ὅτι ἔχετε κατὰ κληρονομίαν ἐκ τῶν Προγόνων, δὲν ἀμφιβάλλομεν. Ταύτην λοιπὸν φυλάττετε, καὶ μὴ πτοῆσθε. Συμβοηθοὺς εἰς τοῦτο ἔχετε ἀπείρους· πρῶτον τὸν Ἅγιον Θεόν, ἐξ οὗ τὰ πάντα κινοῦνται· καὶ ἑπομένως ὅλα τὰ πεπολιτισμένα Ἔθνη, τὰ ὁποῖα θαυμάζοντα τὴν ἐλεεινὴν ταύτην ὑπομονὴν μας, ἔφθασαν νὰ μὴ μᾶς θεωρῶσιν ὡς Ἀπογόνους τῶν ἀθανάτων Προγόνων μας. Τοῦτο ἰδίως καὶ ἀπροσωπολήπτως κρίνοντες καὶ ἡμεῖς, δὲν θέλομεν εὕρει, ὅτι ἀδίκως μᾶς καταδικάζουσι· καθότι πότε καὶ εἰς ποῖον μέρος ἐζήτησε τὸ Γένος τὰ Προνόμια τῆς Ἐλευθερίας του μὲ κοινὴν φωνήν, καὶ δὲν εἰσηκούσθη; Ποία ἄλλη ἤτον ἡ αἰτία, ἡ ἐμποδίζουσα τοσούτους χρόνους τὴν εὐλογωτάτην ζήτησίν του, εἰμὴ ἡ ἐσχάτη ἀμάθεια, εἰς τὴν ὁποίαν ἤτον τὸ Ἔθνος καταβεβυθισμένον; Τώρα δέ, ὁπόταν τὸ σκότος ἐκεῖνο τῆς ἀμαθείας ἐξέλιπε, καὶ ἄρχισε τὸ Ἔθνος νὰ αἰσθάνηται τὴν ἐλεεινὴν στάσιν, εἰς τὴν ὁποίαν εὑρίσκεται, καὶ καταγίνεται διὰ τῆς μαθήσεως καὶ παιδείας νὰ γνωρίζῃ τὰ Δικαιώματά του, καὶ νὰ προβαίνῃ γιγαντιαίοις βήμασιν εἰς τὸν φωτισμόν, δὲν χρειάζεται ἄλλο, διὰ νὰ καταλάβῃ τόσον, ὁπόσας δεξιωτάτας περιστάσεις ἔχασεν ἐκ τῆς διχονοίας καὶ τῆς ἀπρονοησίας του, ὅσον καὶ τὴν συνδρομὴν καὶ βοήθειαν, τὴν ὁποίαν θέλει λάβει ἅμα μετὰ τὴν Κίνησίν του, καὶ ἑπομένως πόσον ἡ ἐπιτυχία ἔσεται ἄφευκτος».

«Διὰ νὰ γίνῃ λοιπὸν αὕτη ἡ Κίνησις καὶ ταχύτερον καὶ εὐκολώτερον, πρέπει ὅσον τάχος νὰ ἀποκτήσωμεν τὰ ἀναγκαῖα μέσα, διὰ τὴν ἐξοικονόμησιν τῶν ὁποίων ἐνεκρίθη νὰ συστηθῇ μία Ἐθνικὴ Κάσσα, ἐφορευομένη ἀπὸ τοὺς ἐγκριτοτέρους καὶ φιλογενεστέρους τοῦ Ἔθνους. Ἐζητήθη δὲ καί, ὅθεν ἔδει, ἡ ἀνήκουσα βοήθεια καὶ ὑπεράσπισις, καὶ ἐχορηγήθη ἀφθόνως. Συσκεφθῆτε λοιπόν, καὶ καταβάλετε πᾶσαν φροντίδα καὶ ἐπιμέλειαν, ἵνα κατὰ τὴν ζήτησίν σας ἀποκαταστήσητε ἐν Πελοποννήσῳ Κάσσαν κοινὴν καὶ ἀναλογοῦσαν τῷ ὀνόματι τῶν Πελοποννησίων, τῶν ὁποίων τοὺς ἀποσταλέντας Στοχασμοὺς λαβόντες καὶ σκεψάμενοι, ἀπεφασίσαμεν τὰ ἀκόλουθα».

« Ἄρθ. Α'. Διορίζομεν Γενικοὺς Ἐπιτρόπους τῶν Πραγμάτων ἐκ μὲν τῶν Ἁγίων Ἀρχιερέων τόν τε Ἅγιον Παλαιῶν Πατρῶν Κ. Γερμανόν, τὸν Ἅγιον Μονεμβασίας Κ. Χρύσανθον, καὶ τὸν Ἅγιον Χριστιανουπόλεως Κ. Γερμανόν· ἀπὸ δὲ τῶν Εὐγενεστάτων Ἀρχόντων τοὺς Εὐγενεστάτους Κ.Κ. Ἀσημάκην Ζαήμην, Σωτήριον Χαραλάμπου, Ἀναγνώστην Κωπανίτζαν, Πανοῦτζον Νοταρὰν καὶ Θεοχάρην Ῥένδην. Ἐπὶ τούτων δὲ πάντων τόν...».

« Β'. Οἱ Κ.Κ. Ἔφοροι θέλουν ὑπακούει καθ' ὅλα εἰς τὰς διαταγὰς τοῦ παρὰ τῆς Βουλῆς καὶ τῶν Ἀρχόντων διορισθέντος Γενικοῦ Ἐφόρου τῆς Ἑταιρίας σεβαστοῦ ἀνδρὸς Κυρίου Α. Ὑψηλάντου, φυλάττοντες ἀπαρασαλεύτως, ὅσα ἀναφέρονται εἰς τὸ πρὸς αὐτοὺς ἐγχειρισθὲν Ἐπιτροπικὸν Γράμμα μας ».

« Γ'. Ἐπιτρέπονται εἰς τὸ νὰ ἐξετάζωσι λεπτομερῶς τὸν ἐν Πελοποννήσῳ ἀριθμὸν τῶν Μελῶν, καθ' ὃν οἴδασι τρόπον, ἵνα μάθωσι παρ' ἑνὸς ἑκάστου, ποῦ καὶ εἰς ποῖον ἔδωκε τὸ Γράμμα καὶ τὴν ποσότητα τῆς χρηματικῆς βοηθείας του, ἵνα, ἐὰν ὑπό τινος κατακρατῶνται ἀλόγως τὰ ἱερὰ χρήματα, ἀπαιτηθῶσι· εἰς πληροφορίαν τοῦ ὁποίου ὀφείλουσιν οἱ ῥηθέντες Κ.Κ. Ἔφοροι νὰ ζητήσωσι τὰς Ἀποδείξεις, ... καὶ νὰ μᾶς στείλωσιν αὐτὰς διὰ τοῦ διωρισμένου μέσου ».

« Δ'. Ἕκαστον Μέλος ἐν τῇ Πελοποννήσῳ ὀφείλει νὰ προσφέρῃ πρὸς τοὺς ῥηθέντας Ἐφόρους σέβας καὶ ὑπακοήν, ... καὶ μηδεὶς νὰ μὴ δύναται νὰ κινήσῃ κανὲν πρᾶγμα τῆς Ἑταιρίας ἄνευ τῆς ἡμετέρας γνώμης, μήτε ἂν δοκῇ ὁ σοφώτατος πάντων· ἐπειδὴ ἡ ὑπακοὴ καὶ ἡ φρόνησις, καὶ ὄχι ἡ αὐθάδεια, ὠφελεῖ τὰ πράγματα ».

« Ε'. Διορίζομεν χρηματικὸν Ταμεῖον (Κάσσαν) καὶ Ταμίας τῶν κοινῶν χρημάτων τὸν Τιμιώτατον Κ. Ἰωάννην Παππαδιαμαντόπουλον καὶ τὸν Κύριον Π. Ἀρβάλην, καὶ ὁποιοι ἄλλον διὰ φρόνησιν καὶ ἀφιλοχρηματίαν ἐγκρίνωσιν οἱ σεβάσμιοι καὶ φιλογενεῖς Ἐπίτροποι. Πρὸς αὐτοὺς οἱ χρηματικοὶ Ταμίαι οὗτοι ὀφείλουσι νὰ ἀποδίδουν λόγον εἰς τεταγμένους καιρούς, καὶ νὰ μὴ δύνανται νὰ δαπανῶσιν οὔτε ὀβολὸν χωρίς αύτών. Διό πρέπει νά σημειώσουν περιστατικώς τά έσοδα καί τάς δαπάνας».

«ΣΤ'. Άπαντα τά Μέλη διά γραμμάτων μας ιδιαιτέρων διορίζονται, διά νά καταβάλωσιν εις τό κοινόν Ταμεΐον όχι μόνον τήν ύποσχεθεϊσαν, άλλά καί τήν δυνατήν χρηματικήν βοήθειαν, καθώς καί οί περί τήν Πελοπόννησον, τάς 'Ιονικάς καί Κυκλάδας Νήσους οίκοϋντες. Ούτοι, καθό έν Μέλος μετά των Πελοποννησίων, διορίζονται παρ' ημών νά συντρέξωσιν αύτόσε, καί νά καταβάλωσι τάς βοηθείας των παρ' ών άπαιτεΐται Καταγραφή ιδιαιτέρα καί άκριβής έκάστης Νήσου. Μετά δέ τήν καταβολήν πάντων οφείλουσιν οί Κ.Κ. "Εφοροι νά στείλωσιν εις ήμάς καθαρόν Κατάλογον, φυλαττόμενοι άπό μηδεμίαν δαπάνην, έως ου λάβωσι τάς 'Αποκρίσεις μας».

«Ζ'. Πολλά άτοπον νομίζομεν καί άσύμφορον εις τά πράγματα καί εις παν Μέλος τό νά παρακούη εις τάς οδηγίας τών 'Εφόρων. Όθεν, αν κανέν έξ αύτών φωραθή, ότι άτάκτως φέρεται, μή φυλάττον τά άνήκοντα αύτω καί εις τόν πλησίον χρέη, θέλει νομισθή ώς Μέλος σεσηπός (ό μή γένοιτο!). "Εχουν λοιπόν τήν άδειαν οί Γενικοί "Εφοροι, νά έξετάζωσι τό σφάλμα, καί νά παιδεύουν μέ εύλογοφανή παιδείαν, συνεργούντων καί τών λοιπών Προυχόντων άπαθώς όμως, άφιλοπροσώπως καί έν βάρει συνειδήσεως».

«Η'. Οί έν Πελοποννήσω Καπετάνιοι άπαντες συμφέρει νά οδηγηθώσι διά τών γνωστών μέσων είς τά κοινά συμφέροντα ώστε έν μια καί πρώτη φωνή νά ορμήσωσιν είς κοινήν καί γενικήν βοήθειαν. Εις τούτο παρακαλούνται οί Κ.Κ. "Εφοροι».

«Θ'. Εις τάς Γενικάς Συνελεύσεις όσα, ώς εύλογα, άποφασισθώσι, διορίζομεν νά είδοποιήται καί ό κοινός ημών φίλος Ένδοξότατος Πετρόμπεης Μαυρομιχάλης, διά νά συνεργη καί ή Ένδοξότης του τά δυνατά, καθό Μέλος γενικόν».

«Ι'. Περί τής άσφαλούς 'Αλληλογραφίας μας διορίζομεν τόν είς Ύδραν Τιμιώτατον Κ. Γεώργιον Γκιώνην, διά νά φροντίζη νά λαμβάνη τά παρά τής 'Εταιρίας εις ήμάς καί τά παρ' ημών εις έκείνην γράμματα, ή άλλα όποιαδήποτε έγγραφα, καί άσφαλώς νά άποστέλλη, όπου προσήκει, έκαστον».

«Σεβαστοί Πελοποννήσιοι! Ταύτα ημείς, καθ'

οϋς έγράψατε Στοχασμούς, άποφασίσαντες άντεπιστέλλομεν, είς τά όποια μήν άμφιβάλλοντες ουδαμώς, ότι θέλετε έμμένει άπαρασαλεύτως, προσκαλοϋμεν άπαντας είς τό άγαθόν καί Θεώ φίλον: ό έστιν Ή πρός τόν Πλησίον Άγάπη. Άλλ' έπειδή άνθρωποι όντες διαφερόμεθα ένίοτε, τά πάθη ημών ταϋτα πρέπει νά έξομολογούμεθα άλλήλοις, καί νά ίατρεύωμεν μέ τάς φρονίμους συμβουλάς τών 'Ομογενών, καί όχι μέ τάς ποινάς καί έκτιμήματα τών 'Ετερογενών' ίδια τών βαρβάρων καί ανοήτων, καί άπάδοντα εις Έλληνικάς ψυχάς, τάς όποιας καυχώμεθα, ότι έχομεν».

«Πελοποννήσιοι! Ή παρούσα περίστασις είναι ή πλέον ευτυχής διά τήν έκτέλεσιν τοϋ ίεροϋ ημών Σκοποϋ. Πρέπει λοιπόν νά κερδήσωμεν όλαις δυνάμεσιν έξ αύτής, καταβάλλοντες κάθε κόπον καί άοκνίαν. Ημείς άπό τό μέρος μας κάμνομεν όλα τά δυνατά, διά νά λάβωμεν, όθεν δει, τήν άνήκουσαν βοήθειαν' έπειδή δέν πρέπει νά προσμένωμεν παρ' άλλοτρίων τά πάντα, διότι τότε μειούνται τά Δικαιώματά μας».

«Πρέπει λοιπόν, ώ Φίλτατοι Συμπολίται! άφ' ού μίαν φοράν άπεσείσαμεν τήν βαθεϊαν άχλύν τής άγνοίας καί άμαθείας, καί διηνοίξαμεν τέλος πάντων τους οφθαλμούς ημών, καί εΐδομεν τήν ροδοδάκτυλον καί τερπνοτάτην αύγήν τής μεγάλης Ημέρας, καθ' ήν θέλει άναλάμψει ό λαμπρός καί ζωογονητικώτατος Ήλιος τής τοσούτον έπιθυμητής τού Γένους ημών άναγεννήσεώς τε καί άναπλάσεως, πρέπει, λέγομεν, νά ένθυμηθώμεν, ή μάλλον νά αίσθανθώμεν μέχρι βάθους καρδίας, ότι αϋτη έστίν ή έποχή, ήτις θέλει έπισφραγίσει ή τήν άθάνατον ημών δόξαν, ή τό άνεξάλειπτον όνειδος καί τήν παντοτεινήν καταισχύνην, άν ραθυμήσωμεν».

«Ή μηχανή τού μεγάλου Έργου έτεχνουργήθη τή τού Θεοϋ βοηθεία καί άντιλήψει κατά τόν θαυμασιώτατον καί άριστον τρόπον· καί δέν χρειάζεται άλλο πλέον παρά ένας μοχλός μόνος, διά νά τήν κινήση καί νά τήν βάλη εις ένέργειαν. Καί αύτός ό μοχλός, τής φοβεράς μηχανής αύτή ή έμψύχωσις ήρτηται άπό ήμάς. Καί δέν είναι άλλο, είμή ή πρόθυμος καί γενναία καταβολή τών χρημάτων· ότι άνευ τούτων, καθώς καί ό Δημοσθένης είπέ ποτε, τίποτε ή μικρά καί ολίγου άξια κατορθοϋνται».

«˚Αν λοιπόν ήμεθα Τέκνα αληθή της σεβαστής και ιεράς Ελλάδος, ώς καυχόμεθα· άν σώζωμεν τωόντι εις την καρδίαν μας τον θείον σπινθήρα του υπέρ τοιαύτης ευκλεεστάτης και αθανάτου Πατρίδος έρωτος· άν αισθανώμεθα τέλος πάντων το βάρος του πολυχρονίου ζυγού της επονειδίστου και αισχροτάτης δουλείας, και άν έχωμεν την ευγενή και όντως Ελληνικήν μεγαλοφροσύνην να τον αποτινάξωμεν από τον τράχηλόν μας, ποίαν άλλην άρμοδιωτέραν προσμένομεν εποχήν; Ποία πρόφασις, όπωσούν ευλογοφανής, ημπορεί να μάς κάμη να αναβάλλωμεν τον χρυσούν τούτον καιρόν, τον οποίον λαμπρότατα, φαίνεται, ή Θεία Πρόνοια όντως προσδιώρισε διά την εκπλήρωσιν όλων των Προρρήσεων, όλων των Χρησμών, όσοι διαλαμβάνουσι περί της του Γένους Ελευθερίας, περί της αναλάμψεως της Ορθοδοξίας; Βέβαια, Αδελφοί, δεν μάς μένει καμμία πρόφασις πλέον, ούτε είναι συγχωρημένον εις τον παρόντα καιρόν, αλλ' ούτε είναι δυνατόν, στοχαζόμεθα, να ευρεθή τις μεταξύ των Απογόνων του Μιλτιάδου, του Λεωνίδου, του Θεμιστοκλέους, Αριστείδου, Κίμωνος, Επαμεινώνδου και μυρίων άλλων ευκλεεστάτων Προγόνων μας, να αμφιβάλλη πλέον διά μίαν και μόνην στιγμήν περί της αφεύκτως ευτυχούς εκβάσεως του μεγάλου Σκοπού».

«Η εναντία γνώμη μένει του λοιπού ο κλήρος των νόθων εκείνων ψυχών, αί όποίαι θελεμιώνουσι την κακοδαίμονα ευδαιμονίαν των εις το να αποταμιεύωσι μόνον τον χρυσόν και τον άργυρον, και παραδεδομέναι διόλου εις την μισαράν και θεοστυγή λατρείαν αυτών των μετάλλων, κλείουσι την αμάλακτόν τους καρδίαν έως και εις αυτό το ηδύτερον, το ευγενέστατον και ιερώτατον αίσθημα της προς την φιλτάτην Πατρίδα αγάπης, χωρίς να αισθάνωνται, ότι η άκαιρος φιλοχρηματία κατασταίνει τον δεδουλωμένον υπό του ψυχοσωματοφθόρου αυτού πάθους και αυτών των ανδραπόδων ανδραποδωδέστερον».

«Αλλ' είθε, ώ Παντοδύναμε Κύριε, είθε, ώ πολιούχον Πνεύμα της ταλαίνης και πολυστενάκτου Ελλάδος· εις την κρίσιμον ταύτην εποχήν, εν ή μέλλει να διαχωρισθή ο σίτος από τα άχυρα, ο χρυσός από την σκωρίαν και οι αληθείς αδάμαντες από τους ψευδείς και πεπλασμένους: είθε, λέγομεν, να μην ευρεθή κανείς αναμεταξύ μας ανάξιος του Ελληνικού

Όνόματος καί τοϋ κακοδαίμονος έκείνου καί άγενεστάτου κόμματος. 'Αλλ' άπαντες οί κλητοί, εύρεθέντες χωρίς έξαίρεσιν έκλεκτοί, άς συνδράμωμεν όμοθυμαδόν δλη ψυχή, δλαις δυνάμεσιν είς τήν έκτέλεσιν καί στέψιν αύτοϋ τοϋ μεγάλου Σκοποϋ, δστις φαίνεται καθαρά, δτι είναι εύδοκία τής Θείας Προνοίας· καί άς άνοίξωμεν γενναίαν καί δαψιλή χείρα είς έκείνους, όποϋ προσφέρουσι κεφαλήν, στήθος, καρδίαν καί βραχίονας διά τήν Έλευθερίαν τοϋ Γένους ».

«Καί ταϋτα μέν, 'Αδελφοί, έγράψαμεν πρός ύμάς δχι πλατύτερον τοϋ δέοντος· έπειδή τό Πράγμα, καθό μέγα καί ίερόν, άπαιτεΐ πολλά καί γενναία έπιχειρήματα είς τό νά έγκαρδιώση ήμάς, νά νικήσωμεν πρώτον τό πάθος τής φιλοχρηματίας καί έπομένως τούς έχθρούς ήμών ».

« 'Αλλ' ήμεΐς μέν έχοντες έλπίδα στερεάν είς τάς Έλληνικάς καρδίας Σας, αί όποίαι έκ φύσεως είναι αύθόρμητοι είς τήν άρετήν, σάς έδώκαμεν αίτίαν. Σεϊς δέ άναπληρώσατε τά έλλείποντα· φανήτε Έλληνες, δείξατε είς τοϋ Κόσμου τό Θέατρον, δτι δέν άπεθάνετε, καθώς σάς νομίζουν· άλλά ζήτε καί έχετε τάς άρετάς δλας τών Προγόνων σας. Έρρωσθε ».

Τά χρέη τών 'Εφόρων προσδιωρίζοντο είς ΣΓ'. Άρθρα. Κρίνομεν περιττήν τήν δημοσίευσίν των, άναφέροντες μόνον τόν έπιβαλλόμενον Όρκον είς τούτους.

Όρκος

« Όρκιζόμεθα ώς τίμιοι άνθρωποι, έχοντες πάντοτε πρό όφθαλμών τό άκοίμητον Όμμα τοϋ Παντεπόπτου, οδ ό Άγγελος μεγαλοφώνως κελεύει· « Π ρ ο σ έ χ ε τ ε, Ά ν θ ρ ω π ο ι, ν ά φ α ν ή τ ε ά ξ ι ο ι κ α ί φ ύ λ α κ ε ς ά κ ρ ι β ε ί ς τ ώ ν έ μ π ι σ τ ε υ θ έ ν τ ω ν ύ μ ΐ ν »· καί προβάλλοντες πάν ό,τι άλλο σεμνόν Όνομα έν καθαρώ συνειδότι, βεβαιοϋμεν άπό καρδίας, δτι θέλομεν φυλάξει άπαραβάτως πάντα, δσα έγγράφως έν τώ παρόντι άναφέρονται ».

« Όρκούμεθα προσέτι, δτι θέλομεν φυλάξει καί πρός άλλήλους όμόνοιαν εΐλικρινεστάτην, χωρίς ποτε νά ένεργήσωμεν τι ιδιαιτέρως άνευ τής γνώμης τών λοιπών ».

Μέ τά άνωτέρω Έγγραφα συνωδεύοντο καί ιδιαίτερα πρός πολλούς, άφορώντα τό ίδιον πνεϋμα. Έκ τούτων έχομεν νά άναφέρωμεν έν παρατηρήσεως χάριν, διευθυνόμενον πρός τόν Μονεμβασίας Άρχιεπίσκοπον.

«'Αρ. 119. (Τ. Σ.) Πανιερώτατε Άγιε Μονεμβασίας Κ. Χρύσανθε!

«Άπό 15 Μαΐου, 1819, γεγραμμένον ελάβομεν Γράμμα τής Σεβαστής σου Πανιερότητος· έν φ πληροφορηθέντες τάς εμφύτους σου αρετάς, τό έμβριθές τοϋ τρόπου καί τόν ένθεον ζήλον ύπέρ τών κοινωφελών, δέν έλείψαμεν νά σ' έπαινέσωμεν άξίως, καί πρεπόντως νά σέ θαυμάσωμεν, ώς Άνδρα πνέοντα πατριωτισμόν καί θύοντα τήν ψυχήν ύπέρ τοϋ ποιμνίου».

«...... Όντος δέ τοϋ καιροϋ τοιούτου, ώς βεβαιωθήσρ, άμα λάβης τό Παρόν μας, νά άνταμωθής μετά τοϋ κοινού ήμών αγαπητού αδελφού Πετρόμπεη, καί νά συσκεφθήτε δσον τάχος περί τής ένώσεως πασών τών οικογενειών τής Σπάρτης είς ένα φιλικόν καί ιερόν σύνδεσμον. Ιδίως δέ ή Σεβασμιότης σου έκ τών Επαρχιωτών σου τούς μέν κατάπεισον είς χρηματικάς συνεισφοράς, τούς δέ προπαρασκεύασον είς όπλισμόν, όχι όμως έκ τοϋ προφανούς, άλλά δι' έξομολογήσεως, δρκων καί δλων τών λοιπών γνωστών σοι μέσων, έως ού ένηχήση ή Σάλπιγξ τής φωνής ήμών».

«Αγωνίσθητι, Σεβάσμιε Αδελφέ, άγωνίσθητι. Οί πόνοι τίκτουσι τήν εύανδρίαν. Ή Πατρίς θέλει σέ συναριθμήσει μέ τούς Λυκούργους, μέ τούς Σόλωνας, μέ Βασιλείους, μέ Χρυσοστόμους».

«Έρρωσο φιλοτιμούμενος καί παράδειγμα τοίς άλλοις γινόμενος. †»

Συγχρόνως ό Υψηλάντης, γράφων καί δεύτερον (α) πρός τούς Πελοποννησίους (έκ τής Όδησσού, 23 Αύγούστου 1820), έσυμβούλευεν ώς πρώτην τοϋ μέλλοντος έπιχειρήματος βάσιν τήν όμόνοιαν καί σύμπνοιαν· έπέφερε δέ·

(α) Ή προτέρα πρός τούς ιδίους 'Επιστολή του (τής 25 Ιουνίου, 1820), εστάλη άπό τήν Πετρούπολιν.

«... Ὁ καιρός, τὸν ὁποῖον ἤδη ἔχομεν, δὲν πρέπει νὰ ἐξοδεύηται εἰς ἄλλο, εἰμὴ εἰς τὰς ἀναγκαίας προπαρασκευὰς τῆς ἐκτελέσεως τοῦ κοινοῦ ἡμῶν σκοποῦ. Ἡ εὐκαιοτάτη περίστασις δὲν βραδύνει. καὶ ἄν, (ὃ μὴ γένοιτο !) εὑρεθῶμεν ἀνέτοιμοι, ὡς καὶ ἄλλοτε, θέλομεν δικαίως γίνη τὸ ὄνειδος ὅλου τοῦ Κόσμου. Μὴ παύετε λοιπὸν ἀπὸ τοῦ νὰ ἐργάζεσθε ἀόκνως, ὅσα πρὸς κοινὴν ὠφέλειαν ἀφορῶσι, καὶ ἡ ἐπιτυχία ἄφευκτος...».

Μολαταῦτα εἰς τὸν σχηματισμὸν τοῦ προσωπικοῦ τῆς Πελοποννησιακῆς Ἐφορίας ἀκολουθοῦν ἔριδες, τῶν ὁποίων πρωταγωνιστὴς ἐφαίνετο ὁ Ἰωάννης Περρούκας. Ἐπήγασαν αὐταὶ ἀπὸ τὰς προελθούσας δυσαρεσκείας ὡς πρὸς τὴν ἐκλογὴν τοῦ Προέδρου καὶ ἐκείνην τοῦ Ἀρβάλη ὡς Μέλους. Πολὺ πλέον αἱ ραδιουργίαι ἐκείνων, ὅσοι δὲν διωρίσθησαν Μέλη, παρεμπόδιζον εἰς τὸ ἄκρον τὰς ἐργασίας τῶν Ἐφόρων, καθ' ὃν καιρὸν οὗτοι ἐνησχολοῦντο εἰς τὴν καθησύχασιν τῶν πραγμάτων διὰ τὰς συμβαινούσας καταχρήσεις. Διὰ τὸν λόγον τοῦτον παρεξηγοῦντο καὶ αἱ Ἀπαντήσεις τῆς Ἀρχῆς. Ἡ ἀκόλουθος Ἐπιστολὴ τοῦ Π. Νοταρᾶ, διευθυνομένη πρὸς τοὺς εἰς Τριπολιστὰν Φιλικοὺς Προεστῶτας, ἀποδεικνύει ὅλα ταῦτα.

«Ἀδελφοί!

« Ἀνέγνωμεν τὰ σημειωθέντα ἅπαξ, δὶς καὶ τρίς, ἐξ ὧν ἐπέγνωμεν, ὅτι ἄριστα ἐκφράζονται αἱ ἰδέαι τῶν ἐπισταλέντων. Μολονότι τὰ νοήματα τῶν Γραμμάτων ὑψηλὰ καὶ δύσληπτα, ὡς ἐκτεθειμένα κατὰ τοὺς κανόνας μιᾶς ἐξαιρέτου καὶ δυσνοήτου Μηχανῆς, τῆς ὁποίας ἡμεῖς ἐσμὲν ἀδαεῖς· ἀλλ' ἐξεταζόμενα κατὰ βάθος καὶ ἀπροσωπολήπτως ὑπὸ τῶν δεινῶν περὶ τὰ τοιαῦτα, ὑποστηρίζουσι τὰς ψυχὰς τῶν ἀναγινωσκόντων, έχοντα έπαγομένην συλλογιστικώς την πειθώ. Διά νά κινηθή δμως μία τοιαύτη Μηχανή, ανάγκη πάσα νά έχωσι την άνάλογον πρός άλληλα αρμονίαν δλα τά Μέλη, έξ ών είναι συντεθειμένη, καί ούτω νά κινώνται εύρύθμως καί κανονικώς μέ έκπληξιν τών βλεπόντων. Έκ τούτου, δστις θέλει νά τήν ίδη κινουμένην, πρέπει νά προσέχη μετά μεγάλης ακριβείας, ώστε έκαστον τών Μερών νά έχη πρός τό άλλο τήν χρειώδη άναλογίαν· ή δέ πρός άλληλα αναφορά νά ήναι γενική. Τότε κινηθείσα, άδιστάκτως θέλει εκτελέσει θαυμάσιον τό σκοπούμενον. Άν δέ τούναντίον δέν άνταποκρίνωνται κατά τούς κανόνας τών Διδασκάλων, τά πάντα άνατραπήσονται μέ καταισχύνην καί αιώνιον δνειδος έκείνων, οΐτινες ήθελον έπιχειρισθώσι νά τήν κινήσωσιν οίκοθεν. Έχομεν πολλούς εις ύπόδειγμα, οΐτινες ούχί μόνον κατησχύνθησαν, άλλά καί έκινδύνευσαν τήν ζωήν των, χρηματίσαντες άπρόσεκτοι εις τήν έγκαιρον κίνησιν της τοιαύτης Μηχανής».

« Άς άρθώσι λοιπόν έκ μέσου τών Μύστων αί σκωριασμέναι προλήψεις. « Μηδείς (κατά τόν 'Απόστολον) τό εαυτού ζητείτω, άλλά τό του ετέρου έκαστος ». Άς λείψη ή περί Προεδρίας έρις· « Καιρός παντί » λέγει ό Σοφός. Ό ένεστώς χρόνος δέν είναι χρόνος επάθλων, άλλά χρόνος άγώνων. « Τά καλά κόπω κτώνται, καί κόπω κατορθοϋνται». Άς άγωνισθώσι λοιπόν δλοι οί Μύσται, συνεισφέροντες ύπέρ τής δλης Πατρίδος έκαστος κατά δύναμιν, είδότες, δτι « Ό νομίμως άθλήσας, δικαίως στεφανούται» μέ τόν άμαράντινον τής δόξης στέφανον έν ήμέρα, καθ' ήν άναλάμψη τό φώς. Ή κοινωνία τών Χριστιανών τότε άπετέλει τεράστια, όπόταν τών πιστευόντων ή καρδία καί ή ψυχή ήτο μία. Όσον έκ μέρους μας άναδυόμεθα μετά χαράς τόν προκείμενον 'Αγώνα, ευχαριστούμενοι νά γενώμεν «περίψημα πάντων»· νά άποβώμεν δμως έπωφελείς τώ Γένει κατά δύναμιν. Ό Λακεδαίμων έκείνος, «δτε συγκατελέγετο τώ Τάγματι τών Τριακοσίων» μειδιών είπε· «Χαίρω, δτι ή Πατρίς έχει πολλούς έμοϋ κάρωνας ».

« Άς άναγνώσωμεν μέ δλον τούτο έπιστατικώς τούς γεγραμμένους Όρους. Κατ' αυτούς έχομεν τήν άδειαν οί 'Αδελφοί νά έκλέγωμεν 'Εφόρους καί Ταμίας· πρός τοίς διορισθείσι καί άλλους, ους αν έκλέξωσιν όμοφρονοΰντας έπί τφ κοινφ συμφέροντι ευϋπολήπτους δηλονότι, άφιλοχρηματους, φιλογενείς καί ειλικρινείς Πατριώτας, διά νά οίκονομήσωμεν τά πάντα έν άκρα συμπνοία, φυλαττόμενοι, δσον ένεστι, «μή δώσωμεν τά Άγια τοις κυσί, μηδέ τούς μαργαρίτας θέσωμεν έμπροσθεν τών χοίρων».

«Τά ύποσχεθέντα ας καταβαλθώσι διά τών 'Εφόρων εις τά Ταμεία. Τά Ταμεία, άν καί ώσι πλείονα τών δύο, ή τριών, ας λογίζωνται ώς έν, άποδίδοντα λόγον εις τόν Γενικόν Έφορον καί εις τούς σύν αύτφ· αύτοί δέ πρός τήν 'Αρχήν. Ας λείπωσιν αι διχόνοιαι. Ας άνακαλέσωμεν εις τήν μνήμην έκεινο, τό όποιον είπεν ό 'Αριστείδης εις τόν Θεμιστοκλέα. Όλοι ας άφήσωμεν τά παλαιά, πληροφορούμενοι, ότι «έπί ξηρού ισταται άκμής» ή παντελής τοϋ Γένους φθορά. Διά νά γένωμεν δεκτικοί τών νέων, καί νά ίδωμεν άνανεούμενον τόν παλαιόν Άνθρωπον, μή φεισώμεθα έν εύκαιρία δαπάνης. Ας μεταχειρισθώμεν έκουσίως ύπέρ εαυτών καί υπέρ τών πλησίον, όσα άκουσίως βιαζόμενοι καταδαπανώμεν άφειδώς έπί ιδιαίτερα καί κοινή καταστροφή».

« Άλλ' ίσως εΐποι τις, ότι « αι έλπίδες βόσκουσι τούς κενούς βροτών». Τούτο αύτό καί ήμεις λέγομεν· ούχί δμως γενικώς· διότι «ή έλπίς πολλάκις ού καταισχύνει· ό γάρ έλπίζων έπιμένει ένεργών τά πρός έπίτευξιν τού έλπιζομένου· έπιμένων δέ εις τήν ένέργειαν, έκτελεί τά χρειώδη· έκτελών δέ τά χρειώδη, άπολαμβάνει πραγματικώς τό έλπιζόμενον. «Σύν 'Αθηνά καί χείρα κινήσωμεν»· έγκαίρως όμως· «τών δ' άδοκήτων πολλά δώκε Θεός».

«Έρρωσθε προβαίνοντες έκ δυνάμεως εις δύναμιν, Φίλτατοι.

Τρίκκαλα, 10 Δεκεμβρίου 1820.

Ο 'Αδελφός
ΠΑΝΟΥΤΖΟΣ ΝΟΤΑΡΑΣ».

Ή 'Επιστολή αυτη, πολύτιμος εις τά χρονικά τής 'Εταιρίας, βεβαιώνει τόν ένθερμον πατριωτισμόν τούτων τών άνθρώπων. Έκαμεν, ώς φαίνεται, ἀποτελέσματα ἀγαθά. 'Αλλ' ἡ 'Εφορία δὲν ἠδυνήθη νὰ λάβῃ τὸν ἀπαιτούμενον σταθερὸν σχηματισμόν της καὶ τὴν εὐκαιρίαν τοῦ νὰ ἐνεργήσῃ πλήρεις, ὅσας ἔλαβεν ὁδηγίας. Εἰς τὴν Τριπολιτσὰν ταυτοχρόνως ἤρχισαν διάφοροι ψιθυρισμοί, διὰ τοὺς ὁποίους ἠναγκάζοντο οἱ ἄνθρωποι νὰ μετατεθῶσιν ἀλλοῦ. Τὸ ἐπισυναπτόμενον 'Αντίγραφον ἀποδεικνύει, τὰ ὁποῖα οἱ ὑπογεγραμμένοι Πελοποννήσιοι εἶχον λάβει μέτρα.

«Ὁ παρὼν Πανάγος Λογοθέτης... πεπλουτισμένος μὲ τὰ προτερήματα τῆς σταθερότητος καὶ τῆς φιλοπατρίας, ἔλαβε, τὰ ὁποῖα συνεπιφέρει Γράμματα τῆς Α —'Αρχῆς— καὶ τροφοῦ ἡμῶν Ἐκκλησίας, διὰ νὰ σᾶς τὰ ἐγχειρήσῃ ἐν ἀσφαλείᾳ καὶ διευθύνεται εἰς τὴν ἐντάμωσίν σας. Βλέπετε ἐν αὐτοῖς τὰς Ἀπαντήσεις καὶ Διαταγὰς τῆς ἱερᾶς Τροφοῦ, καὶ ὅτι διορίζεσθε καὶ ἡ Σεβασμιότης σας νὰ ἐφορεύσητε εἰς τὴν συνάθροισιν τῶν 'Εκκλησιαστικῶν Δικαιωμάτων καὶ εἰς τὴν εὐταξίαν καὶ διατήρησιν τῶν καθηκόντων. Διὸ ἀναζωσάμενοι καὶ αὖθις τὸν ἀρχαῖον ὑπὲρ τῶν καλῶν ζῆλόν σας, προθυμοποιηθῆτε, διὰ νὰ ἔμβουν εἰς τάξιν τὰ πράγματα σπουδαίως, οὕτω καλούσης τῆς ... Ἕνεκα ταύτης τῆς Ἐκκλησιαστικῆς Διαταγῆς ἐγράψαμεν πρότερον τῇ Πανιερότητί σας, Ἅγιε Χριστιανουπόλεως, νὰ ὁρίσητε ἐδῶ, διὰ νὰ ὁμιλήσωμεν καὶ στοματικῶς· ἀλλ', ἐπειδὴ καὶ ἐμποδίσθητε, δὲν ἔβλαψε. Ἤδη νὰ τὸ ἐξακολουθήσητε, δὲν κάμνει, ὅτι δίδεται ὑποψία· καὶ πλέον μετὰ ταῦτα, ἀφ' οὗ ἡμεῖς ἐπιστρέψωμεν εἰς τὰ ἴδια, καὶ λάβωμεν καιρὸν νὰ στοχασθῶμεν ἡσυχώτερα, ἀκουόμεθα. Ἐλπίζομεν κατ' αὐτὰς νὰ μισεύσωμεν διὰ Καλάβρυτα· καί, ἂν μισεύσητε διὰ Πάτρας κατὰ τὴν Διαταγὴν τῆς Ἐκκλησίας, παρακαλοῦμεν νὰ περάσητε ἐκεῖθεν, διὰ νὰ ἀνταμωθῶμεν. Ταῦτα καὶ μένομεν

Ἐκ Τριπολιτζᾶς, 13 Δεκεμβρίου, 1820.
Τῆς Πανιερότητός σας [πρόθυμοι δοῦλοι Σωτήριος Χαραλάμπου, Ἀναγνώστης Κωπανίτζας, Σωτήριος Νοταρᾶς, Ἀνδρέας Ζαΐμης».

Τοιαῦτα Γράμματα, διαθέτοντα τὰ πνεύματα, ἐστάλησαν παντοῦ ἀπὸ τὴν ἰδίαν Πόλιν. Θέλοντες νὰ ἐξετάσωμεν λεπτομερέστερον τὸ τότε πατριωτικὸν πνεῦμα διαφόρων, κρίνομεν οὐσιῶδες νὰ καταχωρίσωμεν ἀκόμη καὶ μέρος μιᾶς πρὸς τὸν Μονεμβασίας Χρύσανθον Ἐπιστολῆς τοῦ ἰδίου Σ. Χαραλάμπου καὶ Α. Ζαήμη, γεγραμμένης ἀπὸ τὴν Τριπολιτσὰν κατὰ τὰς 22 Δεκεμβρίου 1820, ἀποκριτικῶς πρὸς ἄλλην ἐκείνου τῶν 18 τοῦ ἰδίου. Γνωρίζεται δὲ καὶ ἀπ' αὐτήν, ὁπόσον καὶ Ἱερεῖς καὶ Πολιτικοὶ ἦσαν ἀφιερωμένοι εἰς τὸν κοινὸν Σκοπόν.

«... Ἀνέγνωμεν μετ' ἐπιστασίας, καὶ ὅσα σημειοῖτε· καὶ ἔγνωμεν, ὅτι παρακινημένοι ἀπὸ τὸν διακαῆ πρὸς τὴν Πατρίδα ἔρωτα, ἀνεδέχθητε προθύμως καὶ εὐχαρίστως τὴν ὁποίαν, σᾶς ἔδωσε φροντίδα ἡ Ἱερὰ καὶ σεβάσμιος Φιλικὴ Ἐκκλησία. Ἐπαινέσαμεν ἀποχρώντως τὸν φιλογενῆ ζῆλόν σας, καὶ κατὰ τὴν πατρικὴν ὁδηγίαν σας σπεύδομεν καὶ ἡμεῖς, ὅσον τὸ δυνατόν, ἵνα συσφίγξωμεν ἅπαντας τῷ συνδέσμῳ τῆς ἀγάπης καὶ ὁμοφωνίας, καὶ νὰ ἔμβῃ εἰς τάξιν πᾶν τὸ ἀτάκτως μέχρι τοῦδε κινούμενον. Ἐλπίζομεν τῇ τοῦ Θεοῦ ἀντιλήψει καὶ διὰ τῶν θεοπειθῶν εὐχῶν σας, ὅλοι οἱ Ἀδελφοὶ νὰ ἐννοήσουν πλέον, ὅτι ὁ καιρὸς δὲν εἶναι καιρὸς ἀμφισβητήσεων, ἀλλὰ καιρὸς ἀγώνων, καὶ νὰ παύσωσιν ἕως ἐδῶ τὰ προτητερινά· καὶ εἴθε. Ἡ δὲ Παναγιότης σας μὲ τὴν φρόνησίν σας καὶ γενναιότητα σπουδάξατε διὰ τὴν σύναξιν τῶν μετρητῶν, τὰ ὁποῖα ἐνεκρίθη νὰ ἔμβουν εἰς Πάτρας, καὶ ἐκεῖ νὰ ἀποφασισθῇ τὸ Ταμεῖον, ὡς ἀσφαλέστερον καὶ οἰκονομικώτερον τὸ μέρος ... Αὕτη ἡ σπουδαία σύναξις τῶν μετρητῶν χρησιμεύει, διὰ νὰ πληροφορηθοῦν τὰ ἀναγκαῖα Μέρη τὴν ποσότητα, καὶ νὰ φροντίσουν τὰ δέοντα...».

«Ἀπανταχόθεν διαφημίζεται ταχύτης εἰς τὴν ἐκτέλεσιν τῶν μεγάλων Ἐλπίδων· καὶ εἴθε ὁ Ἅγιος Θεὸς νὰ γίνῃ βοηθὸς καὶ νὰ μᾶς ἀξιώσῃ τὸ ἔλεός του...».

Ὁ Δικαῖος (α) ἐν τοσούτῳ ἔφθασεν ἀπὸ τὴν Κωνσταντινούπολιν εἰς Πέτσας κατὰ τὸν Δεκέμβριον, ἐφωδιασμένος μ' ὅλας τὰς ἀναγκαίας συστάσεις. Ἡ Νῆσος αὕτη καὶ τὰ Ψαρὰ ἔπνεον τὸν ζωηρότερον ἐνθουσιασμὸν περὶ τοῦ Πολέμου. Ὁ Δικαῖος, πάντοτε δραστήριος καὶ τολμηρός, ἐνήργει καὶ ἤδη μὲ μεγάλην ἐπιτυχίαν. Παρὰ τὸν Γ. Πάνου εἶχεν ὁμοιόφρονα δραστήριον καὶ τὸν Π. Ἀρβάλην. Πρὸ τῆς μεταβάσεώς του εἰς τὴν Πελοπόννησον, ὅπου ἔμελλε νὰ παρουσιάσῃ τὸ πρόσωπον τοῦ Ὑψηλάντου, διεύθυνε (24 Δεκεμβρίου, 1820) Ὁδηγίας τινάς, ζητῶν τὸ νὰ δώσουν οἱ Πελοποννήσιοι ἔγγραφον τὴν περὶ τούτων γνώμην των, διὰ νὰ τὴν ἀποστείλῃ, ὅπου διετάγη. Τὸ μέτρον αὐτό, μολονότι οὐσιῶδες, ἦτο πρόπειρά τις, ἢ πλαγία ὑποχρέωσις τῶν Πελοποννησίων εἰς τὰ μέλλοντα Κινήματα. Αἱ, περὶ ὧν ὁ λόγος, Ὁδηγίαι διελαμβάνοντο εἰς Ἄρθρα Θ', ὡς ἀκολούθως.

«Α'. Ὅλοι οἱ Ἀρχιερεῖς, Ἄρχοντες καὶ Δημογέροντες τῆς Πελοποννήσου, ὅσους συνέδεσεν ὁ ἱερὸς τῆς ὁμονοίας δεσμός, νὰ συνέλθωσιν εἰς ἁρμόδιον μέρος μὲ σταθερὰν ἀπόφασιν τοῦ ν' ἀφήσωσι τὰ πρὸς ἀλλήλους πάθη χάριν τῆς Πατρίδος, καὶ ἀσπασθέντες μὲ εἰλικρίνειαν, νὰ συσκεφθῶσι φρονίμως τὰ πρακτέα περὶ τοῦ Ἱεροῦ Σκοποῦ, ἢ περὶ τῶν μελλόντων εὐτυχεστέρων καὶ ἀκινδυνωτέρων Κινημάτων».

«Β'. Ἀφ' οὗ ἀνακρίνωσι τὰς γνώμας τοῦ Ὑψηλάντου καὶ ἐφεύρωσι τὸν ἀσφαλῆ δρόμον τοῦ συμφέροντος, νὰ ἐκλέξωσιν ἀπ' ὅλον τὸ Σύστημα τῶν Προεστώτων δύο τοὺς δοκιμωτέρους καὶ ὑποληπτικωτέρους, οἱ ὁποῖοι καθήμενοι εἰς τὴν Τριπολιτσάν, νὰ θεωρῶσι τὰς συμπιπτούσας κοινὰς τῆς Πα-

(α) Ἴδε Σελ. 230 - 281 - 309.

τρίδος ύποθέσεις μέ καθαράν συνείδησιν οί δέ λοιποί νά διοργανίσωσιν εις τάς Επαρχίας των τό Πράγμα εύτάκτως καί ταχέως».

«Γ'. Διά νά σηκωθή άπό αύτούς κάθε ύπόνοια έχθροπαθείας, καί ν' άπέλθη εις τά ίδια καθείς ελευθέρως άπό τά πάθη, στερεός εις τήν άδελφικήν άγάπην, καί πρόθυμος νά έκτελή τάς Διαταγάς τής Γερουσίας· δλοι ύποχρεωμένοι νά δώσωσιν άναμεταξύ των έγγραφον έγγύησιν, διαλαμβάνουσαν τήν άλληλένδετον συμφωνίαν, τό άπρόσεκτον τών παλαιών παθών, ή νέων, καί τήν άδελφικήν φροντίδα περί τοϋ κοινού συμφέροντος».

«Δ'. Νά ειδοποιηθώσι διά κοινού εγγράφου οί είς Κωνσταντινούπολιν Επίτροποι, διά νά καταβώσι κάτω· πρώτον διά ν' άποφύγωσι τόν επικείμενον εις αύτούς κίνδυνον· καί δεύτερον νά εύρεθώσι καί ούτοι είς τούς 'Αγώνας, διά νά λάβωσιν, ώς Συμπολίται, μέρος εις τήν δόξαν, καθώς καί εις τούς κινδύνους».

«Ε'. Τό Στρατιωτικόν νά διοργανισθή εύτάκτως. Ή εύταξία, φέρουσα τήν εύδοκίμησιν τών Όπλων, τότε θέλει φυλαχθή, όταν καθ' όλας τάς Έπαρχίας διορισθώσι Χιλίαρχοι οί πλέον φρόνιμοι καί δόκιμοι εις τό νά όπλοφορήσωσι καί νά διοικήσωσι Στρατόν. Πρέπει νά γίνη κατά Έπαρχίαν ή έκλογή ένός Χιλιάρχου, έχοντος τήν άδειαν νά στρατολογήση, καί νά έπιστήση κατά τήν τάξιν τής Χιλιαρχίας του 'Αξιωματικούς : ήτοι Έκατοντάρχους, Πεντηκοντάρχους καί Δεκάρχους. Εις αύτούς θέλει ύπόκειται νομίμως διοικούμενος ό Στρατός».

«ΣΤ'. Ό Γενικός Έφορος δέν κρίνει εύλογον νά άρματωθή ό τυχών διά τήν προξενουμένην σύγχυσιν καί ζημίαν άπό τήν άπειρίαν τοϋ Όχλου· νά έκλεχθώσι δέ άπό τήν Πελοπόννησον όλην είκοσιπέντε μόναι χιλιάδες Στρατός άπό άνδρας έκλεκτούς καί έμπείρους εις τά όπλα, διά νά όδηγηθώσι τακτικώς άπό τούτον μέ τήν άνήκουσαν ύπακοήν, εύθύς όπού φανή είς τήν Πελοπόννησον».

«Ζ'. Οί Χιλίαρχοι καί λοιποί 'Αξιωματικοί όφείλουν νά παρατηρώσι καλώς τούς Στρατιώτας των καθ' όλα : δηλονότι ποίος έχει όπλα, καί ποίος όχι, διά νά λάβωσιν οί μή έχοντες.

"Οθεν πρέπει νά είδεασθώμεν έγκαίρως περί τούτου, διά νά έγχειρίσωμεν διά τών 'Αξιωματικών τά άναγκαΐα τοΰ πολέμου έφόδια».

« Η'. 'Ανάγκη πάσα νά γένη Κατάλογος καθαρός της 'Αδελφότητος δλης, διά νά έξετασθή ή κατάστασις τοΰ καθενός καί νά ΰποχρεωθή νά συνεισφέρη άναλόγως, ώστε ή καταβολή νά γένη έπέκεινα τοΰ ενός μιλλιονίου. Αύτή είναι ή γνώμη τοΰ Γενικοϋ Έφόρου καί της Σ. 'Αρχής. Ας ήξεύρη δέ καθείς, δτι, δσα καταβάλουν εις τοιαύτην άνάγκην της Πατρίδος άφοϋ βραβευθώσιν έπειτα άναλόγως, θέλουν πληρωθή καί πρός 6 τά 100, δταν σύν Θεώ άναλάβη ή Πατρίς. Καί, διά νά μήν άμφιβάλλη τις είς τήν άπόφασιν ταύτην, ό τοιοΰτος θέλει λάβει 'Απόδειξιν ύπογεγραμμένην άπό τούς Εφόρους καί Ταμίας ».

« Θ'. Οί Χιλίαρχοι καί 'Αξιωματικοί έχουσι χρέος νά όρκώσωσι τούς Στρατιώτας των κατά τόν άκόλουθον "Ορκον·

Όρκος

« 'Ορκιζόμεθα έν όνόματι Ίησοϋ Χριστοΰ, δτι δι' άγάπην της Πατρίδος άποφασίζομεν νά χύσωμεν τό αίμά μας. Θέλομεν φυλάττει ύπακοήν είς τούς Νόμους της, είς τάς όδηγίας τοϋ Σ. Έφόρου καί είς τούς Αρχηγούς μας. Νά μή μεταχειρισθώμεν κανέν πράγμα είς ϊδιον όφελος, άλλ' δλα μας τά έπιχειρήματα ν' άποβλέπωσιν είς τήν ώφέλειαν δλων τών Όμογενών μέ τήν εύχαρίστησιν τοϋ νά βραβευθώμεν, καθ' δ,τι μετά ταΰτα ήθελε κρίνει εΰλογον καί άνάλογον διά τούς κόπους μας ή Πατρίς».

« Φίλοι μου Συμπολΐται. Ή Πατρίς μας έστάθη άνέκαθεν ένδοξος, έλπίζουσα καί ήδη τήν δόξαν της άπό ήμας μέ τήν άναπλήρωσιν τών παρελθουσών έλλείψεών της. Φιλοτιμηθήτε, δσον τό δυνατόν, νά έκπληρώσετε τά ίερά χρέη σας. Ή Σεβαστή Άρχή καί αύτός ό ϊδιος Εφορός μας έκριναν εύλογον δτι αύτά τά πράγματα νά τελειοποιηθώσι διά της άξιότητος καί προστασίας σας· καί τοΰτο, διά νά μήν εύρίσκητε πρόφασιν, δτι δέν έρωτήθητε είς αύτό τό κεφάλαιον τοΰ Διοργανισμοϋ. Ήδη άφιερώνεται είς τήν κρίσιν σας, διά νά έχετε τό Δικαίωμα είς τόν κοινόν Λαόν περισσότερον παρά τώρα, άφ' οδ τό διοργανίσητε κατά τήν θέλησίν σας. Τό Έθνος κατά τό παρόν, μολονότι έχει τόν τρόπον νά όργανίση τά Πράγματα καί άλλεοτρόπως, καί νά διατάξη τά πάντα εύρύθμως, δέν θέλει δμως νά σας κάμη αύτό τό άδικον. Φιλοτιμηθήτε λοιπόν, Άδελφοί, διά τόν Θεόν, προσπαθήσατε νά ένεργήσητε τό Πράγμα ώς Λακεδαιμόνιοι, ώς Άρκάδες, Κορίνθιοι, Μεσσήνιοι καί Άργεΐοι διά νά δείξωμεν, δτι ήμείς, μολονότι έχομεν νά κάμωμεν μέ έν Έθνος φιλαρχον, φιλοτάραχον καί όπωσοΰν κατά το παρόν διεφθαρμένον, πάλιν ήδυνήθημεν νά το όδηγήσωμεν εις τον ορθόν λόγον. Έγώ είπα· έτρεξα, όσον ήδυνήθην, προς έκτέλεσιν τών Ιερών χρεών μου προς τήν Πατρίδα. Μένει όμως τό Πράγμα τώρα εις σάς. Ή αρμονία τών πραγμάτων θέλει άποδείξει ενδόξους τούς Πελοποννησίους, όσον ή αταξία αδόξους, αίωνίως δυστυχείς καί παρανάλωμα τών εχθρών· (ô μή γένοιτο). Παύω πλέον, καί εύχομαι νά ακολουθήσετε τήν όδηγίαν τοΟ όρθοΰ λόγου».

Ό Δικαίος ήκολούθησε φρονίμως το μέτρον τοΰ νά κολακεύση εις τήν περίστασιν αυτήν τάς φιλοτιμίας τών τότε ισχυρών της Πελοποννήσου· μολονότι τά επιχειρήματα του δεν συνεφώνουν μ' εκείνα της 'Αρχής. «'Εζητήθη, όθεν έδει, ή ανήκουσα βοήθεια, καί έχορηγήθη αφθόνως». Πανταχόθεν ήκούετο ταχύτης περί τοΰ Πολέμου, άλλά δέν εφαίνοντο πούποτε τά βεβαιούμενα άλλοτε βοηθήματα. Μάλιστα, άντί τοΰ νά έφοδιασθώσιν οί Πελοποννήσιοι, προσεκλήθησαν (κατά τον Φεβρουάριον τοΰ 1820) παρά της έν Κωνστανουπόλει 'Εφορίας νά έμβάσωσι τάς συνεισφοράς των. 'Αντέτεινον όμως, ζητήσαντες έξ εναντίας διά τοΰ απεσταλμένου Ι. Π. νά βοηθηθώσι καί χρηματικώς διά τήν προπαρασκευήν τοΰ Πολέμου.

Ένεκα τούτων καί έπί τη βάσει της Κοινοποιήσεως τοΰ Δικαίου αποφασίζουσιν οι Πελοποννήσιοι τήν συνέλευσίν των, διά νά σκεφθώσιν, οποία έπρεπε νά άκολουθήσωσιν οριστικά μέτρα : μ' άλλους λόγους, νά έπιχειρήσωσι σύμφωνοι τον Πόλεμον, έάν ίδωσιν άρμοδίαν τήν εποχήν καί τά πράγματα. Θεωρούσι πρώτον ως άρμόδιον τόπον τά Καλάβρυτα, καί έπειτα συνέρχονται εις τήν Βοστίτσαν (κατά τον 'Ιανουάριον τοΰ 1821) μεταχειρισθέντες πρόσχημα τήν έξέτασιν διαφοράς τινος περί άγρων τοϋ Μεγάλου Σπηλαίου. Έκεϊ προσεκλήθη και ό Δίκαιος, κινήσας (28 Δεκεμβρίου, 1820) άπό Πέτσας (α), δπου έμεινεν ώς 'Αντιπρόσωπός του ό 'Αρβάλης, γράφων παντού. Τό πράγμα δέν επιδέχεται άργοπορίαν.

Οί συνελθόντες εις τήν πόλιν τής Βοστίτσης ήσαν έκ μέν τών 'Αρχιερέων ό Γερμανός Π. Πατρών, ό Χριστιανουπόλεως Γερμανός καί ό Κερνίκης Προκόπιος (β)· έκ δέ τών Πολιτικών καί λοιπών ό 'Ασημάκης καί 'Ανδρέας Ζαΐμαι, ό Σ. Χαραλάμπου, Α. Φωτήλας, 'Ανδ. Λόνδος, Ι. Παππαδιαμαντόπουλος, Σ. Θεοχαρόπουλος, Χαράλαμπος Περρούκας, Σπυρίδων Χαραλάμπου καί λοιποί (γ).

(α) Διήλθε διά τού Ναυπλίου καί "Αργους, δπου εύρε τό Μυστήριον κοινόν είς πολλούς.

(β) 'Εκίνησαν προσέτι ό Μονεμβασίας Χρύσανθος καί άλλοι· άλλ' έφθασαν τήν Συνέλευσιν περί τά τέλη της.

(γ) Νομίζομεν σπουδαίαν μίαν 'Επιστολήν τών Νοταραίων γεγραμμένην κατ' αύτήν τήν εποχήν. Έξηγοΰνται καί δι' αύτής αί περί τού μέλλοντος Πολέμου ίδέαι, δσαι έμψύχωνον, ή έκράτουν συνεσταλμένα τά πνεύματα. Διευθύνετο, ώς φαίνεται έκ τού περιεχομένου, είς τήν Βοστίτσαν.

«Πανιερώτατε Συνέφορε "Αγιε Παλαιών Πατρών, καί 'Εκλαμπρότατε Κύριε.... Πρόεδρε τής 'Εφορίας, καί Θεοφιλέστατε "Αγιε Καρυουπόλεως, καί Εύγενέστατοι "Αρχοντες Πρόκριτοι Καλαβρύτων καί Βοστίτσης!»

«Κυριευμένος άπό ένθουσιασμόν έκδικήσεως κατά τής Σπάρτης ό αισυητής 'Αριστομένης, χωρίς νά κρίνη πρότερον έπιστατικώς τά κατά τόν ένστασιασμόν καί τά μετά τήν ένδεχομένην άποτυχίαν, άντί νά πολίση τήν έρημωθεϊσαν Πατρίδα

Ὁ Π. Πατρῶν ἐπρότεινε νὰ σκεφθῶσι·

Α΄. "Αν ἦναι σύμφωνον ὅλον τὸ Ἔθνος εἰς τὴν μέλλουσαν Ἐπιχείρησιν, ἢ μόνη ἡ Πελοπόννησος ἀναδέχεται τὸ βάρος της.

του, πράξας, ὅσα καὶ αὐτὴ ἡ τῶν ἀγρίων θηρίων ἀποστρέφεται φύσις, ἐπροξένησε τὴν τελείαν καταστροφήν της, ὥστε οἱ ἐναπολειφθέντες Μεσσήνιοι ἐβιάσθησαν νὰ μετοικήσωσι καὶ νὰ ἀπῳκισθῶσιν ἐκπατριωθέντες· διότι δὲν ὑπῆρξαν προμηθεῖς. Τοῦτο αὐτὸ καὶ ἡμεῖς, οἱ κατὰ πνεῦμα μὲν υἱοὶ τῆς Ὑμετέρας Πανιερότητος, δοῦλοι δὲ καὶ φίλοι εἰλικρινεῖς τῆς Ἐκλαμπρότητός της καὶ Εὐγενείας σας, ὑφορώμενοι δεῖν ἔγνωμεν, ἵνα ἀναφέρωμεν δι' ὑμῶν πρὸς τὴν ἱερὰν Ἑταιρίαν, ὅσα ἐστοχάσθημεν συντείνοντα εἰς τὴν εὐκταίαν κατόρθωσιν τοῦ Ἐπιχειρήματος, ὃν πρῶτιστον τὸ νὰ βάλωμεν φαεννὰν κρηπῖδ' ἐλευθερίας, κατὰ τὸν Πίνδαρον· καί, ἀφοῦ θεμελιώσωμεν ἐπὶ στερεᾶς πέτρας, νὰ οἰκοδομήσωμεν ἐπ' αὐτῆς, μηδόλως φοβούμενοι μήτε τὰς ἔνδοθεν προσβολὰς τῶν Δυναστῶν, μήτε καὶ τὰς ἔξωθεν τῶν γειτνιαζόντων, αἵτινες ἤτοι μετὰ τὰς ἔνδον, ἢ καὶ μόναι, δύνανται νὰ ματαιώσωσι τὸ σκοπούμενον, καὶ νὰ προξενήσωσι τὴν τελείαν καταστροφὴν τῆς φίλης Πατρίδος καὶ γενικῶς ὁλοκλήρου τοῦ Ἔθνους».

«Πανεριώτατοι, καὶ Ἐκλαμπρότατε καὶ Πατριῶται ἄριστοι! Ὅτι μὲν τὸ μέγα τοῦτο Ἐγχείρημα δεῖται καὶ πόνου πολλοῦ, καὶ χρόνου μακροῦ, καὶ δαπάνης οὐ σμικρᾶς καὶ τύχης λαμπρᾶς, πᾶς τις καὶ τὸ μικρὸν ἐπιστήσας δύναται νὰ καταλάβῃ καθὼς καὶ ὅτι τῶν τριῶν πρώτων ὄντων ἐφ' ἡμῖν, τὸ τελευταῖον : ἡ λαμπρὰ δηλονότι τύχη, οὐκ ἔστι τῶν ἐφ' ἡμῖν, τὴν ὁποίαν ἀνάγκη πᾶσα νὰ ζητήσωμεν, καθὰ καὶ ἐζητήθη ὑπὸ τῆς Βουλῆς ἀπὸ τὴν κραταιὰν καὶ τροπαιοῦχον δεξιὰν τοῦ εὐλογημένου Αὐτοκράτορος, ὅστις νικῶν ἐβράβευσε καὶ βραβεύει τὴν Εἰρήνην εἰς ἅπαντας, ὅσοι ἐχρειάσθησαν τὴν ἀκαταμάχητον αὐτοῦ ὑπεράσπισιν. Ὅταν δὲ ἐκείνη ἐκτανθῇ ὑπὲρ ἡμῶν, χορηγοῦσα ἀφθόνως τὰς βοηθείας της, τότε καὶ ἡμεῖς οὐκ ἐσμὲν ἄξιοι τοῦ Ἑλληνικοῦ Ὀνόματος, ἐὰν δὲν ἀφειδήσωμεν καὶ πόνων, καὶ χρημάτων, καὶ ἐπιμονῆς, συναγωνιζόμενοι κατὰ τῶν Δυναστῶν, καὶ μηδόλως πτοούμενοι τὰς προσβολὰς μήτε αὐτῶν, μήτε τῶν γειτόνων, πρὸς οὓς καὶ Στόλον ἔχοντας ἰσχυρόν, καὶ Στρατὸν Τακτικόν, καὶ πολεμικὰς παρασκευὰς ἡμεῖς μόνοι δὲν δυνάμεθα νὰ ἀνθέξωμεν ».

«Ὡς διορισθέντες λοιπὸν Ἔφοροι ὑπὸ τῆς Ἀρχῆς, καὶ ὡς ἐπιταττόμενοι νὰ εἰδεάζωμεν αὐτὴν καὶ τοὺς ἐν τοῖς πράγμασι τὰ συμφέροντα εἰς κατόρθωσιν εὐχερῆ τοῦ προκειμένου, ἰδοὺ δηλοποιοῦμεν ὑμῖν καὶ δι' ὑμῶν τῇ ἱερᾷ Ἑταιρίᾳ, ὅτι χωρὶς κινηθέντος Πολέμου, νὰ εἰσχωρήσωσι Ρ: Στρατεύματα εἰς τὴν καρδίαν τῆς Ἐπικρατείας, ἐν δὲ τῇ Μητροπόλει καὶ καθ' ὅλα

Β'. Άν ήναι άρμόδιος ό καιρός, ένώ ήσυχάζει όλη ή Ευρώπη.

Γ'. Πώς άρα θέλουσι διατεθή αί Ευρωπαϊκαί Δυνάμεις, καί μάλιστα αί γειτονικαί, είς τήν κήρυξιν τοΰ Πολέμου.

Δ'. Άν τωόντι ή Ρωσσία (α) λαμβάνη μέρος

τά μέρη έν ένί καί τώ αύτώ χρόνω, ώς έκ συνθήκης, νά κινηθή ή μηχανή, ούδέν αίσιον κατορθοΰται. 'Αλλά, καί τούτων τεθέντων, ήμείς οί Πελοποννήσιοι έχομεν χρείαν δέκα χιλιάδων τούλάχιστον Ρ. Στρατού μετά τών πολεμικών παρασκευών, όπως βοηθούμενοι τακτικώς άντιπαραταχθώμεν πρός τε τούς Δυνάστας καί πρός τούς γειτνιάζοντας, οίτινες διά φθόνον τών ένδεχομένων πιθανώς τό νά ώφεληθώσι καθ' ημών, μικράν ή παντελή ίδέαν έχόντων όπλων καί πολεμικής».

«Προσέχετε λοιπόν καλώς, πρός αυτού τού πατρικού έδάφους ! μή τό Πράγμα κινηθή άώρως, καί έν ένί, ή δυοίν, ή καί τρισί τόποις, ώς έπιβλαβές. Όμιλήσατε μετά τού νηλύδος ένεργού σεβαστού Δικαίου, ώτινι άπονέμομεν τάς έγκαρδίους προσκυνήσεις· άναλογίσασθε, όσον τό χρέος υμών· γράψατε τάχιστα πρός τε τόν έρχόμενον Έκλαμπρον (β) καί πρός αυτήν τήν 'Αρχήν, διά νά ζυγοστατήσωσι τό έπιχείρημα, καί μετ' ακριβείας σταθμήσωσιν, «ώσπερ στάθμη δόρυ νήϊον έξιθύνει τέκτονος έν παλάμη»· καί ούτω νά κινήσωσι τήν μηχανήν ένταυτώ καθ' όλα τά μέρη, προστάτην έχοντες τήν άμαχον δεξιάν, ώς διείληπται, κατά τών ένδεχομένων· όπως μή γένηται τό Έθνος ημών θύμα τών βαρβάρων καί τού φθόνου τών πλησιοχώρων, καί διακινδυνεύσωσιν οί ενεργοί, χωρίς νά ίδωσι τάς κεφαλάς αυτών έστεμμένας μέ τούς θριαμβευτικούς στεφάνους τής έλευθερωθείσης Πατρίδος».

«Πρός τούτοις παρακαλούμεν νά μάς όδηγήσητε, είς ποίον μέρος νά έξαποστείλωμεν τάς συνεισφοράς τών 'Αδελφών, σημειούντες καί εί τι άκοής άξιον».

«Καί ταύτα μέν διά τού παρόντος Γράμματος, ώς μή έξόν διά στόματος. Είητε δέ διαλογιζόμενοι τά πρός τό συμφέρον τής Πατρίδος καί τών Ένεργών τή θεία συνάρσει!

« 1821, 'Ιανουαρίου 14.

Οί δούλοι καί ειλικρινείς άδελφοί
Πανούτζος Νοταράς
καί οί λοιποί 'Αδελφοί».

(α) Παράδοξον! Τήν Ρωσσίαν έθεώρουν οί Έλληνες ώς μίαν Θεότητα, είς τήν όποίαν άνέθετον τάς έλπίδας των.

(β) Έκλαμπρον έννοεί ένταύθα τόν Α. Ύψηλάντην. Τό δέ άνωτέρω άναφερόμενον δίς Ρ, είναι τό άρχικόν τής λέξεως Ρωσσικά.

ένεργητικόν εις την ύπόθεσιν των Ελλήνων· καί ποίους δύναται νά μεταχειρισθή τρόπους περί τούτου, ένω ειρηνεύει μέ τήν Πόρταν.

Ε'. Άν ύπάρχωσιν αί άνήκουσαι περί τοΰ Πολέμου προετοιμασίαι· καί πώς είναι δυνατόν νά οικονομηθώσιν αί μεγάλαι δαπάναι.

Ό Δικαίος έρωτηθείς περί τοΰ προσωπικού καί τών μέσων τής 'Αρχής, δέν έδωσεν άλλας ιδέας παρά τάς κοινάς· έβεβαίωνε δέ μέ έμφασιν λόγου όγλίγωρον τήν κίνησιν τού Πολέμου τής Ρωσσίας, τά μέλλοντα μεγάλα βοηθήματα τούτου τοΰ Έθνους καί τόν παρά τά άλλα ώφέλιμον άντιπερισπασμόν τών μέν Παραδουναβίων καί τής Ρούμελης διά τόν πόλεμον τοΰ 'Αλή Πασσά καί τόν μέλλοντα τής Ρωσσίας, τής δέ 'Ανατολής διά τάς άναφυομένας ήδη ταραχάς τών Περσών. Έβεβαίωνε πρός τούτοις, ότι εις μέν τήν Ύδραν έστάλησαν 3,000 δουφέκια, 300 βαρέλια πυρίτιδος, 300 ξίφη καί 600.000 μετρητών· τά δέ διωρισμένα διά τήν Πελοπόννησον φθάνουσιν έντός όλίγου. Διά νά πληροφορηθώσιν άκριβέστερον οί Πελοποννήσιοι, άπέστειλαν τόν Σπυρίδωνα Χαραλάμπου εις τήν Ύδραν, γράφοντες, Άν έφθασαν τά άναγκαία διά τήν σύστασιν τοΰ Σχολείου μέσα. Ό Άπεσταλμένος έπεφορτίσθη μερικώτερον νά έρευνήση έκ τοΰ πλησίον τήν διάθεσιν τών Ύδραίων καί τήν έλπιζομένην, ή μή, διακήρυξιν τοΰ Ρωσσικού Πολέμου. Ώδηγήθη δέ νά παρουσιάση τά γράμματα τότε, όταν εύρη εύδιαθέτους τούτους.

Τά παράλια τής Πελοποννήσου ήσαν ήδη ύπό άστυνομικήν παρατήρησιν. Μολοντοΰτο ό Σ. Χαραλάμπου κατορθώνει τήν μετάβασίν του εις Ύδραν, όπου συστημένος προς τον Γ. Γκιώνην βεβαιούται τό ανύπαρκτον των παραστάσεων του Δικαίου καί, τό χειρότερον, εναντίους διόλου εις τό περί Πολέμου πνεύμα τους Προύχοντας Υδραίους. Κατέφυγεν εντεύθεν καί μέ κίνδυνον ζωής εις τάς Σπέτσας, και φθάσας εις την Βοστίτσαν εύρε την Συνέλευσιν διαλελυμένην.

Η Αποστολή τούτου είχεν αποτελέσει την στέρησιν της παρρησίας του Δικαίου. Υπεστηρίζετο αυτός από μερικούς, ενώ κατά τινα λόγον ελέγχετο από τους άλλους, βασανίζοντας ασύμφορον διόλου την ρήξιν του Πολέμου διά τας ελλείψεις και άλλας γενικάς αιτίας. Δέν είχον ούτοι επιχειρήματα μήτε ολίγα, μήτε αδύνατα. Τελευταίον εδείχθησαν συγκατανεύοντες καί αυτοί, αν πρότερον εκίνουν τα άλλα μέρη της Ελλάδος, σύροντα προς τό μέρος των την προσοχήν του μεγάλου Στρατού των Ιωαννίνων. Ο Γερμανός Π. Πατρών επεχειρίσθη ν' αποδείξη και εγγράφως (διά 10 Άρθρων) τό επιβλαβές του Πολέμου εις την περίπτωσιν, καθ' ήν έμελλε νά αρχίση πρώτη ή Πελοπόννησος την κίνησίν της χωρίς της προηγουμένης, ή της αμέσου συμμετοχής, των άλλων Τόπων.

Άλλοι δέν συνεφώνουν κατ' έκτασιν εις ταύτας τάς παρατηρήσεις. Εθεώρουν (α) δέ κατάλληλον

(α) Ηθέλησαν νά ειπωσί τινες την τοιαύτην διαγωγήν τούτων ώς αποτέλεσμα, των οποίων προέβλεπον δεινών περιστάσεων ώς προς τας ατομικάς των καταστάσεις. Άν εκλάβωμεν τούτο ώς αληθές, πώς έχομεν νά κρίνωμεν εκείνους, όσοι και πλούσιοι και χαίροντες ισχύν πολιτικήν έδειξαν τόν ίδιον εις

τὴν ἐποχὴν τοῦ Κινήματος καὶ ἀναγκαίαν μάλιστα τὴν ἔναρξίν του, καθ' ὃν καιρὸν ἀφ' ἑνὸς μέρους οἱ Τοῦρκοι εὑρίσκοντο ἐσωτερικῶς ἐκπεπληγμένοι, οὐδὲ ἐδύναντο νὰ γνωρίζωσι διὰ τὰς ἀμφιβολίας των, ὁποῖα ἔπρεπε νὰ μεταχειρισθῶσι σταθερὰ μέτρα· καθ' ὃν καιρὸν ἐκυριεύοντο οὗτοι ἀπὸ τὴν μεγαλυτέραν παραλυσίαν, μὴν ἔχοντες καμμίαν προπαρασκευὴν γενικὴν Πολέμου, μήτε ἐφωδιασμένα τὰ φρούριά των· καὶ ἀφ' ἑτέρου οἱ Ἕλληνες ἦσαν ἀρκετὰ προδιατεθειμένοι καὶ ἐνθουσιασμένοι. Τὸ ἔργον ἦτο κινδυνῶδες καὶ αὔθαδες τῳόντι. Ἀλλ', ὅπου ἡ ἀνάγκη περιορίζει τὸν ἄνθρωπον, ἐκεῖ ἡ αὐθάδεια νομίζεται φρόνησις καὶ ἡρωϊσμὸς ἡ ριψοκίνδυνος πρᾶξις. Οἱ μεγαλουργοὶ καὶ ἐνθουσιώδεις ἄνθρωποι δὲν ἐκράτησάν ποτε λογαριασμὸν εἰς τοὺς κινδύνους τῶν μεγάλων ἐπιχειρήσεών των. Ἔπειτα, ὅσαι ἐπιχειρήσεις ἄρχονται μὲ κίνδυνον, ἐκεῖναι τελειώνουν ὡσεπιτοπλεῖστον μὲ ἔκβασιν καλήν· τὰ δὲ Ἔθνη δὲν ἐβγαίνουσί ποτε ἀπὸ ἕνα κίνδυνον, εἰμὴ δι' ἄλλου κινδύνου. Οἱ Τοῦρκοι ἤδη ἡτοίμαζον τὰς φυλακὰς καὶ τοὺς δημίους των. Οἱ Πελοποννήσιοι, καθὼς καὶ ὅλοι οἱ Ἕλληνες ἐν γένει, ἅπαξ ἐνοχοποιηθέντες εἰς τὸ πνεῦμα τῆς Ἐξουσίας, ἔπρεπε νὰ προκρίνωσι τὰ βέβαια κακὰ τῶν Τούρκων παρὰ τὰ ἀβέβαια τοῦ Πολέμου ; Οἱ προβλεπτικοὶ ἄνθρωποι ὠφελήθησαν πάντοτε ἀπὸ τὰς περιστάσεις ἐκείνας, ὅσαι κατέχουσιν εἰς τὸν ἄπειρον κύκλον τῶν αἰώνων τὸν τόπον τῶν μοναδικῶν παρα-

---

τὸ πνεῦμα τοῦ Πολέμου ζῆλον ; Ἂν οἱ τοιοῦτοι δὲν ἐφαίνοντο θερμουργοὶ πρωταγωνισταί, ποῖος ἐδύνατο νὰ προλάβῃ τόσας δυστυχίας καὶ τὴν ὄχι ἀμφίβολον ἐπιστροφὴν τοῦ Ἔθνους:

δειγμάτων. Ἡ ὕπαρξις καὶ ἡ πρόοδος τῆς Ἑταιρίας καὶ ὁ κατὰ συνέπειαν ἐρεθισμὸς τῶν πνευμάτων ἦτο μία ἐκ τῶν περιστάσεων, ὅσαι δὲν παρουσιάζονται καθημέραν.

Εἰς τὰς τοιαύτης φύσεως ἐνστάσεις ὁ Γερμανὸς ἀντεπέφερε καὶ 11ˉΑρθρον, διὰ τοῦ ὁποίου ἐσχεδιάζετο ἡ ἀσφάλεια ὅλων καὶ ὁ ἀποκοιμισμὸς τῶν Τούρκων μέχρι τοῦ δέοντος χρόνου (α). Μετὰ πολλὰς συζητήσεις ἐθεωρήθη ὄχι ἁρμόδιος ἤδη ὁ καιρὸς τοῦ Πολέμου, καὶ ἀπεφασίσθη τέλος πάντων.

Ὁ Γ. Δικαῖος νὰ παραχωρήσῃ εἰς τὴν πατρίδα του (β), χωρὶς νὰ ἐνεργῇ τὸ παραμικρόν.

Νὰ παύσῃ πᾶσα ἐνέργεια μέχρι τῆς καταβάσεως τοῦ Προσδοκωμένου (γ), διὰ νὰ παύσωσιν οὕτως αἱ καταχρήσεις.

(α) Οἱ Ἀρχιερεῖς καὶ Προεστῶτες (διελάμβανε τό, περὶ οὗ ὁ λόγος, Ἄρθρον), ἐὰν ζητηθῶσιν εἰς Τριπολιτσὰν πρῶτον ν' ἀποκριθῶσι μὲ τὴν Ἐξουσίαν, διὰ νὰ ἀναβάλωσι καιρόν. Γενομένης ζητήσεως δευτέρας, οἱ μὲν Ἀρχιερεῖς νὰ προφασισθῶσιν, ὅτι δὲν συμμετέχουσιν εἰς τὰ πολιτικά· οἱ δὲ Προεστῶτες νὰ προτείνωσι τὴν παραίτησίν των, ὡς ἀδυνατοῦντες πλέον νὰ ἀντιπροσωπεύωσιν ἕνα Λαόν, βεβαρημένον ἀπὸ τόσας ἐκτάκτους ὑποχρεώσεις καὶ τὴν κατὰ τοὺς τελευταίους χρόνους γενομένην τρίτην μεταλλαγὴν τῶν Βαλύδων τῆς Πελοποννήσου. (Ζήτει Ἐποχ. Β΄, Κεφ. Β΄).

Ἐὰν πάλιν ἡ Ἐξουσία ἐπαναλάβῃ μὲ περισσοτέραν ἐπιμονὴν τὰς προσκλήσεις της, τότε σύμφωνοι ὅλοι νὰ μεταβῶσιν εἰς τὴν Ὕδραν. Τοιουτοτρόπως, συσκεφθέντες μετὰ τῶν ἐκεῖ Προκρίτων, ἢ νὰ πολιτευθῶσι τοὺς Τούρκους, ἕωσοῦ σχίσωσι τὸ προσωπεῖον ἐπιστρέφοντες εἰς τὴν Πελοπόννησον· ἤ, ἂν βιασθῶσι τελευταῖον ἀπὸ τὸ ἐνδεχόμενον ἀντίθετον πνεῦμα τῶν Ὑδραίων, νὰ ἀναβῶσιν εἰς τὴν Κωνσταντινούπολιν, καὶ μεταμορφώνοντες τὰ πράγματα νὰ πιστοποιήσωσι παθητικὰς καὶ ψευδεῖς τὰς παραστάσεις τῶν Πελοποννησίων Τούρκων, καὶ οὕτω νὰ σβήσωσι διὰ τῆς αὐθορμήτου παρουσίας των κάθε ὑποψίαν τῆς Πόρτας.

(β) Τὸ Λεοντάρι.

(γ) Δηλονότι τοῦ Α. Ὑψηλάντου.

Νά ληφθώσι μέτρα, ώστε φθάσας ούτος νά μένη ασφαλής καί άγνώριστος μέχρι τινός ή εις τήν Μάνην, ή εις τάς Παλαιάς Πάτρας, όπου έμελλε νά αποβιβασθή. Τότε νά κινηθή ή Πελοπόννησος τακτικώτερον, λαμβάνουσα τάς οδηγίας του, αφού οπλοφορήσωσι προκαταρκτικώς τά άλλα Μέρη της Ελλάδος (α).

Νά πεμφθώσιν άνθρωποι εις τήν Ρωσσίαν καί άλλα μέρη, διά νά πληροφορηθώσι τάς διαθέσεις καί αυτής καί τών άλλων Δυνάμεων ώς πρός τήν περί πολέμου υπόθεσιν τών Ελλήνων.

Νά ενεργηθή Κατάλογος τών Εταίρων της Χερσονήσου, καί έκαστος νά υποχρεωθή όχι μόνον εις τήν καταβολήν, όσης υπεσχέθη χρηματικής ποσότητος, αλλά καί εις άλλην κατά ζήλον φιλογενείας συνεισφοράν. Τά δέ χρήματα νά αποταμιευθώσιν εις τό Γενικόν Ταμείον τών Πατρών (β).

(α) Ήτον αδύνατον τούτο νά κατορθωθή, καθό εναντίον εις αυτήν τήν φύσιν τού πράγματος. Παρά τήν κεντρικήν θέσιν καί τόν εκ συγκρίσεως πληθυσμόν της ή Πελοπόννησος δέν επεβαρύνετο ήδη, καθώς άλλοτε, από δυνατά στρατεύματα ξενικά, ενώ ή Στερεά κατεθλίβετο διά τόν πόλεμον τών Ιωαννίνων.

Αλλά τά πράγματα έπρεπε νά τρέξωσι τόν φυσικόν των δρόμον· καί θέλομεν ίδει άλλοτε, ότι καμμία άλλη Ελληνική Επαρχία δέν εκινήθη, ουδέ ήτον εις στάσιν τού νά κινηθή, εάν δέν ωπλίζετο πρώτη ή Πελοπόννησος.

(β) Ο σημειωθείς (υπέρ της κοινής δήθεν Σχολής) κατάλογος εις τήν Βοστίτσαν περιείχεν ονόματα από μόνας τάς Επαρχίας Π. Πατρών, Βοστίτσης, Αρκαδίας, Καλαμάτας καί Αγίου Πέτρου. Η δέ καταβλητέα ποσότης ελογίζετο εις 162,600 γρόσια.

Ανεφέραμεν καί τούτο, διά νά αποδείξωμεν, μέ οποία μέσα έπασχον οί Έλληνες νά κινήσωσι τόν Πόλεμόν των.

Ο Δικαίος δέν ωμολόγησεν, όσα έλαβεν εις τήν Κωνσταντινούπολιν χρήματα διά τήν Πελοπόννησον.

363

Άν εις το διάστημα τούτο δεν δυνηθώσι να οικονομήσωσι τας υπονοίας της Εξουσίας, και ζητηθούν επιμόνως εις την Τριπολιτσάν οι Αρχιερείς και οι Προεστώτες· τότε σύμφωνοι όλοι να μεταβώσιν εις τας Κυκλάδας, και εκείθεν βλέποντες την διαγωγήν της Ρωσσίας και των άλλων Δυνάμεων, να οδηγηθώσιν μονιμώτερον εις την μέλλουσαν πολιτείαν των.

Τοιουτοτρόπως διελύθη (την 29 Ιανουαρίου, 1821) ή Συνέλευσις. Οι τόποι παρεφυλάττοντο από την Εξουσίαν, ώς είπομεν (α), και ήτον αδύνατον να γίνωσιν εις τους λοιπούς Αρχιερείς και Προκρίτους έγγραφοι Κοινοποιήσεις περί των πρακτέων. Εντεύθεν ο μεν Χριστιανουπόλεως επεφορτίσθη να ειδοποιήση εις την διάβασίν του τους Προεστώτας της Καρυταίνης, Φαναρίου, Μισθρός, Καλαμάτας και Αρκαδίας. Ο Μονεμβασίας τον Μαυρομιχάλην· και οι λοιποί τους άλλους. Αλλ' ο πρώτος εξέλαβεν αδιάφορον το πράγμα, ή διά δειλίαν διευθύνθη εις την Επαρχίαν του· ο δε Π. Πατρών ενήργησε μίαν Αποστολήν (περί τας αρχάς Μαρτίου) εις την Ρωσσίαν και τον Ιγνάτιον, όστις, ειδοποιούμενος περί όλων των διατρεχόντων, εζητείτο να γνωμοδοτήση περί της ενάρξεως, ή της αναβολής του οργανιζομένου Κινήματος. Ο Πόλεμος μεολοντούτο προέλαβε την έγκαιρον επιστροφήν του απεσταλμένου Τομαρά, όστις έφερεν Απάντησίν τινα σκοτεινήν και αμφίβολον.

(α) Ίδε Σελ. 358.

24

ΚΕΦΑΛΑΙΟΝ Η.'

Κατάστασις τῶν Πατρῶν καὶ συνέπειαι — Ὁ Μεχμὲτ Σαλὴχ διατάττεται νὰ ἐνεργήσῃ τὴν σφαγὴν τῶν Προκρίτων καὶ Ἀρχιερέων. Προσκαλεῖ τούτους εἰς Τριπολιτσάν—Προδοσία τῆς εἰς Δημητσάνην ἐνεργουμένης κατασκευῆς τῆς πυριτοκόνεως — Ἐξαγρίωσις τῶν Τούρκων — Μεθοδεύματα τοῦ Π. Πατρῶν — Εἴσοδος τῶν Ἀρχιερέων καὶ τῶν Προεστώτων εἰς Τριπολιτσάν. Τοῦ Ἀναστασίου Μαυρομιχάλου — Διαγωγὴ τῆς Ἐξουσίας — Ἀνακάλυψις πλήρης τοῦ Μυστηρίου — Προσκλήσεις Ἐπαναληπτικαὶ πρὸς τοὺς μὴ εἰσελθόντας — Στρατηγήματα τούτων — Ἀποστολαὶ διάφοροι — Ἔναρξις τοῦ Πολέμου.

Τῆς Βοστίτσης ἡ Συνέλευσις ηὔξησεν, ὡς ἦτον ἐπόμενον, τὰς ὑποψίας τῆς Ἐξουσίας. Αἱ Πάτραι περὶ πλέον ταράσσονται ἀπὸ τὰ ἀνόητα κινήματά τινων, καὶ μάλιστα τοῦ Δικαίου, φυγόντος ἀπὸ τὴν Μονὴν τῶν Ταξιαρχῶν εἰς αὐτὴν τὴν πόλιν. Τὸ Μυστήριον διαδίδεται καὶ εἰς τοὺς παραμικροτέρους ἀνθρώπους· καὶ ἤδη οὗτοι τρέχουσιν ἀχαλίνωτοι, ἐρωτώμενοι μεταξύ των εἰς τὰ καφεπωλεῖα καὶ ἔμπροσθεν τῶν Τούρκων, «Πόσα ἔχεις;» Οἱ δὲ Αὐλητῆρες, ψάλλοντες συχνὰ τὰ Ἡρωϊκὰ Ἄσματα καὶ μάλιστα τὸ κοινότερον

«Δεῦτε Παῖδες τῶν Ἑλλήνων»

ἐτριπλασίαζον τὴν λέξιν Τουρκῶν, κάμνοντες οὕτω καταφανεστέραν τὴν μυστηριώδη ὑπόθεσιν τοῦ Ἔθνους. Τοιοῦτοι κίνδυνοι ἐβίασαν τοὺς Πατραίους νὰ ἀπειλήσωσιν εἰς τὸν Δικαῖον καὶ θάνατον. Τελευταῖον τὸν ἀπεμάκρυναν· ὁ δὲ Μαυρομιχάλης ὡδηγήθη νὰ τὸν προσέχῃ περιωρισμένον.

Ένας Καδδής των Πατρών ονομαζόμενος Μεχμέτ Σαήρ Έφένδης, βλέπων Έλληνάς τινας αύθαδιάζοντας τολμηρώς έμπροσθεν του Μερκεμέ του, δεν θεωρεί απλούν το πράγμα, και διακοινώνει τάς υποψίας του προς τους λοιπούς Τούρκους, οι όποιοι τάς άψήφησαν (α). Ό ίδιος ακολούθως, πληροφορούμενος, ότι οι Καλαβρυτινοί και Βοστιτσιάνοι Προεστώτες φέρουσι πλησίον των περισσοτέραν παρά την συνήθη ένοπλον Φρουράν, άνεφέρθη κατ' ευθείαν προς τον Σουλτάνον, όστις άπεφάσισε, καθώς μας βεβαιώνουσι, γράψας· Αί γενεαί αυτών εξολοθρευθήτωσαν!! Ενταυτώ Υπάλληλοί τινες ξένων Αρχών, και μάλιστα ό Διερμηνεύς Θωμάς Βαρθόλδος, δεν ήσχύνθησαν να βάλωσιν είς κίνδυνον την τιμήν των Κυρίων των, φέροντες ήμέραν και νύκτα το πρόσωπον του κατασκόπου υπέρ των Τούρκων.

Κατά συνέπειαν, όσων προανεφέραμεν (β), ό Χαλέτ Έφένδης, ψυχή του Σουλτάνου, ήρχισεν επιμελούμενος την πραγματοποίησιν του σχεδίου πε-

(α) Ήσαν ήδη παράξενα τωόντι τα φαινόμενα των Πατρών. Καί Έλληνες και Τούρκοι παρεσκευάζοντο πλαγίως, εμπνευσμένοι, οι πρώτοι από την ιδέαν της ελπιζομένης ελευθερίας των, και οι δεύτεροι από φόβον. Οι Τούρκοι μολοντούτο, υποπτεύοντες τα πάντα ως ραδιουργίαν άλλοτε του Αλή Πασσά, και άλλοτε των Φράγκων, εσυμβούλευον τους Έλληνας το ν' άπέχωσιν από ολεθρίους άτοπίας, ενεχόμενοι είς την υπόθεσιν των Ιωαννίνων, και τούς υπέσχοντο πάσαν άσφάλειαν, εάν υπερισχύσωσι κατά των Φράγκων. Τοιαύτη σύγχυσις ίδεων δεν ήτον ολίγον ωφέλιμος είς το μέρος των Ελλήνων.

(β) Ίδε Σελ. 324.

ρί τῶν Προεστώτων, τῶν Ἀρχιερέων καί ἄλλων (α). Ὁ (ἐπιφορτισμένος τήν Διοίκησιν τῆς Πελοποννήσου) Καϊμακάμης Μεχμέτ Σαλήχ διετάγη κατά τόν μῆνα Ἰανουάριον τοῦ 1821 νά βάλῃ εἰς ἐκτέλεσιν τήν τρομεράν ταύτην σφαγήν. Ὁ σκοπός οὗτος δέν ἐγνωρίζετο, εἰμή μόνον εἰς τόν Σουλτάνον, τόν Μέγαν Βεζύρην, τόν Χαλέτ Ἐφένδην, ὅστις τόν ἐπενόησε, τόν Χουρσήτ Πασσᾶν, Μεχμέτ Πασσᾶν, Ἰσούφ Πασσᾶν καί Μεχμέτ Σαλήχ. Ὁ τελευταῖος ἐζήτησε κατ' ἀρχάς τά μέσα. Γνωρίζων ἐν τούτοις, ὅτι οἱ προὔχοντες Τοῦρκοι αὐτοῦ τοῦ τόπου ἦσαν ἕνεκα ἰδιαιτέρων σκοπῶν συνδεδεμένοι διά ψευδοῦς φιλίας μέ τούς προὔχοντας Ἕλληνας, ἐπροφυλάχθη νά φανερώσῃ εἰς τούτους παρόμοιον μυστικόν μέχρι τῆς στιγμῆς, καθ' ἥν εὑρέθησαν ὅλοι ἡνωμένοι εἰς τήν Τριπολιτσάν, πρωτεύουσαν τῆς Πελοποννήσου.

Ἤδη ἐμψυχωμένος οὗτος ἀπό τήν εἴσοδον τοῦ Τουρκικοῦ Στρατοῦ (β), ὁμιλεῖ πρός τούς ἐν τοῖς πράγμασι Τούρκους περί διαφόρων συμφερόντων τοῦ τόπου· καί ταῦτα ἔλαβεν ὡς ἀφορμήν μιᾶς ἀνάγκης, ἀπαιτούσης τήν συγκάλεσιν τῶν Προκρίτων καί Ἀρχιερέων τῶν διαφόρων Ἐπαρχιῶν. Κατά συνήθειαν παλαιάν οἱ Προεστῶτες συνήρχοντο δίς κατ' ἔτος (τόν Μάρτιον καί Σεπτέμβριον) εἰς τήν πόλιν ταύτην, πραγματευόμενοι

(α) Ἐντεῦθεν ἔχει τάς ἀρχάς του κυρίως τό μέτρον τῶν εἰς Ἰωάννινα Πασσάδων, οἱ ὁποῖοι ἠθέλησαν νά εἰσάξωσιν εἰς τό σφαγεῖόν των καί τούς Σουλιώτας, ἀφοῦ ἐθυσίασαν εἰς τό μῖσός των τόσους ἄλλους. (Θέλομεν ὁμιλήσει κατά πλάτος εἰς τά περί τοῦ Σουλίου καί περί ταύτης τῆς περιστάσεως).

(β) Ἴδε Σελ. 328.

περί της καταστρώσεως και της επιβολής των φόρων του τόπου, και περί άλλων ακόμη γενικών υποθέσεων (α). Ο Μεχμέτ Σαλήχ συγκαλεί κατ' έκτακτον ανάγκην και αυτούς και όλους συγχρόνως τούς Αρχιερείς (Καραμπάσιδας). Ήτον επόμενον το να δώση τάς μεγαλυτέρας υπονοίας τοιαύτης φύσεως πρόσκλησις, εκδιδομένη μάλιστα εις περίστασιν παρομοίαν.

Ο Μεχμέτ Σαλήχ δεν εισακούεται. Κατά συνέπειαν μην αγνοών ούτος πλέον την εις την Μάνην έξοδον του Θ. Κολοκοτρώνου (β), Νάσσου Φωτομάρα και άλλων, επαναλαμβάνει σφοδροτέρας τάς προσκλήσεις του. Συγχρόνως υποπτεύων τα ενδεχόμενα κινήματα των υποτιθεμένων Κλεπτών και Ζορμπάδων (Ανταρτών), επικαλείται σπουδαίως νέαν στρατιωτικήν Δύναμιν παρά του Χουρσήτ Πασσά.

(α) Ίδε Σελ. 48.

(β) Πελιπλέον εδειλίων εις την παρουσίαν τούτου, το όνομα του οποίου ήτο συστημένον και απ' άλλας περιστάσεις(Ίδε Σελ. 111) και από τον πόλεμον της Αγίας Μαύρας,όπου έλαβε και τον βαθμόν του Ταγματάρχου παρά της Αγγλικής Κυβερνήσεως.

Επί της αναχωρήσεώς του από την Ζάκυνθον, (όπου επλεόναζεν η Εταιρία, καθώς και εις την νήσον της Κεφαλληνίας), εξετάσθη η Αλληλογραφία του από την Διοίκησιν· αλλ' ηδυνήθη ούτος να κρύψη τα ουσιωδέστερα γράμματα και άλλων και του Υψηλάντου, όστις τον έδιδεν οδηγίας περί της αμέσου εξόδου του εις την Πελοπόννησον.

Ο Κολοκοτρώνης κατώρθωσε την μετάβασίν του επί λόγω εμπορικών υποθέσεων, έχων πλησίον του 6 μόνους· οι Τούρκοι όμως τον υπέθετον με πολλούς· διά τούτο εζήτουν αλλεπαλλήλως από τον Μαυρομιχάλην την παράδοσίν του. Ο Μαυρομιχάλης, μολονότι αμφιρρεπής ήδη εις το περί Πολέμου πνεύμα, ηκολούθει απατών πάντοτε την Εξουσίαν, αν και θέλων εξ εναντίας δεν είχε την απαιτουμένην δύναμιν, διά να τον λάβη από την οικίαν του Μουρτσίνου, όπου εξενίζετο.

Από την Μάνην ο Κολοκοτρώνης συνηγροικήθη με τους Πελοποννησίους και ενήργει προς τον σκοπόν του Κινήματος, Η παρουσία του έδιδε μέγαν ενθουσιασμόν και ελπίδας.

Έν τούτοις ή σύμπτωσις τής έκ μέρους των Σπηλιοτοπούλων (α) ανακαινίσεως των νερομύλων τής Δημητσάνης, έκρημνισμένων πρό 30 σχεδόν χρόνων, καί ή γενομένη έκ μέρους ενός προδοσία τής κρυφίας κατασκευής τής πυριτοκόνεως άποταμιευομένης είς τά Μοναστήρια καί τά υπόγεια μέρη, επισφραγίζουσι τάς περί δλων υποψίας των Τούρκων. Κατ' ευτυχίαν ή αποσταλείσα Εκτελεστική Δύναμις επέστρεψεν άπρακτος, σφραγίσασα μόνον τάς οικίας καί τά κενά από ύλην εργοστάσια. Ήδη οί Πελοποννήσιοι συντρέχουν εναγώνιοι, καί δυνάμει χρημάτων πραΰνουσι τόν Καϊμακάμην (β), έκδώσαντα τήν άκόλουθον Διαταγήν.

«Μεχμέτ Σαλήχ Ελέφ Θεού Καπιτζήπασσης τής Κραταιάς Βασιλείας καί Καϊμακάμης τοϋ Βαλϋ Μωρέως».

«Σοφολογιώτατε Καδδή Εφένδη τοϋ Καζά Καρίταινας, μεγαλυνθείη ή Σοφία σου. Τιμιώτατε Βοεβόνδ' Αγά τοϋ αυτού Καζά καί Βουτζούχιδες, αύξηνθείη ή Τιμή σας. Εκ τοϋ πρός

(α) Οί Σπηλιωτόπουλοι βοηθηθέντες άπό τάς συνεισφοράς των Εταίρων, κατώρθωσαν νά μεταφέρωσιν είς τήν Δημητσάνην μίαν σημαντικήν ποσότητα νίτρου.

(β) Παρά τήν άλλην άθλιεστάτην κατάστασίν της ή Πελοπόννησος έλαβε κατά τούς τελευταίους τούτους χρόνους τήν κακήν τύχην τοϋ νά δεχθή Διοικητήν της, ώς εϊπομεν (Σελ. 325), τόν Μεχμέτ Χουρσήτ Πασσάν, άνθρωπον ημίθεοποιούμενον, ώς άλλον Σουλτάνον. Επί τής απουσίας τούτου έφθασεν ό, περί ού ό λόγος, Καϊμακάμης είς τόσην χρηματομανίαν, ώστε έλάμβανεν άναφανδόν άπό τούς εναγομένους δι' οποιανδήποτε υπόθεσιν τριπλήν χρηματικήν ζημίαν, τήν μέν διά τό Ταμείον τοϋ Χουρσήτ Πασσά, τήν δέ διά τόν Μπουμπασήρην, καί τήν άλλην διά τόν έαυτόν του.

Μολοντοϋτο τό πάθος τής χρηματολατρείας του ώφέλησε κατά τήν περίστασιν αυτήν.

Α. ΔΙΑΚΟΣ.

ἐμὲ σταλέντος Ἰλαμίου τῆς αὐτόθι Ἱερᾶς Κρίσεως μᾶς ἔγινε γνωστόν, ὅτι οἱ Ρεαγιάδες τοῦ εἰς τὸν αὐτὸν Καζᾶ περιεχομένου χωρίου Δημητζάνης ἐναντίον τοῦ Ὑψηλοῦ Ριζᾶ ἀνεκαίνισαν τέσσαρας Βαρουτομύλους ἀπὸ τοὺς πρὸ καιροῦ κρημνισθέντας, καὶ ἔτι ἕνα ἄλλον μῦλον τοῦ τζιβερτζιλέ, καὶ εὑρίσκονται εἰς τὸ χέρι τῶν Ρεαγιάδων πέντε μῦλοι· πλὴν μέσα εἰς τοὺς μύλους ἐκτὸς τῶν ἐργαλείων δὲν εὑρέθη βαρούτη, καὶ ὅλοι οἱ Κερχανάδες μὲ τὸ μεραφέτι σας ἐβουλλώθησαν, καὶ οἱ δουλεύοντες τὴν βαρούτην ἔφυγον, καὶ τὰ σπήτια τῶν φυγόντων κατὰ τὸ νόημα τοῦ ἰδίου Ἰλαμίου ἐβουλλώθησαν. Οἱ παρόμοιοι χωρικοὶ Ρεαγιάδες τὸ νὰ ἀνακαινίσουν Βαρουτομύλους, καὶ τὸ νὰ δουλεύουν ἀρκετὸν βαρούτι, τὸ πῶς εἶναι ἐμποδισμένον καὶ ἐναντίον τῆς Ὑψηλῆς Θελήσεως, εἶναι γνωστὸν τοῖς πᾶσι. Ὅθεν προστάζομεν ἐσᾶς τοὺς ῥηθέντας, νὰ κρημνίσετε τοὺς ἀνακαινισθέντας παρὰ τῶν εἰρημένων χωρικῶν Ρεαγιάδων πέντε μύλους, καὶ εἰς τὸ ἑξῆς νὰ μὴ τολμήσουν νὰ ἀνακαινίσουν μύλους πρὸς δούλευσιν βαρουτίου, γινομένης ἀπὸ ὅλους μεγάλης τῆς προσοχῆς κατὰ τοῦτο, καὶ νὰ ξεβουλλαώῶσιν, ὅσα σπήτια ἐβουλλώθησαν. Πρὸς ἐνέργειαν τούτων ἐξεδόθη τὸ παρὸν ἀπὸ τὸ μέρος μας, καὶ ἐστάλθη, τοῦ ὁποίου φθάνοντος Ἰνσαλλαχ, προστάζομεν, ὅτι κατὰ τὸ Μπουγιουρδὶ νὰ ἐνεργήσετε καὶ νὰ ἀκολουθήσετε, φυλαττόμενοι ἀπὸ τὸ ἐναντίον ἐξάπαντος ».

« Ἐξεδόθη τὸ Παρὸν ἀπὸ τὸ τοῦ Μωρέως Διβάνι, 1821, Φεβρουαρίου 7, Τριπολιτζά ».

Ὁ ὄχλος τῶν Τούρκων τῆς Καθέδρας ἐξαγριοῦται πλέον καὶ ἐπαπειλεῖ ἀνεξαίρετον σφαγήν. Ἡ Ἐξουσία καὶ οἱ Ἀγάδες μόλις τὸν χαλινώνουν. Ὁ Π. Πατρῶν, βεβαιούμενος τὴν εἴσοδον τοῦ Χριστιανουπόλεως (α), καὶ βλέπων τὴν ἐξαγρίωσιν τῶν Τούρκων, ἀνεχώρησεν ἐκ τῶν Πατρῶν (27 Φεβρουα-

---

(α) Πρῶτος οὗτος εἰσῆλθεν εἰς τὴν Τριπολιτσάν, καὶ τοῦτο τὸ κίνημά του ἠπάτησε τοὺς ἄλλους, γνωρίζοντας, ὅτι ἤξευρεν αὐτὸς τὰς γενομένας Ἀποφάσεις τῆς Βοστίτσης.

ρίου, 1821) ύποκρινόμενος τήν εις Τριπολιτσάν διεύθυνσίν του, καί άνέβη είς τά Καλάβρυτα, δπου διευθύνθη καί ό Α. Λόνδος. Έκεΐ έπροσποιήθη τόν ποδαλγόν. Γίνονται μεταξύ τούτου, τών Καλαβρυτινών, Βοστιτσιάνων καί άλλων σκέψεις πολλαί περί τοΰ τρόπου τής άποφυγής τών κινδύνων, δσον τοΰ εαυτού των, τόσον καί τής Πελοποννήσου. 'Αποφασίζουσι τό νά μήν ύπάγη κανείς είς τήν Τριπολιτσάν. Γράφουσι δέ πρός τήν 'Αρχήν, δτι «πάθη πολιτικά τινων Τούρκων, ώφελούμενα άπό τήν περίστασιν, έπεισαν τήν Έξουσίαν είς τό μέτρον τοΰ νά θανατώση τούτους...».

Άλλοι δμως έκ τής ιδίας τάξεως τών Αρχιερέων καί τών Προκρίτων, ή βλέποντες άδύνατον τήν περαιτέρω διαπολίτευσιν τοΰ πράγματος καί τήν πραγματοποίησιν τών γενομένων άποφάσεων τής Βοστίτσης, ή κυριευόμενοι άπό τήν άκολουθοΰσαν είς παρομοίας περιστάσεις έντρομον άπελπισίαν, ή έλπίζοντες τέλος πάντων νά κατευνάσωσι διά τής παρουσίας των τόν παλμόν τών Τούρκων, εισέρχονται περί τάς άρχάς Μαρτίου είς τήν Τριπολιτσάν μέ τήν έλπίδα τοΰ νά έξέλθωσι μετ' ολίγον ύπό τό πρόσχημα τών διασήμων ήμερών τοΰ προσεγγίζοντος Πάσχα. Ήσαν ούτοι 'Αρχιερείς εννέα, ό Μονεμβασίας Χρύσανθος, ό Κορίνθου Κύριλλος, ό Τριπόλεως Δανιήλ, ό Λακεδαιμονίας Γρηγόριος, ό Ναυπλίου Γρηγόριος, ό 'Ανδρούσης 'Ιωσήφ, ό Δημητσάνης Φιλόθεος καί ό 'Ωλένης Φιλάρετος, συμπεριλαμβανομένου καί τοΰ προεισελθόντος Χριστιανουπόλεως Γερμανοΰ. Προεστώτες δώδεκα, ό 'Αλέξιος 'Ιερεύς Οικονόμου (άπό Φανάρι), Θεόδωρος Δεληγιάννης (άπό Καρύταιναν), Σωτήριος Νοταράς (άπό Κόρινθον), Μελέτης Α. Κοπανίτσας (άπό Μισθράν), Ιωάννης Περρούκας (άπό Άργος), Ιωάννης Καραμάνος (άπό Άγιον Πέτρον), Ανδρέας Καλαμογδάρτης (άπό Π. Πάτρας), Ιωάννης Βιλαέτης (άπό Πύργον), Ιωάννης Τομαράς καί Αντώνιος Καραπατάς (άπό Αρκαδίαν), Χατσή Ιαννούλης Κυριακός (άπό Καλαμάταν) καί Νικόλαος Γεωργακόπουλος (άπό Μοθώνην).

Η Εξουσία, πάσχουσα νά άσφαλισθή κατά τάς ελπίδας της καί άπό τό μέρος τής Μάνης, προσκαλεί τόν Μαυρομιχάλην είς τήν Τριπολιτσάν, διά νά βεβαιώση ούτος προσωπικώς τήν κατάστασιν τής Ηγεμονίας του, μολονότι δέν εξήρτητο ούτος άπό τήν Διοίκησιν τής Πελοποννήσου. Μ' όλην τήν εύφημον άποποίησιν τής προσωπικής του παρουσίας έπί λόγω τής βεβλαμμένης υγείας του, ό Μαυρομιχάλης, βλέπων παρά τήν επιμονήν τής Εξουσίας κλονιζομένην συγχρόνως καί τήν θέσιν του έκ μέρους τών έπιτοπίων έχθρών του, υπεχρεώθη νά άποστείλη τόν υιόν του Αναστάσιον, (12 Φεβρουαρίου 1821).

Η ορμή τών Τούρκων ηλαττώθη πολύ άπό τήν είσοδον καί τούτου. Η Εξουσία άκολούθως, όργιζομένη είς τάς προσποιήσεις τών έξω, περιορίζει τούς είσελθόντας, πολλοί τών όποίων έμειναν μετημελημένοι· άλλά δέν άποτολμά καί νά τούς φονεύση, μολονότι ό Μεχμέτ Σαλήχ έκοινοποίησεν ήδη τήν μυστικήν Διαταγήν είς τέσσαρας προύχοντας Τούρκους: τόν Κιαμήλ Πεήν, Μουσταφά Πεήν, Σεχνετσήπ Έφένδην καί Νακήπ Έφένδην. Οί, περί ών ό λόγος, Πελοποννήσιοι δέν κατεδέχθησαν μήτε τότε, μήτε έπειτα νά όμολογήσωσι τό παραμικρόν περί τού

Μυστηρίου μ' όλας τάς απειλάς και τάς υποσχέσεις τών Τούρκων. Μόνην έφοβοΰντο την ενδεχομένην σύλληψιν Εταιρικών γραμμάτων (α).

Συμπίπτει τέλος πάντων προδιδομένη εντελώς ή Εταιρία προς τόν Σεχνετσήπ Έφένδην καί δι' αύτοΰ πρός τόν Καϊμακάμην (β)· συμπίπτει ή από

(α) Καί μολοντούτο έστάθησαν ίκανοί νά ύπερπηδήσωσι πολλάκις και τόν κίνδυνον παρομοίων περιστάσεων.
Επί τής μικράς συμπλοκής τοΰ Περτσοβα, χωρίου κειμένου απέναντι τοΰ Παρθενίου Όρους κατά μεσημβρίαν, εύρον οι Τούρκοι τής Τριπολιτσάς τό Δίπλωμα τής Πεντακοσιαρχίας ενός πεσόντος Εταίρου, ύπογεγραμμένον άπό τούς Επισκόπους Βρυσθένης Θεοδώρητον καί Έλους Άνθιμον. Επί συνελεύσεως γενικής όλων τών Άγάδων ηρωτήθησαν οι φυλακισμένοι νά εξηγήσωσι τά περιεχόμενα «Αρχή... Φιλική Εταιρία ... Ένφ όλοι εδίσταζον εις τήν τροπολόγησίν των, ένας σοφίζεται εξ ετοίμου άποκρινόμενος. « Φιλική Εταιρία φαίνεται ή Μασσωνία· καί Αρχή κάποια τής Ευρώπης μεγάλη Δύναμις, ή οποία τούς βοηθεί ». Τοιουτοτρόπως οι Τούρκοι εβυθίσθησαν εις φόβους χειροτέρους.
Ολίγον ύστερον, ή μετά τήν μάχην τής Μηλιάς, επεστηρίχθη εις τό πνεύμα τών Τούρκων ή ιδέα περί τής Ευρωπαϊκής βοηθείας. Διά νά εξηγήσωμεν τοΰτο, χρειάζεται κατά παρέκβασιν νά είπωμεν, ότι εν άπό τά στρατηγήματα τών άνωτέρων Άρχηγών τοΰ Πολέμου ήτο καί τοΰτο. Εξημερώνοντο συχνάκις εις τά Στρατόπεδα πεζοδρόμοι, φέροντες γράμματα πλαστά, αναφέροντα προόδους τοΰ Α. Υψηλάντου, κινήσεις τής Σερβίας καί Βουλγαρίας, κήρυξιν τοΰ Ρωσσικού Πολέμου, άποστολάς Ευρωπαϊκών Στρατευμάτων, πυρπολισμούς Στόλου, κυριεύσεις Φρουρίων κτλ. Πολλά εκ τών τοιούτων γραμμάτων έπιπτον εις τάς χείρας τών Τούρκων. Παρατηρούμεν δέ, ότι, όσον ήτο μέγας ό κίνδυνος, τόσην εδιδον πίστιν οι Έλληνες εις παρομοίας ειδήσεις· καί, όσην έμψύχωσιν ενέπνεον εις τούτους, τόσην απετέλουν άψύχωσιν εις τούς Τούρκους.
Δέν είναι όλιγώτερον περίεργος καί «Η Ψυχή τοΰ Πατριάρχου Γρηγορίου» Φυλλάδιον επιτετηδευμένον κατά τό ίδιον πνεύμα, και περιφερόμενον εις τά Στρατόπεδα τής Πελοποννήσου. Δι' αύτοΰ ή σκιά τοΰ Γρηγορίου επεκαλείτο άπό τούς ουρανούς τήν εκδίκησιν τών Ελλήνων κατά τοΰ αδίκως εκχυθέντος αίματός του καί τής τυραννίας τών Τούρκων.

(β) Έγινεν από τόν (άλλως φρόνιμον) Σωτήριον Κου-

τούς Λαλαίους σύλληψις ενός Άπεσταλμένου των Καλαβρύτων εις Επαρχίας τινάς· καί ήδη το Διβάνιον τοϋ Μωρέως διατάττει επαναληπτικώς (19 Μαρτίου, 1821) τήν άφευκτον εις τήν Τριπολιτσάν εϊσοδον των Καλαβρυτινών (α), Βοστιτσιάνων, Γαστουναίων, τοϋ Π. Πατρών καί τοϋ Κερνίκης Προκοπίου. Δέν ήσαν άποβολιμαΐαι αί περί τούτων τών ανθρώπων υποψίαι τής Εξουσίας. Άλλως είναι δύσκολον πολλά νά πιστεύση τις, ότι ή Πελοπόννησος ήθελεν άξιωθή τήν ύψηλήν τιμήν τής αξιομνημονεύτου ημέρας τής 23 τοϋ Μαρτίου 1821.

Οί Πελοποννήσιοι ήναγκασμένοι μεθοδεύονται καί εις τήν στιγμήν αυτήν το άκόλουθον σχέδιον· Πλάττουσι γράμματα, διευθυνόμενα προς τους ιδίους ως εκ μέρους ενός Τούρκου τής Καθέδρας φίλου των, συμβουλεύοντος έπικίνδυνον τήν εϊσοδόν των. Προενεχείρησαν αυτά έσφραγισμένα εις ένα χωρικόν, όδηγηθέντα νά τά παραδώση εις τους ιδίους καθ' οδόν, ύποκρινόμενος τον βίαιον εκ τής Τριπολιτσάς ερχομόν του. Τοιουτοτρόπως

γιάν, Προεστώτα τής Τριπολιτσάς, καί τον Διερμηνέα τής Πελοποννήσου. (Ίδε Σελ. 325).

Μετά τήν άλωσιν τής Τριπολιτσάς διέσωσεν ύπερασπισθείς τον δεύτερον ο Νικόλαος Ταμπακόπουλος· τον δέ πρώτον εθανάτωσαν οι Έλληνες, ύποχρεώσαντες νά καταφάγη πρώτον τό αυτίον του.

(α) Μετά τήν Μάνην ύπώπτευον οί Τούρκοι τής Πελοποννήσου τά Καλάβρυτα καί τήν Καρύταιναν, όχι μόνον διά τάς έπηρεαζούσας εις όλον τον Λαόν σημαντικάς Οικογενείας των, αλλά καί διά τήν όπλοφόρον δύναμιν καί τήν θέσιν των. Ή Καρύταινα ελογίζετο εις όπλοφόρους επέκεινα τών 4,000· τά δέ Καλάβρυτα εις περισσοτέρους τών 5,000, άν καί όχι τόσον γενναίους. Οικογένειαι Τουρκικαί ύπήρχον εις αυτάς πολλά ολίγαι.

Έν γένει μολοντούτο τά ορεινά μέρη τής Ελλάδος όλης εφύλαξαν τά όπλα των, άν καί ή Τουρκική Εξουσία μετεχειρίσθη τοσάκις όλα τά δραστήρια μέτρα τοϋ άφοπλισμοϋ των.

έκίνησαν ούτοι (9 Μαρτίου) μέ τόν άπεσταλμένον Ταχυδρόμον τοϋ Καϊμακάμη, άπαντώσι καθ' όδόν τόν Έλληνα πεζοδρόμον, καί δέν προχωροΰσι προφασιζόμενοι τούς έκ τών περιεχομένων τοϋ Γράμματος φόβους των. 'Εντεύθεν έπέστρεψαν εις Καλάβρυτα, όθεν έγραψαν πρός τινας τούς σημαντικωτέρους 'Αγάδας τής Τριπολιτσάς, παραπονούμενοι περί τών έναντίον των άδίκων μέτρων τής 'Εξουσίας, έκθέτοντες τήν (έπιχειρηματικήν) άθωότητά των, καί παρακαλοΰντες νά άφεθώσιν ήσυχοι είς τά ίδιά των. Τήν έπιοϋσαν ήμέραν μετέβησαν είς τήν Λαύραν (α), δπου συνεσκέφθησαν νά παραμερίσωσιν, έωσοϋ όδηγηθώσιν άπό τά πράγματα: Δηλονότι, άν ή 'Εξουσία έπιχειρισθή νά τούς καταδιώξη πολιτικώς, νά έξέλθωσιν άπό τήν Πελοπόννησον· άν ένόπλως, νά όπλισθώσι καί αύτοί έξ άνάγκης.

Μετά τινα άλλην σκέψιν άπεφάσισαν· ό μέν Π. Πατρών, Α. Ζαήμης καί Κερνίκης Προκόπιος νά μεταβώσιν είς Νεζερά· ό Άσημάκης Ζαήμης καί Α. Φωτήλας είς Κερπηνήν ό δέ Σ. Χαραλάμπου καί Σ. Θεοχαρόπουλος είς Ζαρούχλαν. Έγραψαν ταυτοχρόνως πρός τόν Π. Μαυρομιχάλην, τούς Δελιγιαννέους καί άλλους, διά νά γνωρίσωσι, ποίον ούτοι είχον σκοπόν· όλίγους όμως εύρον συμφρονοϋντας· οί λοιποί δέν έτόλμων διά τούς είς Τριπολιτσάν όμήρους των ούδέ νά φαίνωνται συναγροικούμενοι πλέον. Δέ·· έλειψαν οί ίδιοι ούτοι νά κά-

---

(α) Τότε διευθυνόμενον είς τήν Τριπολιτσάν τόν Γεώργιον Σισίνην έπέστρεψεν ό Γερμανός Π. Πατρών, άποστείλας τόν Πρωτοσύγκελόν του Βησσαρίωνα μετά τοϋ Κερνίκης Προκοπίου, καί γράφων πρός τούτον «Ποϋ ύπάγει;»

μωσι καί πάλιν είς τήν Κωνσταντινούπολιν νέαν 'Αποστολήν, διά νά πληροφορήσωσι τούς 'Εφόρους της (α) περί τής τελευταίας καταστάσεως τής Πελοποννήσου, καί νά λάβωσιν όδηγίας.

Εις τό διάστημα τούτο οί 'Αγάδες καί όλοι οί Τούρκοι τής Τριπολιτσάς, ευρισκόμενοι είς τήν μεγαλυτέραν σύγχυσιν μετά τήν έπιστροφήν τού Ταχυδρόμου (β), έγραψαν έπαναληπτικώς πρός τούς άνωτέρω Πελοποννησίους, άποστείλαντες τόν Α. Καλαμογδάρτην. Αυτός, άγνοών τήν βασιμότητα τών διατρεχόντων, έφιλοτιμήθη νά τούς καταπείση διά τήν είσοδόν των είς τήν Τριπολιτσάν.

Μετά τήν άπρακτον έπιστροφήν καί τούτου (γ), ή Έξουσία καί οί 'Αγάδες διεύθυναν πρός τούς ίδίους νέα Γράμματα μέ τόν Νικόλαον Μωθωνιόν. Είς τό ίδιον μέτρον ύπεχρέωσαν καί τούς είς Τριπολιτσάν 'Αρχιερείς καί Προεστώτας, οί όποίοι γράφοντες μέ πόνον τήν άνάγκην τής είσόδου τούτων, έγίνοντο ένταυτώ, ύποχρεωμένοι άπό τούς Τούρκους, καί έγγυηταί τής άσφαλείας των, ώς νά είχον ούτοι ήσφαλισμένον πρώτον τόν έαυτόν των. 'Αλλ' ήτον έπόμενον τό νά μή τελεσφορήση ούδέ ή τελευταία αύτη 'Αποστολή, καί ν' άκολουθήση τό είς Κατσάναις κτύπημα τού Λαλιώτου Σεϊδή,

---

(α) Ήσαν έτι άγνωστα είς τούς Πελοποννησίους ή έξοδος τού 'Υψηλάντου καί τά συμβάντα τής Κωνσταντινουπόλεως.

(β) Ίδε Σελ. 374.

(γ) Παρεκινήθη ούτος νά μένη έξω· έπρόκρινεν όμως τήν είσοδόν του.

Ό άναφερόμενος κατωτέρω Ν. Μοθωνιός έδειξεν Έλληνικώτερον χαρακτήρα.

διευθυνομένου εις τήν Τριπολιτσάν μετά τοΰ Ν. Ταμπακοπούλου.

Άπό τήν περίστασιν αύτήν λαμβάνει τήν πρώτην άρχήν της ή Κίνησις τής Πελοποννήσου καί τής λοιπής 'Ελλάδος, όλως διόλου άπρομηθεύτου άπό τά άναγκαΐα τοΰ Πολέμου μέσα (α). Τοιούτον ύπήρξε τό Μυστήριον τής 'Ελληνικής 'Επαναστάσεως. Θέλομεν κάμει τήν άρμοδίαν άνακεφαλαίωσιν τούτου εις τήν έναρξιν τοΰ άκολούθου Τόμου, δστις θέλει περιέχει τήν κίνησιν τοΰ Α. 'Υψηλάντου μέχρι τής καταστροφής του, καί εκείνην τοΰ Σουλίου μέχρι τής παραδόσεώς του (1822).

(α) Οί Βαρουτόμυλοι τής Δημητσάνης ειργάζοντο τό ήμερονύκτιον 150 όκ. πυρίτιδος, άπό τάς όποίας οίκονομοϋντο κατά τάς άρχάς ή Πελοπόννησος καί άλλα ένταυτφ μέρη, καθώς ή Στερεά καί ή Κρήτη.

Ή 'Εταιρία έδυνήθη νά άποστείλη πολλά όλίγον μέρος πολεμοφοδίων εις μόνας τάς Π. Πάτρας άπό Κωνσταντινούπολιν καί Σμύρνην.

ΛΕΞΙΚΟΝ

ΜΕΤΩΝΥΜΙΚΟΝ ΤΗΣ ΦΙΛΙΚΗΣ ΕΤΑΙΡΙΑΣ

Α
Ἀγαπητικός · · · Συγγενής.
Ἀγκάθι · · · · · · Ἐχθρός.
Ἀγοράζω · · · · Μανθάνω.
Αἴρεσις · · · · · Ἑβδομάς.
Ἀκίνητον · · · · · Φυλακή.
Ἀλλάζοντες · · · · Φύλακες.
Ἄνθος · · · · · · · Φίλος.
Ἀπαθής · · · · · Σουλτάνος.
Ἀπαιτῶν = Μέγας Διερμηνεύς.
Ἀποτέλεσμα · Καταδίκασμα.
Ἀποτυχόντες · · · · Σέρβοι.
Ἀρραβών · · · Ἐπικύρωσις.
Ἀσήμαντοι · · Εὐρωπαῖοι Βυζαντίου.
Ἀσθένεια · · · Περιορισμὸς (Ἀρέστον).
Ἀϋπνία · · · · · Ἔλλειψις.

Β
Βαρῶ · · · · · · · · · · Δίδω
Βριάρεως · · · · Στρατηγός.
Βρονταί · · Ἀξιωματικοὶ Ἕλληνες.
Βροχή · · Ἀρχὴ τῶν Φιλικῶν.

Γ
Γέρων · · · · · Μέϊτλαν.
Γλυκεῖς · · · · · · Ἰταλοί.

Δ
Δακτυλίδιον · · · · Λόγχη.
Δανείζω · · · · · · Γράφω.
Δένδρα · · · · · Δουφέκια.
Δεπουτατζιόνε · Ὑπουργεῖον.
Δίδυμος · · · Λουδοβίκος.
Δυναμωτικὰ · · · · Τροφαί.
Δυστυχεῖς · Ἀρχιερεῖς Συνόδου.

Ε
Ἐκδικητικοί. Προεστ. Πελοπ.
Ἐλπίζοντες · · · Κατάδικοι.
Ἐλέφας · · · Μέγα πλοῖον.
Ἑορτὴ · · · · · · · · Μήν.
Ἐρεθίζομαι · · · · Ὁδεύω.
Εὐεργετικὸς · Καποδίστριας *)

Η
Ἡμερωθέντες · · Βαρβαρέσοι.
Ἡρακλείας · Ἀλέξ. Στούρζας.

Θ
Θέατρον · · · · · · Πεδιὰς

---

* Τὸν ἴδιον μετωνόμαζον καὶ Ἀρχιμανδρίτην, καθὼς καὶ τὸν Αὐτοκράτορα Ἀλέξανδρον Ἡγούμενον.

I

Ίατρικά	Ένδυμασίαι.
Ίππος	Μικρόν πλοΐον.
Ισχυρογνώμων	Φραγκϊσκος Αύτοκράτωρ.

Κ

Καλός · · Άλέξ.	Ύψηλάντης.
Καμήλα	Εμπορικόν πλοΐον.
Καπετάν Γιάννης-Καρατσάδαι.	
Καπετ. Δημήτρης - Μουρούζαι.	
Καπετ.Εύστάθιος-Χαντσερίδαι.	
Καπετ. Μαμούνης	Σούτσοι,
Καπετάν Εύμορφόπουλος	Καλλιμάχαι,
Κατάπαυσις	Θάνατος
Καταφρόνησις	Συγχώρησις.
Κλεψιγαμία	Δολοφονία
Κονδυλομάχαιρον	Γραμματικός.
Κοπάδι	Στόλος.
Κοπιώντα	Ίπποι.
Κρεδιτάρω	Στέλλω.
Κρεμοτάρταρον	Βαρούτη.
Κύκλωψ	Κατάσκοπος.

Λ

Λογαριασμός	Στρατεύματα.

Μ

Μακαρΐται	Οικογένεια Ναπολέοντος.
Ματαιότης	Αποτυχία.
Μαύρισμα	Κρύψιμον.
Μέτοικοι	Τούρκοι.
Μπιλάντσον	Πόλεμος.

Ν

Νικόλαος	Γάλλοι.
Νηστεύοντες	Βούλγαροι.
Νότης	Πολεμοφόδια.

Ξ

Ξεβούλλωμα	Προδοσία,
Ξεκαθάρισις	Εκατόν Χιλιάδες.
Ξύλινος · Ήνωμ.	Έπαρχίαι,
Ξύπνισμα	Άρνησις.

Ο

Οίνοπλουτών	Ηγεμών Μολδαυΐας.
Οίνοπόται	Φαναριώται.
Όλιγώτεροι	Ζακύνθιοι.
Όρεξις	Μίσευμα.
Όψάρια	Σπαθία,

Π

Παλαιότερος	Πατριάρχης,
Παραυιός · Καπου - Κεχαγιάς.	
Πενθερός · · ·	Αλή Πασσάς.
Πλεονέκται	Έμποροι Έλληνες.
Πληρωμή	Ήμέρα.
Πλούσιοι	Αρμένιοι.
Πολλοί	Κεφαλληνεϊς.
Ποιμένες	Βλάχοι.
Ποιηταί	Έλληνες είς τόν Στόλον.
Πολυφρόντιστος	Βεζύρης.
Πόνος	Έναντιότης.
Πουλώ	Λαλώ.
Πορνικάς	Κρυφά.
Πρόθυμοι	Έλληνες.
Προίκα	Στρατιωτική βοήθεια.
Πτερωτός	Ταχυδρόμος.

379

Σ

Σιδηροί · · · · · Άγγλοι
Σκέπασμα · · · · · Οίκοι.
Σκοτείνιασμα · · · Υποψία.
Σταθεροί · · · · Γενιτσάροι.
Στεφάνωμα · · · · · Ειρήνη.
Συμπέθεροι · · · · Αλβανοί.
Συνεθισμένον · · · Κάψιμον.
Σύνεφα · Μέλη της Εταιρίας.

Τ

Τέλος · · · · · Φθάσιμον.
Τιμημένα · · · · · Φανερά.
Τσιράκι · · · · · Πρέσβυς.
Τραγφδιστής · · · Κανόνι.
Τυροφάγος · Ηγεμών Βλαχίας.

Υ

Υπανδρεία · · · · Συμμαχία.

Υποδήματα. · · · Χρήματα.

Φ

Φαλιμέντο · · · Κήρυξις.
Φατούρα · · · · Μία χιλιάς.
Φιλάνθρωπος · · Αυτοκράτωρ
    Αλέξανδρος.
Φίλαυτος · Βασιλεύς Προυσ-
    σίας.
Φόβος · · · · · · · Νύξ.
Φρόνησις · · · · · Φυγή.

Χ

Χορευταί · · Κλεπτικά Στρα-
    τεύματα.
Χορός · · · · · · Κλέψιμον
Χρονικός · · · · Κόνσολος.

Επόμενα εις το Λεξικόν τούτο ήσαν σειρά τις Αραβικών Αριθμών μέχρι του 107. Δι' ένος έ-
κάστου εκ τούτων άντεσημαίνοντο όλαι αι Επαρ-
χίαι, Πόλεις, Νήσοι και Θάλασσαι της Ελλά-
δος, της Ρωσσίας, της Βλαχο-Μολδαυίας, της Τουρκίας και εν μέρει της Ιταλίας. Οι ακόλουθοι από του 108 μέχρι του 114 εφανέρωνον·

108 ... Αναγνωσταράς
109 ... Καπετάν Γιάννης Φαρμάκης.
110 ... Ο Πέης της Μάνης Μαυρομιχάλης.
111 ... Γεώργιος Ολύμπιος.
112 ... Σάββας Μπίνμπασσης.
113 ... Θεόδωρος Κολοκοτρώνης.
114 ... Περραιβός.

Μετά τούτους ηκολούθουν και αι εφεξής Μετω-
νυμίαι.

Ψευδομάντης . . . . Μ. Χρησταρῆς.
Καινὸς Κομήτης . . . . Κωνσταντῖνος Πεντεδέκας
Παρασυρόμενος νέος . . . . . . Ἀντώνιος Καραπᾶνος
Ἀρμόδιος . . . . Γρηγόριος Δικαῖος.
Μάκαινα οὐτιδανή . . . . Γεώργιος Γάτσος.
Ἀνόητος . . . . Π. Πάνος.
Κατάλληλος... Δομνάνδος Γραμματεὺς τοῦ Ρωσσικοῦ Προξενείου.
Μέτριος . . . . Ἀνδρέας Σφαέλλος.
Συντείνων . . . . Νικόλαος Παξιμάδης.
Πρόθυμος . . . . Μ. Ριζάρης.
Παιγνιδιάρης . Συμεὼν Σταυρόπουλος (Τριπολιτσιώτης).
Ἀπλοῦς . . . . Ἰωάννης Μπούμπας.
Δοκισήσοφος . . . . Λάμπρος Πάλης.
Ἀμέτοχος . . . . Ν. Κωνσταντᾶς.
Φιλόθρησκος . . . . Ἀναστάσιος Γοργόλης.
Ὀκνηρός . . . . Ἰωάννης Μπάηλας.
Πατήρ . . . . Ζώης Ζωσιμᾶς.
Στ. Κ. . . . . Γ. Δ.
Ἀδιάφορος . . . . Ἀπόστολος Κλέντος.
Ζεστός . . . . Διαμαντῆς Πογωβῖνος.
Εὐγενής . . . . Στοῦρζας.
Φρόνιμος . . . . Ροδοφινίκης.
Ἄξιος . . . . Γκίκας.
Περιποιητικὸς . . . . Γουλιανόφ.
Ἀγαπητός . . . . Κανδιώτης.
Ἀνδρέας . . . . Ἀριστείδης Παππᾶ.
Κυνηγότυχος . . . . Ἀντώνιος Τσούνης.

ΚΕΦΑΛΑΙΟΝ Θ'.

(Συμπληρωτικόν).

Ὁ Ἀναγνωστόπουλος ἐνεργεῖ τὴν κατάβασιν τοῦ Δ. Ὑψηλάντου εἰς τὴν Ἑλλάδα — Ὁδοιπορία — Ἐνθουσιασμὸς τῶν Ἑλλήνων τοῦ Τεργεστίου — Ἑλληνίδες προσφέρουσαι χρυσοκέντητον Σημαίαν.

Μετὰ τρεῖς ἡμέρας τῆς ἐξόδου τοῦ Ἀλεξάνδρου εἰς τὸ Ἰάσιον φθάνει εἰς τὸ Κισνόβι ὁ Δημήτριος Ὑψηλάντης. Ἐκεῖ εὗρε γράμμα τοῦ Αὐταδέλφου του, εἰς τὸ ὁποῖον οὗτος ἀνέφερε τὸ βίαιον τῆς ἐξόδου του διὰ αἴτια, τὰ ὁποῖα μετ' οὐ πολὺ ἔμελλε νὰ τὸν κοινοποιήσῃ, καὶ τὸν ἐπεφόρτιζε τὴν διεύθυνσιν τοῦ πατρικοῦ των οἴκου.

Ὁ Ἀναγνωστόπουλος ἀπηλπισμένος ἤδη ἀπὸ τὰς προηγηθείσας περιστάσεις (α) δὲν προέβλεπε καμμίαν εὐχάριστον ἔκβασιν τῶν κινημάτων τῆς Μολδαυο-Βλαχίας, ἡ κατάστασις τῆς ὁποίας δὲν τὸν ἐλάνθανε· οὐδὲ ἐθεώρει χρήσιμον τὴν εἰς τὴν Ἑλλάδα κατάβασίν του ἕνεκα τῶν ἀναφυομένων παθῶν ἀπὸ τὰς ἀντιζηλίας, τὰς ὁποίας ἐμψυχώνει πολὺ πλέον τὸ ἀνώμαλον τῶν πολεμικῶν περιστάσεων. Διὰ νὰ καθέξῃ μίαν θέσιν, ὁποίαν ἔχαιρε καὶ ἐπὶ τῆς Ἑταιρίας, συλλαμβάνει τὸν σκοπὸν τοῦ νὰ καταβιβάσῃ τὸν Δ. Ὑψηλάντην εἰς τὴν Ἑλλάδα, ὡς Πληρεξούσιον τοῦ Αὐταδέλφου του Ἀλεξάνδρου. Δὲν ἤλπιζε κυρίως τὴν κατόρθωσιν τούτου τοῦ σχε-

---

(α) Ἴδε Σελ. 273-279.

δίου του· άπηλπισμένος έπεχειρίσθη τήν δοκιμήν.

Τοιαύτη πρότασις, γενομένη κατά πρώτον πρός τόν Δ. Ύψηλάντην, έφάνη ώς όνειρον. Παρά τοΰτον δέν έμεινεν άλλος είς τήν οίκίαν, ένῷ οί τρεῖς Άδελφοί έξήλθον είς τό Ίάσιον, καί ό νεώτερος Γρηγόριος μετέβη είς τά Παρίσια διά τάς σπουδάς του. Μεολαταΰτα αί συνεχεῖς έπαναλήψεις καί έπιτήδειός τις διερεθισμός τόν πείθουν. Ό Άλέξανδρος έδειξε κατ' άρχάς άντίστασίν τινα, καί έτι πλέον ή Μήτηρ των· άλλά τέλος έπείσθη, καί έφοδιάζει τοῦτον μέ έν "Εγγραφον Συστάσεως πρός τούς Πελοποννησίους (α), τό όποῖον θέλομεν άναφέρει άλλοτε είς τήν άρμοδίαν του θέσιν.

Ήδη ό Άναγνωστόπουλος άναλαμβάνει τήν φροντίδα τῆς άναχωρήσεως· καί έφοδιάζεται γραφόμενος ώς έμπορος τῆς Βεσσαραβίας, καί διευθυνόμενος διά ύποθέσεις του είς τήν Ίταλίαν μέ ένα Διευθυντήν καί ένα ύπηρέτην. Διευθυντήν του μετεχειρίσθη τόν Δ. Ύψηλάντην ύπό τό όνομα Χ α ρ ί τ ο ς.

(α) Ό Α. Ύψηλάντης, θεωρῶν τήν Πελοπόννησον ώς κέντρον, καί μήν έχων πληροφορίας άκριβεῖς περί τής όλης Έλλάδος άπετάνθη πρός μόνους τούτους· άλλ' έπρομήθευσε τόν Δημήτριον ολίγας κόλλας άγράφους μέ μόνην τήν ύπογραφήν του, διά νά τάς μεταχειρισθῇ ούτος, όπως όδηγηθῇ άπό τάς περιστάσεις.

Ό Άλέξανδρος έγραφε συγχρόνως πρός τόν Δημήτριον, όμολογῶν τό βάρος τῆς συνειδήσεώς του ώς πρός τόν Άναγνωστόπουλον, τήν άθωότητα τοῦ όποίου είχεν ήδη πληροφορηθῇ, καθώς καί τάς αίτίας, όσαι ύπηγόρευσαν τήν κατ' αύτοῦ μηχανορραφίαν. Έσυμβούλευε δέ νά θεωρῇ τοῦτον ώς φίλον του πιστόν καί άναπόσπαστον. Άπό τάς περιστάσεις αύτάς έλαβεν ό Άναγνωστόπουλος πλησίον τοῦ Δ. Ύψηλάντου τήν θέσιν τοῦ Μέντορος.

Προπαρασκευασθέντες τοιουτοτρόπως καὶ μ' ὅσα ἠδυνήθησαν περισσότερα χρήματα, ἐκίνησαν διὰ τῆς Τρανσυλβανίας, Κροατίας καὶ Γερμανίας, καταβάντες εἰς τὸ Τριέστι. Κατὰ τὰς διαφόρους πόλεις τούτων τῶν μερῶν ἐγνωρίζετο ὁ Ὑψηλάντης πρὸς μόνους τοὺς ἐγνωσμένους διὰ τὴν καθαρὰν πρὸς τὴν Πατρίδα των ἀγάπην Ἕλληνας. Τοιοῦτόν τι συνέβη εἰς τὸ Σιμπίνι τῆς Τρανσυλβανίας, ὅπου ἐφανερώθη πρὸς τὸν Χρηστόπουλον, Λεβέντην καὶ Βρετῶν (α)· καὶ εἰς τὸ Τριέστιον, ὅπου ἔγινε γνωστὸς πρὸς τὸν Α. Μ. Ἀντωνόπουλον, Παξιμάδην, Στράτον καὶ Προκόπιον Καριτσιώτην.

Οἱ ἀξιότιμοι οὗτοι Ἕλληνες ἔδειξαν πολλὴν εἰλικρίνειαν καὶ ἀπεριόριστον ἐνθουσιασμόν. Ὁ πρῶτος (ὁ Ἀντωνόπουλος), ἐνῷ συνεισέφερε διὰ τοῦ Ἀλεξάνδρου Καντακουζηνοῦ ἱκανὴν ποσότητα χρημάτων, ἐπροθυμήθη νὰ προσφέρῃ καὶ ἄλλην, συγκειμένην ἀπὸ 2.000 Ὁλλανδικά· ἀλλ' ἐσυμβουλεύθη νὰ προμηθεύσῃ ταύτην εἰς πολεμοφόδια, περιμένων ἀκολούθως ὁδηγίας ἀπὸ τὴν Πελοπόννησον (β). Ὁ Στράτος καὶ Παξιμάδης συνεισέφερον εἰς τὸν Α. Καντακουζηνόν. Μὲ τὸ πλοῖον τοῦ δευτέρου

(α) Πρὸς τούτους ἐπροσποιήθη κατ' ἀρχὰς ὁ Ἀναγνωστόπουλος, συστήσας τὸν Χαρίτον ὡς Διευθυντήν του. Ὁ Λεβέντης μετ' ὀλίγον διηγεῖται ὡς νέον τὴν φημισθεῖσαν σύλληψιν τοῦ Δ. Ὑψηλάντου εἰς τὴν Βιέννα, διευθυνομένου εἰς τὴν Ἑλλάδα. Οἱ λοιποὶ ὅλοι κατελυπήθησαν εἰς τὴν εἴδησιν αὐτήν· ὁ Ὑψηλάντης γνωρίζεται πλέον· χαροποιοῦνται οὗτοι, καὶ ἐσυμβούλευσαν, ὅ,τι ἐθεώρουν ἁρμόδιον διὰ τὴν ἀσφάλειαν τοῦ δρόμου.

(β) Ὁ Αὐτὸς Ἀντωνόπουλος προεδιεύθυνε ποσότητα ἱκανὴν μολύβδου καὶ πυριτοκόνεως εἰς τὴν Ζάκυνθον· καὶ ταῦτα ἦσαν τὰ μόνα πρῶτα πολεμοφόδια, τὰ ὁποῖα ἐχρησίμευσαν εἰς τὴν τρομακτικὴν Μάχην τοῦ Λάλα.

ἀνεχώρησεν ὁ Ὑψηλάντης κατὰ τὰς ἀρχὰς **Μαΐου** ἀπὸ τὸ Τριέστιον (α), φθάσας εἰς τὴν **Ὕδραν κατὰ τὴν 8 Ἰουνίου**: ἡμέραν, καθ' ἣν ὁ ἀδελφός του Ἀλέξανδρος κατεστράφη εἰς τὸ Δραγασάνι.

(α) Κατὰ τὴν διαμονὴν του εἰς τὸ Τριέστιον πολλαὶ ἐκ τῶν εὐαισθήτων Νεανίδων κατεσκεύασαν μίαν λαμπρὰν καὶ χρυσοκέντητον Σημαίαν. Μὲ γράμματα χρυσᾶ καὶ μεγάλα ἐκέντησαν τὸ «ΕΛΕΥΘΕΡΙΑ Ἤ ΘΑΝΑΤΟΣ» καθὼς καὶ τὸν Φοίνικα.
Ἡ Σύζυγος τοῦ Στράτου ὡδήγει τὰς λοιπὰς Νέας εἰς τὴν περισπούδαστον ταύτην ἐργασίαν. Ὅλαι, ἐνῷ ἐκέντων, ἔψαλλον τὸ

«Ὦ Παιδιά μου,
Ὀρφανά μου,
σκορπισμένα 'δῶ κ' ἐκεῖ.
«Ὑβρισμένα,
διωγμένα
ἀπ' τὰ Ἔθνη πανοικεί...»

Δόξα καὶ τιμὴ εἰς τὰ πατριωτικὰ αἰσθήματά των!

ΤΕΛΟΣ

ΠΙΝΑΞ ΓΕΝΙΚΟΣ

ΠΡΟΛΕΓΟΜΕΝΑ Σελ. α'

ΕΠΟΧΗ ΠΡΩΤΗ

ΚΕΦΑΛΑΙΟΝ Α' Σελ. 1

Αίτίαι τής δουλείας των Ελλήνων ύπό τούς Τούρκους — Πρόοδος του Μωαμεθανισμού — Αυτοκράτορες τής Ανατολής— Παλαιολόγοι — Δεσποτισμός των Τούρκων — Παιδομάζωμα — Δύο φρικώδεις Έποχαί κατά τής Ανατολικής Θρησκείας — Σπαχίδες τής Ηπείρου — Σκενδέρ Πεής — Σπαθιά — Τιμάρια κλπ. — Φόροι διάφοροι — Τσιφλίκια κλπ.

ΚΕΦΑΛΑΙΟΝ Β' Σελ. 28

Διαγωγή τοϋ Μωάμεθ Β' ώς πρός τό Θρησκευτικόν των Ελλήνων — Ιερατεϊον — Κλέπται — Προεστώτες — Δημογεροντικά Συστήματα — Ναυτιλία — Εμπόριον — Φαναριώται — Συντεχνίαι.

ΚΕΦΑΛΑΙΟΝ Γ' Σελ. 53

Διάσωσις των Γραμμάτων — Επιρροή τής Θρησκείας καί Γλώσσης — Μεταγλωττίσεις βιβλίων εις τήν Τουρκικήν φωνήν — Αρχαί τής επανόδου των Μαθήσεων εις τήν Ελλάδα — Ζωσιμάδαι — Φιλόμουσον τοϋ Ιερατείου — Φιλόμουσος Εταιρία — Μεταφρασταί κ.λ.π. — Ωφέλειαι τής Ιστορίας — Παρατηρήσεις.

ΕΠΟΧΗ ΔΕΥΤΕΡΑ

ΚΕΦΑΛΑΙΟΝ Α' Σελ. 75

Η Ελλάς ώς πρός τήν Ρωσσίαν — Επανάστασις τοϋ 1769 — Χασσάν Πασσάς καί Κλέπται, ή εξολόθρευσις των Αλβανών — Λάμπρος Κατσώνης, ή Πόλεμος τοϋ 1790 — Ρήγας Φεραίος — Οί Ρώσσοι εις τήν Επτάνησον — Κωνσταντίνος Υψηλάντης — Παππά Θύμιος — Επανάστασις τοϋ Ολύμπου κ.λ. 1809 — Δαντσιλώτ, Κολοκοτρώνης καί Αλή Φαρμάκης.

ΚΕΦΑΛΑΙΟΝ Β' Σελ. 114

Κατάστασις τοϋ Οθωμανικού Βασιλείου, ή Επιστροφή — Σουλτάν Σελίμ Γ' — Μουσταφά Παϊρακτάρης — Δερεμπεΐδες — Σουλτάν Μαχμούτ—Γενίτσαροι — Νομοθεσία Τούρκων — Τελευταίαι παρατηρήσεις επί της καταστάσεως της Ελλάδος.

ΚΕΦΑΛΑΙΟΝ Γ' Σελ. 127

Οί Έλληνες εις την Βιένναν — Καποδίστριας — Φιλόμουσος Εταιρία — Αρχαί της Φιλικής Εταιρίας — Παρατηρήσεις.

ΚΕΦΑΛΑΙΟΝ Δ' Σελ. 142

Οργανισμός, ή Διδασκαλία, της Εταιρίας των Φιλικών.

ΕΠΟΧΗ ΤΡΙΤΗ

ΚΕΦΑΛΑΙΟΝ Α' Σελ. 178

Απόπειραι τοῦ Σκουφά εις Μόσχαν — Όρκος τῶν Αρχηγών της Εταιρίας — Νικόλαος Γαλάτης καί συμβάντα εις Πετρούπολιν — Αναγνωσταράς, Χρυσοσπάθης — Βατικιώτης — Άνθιμος Γαζής — Σκέψεις τῶν Αρχηγών της Εταιρίας πρό της καταβάσεώς των εις Κωνσταντινούπολιν.

ΚΕΦΑΛΑΙΟΝ Β' Σελ. 190

Κατάβασις τοῦ Σκουφά καί Αναγνωστοπούλου εις Κωνσταντινούπολιν — Παναγιώτης Σέκερης — Ασημάκης Κροκίδας — Εμμανουήλ Ξάνθος — Αποστολή τοῦ Λουριώτου εις Ιταλίαν — Αποβίωσις τοῦ Σκουφά. Χαρακτήρ τούτου — Σφραγίς της Αρχής — Αποδοχή τοῦ Σέκερη εις την Αρχήν — Αποστολαί τοῦ Αναγνωσταρά, Χρυσοσπάθη καί Φαρμάκη εις Πελοπόννησον, Μάνην καί Στερεάν — Κουντουριώτης — Πρόοδος της Εταιρίας εις τήν Πελοπόννησον. Εις τήν Στερεάν — Λεόντιος. Αλή Πασσάς. Μάνθος — Παππά Μόσχος — Κόνσολοι Λεβαδείας — Λασπάς — Αποστολή Υπάτρου είς Αίγυπτον καί Συρίαν — Κατήχησις τοῦ Πατριάρχου Αλεξανδρείας.

ΚΕΦΑΛΑΙΟΝ Γ' Σελ. 212

Ζήλος τῶν Ελλήνων προς τήν Ελευθερίαν — Παραστάσεις της Νεολαίας Δραματικαί — Εφημερίδες — Ηρωικά Άσματα — Προφητεῖαι — Πλατομαντεία.

ΚΕΦΑΛΑΙΟΝ Δ' Σελ. 220

Σκέψεις των Αρχηγών της Εταιρίας περί Αρχηγού της Επαναστάσεως — Προκαταρκτικαί ἐνέργειαι — Αποστολή τοῦ Ξάνθου προς τον Α. Γαζήν — Συνθήκη τῶν Αρχηγών της Εταιρίας — Εφοδιαστικά Έγγραφα τοῦ Ξάνθου προς τον Καποδίστριαν· του Άναγνωστοπούλου προς τον Νέγρην κτλ.— Διαγωγή του Γαλάτου εις Κωνσταντινούπολιν· Φόνος τούτου καί άποτελέσματα.

ΚΕΦΑΛΑΙΟΝ Ε' Σελ. 233

Διαγωγή κινδυνώδης του Δικαίου εις Μολδοβλαχίαν. Όλύμπιος, Σάββας και Καραβιάς — Φόβοι των Αρχόντων — Γεώργιος Λεβέντης — Μεθοδεύματα Άναγνωστοπούλου — Πρώτη Εφορία του Γαλατσίου. Καθήκοντα — Προσβολαί των πνευμάτων. Νέγρης καί Άναγνωστόπουλος, ή τά περί της Εφορίας του Ίασίου — Ένέργειαι καί πνεύμα της οργανιζομένης Σχολής διά τήν Πελοπόννησον — Έγκύκλιος του Πατριάρχου Γρηγορίου. Αποτελέσματα — Βοήθειαι διάφοροι του Λεβέντη — Έφορία Βουκουρεστίου — Νεόφυτος Δούκας.

ΚΕΦΑΛΑΙΟΝ ΣΤ' Σελ. 248

Συνωμοσία Δικαίου, Όλυμπίου καί Φαρμάκη. Άνακάλυψις — Χαρακτήρ Δικαίου. Άποδοχή τούτου εις τήν Άρχήν — — Αίτίαι καί άποτελέσματα της μεταβάσεως του Π. Α. Άναγνωστοπούλου εις Ρένι — Διαγωγή του Καποδίστρια εις τήν παρουσίασιν του Ε. Ξάνθου — Άναγόρευσις του Α. Υψηλάντου εις τήν Άρχηγίαν της Εταιρίας καί της Έπαναστάσεως.

ΕΠΟΧΗ ΤΕΤΑΡΤΗ

ΚΕΦΑΛΑΙΟΝ Α' Σελ. 255

Διαγωγή του Νέγρη καί Δικαίου εις Κωνσταντινούπολιν — Άποτελέσματα της προς τον Καποδίστριαν Έπιστολής του Νέγρη — Φυγή του Άναγνωστοπούλου εις τήν Ιταλίαν — Πράξεις καί χαρακτήρ του Μητροπολίτου Ιγνατίου — Ό Υψηλάντης εις το Κισνόβι — Διαγωγή Π. Μαυρομιχάλου— Άποστολή καί δολοφονία του Καμαρηνού.

ΚΕΦΑΛΑΙΟΝ Β' Σελ. 268

Χαρακτήρ του Α. Υψηλάντου — Ραδιουργίαι του Ίασίου — Διαγωγή του Υψηλάντου καί δυσαρέσκειαι — Σκέψεις, άφορώσαι τήν διαρρύθμισιν της διαγωγής του Υψηλάντου ως προς το μέλλον Κίνημα — Διαβολαί κατά του Άναγνωστοπούλου καί συνδιαλέξεις τούτου μετά του Υψηλάντου — Έξέτασις περί της πολιτικής διαγωγής του Αύτοκράτορος Αλεξάνδρου καί του Υπουργού του Καποδίστρια ως προς τήν Έπιχείρησιν του Υψηλάντου.

ΚΕΦΑΛΑΙΟΝ Γ' Σελ. 280

Άποστολαί του Δικαίου εις Κωνσταντινούπολιν καί Πελοπόννησον — Του Περραιβού εις τήν Ήπειρον — Του Υπάτρου εις τήν Θεσσαλίαν — Του Θέμελη εις τό Αιγαίον — Του Πελοπίδα εις Αίγυπτον, κτλ.

ΚΕΦΑΛΑΙΟΝ Δ' Σελ. 293

Άπόφασις της εις τήν Ελλάδα καταβάσεως του Α. Υψηλάντου — Πληρεξούσια — Δευτέρα άπόφασις περί τής εξόδου του ιδίου εις τήν Μολδαυο-Βλαχίαν — Παρατηρήσεις επί του ηθικού τών διαφόρων τάξεων τών δύο Ηγεμονειών Βλαχίας καί Μολδαυίας — Αποστολή του Αριστείδου Πώπ εις τήν Σερβίαν — Προπαρασκευή εις Ίάσιον — Έξοδος του Υψηλάντου — Προκήρυξις πρός τούς Φιλικούς.

ΚΕΦΑΛΑΙΟΝ Ε' Σελ. 308

Σύστασις τής εν Κωνσταντινουπόλει Εφορίας — Ενθουσιασμός τής Μεγαλουπόλεως αυτής — Διαγωγή τών Εφόρων — Προδοσία κατά του Π. Σέκερη — Κίνδυνος τών Προεστώτων τής Πελοποννήσου εις Κωνσταντινούπολιν — Προδοσία του Ασημάκη Θεοδώρου, του Διόγου Ζακυνθίου κατά του Α. Βλαχοπούλου, του Ζαφειράκη Νιαουσαίου κατά του Υπάτρου· του Τσολάκογλου κατά του Γ. Καβοστεργιοπούλου· του Κωνσταντίνου Δουσίτσα κατά του Α. Πελοπίδα κτλ. — Διαβολαί κατά τών Ελλήνων — Δολοπλοκίαι του Λόρδου Μέϊτλαν μετά του Άλή Πασσά — Ραδιουργίαι του Α. Κουμουνδουράκη καί Καλκαντή. Αποτελέσματα — Ό Ιμβραχήμ Πασσάς τής Πελοποννήσου άνακαλύπτει τάς ενεργείας του Λόρδου Μέϊτλαν — Συκοφαντία του Α. Κουμουνδουράκη κατά του Π. Μαυρομιχάλου, καί προδοσία τής Εταιρίας — Σχέδιον σφαγής τών Προεστώτων καί τών Αρχιερέων — Μυστικαί Διαταγαί καί διαγωγή του Χουρσήτ Πασσά — Η σειρά καί τό πνεύμα τών εις Πρέβεζαν περί πολέμου προτάσεων του Άλή Πασσά πρός τούς Έλληνας — Διαγωγή του Σουλτάνου· του Μπαμπά Πασσά — Ό Χουρσήτ Πασσάς ενδυναμώνει τήν Διοίκησιν τής Πελοποννήσου — Η Πόρτα άπορρίπτει τάς υπέρ του Άλή Πασσά προτάσεις τινών ξένων.

ΚΕΦΑΛΑΙΟΝ ΣΤ' Σελ. 329

Σύστασις Εφοριών εις τάς νήσους Ύδρας, Πετσών καί Ψαρών — Πράξεις Δ. Θέμελη.

ΚΕΦΑΛΑΙΟΝ Ζ' Σελ. 335

Στοχασμοί τών Πελοποννησίων περί Συστήματος εσωτερικού, πεμφθέντες πρός τήν Αρχήν—Απαντήσεις τής Αρχής καί

Διορισμός της Πελοποννησιακής Εφορίας — Διενέξεις των Πελοποννησίων — Π. Νοταράς — Σ. Χαραλάμπου· Α. Ζαήμης — Κατάβασις τού Δικαίου εις Πέτσας. Όδηγίαι τούτου πρός τους Πελοποννησίους — Συνέλευσις της Βοστίτσης και αποτελέσματα.

ΚΕΦΑΛΑΙΟΝ Η' Σελ. 364

Κατάστασις των Πατρών και συνέπειαι — Ό Μεχμέτ Σαλήχ διατάττεται νά ένεργήση την σφαγήν των Προκρίτων και Αρχιερέων. Προσκαλεί τούτους εις Τριπολιτσάν — Προδοσία της εις Δημητσάνην ένεργουμένης κατασκευής της πυριτοκόνεως — Έξαγρίωσις των Τούρκων — Μεθοδεύματα του Π. Πατρών — Είσοδος των Αρχιερέων και των Προεστώτων εις Τριπολιτσάν. Τού Αναστασίου Μαυρομιχάλου — Διαγωγή της Εξουσίας — Ανακάλυψις πλήρης του Μυστηρίου — Προσκλήσεις έπαναληπτικαί πρός τους μή εισελθόντας — Στρατηγήματα τούτων — Αποστολαί διάφοροι — Έναρξις του Πολέμου.

ΛΕΞΙΚΟΝ ΤΗΣ ΕΤΑΙΡΙΑΣ Σελ. 377

ΚΕΦΑΛΑΙΟΝ Θ' (Συμπληρωτικόν) Σελ. 381

Ό Αναγνωστόπουλος ενεργεί τήν κατάβασιν του Δ. Υψηλάντου εις τήν Ελλάδα — Οδοιπορία — Ενθουσιασμός των Ελλήνων του Τεργεστίου — Έλληνίδες προσφέρουσαι χρυσοκέντητον Σημαίαν.

ΠΙΝΑΞ ΟΝΟΜΑΣΤΙΚΟΣ

Α.

Ἀδαμάντιος Κοραῆς — Πρόμαχος τῆς ἠθικῆς ἀναγεννήσεως τῆς Ἑλλάδος. Προλέγει τὴν Πολιτικὴν Μεταβολὴν της 66 - 67.

Ἀδελφοποιητοί — 144 - 146.

Ἀθανάσιος Ζαρείφης — Ἐνεργεῖ εἰς Λεβαδείαν, 209.

Ἀθανάσιος Σέκερης — Κατηχεῖται πρῶτος, 181.

Ἀθανάσιος Τσακάλωφ — Ἕνας τῶν πρώτων Ἀρχηγῶν, 132 - 134 — Παρακολουθεῖ τὸν Γαζῆν ἐκ τῆς Ὀδησσοῦ, 186 - 187 — Μεταβαίνει εἰς Σμύρνην — Κωνσταντινούπολιν, 195 — Ἀποστέλλεται εἰς τὴν Μάνην, 225 - 226 — Ἀπέρχεται εἰς Πίσαν, 231.

Ἀθανάσιος Χρηστόπουλος — Παρατήρησις ἐπί τινος ἐκθέσεως τῶν Πολιτικῶν του Παραλλήλων γ'-δ' — Ἴδε καὶ Σελ. 272.

Αἰκατερίνη Β' — Προσκαλεῖ τοὺς Ἕλληνας εἰς τὰ ὅπλα, 85 - 86.

Ἀλεξάκης Βλαχόπουλος — Ἐνεργεῖ εἰς Ἰωάννινα, 208 — Προδίδεται, 314 - 315.

Ἀλέξανδρος Κουμουνδουράκης — Διαγωγή του ἐπίβουλος, 321 - 323.

Ἀλέξανδρος Μαυροκορδάτος — Παραλαμβάνεται Μέλος τῆς Ἀρχῆς, 260 — (Ἴδε καὶ Σελ. 272).

Ἀλέξανδρος Σοῦτσος — Διαγωγή του ἐπὶ τῶν κινημάτων τοῦ Θεοδώρου, 234 - (Ἴδε καὶ Σελ. 299).

Ἀλέξανδρος Ὑψηλάντης — Ἀναγνωρίζεται Γενικὸς Ἐπίτροπος, 254 — Χαρακτήρ, 268 - 269. (Ἴδε καὶ 302-303 — Πολιτεία, 269. (Ἴδε καὶ 306 - 307) — Δυσαρέσκειαι, 273 — Διεύθυνσις Ἀποστολῶν καὶ Προκηρύξεων, 280 - 292. (Ἴδε καὶ 345) — Σκοπὸς τῆς εἰς τὴν Ἑλλάδα καταβάσεως, 293 — Ἀπόφασ ς τῆς ἐξόδου του εἰς Δακίαν. Παρατηρήσεις, 296 - 304 — Προκηρύξις πρὸς τοὺς Φιλικοὺς Παρατηρήσεις, 305 - 307 — (Ἴδε καὶ Σελ. 382).

Ἀλέξιος Ἱερεὺς Οἰκονόμου ἢ Παππαλέξης — Κατηχεῖται, 203 — Εἰσέρχεται εἰς Τριπολιτσάν, 370.

Ἀλῆ Πασσᾶς — Πρότασις ὑπὲρ τῆς ὑποθέσεως τῶν Ἑλλήνων, 208 — Ἀναφορὰ πρὸς τὸν Σουλτάνον, 315 — Προτάσεις εἰς τὴν Συνέλευσιν τῆς Πρεβέζης περὶ τοῦ ὁπλισμοῦ τῶν Καπεταναίων, 325 - 326 — Αἰτία τῆς ἐναντίον του κινήσεως τοῦ Σουλτάνου 328.

Άλή Φαρμάκης — Πρότεραι περιστάσεις τούτου. Συμφωνίαι καί ενέργειαι μετά τοϋ Θ. Κολοκοτρώνου εις τήν κίνησιν τής Πελοποννήσου, 110 - 112.
Άμβρόσιος Πρωτοσύγκελος — 338.
Αναγνώστης Κοπανίτσας — 338, 349.
Αναγνώστης Παππά Γεωργίου, ή Άναγνωσταράς — Κατηχείται εις 'Οδησσόν, 185 — Αποστέλλεται εις Πελοπόννησον, 198 - 199 — Ενεργεί εις "Υδραν, 201 — Διευθύνει 'Αποστόλους, 203 —Ένεργεί εις Πελοπόννησον, 205.
Ανδρέας Ζαήμης — Γράφει πρός τόν Χριστιανουπόλεως, 349. Πρός τόν Μονεμβασίας, 350. (Ίδε καί Σελ. 338). — Συνέρχεται εις Βοστίτσαν, 355 — Μεθοδεύματα, 370, 373 — 374.
Ανδρέας Καλαμογδάρτης — Εισέρχεται εις Τριπολιτσάν, 371 — Αποστέλλεται άπό τούς Τούρκους. Αποτέλεσμα, 375.
Ανδρέας Λόνδος — Συνέρχεται είς Βοστίτσαν, 355 — (Ίδε καί Σελ. 338).
Άνθιμος Γαζής — Εναντιούται είς τόν Σκουφάν κλπ. 186 - 187 — Αί περί αύτοϋ ίδέαι τών 'Αρχηγών τής Εταιρίας, 223.
Αντώνιος Καραπατάς — 371.
Αντώνιος Μ. Αντωνόπουλος — Συνεισφοραί, 383.
Αντώνιος Πελοπίδας — Αποστέλλεται είς Πελοπόννησον, 205 - 206. Αίγυπτον, 211, 290 — Προδίδεται, 320.
Αριστείδης Παππά — Αποστέλλεται είς Σερβίαν. Θανατοϋται, 299. — (Ίδε καί Σελ. 278).
Αρχηγοί τών 'Αφιερωμένων — 175 - 177.
Αρχιποιμένες — 169.
Ασημάκης Ζαήμης — Ονομάζεται μέλος τής Πελοποννησιακής 'Εφορίας, (Ίδε καί Σελ. 338). — Συνέρχεται είς Βοστίτσαν, 355 — (Ίδε καί Σελ. 373 - 374).
Ασημάκης Φωτήλας — Συνέρχεται είς Βοστίτσαν, 355 — (Ίδε καί Σελ. 373, 374).
Αφιερωμένοι — 170.

B.

Βατικιώτης — Κατηχείται είς τό 'Ισμαήλιον. Δύναμις καί αίσθήματα τούτου, 186.

Γ.

Γεράσιμος 'Ορφανός — Εξηγείται πρός τόν Α. Υψηλάντην περί τής καταστάσεως τής Δακίας. Διορίζεται μετά τοϋ Δούκα είς τήν πολεμικήν προετοιμασίαν τού 'Ιασίου, 301 - 302.

Γερμανός Έσφιγμενίτης — Αποστέλλεται διά τόν Αλή Πασσάν, 207.
Γερμανός Παλαιών Πατρών — Κατηχείται, 206 — Ονομάζεται Μέλος της Πελοποννησιακής Εφορίας, 340 — Συνέρχεται είς Βοστίτσαν, 355. Προτάσεις, 356 - 359. (Ίδε καί 361) — Ενεργεί Αποστολήν, 363 — Στρατηγήματα πρός άπάτην καί έναντίον τοϋ άναβρασμοϋ τών Τούρκων, 370, 873 - 374.
Γερμανός Χριστιανουπόλεως — Διορίζεται μέλος της Πελοποννησιακής Εφορίας, 340 — Συνέρχεται είς Βοστίτσαν, 355, κλπ. 363 — Εισέρχεται πρώτος είς Τριπολιτσάν, 369.
Γεώργιος Καλαράς — Κατηχείται κλπ. 205 — ("Ιδε καί Σελ. 338).
Γεώργιος Καστριώτης — 19 - 20.
Γεώργιος Λεβέντης — Καταβάλλει, 161. (Ίδε καί 245 - 246) — Απαντά τάς έκ της διαγωγής τινων όλεθρίους ύποψίας, 234 — Συντρέχει είς τήν σύστασιν της Εφορίας τοϋ Βουκουρεστίου, 245 — (Ίδε καί Σελ. 272).
Γενιτσάροι — 121 - 122.
Γεώργιος Ολύμπιος — Συνομόττει μετά τοϋ Δικαίου. Ανακαλύπτεται. Χαρακτήρ, 248 - 250.
Γεώργιος Πάνου — Έφορος, 329 — Γράμμα της Αρχής, 331.
Γεώργιος Σισίνης — 338, 374.
Γεώργιος Σέκερης — Κατηχείται πρώτος είς Μόσχαν, 178.
Γκίκας Γ. Γκιώνη — Έφορος, 329 (Ίδε καί Σελ. 358).
Γρηγόριος Δικαίος, ή Φλέσας — Κατηχείται είς Κωνσταντινούπολιν. Αποστέλλεται είς Ιάσιον, 227 — Επιβουλεύεται, 231 — Διαγωγή του είς τήν Δακίαν, 233, 234 — Συνωμοσία μετά τοϋ Ολυμπίου κλ. 248 — Χαρακτήρ. Παραδοχή είς τήν Αρχήν, 251 - 252 — Αποστέλλεται είς Πελοπόννησον, 280 — Σχηματίζει τήν Βυζαντινήν Εφορίαν, 309 — κλπ. 313 — Καταβαίνει είς Πέτσας. Οδηγίαι πρός τούς Πελοποννησίους, 351 - 354 — Μεταβαίνει είς Βοστίτσαν, 355. Εξηγείται, 358. Αποτελέσματα, 361 — Διαγωγή είς Πάτρας, 364.
Γρηγόριος Ναυπλίας — Κατηχείται, 204 — Εισέρχεται είς Τριπολιτσάν, 370.
Γρηγόριος Πατριάρχης — Εξήγησις μετά τοϋ Φαρμάκη, 202 — Προκήρυξις περί της Σχολής, 244 — Σύστασις πρός τόν Θέμελην, 332.

Δ.

Δερεμπείδες — 118 - 120.
Δημήτριος Θέμελης — Αποστολή είς τό Αίγαίον, 285 — Ενέργειαι, 332 - 334.

Δημήτριος Παππατσόνης — 338.
Δημήτριος Ύπατρος — Αποστολή είς Αίγυπτον καί Συρίαν, 211 — Είς Θεσσαλίαν κλπ. 285 — Προδοσία καί θάνατος, 316 - 318.
Δημήτριος Υψηλάντης — Καταβαίνει είς τήν Ελλάδα, 381 - 384.
Δούκας Κωνσταντίνου — Ιδε Γεράσιμος Ορφανός.

Ε.

Εμμανουήλ Ξάνθος — Κατηχεῖται είς Κωνσταντινούπολιν, 191 — Παραλαμβάνεται Μέλος τής Αρχής, 193 — Αποστέλλεται είς τό Πήλιον Όρος, 228 — Πρός τόν Καποδίστριαν, 225, 233 — Αποβάλλεται, 253 — Ενεργεῖ τήν άναγόρευσιν τοΰ Α. Υψηλάντου, 254. — Αποστέλλεται είς Βουκουρέστιον, 269.
Εφορία — Γαλατσίου, 235 - 238 — Ιασίου, 239 - 241 — Βουκουρεστίου, 245 - 247 — Βυζαντίου. Καί διαγωγή αύτής, 309 - 312 — Ύδρας, Πετσῶν καί Ψαρῶν, 329. (Ιδε καί Σελ. 333) — Πελοποννήσου, 340.

Η.

Ηλίας Χρυσοσπάθης — Κατηχεῖται είς Οδησσόν, 185 — Αποστέλλεται άπό τήν Κωνσταντινούπολιν είς Μάνην, 198, 199 — Διαγωγή του είς Ύδραν, 201 - 202.

Θ.

Θεόδωρος Βλαδιμηρέσκος — Τό πρό τής Επαναστάσεως Κίνημά του είς τήν Βλαχίαν. Χαρακτήρ, 248-250.
Θεόδωρος Δελιγιάννης — 370.
Θεόδωρος Κολοκοτρώνης — Διαγωγή πρό τής Επαναστάσεως, 110 - 112 — (Ιδε καί Σελ. 84.) — Μετάβασις είς τήν Μάνην καί ένέργειαι περί τοΰ Πολέμου, 369.
Θεόδωρος Νέγρης — Αναφέρεται περί τῶν σκοπῶν τοΰ Γαλάτου, 196 — Διαγωγή του α' είς τό Ιάσιον ώς πρός τόν σχηματισμόν τής Εφορίας, 240 - 241· ώς πρός τήν σύστασιν τής Σχολής, 242· β' είς τό Βουκουρέστιον, 252· γ' είς τήν Κωνσταντινούπολιν, 255 — Αναφέρεται πρός τόν Καποδίστριαν. Αποτελέσματα, 257 - 258 — (Ιδε καί Σελ. 261).
Θεοχάρης Ρένδης — Κατηχεῖται, 205 — Διορίζεται Μέλος τής Πελοποννησιακής Εφορίας, 340.
Θωμάς Βαρθόλδος — 365.
Θωμάς Μέϊτλαν — Ἡ πολιτεία του ώς πρός τήν ύπόθεσιν τῶν Ἑλλήνων, 321 - 322, 326.

Ι.

Ἰάκωβος Ρίζος — Συντρέχει εἰς τὴν ὠφέλιμον διαγωγὴν τοῦ Μ. Σούτσου, 200 — (Ἴδε καὶ Σελ. 302).

Ἰγνάτιος Ἄρτης — Συντρέχει τὴν Φιλόμουσον Ἑταιρίαν, 129 — Ἐνεργεῖ ὑπὲρ τῆς Φιλικῆς Ἑταιρίας. Χαρακτήρ, 259-260 — Ζητεῖται νὰ γνωμοδοτήσῃ περὶ τοῦ Πολέμου, 363 (Ἴδε καὶ Σελ. 272).

Ἱερεῖς — 151-169.

Ἰωάννης Α. Καποδίστριας — Διαγωγή του εἰς τὴν Βιένναν ὡς πρὸς τὰς περὶ Ἐπαναστάσεως προτάσεις καὶ τὴν Φιλόμουσον Ἑταιρίαν, 128 - 129 — Προσκαλεῖται Ἀρχηγός, 221, 253 — Τὸ πνεῦμά του ὡς πρὸς τὴν Ἀποστολὴν τοῦ Μαυρομιχάλου, 265-266 — Διαγωγή του ὡς πρὸς τὸν Ὑψηλάντην, 276 - 278.

Ἰωάννης Βιλαέτης — 371.

Ἰωάννης Καραμάνος — 371.

Ἰωάννης Παππαδιαμαντόπουλος — Διορίζεται Ταμίας τῆς Πελοπονν. Ἐφορίας, 340 Συνέρχεται εἰς Βοστίτσαν, 355.

Ἰωάννης Περρούκας — Κατήχησις καὶ μεθοδεύματα, 203 — Εἴσοδος εἰς Τριπολιτσάν, 371 — (Ἴδε καὶ Σελ. 338).

Ἰωάννης Τομαρᾶς — 371.

Ἰωάννης Φαρμάκης — Ἀποστολὴ εἰς τὴν Θεσσαλίαν, 199, 202 — Συνωμοσία μετὰ τοῦ Δικαίου, 248 — Διορισμὸς διὰ τὰ Μαδεμοχώρια, 285.

Κ.

Κλέπται — Τὸ σύστημα καὶ ὁ Τίτλος των, 34. 36 — Χαρακτήρ, δύναμις, ἐπήρεια, 37 - 41 — (Ἴδε καὶ Σελ. 82 - 84).

Κόνσολοι Λεβαδείας — 209.

Κρεββατᾶς — Ἕνας τῶν πρώτων μετόχων τοῦ Πολέμου τοῦ 1769, 79.

Κυριακός Κ. Καμαρηνός — Αποστολή, διαγωγή καί θάνατος, 265-267.
Κωνσταντίνος Κολοκοτρώνης — Συντρέχει είς τήν έξολόθρευσιν τῶν Αλβανῶν. Καταδιώκεται. Θανατοῦται, 83 - 84.
Κωνσταντίνος Τουσίτσας — Προδίδει τήν Εταιρίαν, 320.
Κωνσταντίνος Υψηλάντης — Διαγωγή πρό τοῦ 1806, 101 - 102 — Δραπέτευσις έκ τῆς Βλαχίας, 104 — Ἐπιστροφή μετά τοῦ Μίχελσων καί ένέργειαι, 105 - 106.

Λ.

Λάμπρος Κατσώνης· άλλως γνωριζόμενος Μαγγιόρ Λάμπρος — 87.
Λεόντιος — Διαδίδει τό Μυστήριον είς Ἰωάννινα κλπ. 206 - 207.
Λιβέριος Ἱερακάρης — 76.

Μ.

Μαχμούτ Β' — 117, 120.
Μαυρομιχάλαι — Συμμετέχουν είς τόν κατά τά 1769 Πόλεμον, 79 — Χαρακτήρ έπί τοῦ Λάμπρου Κατσώνη, 87 — Ἐγκολπώνονται τό περί Ἑλλάδος Σχέδιον τῶν Γάλλων, 110.
Μεχμέτ Σαήρ Ἐφένδης — 365.
Μεχμέτ Σαλήχ — Φυλάττει άποκρύφους τάς περί σφαγῆς Διαταγάς, 366. (Ἰδε καί Σελ. 371).
— Προσκαλεῖ είς τήν Τριπολιτσάν τούς Προεστῶτας καί Ἀρχιερεῖς. Ἐπικαλεῖται νέαν Δύναμιν, 367. (Ἰδε καί Σελ. 370) — Κρημνίζει τούς βαρουτομύλους τῆς Δημητσάνης. Χαρακτήρ, 368-369.
Μουσταφᾶ Παϊρακτάρης — Εἰσέρχεται είς τήν Κωνσταντινούπολιν. Ἐκθρονίζει τόν Μαμούτ Β'. Ἀφανίζεται, 115 - 117.
Μοχάμετ Β' — Κυριεύει τήν Κωνσταντινούπολιν, 12 — Ἐνδυναμώνει τήν Ἐκκλησίαν, 28 - 34.

Μπαμπᾶ Πασσᾶς — Διαγωγή του ώς πρός τούς Έλληνας, 327.
Μπενάκης — Ένας τῶν Ἀρχηγῶν τοῦ κατά τά 1769 Πολέμου, 79.

Ν.

Νεόφυτος Δούκας — Μέλος τῆς Ἐφορίας Βουκουρεστίου. Αἰσθήματα περὶ τῆς Πατρίδος καὶ τοῦ Κοραῆ, 246-247.
Νικηφόρος Παμπούκης — Κατηχεῖται εἰς Ύδραν, 201 — Ἀποστέλλεται καὶ διαδίδει πρῶτος εἰς τὴν Πελοπόννησον τὸ Μυστήριον. Προδίδεται καὶ μεταβαίνει εἰς Πίσαν, 203-204.
Νικόλαος Γαλάτης — Κατηχεῖται εἰς Ὀδησσόν, 181. (Ἴδε καὶ Σελ. 282). Κηρύττεται Κόμης τοῦ Ἑλληνικοῦ Ἔθνους. Φυλακίζεται εἰς Πετρούπολιν, 181-184 — Ἐπαπειλεῖ τὴν Ἑταιρίαν εἰς Κωνσταντινούπολιν. Φονεύεται εἰς τὴν Ἑρμιόνην, 227-230.
Νικόλαος Γεωργακόπουλος — Εἰσέρχεται εἰς Τριπολιτσάν, 371 — Ἀποστέλλεται ἀπὸ τοὺς Τούρκους. Χαρακτήρ, 375.
Νικόλαος Κανούσης — Ἀποστολή, 285.
Νικόλαος Λασπᾶς — Ἐνεργεῖ ὠφελίμως, 210.
Νικόλαος Λόνδος — 338.
Νικόλαος Σκουφᾶς — Πρῶτος Ἀρχηγὸς τῆς Φιλικῆς Ἑταιρίας, 132-134 — Ἀπόπειραι εἰς Μόσχαν, 178 — Ὁρκίζεται μετὰ τοῦ Ἀναγνωστοπούλου, 180 — Κατηχεῖ τὸν Γαλάτην, 181-182 — Ἀποτυγχάνει ἀπὸ τὸν Γαζῆν, 186. Καταβαίνει εἰς Κωνσταντινούπολιν. Κατηχεῖ τὸν Ξάνθον, 187-191 — Φροντίζει τὴν χημικὴν κατασκευὴν τοῦ Φιλοσοφικοῦ Λίθου, 139 — Θάνατος. Χαρακτήρ, 194-196 — (Ἴδε καὶ Σελ. 161).

Π.

Παναγιώτης Α. Ἀναγνωστόπουλος — Ένας τῶν πρώτων Ἀρχηγῶν τῆς Φιλικῆς Ἑταιρίας, 132-134 — Ὁρκίζεται μετὰ τοῦ Σκουφᾶ,

179-180 — Κατηχεῖ εἰς Ἰσμαήλιον, 186. Εἰς Κωνσταντινούπολιν, 187-191 — Διευθύνει τὸ πνεῦμα τῆς Ἑταιρίας. Ἐπιβουλεύεται, 231 — Ἀναβαίνει εἰς Γαλάτσι, 233. Ἐπιτηδεύματα ὡς πρὸς τὴν σύστασιν τῶν Ἐφοριῶν καὶ τὴν ἔκδοσιν τῶν Πατριαρχικῶν Προκηρύξεων, 234-247 — Ἀνακαλύπτει τὴν συνωμοσίαν τοῦ Δικαίου, 248-250 — Διαφεύγει εἰς τὴν Ἰταλίαν, 258-259 — Προσκαλεῖται παρὰ τοῦ Α. Ὑψηλάντου, 269 — Διαβάλλεται καὶ κινδυνεύει, 270-279 — Καταβιβάζει εἰς τὴν Ἑλλάδα τὸν Δ. Ὑψηλάντην, 381-384.

Παναγιώτης Ἀρβάλης — Κατηχεῖται καὶ ἐνεργεῖ, 204 — Διορίζεται Ταμίας 240 — (Ἴδε καὶ Σελ. 338).

Παναγιώτης Δημητρόπουλος — Κατηχεῖται εἰς Ὀδησσόν, 185 — Θανατώνει τὸν Γαλάτην, 229.

Παναγιώτης Ζαφειρόπουλος — 338.

Παναγιώτης Σέκερης — Κατηχεῖται, 191— Καταβάλλει, 161 — Προδίδεται, 162, (Ἴδε καὶ 312) — Κατηχεῖ, 191— Δυσαρεστεῖται περὶ τοῦ Ξάνθου, 193 - 194 — Παραδέχεται εἰς τὴν Ἀρχήν, 197.

Πανοῦτσος Νοταρᾶς — Κατηχεῖται, 205— Διορίζεται Μέλος τῆς Πελοποννησιακῆς Ἐφορίας, 340. (Ἴδε καὶ 338)— Ἐπιστολαὶ νουθετικαί, 346, 355.

Παππᾶ Θύμιος — 107.

Παππᾶ Μόσχος — Κατηχεῖ εἰς τὴν Στερεάν, 209.

Πάργα — 68.

Πέτρος Μαυρομιχάλης — Ἀπαιτήσεις παρὰ τῆς Ἀρχῆς. Ἀνταποκρίσεις, 261, 265— Ἀποστολὴ τοῦ Καμαρηνοῦ, 265 - 266— Συκοφαντίαι τοῦ Κουμουνδουράκη, 323-324 — Ἀποστολὴ τοῦ υἱοῦ του εἰς Τριπολιτσάν, 371.

Ποιμένες — 169.

Προεστῶτες — 42-45.

Προκόπιος Κερνίκης — Συνέρχεται εἰς Βοστίτσαν, 355 — ("Ιδε καὶ Σελ. 374).
Προμαντεία — 218.
Προφητεῖαι — 217-218.

Ρ.

Ρήγας Φεραῖος — Ἐνεργεῖ ὑπὲρ τῆς Ἐλευθερίας τῆς Ἑλλάδος. Συλλαμβάνεται. Θανατοῦται, 88-94 — Παρατηρήσεις, 95-98.

Σ.

Σάββας Μπίνμπασης, ἢ Καμινάρης—299.
Σελὴμ Γ' — Ἐπιχειρίζεται τὴν Τακτοποίησιν τοῦ Στρατοῦ. Πίπτει τοῦ Θρόνου. Θανατοῦται, 115 - 117.
Σερβία — 103.
Σκαρλάτος Καλλιμάχης — 243.
Σπυρίδων Χαραλάμπου — Συνέρχεται εἰς Βοστίτσαν, 355 — Ἀποστέλλεται εἰς Ὕδραν, 358-359.
Στράτος — Συνεισφορά, 383 — Σύζυγος τούτου, 384.
Συστημένοι — 146 - 151.
Σωτήριος Θεοχαρόπουλος — 338.
Σωτήριος Νοταρᾶς — Εἰσέρχεται εἰς Τριπολιτσάν, 371· ("Ιδε καὶ Σελ. 338).
Σωτήριος Χαραλάμπου — Ὀνομάζεται Μέλος τῆς Πελοποννησιακῆς Ἐφορίας, 340 — Ἀλληλογραφία, 349-350 — Συνέρχεται εἰς Βοτσίτσαν, 355. ("Ιδε καὶ Σελ. 374).

Τ.

Τσολάκογλους — Προδίδει τὴν Ἑταιρίαν. Θανατοῦται παρὰ τοῦ Χουρσὴτ Πασσᾶ, 319.

Υ.

Ὕδρα — Ἠγεμονεύεται, 49—Κατάστασις πρὸ τοῦ Πολέμου καὶ μετέπειτα, 48-50.

Φ.

Φ ί λ ι π π ο ς Γ ρ ί ν — 322.
Φ ι λ ό μ ο υ σ ο ς 'Ε τ α ι ρ ί α — 129-130 — ("Ιδε καί Σελ. 66).

Χ.

Χ α λ έ τ 'Ε φ έ ν δ η ς — 'Επινοεί την σφαγήν τών σημαντικών 'Ελλήνων, 365.
Χ α τ σ ή 'Ι α ν ν ο ύ λ η ς Κ υ ρ ι α κ ό ς — Είσέρχεται είς Τριπολιτσάν, 371.
Χ α τ σ ή Χ α σ σ ά ν Π α σ σ ά ς — 82-84.
Χ ο υ ρ σ ή τ Π α σ σ ά ς — Διατάττεται νά παρατηρήση τά κινήματα τής Πελοποννήσου, 325— Είσάγει Δύναμιν, 327 - 328.
Χ ρ ι σ τ ό δ ο υ λ ο ς Λ ο υ ρ ι ώ τ η ς — 'Αποστέλλεται είς 'Ιταλίαν, 194.
Χ ρ ι σ τ ό φ ο ρ ο ς Π ε ρ ρ α ι β ό ς — Παρατηρήσεις πρός τόν Α. 'Υψηλάντην περί τής 'Ελλάδος, 280 — 'Αποστολή είς "Ηπειρον, 283-284.
Χ ρ ύ σ α ν θ ο ς Μ ο ν ε μ β α σ ί α ς — 'Ονομάζεται Μέλος τής Πελοποννησιακής 'Εφορίας, 340— Γράμμα τής 'Αρχής, 345 — Είσέρχεται είς Τριπολιτσάν, 370.

ΜΕΡΟΣ Β'

ΟΙ ΦΙΛΙΚΟΙ

ΚΑΤΑΛΟΓΟΣ ΤΩΝ ΜΕΛΩΝ
ΤΗΣ ΦΙΛΙΚΗΣ ΕΤΑΙΡΙΑΣ
ΕΚ ΤΟΥ ΑΡΧΕΙΟΥ ΣΕΚΕΡΗ

ΒΑΛΕΡΙΟΥ Γ. ΜΕΞΑ

ΟΙ ΦΙΛΙΚΟΙ

ΚΑΤΑΛΟΓΟΣ ΤΩΝ ΜΕΛΩΝ ΤΗΣ ΦΙΛΙΚΗΣ
ΕΤΑΙΡΕΙΑΣ ΕΚ ΤΟΥ ΑΡΧΕΙΟΥ ΣΕΚΕΡΗ

> «...Καὶ χάσματα πολλὰ πληρω
> θήσονται ἕως ἂν πάντα γένηται»
> Ι. ΦΙΛΗΜΩΝ

ΑΘΗΝΑΙ
1937

ΚΑΤΑΛΟΓΟΣ ΣΥΝΤΜΗΣΕΩΝ

Φ. Δοκ.=Ι. Φιλήμονος, **Δοκίμιον** ἱστορικὸν περὶ τῆς Φιλικῆς Ἑταιρίας ὑπὸ—. Ἐν Ναυπλίῳ 1834.

Φιλ. Α΄=Ι. Φιλήμονος, **Δοκίμιον** ἱστορικὸν περὶ τῆς Ἑλληνικῆς Ἐπαναστάσεως παρὰ—. **Ἀθῆναι** 1859. Τομ. Α΄.

Ξάνθου Ἀπομν.=Ἐμμανουὴλ Ξάνθου, Ἀπομνημονεύματα περὶ τῆς Φιλικῆς Ἑταιρίας ὑπὸ—. Ἀθῆναι 1845.

Γούδα Ε΄=Ἀναστασίου Γούδα, Βίοι Παράλληλοι τῶν ἐπὶ τῆς Ἀναγεννήσεως τῆς Ἑλλάδος διαπρεψάντων ἀνδρῶν ὑπὸ—. Ἀθῆναι 1872. Τόμος Ε΄ Συνεταιρισμός.

Κανδ.=Τ. Κανδηλώρου. Φιλικὴ Ἑταιρία. Ἀθῆναι 1926.

ΕΙΣΑΓΩΓΗ

Ἡ ἱστορία τῆς Ἑλληνικῆς Ἐπαναστάσεως συνδέεται ἀδιάρρηκτα μὲ τὴν ἱστορία τῆς Φιλικῆς Ἑταιρείας. Ἡ μυστικὴ αὐτὴ ὀργάνωσις, ποὺ ἡ γένεσίς της χάνεται στὸ βαθὺ κι᾽ ἀξεδιάλυτο σκοτάδι—ὅπως ἀκριβῶς θέλησαν οἱ πρῶτοι τῆς ἱδρυταί—κατώρθωσε, μὲ τὴ μορφὴ ποὺ ἔλαβε, νὰ συνενώσῃ ὅλες τὶς ζωτικὲς δυνάμεις τοῦ ἑλληνισμοῦ καὶ νὰ ἐκβιάσῃ τὴ λύσι μιᾶς καταστάσεως ποὺ, ὅπως ἀποδείχθηκε, ἦταν ὥριμη καὶ ὅμως δὲν εὕρισκε κανένα νὰ ἀναλάβῃ τὴν πρωτοβουλία τῆς λύσεώς της.

Οἱ ἱδρυταὶ τῆς Φιλικῆς Ἑταιρείας κατώρθωσαν κυρίως νὰ συνδυάσουν τὴ βαθειὰ ριζωμένη, μὰ ὀλέθρια πεποίθησι τῶν Ἑλλήνων ἐπὶ Τουρκοκρατίας—ὅτι ἡ Ἑλλὰς δὲν θὰ ἐλευθερωθῇ παρὰ μὲ τὴ συνδρομὴ τῶν ξένων—μὲ τὴ θλιβερὴ πραγματικότητα ὅτι οἱ Ἕλληνες δὲν πρέπει νὰ βασίζωνται παρὰ στὶς ἴδιες των δυνάμεις [1].

Ἀνέλαβαν λοιπὸν τὴν εὐθύνη νὰ ἐξαπατήσουν τοὺς Ἕλληνας, ἀφήνοντας νὰ διαδοθῇ ὅτι ἡ ὅλη ὀργάνωσις κινεῖται ἀπὸ μία μυστηριώδη Ὑπερτάτη Ἀρχὴ ποὺ κρύβεται στὰ βάθη τῆς Ρωσσίας καὶ ὅτι τὴν ὥρα τῆς Ἐπαναστάσεως, εἶναι ἐξασφαλισμένη ἡ συνδρομὴ τῆς Δυνάμεως αὐτῆς· ἐνῶ στὴν πραγματικότητα ἡ κίνησις ὅλη ἐπήγαζεν ἀπὸ ἀσήμους καὶ ἀγνώστους μικροαστοὺς ποὺ, μὲ μόνα ἐφόδια τὸν πατριωτισμὸ καὶ τὴν ἀβάσιμη αἰσιοδοξία, προσπαθοῦσαν νὰ ὀργανώσουν μιὰ καθαρῶς ἑλληνικὴ ἐξέγερσι [2].

Τὸ θέμα εἶναι σπουδαῖο καὶ ἐνδιαφέρον, καὶ ὅμως ἐλάχιστοι ἀσχολήθηκαν μ᾽ αὐτό. Κι᾽ αὐτοὶ πάλι, συχνὰ παρεσύρθηκαν σὲ ἀνακρίβειες καὶ μυθεύματα, ποὺ καμμιὰ σχέσι μὲ τὴν πραγματικότητα δὲν ἔχουν. Ἔτσι, οἱ λεπτομέρειες τῆς ὀργανώσεως καὶ τῆς δράσεως

---

1 Ὁ Θ Κολοκοτρώνης στὴν Αὐτοβιογραφία του λέει χαρακτηριστικά : «Εἶδα τότε ὅτι, ὅ,τι κάμωμε, θὰ τὸ κάμωμε μονάχοι καὶ δὲν ἔχωμε ἐλπίδα καμμία ἀπὸ τοὺς ξένους». Διήγησις συμβάντων τῆς Ἑλλ. Φυλῆς, Ἀθῆναι 1846 σελ. 47.

2 Ὁ Ξάνθος εἰς τὰ Ἀπομνημονεύματά του (σ. 3) γράφει : «Ἀπεφάσισαν οἱ εἰρημένοι [Ν. Σκουφᾶς, Α Ν. Τζακάλωφ καὶ Μ Ξάνθος] νὰ ἐπιχειρισθῶσι τὴν σύστασιν τοιαύτης Ἑταιρείας, διὰ νὰ ἐνεργήσωσι μόνοι τῶν, ὅ,τι ματαίως καὶ πρὸ πολλοῦ χρόνου ἤλπιζον ἀπὸ τὴν φιλανθρωπίαν τῶν χριστιανῶν Βασιλέων» καὶ πάρα κάτω «διότι ἤθελον ὠφεληθῇ οἱ ἀρχηγοὶ αὐτῆς [τῆς Φιλικῆς Ἑταιρείας] ἐκ τῆς προλήψεως τὴν ὁποίαν πρὸ αἰώνων οἱ δουλωθέντες Ἕλληνες εἶχον, ὅτι ἐκ τῆς Ρωσσίας, ὡς ὁμοθρήσκου, ἤθελε προέλθει ἡ ἀπελευθέρωσίς των ἀπὸ τὴν Τουρκικὴν τυραννίαν (αὐτόθι σ 12).

δ'

τῆς Φ. Ε. ἀπὸ λίγους ἀνερευνήθηκαν, καί, σήμερα ἀκόμη. στοὺς πιὸ πολλοὺς παραμένουν τελείως ἄγνωστες.

Τοῦτο προῆλθε ἀπὸ πολλοὺς λόγους, οἱ δὲ σπουδαιότεροι εἶναι οἱ ἀκόλουθοι :

α') οἱ φυσικὲς δυσχέρειες εἰς τὸ νὰ ἐξακριβωθοῦν γεγονότα ποὺ ἐπίτηδες καλύφθηκαν ἀπὸ μυστήριο καὶ θελημαtικὰ παρουσιάσθηκαν παρηλλαγμένα καὶ σ' αὐτοὺς ἀκόμα τοὺς πλησιέστερους πρὸς τὰ γεγονότα αὐτά.

β') Ὁ πρόωρος θάνατος τῶν δραστηριωτέρων ὀργανωτῶν τῆς Ἑταιρείας—Σκουφᾶ, Ἀριστείδου Παπᾶ, Γρηγορίου Δικαίου, Ἀναγνωσταρᾶ.

γ') Ἡ δυσφήμησις τῆς Ἑταιρείας ἐξ αἰτίας τῆς ἀποτυχίας τῆς ἐπαναστάσεως στὶς Ἡγεμονίες, ὅπου εἶχεν ὀργανωθῆ ἀπ' εὐθείας ἀπὸ τοὺς ἀρχηγοὺς τῆς Φιλικῆς.

δ') Ἡ πολιτικὴ τοῦ Μαυροκορδάτου. Ὁ Μαυροκορδᾶτος ἠθέλησε νὰ παρουσιάσῃ ὅτι ἡ ἐπανάστασις τῆς Ἑλλάδος δὲν ἔχει σχέσιν μὲ τὴν Φ. Ε. διὰ λόγους δῆθεν διπλωματικούς, διὰ νὰ μὴ διατεθοῦν δηλαδὴ δυσμενῶς αἱ Δυνάμεις τῆς Ἱερᾶς Συμμαχίας, πραγματικῶς ὅμως διὰ νὰ κτυπήσῃ τὸ κῦρος τοῦ Δημητρίου Ὑψηλάντη, ὁ ὁποῖος διεκδικοῦσε τὴν ἀρχηγία τῆς Ἐπαναστάσεως, ὡς ἀντιπρόσωπος τοῦ ἀδελφοῦ του Ἀλεξάνδρου, Γενικοῦ Ἐπιτρόπου τῆς Φ. Ἑ.

Ἡ πρώτη μελέτη ποὺ ἐξεδόθη διὰ τὴν Φιλικὴν Ἑταιρεία, εἶναι τὸ Δοκίμιον τοῦ Ι. Φιλήμονος [1]. Πληροφορίες ἐσφαλμένες καὶ ἀτελεῖς εἶχαν προηγουμένως περιλάβει στὰ συγγράμματά των ὁ Ρῖζος Νερουλός,[2] ὁ Ἀλέξ. Σοῦτσος [3] καὶ ὁ Κ. Κούμας.[4] Πιὸ καλὰ πληροφορημένος, ἀλλὰ καὶ αὐτὸς παρεμπιπτόντως ἀσχολούμενος, ἦταν ὁ ποιητὴς Ἀθανάσιος Χριστόπουλος, ὁ ὁποῖος περιγράφοντας μὲ λίγα λόγια τὴν ἐξέλιξι τῆς Ἑταιρείας ἀνέφερε, πρῶτος αὐτός, τὴν ὀρθὴ χρονολογικὴ σειρὰ τῆς ἀνακηρύξεως τῶν διαφόρων ἀρχηγῶν [5]. Τὸ ἔργον τοῦ Φιλήμονος ὅμως ἦταν ἀκριβολόγο, πλῆρες καὶ λεπτομερές.

Ὁ Φιλήμων, νέος ἀκόμη τὴν ἐποχὴ κατὰ τὴν ὁποίαν ἑτοιμαζόταν ἡ Ἐπανάστασις, ἀγνοοῦσε καὶ τὴν ὕπαρξιν ἀκόμη τῆς Φ.Ε.

1 Δοκίμιον Ἱστορικὸν περὶ τῆς Φιλικῆς Ἑτηρείας ὑπὸ Ἰωάννου Φιλήμονος, ἐν Ναυπλίῳ 1834.
2 Iakovaky Rizo-Neroulos, Cours de Littérature Grecque moderne, Genève, 1827, p. 162 καὶ τοῦ αὐτοῦ Histoire Moderne de la Grèce. , Genève. 1828. p, 237—249.
3 Alex. Soutso, Histoire de la Revolution grecque, Paris, 1829, p. 12-50.
4 Κ. Κούμα, Ἱστορίαι τῶν ἀνθρωπίνων πράξεων, Βιέννη 1832 σ. 601.
5 Πολιτικὰ Παράλληλα τοῦ ἄ χοντος Λογοθέτου κυρίου Ἀθανασίου Χριστοπούλου. Ἐν Παριςίοις 1833 σ. 151—157.

ε'

Όταν όμως ό άγων άρχισε, άνέλαβε μαζύ μέ τόν Νεόφυτο Βάμβα τή διεύθυνσι τοϋ γραφείου τοϋ Δημητρίου Ύψηλάντη (Ιούλιος 1822) καί κεϊ τοϋ δόθηκε ή ευκαιρία νά γνωρίση από κοντά όχι μόνον πολλούς απλούς εταίρους, άλλα καί μερικούς από τούς θεμελιωτάς καί τούς μεγάλους αποστόλους της Εταιρείας, όπως π. χ. τόν Άναγνωστόπουλο, τόν Δ. Θέμελη, τόν Άναγνωσταρά, τόν Γρηγόριο Δικαΐο κτλ. Άπ' αυτούς μπόρεσε νά μαζέψη τήν ύλη καί νά μάθη τίς λεπτομέρειες τής συστάσεως καί τής διαδόσεως τής 'Εταιρείας'.

Δυστυχώς όλες οί πληροφορίες πού έλαβε, δέν ήσαν καί ακριβείς. Ό Άναγνωστόπουλος, πάνω στον όποιο περισσότερο βασίστηκε, φιλόδοξος κ' εγωπαθής, ήθέλησε νά παραστήση τή δράσί του πολύ μεγαλύτερη τής πραγματικής, κ' έδωσε έσφαλμένες πληροφορίες, άλλοτε βέβαια ένσυνειδήτως—όπως όταν εβεβαίωνε ότι ήταν ένας από τούς τρεις πρώτους ιδρυτάς τής Εταιρείας είς τά 1814—,άλλοτε, καλή τή πίστει, ύπερτιμώντας, όπως συχνά συμβαίνει μέ τούς απομνημονευματογράφους, τις δικές του πράξεις ώς παράγοντας τής γενικής καταστάσεως, άλλοτε τέλος από πάθος προσωπικό εναντίον ωρισμένων ατόμων—όπως π. χ. εναντίον τοϋ Ξάνθου.

Ό Ξάνθος, δικαίως αγανακτησμένος διά τις ανακρίβειες τοϋ Δοκιμίου—καί πρό πάντων εναντίον τοϋ Άναγνωστοπούλου τόν οποίον εθεωρούσε ηθικόν αυτουργό τής πλάνης τοϋ Φιλήμονος— άρχισε δημοσιογραφική πάλη μέ τόν τέως συνεργάτη του [2].

Ή πάλη αυτή, άν καί κατερράκωσε ήθικώς καί τούς δύο, μας ώφέλησε σημαντικά στή γνώσι πολλών λεπτομερειών τής δράσεως τής 'Εταιρείας κατά τά πρώτα έτη της καί σ' αυτή τή διένεξι οφείλουμε τά πολύτιμα, άν καί τόσον πτωχά Απομνημονεύματα τοϋ Ξάνθου [3].

Στά 1859 ό Ι. Φιλήμων εξέδωσε τόν πρώτο τόμο τής 'Ιστορίας τής Ελληνικής Επαναστάσεως, πραγματευόμενον ολόκληρο τά τής Φιλικής Εταιρείας. Ό Φιλήμων είχε τήν εύτυχία νά χρησιμοποίηση τά πλούσια Αρχεία τών Υψηλαντών όπου βρήκε άφθονο καί πολύτιμον υλικόν διά τήν ίστορία τής Φιλικής Εταιρείας άφ ότου ανέλαβε τήν αρχηγία ό Άλεξ. Υψηλάντης.

Αλλ' ή ηλικία, ή επιθυμία νά φθάση στην περίοδο τής κυρίως Επαναστάσεως πού τήν είχε ζήσει καί τήν γνώριζε καί περισ-

1 Φιλήμονος, Δοκίμιον Ίστορικόν Έλλ.Έπαναστάσεως. Άθ., 1859. τόμ. Α'. σ. ιζ'
2 Τ. Κανδηλώρου, Ή Φιλική Εταιρία, Άθ. 1925 σ. 5—12.
3. Απομνημονεύματα περί τής Φιλικής Εταιρείας υπό 'Εμμανουήλ Ξάνθου, Αθήναι 1845.
4 Δοκίμιον Ιστορικόν περί τής Ελληνικής Επαναστάσεως, παρά Ι. Φιλήμονος, Άθήνχι 1859.

ζ'

σταθμισμένης κριτικής τῶν πηγῶν, τὴν αἰτιοκρατικὴν ἱστορία τῆς δράσεως καὶ τῆς ἐξελίξεως της Αὐτὸ τὸ βαρὺ ἔργον προσπάθησε νὰ τὸ ἐκτελέση ὁ ἱστοριογράφος Τάκης Κανδηλῶρος.

Μὲ ἀξιέπαινο ζῆλο καὶ θαυμαστὴν ἐπιμέλειαν ἐργάσθηκε πάνω εἰς ὁλόκληρο σχεδὸν τὸ ἐκδεδόμενον ὑλικόν,[1] ἀκούραστος δὲ εἰς τὴν ἔρευναν, ἐξήτασεν ἐπὶ πλέον λεπτομερειακὰ καὶ τὰ ἀρχεῖα τῆς Ἐθνικῆς Βιβλιοθήκης (Τμῆμα Χειρογράφων) καὶ τῆς Ἱστορικῆς καὶ Ἐθνολογικῆς Ἑταιρείας.

Ἡ συγκέντρωσις τόσου ὑλικοῦ κάμνει τὸ ἔργον τοῦ Κανδηλώρου σπουδαῖον ὁπωσδήποτε βοήθημα διὰ κάθε ἀσχολούμενον μὲ τὴν ἱστορίαν τῆς Φιλικῆς Ἑταιρείας. Δυστυχῶς τὸ σύγγραμμα τοῦτο δὲν ἔχει τὰ προσόντα οὔτε ὅσα θὰ ἠμποροῦσαν νὰ προσελκύσουν τὸ πολὺ ἀναγνωστικὸν κοινόν, οὔτε καὶ ὅσα ἱκανοποιοῦν τὸν ἐπιστήμονα μελετητήν.

Κατὰ τὴν σύνταξιν τοῦ ἔργου του ὁ Κανδηλῶρος κατὰ πολὺ ἐβασίσθη εἰς τὸν ὀνομασθέντα ἀπὸ αὐτόν «Κώδικα τῶν Φιλικῶν», τὸν ὁποῖον ἀνεῦρεν εἰς συλλογὴν ἐγγράφων τοῦ Παναγιώτη Σέκερη εἰς τὸ Ἀρχεῖον τῆς Ἱστορικῆς καὶ Ἐθνολογικῆς Ἑταιρείας[2]. Ὁ «Κῶδιξ τῶν Φιλικῶν» εἶναι κατάλογος ἑκατὸν τριάντα τεσσάρων μελῶν τῆς Φιλικῆς Ἑταιρείας. Οἱ λεπτομέρειες δὲ ποὺ ἀναφέρονται διὰ τὴν μύησι καθενὸς ἐξ αὐτῶν, ἔδωσαν τὴν δυνατότητα εἰς τὸν Κανδηλῶρο νὰ παρακολουθήσῃ τὴν ἐξέλιξι τῆς ὀργανώσεως κατὰ τὰ πρῶτα της ἔτη.

Ἀπεδείχθη ἤδη ἀλλοῦ[3] ὅτι ὁ λεγόμενος ἀπὸ τὸν Κανδηλῶρον «Κῶδιξ τῶν Φιλικῶν» εἶναι ὁ κατάλογος τῶν μελῶν τῆς Φιλικῆς Ἑταιρείας, τὸν ὁποῖον (κατὰ τὴν μαρτυρίαν τοῦ Ξάνθου) εἶχαν συντάξει οἱ ἀρχηγοί της μετὰ τὸν θάνατον τοῦ Ν. Σκουφᾶ. Πρέπει ἄρα νὰ λέγεται μᾶλλον «κατάλογος Ξάνθου», διότι, ὁ Ξάνθός, τὸν παρέλαβε μαζί του ὅταν ἀνεχώρησε ἀπὸ τὴν Κωνσταντινούπολι διὰ νὰ

---

1 Διέφυγαν ἐν τούτοις τοῦ Κανδηλώρου ὡρισμένα συγγράμματα, ποὺ περιέχουν σπουδαῖες πληροφορίες διὰ τὰ πρόσωπα καὶ τὴν ἐποχὴ τῆς Φ. Ε. Ἀναφέρω π. χ. τὴν αὐτοβιογραφία τοῦ Νικολάου Σ-ηλιάδη ποὺ ἔδη μοσίευ σεν ὁ Φιλήμων (Ἀθῆναι 1866) καὶ περιέχει διαφωτιστικὲς καὶ ἄγνωστες λεπτομέρειες διὰ τὸ Ν. Σκουφᾶ, τὴ βιογραφία τοῦ Νικηφόρου Παμπούκη ἀπὸ τὸν Χ. Παμπούκη Ἀθῆναι 1869 κτλ.

2 Ἀρχεῖον Ἱστορ. καὶ Ἐθνολ. Ἑτ ιρείας ἔγγραφα ὑπ' ἀριθ. 7297–7310. Ἀπὸ τὴ συλλογὴ τῶν ἐγγράφων τοῦ Π. Σέκερη ἐξεδόθησαν εἰς τὸ περιοδικὸν Παρνασσὸς πολλὰ ἔγγραφα καὶ ἐπιστολαί, ἐξ ὧν 13 ἐκ τοῦ ὑπ' ἀριθμὸν 3710 (=κῶδιξ 327). Βλ. περ. «Παρνασσὸς» τομ. 10 (1886) σ. 97-99, 245–251, 296, 392–394, 474-476 καὶ 525-534. Τομ. 11 (1887) σελ. 214 225, 350–352 καὶ 490–492.

3 Νέαι πηγαὶ περὶ τῆς Φιλικῆς Ἑταιρείας. Ἀνακοίνωσις Βαλερίου Μέξα, διὰ Κω. στ. Ἀμάντου. Πρακτικὰ Ἀκαδημίας Ἀθηνῶν 11(1936) σ. 451.

σότερη ἀκόμη ἡ θλιβερή ἀνάμνησις ὅλης τῆς πολεμικῆς ποὺ προκάλεσε τὸ πρῶτον τοῦ ἔργον τὸν ἔκαμαν νά μὴ συγχωνεύῃ, μὲ τὸ Δοκίμιο καὶ τά νέα του στοιχεῖα. Περιωρίσθη λοιπὸν ἁπλῶς νά ἐκδώσῃ τά σπουδαιότερα ἔγγραφα τοῦ Ἀρχείου, προτάσσοντας ἱστορική ἀφήγησι γεγονότων ποὺ δὲν εἶχε θίξει στό Δοκίμιον¹.

Τά τρία αὐτά βιβλία, τὸ Δοκίμιον περὶ Φιλικῆς Ἑταιρείας, τά Ἀπομνημονεύματα τοῦ Ξάνθου καὶ ὁ Α΄ τόμος τῆς Ἱστορίας τῆς Ἐπαναστάσεως τοῦ Φιλήμονος εἶναι σχεδόν τὸ ἄπαντον τῆς βιβλιογραφίας διά τὴν Φιλ. Ἑταιρεία. ² Θά μποροῦσε βέβαια στά βιβλία αὐτά νά προστεθῇ καὶ τὸ σύγγραμμα τοῦ Σακ. Γ. Σακελλαρίου³. Δυστυχῶς ὅμως τὸ πλούσιον ὑλικόν, ποὺ συνέλεξεν ὁ συγγραφεύς, ἀφορᾷ σχεδόν ἐξ ὁλοκλήρου τὴν ἐφορεία τῆς Ὀδησσοῦ, καὶ τὴν ἐν Ρωσσίᾳ δρᾶσιν τῶν Φιλικῶν μετά τὴν ἔκρηξι τῆς Ἐπαναστάσεως ⁴. Ὁ συγγραφεὺς δὲ ὄχι μόνον δὲν ἐξεμεταλλεύθη τὸ ὑλικόν τοῦτο ἱστορικῶς, ἀλλ᾽ οὔτε κἄν τά σπουδαιότερα τῶν ἐγγράφων διέσωσε⁵.

Πολύ περισσότερο διαφωτιστικά καὶ ἐνδιαφέροντα εἶναι τά ἀπομνημονεύματα τοῦ Νικολάου Ὑψηλάντη⁶ τά ὁποῖα ἐξέδωκε ὁ κ. Δ. Καμπούρογλου⁶.

Ἀπέμενεν ἤδη ἀκόμη νά γίνῃ διά τὴν Φιλικὴν Ἑταιρεία καὶ μία συνθετική μονογραφία, ἡ ὁποία νά μᾶς παρέχῃ, ἐπὶ τῇ βάσει

---

1 «Ἔξηκ ντούντεις περίπου καὶ τὴν ὅλην προτιθέμενοι σ΄νταξιν τοῦ ἱεροῦ ἀγῶνος, ὁρμαθὸν ὅλον ἐτῶν ἀπαιτούσης, ἀπελπιζόμεθα, ὅπως συν ι· ψωμεν ποτε ἐν ἑνὶ ὅλῳ τὴν ἱστορίαν τῆς Φιλικῆς Ἑταιρία·, συγχωνεύοντες τὴν παροῦσιν συμπλήρωσιν τοῦ 1859 ἐν τῷ Δοκιμίῳ τοῦ 1834 ἤ τἀνάπαλιν.» Φιλ. Α΄ σ. 127.

2 Μεταξὺ τῶν πηγῶν τῆς ἱστορίας τῆς Φ. Ἑ. δὲν ἠμποροῦ νά συγκαταλεχθῇ ὁ 5ος τόμος τῶν Βίων Παραλλήλων τοῦ Ἀ. Γούδα (Ἀθ. 1872) ἄν καὶ σ΄ αὐτὸν πραγματεύεται ἀποκλειστικά βίους τῶν ἀρχηγῶν καὶ δραστηριωτέρων ὀργανωτῶν τῆς Ἑταιρε΄ας ,Ι Βλασσοπούλου, Ι. Παπαρρηγοπούλου, Χ. Περαιβοῦ, Ι. Π παδιαμαντοπούλου. Γ. Ὀλυμπίου). Ὁ Γούδας προσθέτει βέβαια πολλά στοιχεία ἀφορῶντα τά πρόσωπα αὐτά, ἐλάχιστα ὅμως ἀναγόμενα εἰς τὴν γενική δρᾶσι τ΄ς Φ. Ε. διά τ΄ν ὁποίαν περιορίζεται νά ἐπαναλαμβάνῃ ὅτι ἐγράφη ἀπὸ τὸν Ξάνθον καὶ τὸν Φιλήμονα.

3 Σακελλαρίου Γ. Σακελλαρίου, Φιλική Ἑταιρεία. Ἐν Ὀδησσῷ, 1909.

4 Ἐκτὸς τῶν σε\ 62—83 αἱ ὁποῖαι περιέχουν διάφορα ἐνδιαφέροντα ἀποσπάσματα ἐκ νῶν ἀπομνημονευμάτων τοῦ Σταμάτη Κουμπάρη.

5 Τά χειρόγραφα ἔδωσε προηγουμένως, ὅπως ὁ ἴδιος ἀναφέρει, στὸν Ἀ. Παπαδόπουλο Κεραμέα νά τά μελετήσῃ καὶ νά τά δημοσιεύσῃ καὶ μόνον ὅταν ἀπελπίσθη ἀπ᾽αὐτόν, «ἀνέλαβε, καίτοι ἀσθενής καὶ ὑπὸ ἀντιξόους περιστάσεις νά χειρισθῇ τὸ ζήτημα, οὐχὶ ὑπὸ τὴν ψυχράν ἱστορικήν, ἀλλά ὑπὸ τὴν μορφωτικὴν καὶ παιδαγωγικὴν ἔποψιν τοῦ ἑλλ. λαοῦ». Ἀνθ· ἄνωτ. σ. 285.

6 Mémoires du Prince Nicolas Ypsilantis publiés par D. Gr. Kambouroglous. Athènes s. d.

η'

συναντήση τον κόμητα Καποδίστρια και να τοῦ ἀναθέση τήν ἀρχηγίαν τῆς Φιλικῆς Ἑταιρείας.

Ἐξ ἄλλου εἶναι ἄξιον ἀπορίας πῶς ὁ Κανδηλῶρος δὲν ἐχρησιμοποίησε τὸ ὑπ' ἀρ. 7310 ἔγγραφον τοῦ ἀρχείου τῆς Ἐθνολογικῆς Ἑταιρείας, μεταγενέστερα καταχωρημένον εἰς τὸ Τμῆμα Χειρογράφων (κωδίκων) ὑπ' ἀρ. 327, δεδομένου μάλιστα ὅτι λεπτομερὴς περιγραφή του εἶχε δημοσιευθῆ εἰς τὸν Νέον Ἑλληνομνήμονα ἀπὸ τὸν Καθ. κ. Κ. Δυοβουνιώτην.[1]

Ὁ Κῶδιξ 327 περιλαμβάνει τὸ πλῆρες ἀρχεῖον τοῦ Π. Σέκερη ἀπὸ τὸν Ἰούλιο τοῦ 1818 μέχρι τῶν ἀρχῶν τοῦ 1821. Τὸ ἀρχεῖον Σέκερη εἶναι ἀναμφισβητήτως ἡ κυριωτέρα πηγὴ διὰ τὴν ἱστορίαν τῆς Φ. Ε. ἀπὸ τὸν Φεβρουάριο τοῦ 1818 ἕως τὸν Ἰούνιο τοῦ 1820, δεδομένου ὅτι εἶναι αὐτὸ τοῦτο τὸ Ἀρχεῖον τῆς Ἑταιρείας κατὰ τὸ διάστημα αὐτό.

Πράγματι, μετὰ τὴν ἀναχώρησι τοῦ Ἀναγνωστοπούλου καὶ τοῦ Ξάνθου ἀπὸ τὴν Κωνσταντινούπολι (19 Φεβρουαρίου 1819)[2], μοναδικὸς ἀρχηγὸς τῆς Ἑταιρείας ἐκεῖ παρέμενε ὁ Π. Σέκερης. Σ' αὐτὸν ἔπρεπε νὰ συγκεντρώνονται ὅλα τὰ ἀφιερωτικὰ καὶ αἱ συνδρομαὶ τῶν μελῶν, αὐτὸς ἦταν ὁ συνδετικὸς κρῖκος καὶ ὁ πραγματικὸς ἀρχηγὸς τῆς ὀργανώσεως.

Τὰ κατὰ τὸ διάστημα αὐτὸ γεγονότα ἀτελέστατα γνωρίζουμε ἀπὸ ἄλλες πηγές[3]. Διότι ὁ μὲν Φιλήμων δὲν παραθέτει, παρὰ τὰ συμβάντα τῶν Ἡγεμονιῶν, ὁ δὲ Ξάνθος περιορίζεται νὰ προσπαθῆ νὰ δικαιολογήση τὸ χρονικὸ διάστημα ποὺ ἀφῆκε νὰ περάση ἕως ὅτου ἀποφασίσει νὰ ἐκτελέση τὴν ἀποστολή του καὶ ν' ἀναχωρήση πρὸς συνάντησιν τοῦ Καποδίστρια. Μόνος ὁ Π. Σέκερης, ἐγκαταλελειμμένος ἀπὸ ὅλους τοὺς πρωτεργάτας τῆς Ἑταιρείας, φέρει, κατὰ τὸν καιρὸν αὐτόν, ὁλόκληρο τὸ βάρος τῆς συνωμοσίας. Μόνος ἔχει ν' ἀντεπεξέλθη εἰς τὶς παράλογες χρηματικὲς ἀπαιτήσεις τοῦ Πετρόμπεη, στὶς ἀπειλὲς τοῦ ἀδελφοῦ τοῦ Γαλάτη, ὁ ὁποῖος ὑποπτεύεται τὸν φόνο τοῦ ἀδελφοῦ του καὶ ζητεῖ ἐκδίκησι, στὶς παρεκτροπὲς τοῦ Γρηγορίου Δικαίου, στὶς χρηματικὲς ἀνάγκες τοῦ Τζακάλωφ, τοῦ Ξάνθου καὶ τῆς οἰκογενείας του, καθὼς καὶ τῶν ἄλλων ἑταιριστῶν καὶ ἀποστόλων. Κατὰ τρόπον ἀληθινὰ δραματικόν, ὁ Σέκερης εὑρίσκεται τότε ἐπὶ κεφαλῆς μιᾶς ἐπαναστάσεως τὴν ὁποίαν βλέπει νὰ ἑτοιμάζεται μόνη της, χωρὶς ἀρχηγό, χωρὶς ὀργάνωσι, χωρὶς χρήματα.

1 Νέος Ἑλληνομνήμων 20 (1926) σ. 290
2 Ξάνθου Ἀπομν. σ. 14 καὶ Φιλ. Α' σ. 24.
3 Ὁ Φιλήμων (Α'. σ. 130) γράφει σχετικῶς: Πεποίθαμεν ἄλλως ὅτι μέρη τινὰ μόνον τῆς περιόδου τῶν Φιλικῶν ἐξηκριβώθησαν, καὶ χάσματα πολλὰ πληρωθήσονται «ἕως ἂν πάντα γένηται»

θ'

Ἡ δημοσίευσις τοῦ Ἀρχείου θὰ γνωρίσῃ τὶς μεγάλες θυσίες καὶ τὶς ἀνεκτίμητες ὑπηρεσίες ποὺ προσέφερεν εἰς τὴν πατρίδα του καὶ θ' ἀναδείξῃ τὸν Παναγιώτη Σέκερη πατριώτη καὶ ἥρωα μετριόφρυνα τοῦ ὁποίου οἱ ὑπηρεσίες παραγνωρίσθηκαν, λησμονήθηκαν, κι' ἔμειναν ἄγνωστες, χωρὶς ποτὲ αὐτὸς νὰ μεμψιμοιρίσῃ, ἢ νὰ παραπονεθῇ.

∗∗∗

Ὁ Κῶδιξ 327 περιλαμβάνει τρία μέρη :

α) Τὰ ἀντίγραφα τῶν ἐπιστολῶν τοῦ Παν. Σέκερη ὡς ἀρχηγοῦ τῆς Φιλικῆς Ἑταιρείας, ἀπὸ 1 Αὐγούστου 1818 μέχρι 12 Αὐγούστου 1821. (φ. 136β—10,β)

β) Τοὺς λογαριασμοὺς τῶν ἐξόδων καὶ ἐσόδων τῆς Φιλικῆς Ἑταιρείας καὶ τοῦ Παναγ. Σέκερη ὡς ἀρχηγοῦ της κατὰ τὸ αὐτὸ διάστημα (φ. 53β—57α).

γ) Κατάλογο τῶν μελῶν τῆς Ἑταιρείας. [1] (φ. 2α - 508).

Εἰς τὸ τελευταῖον αὐτὸ μέρος, περιλαμβάνονται πλὴν 133 φιλικῶν ἐκ τοῦ καταλόγου Ξάνθου,[2] 387 νέοι φιλικοί, ἤτοι ἐν ὅλῳ 520:

Βεβαίως ὁ ἀριθμὸς αὐτὸς οὔτε κἂν πλησιάζει τὸν πραγματικὸν ἀριθμὸ τῶν μυηθέντων εἰς τὴν Φιλικὴν Ἑταιρεία πρᾶγμα φυσικόν, ἂν λάβουμε ὑπ' ὄψει τὸν τρόπο μὲ τὸν ὁποῖον ἐγίνετο ἡ μύησις καὶ ἐλάμβανε γνῶσιν αὐτῆς ἡ Ἀρχή.

Ἀφοῦ δηλαδὴ ὁ νεοκατηχούμενος ἔδιδε τὸν μεγάλον ὅρκον [3] καὶ καθιερώνετο ἱερεύς, ὤφειλε νὰ γράψῃ «μίαν ἐπιστολὴν πρὸς ἕνα «ἄτομον, ὅποιον καὶ ἂν εἶναι, διὰ μίαν μακρυνὴν πόλιν, ὄχι ὅμως «τόσον παράξενα, ὥστε ἡ παραξενότης νὰ κινῇ τὴν περιέργειαν καὶ «ὑποψίαν, εἰς τὴν ὁποίαν ἐπιστολὴν μὲ εὐλογοφανῆ τρόπον φανερώνει τ ὴ ν ἡ λ ι κ ί α ν τ ο υ, τ ὸ ἐ π ά γ γ ε λ μ ά τ ο υ, τὸν τόπον «τῆς γεννήσεώς του καὶ ὅτι ἔ δ ω σ ε α ὐ τ ὴ ν τ ὴ ν π ο σ ό τ η τ α «[χρημάτων] νὰ τὴν στείλῃ [ὁ κατηχητής] εἰς τὸν δυστυχήσαντα φίλον «του, ἢ εἰς τὸ νεοσυσταθὲν σχολεῖον, ἢ εἰς κανένα μοναστήρι, ἢ «εἰς ἔκδοσιν βιβλίων, ἢ εἰς ἄλλο μέρος ὑ π ο γ ρ α φ ό μ ε ν ο ς καὶ «φανερώνων τ ὸ ν κ α ι ρ ὸ ν κ α ὶ τ ὸ ν τ ό π ο ν». [4] Ὁ κατηχού-

---

1 Ὁ κῶδιξ 327 εἶναι γραμμένος ὁλόκληρος μὲ τὸ χέρι τοῦ Π. Σέκερη. Στὸν κατάλογο τῶν μελῶν ὅμως συναντοῦμε μὲ ξένη γραφὴ τοὺς ἀρ. 73 (Ἀποστόλης Ἀπο τόλη, 162 (Γ. Σκανδάλης), 153 (Γ. Πιτζαμᾶνος), 164 (Γ. Παντλῆς), 221 (ὑστ. Λισγαρᾶ), 491 (Σταμ. Ἀντωνιάδης) καὶ 492 (Ἠγ. Βαρσῶν). Οἱ δύο πρῶτοι γραμμένοι μὲ τὸ γραφικὸ χαρακτῆρα τοῦ Γρ. Δικαίου οἱ ἐπίλοιποι μὲ τοῦ Α. Τζακάλωφ.

2 Ὁ κατάλογος Ξάνθου ἔχει 134 φιλικοὺς ἀλλὰ ὁ ὑπ' ἀρ. 43 (Θ. Χριστοδούλου) δὲν ἀναγράφεται στὸν κατάλογο Σέκερη.

3 Φ Δοκ. σ. 155—158.

4 Ἔγγραφον 17953 τοῦ Ἀρχ τῆς Ἱστορ. καὶ Ἐθν. Ἑτ. καὶ Φ. Δοκ. σ 160.

ι'

μενος ώφειλε νά προσθέση είς τήν έπιστολήν του δύο σημεία, τό πρώτον εις τήν άρχή καί τό δεύτερον είς τό τέλος.

Τό πρώτον, λεγόμενο σήμα άφιερώσεω;, έχρησίμευεν ώς συμβολική υπογραφή τής Αρχής είς τά γράμματά της πρός τόν φιλικόν πού τό έξέλεξε· τό δεύτερο σημεΐον—λεγόμενο σήμα καθιερώσεως —έχρησίμευε ώς συμβολική υπογραφή τοΰ φιλικού άπέναντι τής Αρχής.

Ό νεοκατηχημένος παρέδιδε τό άφιερωτικόν του γράμμα μαζύ μέ τήν προσφοράν είς τόν κατηχητή του, ό όποιος συνεκέντρωνε όλα τά άφιερωτικά τών δσων αυτός κατήχησε τά παρέδιδε μέ τάς προσφοράς των είς τόν ιδικό του κατηχητήν, έκείνος δέ έκαμε τό ίδιο, ούτως ώστε παίρνοντας άντίστροφα τόν δρόμο τής μυήσεως τά άφιερωτικά, νά φθάσουν είς τά χέρια ενός μέλους τής Αρχής.

Φυσικά, συχνά ή άλυσσίδα αυτή έσπαζε άπό πολυποίκιλους λόγους όπως π. χ. ή άναχώρησις ή ό θάνατος ενός ένδιαμέσου κατηχητού. "Οχι σπανίως έπίσης, όταν στά χέρια ενός έξ αυτών μαζευόταν άπό συνεισφοράς ποσόν άνώτερο τής ηθικής του άντοχής αυτός κρατούσε τά άφιερωτικά καί κατεχράτο τά χρήματα.

Φανερό λοιπόν είναι ότι οί 520 φιλικοί, οί περιεχόμενοι στόν κατάλογο τοΰ κώδικος 327, δέν άνταποκρίνονται καθόλου είς τό πραγματικό ποσόν τών μυηθέντων κατά τό διάστημα τής άρχηγίας τοΰ Π. Σέκερη

Ό άριθμός αύτός μάλιστα θά ήτο κατά πολύ μικρότερος, άν κατά παράβασιν τών προλεχθέντων, δέν είχε δοθή έντολή, δι' έγκυκλίου πρός τούς διαφόρους άποστόλους τής έταιρείας, νά στέλλουν τά άφιερωτικά καί τάς προσφοράς τών νεοκατηχουμένων, άπ' εύθείας είς τόν Π. Σέκερην ώς άντιστάθμισμα τοΰ ότι αύτός είχεν άναλάβει δλα τά έξοδα τής Εταιρείας '.

Έτσι, έως τά μέσα τοΰ 1819 (ή τάς άρχάς τοΰ 1820) όπόταν αί μυήσεις ήρχισαν νά διακλαδίζωνται καί νά γενικεύωνται, ό κατάλογος Σέκερη άνταποκρίνεται σχεδόν πλήρως είς τήν πραγματική δύναμιν τής Φ. Ε. Καί τό τεκμήριον πού μαρτυρεί αύτό είναι, ότι τά όπωσδήποτε γνωστά μας καθιερωτικά διπλώματα άνήκουν όλα σέ φιλικούς πού άναφέρονται είς τόν κατάλογον τοΰ άρχείου Σέκερη.

---

1 . "Έκτοτε αύτός [ό Π Σέκερης] προθύμως άνεπλήρου τάς χρηματικάς άνάγκας τής Έταιρίας, ώστε ό άνθρωπος είχε καταβάλει πολλάς σημαντικάς ποσότητας. Ή Αρχή διά τούτο είδοποίησε δι' έγκυκλίου της τούς είς διάφορα μέρη γνωστούς αύτής άδελφούς τής Εταιρείας, νά έμβάζωσιν είς αύτόν τά πρός τήν Αρχήν άφιερωτικά γράμματα καθώς καί τάς χρηματικάς προσφοράς όσων έκ τών όσων έμβαίνουν είς τήν Εταιρίαν· Ξάνθου Απομν. σ. 11

ια'

Τούναντίον αναλόγως πτωχότατος είναι ό κατάλογος φιλι κών πού έδημοσίευσεν ό Φιλήμων. Καί περιέχει μέν αυτός 692 φιλι κούς, οί 230 όμως έξ αυτών άνήκουν εις μυηθέντας κατά τά έτη 1820 και 1821 εις τή Ρωσσία καί τις Ηγεμονίες, όταν αί μυήσεις είχα πολλαπλασιασθεΐ σέ τέτοιο βαθμό καί οι τύποι της κατηχήσεω άπλουστευθή τόσον, ώστε κατήντησε νά γίνωνται ομαδικαί μυήσει χωρίων ή καί πόλεων [1]

Εκτός τών άνωτέρω 230 εις τόν κατάλογον Φιλήμονος περιέ χονται α') οί 134 φιλικοί τοΰ καταλέγου Ξάνθου, β') οί μυηθέντε διά τοΰ Α. Παπά, τοΰ Γρ. Δικαίου καί τοΰ Παν. Αναγνωστοπούλο πού καί οί τρεΐς ήλθαν μετά σέ στενή συνεργασία μέ τόν Άλεξ Υψηλάντη καί παρέδωσαν κυτάλογο ιών όσοι έμυήθησαν δι'αυτών

Εις αυτούς ό Φιλήμων προσέθεσε τά ονόματα τών προυχόν των της Πελοποννήσου, τών οποίων είχεν έξακριβώσει τή μύησ κατά τή σύνταξι τοΰ Δοκιμίου του ή καί μεταγενέστερα.

Οί τελευταίοι αυτοί ατελέστατα μνημονεύονται. Λείπει δη λαδή ή εσφαλμένα αναφέρεται ό κατηχητής, τό ποσόν προσφοράς τό έτος μυήσεως κτλ.

Πάντως οί συντάξαντες τόν κατάλογο τοΰ 'Αρχείου τών Ύψι λαντών πολύ λίγη σημασία έδωκαν στήν πληρότητα καί τήν άρτιό τητα του, τοΰτο δέ κυρίως διότι, άφ' ότου άνέλαβε τήν αρχηγία τή Φ. Ε. ό Άλέξ. Υψηλάντης

α') αί μυήσεις καί ή παρακολούθησις τών νεοκατηχουμένω άνετέθησαν εις τάς ίδρυθείσας τότε Εφορείας.

β') ή ΰπαρξις αρχηγού ήλλαξε τό σύστημα διοικήσεως της Έ ταιρείας άπό τελείως αποκεντρωτικόν εις απολύτως συγκεντρωτικόν

γ') διότι, όπως άνεφέραμεν, άπό τοΰ τέλους τοΰ 1820 αί μυή σεις πολλαπλασιάσθηκαν καί απλουστεύθηκαν σέ τρόπο πού καθ στοΰσε αδύνατη τήν παρακολούθησί των.

Αλλά καί ό Φιλήμων δέν κατέβαλε μεγαλύτερη προσοχ κατά τήν δημοσίευσιν τοΰ καταλόγου. Έτσι, παρατηροΰμεν όχι μό νον σωρείαν εσφαλμένων πληροφοριών — άκόμη καί ως πρός τού 134 Φιλικούς τοΰ καταλόγου Ξάνθου—άλλά καί έλλείψεις άνεξήγη τες—δημοσιεύει π. χ. τά άφιερωτικά προσωπικοτήτων, όπως το Μιχ. Σικελιανοΰ ή τοΰ Νεοφύτου Δούκα, χωρίς νά τους περιλάβ εις τόν κατάλογο.

---

1 Ό Σταμάτης Κουμπάρης γράφει σχετικώς «"Αρχισα νά εμβάζω κάθε " λληνα ε'ς τήν Φιλικήν Εταιρείαν... Εις είκοσιτέσσαρας ώρ°ς έγιν κοινόν εις όλους τούς έν Όδησσώ Έλληνας καί έτρεχαν εις τήν κάμαρά μου καί από μιας μαζύ ώρκισα όσοι τυχαίναν, διότι πλέον κατήχησιν κα τόν μικρόν όρκον εσήκωσα..» Σακ. Σακελλαρίου ένθ' άν. σ. 70.

ιβ'

Ὁ παρὼν κατάλογος συνετάχθη σχεδὸν ἀποκλειστικὰ ἐπὶ τῇ βάσει τοῦ καταλόγου τοῦ Ἀρχείου Σέκερη Ἐχρησιμοποιήθη ὅμως καὶ ὁ κατάλογος Ξάνθου καὶ προσετέθησαν μερικοὶ Φιλικοὶ τῶν ὁποίων ἡ μύησις μαρτυρεῖται ἀπὸ τὰ ἀφιερωτικὰ των ἢ τὰ ἐφοδιαστικὰ διπλώματά των—ἀνέκδοτα ἢ δημοσιευμένα. Τοῦτο, μόνον ἐφ' ὅσον τὰ πρόσωπα αὐτὰ ἐμυήθησαν πρὸ τοῦ 1819, ἢ ἐφ' ὅσον ἡ ἱστορικὴ σημασία τοῦ ὀνόματός των τὸ ὑπεδείκνυε.

Τόσον ὁ κατάλογος Ξάνθου ὅσο καὶ ὁ τοῦ Ἀρχείου Σέκερη εἶναι συντεταγμένοι ἐπὶ τῇ βάσει τῶν ἀφιερωτικῶν[1].

Λοιπὸν σὲ κάθε Φιλικὸ ἀναγράφονται ὅσα στοιχεῖα περιέχονται καὶ εἰς τὰ ἀφιερωτικά[2]. Ἤτοι: α' τὸ ὄνομα καὶ ἐπώνυμον, β' ἡ πατρίς, γ' τὸ ἐπάγγελμα, δ' ἡ ἡλικία, ε' ὁ κατηχητής. ς' ἡ προσφορά, ζ' ὁ χρόνος καὶ ὁ τόπος τῆς μυήσεως, η' ἡ διεύθυνσις τοῦ ἀφιερωτικοῦ, θ' τὸ σῆμα ἀφιερώσεως καὶ καθιερώσεως.

Τὰ πέντε τελευταῖα στοιχεῖα ἐπαναλαμβάνονται ὅταν ὁ ἱερεὺς φιλικὸς προβιβασθῇ σὲ ποιμένα[3].

Ὡς πρὸς τὸ η' στοιχεῖον—τὴν διεύθυνσι τῶν ἀφιερωτικῶν—παρατηροῦμε τὰ ἑξῆς:

Τὸ πρόσωπο πρὸς τὸ ὁποῖον ἀπηυθύνετο τὸ ἀφιερωτικὸν γράμμα, ἦταν συχνὰ φανταστικό. Συνηθέστερα ὅμως ὁ νεοκατηχημένος ἀπηύθυνε τὸ ἀφιερωτικόν του ἢ εἰς τὸν κατηχητὴ τοῦ κατηχητοῦ του—χωρὶς βέβαια νὰ γνωρίζῃ αὐτὴν τὴν ἰδιότητα, ἀφοῦ τὸ ἀπηγόρευε ἡ κατήχησις—ἢ πρὸς ἄλλο πρόσωπον τῆς οἰκογενείας ἢ τοῦ φιλικοῦ του περιβάλλοντος. Τοῦτο ἔδωκεν ἀφορμὴν ὥστε πολλοὶ ἀσχολούμενοι μὲ τὴν ἱστορίαν νὰ ἐκλάβουν ὅτι τὸ ἀφιερωτικὸν ἀπηυθύνετο πράγματι πρὸς τὸ μνημονευόμενο πρόσωπον καὶ νὰ

---

[1] Σὲ ξεχωριστὸ κομμάτι χαρτί, κολλημένο μεταγενέστερα στὸ φύλλο 1 τοῦ κώδικος 327, εἶναι γραμμένο μὲ τὸ χέρι τοῦ Γρηγορίου Δικαίου:

«Τὰ ὅσα Γράμματα λείπουν ἀπὸ τὰ δεμάτια τῶν γραμμάτων ἐκ τῶν ὅσων εἶναι σημειωμένα εἰς τὸ κατάστιχον α. Ἀλεξάνδρουο Μαυρογορδάτου Ἀδαμάντιος Βέλκος. β. Βασίλειος Συναγοβρίου. γ. Γεώργιος Μύστρας Γ. Σέκερης Γ. Κ. Γάτζου. δ. Δημήτριος Βατικιώτης. η. Ἠλίας Π. Μήγκλαρης. ι. Ἰωάννης Μποκαουριάδης. λ. Λέων Λεοντίδης. μ /Μιχαὴλ Ν Λεονάρδο:. Μάνθος Ρυζάρης. ν. Νικόλαος Πατζιμάζης, Νικόλαος Οὐζουνίδης. Νικόλαος Σπηλιάδης διὰ πολλῶν. π. Παναγιώτη: Παπαγεωργίου Ἀναγνωσταρᾶς. Παναγιώτης Ἀναστ. Πάνου. σ. Σταυρῆς Χαχαμάκης Σπυρίδων Μπούχας, Σ. Ἰωάννου Στανέλου, χ. Χρύσανθος ἀρχιεπίσκοπος Σερρῶν, Χριστόδουλος Μόρφης.·.

Τ' ἀνωτέρω διαψεύδουν τὰ λεγόμενα τοῦ Ξάνθου (Ἀπομν. σ. 12) ὅτι παρέδωσε στὸν Ἀ. Γαζῆ «ὅλα τὰ εὑρισκόμενα ἐ εἰ [ν Κωνσταντινουπόλει μέχρι τοῦ Ὀκτωβρίου 1818] ἀφιερωτικὰ τῶν ἐταιριστῶν πρὸς τὴν Ἀρχὴν γράμματα».

[2] Βλ. προηγουμένως σελ. θ'

[3] Φιλ. Δοκ. σ. 169.

ιγ'

καταλήξουν σὲ τελείως ἐσφαλμένα συμπεράσματα περὶ τῆς συμμετοχῆς π. χ. τοῦ προσώπου αὐτοῦ εἰς τὴν Φ. Ε. ἢ περὶ τῆς ἱδρύσεως σχολείου εἰς ὡρισμένον μέρος.

Καίτοι πρέπει νὰ ἔχουμε πάντοτε ὑπ' ὄψει ὅτι ὁ πρὸς ὂν ἀπηυθύνετο τὸ ἀφιερωτικὸν δὲν ἐπρόκειτο ποτὲ νὰ λάβῃ γνῶσιν αὐτοῦ ἐν τούτοις ἡ γνῶσις τοῦ ὀνόματος αὐτοῦ δὲν στερεῖται σημασίας π. χ. Ἡ ταὐτότης διευθύνσεως ἀποδεικνύει τὴν ταυτότητα τοῦ κατηχητοῦ ἂν αὐτὸς δὲν ἀναφέρεται κ ο κ.

Ἐπίσης ἐνδιαφέρον στοιχεῖον εἶναι τὸ σῆμα ἀφιερώσεως τοῦ φιλικοῦ. Εἰς τὸ τέλος τοῦ καταλόγου δημοσιεύουμε τέσσαρας πίνακας περιέχοντας τὰ σήματα ἀφιερώσεως καὶ καθιερώσεως τῶν φιλικῶν ἐκείνων τοὺς ὁποίους συναντοῦμε συνηθέστερα ὡς κατηχητάς

Ὡς πρὸς τὴν σειρὰν κατατάξεως, ὁ κατάλογος Ξάνθου δὲν ἔχει καμμίαν ὡρισμένην· ὁ δὲ τοῦ Σέκερη ἀκολουθεῖ τὴν ἀλφαβητική, ἀλλ' ἐπὶ τῇ βάσει τοῦ βαπτιστικοῦ ὀνόματος ἑκάστου Εἰς τὴν παροῦσαν ἔκδοσιν ἐκρίναμε σκόπιμον νὰ λάβωμε ὡς βάσιν τὴν χρονολογικὴ σειρὰν προτεραιότητος τῆς μυήσεως "Ἔτσι εὔκολο σχηματίζεται τὸ γενεαλογικόν, οὕτως εἰπεῖν, δένδρον τῶν μυήσεων καὶ παρουσιάζονται διορθώσεις λαθῶν καὶ συμπληρώσεις.

Ἐξ ἄλλου ἡ κατάταξις αὐτὴ μᾶς δίδει παραστατικὰ τὴν ἐξέλιξι τῆς Ἑταιρείας κατὰ τὰπρῶτα ἔτη (1814—1819) τοὺς ἀγῶνας καὶ τὶς προσπάθειες τῶν μεγάλων κατηχητῶν—'Ἀναγνωσταρᾶ, Ἀριστείδη Παπᾶ, Ν καὶ Δ. Παμπούκη, Π. Ἀρβάλη κτλ.—τοὺς μεγάλους σταθμοὺς τῆς ἱστορίας τῆς Φ. Ε.

Ἀλλὰ καὶ κάθε ἱστορικοῦ ἐνδιαφέροντος ἂν ἐστερεῖτο ἡ δημοσίευσις τοῦ καταλόγου τῶν πρώτων φιλικῶν, πάλι θὰ τὴν ἐπιχειροῦσαμε μὲ τὴν πεποίθησιν ὅτι ἔτσι ἐκτελοῦμεν ἐπιβεβλημένον καθῆκον ἀποδίδοντες φόρον τιμῆς καὶ εὐγνωμοσύνης σ' ὅσους ἐπρωτοστάτησαν στὴν ἀναγέννησιν τῆς φυλετικῆς ἐλευθερίας τοῦ ἑλληνισμοῦ.[1]

---

[1] Πρέπει νὰ εὐχαριστήσω καὶ πάλιν τὸ φίλο μου ἰατρὸ κ. Ν. Μαυρῆ, χάρις εἰς τὴν χρηματικὴ διευκόλυνσι τοῦ ὁποίου μπόρεσα νὰ ἀναλάβω τὴν ἔκδοσιν αὐτή.

ΚΑΤΑΛΟΓΟΣ ΤΩΝ ΦΙΛΙΚΩΝ

1814.

1. **Γεώργιος Σέκερης** [1].—Πελοποννήσιος. Σπουδάζων εἰς Παρίσιον. Διὰ Ν. Σκουφᾶ. Φλ. 4.
13 Δεκεμβρίου 1814. Μόσχα [2].

1815.

2. **Νικόλαος Οὐζουνίδης**.—Θεσσαλονικεύς. Διατρίβων εἰς Ὀδέσσαν. Διὰ Ν. Σκουφᾶ. Φλ. 4.
7 Σεπτεμβρίου 1815. Μόσχα [3].

1816.[4]

3. **Λέων Λεοντίδης**.—Κωνσταντινουπολίτης. Ἔμπορος ἀτυχήσας [5]. Διὰ Ν. Σκουφᾶ. Φλ. 4.
19 Φεβρουαρίου 1816. Ὀδέσσα.

---

1 Ὁ Γεώργιος Σέκερης εἶναι ὁ πρῶτος ποὺ κατηχήθηκε ὡς ἁπλὸ μέλος τῆς Φιλικῆς Ἑταιρίας. Στὸν κατάλογο ὁ Φιλήμων, κατὰ λάθος, τὸν φέρνει μυηθέντα στὰ 1816. (Φιλ. Κατ. ἀρ. 556. Βλ. ἐπίσης Φ. Δοκ. σελ. 179, Ξάνθου, Ἀπομν. σ. 4 καὶ Κανδ. σ. 30 κ. ἑ.).

2 Ὁ Σκουφᾶς στὴ Μόσχα προσπάθησε νὰ μυήσῃ καὶ ἄλλους, ἐμπόρους κατὰ τὸ πλεῖστον. Μὰ βρῆκε παντοῦ δυσπιστία καὶ ἄρνησι, κάτω ἀπὸ τὶς ὁποῖες τοῦ ἄφηναν νὰ διαφανῇ ἡ περιφρόνησις κι' ὁ χλευασμός. Μαζὺ μὲ τὴν ἐμπορικὴ του πίστι ὁ Σκουφᾶς εἶχε χάσει καὶ τὴν κοινωνική του ὑπόληψι. Οἱ λόγοι αὐτοὶ τὸν ἔκαμαν νὰ ἀποφασίσῃ νὰ ξαναγυρίσῃ στὴν Ὀδησσό. Ἡ μόνη του ἐπιτυχία στὴ Μόσχα ἦταν ὁ προσεταιρισμὸς τοῦ Ἀ. Κομιτζόπουλου, ποὺ πολλὲς ὑπηρεσίες προσέφερε καὶ ἔγινε μέλος τῆς Ἀρχῆς μὲ ψηφία Α. Ε. Κεῖ ποὺ ἀπέτυχε ὅμως ὁ ἔντιμος ἀλλὰ φτωχὸς Σκουφᾶς, θριάμβευσε, σὲ λίγο, ἕνας τυχοδιώκτης; ἀριστοκράτης, ὁ Γαλάτης. (Βλ. Φ. Δοκ. σ. 178—183. Κανδ. σ. 31).

3 Ὁ Φιλήμων λανθασμένα ἀναφέρει ὅτι κατηχήθηκε στὰ 1816 (Φ. Κατ. ἀρ. 436).

4 Ὁ Φιλήμων στὸν κατάλογο ἔχει ἐσφαλμένο τὸ χρόνο κατηχήσεως σχεδὸν ὅλων ἐκείνων ποὺ ἐμυήθησαν στὰ 1816. Τοὺς Λεοντίδη (ἀρ. 302), Θ. Χριστοδούλου (ἀρ. 635), Ἰ. Μποκαουριάδη (ἀρ. 393), Ν. Σπηλιάδη (ἀρ. 581) καὶ Κ. Πεντεδέκα (ἀρ. 485) τοὺς ἔχει στὰ 1817 καὶ τὸ Σπ. Στανέλλου (ἀρ. 592) στὰ 1818.

5 Ὁ Λ. Λεοντίδης εἶχε παρακολουθήσει ὡς τροφοδότης τῆ Μεγάλη Στρατιὰ τοῦ Ναπολέοντος, στὴν ἐκστρατεία τῆς Ρωσσίας. Τὸ ἄτυχο τέλος τῆς ἐκστρατείας ἔφερε τὴν οἰκονομική του καταστροφή.

4. **Θεοδόσιος Χριστοδούλου** ¹,—Άπό Ζαγόρι Ιωαννίνων. Σκοτηνός. Διά Ν. Σκουφά. Φλ. 4.
20 Φεβρουαρίου 1816. Όδέσσα.

5. **Σπυρίδων Ιωάννου Στανέλλου**.—Πάργιος. Εις Όδέσσαν. Διά Νικ. Σκουφᾶ. Φλ. 10.
20 Μαρτίου 1816.

6. **Ιωάννης Μποκαουριάδης**.—Πελοποννήσιος. Έμπορος εις Όδέσσαν. Διά Λ. Λεοντίδη. Φλ. 10.
19 Σεπτεμβρίου 1816.

7. **Νικόλαος Σπηλιάδης**.—Πελοποννήσιος. Διά πολλῶν. Φλ. 1.
30 Σεπτεμβρίου 1816. Όδέσσα.

8. **Αλέξανδρος Μαυρογορδάτος** ².—Κωνσταντινουπολίτης, Ποτέ μέγας Δραγουμάνος της Πόρτας καί πρώην αυθέντης Μολδαβίας. Διά Νικ. Γαλάτη. Φλ. 1000.
Άκολούθως έστειλε του Γαλάτη εις Πετρούπολιν. Γρ. 1000.
7 Όκτωβρίου 1816. Μόσχα.

9. **Μάνθος Ριζάρης**.—Άπό Ζαγόρι τῶν Ιωαννίνων. Έμπορος εις Μόσχαν. Διά Ν. Γαλάτη. Φλ. 20.
17 Όκτωβρίου 181[6] ³.

---

1 Ό Θ. Χριστοδούλου δέν περιλαμβάνεται στον κατάλογο τῶν μελῶν του Αρχείου Σέκερη. Άπέθανε έν τῷ μεταξύ ή κατά λάθος παρελήφθη;

2 Ό Φυρμόρης. Ό Φιλήμων στον κατάλογό του αναφέρει τόν Άλέξ. Μαυροκοδάτο (τόν Φυραρή) ώς κατηχηθέντα στη Μόσχα στά 1816, διά τοῦ Σκουφᾶ (Φιλ. Κατ. άρ. 346). Καί τόν Άλέξ. Μαυροκορδάτο (τόν μετέπειτα πρωθυπουργό) στά 1819, διά τοῦ Γαλάτη (άρ. 847). Γιά τόν πρώτο σφάλλει ώς πρός τόν κατηχητή, γιά τόν δεύτερο ώς πρός τή χρονολογία στά 1819 ό Γαλάτης δέν ζοῦσε πιά. Ή μύησις πάντως του νεωτέρου Άλεξ. Μαυροκορδάτου, καθώς καί όλες οί άλλες από τό Γαλάτη στή Μολδαβία δέν έγιναν κατά τούς τύπους της Εταιρείας καί ούτε τά άφιερωτικά τους περιήλθαν στά χέρια της Άρχής. Γι' αύτό καί τό όνομά του δέ βρίσκεται στόν κατάλογο. Ήταν όμως πάντως μέλος άπό τό 1817.

Ό Νέγρης στην έκθεσί του πρός τήν Άρχή στίς 12 Άπριλίου 1819 γράφει: «Ό ποστέλνικος Μαυροκορδάτος καί ό πρίγκιψ Κωνσταντίνος Καρατζᾶς κατηχηθέντες έλαβον καί έφοδιαστικά· άλλ' άγνοώ παρά τίνος» (Φ. Α΄ σ. 149).

Στά 1819, κι' άπό κεῖ πιθανόν προέρχεται ή σύγχισις τοῦ Φιλήμονος, ό Τζακάλωφ συνήντησε στήν Πίσσα «τόν άρχιερέα Ιγνάτιον καί τόν Άλέξανδρον Μαυροκορδάτον, άπλᾶ μέλη όντα της Εταιρείας» καί τούς έφανέρωσε τήν Άρχή. (Ξάνθου Άπομν. σ. 14).

3 Ό Μάνθος Ριζάρης σημειώνεται καί στούς δύο καταλόγους (Ξάνθου καί Σέκερη) μέ ημερομηνία 17 Όκτ. 1817· τό ίδιο καί ό Φιλήμων έχει έτος 1817. Είναι εύκολονόητο ότι άπό παραδρομή γράφτηκε 7 άντί γιά 6, δεδομένου ότι μόνον τόν Οκτώβριο τοῦ 1816 ό Γαλάτης βρισκόταν στή Μόσχα.

— 3 —

10. **Νικόλαος Πατζιμάδης**.—Ἰωαννίτης. Ἔμπορος. Διὰ Νικολάου Γαλάτη. Φλ. 25.
Ἔπειτα ἔστειλε τῷ Γαλάτῃ εἰς Πετρούπολιν γρ. 1000. Εἴδησις διὰ στόματος.
28 Ὀκτωβρίου 1816. Μόσχα.

11. **Κωνσταντίνος Πεντεδέκας** [1].—Ἰωαννίτης. Ἔμπορος. Διὰ Ν. Γαλάτη εἰς Μόσχαν. Φλ. 50.
Καὶ παρὰ Ἀθ. Σέκερη ποιμήν.

1817.

12. **Γεώργιος Κώνστα Γάτζου**.—Ἰωαννίτης. Ἔμπορος. Διὰ Ἀντωνίου Κομιτζόπουλου. Φλ. 10.
9 Ἰανουαρίου 1817. Μόσχα.

13. **Ἀδαμάντιος Βέλκος**.—Ἀπὸ Ἀρβανιτοχώρι τῆς Βουλγαρίας. Ἔμπορος ταξιδεύων εἰς τὴν Ρωσσίαν. Διὰ Κωνστ. Πεντεδέκα. Φλ. 70.
10 Φεβρουαρίου 1817. Μόσχα.

14. **Ἰωάννης Μπάϊλας**.—Ζαγοραῖος τῆς Θεσσαλίας. Διπλωματικὸς εἰς Ρωσσίαν. Διὰ Ἀντ. Κομιτζοπούλου. Φλ. 1.
Εἰδοποιηθεὶς πρῶτον εἰς Πετρούπολιν.
26 Φεβρουαρίου 1817. Μόσχα.

15. **Χριστόφορος Περραιβός**.—Ἀπὸ Περραιβίαν τῆς Θεσσαλίας. Ὑποχιλίαρχος δουλεύων εἰς Νεάπολιν. Διὰ Ἀντ. Κομιτζοπούλου. Φλ. 1.

---

1 Ἡμερομηνία ἀκριβῆ τοῦ πότε κατηχήθηκε ὁ Κ. Πεντεδέκας δὲν ἀναφέρει κανένας ἀπὸ τοὺς δύο καταλόγους. Ὁ Φιλήμων ἔχει ἔτος τὸ 1817 (Φιλ. Κατ· ἀρ. 494). Ἀσφαλῶς ὅμως ἐμυήθη στὰ 1816, διότι τότε μόνον ἦταν ὁ Γαλάτης στὴ Μόσχα. Βλ. ἐπίσης τὸν Πεντεδέκα κατηχητὴ τοῦ Α. Βέλκου ἀρ. 13.

2 Ἐκτὸς τῶν προηγουμένων ἐμυήθησαν κατὰ τὸ 1816 ἀπὸ τὸν Σκουφᾶ καὶ οἱ Ἄνθιμος Γαζῆς, Νικόλαυς Γαλάτης. Ἀθ. Σέκερης, ποὺ δὲν περιλαμβάνονται ἐδῶ γιατὶ ἀπετέλεσαν μέλη τῆς Ἀρχῆς καὶ ὡς ἐκ τούτου τοὺς ἐπεστράφηκαν τὰ ἀφιερωτικάτων. Ὁ Φιλήμων τοὺς ἀναφέρει μὲ ἔτος τὸ 1817, καθὼς καὶ τὸν ἀρχιμ. Εὐστ. Γαλάτη κατηχηθέντα ἀπὸ τὸν ἀδελφόν του Νικόλαο, τὸ Δ. Ι. Ζορμπᾶ διὰ τοῦ Κομιτζοπούλου, τὸν Κ. Καντιώτη, γραμματέα τοῦ Καποδίστρια διὰ τοῦ Γ. Γάτξου καὶ τὸ Νικόλαο Κανούση διὰ τοῦ Κ. Καντιώτη, ἐσφαλμένα δὲ ἐπίσης· ἀναφέρει τὸ 1817 τὸν Γρηγόριο Δικαῖο καὶ ὅσους ἀναφέραμε καὶ προηγουμένως ὑποσημ. 4 σελ. 1.

Κατὰ τὰ 1817 κατηχήθησαν ἐπίσης πολλοὶ ἄλλοι στὶς ἡγεμονίες, ἀπὸ τὸ Γαλάτη, μὲ τρόπο ὅμως παράτυπο καὶ ἀντικανονικό. Μερικοὶ ἀπ' αὐτοὺς ὑπεβλήθηκαν μεταγενέστερα ξανὰ στοὺς τύπους τῆς κατηχήσεως, εἴτε διὰ τοῦ Γ. Γάτζου, εἴτε διὰ τοῦ Θ. Νέγρη, εἴτε δι' ἄλλων. Πρβλ. Ἔκθεσι τῆς 12 Ἀπριλίου 1819 τοῦ Θ. Νέγρη πρὸς τὴν Ἀρχή. Φιλ. Α' 140—152. Βλ. ἐπίσης περαιτέρω.

Είδοποιήσας ακολούθως ότι ένήργησε κάτι τι.
13 Μαρτίου 1817. Μόσχα.

16. **Σπυρίδων Μπούας.**—Διά Νικολάου Σκουφά. Φλ. 10.
4 Ιουλίου 1817. Όδέσσα.

17. **Μπίμπασης Καπετάν Ιωάννης Χατζή Φαρμάκης.**—Έκ πατρίδος της έπαρχίας Σισιανουπόλεως εκ της κώμης Μπλάτζι. Χρηματίσας εκεί εξουσιαστής καί διοικητής της πολιτικής καί πολεμικής. Χρόνων 45. Διά καθηγουμένου Κύρ Νικηφόρου. (δηλ. Αναγνώστη Παπαγεωργίου).
2 Αυγούστου 1817. Μόσχα [1]. Φλ. 1
Πρός τόν προηγούμενον διδάσκαλον Συνέσιον Ιβηρίτην
Εις Άγιον Όρος.

18. **Δημήτριος Βατικιώτης.**—Διά Άθ. Σέκερη [2]. Φλ. 3.
2 Αυγούστου 1817. Τομάροβον.

19. **Ανδρέας Σοφιανός.**—Διά Παναγιώτη Αναγνωστοπούλου.
2 Σεπτεμβρίου 1817. Ισμαήλ. Φλ. 5.
Καί εις Κισνόβι διά Ν. Σκουφά ποιμήν.
22 Φεβρουαρίου 1818.
Πρός Νικόλαον Καλούδην, εις Πάρον.

20. **Ήλίας Παναγιώτη Μήγκλαρης.**—Διά Αθανασίου Σέκερη.
10 Σεπτεμβρίου 1817 Ισμαήλ. Φλ. 3.

21. **Ήλίας Χρυσοσπάθης.** — Μανιάτης. Καπιτάνος [3]. Διά Ν. Σκουφά. Φλ. 5.
18 Οκτωβρίου 1817. Όδέσσα.

---

1 Ή ήμερομηνία της μυήσεως του Ι. Χ" Φαρμάκη δέν πρέπει νά είναι αυτή. Βλ. σχετικό Βαλέριου Μέξα. Ή μύησις ώς φιλικού του Ιωάννου Φαρμάκη. Μακεδονικόν Ήμερολόγιον 1936 σ. 58--64.

2 Ό Φιλήμων παραπλανηθείς άπό τίς περιαυτολογίες του Αναγνωστοπούλου γράφει: «Ό Αναγνωστόπουλος μεταβάς... εις τό Ισμαήλιον παρέλαβεν εις τό σύστημα τούς έκεί έπισημοτέρους, Έλληνας, δηλονότι τον άξιωματικόν Παπαδόπουλον (Καλαμαηνόν), τον Βατικιώτην καί πολλούς Μεγαλεμπόρους» (Δοκ. σ. 186).
Ό Βατικιώτης όμως κατηχήθηκε άπό τόν Α. Σέκερη. Ό Παπαδόπουλος κατά τόν ίδιο τον Φιλήμονα (Κατ. άρ. 461) κατηχήθηκε άργότερα, καί τούς πολλούς Μεγαλεμπόρους τους άντιπροσωπεύει μονάχα ό Ανδρέας Σοφιανός.

3 Ή μύησις των καπετανέων (Ήλ. Χρυσοσπάθη, Π. Παπαγεωργίου, Π. Δημητροπούλου καί Ι. Φαρμάκη) υπήρξε μία άπό τίς πρώτες θετικές έπιτυχίες της Εταιρίας. Απετέλεσε καί τό θέμα αυτό ζήτημα διαμάχης μεταξύ του Ξάνθου καί του Αναγνωστοπούλου. Βλ σχετικά Φιλ. Δοκ. σ. 185. Ξάνθου Υπόμνημα ανεκδότου Ίστ. Αρχ. Εθν. Βιβλ. Κανδ. σ. 163. Βλ. έπίσης Β. Μέξα ένθ. αν.

22. **Σταυρής Μιχαήλ Χαχαμάκης**,—Κωνσταντινουπολίτης. Έμπορος. Διά Ν. Σκουφά. Φλ. 5.
20 Όκτωβρίου 1817. Όδέσσα.

23. **Παναγιώτης Παπαγεωργίου** (ὁ Ἀναγνωσταρᾶς).—Πελοποννήσιος. Μαγκιόρος. Διά Παναγιώτη Ἀναγνωστοπούλου. Φλ. 5.
25 Όκτωβρίου 1817. Όδέσσα.

24. **Χριστόδουλος Δουριώτης**.—Άρτινὸς φθάσας εἰς Ἰταλίαν. Χρόνων 31. Διά Ν. Σκουφᾶ. Φλ. 5.
1 Νοεμβρίου 1817. Όδέσσα.
Διὰ τὴν Μητέρα του Ζωΐτζαν, εἰς Ἄρταν.
Όδέσσα, διὰ τοῦ ἰδίου ποιμὴν.
9 Φεβρουαρίου 1818.
Πρὸς Ἀναστάσιον Χριστοδούλον, εἰς Λάρισσαν.

25. **Παναγιώτης Δημητρόπουλος**.— Μανιάτης ἀπὸ χωρίου Σκιφιάνικα. Ὑποπενήνταρχος τακτικῶν. Χρόνων 25. Διὰ Παν. Ἀναγνωστοπούλου. Φλ. 2.
14 Νοεμβρίου 1817. Όδέσσα.
Τῷ Ἰωάννῃ Μαυρομιχάλῃ. Εἰς Ζάκυνθον.

26. **Ἰωάννης Λαζαρίδης**.—Χρόνων 30. Διὰ Ν. Σκουφᾶ. Φλ. 50.
21 Νοεμβρίου 1817. Όδέσσα.
Τῇ μητρί του Χρυσαυγῇ, εἰς Κορώνην.

1818.

27. **Μιχάλης Λαζάρου Στέλιος**.—Ἀπὸ Νήβιτζαν τῆς Ἠπείρου, χωρίον τοῦ Ἁγίου Βασιλείου. Πολεμικὸς εἰς τοὺς Ρώσσους. Χρόνων 37. Διὰ Κωνστ. Πεντεδέκα. Φλ. 4.
10 Ἰανουαρίου 1818. Μόσχα.
Πρὸς Δῆμον Δούκαν. Κορυφούς.

28. **Γεώργιος Κωνσταντῆ Παντελῆς**.—Ψαριανὸς θαλασσινός. Χρόνων 20. Διὰ Ν. Σκουφᾶ. Φλ. 10.
11 Φεβρουαρίου 1818. Όδέσσα.
Τῷ Ἰωάννῃ Παντελόπουλῳ.

29. **Ἰωάννης Καμαρηνοῦ Ψάλτης**.—Πελοποννήσιος. Ἔμπορος εἰς Μόσχαν. Χρόνων 30. Διὰ Ἀναγνώστη Παπαγεωργίου. Ρούβλια 50.
27 Φεβρουαρίου 1818.

Προς τον αδελφόν του Θεοδωράκην Ψάλτην, εις Καλαμάταν. Δια Παναγ. 'Αναγνωστόπουλου ποιμήν.
25 'Ιανουαρίου 1819.

30. *Συμεών Σταυρόπουλος.*—'Από Τριπολιτζάν Μωρέως. Έμπορος εις Μόσχαν. Χρόνων 48. Δια 'Αναγνώστη Παπαγεωργίου. Ρούβλια 75. 26 Φεβρουαρίου 1818. Μόσχα.
Προς τον Καπ. 'Αναγνωσταράν.

31. *Γεώργιος 'Ιωάννη Δασάννης.*—'Από Κοζάνην της Μακεδονίας. Σπουδαίος. Χρόνων 25. Δια Κωνσταντίνου Χριστοδ. Πεντεδέκα. Φλ. 30. α' Μαρτίου 1818.
Προς Γεώργιον Παπά Λαζάρου, εις Θεσσαλονίκην.

32. *Δημήτριος Παναγιωτάδης.*—Έκ κωμοπόλεως Διακοπτόν Βοστίτζης. Σπουδάζων εις την αυθεντικήν σχολήν του 'Ιασίου. Χρόνων 27. Δια Παναγιώτη 'Αναγνωστοπούλου. Φλ. 5.
4 Μαρτίου 1818. Γιάσι.
Προς την θείαν των Τριανταφύλλω, εις Βοστίτζαν, Διακοπτό.

33. *Ευάγγελης Μαντζαράκης Γλυκούδης.*—'Ιθακήσιος. Πλοίαρχος. 'Εμπορευόμενος εις Γαλάτζι. Χρόνων 30. Δια Χριστ. Λουριώτη. Φλ. 50. 15 Μαρτίου 1818 [1].
Προς 'Ιωάννην Μήτρου, εις Κύπρον.

34 *Χριστόφορος Κορνήλιος.*—Ζακύνθιος. Έμπορος. Χρόνων 24. Δια 'Ιωάννη Μποκαουριάδη. Φλ. 10
16 'Απριλίου 1818. 'Οδέσσα.
Προς 'Αλέξανδρον Λογοθέτην Χωματιανόν, εις 'Αθήνας.

35. *Γεώργιος Μόσερας.*—'Αρτινός. Διπλωματικός εις την εν Κωνστ. Ρωσσικήν Καντζιλαρίαν. Χρόνων 24. Δια Χριστοδούλου Λουριώτη. Φλ. 5. α' Μαΐου 1818.
Προς Παύλον 'Αθανασίου, Βιέννην.

36. *Παναγιώτης Σέκερης.*[2]—Χρόνων 35. Έμπορος. Δια Παν. 'Αναγνωστόπουλου. Γρ. 10.000.
5 Μαΐου 1818. Κων)πολις.
Τω αδελφώ του Γεωργίω, Παρίσι.

---
1 Ο Φιλήμων (Α' σ. 383) δημοσιεύει ως αφιερωτικόν του Ε. Μαντζαράκη Γλυκούδη μεταγενεστέραν επιστολήν του της 2 Μαρτίου 1819, ενώ ορθά στον κατάλογο σημειώνει έτος μυήσεως το 1818.
2 Από το αφιερωτικόν του Αρχ. Εθν. Ετ. αρ. 7310. Τα της σημασίας της μυήσεώς του βλ. Φιλ. Δοκ. σ. 191 Ξάνθου 'Απομν. σ. 10 Κανδ. σ. 178.

37. **Ἀνδρέας τοῦ Χατζῆ Παντελῆ Μηταρᾶ**.—Ψαριανός. Ὑποναύαρχος. Χρόνων 25. Διὰ Κωνσταντίνου Πεντεδέκα. Φλ. 10.
10 Μαΐου 1818. Ὀδέσσα.
Πρὸς Δημήτριον Παπανικολῆ, εἰς Ψαρᾶ.

38. **Νικολῆς Ἀποστόλης**.—Ψαριανός. Ἔμπορος καὶ ναύαρχος εἰς Ὀδέσσαν. Χρόνων 48. Διὰ Ἠλία Χρυσοσπάθη Φλ. 10.
13 Μαΐου 1818.
Πρὸς Ἰωάννην Δημητρίου, εἰς Κωνσταντινούπολιν.

39. **Θεόδωρος Νέγρης** [1].—Κωνσταντινουπολίτης. Μέγας Κόμισος εἰς Ἰάσιον. Χρόνων 28. Διὰ Γεωργίου Γάτζου. Φλ. 50.
15 Μαΐου 1818.
Πρὸς Ἀθανάσιον Ἰωάννου, εἰς Χίον.

40. **Ἠλίας Μάνεσης**.—Πελοποννήσιος. Ἔμπορος εἰς Ὀδέσσαν. Χρόνων 40. Διὰ Ἀναγνώστη Παπαγεωργίου. Ρούβλια 100.
16 Μαΐου 1818.
Πρὸς τὴν θείαν του Ἀσημίναν τοῦ ποτὲ Νικολάου Κόκου, εἰς Σπέτζαις.

41. **Μιχαὴλ Δ. Λεονάρδος** [2].—Ἀπὸ Μιστράν. Ἀξιωματικὸς ρῶσσος εἰς Ἰάσιον. Χρόνων 30. Διὰ Γεωργίου Γάτζου. Φλ. 50.
17 Μαΐου 1818.
Πρὸς Δημήτριον Ρίζον, εἰς Κωνσταντινούπολιν.

42. **Δημήτριος Παρυσιάδης**;—Κωνσταντινουπολίτης. Διδάσκαλος εἰς Ἰάσιον. Χρόνων 25. Διὰ Γεωργίου Κώστα Γάτζου. Φλ. 10.
22 Μαΐου 1818.
Πρὸς Νικόλαον Θεοφίλου, εἰς Χίον.

43. **Γεώργιος Αἰνιάν**.—Ἀπὸ Θεσσαλίαν. Διδάσκαλος εἰς τὸν οἶκον Μουρούζι. Χρόνων 30. Διὰ Ἀναγνώστη Παπαγεωργίου. Γρ. 10.
2 Ἰουνίου 1818. Κων)λις.
Εἰς τὸν ἀδελφόν του Κωνσταντίνον Ἀναγνωστόπουλον, εἰς Πατρατζίκι.

---

1 Ὁ Νέγρης εἶχε μυηθῆ ἀντικανονικά, στὰ 1817, ἀπὸ τὸ Γαλάτη. Στὰ 1818 τελειοποιηθεὶς εἰς τὴν κατήχησι ἀπὸ τὸν Γ. Γάτζο, ἄρχισε νὰ χειροτονῇ κανονικὰ καὶ ἄλλους ποὺ ὅπως καὶ αὐτός· εἶχαν παράτυπα μυηθῆ «ὑπὸ τοῦ τέρατος» ὅπως ὀνομάζει τὸ Γαλάτη. Πρβλ. σημ. 2 σελ. 3.

2 Ὁ Μ. Λεονάρδος εἶχε μυηθῆ παράτυπα ἀπὸ τὸ Γαλάτη στὰ 1817. Αὐτὸς συνώδευσε τὸν Καραγεώργη ἀπὸ τὸ Ἰάσιον ἕως τὸ Τέμισβαρ, ὅταν ὁ ἡρωϊκὸς σέρβος ἀρχηγὸς πῆγε στὴ Σερβία νὰ τὴν ἐπαναστατήσῃ συνεννοημένος μὲ τὴν Φιλικὴ Ἑταιρία. Βλ. σχετικὰ τῇ μελέτῃ τοῦ καθ. κ. Μιχ. Λάσκαρι, "Ἕλληνες καὶ Σέρβοι κατά τοὺς ἀπελευθερωτικούς των ἀγῶνας σ. 68.

44. **Πανδιάς Ροδοκανάκης**—.Χϊος. Έμπορος εις Κων)λιν. Χρόνων 33. Διά Χριστοδούλου Λουριώτη. Φλ. 3.
19 'Ιουνίου 1818. Κων)λις.
Προς Παΰλον Μανουήλ, εις Βιέννην.

45. **Κυριακός Κουμπάρης**[1].—Άπό Μεσέμβριαν της Μαύρης Θαλάσσης. Έμπορος εις Κωνσταντινούπολιν. Χρόνων 41. Διά Καπ. 'Ιωάν. Χ"Φαρμάκη. Φλ. 1.
Και όταν ιδη πρόοδον, θέλει προσφέρει όσην ποσότητα θέλει.
19 'Ιουνίου 1818.
Προς την Γραικικήν Σχολήν της Νίζνας.

46. **Γρηγόριος Δικαίος**.—Πελοποννήσιος. Έξαρχος και αρχιμανδρίτης πατριαρχικός. Χρόνων 32. Διά Αναγνώστη Παπαγεωργίου. Γρ. 10.
21 'Ιουνίου 1818. Κων)λις.
Τω άδελφω του Ήλία Δικαίω, εις χωρίον Πολιανη.

47. **Χριστόδουλος Ζαχαρίου Αινιάν**.—Θεσσαλός. Διδάσκαλος. Χρόνων 25. Διά Γρηγορίου Δικαίου[2]. Γρ. 100.
22 'Ιουνίου 1818. Κων)λις.
Διά την άδελφήν του Δέσπω, εις Νέαν Πάτραν.

48. **Δημήτριος Κωνσταντινίδης Κουιμάνος**.—Λαρισσαϊος. Διδάσκαλος εις Ίάσιον. Χρόνων 26. Διά Γεωργίου Γάτζου. Φλ. 3.
22 'Ιουνίου 1818.
Προς Γεώργιον Πασχάλην, εις Κωνσταντινούπολιν.

49. **Γεώργιος Δεβέντης**[3].—Έκ Καρακοβοΰνι Λακωνίας. Δραγουμάνος

---

1 Ό Κυριακός Κουμπάρης κατά τόν **Φιλήμονα** (Κατ. 254) κατηχήθηκε από τόν Π. Σέκερη. Αντιγράφοντας τόν Φιλήμονα παρεσύρθηκε στό ίδιο λάθος ό Γούδας (Δ' 191). Απόδειξις κι' αυτό τοΰ πόσο λίγη προσοχή έδωσε ό Φιλήμων κατά τή σύνταξι τοΰ καταλόγου τών Φιλικών, άφοΰ ό ίδιος (τόμ. Α' 374) δημοσιεύει τήν άπάντησι της 'Αρχής στο αφιερωτικό τοΰ Ι. Φαρμάκη δπου αναφέρεται δτι ό Κ. Κουμπάρης κατηχήθηκε άπ' αυτόν. Βλ. Φιλ. Α' 200. βλ. επίσης Β. Μέξα ένθ' άνωτ.
2 Στό σπίτι τών Αινιάνων στά Θεραπειά κατοικούσε ό Γρηγόριος Δικαίος, κατά τήν διαμονή του στην Κωνσταντινούπολη. Γι' αύτό καί πρώτον πού κατηχεί τήν επομένη ακριβώς της δικής του μυήσεως είναι ό Χριστόδουλος Αινιάν. Ό μικρότερος αδελφός Δημήτριος, μικρό παιδί τότε, άφησε ενδιαφέροντα απομνημονεύματα πού σώζονται ανέκδοτα στήν οικογένεια Μαζαράκη-Αινιάνος κι' αναφέρει πώς τό σπίτι τους ήταν τό έντευκτήριον τών φιλικών. Βλ. σχετικά καί Γούδα Ζ' 361.
3 Ό Γ. Λεβέντης εμυήθη εις τήν Έταιρία διά τοΰ Γαλάτη περί τά τέλη τοΰ 1816. Ό Θ. Νέγρης γράφει σχετικά στή μνημονευθεϊσα έκθεσί του της 12 'Απριλίου 1819 τά ακόλουθα: «Τόν μέν Λεβέντην [έχειροτόνησα], διότι αυτός πρώ-

τοΰ γενικού κονσόλου ρώσσου εις Ίάσιον. Διά Θεοδώρου Νέγρη. Φλ. 50.
28 Ιουνίου 1818.
Προς Άθανάσιον Δημητρίου, εις Πάτρας.

50. **Καπ. Δημήτριος Μαμούνης**.—Άπό Ψαρά. Πλοίαρχος. Χρόνων
25. Διά Παναγιώτη Δημητροπούλου. Γρ. 300.
Ύποσχόμενος να δουλεύση μέ το καράβι του όπου καί όταν προσταχθή
30 Ιουνίου 1818 Κων)λις.
Τω Χαριλάω, εις Σπάρτην.

51. **Καπ. Αντώνιος Κριεζής** —Υδραίος. Πλοίαρχος. Χρόνων 32
Διά Ηλία Χρυσοσπάθη. Τάλληρα 10.
30 Ιουνίου 1818. Κων)λις.
Προς Άλέξανδρον Στουπάν, εις Όδέσσαν.

52. **Βελισσάριος Διογενίδης**.—Πελοποννήσιος. Έκ Δημητζάνης. Έμ
πορος εις Κων)λιν Χρόνων 33. Διά Παναγιώτη Σέκερη. Γρ. 5000.
4 Ιουλίου 1818. Κων)λις.
Προς τον Καθηγούμενον της Ιεράς Μονής του
Φιλοσόφου κυρ. Γρηγόριον, εις Πελοπόννησον.

53. **Καπετάν Γεώργιος Πάνου**.—Πετζιώτης. Έμπορος, προεστώ
του τόπου του καί κύριος διαφόρων πλοίων. Χρόνων 40. Διά Παναγιώτη
Σέκερη τάλληρα 20 χρ. (υποσχόμενος έτι συνδρομήν μέ τά πλοία του).
5 Ιουλίου 1818, Κων)λις.
Τω Καθηγουμένω Παναρέτω της Ιεράς
Μονής του Ταξιάρχου, εις Σύμην.

54. **Χ΄ Νικόλαος Καλαβρυτινόπουλος**.—Άπό Παλαιάν Πάτραν
Έμπορος εις Κων)λιν. Χρόνων 47. Διά Κωνστ. Πεντεδέκα. Φλ. 7.
5 Ιουλίου 1818.
Εις Ίωάννην Άσημακόπουλον, εις Πάτρας.

55. **Δημήτριος Ύπατρος**.—Πίνδιος. Πρώην καπετάνος τακτικών
εις τους Άγγλους. Χρόνων 30. Διά Αναγνώστη Παπαγεωργίου. Γρ. 30.
6 Ιουλίου 1818. Κων)λις.
Προς Ίωάννην Παπάζογλου, εις Όδέσσαν.

τος πρό δύο ήμισυ χρόνων ήδη, τους δύο όρκους παραλαβών άνευ κατηχήσεως παρά
του τέρατος [εννοεί τον Γαλάτην] έξώρκισέ με ακολούθως δ' εγώ τελειοποιηθείς
αναγκαίον έκρινα νά τελειοποιήσω τον άνθρωπον». Φιλ. Α' 143. Βλ. επίσης τά άπο
μνημονεύματα του Γ. Λεβέντη «Κλειώ» της Τεργίστης 1865 άρ. 215 καί 216.

56. **Αναγνώστης Δου Δημήτρη Μοναρχίδης.**—Ψαριανός. Κύριος πλοίου καὶ προεστὼς τοῦ τόπου του. Χρόνων 33. Διὰ 'Αναγνώστη Παπαγεωργίου γρ. 100 (καὶ ὅτι προσταχθῇ νὰ κάμῃ μὲ τὸ πλοῖον του).
7 'Ιουλίου 1818. Κων)λις.
Τῷ Καπ. Νικολῇ 'Αποστόλῃ, 'Οδέσσαν.

57. **Καπ. Άναστάσης Ἀνδρούτσου.**—Πετζιώτης. Καπετάνος καὶ ἔμπορος. Χρόνων 32. Διὰ Παναγιώτη Σέκερη τάλληρα 50 (καὶ ὑπόσχεται μὲ τὸ καράβι του ἐκδουλεύσεις).
10 'Ιουλίου 1818. Κων)λις.
Πρὸς 'Αδ. Κοραῆν, Παρίσιον.

58. **Γαβριὴλ Κατακάζης.**—Κωνσταντινουπολίτης. Σεκρετάριος τῆς Ρωσσικῆς πρεσβείας. Χρόνων 26. Διὰ 'Ηλία Χρυσοσπάθη.   Φλ. 12.
13 'Ιουλίου 1818. Κων)λις.
Πρὸς τοὺς ἐκδότας τῆς Ἑλλ. ἐφημερίδος, Βιέννην.

59. **Ἀναστάσιος Ἰω. Κόνιαρης.**—Ἀπὸ Ζάγοριαν. Ἔμπορος εἰς Κων)λιν. Χρόνων 45. Διὰ 'Αναγνώστη Παπαγεωργίου.   Φλ. 200.
'Υπόσχεται καὶ ἄλλα πλούσια.
14 'Ιουλίου 1818.
Πρὸς Μάνθον Ριζάρην, Μόσχαν.

60. **Καμαρηνὸς Κωνσταντίνου Κυριακός.**—Ἀπὸ Καλαμάταν. Ἔμπορος. Χρόνων 27. Διὰ Γρηγορίου Δικαίου.   Γρ. 250.
15 'Ιουλίου 1818. Κων)λιν.
Εἰς τὸν ἀδελφόν του Ἰωάννην Κυριακόν, εἰς Καλαμάταν.

61. **Γκίκας Γ. Γκιώνης.**—Ὑδραῖος. Χρόνων 20. Διὰ 'Αναγνώστη Παπαγεωργίου.   Γρ. 300.
15 'Ιουλίου 1818, Κων)λις.
Πρὸς Ματθαῖον Φιλοπάτρην, εἰς 'Οδέσσαν.

62. **Σπυρίδων Τζανάκη Β. Μαῦρος.**—Πάριος. Ἔμπορος εἰς Κων)λιν. Χρόνων 33. Διὰ Παναγ. Σέκερη.   Γρ. 1000
15 'Ιουλίου 1818, Κων)λις.
Πρὸς Κ. Μ. Κούμα, εἰς Βιέννην.

63. **Στέριος Χ''Κώσια.**—Ἀπὸ Νεζερῶν τοῦ 'Ολύμπου. Ἔμπορος πρότερον. Χρόνων 58. Διὰ Θεοδώρου Νέγρη (οὐδὲν [προσφέρει], ἀλλ' ὑπόσχεται).
19 'Ιουλίου 1818. Ἰάσιον.
Πρὸς Γεώργιον Θεοδοσίου, εἰς Λάρισσαν.

— 11 —

64. *Σπυρίδων Παπαπάνου.*—'Ιωαννίτης έμπορος εις Κων)λιν. Χρόνων 50. Διά Κωνσταντίνου Πεντεδέκα. Φλ. 100.
20 'Ιουλίου 1818.
Τῷ 'Ηλία Μάνεση, 'Οδέσσα.

65. *Καπ. 'Ιωάννης Μαυρομιχάλης.*—'Από Μάνην. 'Ανεψιός τοῦ Πετρόμπεη, εις τας υποθέσεις του θείου του καταγινόμενος. Χρόνων 35. Διά 'Αναγνώστη Παπαγεωργίου. Φλ. 20.
21 'Ιουλίου 1818, Κων)λις.
Προς 'Ιωάννην Πέτρου Ξανθάκην.

66. *'Ιωάννης Πολυχρονιάδης.*—'Από Σκομέλι τοῦ Ζαγορίου εις 'Ιωάννινα."Εμπορος εις Κων)λιν. Χρόνων 37. Διά Κωνστ. Πεντεδέκα. Φλ. 2.
22 'Ιουλίου 1818.
Προς Θεόδωρον Νέγρην.

67. *Φραγκίσκος Α. Παπαμανώλης.*—'Υδραίος. "Εμπορος. Χρόνων 30. Διά 'Αναγνώστη Παπαγεωργίου. Φλ. 300 χρυσά.
23 'Ιουλίου 1818. Κων)λις.
Προς Γεώργιον Δ. Τρίβολην, εις Βάρναν.

68. *Μανοῦσος Φωτόλης.*—Πάτμιος. "Εμπορος εις Κωνσταντινούπολιν. Χρόνων 37. Διά 'Εμμ. Ξάνθου. Γρ. 10.000.
25 'Ιουλίου 1818.
Προς Λεωνίδα Σπαρτιάτην, εις Λειβαδιάν.

69. *Γεώργιος Μπεϊζαδές Μαυρομιχάλης.*—Υιός τοῦ Μπέη Μάνης. Σπουδάζων εις Κων)λιν. Χρόνων 20. Διά Καπ. 'Ιωάν. Μαυρομιχάλη.
28 'Ιουλίου 1818. Φλ. 30,
Τῷ εξαδέλφῳ του 'Ιωάννη Πετρουνάκη.

70. *Πανάγος Χαλικιόπουλος* [1].—'Ιθακήσιος. Θαλασσινός Καπετάνιος. Χρόνων 35. Διά τοῦ κυρίου Καμαρινοῦ Κυριακοῦ (υπόσχεται να δουλεύη μὲ ψυχήν, μὲ πουγγί εις το ελληνικόν σχολεῖον).
28 'Ιουλίου 1818."Ασπρη Θάλασσα.
Προς Σπύρον Κυπαρίσσι, εις 'Οδέσσαν.

71. *Γεώργιος Παπαζαφειρόπουλος.*—'Από 'Αγουλινίτζαν της Πε

---

[1] Ο Χαλικιόπουλος είναι ο 'Ιθακήσιος πλοίαρχος πού δὲν κατονομάζει ο Φιλήμων στο Δοκίμιόν του υποσημειώσει; σελ. 245 και 247 και πού εμπόδισε το Γαλάτη να προδώση την 'Εταιρία.

λοποννήσου. Ένασχολούμενος εις τά πολιτικά τοϋ τόπου. Χρόνων 30. Διά
Άναγνώστη Παπαγεωργίου. Γρ. 200
28 'Ιουλίου 1818· Κων)λις.
Διά τον 'Εμμανουήλ Δημητριάδην, Άμποϋργον.

72. *Πετρόμπεης Μαυρομιχάλης.* — Σπαρτιάτης. Διοικητής τής
Σπάρτης γρ. 1000 (υπόσχεται εις αΰξησιν ακόμη γρ. 5000 και είκοσι χιλιάδες όπλοφόρους, τους υπόσχεται όλους πρόθυμους μέ τήν ιδίαν τους
ζωήν, πλην πτωχούς και αξίους ελέους και τούτος ό ϊδιος εις χρέος, έχων
ένέχυρον τους δύο υιούς του Γεώργιον και Άναστάσιον, προς τους όποιους
γράφει, εις τοϋ Πατρονάμπεη τάς χείρας εις Κων)πολιν, είναι χρόνων 45 και
ή άφιέρωσίς του εις τό έλληνικόν σχολεϊον, παρακινηθείς από τους υιούς
του). Διά τοϋ Καμαριανοΰ Κυριακού.
2 Αυγούστου 1818. Κυτριές.·

73. *Άλέξης Μοσχόπουλος.*—Προεστώς Άγουλινίτζας. Χρόνων 28.
Διά Άναγνώστη Παπαγεωργίου. Γρ. 250.
6 Αυγούστου 1818. Κων)λις.
Προς Νικόλαον Πετρώνα, εις Πύργον Μωρέως.

74. *Χρύσανθος άρχιεπίσκοπος Σερρών* [1].—Από χωρίον Γραμματίκοβον τής Μακεδονίας. Χρόνων 51. Διά Καπ. Ιωάννη Φαρμάκη. Γρ. 10.
15 Αυγούστου 1818.
Προς τους επιτρόπους τής σχολής των Μηλεών.

75. *Καπετάν Νικολάκης Χρηστέας.*—Σπαρτιάτης. Διοικητής και
καπετάνος τής επαρχίας Ζυγού τοϋ Μελίγγου (δηλ. Πλάντζα). Χρονών 50.
Διά τοϋ Ηλιού Χρυσοσπάθη. Φλ. 5.
18 Αυγούστου 1818. Πλάντζα τής Σπάρτης.
Προς τον Άνδρέαν Βρετόν, εις Σμύρνην (ή επιγραφή· ό δέ τίτλος προς
Νικόλαον απλώς).

76. *Γεώργιος Παυλίδης* —Προυσσαϊος·. Περιερχόμενος έμπόριον κατά
τό Βουκουρέστιον. Χρόνων 24. Διά Κωνσταντίνου Πεντεδέκα. Γρ. 200.
19 Αυγούστου 1818. Έκ Μεγάλου Τυρνάβου.
Προς Ίωάννην Πολυχρονιάδην.

77. *Δημήτριος Λάγος.* - Σίφνιος. Διδάσκαλος των Μπεϊζαδέδων
τοϋ Πετρόμπεη Μαυρομιχάλη Σπαρτιάτου, εις Κων)πολιν. Χρόνων 34. Διά
τοϋ Μπεϊζαδέ Γεωργίου. Φλ. ολλανδικά 15.
20 Αυγούστου 1818, Κων)λις.

---

1 Πρβλ. άπάντησι στό άφιερωτικό του Φ. Α' 376.

— 13 —

78. *Ιγνάτιος 'Αρδαμερίου αρχιερεύς.* —Άπό 'Αμπελάκια της επαρχίας Πλαταμώνος. Χρόνων 49. Διά Καπ.'Ιωάννη Φαρμάκη. Φλ. βενέτικα 3. 22 Αυγούστου 1818. Άπό "Ορος "Αθω.

Προς τους 'Εφόρους της σχολής τών 'Αθηνών.

79. *Πέτρος Κ. Πελιών 'Ηπείτης.* —Άπό Βουκουρέστιον Γραικός. Ιατρός και μέλος τοϋ κατά τήν Βιένναν Πανεπιστημίου. Χρόνων 30. Διά 'Αθανασίου Σέκερη. Ρούβλια 20. 24 Αυγούστου 1818. 'Οδέσσα.

Προς 'Αδ. Κοραήν, Παρίσιον.

80. *Ρίζος Καρεάδης* [1].—Άπό Γούραν τών Φαρσάλων. Μετερχόμενος εις Μολδαβίαν το επάγγελμα τοϋ ιατροϋ. Χρόνων 28. Διά Θεοδώρου Νέγρη. Φλ. όλλανδικά 5. 24 Αυγούστου 1818, εκ Μολδαβίας.

Προς τους επιτρόπους της εν Σμύρνη Σχολής.

81. *Γεώργιος Σωτήρας Ταφραλής.*—Άπό νήσον Λέρον (κειμένη) πλησίον της Πάτμου). "Εμπορος εις Μολδαβίαν εν 'Αλβανιτοχωρίω. Χρόνων 35. Διά Κωνσταντίνου Πεντεδέκα. Γρ. 200. 24 Αυγούστου 1818, 'Αλβανιτοχώριον.

Προς Νικόλαον Κυρίλλον.

82. *Κωνσταντίνος 'Αλεξανδρόπουλος* —Άπό Στεμνίτζαν της Πελοποννήσου. Εις τα πολιτικά της πατρίδος του καταγινόμενος. Χρόνων 40 Διά Γρηγορίου Δικαίου. Γρ. 50. 25 Αυγούστου 1818. Κων)λις.

Προς Βασίλιον Χαροκόπον, εις Καρύταινα.

83. *Παναγιώτης Γιατράκος* [2].—Μανιάτης. Ιατρός χειρούργος. Χρόνων 27. Διά Γρηγορίου Δικαίου γρ. 10 (υποσχόμενος 500 ανθρώπους). 26 Αυγούστου 1818. Κων)λις.

Τώ Γεωργίω Γιατράκω.

84. *'Αναστάσιος Κορνήλιος* [3].—Ζακύνθιος, κάτοικος εις τήν Πελοπόννησον. Ιατρός. Χρόνων 57. Διά'Ηλιοϋ Χρυσοσπάθη. φλ. όλλ. 5. 28 Αυγούστου 1818. Καλαμάτα.

Προς τον Νικόλαον 'Αναστασίου, εις Τριέστι.

1 Ό Φιλήμων (Κατ. αρ. 217) τον αναφέρει Χρήστον Καρνεάδην. Πρβλ. και Φιλ. Α' σ. 143.

2 Πρβλ. απάντησιν εις το αφιερωτικόν τον εις Φ. Α' 355.

3 Τό εφοδιαστικόν του σώζεται στα 'Αρχεία της Έθν. Εταιρίας αρ. 2250 και έχει ημερομηνία 10 'Ιουλίου 1818. Πρβλ. απάντησιν εις το αφιερωτικόν του Φ. Α' 352. Βλ. επίσης 'Ιστ. 'Αρχ. Έθν. Βιβλ. αρ. 6313.

85. *Παναγιώτης Τζάνες.*—Πεντηκόνταρχος ποτέ εις την δούλευσιν ων Έγγλέζων. Χρόνων 27. Διά του Παναγιώτου Δημητρόπουλου (υπόσχεχι τριάντα ανθρώπους ετοίμους χωρίς πληρωμήν, υπόσχεται ακόμη εις την ρχήν να στέλλουν τους Καλογήρους του μοναστηρίου εις το σπήτι του και ύτος θέλει τους γυρίζει εις την χώραν δια σύναξιν και ακόμη ότι θέλει κάει την αφιέρωσίν του ακολούθως μέ τον ίδιον Δημητρόπουλον ή μέ άλλον ιστόν). Κατοικεί πάντοτε εις Καλαμάταν,
8 Αυγούστου 1818. Καλαμάτα.
Πρός τον Πανοσιώτατον ηγούμενον της μονής του Αγίου Γεωργίου κύρ Γεράσιμον της Σκύρου.

86. *Διονύσιος Κουτζογιαννόπουλος.*—Ζακύνθιος. Χρόνων 27. Διά ;ριστοφόρου Κορνηλίου. Φλ. 20.
0 Αυγούστου 1818, Καλαμάτα.
Πρός τον Ανδρέαν Κακουλίδη, εις Χίον.

87. *Μιχαήλ Χρισταρής* —Ιατρός από Ιωάννινα. Μετερχόμενος το ης Ιατρικής επάγγελμα εις Βουκουρέστιον. Χρόνων 45. Διά Κωνσταντίνου Ιεντεδέκα. Φλ. όλλανδικά 50.
0 Αυγούστου 1818. Βουκουρέστιον.
Πρός Ν. Πατζιμάδην.

88. *Αθανάσιος Κωνσταντίνου Κυριακού.* — Έμπορος. Κάτοικος ν Καλαμάτα του ηγεμόνος της Σπάρτης Πετρόμπεη γρ. 200 (υπόσχεται πηαίνοντας εις Καλαμάταν να κάμη σύναξιν από 300 στενούς φίλους του, ποσχόμενος δι' αυτούς την ολοτελή αφιέρωσίν τους προς την μεγάλην εκλησίαν και τον ίδιον εαυτόν του, ότι εις το εξής θέλει προσπαθεί διά το ύτο τέλος). Χρόνων 33.
1 Αυγούστου 1818. Κυτριές.
Πρός τον Πανιερώτατον Άγιον Αρχιεπίσκοπον Ζαρνάτας, εις Κάμπον.

89. *Γεώργιος Αγαλλόπουλος* [1].—Πελοποννήσιος. Έμπορος εις Ύραν. Χρόνων 30. Διά του Αναγνώστη Παπαγεωργίου γρ. 100 (υπόσχεται ν καιρώ του κτισίματος του μοναστηρίου νά πληρώση 30 ανθρώπων μιθούς).
:' Σεπτεμβρίου 1818. Ύδρα.
Πρός τον Δημήτριον Αθανασόπουλον, εις Σμύρνην.

---

1 Ο Γ. Αγαλλόπουλος αναφέρεται ότι κατηχήθηκε φιλικός σέ γράμμα της 1 Αυγούστου 1818 από την Ύδρα του Αναγνωσταρά πρός τους Ξάνθο, Τζακάλωφ αι Αναγνωστόπουλο. Κομιστής του γράμματος ήταν ο ίδιος ο Αγαλλόπουλος πού :ήγαινε στήν Κων)πολι.

90. **Εμμανουήλ Βερνάρδος Καμηνάρης.**—Κρής. Διπλωματικός εις Ίάσιον. Διά Ρίζου Καρεάδου. Φλ. όλλ. 10.
α' Σεπτεμβρίου 1818. Ίάσιον.
Προς τους επιτρόπους της Χίου Σχολής.

91. **Συμεών ιερομόναχος Βρετός.**—Αγιομαυρίτης. Προεστώς εις τον Άγιον Γεώργιον τοῦ Ἑδρινικαποῦ τῆς Κων)πόλεως. Χρόνων 33. Διά Ἐμμ. Ξάνθου. Γρ. 50.
5 Σεπτεμβρίου 1818.
Τοις εφόροις της σχολής τοῦ Πηλίου Όρους.

92. **Ιωάννης Δυμπεράκης.**—Κερκυραίος. Ιατρός εις Ιερουσαλήμ. Χρόνων 55. Διά Ιωάννη Πολυχρονιάδη. Φλ. 1.
6 Σεπκεμβρίου 1818. Κων)λις.
Προς Αθανάσιον Δημητρίου, εις Βουκουρέστι,

93. **Γιάννης Καπετανάκης Μαυρομιχάλης.**—Σπαρτιάτης από την Τζίμοβαν. Καπετάνος και διοικητής έως Πορτοκάγlο. Χρονών 39. Διά Ήλιοῦ Χρυσοσπάθη. Γρ. 70.
8 Σεπτεμβρίου 1818. Πόρτο Τζίμοβα.
Προς τον Γεώργιον Κότζη, εις Σμύρνην.

94. **Ιωάννης Ευσταθίου.**—Πελοποννήσιος από Πύργον. Προεστώς του αυτού καζά. Χρόνων 35. Διά Γρηγορίου Δικαίου. Γρ. 400.
9 Σεπτεμβρίου 1818. Κωνσταντινούπολις.
Προς Ιωάννην Μπαμπάκον, Τριέστιον.

95. **Δημήτριος Αστεριάδης Μάνθος.**—Από Τυρνάβου της Θεσσαλίας. Έμπορος. Χρόνων 33. Διά Αθαν. Τζακάλωφ. Γρ. 100.
9 Σεπτεμβρίου 1818. Κων)πολις.
Προς Εὐστάθιον Οἰκονομίδην, εἰς Λειψίαν.

96. **Ιωάννης Ξένος.**—Πάτμιος. Έμπορος. Χρονών 29. Διά Ιωάννου Πολυχρονιάδη. Συνδρομητής εις το εμπορικόν βιβλίον. Φλ. όλλ. 10.
12 Σεπτεμβρίου 1818. Κων)λις.
Προς τον Αριστομένην, εις Ίάσιον.

97. **ὁ Μελιτινῆς Ανανίας Γαλανός.**—Σμυρναίος. Προεστώς εις την εν Ψωμαθία εκκλησίαν τοῦ Ἁγίου Νικολάου. Χρόνων 40. Διά Εμμανουήλ Ξάνθου. Γρ. 50.
12 Σεπτεμβρίου 1818. Κων)λις.
Προς τους εφόρους της Σχολής τοῦ Πηλίου Όρους.

98. **Χατζῆ Ἰωάννης Ἀναστασίου**.—Ἀπὸ Ἄρταν χωρίον Κομπότη. Κάτοικος εἰς Θεραπειᾶ Κων)πόλεως. Ἐπίτροπος τῆς Ἐκκλησίας. Χρόνων 55. Διὰ Γρηγορίου Δικαίου. Γρ. 200.
14 Σεπτεμβρίου 1818.
Εἰς τὸν ἐξάδελφόν του Παπᾶ Κωνστάντιον, εἰς Ἄρταν.

99. **Εὐστάθιος Σουγδουρῆς**.—Ἰωαννίτης. Ἔμπορος κατοικῶν εἰς Κων)πολιν. Χρόνων 33. Διὰ Παναγ. Σέκερη. Γρ. 300.
14 Σεπτεμβρίου 1818.
Πρὸς τὸν ἡγούμενον Ἰερεμίαν, Ἅγιον Ὄρος.

100. **Παναγιώτης Ἀναστασίου Πάνου**.—Ἀπὸ Ἰάσιον. Ἔμπορος ἐκεῖ. Χρόνων 27. Διὰ τοῦ Κωνσταντίνου Πεντεδέκα. Γρ. 2.000. (σταλέντα πρὸς ἔκδοσιν Γεωγραφίας).
15 Σεπτεμβρίου 1818, Ἰάσιον.
Πρὸς αὐτάδελφον Καπετανάκηδων,

101. **Ἰωάννης Λυκάκης**.—Προεστὼς Κουρτζιαούση Καλαμάτας. Χρόνων 25. Διὰ Π. Παπαγεωργίου Γρ. 10.
15 Σεπτεμβρίου 1818.
Τῷ ἡγουμένῳ Ζαχαρίᾳ τῆς Λαύρας, εἰς Ἅγιον Ὄρος.

102. **Δημήτριος Ἀδαμόπουλος**.—Πελοποννήσιος. Ἔμπορος. Χρόνων 30. Διὰ Χριστοδούλου Λουριώτη. Φλ. 20.
16 Σεπτεμβρίου 1818. Λιβόρνο.
Τῷ Ἀγγελῆ Μελετόπουλῳ, Βοστίτζαν.

103. **Γεώργιος Κωνσταντίνου Σεσκελιώσης**.—Λαρισσαῖος. Ἔμπορος. Χρόνων 35. Διὰ Δημητρίου. Ὑπάτρου. Γρ. 30.
18 Σεπτεμβρίου 1818, Κων)λις.
Πρὸς Ἀναστάσιον Ἐλευθερίου, εἰς Λάρισσαν.

104. **Γεώργιος Πλέσος**.—Ἰωαννίτης. Ἔμπορος εἰς Κων)πολιν. Χρόνων 32. Διὰ Ἰωάννου Πολυχρονιάδη. φλ. ὁλλ. 2.
20 Σεπτεμβρίου 1818, Κων)πολις.
Πρὸς τὸν Ἀναστάσιον Δημητρίου, εἰς Βιέννην,

105. **Καπετὰν Γιαννάκης Κολοκοτρώνης**.—Πελοποννήσιος ἀπὸ τῆς Καρύταινας τὴν ἐπαρχίαν. Καπετάνος τῶν ἁρμάτων. Χρόνων 41. Διὰ τοῦ Ἀναγνώστη Παπαγεωργίου. Γρ. 80.
20 Σεπτεμβρίου 1818. Πύργος.
Πρὸς τὸν Παναγιώτην Δημητρίου, εἰς Ὕδραν.

106. **Καπετὰν Γιαννάκης Δυμπερόπουλος**.—Κουβελιώτης ἀπὸ τὴν Πελοπόννησον. Χρόνων 45. Διὰ τοῦ Ἀναγνώστη Παπαγεωργίου. Γρ. 60

— 17 —

Τούτος είναι καπετάνος τών αρμάτων υπόσχεται όταν γενή τό σχολείον καί ακόμα γρ. 200 διά μνημόσυνον τών γονέων του.
20 Σεπτεμβρίου 1818. Αρκαδία.
Πρός Αθανάσιον Ιωάννου, εις Σμύρνην.

107. *Δρόσος Δροσινού*.—Αμπελακιώτης. Υιός τού Ίβου καί σπουδάζει. Χρόνων 22. Διά Δημητρίου Υπάτρου. Γρ. 30.
25 Σεπτεμβρίου 1818. Κων)πολις.
Πρός Δάμωνα Αγαθομένην, εις Οδέσσαν.

108. *Αναγνώσιης Βασιλάκης*.[1]—Χρόνων 35. Διά τοϋ Παναγιώιη Παπαγεωργίου. Γρ. 10
25 Σεπτεμβρίου 1818.
Τῷ ἡγουμένῳ Γρηγορίῳ, εἰς Άγιον Όρος.

109. *Σέργιος Βυζάντιος ὁ Αργυρόπουλος*. Διπλωματικός τής εν Βουκουρεστίοις αυθεντίας. Χρόνων 35. Διά Κων. Πεντεδέκα. Γρ. 1000.
27 Σεττεμβρίου 1818[2]. Βουκουρέστιον.
Πρός τούς φιλομούσους εφόρους τής εν Σμύρνη Σχολής.

110. *Βασίλειος Συναγοβίου* —Από Ιωάννινα άρχιμανδρίτης. Χρόνων 42. Διά Κωνσταντίνου Πεντεδέκα. Γρ. 1500.
28 Σεπτεμβρίου 1818. Βουκουρέστιον.
Πρός Μπεϊζαδέ.

111. *Θεοδόσιος Χρίστου Καρδαρᾶς*.—Πελοποννήσιος. Έμπορος. Χρονών 29. Από τό Ζυγοβίστι, κάτοικος εις Τριπολιτζάν. Διά τοϋ Αντωνίου Πελοπίδα[3]. Γρ. 25.
Πρός τόν Παναγιώτην Σεκέρην, εις Κωνσταντινούπολιν.
30 Σεπτεμβρίου 1818. Ύδρα.

1 Καταγόταν καθώς καί ό Γεώργιος Βασιλάκης. (βλ. παρακάτω άρ. 133) άπό τό χωρίον Σίτσοβον τής Μεσσηνίας. Βλ. Αρχείον Αγωνιστών Εθν. Βιβλ. άρ. 16248.
2 Τήν ίδια ημερομηνία έχει τό έφοδιαστικόν του δίπλωμα ώς ιερέως φιλικού πού τό έχει ό καθ. κ. Ρούσος στό Βουκουρέστι.
3 Ό Α. Πελοπίδας έμφανίζεται ώς κατηχητής χωρίς νά υπάρχη προηγουμένως στόν κατάλογο τών μυηθέντων. Κατά τόν Φιλήμονα (Κατ. άρ. 493) κατηχήθηκε στήν Κωνσταντινούπολι τό 1818, άπό τόν Γρηγόριο Δικαίο. Έτσι εξηγείται τό ότι δέν υπάρχει στόν Κατάλογο Σέκερη, διότι ό Γρ. Δικαίος άφ' ότου έγινε μέλος τής Αρχής έπαυσε νά στέλνη τά αφιερωτικά τών νέων προσηλύτων του στόν Παναγιώτη Σέκερη. Μετά, στά 1820, τά παρέδωκε στόν Αλέξ. Υψηλάντην καί έτσι βρίσκουμε τά ονόματά των στόν Κατάλογο τοϋ Αρχείου Υψηλαντών δηλ. στόν Κατάλογο Φιλήμονος.

2

112. **Παπαγεώργιος Άθανασίου** '.—Λειβαδίτης. Διά Άθανασίου Τζακάλωφ.
α' Όκτωβρίου 1818. Κων)πολις.
        Τῷ Ἰωάννῃ Γεωργίου, Μόσχαν.
Ποιμὴν διὰ Π. Ἀ. Ἀναγνωστοπούλου.
6 Φεβρουαρίου 1819.
        Τῷ Κυρίῳ Ἰωάννῃ Δημητριάδῃ, Μόσχαν.

113. **Νίνος Χριστοδούλου Περδίκης**.—Ἀπὸ Βέρροιαν. Ἔμπορος. Χρόνων 40. Διὰ Κωνστ. Πεντεδέκα. Γρ. 1500.
α' Όκτωβρίου 1818. Βουκουρέστιον.
        Τῷ Κωνσταντίνῳ Ντεληγιάννῃ.

114. **Γεώργιος Ἰωάννου Ποριώτου**.—Ὑδραῖος. Χρόνων 20. Διὰ Ἀντωνίου Πελοπίδα. Γρ. 25.
α' Όκτωβρίου 1818. Ὕδρα.
        Τῷ Παναγιώτῃ Σωτηροπούλῳ, εἰς Ὕδραν.

115. **Νικόλαος Μυλωνᾶς** ².—Κεφαλληνεύς. Ρωσσικὸς κόνσολος Χίου. Χρόνων 42. Διὰ Π. Ἀναγνωστοπούλου. Φλ. 50.
α' Όκτωβρίου 1818. Κων)πολις.
        Τοῖς ἀδελφοῖς Σπύρῳ καὶ Παναγῇ.
Ποιμὴν διὰ τοῦ Α. Πελοπίδα.
20 Φεβρουαρίου 1820.

116. **Βασίλειος Φατζιολάτης** ³.—Λογιώτατος. Χρόνων 35. Διὰ τοῦ κ. Γεωργίου Πάνου.
α' Όκτωβρίου 1818. Σπέτζαις.
        Τῷ Ἡγουμένῳ Παντερμιώτῃ, εἰς Σύμην.

117. **Ἀναγνώστης Τζοχαντάρης**.—Πελοποννήσιος, Σουλιμιώτης. Τενέντες. Διὰ Α. Παπαγεωργίου. Χρόνων 35. (Ὑπόσχεται 40 πρόβατα εἰς τὸ σχολεῖον⁴). Γρ. 25.
α' Όκτωβρίου 1818. Ὕδρα.
        Πρὸς τὸν Πέτρον Βεργόπουλον, εἰς Κων)πολιν.

---

1 Ἡ σύγχισις τοῦ Παπαγεωργίου Ἀθανασίου καὶ τοῦ Ἀναγνώστη Παπαγεωργίου (δηλ. τοῦ Ἀναγνωσταρᾶ) εἶναι εὔκολη καὶ συχνή. Ἀπὸ κεῖ πιθανὸν προῆλθαν καὶ οἱ ἀνακρίβειες ποὺ ἀναφέρουν τὰ Mémoires du Prince Nicolas Ypsilanti, publiés par A. Kambouroglous. Ἀθ. ἄ. ἔ. σ. 22.

2 Πρβλ. ἀπάντησιν εἰς τὸ ἀφιερωτικόν του Φ. Α´, 367. Βλ. ἐπίσης ὅσα γράφει γι' αὐτὸν ὁ Νικόλαος Ὑψηλάντης εἰς τὰ Ἀπομνημονεύματά του. ἔνθ. ἀν. σ. 34.

3 Πρβλ. ἀπάντησιν εἰς τὸ ἀφιερωτικόν του Φ. Α´, 360.

4 Πρόβατα ἐννοεῖ τοὺς στρατιώτας ποὺ μπορεῖ νὰ φέρῃ μαζύ του καὶ σχολεῖον τὴν ἐπανάστασι.

118. **Κωνσταντίνος Ιωάννου Μεθενίτης.**—Υδραίος. Πλοίαρχος.
Χρόνων 45. Διά Άντωνίου Πελοπίδα. Γρ. 25.
α' Οκτωβρίου 1818. Ύδρα.
Τῷ Ιωάννη Μπάρμπη, εἰς Κων)πολιν.

119. **Κωνσταντίνος Ιωάννου Δεληγιάννης.**—Ιωαννίτης. Έμπορος.
Χρόνων 35. Διά Κωνσταντίνου Πεντεδέκα. Γρ. 250.
α' Οκτωβρίου 1818. Βουκουρέστιον.
Τῷ Ἀλεξάνδρῳ Νικολάου.

120. **Νικολάκης Πετμεζᾶς**[1].—Από Καλάβρυτα. Τενέντες. Χρόνων 23. Διά Ά. Παπαγεωργίου[2].
α' Οκτωβρίου 1818. Ύδρα.

121. **Γιακουμάκης Τουμπάζης**[3].—Υδραίος. Πλοίαρχος. Χρόνων 36.
Διά τοῦ Π. Σέκερη. Γρ. 200.
5 Οκτωβρίου 1818. Κων)πολις.
Τῷ Ἀδαμαντίῳ Κοραῇ, Παρίσι.

122. **Χρίστος Περούλης**.—Κρητικός· ἀπό χωρίον Χαλέπι τῶν Χανιῶν. Καπετάνιος μὲ ἰδικόν του καράβι. Χρόνων 30. Διά Γρηγορίου Δικαίου. Γρ. 500 (καὶ ὑπόσχεται ἔτι Γρ. 3000).
5 Οκτωβρίου 1818. Κων)πολις.
Τῷ Χ'''Ἀντωνίῳ Χανιώτη, Τριέστι.

123. **Ἀστέριος Γ. Σκανδάλη**;.—Ἀπό τὴν Ζελην(τζα τῶν Ἀγράφων.
Ἔμπορος· εἰς τὰς Σέρρας. Χρόνων 37. Διά Ιωάννη Φαρμάκη. Φλ. 1.
7 Οκτωβρίου 1818. Σέρραι.
Πρὸς τοὺς ἐπιστάτας τῆς τυπώσεως τῆς βίβλου Ὀκτωήχου, εἰς Γιάσι.

---

1 Ἀπό τὸ ἐφοδιαστικόν του δίπλωμα ὡς ἱερέως. Βλ. Ἀρχεῖον Ἱστ. Ἐθν. Ἐτ. ἀρ. 17909 καὶ Κανδ. σ. 104.

2 Ὁ Κανδηλῶρος ἔχει ὡς κατηγητὴ τοῦ Ν. Πειμεζᾶ τὸν Ἠλία Χρυσοσπάθη, διότι ἐξέλαβε τὸ σῆμα καθιερώσεως τοῦ Παπαγεωργίου ὡς· τοῦ Χρυσοσπάθη. Ἡ σύγχισις εἶναι εὔκολη διότι τὰ δύο σήματα διαφέρουν κατὰ μία τελεία μόνον. Ὁ Χρυσοσπάθης ὅμως τὴν ἐποχὴ αὐτὴ ἦταν στὴ Μάνη καὶ μόνον ὁ Ἀναγνωσταρᾶς βρισκόταν στὴν Ὕδρα.

3 Ἡ ἀπάντησις εἰς τὸ ἀφιερωτικόν τοῦ Γιακουμῆ Τεμπάζη ἐξεδόθη καὶ ἀπό τὸ ἀντίγραφον τοῦ Ἀρχείου Ὑψηλάντη (Φιλ. Α' 361) καὶ ἀπό τὸ πρωτότυπον (Ἰακώβου Ν. Τομπάζη Ἀδελφοί Ἰάκωβος καὶ Μανώλης Τομπάζης. Ἀθ. ἐκδ. Μιρασλῆ σ. 26). Καὶ στὰ δύο ἀντίτυπα φέρεται ἡμερομηνία μνήσεως· τοῦ ἢ 5 Δεκεμβρίου 1818. Παραδεχόμεθα πάντα ὡς· ἀκριβέστερη τὴν ἡμερομηνία τοῦ Ἀρχείου Σέκερη ποὺ συνετάχθηκε ἐπὶ τῇ βάσει τῶν πρωτοτύπων ἀφιερωτικῶν.

— 20 —

124. **Παύλος 'Ανδρόνικος.**—Καπετάνος εις Κισνόβι. Χρονών 43.
Διά Ιωάννου Ψάλτη. Φλ. 1.
10 Όκτωβρίου 1818. Κισνόβι.
Τῷ Πανάγῳ Ἀλεξανδράκῃ, Μόσχαν.

125. **Παναγιώτης Μηχανίδης.**—Καλαματιανός. Χρόνων 26. Διά τοῦ
Καμαρινοῦ Κυριακοῦ. Γρ. 100.
12 Όκτωβρίου 1818. Καλαμάτα.
Τῷ Παύλῳ Σακελλαρίῳ, Ὀδέσσα.

126. **Δημητράκης Πλαπούτας.**—Ἐκ Παλούμπας τῆς Μεσσηνίας. Διά
Ἀναγν. Τζοχαντάρη. Γρ. 5.000.
15 Όκτωβρίου 1818.
Πρὸς τὸν Μαγγιὸρ κ. Α. Παπαγεωργίου.[1]

127. **Νικήτας Τουρκολέκας.**—Πελοποννήσιος ἀπὸ τὸ Λεοντάρι. Ποτὲ
πεντηκόνταρχος εἰς τὴν δούλευσιν τῶν Ἐγγλέζων. Χρόνων 35. Διά τοῦ Ἡ-
λιοῦ Χρυσοσπάθη. Φλ. ὁλ. 3.
18 Όκτωβρίου 1818. Καλαμάτα.
Τῷ Κωνσταντῇ Πάνῳ, εἰς Σμύρνην.

128. **Θεοχάρης Ρέντης.**—Προεστὼς Κορίνθου.Χρόνων 30. Διά Ἀν-
τωνίου Πελοπίδα. Γρ. 1000.
19 Όκτωβρίου 1818. Κόρινθος.
Τῷ Ἀναστασίῳ Ἀβραμιώτῃ, Ζάκυνθον.

129. **Χαράλαμπος Βιλαέτης**[2].—Διά τοῦ Α. Τζοχαντάρη. Γρ. 20.
20 Όκτωβρίου 1818. Πύργος.
Τῷ Ἰωάννῃ Νικολάου, Σεβαστούπολιν.

130. **Χριστόδουλος Σμυρνιός.**—Ἔμπορος εἰς Κόρινθον. Χρόνων
53. Διά Α. Πελοπίδα. Γρ. 50.
20 Όκτωβρίου 1818. Κόρινθος.
Τῷ Ἀνδρέᾳ Ἰακώβου, Σμύρνην.

131. **Λάζαρος Ἀναστασίου Κοκκίνης.**—Ὑδραῖος. Οἰκοκύρης. Χρό-
νων 40. Διά τοῦ Ἀναγνώστη Παπαγεωργίου. Γρ. 30.

---

1 Τὸ ἀφιερωτικὸν τοῦ Δ. Πλαπούτα ἐξεδόθηκε ἀπὸ τὸ ἀνέκδοτο ἀρχεῖον του
εἰς Τ. Κανδηλώρου. Ἱστορία τῆς Γορτυνίας, Πάτραι 1899, σ. 235. Ἀμέσως μετὰ
ὁ Δημητράκης ἐμήνυσε τὸ γέροντα πατέρα του Κόλια καὶ τὸν ἀδελφό του Γιωργάκη.
2 Ὁ Φιλήμων (Κατ. ἀρ. 56) γράφει ἐσφαλμένα ὅτι κατηχήθηκε στὴ Ζάκυνθο
στὰ 1819, χωρὶς νὰ ἀναφέρῃ τὸν κατηχητή του.

21 Όκτωβρίου [1818]¹. Ύδρα.
Πρὸς τὸν Δημήτριον Κωνσταντίνου, εἰς Σμύρνην.

132. *Βασίλειος Δημητρίου Περραιβός.*—Ὀλυμπιώτης. Στρατιώτης. Χρόνων 25. Διὰ Χριστοφόρου Περραιβοῦ. Γρ. 10.
22 Ὀκτωβρίου 1818. Βαρλέτα.
Τῷ Ἀλεξάνδρῳ Θεοδώρῳ, εἰς Σόφιαν.

133. *Γεώργιος Βασιλάκης²*.—Πεντηκόνταρχος Ἄγγλων. Χρόνων 35.
Διὰ Ἰω. Λυκάκη. Γρ. 10.
25 Ὀκτωβρίου 1818. Καλαμάτα.
Τῷ Σπύρῳ Βασιλάκῃ, Κων)πολιν.

134. *Ἀριστείδης Παπᾶς.*—Ἐκ Τρίκκης Θεσσαλίας. Διδάσκαλος.
Χρόνων 36. Διὰ τοῦ Χριστοδούλου Λουριώτη.
25 Ὀκτωβρίου 1818. Νεάπολις.
Τῷ Ἰωάννῃ Χρόνῃ καὶ Σία, εἰς Κων)πολιν.

135. *Γεώργιος Καλαρᾶς ³.*—Κορίνθιος. Ἰατρός. Χρόνων 28. Διὰ
τοῦ Θεοχάρη Ρένδη. Γρ. 200.
28 Ὀκτωβρίου 1818. Κόρινθος.
Τῷ ἰατρῷ Ἰωάννῃ Κωλέτῃ, Ἰωάννινα.

136. *Ἰωάννης Ἀριστείδης.*—Λαρισσαῖος. Μουσικὸς Ἰτιλός. Χρόνων 32. Διὰ Ἀριστείδη Παπᾶ. Φλ. 10.
29 Ὀκτωβρίου 1818. Νεάπολις.
Τῷ Μιχαὴλ Ναύτῃ, εἰς Σμύρνην.

137. *Σταμάτης Ψαρούλης.*—Πελοποννήσιος ἐκ Δημητσάνης. Ἔμπορος κάτοικος εἰς Ὕδραν. Χρόνων 30. Διὰ Α. Παπαγεωργίου. Γρ. 100.
30 Ὀκτωβρίου 1818. Ὕδρα.
Τῷ Ἀθ. Σέκερῃ, εἰς Ὀδέσσαν.

---

1 Στὸν κατάλογο Ξάνθου λείπει τὸ ἔτος. Στοῦ Σέκερη λείπει ὁλόκληρη ἡ ἡμερομηνία. Εὔκολα ὅμως· συμπληρώνεται τὸ ἔτος διότι μόνον τὸν Ὀκτώβριο τοῦ 1818 ἦταν ὁ Ἀναγνωσταρᾶς στὴν Ὕδρα. Καὶ ὁ Φιλήμων (Κατ. ἀρ. 635) ἔχει ἔτος τὸ 1818.
2 Βλ. παραπάνω ὑποσημείωσιν 1 σελ. 17.
3 Σφαλερὰ ὁ Φιλήμων τόσο στὸ Δοκίμιον (σ. 205) καθὼς καὶ στὸν Κατάλογό του (Φ. Κατ. ἀρ. 183) ἀναφέρει ὡς κατηχητὴ τοῦ Γ. Καλαρᾶ τὸν Α. Πελοπίδα Ὁ Κανδηλῶρος ἀντιγράφοντας τὸν Φιλήμονα καθορίζει καὶ ὅτι ὁ Πελοπίδας τον κατήχησε στὸ Ἁγινόρι!...

138. *Ανδρέας Παναγιώτης Σπηλιόπουλος*¹.—Πελοποννήσιος ἐκ Δημητζάνης. Ἔμπορος. Χρόνων 30. Διὰ τοῦ Σταμάτη Ψαρούλα. Γρ. 50. 31 Ὀκτωβρίου 1818. Ὕδρα.
Πρὸς τὸν Παναγιώτην Μυσιρλῆ, εἰς Ταϋγανρόκ.

139. *Νικηφόρος Διδάσκαλος* ¹·¹.—Πελοποννήσιος. Διδάσκαλος εἰς τὸν Μωρέα. Χρόνων 35. Διὰ Ἀναγνώστη Παπαγεωργίου. Γρ. 20. α΄ Νοεμβρίου 1818.
Τοῖς Πελοπίδᾳ καὶ Σωτῆρι, Κων)λιν.

140. *Ἀναστάσιος Μαυρομιχάλης*.—Υἱὸς τοῦ διοικητοῦ τῆς Σπάρτης. Χρόνων 19. Διὰ τοῦ ἀδελφοῦ του Γεωργίου. Φλ. 30. α΄ Νοεμβρίου 1818.Κων)λις.
Πρὸς τὸν ἐξάδελφόν του Ἰωάννην Πέτρου, εἰς Ὀδέσσαν.

1 Ὁ Ἀνδρέας Σπηλιόπουλος ἢ Σπηλιωτόπουλος ἀναφέρεται ὡς κομιστὴς γράμματος τῆς 30 Ὀκτωβρίου 1818 τοῦ Ἀναγνωσταρᾶ πρὸς τὸν Παναγιώτη Σέκερη. Ἐσώκλειστα ἦσαν 17 ἀφιερωτικὰ φιλικῶν, συγκεντρωθέντα στὸν Ἀναγνωσταρᾶ, δηλαδὴ μυηθέντων ἀπ' εὐθείας ἢ ἐμμέσως ἀπ' αὐτόν. Βλ. Ξάνθου Ἀπομν. σ. 53.

Ἀπάντησις ἀπὸ 7 Δεκεμβρίου ἰδίου ἔτους· στὸ γράμμα αὐτὸ ὑπάρχει ἀνέκδοτος στὸ Ἀρχεῖον Σέκερη καὶ ἀρχίζει ὡς ἀκόλουθα: «Πολλὰ ἢ καὶ ὅλα τὰ γράμματά σας τὰ ἔλαβα καθὼς καὶ ἐκεῖνα μὲ τὸν Ἀνδρέαν Δημητζανίτην.....»

2 Ὁ Φιλήμων εἰς τὸ Δοκίμιον (σ. 201) γράφει:
«Κατέβησαν [οἱ κωπετανέοι] εἰς Ὕδραν, ὅπου δὲν ἐνέκρινον νὰ γνωρισθῶσι κατ' ἀρχὰς εἰς κανένα ἐκ τῶν ἐντοπίων. Συστημένοι ἐκ τῆς Κωνσταντινουπόλεως πρὸς τὸν ἐκ Καλαβρύτων Νικηφόρον Παμπούκην, τότε διδάσκαλον τῆς Ἑλληνικῆς Σχολῆς τῆς Νήσου, κατέλυσαν εἰς τὴν οἰκίαν του. Τοῦτον πρῶτον παρέλαβον εἰς τὴν Ἑταιρίαν καὶ διὰ τοῦ ἰδίου ἐσχετίσθησαν κατὰ συνέπειαν μὲ τοὺς Προκρίτους τοῦ τόπου».

Πρὸ τοῦ Νικηφόρου ὅμως εἶχαν ἤδη κατηχηθῇ στὴν Ὕδρα οἱ Γ΄. Ἀγαλλόπουλος, Θ. Καρδαράς, Α. Τζοχαντάρης, Ν. Πετμεζᾶς, Κ. Μεθενίτης, Λ. Κοκκίνης, Στ. Ψαρούλης, Λ. Σπηλιόπουλος καὶ ἀσφαλῶς δι' αὐτῶν ἄλλοι.

3 Ὁ Παμπούκης κατὰ τὸν Φιλήμονα (Δοκ. σ. 202—204) κατήχησε τοὺς Ἰωάννην Περρούκαν, Σωτήριον Χαραλάμπην, Σωτήριον Θεοχαρόπουλον, Παπα-Ἀλέξιον Οἰκονόμου, Παναγιώτην Ζαρειφόπουλον, Παναγιώτην Γιατράκον, Γεώργιον Σπυριδώνου, Γεώργιον Διδασκαλόπουλον, Παναγιώτην Ἀρβάλην. Παναγιώτην Ταμιχτσῆν καὶ ἐκ τοῦ ἱερατείου· τὸν Ναυπλίας Γρηγόριον, τὸν Κορίνθου Ζαχαρίαν, τὸν Χριστιανουπόλεως Γερμανόν, τοὺς ἡγουμένους τῆς μονῆς τοῦ Βράχου Δανιὴλ καὶ τῆς τοῦ Ἁγίου Γεωργίου τοῦ Φενεοῦ Ναθαναήλ, ὡς καὶ τοὺς ἐγκριτωτέρους τῆς μονῆς τοῦ Μεγάλου Σπηλαίου καὶ τῶν Τυξιαρχῶν.

Οἱ πληροφορίες τοῦ Φιλήμονος δὲν εἶναι ὅλες ὀρθές. Τὸν Ι. Περρούκα καὶ τὸν Σωτήριο Χαραλάμπη τοὺς κατήχησε ὁ Π. Ἀρβάλης, τὸν Ναυπλίας ὁ ἀδελφὸς τοῦ Νικηφόρου ἡγούμενος Δανιὴλ Παμπούκης, τὸν Κορίνθου ὁ Θεοχάρης Ῥένδης καὶ τὸν Χριστιανουπόλεως ὁ προηγούμενος τῆς μονῆς τοῦ Μεγάλου Σπηλαίου Παρθένιος. Τοὺς ἐγκριτωτέρους τέλος τῆς μονῆς τοῦ Μεγάλου Σπηλαίου τοὺς κατήχησε ὁ Ἀμβρόσιος Φραντζῆς, ἦσαν δὲ αὐτοί, πλὴν τοῦ Πυοηγουμένου Παρθενίου Μπαλά-

141. *Παλαιών Πατρών Γερμανός* .—Χρονών 44. Διά 'Αντωνίου Πελοπίδα. Γρ. 5000.
α' Νοεμβρίου 1818.
Τῷ 'Ελευθερίῳ, εἰς Κων)πολιν.

142. *Παναγιώτης Ἰωάννου Ἀναγνωστόπουλος*;. — Καλαματιανός. Χρόνων 21. Διὰ τοῦ Καμαρινοῦ Κυριακοῦ. Γρ. 100. (ὑπόσχεται ἔτι 800). α' Νοεμβρίου 1818. Καλαμάτα.
Τῷ 'Αρχιμανδρίτῃ Γρηγορίῳ.

143. *Παναγιώτης Ποτήρης*.—Μοθωναῖος. Ἔμπορος. Χρονῶν 37. Διὰ τοῦ Παναγιώτη Μηχανίδη. Γρ. 200.
4 Νοεμβρίου 1818. Νησὶ (Καλαμῶν).
Τῷ Ἰωάννῃ Σταματελόπουλῳ, Ὀδέσσαν.

144. *Πανοῦτζος Νοταρᾶς*.—Ἀπὸ Τρίκαλα τῆς Κορίνθου. Προεστώς. Χρόνων 55. Διὰ τοῦ ἰατροῦ Γεωργίου Καλαρᾶ ². Γρ. 1000.
5 Νοεμβρίου 1818. Τρίκαλα.
Τῷ Ἀρχιμανδρίτῃ Γρηγορίῳ, Κων)πολιν.

145. *Ἀντώνιος Παπαδάκης*.—Προεστὼς Κουτζαβᾶς. Χρόνων 38. Διὰ Ἰωάννη Λυκάκη. Γρ. 10.
6 Νοεμβρίου 1818. Κουτζαβᾶ.
Τῷ Ἡγεμόνι τῆς Σκύρου.

146. *Σπυρίδων Δασίου*.—Προεστὼς Τρικάλων. Χρόνων 30. Διὰ Γεωργίου Καλαρᾶ. Γρ. 500.
11 Νοεμβρίου 1818. Κόρινθος ἢ Τρίκαλα.
Τῷ Ἀβραμίῳ, Κων)πολιν.

147. *Γεωργάκης Καπετανάκης*.—Καπετάνος Σταυροπηγίου Σπάρ-

νου, πού άναφέραμε ήδη (βλ. περαιτέρω μνήσιν του ὑπὸ ἡμερ. 29 Μαΐου 1819), οἱ Γρηγόριος ἐκ Κλαπατζούνης, Νεόφυτος Ρούβυλης καὶ Ἱερόθεος ἐκ Ζατούνης. (Πρβλ. Λ. Φραντζῆ, Ἐπιτομὴ τῆς Ἱστορίας τῆς Ἀναγεννηθείσης Ἑλλάδος, Ἀθ. 1839, τόμ. Α', σ. 110).

1 Κατὰ τὸν Φραντζῆ (ἐνθ' ἀν. τόμ. Δ'. σ. 93) ὁ Πελοπίδας εἶχε ρητή ἐντολὴ ἀπὸ τὴν Κωνσταντινούπολι νὰ μὴ μυήσῃ τὸν Γερμανὸ Π. Πατρῶν. Ὁ Φιλήμων στὸν Κατάλογο δὲν ἀναφέρει τὸ ποσὸν συνδρομῆς του. Γιὰ τὶς λεπτομέρειες τῆς μυήσεως τοῦ Π. Πατρῶν, βλ. Φιλ. Δοκ. σ. 206. Φραντζῆ ἐνθ' ἀν. τυμ. Δ'. σ. 92. Δ. Αἰνιᾶνος. Γερμανὸς Π. Π. ['Αθ. 1854] σ. 7. Γούδα Α' σ. 166. Κανδ. σ. 228 κτλ.

2 Κατὰ τὸν Φιλήμονα *ἐπεχείρησε* προηγουμένως νὰ μυήσῃ τὴν **ἀρχοντικὴ** οἰκογένεια τῆς Κορίνθου ὁ Α. Πελοπίδας συστημένος πρὸς τὸ γέροντα Νοταρᾶ ἀπὸ τὸν Γρ. Δικαῖο (Φιλ. Δοκ. σ. 205).

της. Χρόνων 61. Διά Κωνστ. Κυριακού.
11 Νοεμβρίου 1818. Πετροβούνι.
Τῷ Θάνῳ, Κων)πολιν.

148. *Ἀθανάσιος Γεωργίου Σκανδάλης*[1].—Ἐκ Ζελενίτζας, ἀπὸ τὰ μέρη τῶν Ἀγράφων. Πραγματευτής. Χρόνων 35. Διά Ἰωάννου Πικροῦ χιλιάρχου. Φλ. ὁλλ. 5.
14 Νοεμβρίου 1818. Σέρραι.
Πρὸς τοὺς ἐπισκόπους τῆς Ἱ. Μονῆς.

149. *Ἰωάννης Νοταρᾶς*.—Δοτόρος. Χρόνων 70. Διά τοῦ Δοτώρ Γεωργίου Καλαρᾶ. Γρ. 1000.
15 Νοεμβρίου 181[8][2]. Τρίκαλα τῆς Κορίνθου.
Τῷ ἀρχιμανδρίτι Γρηγορίῳ. Κων)πολιν.

150. *Ἀνδρέας Λόντος*[3].—Προεστὼς Βοστίτζας. Χρόνων 32. Διά Ἀντωνίου Πελοπίδα. Γρ. 1500. Θέλει μετρήσει, ὁπότε καὶ ὅπου διορισθῇ.
17 Νοεμβρίου 1818. Βοστίτζα.
Τῷ προεστῶτι τῶν Ἀθηνῶν Νικολάῳ.

151. *Σπυρίδων Βαλέτας*.—Νιότης. Διπλωματικὸς τῆς ἐν Βουκουρεστίῳ αὐθεντίας. Χρόνων 38. Διά τοῦ Ἰωάννη Πολυχρονιάδη.
15 Νοεμβρίου 1818. Κων)πολις.
Τῷ Θεοκλήτῳ Φαρμακίδῃ, Βιέννῃ.

152. *Σέργιος Ἰωάννου Περραιβός*. — Ὀλυμπιώτης. Στρατιώτης. Χρόνων 26. Διά Χριστοφόρου Περραιβοῦ. Γρ. 10.
16 Νοεμβρίου 1818. Βαρλέτα.
Τῷ Κωνσταντίνῳ Πέτρου, Μπιτόλια.

153. *Ἰωσὴφ Θεσπρωτεύς*.—Διδάσκαλος τοῦ ἑλληνικοῦ σχολείου τοῦ Ἁγίου Γεωργίου εἰς τὰ Ψωμαθειά. Χρόνων 43. Διά Παπαγεωργίου Ἀθανασίου. Γρ. 250.
19 Νοεμβρίου 1818.
Τῷ Κωνσταντίνῳ Δημητρίου, εἰς Μόσχαν.

---

1 Ἀπὸ τὸ ἀφιερωτικόν του ποὺ βρίσκεται στὰ χαρτιὰ τοῦ Ἀναγνωστοπούλου Ἰστ. Ἀρ. Ἐθν. Βιβλ. ἀρ. 6303. Ἰωάννης Πικρὸς εἶναι μετονομασία τοῦ Ι. Φαρμάκη. Πρβλ. καὶ προηγουμένως ἀρ. 118.

2 Τὸ χειρόγραφον τοῦ Ἀρχείου Σέκερη ἔχει 1819 ὡς χρονολογία ἀλλὰ τὸ λάθος εἶναι φανερό. Στὰς 5 Νοεμβρίου μυεῖται ἀπὸ τὸν Γ. Καλαρᾶ ὁ Πανοῦτσος Νοβαρᾶς καὶ στὰς 15 τοῦ ἰδίου ὁ Ἰωάννης.

3 Ὁ Φιλήμων (Κατ. ἀρ. 316) ἀναφέρει τὸν Α. Λόντον ὡς κατηχηθέντα τὸ 1819, παραλείπει δὲ τὸν κατηχητὴ καὶ τὸ ποσὸν προσφορᾶς του.

154. *Πανάρετος Διδάσκαλος.*—Πελοποννήσιος. Άπό τήν Βοστίτζαν. Διδάσκαλος εις τό ελληνικόν σχολεΐον. Χρόνων 45. Διά τοΰ Παπαγεωργίου 'Αθανασίου. Γρ. 500.
19 Νοεμβρίου 181[8]¹. Κων)πολις.
Προς τον Γεώργιον Πελοποννήσιον Άγαπητόν, εις Μόσχαν.

155. *Αναγνώστης Δημητρόπουλος.*—Σπαρτιάτης. Προεστώς τών 4 χωρίων τής Γαϊτζάς. Χρόνων 38. Γραμματικός τοΰ ηγεμόνος καί διά τοΰ αύτοΰ ηγεμόνος. Γρ. 300.
20 Νοεμβρίου 1818. Κυτριές.
Τώ άρχιερεΐ τής Πλάντζας.

156. *Χρίστος Δ. Κόνιαρης.*—"Εμπορος. Χρόνων 22. Διά 'Αριστείδη Παπά. Φρ. 7.20 ή Φλ. 2.20)28.
20 Νοεμβρίου 181[8]². Νεάπολις.
Τώ Νικολάω 'Ιωαννίδη, Βιέννην.

157. *Γρηγόριος Ζιγκουριός Μπάς Καπετάνιος.*—Χρόνων 50. Διά τοΰ Πετρόμπεη Μαυρομιχάλη. Γρ. 500.
20 Νοεμβρίου 1818. Πόρτο Βαθύ.
Τώ Άγίω Λακεδαιμονίας.

158. *Διμπέριος Αθανασάκης.*—Σπαρτιάτης. Γραμματικός τοΰ Καπετάν Παναγιώτη Τρουπάκη. Χρόνων 40. Διά τοΰ Πετρόμπεη. Γρ. 100.
20 Νοεμβρίου 1818. Σκαρδάμουλα.
Τώ Άγίω Λακεδαιμονίας.

159. *Παναγιώτης Τρουπάκης.*—Καπετάνος Άνδρούβιστας Σπάρτης. Χρόνων 55. Διά τοΰ ηγεμόνος, Γρ. 500. (υπόσχεται ετι 2000).
20 Νοεμβρίου 1818. Σκαρδάμουλα.
Τώ Άγίω Μονεμβασίας.

---

1 Κατά λάθος το άφιερωτικόν του είχε έτος αωιθ' αντί αωιη'. Βλ. καί άπάν; τησι σ'αύτό Φιλ. Α', 375. "Οτι πρόκειται όμως περί λάθους είναι φανερό άφοΰ περιλαμβάνεται καί στον Κατάλογο Ξάνθου ό όποιος περιέχει μυηθέντας έως τάς 9 'Ιανουαρίου τοΰ 1819 μόνον. Έξ άλλου συναντοΰμε τό Διδάσκαλο Πανάρετο κατηχητή, ήδη τό Μάρτιο τοΰ 1819. (Βλ. παρακάτω). Είναι λοιπόν αδύνατον νά έμυήθη τό Νοέμβριο τοΰ 1819.

2 Τό αρχείον Σέκερη έχει χρονολογία 1819 άπό λάθος τής αντιγραφής βέβαια, δεδομένου ότι τό 1818 εγκατέλειψε τή Νεάπολι ό Άρ. Παπάς. Ή ημερομηνία 20 Νοεμβρίου μας δίνει τόν υπολογισμό τοΰ πότε περίπου έφυγε.

— 26 —

160. *Διονύσιος Τρουπάκης* —Σπαρτιάτης καπετάνος. Χρόνων 30. Διά τοῦ Πετρόμπεη. Γρ. 300.
20 Νοεμβρίου 1818. Σκαρδάμουλα.
Τῷ ʽΑγίῳ Ζαρνάτης.

161. *Ἀσημάκης Κροκίδας'.*—Ἀπὸ Ἄρταν.Ἔμπορος εἰς Κων)πολιν. Διὰ τοῦ Παπᾶ Γεωργίου ʼΑθανασίου. Γρ. 200.
23 Νοεμβρίου 1818. Κων)πολις.
Πρὸς τὸν Κυρ. ʼΙωάννην Γεωργίου Σια, εἰς Βιέννην.

162. *Παναγιώτης Παπαθανασόπουλος.*—Ἀπὸ Γιοργίτζι. Χρόνων 30. Διὰ Π. Παπαγεωργίου. Γρ. 25.
24 Νοεμβρίου 1818.
Τῷ Γεωργίῳ Μιχαήλ, Σκόπελον.

163. *Ἀρσένιος Γεωργίου Κρέστης* ².—Πνευματικὸς εἰς Σπέτζας. Χρόνων 45. Διὰ τοῦ κ. Γεωργίου Πάνου.
26 Νοεμβρίου 1818.
Πρὸς τὸν ʽΗγούμενον τοῦ Παδερμιώτη

164. *Παναγιώτης Μίχας.*—Πραστιώτης. Διδάσκαλος. Χρόνων 48. Διὰ τοῦ κ. Γεωργίου Πάνου.
26 Νοεμβρίου [1818]³. Σπέτσαι.
Τῷ Σωτηρίῳ ʼΕλευθερόπουλῳ.

165. *Ἀγγελάκης Χ'' Ἐμμανουήλ.*—Βυζάντιος. Οἰνοπώλης. Χρόνων 20. Διὰ τοῦ διδασκάλου ʼΙωσὴφ Θεσπρωτέως. Γρ. 500.
26 Νοεμβρίου 1818. Κων)πολις.
Πρὸς Γεώργιον ʼΑναστασίου, εἰς Πετρούπολιν.

166. *Ἀντώνιος Γεωργιάδης.*—Ἀπὸ Καλαμάταν. Ἔμπορος. Χρόνων 24. Διὰ Π. Μηχανίδου.
27 Νοεμβρίου 1818. Καλάμαι.
Τῷ ʼΙωάννῃ Μπακαούρῃ, εἰς ʼΟδέσσαν.

167. *Χριστόδουλος Πρινάρης.*—Ἠπειρώτης ἐκ Καλαρύτων. Χρόνων 43. Διὰ Χριστοδούλου Λουριώτη. Φλ. 700.
28 Νοεμβρίυυ 1818. Βαρλέτα.
Τῷ Παύλῳ Γεωργίου, Βενετίαν.

---
1 Πρβλ. ὅσα ἐσφαλμένα γράφει ὁ Φιλήμων (Δοκ. σ. 192)
2 ʽΟ γνωστὸς ὡς Παπαρσένης. Πρβλ. Δημ. Βαρδουνιώτη. ʽΗ καταστροφὴ τοῦ Δράμαλη. Τρίπολις 1913 σ. 279.
3 Λείπει τὸ ἔτος. Ἀλλὰ εἶναι εὐκολονόητο ὅτι παρελήφθηκε διότι τὸ ἀφιερωτικόν του ἦταν μαζὺ μὲ τοῦ Π'' Ἀρσένη Κρέστη.

168. **Γεώργιος Παπαδόπουλος.**—Άπο Λεωνίδι. Ιατρός της Ρωσσικής Ούνιβερσιτας Χαρκόβου. Χρόνων 29. Διά του Καπ. Γεωργίου Πάνου, 29 Νοεμβρίου 1818.

Τῷ ἡγουμένῳ Παντερμιώτῃ, εἰς Σύμην.

169. **Γεώργιος Πισκοπέας.**—Άπο Μαλεβιάνικα. Χρόνων 25. Διὰ Ιωάννη Λυκάκη. Γρ. 10.
30 Νοεμβρίου 1818. Σπάρτη.

Τῷ Κωνσταντῇ Πισκοπάκῃ, εἰς Σμύρνην.

170. **Θεόδωρος Κολοκοτρώνης**[1].—Πελοποννήσιος. Μαγιόρος εἰς Ζάκυνθον. Χρόνων 48. Διὰ Π. Παπαγεωργίου'.
α' Δεκεμβρίου 1818. Ζάκυνθος.

Τῷ Κωνστ. Τροπαιοφόρῳ, Οδέσσα.

171. **Ιωάννης Γεωργίου Τζουλαλένης.**—Χρόνων 50. Διὰ τοῦ Παπαγεωργίου Αθανασίου. Γρ. 500.
α' Δεκεμβρίου 1818.

Τῷ Κωνστ. Ιωάννου, εἰς Νίζναν.

172. **Δημήτριος Ροδιάτης.**—Πελοποννήσιος. Ἔμπορος Χρόνων 35.
Διὰ Αντωνίου Τζούνη. Γρ. 1000.
α' Δεκεμβρίου 1818. Ισμαήλ.

Τῷ διδασκάλῳ Βενιαμὴν Λεσβίῳ, Βουκουρέστιον.

---

1 Ὁ Θ. Κολοκοτρώνης στὰ Ἀπομνημονεύματά του, πού ἐξεδόθηκαν καθ' ὑπαγόρευσίν του ἀπὸ τὸν Γ. Τερτζέτη, λέγει :
«Τὴν ἑταιρίαν μὲ τὴν εἶπε ὁ Πάγκαλος. Ἔπειτα ἐπέρασε ὁ Ἀριστείδης· καὶ ὁ Ἀναγνωσταράς μὲ ἔφερε γράμμα ἀπὸ τὴν ἑταιρία. Καὶ τότε ἄρχησα νὰ κατηχῶ καὶ ἐγὼ διαφόρους εἰς τὴ Ζάκυνθο, Κεφαλλονία· καὶ διαφόρους Καπετανέους Σπετζιώτικων καραβιῶν καὶ Ὑδραϊκῶν».
Ἡ φράσις πρέπει ἀσφαλῶς· νὰ διορθωθῇ ὡς ἑξῆς :
«Τὴν Ἑταιρία μὲ τὴν εἶπε ὁ Ἀναγνωσταράς. Ἔπειτα ἐπέρασε ὁ Ἀριστείδης· καὶ ὁ Πάγκαλος μὲ ἔφερε κτλ.»
Πράγματι ὁ Ἀναγνωσταράς ἐμύησε τὸν Κολοκοτρώνη. Μετὰ ἀπὸ λίγες ἡμέρες ἔφθασε ὁ Ἀριστείδης στὴν Κέρκυρα. Πολὺ δὲ ὑστερώτερα ὁ Πάγκαλος.
2 Ὁ Φιλήμων στὸν Κατάλογο (ἀρ. 233) ἔχει ὡς κατηχητὴ τοῦ Θ. Κολοκοτρώνη τὸ Σ. Ἀρβανιτάκη. Πολύ ὀρθὰ ὁ Κανδηλῶρος σημειώνει ὅτι τὸ λάθος προῆλθε ἀπὸ ἀνατροπὴ τῶν ὁμοιωματικῶν μὲ τὸ ὄνομα τοῦ Ἀναγνωσταρᾶ πού εἶναι στὴν ἑπομένη γραμμή. (Κανδ. σ. 232) Σφαλερὰ ὁ Γενναῖος εἰς τὰ Ὑπομνήματά του γράφει ὅτι ὁ πατέρας του κατηχήθηκε τὸ 1817. Βλ. Ι. Κολοκοτρώνη, Ἑλληνικὰ Ὑπομνήματα καὶ διάφορα ἔγγραφα ἀφορῶντα τὴν Ἑλλ. Ἐπανάστασιν. Ἀθ. 1859 σ. 32.
Ποῖοι οἱ κατηχηθέντες ἀπὸ τὸν Θ. Κολοκοτρώνη, τελείως ἄγνωστοι ὡς τώρα, πρώτη φορὰ δημοσιεύονται παρακάτω.

— 28 —

173. *Γεώργιος Πιγωνόπουλος.*—Γραμματικός τοῦ Μονεμβασίας.
Χρόνων 28. Διὰ τοῦ Ἰατροῦ Κορνηλίου. Γρ. 300.
α' Δεκεμβρίου 1818. Καλαμάτα.
Τῷ Κωνστ. Δημητρίου, Ταϊγάνροκ.

174. *Ἰωάννης Δούμας.*—Ζαγοραῖος. Ἔμπορος. Χρόνων 31. Διὰ
Ἀντωνίου Τζούνη. Γρ. 300.
3 Δεκεμβρίου 1818. Ἰσμαήλ.
Τῷ Κωνστ. Δούμᾳ, εἰς Τζιέμπλοβον Ζαγορίου.

175. *Βιάρος Καποδίστριας* [1].—Κερκυραῖος. Νομικός. Χρόνων 44.
Διὰ Ἀριστ. Παπᾶ. Φλ. 30.
5 Δεκεμβρίου 1818.
Τῷ Ἰωάννῃ Δεμπόλῃ, εἰς Πετρούπολιν.

176. *Ἰωάννης Δέσσου.*—Πολιτικὸς Τρικάλων τῆς Κορίνθου. Χρόνων 32. Διὰ Σπυρίδωνος Δασίου. Γρ. 500.
7 Δεκεμβρίου 1818.
Τῷ Διονυσίῳ Ἱεροκήρυκι, Σμύρνην.

177. *Ἀναστάσιος Λοντόπουλος*[2].—Ἐκ Πάτρας τῆς Ἀχαΐας. Ἔμπορος. Χρόνων 30. Διὰ Ἀ. Τζούνη. Γρ. 140.
9 Δεκεμβρίου 1818. Ἰσμαήλ.
Τῷ Ἰωάννῃ Κουσουρῇ, εἰς Βοστίτζαν.

178. *Ἰωάννης Κουτζογιαννόπουλος.*—Ἔμπορος. Χρόνων 30. Διὰ
τοῦ Π. Τζάνε. Γρ. 50.
10 Δεκεμβρίου 1818. Καλαμάτα.
Τῷ Ἀλεξάνδρῳ Σκαρλάτῳ, Χίον.

---

1 Ἡ ἀπάντησις εἰς τὸ ἀφιερωτικὸν τοῦ Βιάρου Καποδίστρια (Φιλ. Α', 365) ἔχει κατὰ λάθος χρονολογία 5 Δεκεμβρίου 1819 ἀντὶ 1818. Ὁ Κανδηλῶρος (σ. 242) θέλοντας νὰ διορθώσῃ τὸ λάθος, ὁλοφάνερο, δεδομένου ὅτι στὰ τέλη τοῦ 1819 ἦταν ἀδύνατον ὁ Ἀρ. Παπᾶς νὰ βρίσκεται στὴν Κέρκυρα· παραδέχθηκε ὡς ἡμερομηνία 5 Ἰανουαρίου 1819· καὶ συμπεραίνει ὅτι ὁ Ἀριστείδης Παπᾶς ἦρθε στὴν Κέρκυρα στὰς ἀρχὰς τοῦ 1819.
Τὸ λάθος τοῦ Φιλήμονος ὅμως ἦταν στὸ ἔτος καὶ ὄχι στὸ μῆνα. Ὁ Ἀρ. Παπᾶς ἔφυγε ἀπὸ τὴ Νεάπολι τὸ τελευταῖο δεκαήμερο τοῦ Νοεμβρίου (βλ. προηγουμένως ἀρ. 145) καὶ ἔφθασε στὴν Κέρκυρα τὶς πρῶτες μέρες τοῦ Δεκεμβρίου.
Στὸν Κατάλογο ὁ Φιλήμων ἔχει ἔτος πάλι ἐσφαλμένον τὸ 1819 καὶ δὲν ἀναφέρει ποσὸν συνδρομῆς (Φιλ. Κατ. ἀρ. 202).
2 Πρόκειται περὶ τοῦ Ἀναστασίου Λόντου.

179. **Γεώργιος Κομιτζόπουλος.**—Φιλιππουπολίτης. Έμπορος εις Ίσμαήλ. Χρόνων 28. Διά 'Αντωνίου Τζούνη. Γρ. 500.
10 Δεκεμβρίου 1818. Ίσμαήλ.
Τῇ μητρί του Μελάνῃ, Βουκουρέστιον.

180. **Νικόλαος Πολυένης** [1].—Ἰωαννίτης. Ἀγρονόμος. Χρόνων 42. Διά Θ. Νέγρη. Φλ. 20.
12 Δεκεμβρίου 1818. Γιάσι.
Τοῖς ἐπιτρόποις τῆς ἐν Ἰωαννίνοις σχολῆς.

181. **Πανάγος Ζαρκόπουλος** [2].—Πελοποννήσιος. Ἔμπορος. Χρόνων 38. Διά Ἀθανασίου Κυριακοῦ. Γρ. 400.
13 Δεκεμβρίου 1818. Καλαμάτα.
Τῷ Παναγιώτῃ Σέκερῃ.

182. **Γκίκας Μασᾶς.**—Ἀπὸ Κλεισούραν τῆς Μακεδονίας. Χρόνων 38. Διά Παπᾶ Γεωργίου Ἀθανασίου. Γρ. 200.
18 Δεκεμβρίου 1818.
Τῷ Ἐπαμεινώνδι Κωνσταντίνῳ.

183. **Πᾶνος Θεοδώρου Κολοκοτρώνης.**—Χρόνων 20. Διά τοῦ πατρός του καί ὑπὸ τὴν διοίκησίν του.
20 Δεκεμβρίου 1818. Ζάκυνθος.
Τῷ Γεωργίῳ Νικηφόρῳ, Κων)πολιν.

184. **Ἠλίας Μανωλάκης.**—Χρόνων 30. Διά τοῦ Π. Ζάρκου Γρ. 70.
20 Δεκεμβρίου 1818. Καλαμάτα.
Τῷ Παναγῳ Γιαλιᾶ, Σμύρνην.

185 **Ἐμμανουὴλ Κροῖτζος.**—Πελοποννήσιος. Ἔμπορος. Χρόνων 33. Διά Ἀντωνίου Τζούνη. Γρ. 140.
21 Δεκεμβρίου 1818. Ίσμαήλ.
Τῷ Γαλάτῃ Ρηγοπούλῳ, εἰς Πάτραν.

186. **Ἰωάννης Κωνσταντίνου Κυριακός.**—Προεστὼς Καλαμάτας. Χρόνων 35. Διά τοῦ Πετρόμπεη. Γρ. 400.
21 Δεκεμβρίου 1818. Κυτριές.
Τῷ Χρήστῳ Χειμώνα, Κων)πολιν.

---

1 Ὁ Θ. Νέγρης γράφει γι' αὐτόν. «Τὸν Πολυένην, σπουδαῖον, ἐμβριθῆ φιλέλληνα καὶ ἐνάρετον ὁμογενῆ γνωρίσας κατήχησα». (Πρβλ. Φιλ Λ' 145).
2 Συνηθέστερα Πινάγος ἢ Πάνος; Ζάρκος.

187 **Νικόλαος Κορφιώτης.**—Έμπορος. Χρόνων 68. Διά τοϋ Πανάγου Ζάρκου. Γρ. 150.
23 Δεκεμβρίου 1818. Καλαμάτα.

188. **Νικόλαος Πονηρόπουλος.**—Πελοποννήσιος.Έμπορος. Χρόνων 35. Διά Θ. Κολοκοτρώνη[1]. Γρ. 50.
25 Δεκεμβρίου 1818[2]. Ζάκυνθος.
Τῷ Πάν. Σέκερη.
Τῷ Σπύρῳ Βλαστῷ, Κων)πολιν.

189. **Πανάγος Ἀλεξίου Μόσχος**[3].—Ἔμπορος. Χρονῶν 35.Διὰ Ἰατροῦ Κορνηλίου. Γρ. 250.
30 Δεκεμβρίου 1818. Καλαμάτα.
Τῷ Ἀλεξίῳ Μόσχου, Κων)πολιν.

190. **Σωτήριος Νοταρᾶς.**—Προεστὼς Τρικάλων Κορινθίας. Χρόνων 56. Διὰ Σπύρου Δασίου. Γρ. 1000.
30 Δεκεμβρίου 1818. Τρίκαλα.
Τῷ Νικολάῳ Μουτζοπούλῳ, Ὀδέσσα.

191. **Κωνσταντίνος Μαυρομιχάλης**[4].—Σπαρτιάτης. Ἀδελφὸς τοῦ ἡγεμόνος. Χρόνων 21. Διὰ τοῦ Καμαρινοῦ Κυριακοῦ.

192. **Δημήτριος Βλαχόπουλος.** — Ἀπὸ Καρπενῆσι.Ὁπλοφόρος τακτικός. Χρόνων 24. Διὰ Κ. Πεντεδέκα. Γρ. 50.
Πρὸς τὸν Ἠλίαν Χρυσοσπάθην, εἰς Καλαμάταν.

193. **Λεόντιος Ἰωάννου.**—Ἀπὸ Λεβαδειάν.Ἀρχιμανδρίτης καὶ προεστὼς τῆς Ἐκκλησίας τοῦ Συρμασίκι, εἰς Κων)πολιν. Χρόνων 45. Διὰ Ἐμμ. Ξάνθου. Γρ. 500.
Πρὸς Νικόλαον Νάκου.

---

1 Ὁ Φιλήμων στὸν Κατάλογο τῶν Φιλικῶν (ἀρ. 519) ἀναφέρει τὸ Ν. Πονηρόπουλο χωρὶς νὰ ἀναγράφῃ ὅτι κατηχήθηκε ἀπὸ τὸν Θ. Κολοκοτρώνη.

2 Τὸ χειρόγραφον 7310 ἔχει ὡς μῆνα Σεπτέμβριο. Ἀφοῦ ὅμως κατηχήθηκε ἀπὸ τὸν Κολοκοτρώνη εἶναι εὐκολονόητο ὅτι πρόκειται γιὰ λάθος τῆς ἀντιγραφῆς. Ἐξ ἄλλου τὸ λάθος δὲν μπορεῖ νὰ ἀφορᾷ τὸ ἔτος διότι βρίσκουμε τὸν Πονηρόπουλο, ἤδη τὸ Ἰανουάριο τοῦ 1819, κατηχητὴ τοῦ Ἀλεξίου Λυκοπούλου (βλ. παρακάτω).

3 Πρβλ. Φιλ. Α' 353.

4 Οἱ τέσσερες τελευταῖοι εἶναι χωρὶς χρονολογία. Ἀνήκουν ὅμως ἀσφαλῶς στοὺς μυηθέντας τὸ 1818, ὁ πρῶτος διότι τὸ ἀφιερωτικόν του θὰ ἦταν μαζὺ μὲ τοῦ Πετρόμπεη καὶ γι' αὐτὸ δὲν ἔβαλε χρονολογία οἱ ἄλλοι τρεῖς διότι περιέχονται στὸν Κατάλογο Ξάνθου, ὁ ὁποῖος τελευταῖο μυηθέντα ἔχει τὰς 9 Ἰανουαρίου 1819.

194. **Ἰάκωβος Κορνήλιος**[1].—Ζακύνθιος. Ἔμπορος εἰς Κων)πολιν. Χρόνων 30. Διὰ Ἠλιοῦ Χρυσοσπάθη. Γρ. 10.
Πρὸς τὸν Ἰω. Μάνον, εἰς Ὀδέσσαν.

1819.

195.—**Γεώργιος Μπουγᾶς**[2].—Ἔμπορος. Χρόνων 27. Διὰ Γεωργίου Παπαδοπούλου.
2 Ἰανουαρίου 1819. Πραστός.
Τῷ ἡγουμένῳ τῆς Λυβείης Ὄρει.

196. **Ἄγγελος Ροδοθεάτος**.—Ἰθακήσιος. Ἔμπορος. Κάτοικος εἰς Τριέστην. Διὰ Π. Ἀναγνωστοπούλου, συστημένος εἰς αὐτὸν παρὰ τοῦ Γαλάτη καὶ ἐξ ἀνάγκης τὸν ἐδέχθη.
3 Ἰανουαρίου 1819.
Πρὸς τὸν ἐν Ταϊγανρὸκ Παναγῆ Βρετόν.

197. **Γεωργάκης Λίβας**.—Ἀξιωματικὸς ἄγγλος. Χρόνων 38. Διὰ τοῦ Π. Παπαγεωργίου. Γρ. 30.
4 Ἰανουαρίου 1819. Πολιανή.
Τῷ Δημητράκη Δρούγᾳ, εἰς Τσεσμέ.

198. **Κωνσταντῖνος Γεροστάθης**[3].—Ἀρτινός. Ἔμπορος. Χρόνων 39. Διὰ Ἀριστείδη Παπᾶ. Γρ. 40.
5 Ἰανουαρίου 1819. Κέρκυρα.
Τῷ Γεωργίῳ Δημητρίου, εἰς Ὀδέσσαν.

199. **Σωτήριος Θεοχάρης**.—Σαδὶκ ἐμίνης Καλαβρύτων. Χρόνων 36. Διὰ Νικηφόρου [Παμπούκη]. Γρ. 500.
5 Ἰανουαρίου 1819. Καλάβρυτα.
Τῷ Παναγιώτη Ἰωάννου, Σμύρνην.

200. **Ἀλέξιος Λυκόπουλος**.—Χρόνων 28. Διὰ τοῦ Νικολάου Πονηροπούλου. Γρ. 50 ὑπόσχεται ἔτι 5000.
5 Ἰανουαρίου 1819. Ζάκυνθος.
Τῷ Βασιλείῳ Οἰκονομίδη, Σμύρνην.

---

1 Εἰς τὸν Κατάλογο Ξάνθου ὑπάρχει ἡ ἐπόμενη σημείωσις διὰ τὸν Ἰάκωβο Κορνήλιο: «Ζητεῖ νὰ παρουσιασθῇ εἰς τὴν Ἀρχὴν ἢ αὐτὴ νὰ τῷ φανερωθῇ διὰ νὰ τῇ προτείνῃ προσωπικῶς σχέδιον καὶ ἄλλα τινά· λέγων ὅτι ἔχει τινὰς ἀξιότητας».
2 Καταγόταν ἀπὸ τὴν Ἀλωνίσταινα. Βλ. Ἀρχεῖον Ἀγωνιστῶν Ἐθν. Βιβλ.
3 Πρβλ. ἀπάντησιν εἰς τὸ ἀφιερωτικόν του Φιλ. Α' 364.

— 32 —

201. *Γεώργιος [Άφθονίδης] ό Σμυρναίος.*—Μέγας Γραμματικός τοῦ κοινοῦ τοῦ Πατριαρχείου εἰς Κων)πολιν. Χρόνων 30. Διὰ 'Εμμ. Ξάνθου. Γρ. 500.
7 'Ιανουαρίου 1819.
Πρὸς τὸν ἐν Παρισίοις Μανουὴλ Αΐδυμον.

202. *'Ιωάννης Κονδάκης.*—"Εμπορος. Χρόνων 58. Διὰ τοῦ ἰατροῦ Γεωργάκη Παπαδοπούλου.
7 'Ιανουαρίου 181[9][1]. Ἅγιος Πέτρος.
Τῷ Ἡγουμένῳ τοῦ Ταξιάρχου, εἰς Σύμην.

203. *Γεώργιος Λαδόπουλος.*—Σπαρτιάτης. Ἔμπορος εἰς Ζάκυνθον. Χρόνων 42. Διὰ τοῦ Θεοδώρου Κολοκοτρώνη Γρ. 60.
7 'Ιανουαρίου 1819. Ζάκυνθος.
Τῷ Γιάννη Πριονόπουλῳ, Χίον.

204. *Στέριος 'Ιωαννίδης.*—'Από 'Αμπελάκια. Χρόνων 29. Διὰ Κ. Πεντεδέκα. Γρ. 150.
8 'Ιανουαρίου 1819. Κων)πολις.
Τῷ Σταματέλλῳ Καγγάδῃ, 'Ισμαήλ.

205. *Νικήτας Δικαίος.*—Πολιανίτης. Τενέντες. Χρόνων 30. Διὰ Π. Παπαγεωργίου. Γρ. 40.
9 'Ιανουαρίου 1819. Πολιανή.
Τῷ Παπᾶ Γρηγορίῳ, Κων)πολιν.

206. *Χριστόδουλος Μόρφης.*—Προεστώς. Χρόνων 40. Διὰ Π. Παγεωργίου. Γρ. 50.
10 'Ιανουαρίου 1819. Πολιανή.
Τῷ Δημητρίῳ Τούντᾳ, Σμύρνῃ.

207. *Δημήτριος Δόρδος*[2]·—Πελοποννήσιος ἐκ Πάτρας. Χρόνων 38. Διὰ τοῦ Π. 'Αναγνωστοπούλου. Γρ. 150.
10 'Ιανουαρίου 1819. Κων)πολις.
Τῷ Δημητρίῳ 'Ανάγνῳ, εἰς Πάτραν.

---

1 Κατὰ λάθος τὸ ἀρχεῖον Σέκερη ἔχει ἔτος 1818.
2 Ὁ Δημήτριος Δόρδος εἶναι χρονολογικῶς ὁ τελευταῖος ποὺ περιέχεται στὸν Κατάλογο Ξάνθου. Στὰς 19 Φεβρουαρίου ἔφυγαν ἀπὸ τὴν Κων)πολι ὁ Π. 'Αναγνωστόπουλος καὶ ὁ Μ. Ξάνθος. Βλ. εἰσαγωγήν.

208. **Ἄνθιμος ἱερομόναχος Ἀργυρόπουλος**[1].—Ἰωαννίτης. Διὰ τοῦ Παναγιώτη Παπαγεωργίου.
10 Ἰανουαρίου 1819.
Τῷ κυρίῳ Ἰωάννῃ. Κων)πολιν.

209. **Παναγιώτης Φοιβαπόλλων**[2].—Πελοποννήσιος. Ἔμπορος. Χρόνων 33. Διὰ Θεοδώρου Νέγρη. Φλρ. 2.
10 Ἰανουαρίου 1819. Γιάσι.
Τοῖς ἐπιτρόποις τῆς ἐν Καλαμάτᾳ Σχολῆς.

210. **Θεόδωρος Παντιζόπουλος**[3].—Σπαρτιάτης. Ἔμπορος εἰς Ζάκυνθον. Χρόνων 44. Διὰ τοῦ Θεοδώρου Κολοκοτρώνη Γρ. 50.
10 Ἰανουαρίου 1819. Ζάκυνθος.
Τῷ Ἰωάννῃ Θεοδώρου, εἰς Σμύρνην.

211. **Νικόλαος Ἀθανασίου**.—Πελοποννήσιος. Ἔμπορος. Χρόνων 31. Διὰ Γεωργίου Γάιζου. Φλρ. 50 (ὑπόσχεται ἔτι γρ. 2.000).
12 Ἰανουαρίου 1819. Γιάσι.
Τῷ Γεωργίῳ Δημητρίου. Βιέννῃ.

212. **Γεώργιος Κατζίρης**.— Ἔμπορος εἰς Ζάκυνθον. Χρόνων 29.

1 Ἡ δρᾶσις τοῦ Ἀνθίμου ὡς κατηχητοῦ τῶν ὁπλαρχηγῶν ποὺ κατέφυγαν στὴ Ζάκυνθο ἔχει μείνει θρυλική. Μπρὸς σ' ἕνα παλῃὸ εἰκόνισμα στὴν ἐκκλησία τοῦ Ἁγίου Γεωργίου τῶν Λατίνων ὅπου ἦταν τότε ἐφημέριος, γονάτισαν καὶ ὡρκίστηκαν ὅσοι φιλικοὶ κατηχήθηκαν στὴ Ζάκυνθο. Γιὰ τὸν «ἱερομόναχο καὶ πνευματικὸ Ἄνθιμο» ὅπως ὑπογραφόταν βλ. πρὸ πάντων τὴ διατριβὴ τοῦ Σ. Δὲ Βιάζη στὴν «Ἑβδομάδα» τομ. Α' σελ. 86 καὶ Δ. Γρ. Καμπούρογλου Ἱστορικὸν Ἀρχεῖον Διονυσίου Ρώμα ΑΘ. 1901 τομ. Α' σ. ιβ'.
2 Ὁ Φιλήμων ἔχει ὡς κατάχρηστη τοῦ Φοιβαπόλλωνος τὸν Ε. Βερνάρδο, μὲ τὴν παρατήρησι ὅτι «Ἤρξατο ὁ Βερνάρδος καὶ ἐτελειοποίησεν ὁ Θ. Νέγρης». (Φ. Κατ. ἀρ. 651). Πρβλ. σχετικῶς καὶ ὅσα γράφει ὁ Νέγρης στὴν ἔκθεσί του τῆς 12 Ἀπριλίου (Φιλ. Α' σ. 143).
Τὸ ὑπὸ τοῦ Φιλήμονος ἐκδοθὲν ὡς ἀφιερωτικὸν τοῦ Φοιβαπόλλωνος εἶναι ἀπλῆ μεταγενέστερη ἐπιστολὴ τῆς 7 Μαΐου 1819 ποὺ συνώδευε χρηματικὴ προσφορὰ 1000 γροσίων. Φαίνεται ἄλλως, τε αὐτὸ καθαρὰ ἀπὸ τὶς πρῶτες λέξεις τῆς ἐπιστολῆς· «... Ἀφ' οὗ καὶ ὁ ἐλάχιστος πατριώτης σας ἐκαλέσθην... μίαν φοράν, καὶ ἔκτοτε συνηριθμήθην εἰς τὸν κατάλογον τοῦ Πανελληνίου....» (Φιλ. Α' σ. 336).
3 Κατὰ τὸ ἔγγραφον 17953 τοῦ Ἀρχείου τῆς Ἱστ. καὶ Ἐθν. Ἑταιρίας ὁ Θ. Παντζόπουλος δανείστηκε τὰς 5 Ὀκτωβρίου 1820 46 τάλληρα κολονάτα καὶ 54 τάλληρα ρηγίνας ἀπὸ τὸν Θ. Κολοκοτρώνη, ἐντόκως πρὸς 10 %. Ἕως τὸ 1827 τὸ δάνειον δὲν εἶχε ἐξοφληθῆ διότι ὑπάρχει ἀπὸ κάτω μεταβίβασις του πρὸς τὸν Χρίστο Ζιχιριάδη μὲ ἡμερομηνία 5 Μαρτίου, ἀπὸ τὴν Ἑρμιώνη καὶ τὴν ὑπογραφὴ τοῦ Θ. Κολοκοτρώνη (Πρβλ. καὶ Τ. Κανδηλώρου ὁ Ἀρματωλισμὸς τῆς Πελοποννήσου ΑΘ. 1924 σ. 438).

3

— 34 —

Διά 'Αντωνίου Πελοπίδα   Γρ. 50
12 Ίανουαρίου 1819. Ζάκυνθος.
Τῷ 'Αθανασίῳ 'Αλεξάνδρου, 'Αλεξάνδρεια.

213. **Πανάγος Πικουλάκης.**— Έμπορος. Χρόνων 26. Διὰ τοῦ Πανάγου Ζάρκου Γρ. 250 (ὑπόσχεται ἔτι 500).
12 Ίανουαρίου 1819. Καλάμαι.
Τῷ Χατζῆ Δημήτρῃ Γεωργίου, Κων)πολιν.

214. **Νικόλαος Παπαδόπουλος.**—Έμπορος. Χρόνων 49. Διὰ Παπα Γεωργίου 'Αθανασίου.
13 Ίανουαρίου 1819. Κων)πολις
Τῷ Κωνσταντίνῳ Πολυχρονιάδῃ, εἰς Πίσσας.

215. **Ἰωάννης Ἀργυρόπουλος**[1].— Ἰωαννίτης. Μουσικός. Χρόνων 34. Διὰ τοῦ Πνευματικοῦ 'Ανθίμου   Γρ. 30.
14 Ίανουαρίου 1819. Ζάκυνθος.
Τῷ Νικολάῳ, εἰς Κων)πολιν.

216. **Ἰωάννης Γκούστης.**— Πρεβεζᾶνος. Ἑκατόνταρχος εἰς τὰ Ἰονικὰ νησιά. Διὰ τοῦ Π. Παπαγεωργίου. Ὑπόσχεται νὰ ἔλθῃ, φέρων καὶ τοὺς σὺν αὐτῷ.
15 Ίανουαρίου 1819. Ζάκυνθος.
Τῷ Σωτηρίῳ Πατρινόπουλῳ, Ἅγιον Ὄρος.

217. **Ἰωάννης Καβαδίας.**— Πρεβεζᾶνος. Ἑκατόνταρχος εἰς τὰ Ἰονικὰ νησιά. Διὰ τοῦ Π. Παπαγεωργίου ὑπόσχεται νὰ ἔλθῃ, φέρων καὶ τοὺς σὺν αὐτῷ.
15 Ίανουαρίου 1819. Ζάκυνθος.
Τῷ Σωτηρίῳ Πατρινοπούλῳ, Ἅγιον Ὄρος.

218. **Γεώργιος Παπακωστόπουλος.**— Χρυσοχόος. Πελοποννήσιος. Χρόνων 30. Διὰ τοῦ πνευματικοῦ 'Ανθίμου   Γρ. 20.
15 Ίανουαρίου 1819. Ζάκυνθος.
Τῷ Γεωργίῳ, εἰς Κων)πολιν.

219. **Γεώργιος Διαμανιῆς Μπάφος.** — Καλαρρυτινὸς Ἠπειρώτης. Χρόνων 30. Διὰ τοῦ πνευματικοῦ 'Ανθίμου   Γρ. 40.
15 Ίανουαρίου 1819. Ζάκυνθος.
Τῷ Δημητρίῳ, εἰς Κων)πολιν.

---

1 Ἦταν ἀδελφὸς τοῦ ερίφημου 'Ανθίμου 'Αργυροπούλου καὶ πρῶτος πού κατηχήθηκε ἀπ' αὐτόν.

220. *Κωνσταντίνος Πετμεζάς*[1].—Ἑκατόνταρχος. Ὑπόσχεται νὰ ἔλθῃ, φέρων μεθ' ἑαυτοῦ ὅσους δυνηθῇ.
15 Ἰανουαρίου 1819. Ζάκυνθος.
Τῷ Σωτῆρι Πατρινόπουλῳ.

221. *Ἰωάννης Βελισσάριος*.— Κρής. Χρόνων 28. Διὰ Δημητρίου Ροδιάδη. Γρ. 100.
15 Ἰανουαρίου 1819. Ἰσμαήλ.
Τῷ διδασκάλῳ Μελετίῳ Κυπριανῷ, Κύπρον.

222. *Χρῖσος Γιαννόπουλος*.— Πελοποννήσιος. Ἔμπορος. Χρόνων 30. Διὰ τοῦ Κωνσταντῆ Πετμεζᾶ Γρ. 20.
15 Ἰανουαρίου 1819.
Τῷ Ἰωάννῃ Ἀναστασοπούλῳ, Κων)πολιν.

223. *Ἀδὰμ Πάγκαλος*.— Ἐξ Ἀγχιάλου. Ἔμπορος. Χρόνων 38. Διὰ τοῦ Π. Φοιβαπώλωνος ὑποσχόμενος τὸ κατὰ δύναμιν Γρ. 25.
15 Ἰανουαρίου 1819. Γιάσι.
Πρὸς τοὺς Ἐπιτρόπους τῆς νεοσυστάτου σχολῆς, εἰς Ἀγχίαλον
Ἔτι διὰ τοῦ Ἀρχμ. Γρηγορίου Δικαίου. Φλρ. 500. ὑποσχόμενος ἄλλα 1000.
18 Μαρτίου 1819. Γιάσι.
Ἐπιγραφὴ ἡ οἰκεία.

224. *Κωνσταντῖνος Καρακούλιας*.—Πεντηκόνταρχος. Ὑπόσχεται νὰ ἔλθῃ, φέρων καὶ τοὺς σὺν αὐτῷ.
20 Ἰανουαρίου 1819. Ζάκυνθος.
Τῷ Σωτῆρι Πατρινοπούλῳ, Ἅγιον Ὄρος

---

1 Εἰς τὸν κατάλογο τοῦ Ἀρχείου Σέκερη δὲν ἀναφέρεται κατηχητὴς τοῦ Κ. Πετμεζᾶ. Φαίνεται τὸ ἀφιερωτικόν του θὰ ἦταν μαζὺ μὲ ἄλλων, ποὺ κατηχήθηκαν τὴν ἴδια μέρα στὴ Ζάκυνθο καὶ ἐθεώρησε περιττὸ νὰ ἐπαναλάβῃ τὰ ἴδια. Ὥστε κατηχητής του θὰ εἶναι ἢ ὁ Π Παπαγεωργίου ἢ ὁ πνευματικὸς Ἄνθιμος. Καὶ πάλι ἀπὸ τοὺς δύο φυσικώτερο ὁ πρῶτος γιατὶ αὐτὸς κατήχησε ὅλο καπετανέους Πελοποννησίους, φίλους του καὶ παλαιοὺς συμπολεμιστὰς του.
Ἀποδεικνύεται λοιπὸν καὶ γι' αὐτὸν ὅπως καὶ γιὰ τὸν Κολοκοτρώνη σφαλερὴ ἡ πληροφορία ὅτι κατηχήθηκε ἀπὸ τὸν Πάγκαλο. Πληροφορία ποὺ τή γέννησι της βέβαια πῆρε ἀπὸ τὴν Αὐτοβιογραφία τοῦ Θ. Κολοκοτρώνη (βλ. πάρα πάνω σελ. 27 ὑποσημ. 1) καὶ ποὺ συχνὰ ἔκτοτε ἐπαναλαμβανεται. Βλ. Π. Χιώτου. Λόγος βιογραφικὸς περὶ Διονυσίου Ρώμα Ζακ. 1857 σ. 23 καὶ Ἱστορία τοῦ Ἰονίου Κράτους τ. Α' σ. 317. Ἐπίσης Τραγωδίαι Ι. Ζαμπελίου ἔκδ. Ραφτάνη Ζακ. 1860 σ. νδ' Γούδα τ. Η' σ. 169 κτλ. κτλ.
Ὁ Δ. Γρ. Καμπούρογλου (Ἱστ. Ἀρχ. Ρώμα τ. Α' σ, ιε') ἀναφέρει ὅτι τὸν Κ. Πετμεζᾶν ἐμύησε ὁ Γιατράκος. Ὁ ὑπὸ τοῦ Γιατράκου μυηθεὶς ὅμως εἶναι ὁ Ἀνδρέας Κ. Πετμεζᾶς χειρούργος· καὶ ἐμυήθη στὴν Κωνσταντινούπολι (Πρβλ. Φ. Κατ. ἀρ. 504.)

225. **Παρθένιος.**—Ἡγούμενος τῶν Αἱμυαλῶν. Χρόνων 67. Διὰ Παναγου Ζάρκου Γρ. 150.
25 Ἰανουαρίου 1819. Καλαμάτα.
Τῷ Παύλῳ Χ''Κώνστα.

226. **Διονύσιος Τριγκέτος.**— Ζακύνθιος. Ἔμπορος. Χρόνων 50. Διὰ τοῦ Παναγου Ζάρκου Γρ. 200. (ὑπόσχεται ἔτι 400).
25 Ἰανουαρίου 1819. Κορώνη.
Τῷ Νικολάῳ Δημητρίου, Ὀδέσσα.

227. **Πέτρος Οἰκονόμος.**—Ἀπὸ Ζαγόρι. Χρόνων 24. Διὰ Γεωργίου Γρ. 500.
26 Ἰανουαρίου 1819.
Τῷ Γεωργίῳ Φραγκίσκῳ, εἰς Μόσχαν.

228. **Τζανέτος Μανιατάκης.**—Προεστὸς Κουτζαβᾶς. Χρόνων 50. Διὰ Π. Παπαγεωργίου Γρ. 15.
30 Ἰανουαρίου 1819. Κουτζαβᾶ.
Τῷ Βασιλείῳ Δημητρίου Μαγνησίᾳ.

229. **Συμεών**[1].—Ἡγούμενος Βαρσῶν. Χρόνων 55. Διὰ τοῦ Π. Ἀναγνωστοπούλου
α΄ Φεβρουαρίου 1819. Κων)πολιν.
Τῷ καπετάνῳ Θεοδοσίῳ Ρεβελιώτῃ, Μπαλουκλαβᾶ.

230. **Μιχαῆλος Σικελιανός**[2]. — Ἐξ ἀπορρήτων τῶν προσόδων. Χρόνων 34. Διὰ Ἀριστείδου Παπᾶ Φλρ. 20.
α΄ Φεβρουαρίου 1819. Κέρκυρα.
Τῷ Ἀναστασίῳ Σπάχῳ, Ἀμστελνδάμιον.

231. **Γαβριὴλ Ἀρχιμανδρίτης** —Ἀπὸ Μαντίνεια τῆς Σπάρτης. Χρόνων 38. Διὰ τοῦ Κεμαρινοῦ Κυριακοῦ. Γρ. 100 ὑπόσχεται ἔτι 500.
α΄ Φεβρουαρίου 1819. Καλαμάτα.

---

1 Πρβλ. ὅσα γράφει ὁ Φωτάκος γιὰ τὴ δρᾶσι του ὡς φιλικοῦ καὶ κατὰ τὴν ἐπανάστασι. Σφαλερὰ ὅμως ἀναφέρει ὡς κατηχητή του τὸν Π. Σέκερη. Φωτάκου Βίοι Πελοποννησίων ἀνδρῶν Ἀθ. 1888 σ. 318.
Τὸ ἐφοδιαστικόν του δίπλωμα σώζεται εἰς τὸ Ἀρχεῖον τῆς Ἱστορ. καὶ Ἐθν. Ἑταιρίας ἀρ. 7772.
2 Ὁ Φιλήμων δημοσιεύει τὸ ἀφιερωτικὸν τοῦ Μ. Σικελιανοῦ (Φιλ. Λ΄ σ. 366) ὅπου ἀναφέρεται ἡμερομηνία μυήσεως του ἡ 1 Φεβρουαρίου 1819. Καὶ ὅμως στὸν κατάλογο τῶν φιλικῶν του δὲν ἀναγράφεται καθόλου τὸ ὄνομα τοῦ Μ. Σικελιανοῦ.

Τω αρχιμανδρίτη Γρ. Φλέσσα, εις Κωνσταντινούπολιν.

232. *Γεώργιος Καλογερόπουλος*.—Μοθωναίος. Χρόνων 40. Διά τοῦ Παναγιώτη Ποτήρη Γρ. 250. ὑπόσχεται ἔτι 750.
α' Φεβρουαρίου 1819. Μοθώνη.
Τῷ Ἰωάννη Σταμελοπούλῳ Ὀδέσσα.

233. *Μακάριος Πρῴην Ρωγῶν*[1].—Τοποτηρητής Κερκύρας. Χρόνων 50. Διὰ 'Αριστείδου Παπᾶ Φλρ. 20.
2 Φεβρουαρίου 1819. Κέρκυρα.
Τῷ Γεωργίῳ Δημητρίου Κων)πολιν.

234. *Παναγιώτης Ταμιχιζῆς*[2].—Ἔμπορος. Χρόνων 30. Διὰ Νικηφόρου Παμπούκη. Γρ. 50.
6 Φεβρουαρίου 1819. Τριπολιτζᾶ.
Τῷ Εὐσταθίῳ Ἠλιάδη Κων)πολις.

235. *Γεώργιος Χρονόπουλος*.—Χρόνων 27. Διὰ τοῦ Παναγιώτη Ποτήρη. Γρ. 250. ὑπόσχεται ἔτι 500.
6 Φεβρουαρίου 1819. Νησὶ τῆς Καλαμάτας.
Τῷ Π. Σέκερη.

236. *Κωσταντῖνος Ἀναγνωστάκης*.—Ἀπὸ Κοντζοὺκ Μάνη. Χρόνων 43. Διὰ Ἀθ. Κυριακοῦ. Γρ. 200.
7 Φεβρουαρίου 1819.
Τῷ Χαραλάμπη Ρεμποῦ, εἰς Κων)πολιν.

237. *Ἀθανάσιος Τζούνης*.—Ἰωαννίτης. Ἔμπορος. Χρόνων 28. Διὰ τῷ Ἰωάννου Ἀριστείδη. Φλρ. 8.
8 Φεβρουαρίου 1819. Νεάπολις.
Τῷ Ἀντωνίῳ Κατζίνη, Τριέστι.

238. *Παναγιώτης Ἀρβάλης*.—Ἔμπορος. Χρόνων 40. Διὰ τοῦ Νικηφόρου Παμπούκη. Γρ. 200. ὑπόσχεται ἔτι Τλρ. 500.

---

1 Βλ. ἀπάντησι στὸ ἀφιερωτικόν του εἰς τὸν Φιλήμονα (Φιλ. Α' σ. 373). ὅπου ἡμερομηνία μυήσεώς του ἀναφέρεται ἡ 22 Φεβρουαρίου 1819.

2 Ὁ Φιλήμων γράφει σχετικῶς «... Ἐκ τῶν ἐμπόρων [ὁ Ν. Παμπούκης] παρέλαβε τὸν Παναγιώτην Ἀρβάλην καὶ Παναγιώτην Τχμιτζῆν, ὡς τοὺς πλέον ἑτοίμους εἰς τὴν διάδοσιν τοῦ Μυστηρίου. Καὶ τῳόντι! Ὁ Ἀρβάλης ἔγινε τὸ δραστηριώτερον ὄργανον τοῦ προσηλυτισμοῦ εἰς αὐτὸν τὸν τόπον· ἡ δὲ Μητρόπολις τῆς Χερσονήσου κατέστη ἐντὸς ὀλίγου τὸ δεύτερον σχεδὸν μετὰ τὴν Κωνσταντινούπολιν καὶ τὴν Μολδαυο-Βλαχίαν κέντρον τῆς Ἑταιρίας». (Φιλ. Δοκ. σ. 201).

— 38 —

10 Φεβρουαρίου 1819. Τριπολιτζά.
Τῷ Γεωργίῳ Σταθοπούλῳ, Βιέννη.

239. *Δημήτριος Παλαιολόγος.*—Ἔμπορος. Χρόνων 45. Διὰ τοῦ Παπᾶ Γεώργη Ἀθανασίου. Γρ. 500.
10 Φεβρουαρίου 1819. Κων)πολις.
Τῷ Γεωργίῳ Καλονικόλα, εἰς Παρίσι.

240. *Παναγιώτης Γολόπουλος.*—Λακεδαιμόνιος. Ἔμπορος. Χρόνων 42. Διὰ Θ. Κολοκοτρώνη. Γρ. 40.
10 Φεβρουαρίου 1819. Ζάκυνθος.
Τῷ Ἰωάννῃ Γεωργακοπούλῳ, Ὀδέσσα.

241. *Ἀναστάσιος Σκοβώλης.*—Ἀρκάδιος, Πελοποννήσιος. Ἔμπορος εἰς Ζάκυνθον. Χρόνων 48. Διὰ τοῦ Ν. Πονηροπούλου, ὑποσχόμενος τὸ κατὰ δύναμιν. Γρ. 50.
10 Φεβρουαρίου 1819. Ζάκυνθος.
Πρὸς τὸν Γεώργιον Παπᾶ Κουτζῷ, εἰς Ὀδέσσαν.

242. *Πανάγος Χρησtέας.*—Σπαρτιάτης. Χρόνων 36. Διὰ Ἡλιοῦ Χρυσοσπάθη. Φλρ. 10.
12 Φεβρουαρίου 1819. Πλάτζα.
Τῷ Γεωργίῳ Φιλίππου, Σμύρνην.

243. *Γεώργιος Λεντούδης.*—Νάξιος διδάσκαλος εἰς Ἰάσι. Χρόνων 30. Διὰ Γεωργίου Γάτζιου. Φλρ. 2.
12 Φεβρουαρίου 1819, Γιάσι.
Τῷ Χριστοφόρῳ Θεοδοσίου, Κων)πολις

244. *Δημήτριος Χρησtέας.*—Σπαρτιάτης. Καπιτάνος. Χρόνων 18. Διὰ Ἡλιοῦ Χρυσοσπάθη. Φλρ. 10.
14 Φεβρουαρίου 1819. Ἅγιος Δημήτριος τῆς Σπάρτης.
Τῷ Νικολάῳ Ἀθανασίου, Σμύρνην.

245 *Φώτιος Ἀγγελίδης.*—Κωνσταντινουπολίτης. Ἔμπορος. Χρόνων 25. Διὰ Δημητρίου Ροδιάδου. Γρ. 250.
15 Φεβρουαρίου 1819. Ἰσμαήλ.
Τῷ Ἰωάννῃ Φωτόπουλῳ, Σμύρνην.

246. *Ἰωάννης "Ἕλληνας*¹.—Πελοποννήσιος Ἔμπορος. Χρόνων 50.

---
1 Ὁ Φιλήμων ἀναφέρει ὡς φιλικὸ τὸν Διονύσιο Ἕλληνα, κατηχηθέντα ἀπό τὸ Ν. Καλύβα (Φ. Κατ. ἀρ. 135). Αὐτὸς ἦταν ἀδελφός τοῦ Ἰωάννου. Βλ. Δ. Γρ. Καμπούρογλου Ἰστ. Ἀρχ. Ρώμα τ. Α΄ σ. ιγ΄.

— 39 —

Διά τοϋ Κολοκοτρώνη. Τλρ. 12.
15 Φεβρουαρίου 1819. Ζάκυνθος.
Τῷ Γεωργίῳ Νικηφόρῳ, Κων)πολιν.

247. **Κορίνθου Ζαχαρίας**[1].—Χρόνων 57. Διὰ τοῦ Θεοχάρη Ρένδη.
Γρ. 1000.
15. Φεβρουαρίου 1819.
Τῷ ἀνεψιῷ του Γαβριὴλ μοναχῷ, Ὄρος.

248. **Ἰωάννης Χρυσοσπάθης**.—Σπαρτιάτης Ναύαρχος. Χρόνων 27.
Διὰ Ἡλιοῦ Χρυσοσπάθη. Φλρ. 5.
15 Φεβρουαρίου 1819. Σπάρτην.
Τῷ Δημητρίῳ Ἀναστασίου Σμύρνην.

249. **Γεώργιος Παπαδόπουλος**.—Διακοφτίτης. Χρόνων 34. Διὰ τοῦ
Κωνστ. Ἀλεξανδροπούλου Γρ. 4.000.
18 Φεβρουαρίου 1819. Κων)πολις.
Τῷ Σωτηράκι Χαραλάμπη, εἰς Καλάβρυτα.

250. **Μαΐνης Νεόφυτος**[2].—Χρονων 46. Διὰ Ἰωάννου Μαυρομιχάλη.
18 Φεβρουαρίου 1819. Σπάρτη.
Τῷ Ἁγίῳ Μονεμβασίας.

251. **Κωνσταντῖνος Δημητρίου Νικαιάτης**.--Χρόνων 38. Διὰ τοῦ
διδασκάλου Ἰωσὴφ Γρ. 200.
19 Φεβρουαρίου 1819. Κων)πολις.
Τῷ Ἰωάννῃ Παυλίδῃ, Μόσχα.

252. **Γιάννης Χανιζᾶκος**.—Σπαρτιάτης. Χρόνων 28. Διὰ Ἡλιοῦ
Χρυσοσπάθη Φλ. 20. ὑπόσχεται 100 ἐκλεκτοὺς νέους.
20 Φεβρουαρίου 1819. Σπάρτη.
Τῷ Ἰωάννῃ Κωνστ. Κισνόβι.

253. **Ἀμβρόσιος Φραντζῆς**.—Πρωτοσύγγελος Χριστιανουπόλεως. Καλαβρυτινὸς ἀπὸ Μεσοροῦγι. Χρόνων 38. Διὰ Γεωργίου Παγωνοπούλου

---

1 Ὁ Κορίνθου Ζαχαρίας ἀνῆκε στὴ μεγάλη οἰκογένεια Περρούκα τοῦ Ἄργους, καὶ ἀπέθανε τὸ ἴδιο ἔτος 1819. Βλ. τὴ διαθήκη του εἰς τὸ Ἀρχεῖον Περρούκα εἰς τὴν Ἱστ. καὶ Ἐθν. Ἑταιρία. Κατὰ τὸν Φιλήμονα κατηχήθηκε ἀπὸ τὸ Ν. Παμπούκη. (Φιλ. Δοκ. σ. 204).

2 Τὸ ἐφοδιαστικὸν τοῦ Μαΐνης Νεοφύτου μὲ ἡμερομηνία 8 Φεβρουαρίου 1819 βρίσκεται εἰς τὸ Ἀρχεῖον τῆς Ἱστ. καὶ Ἐθν. Ἑταιρίας, ἀρ. 15649.

20 Φεβρουαρίου 1819. Ἀρκαδία. Γρ. 200.
Τῷ ἀνεψιῷ του Ζαφείρῃ Φραντζοπούλῳ, Κων)πολιν.

254. **Ἀθανάσιος Παπᾶ Γεωργίου Σγουρός.**—Κερκυραῖος. Ἔμπορος. Χρόνων 30. Διὰ Ἀριστείδου Παπᾶ Φλρ. 30.
20 Φεβρουαρίου 1819. Κέρκυρα.
Τῷ Κυριακῷ Κουμπάρῃ, εἰς Κων)πολιν.

255. **Ἀνδρέας Ζαΐμης'.**—Προεστὼς Καλαβρύτων. Χρόνων 28. Διὰ Ἀνδρέου Λόντου Γρ. 1.500.
20 Φεβρουαρίου 1819.
Πρὸς τὸν Ἀντώνιον Τζούνην.

256. **Ἰωάννης Θεοδωριάδης.**—Ζακύνθιος. Χρυσοχόος. Διὰ τοῦ ἀρχιμανδρίτου Λεοντίου². Γρ.500.
23 Φεβρουαρίου 1819. Κων)πολις.
Τῷ Κωνσταντίνῳ.

257. **Ἀντωνάκης Καραπατᾶς.**—Προεστὼς Ἀρκαδίας. Χρόνων 45. Διὰ τοῦ Ἀμβροσίου πρωτοσυγγέλλου Χριστιανουπόλεως. Γρ. 100.
26. Φεβρουαρίου 1819. Φιλιατρά.
Τῷ Γεωργίῳ Θανόπουλῳ, Κων)πολιν.

258. **Δανιὴλ Παμπούκης³.** — Ἡγούμενος τῆς Παναγίας Βράχου. Χρόνων 40. Διὰ Νικηφόρου Παμπούκη. Γρ. 50.
27 Φεβρουαρίου 1819. Κόρινθος.
Τῷ Ἠσαΐᾳ Ἁγιορίτῃ, Κων)πολις

259. **Νικόλαος Πρινάρης.**—Καλαρρύτης. Ἔμπορος. Χρόνων 28. Διὰ

1 Ὁ Φιλήμων εἰς τὸν κατάλογο του ἀναφέρει ὡς φιλικοὺς μόνον τὸν Ἀνδρέα καὶ τὸν Ἀσημάκη Ζαΐμη (Φ. Κατ. ἀρ. 141 καὶ 142) καὶ τοὺς δύο ὡς μυηθέντας διὰ τοῦ Γρ. Δικαίου, δὲν ἀναφέρει δὲ ποσὸν συνδρομῆς των. Ἀπὸ τὸ ἀρχεῖον Σέκερη ὅμως ἀποδεικνύεται ὅτι τὸν μὲν Ἀνδρέα Ζαΐμη ἐμύησε ὁ Ἀνδρέας Λόντος τὸν δὲ Ἀσημάκη ὁ υἱός του Ἀνδρέας.
2 Κατὰ τὸν Φιλήμονα (Δοκ. σ. 206.) ὁ Ἀρχιμανδρίτης Λεόντιος Ἰωάννου, (Βλ. πιὸ πάνω ἀρ. 193) κατήχησε κατὰ τὸ 1818 στὰ Ἰωάννινα πολλοὺς ἀπὸ τὸ περιβάλλον τοῦ Ἀλῆ Πασᾶ. Ἡ παρουσία του στὴν Κων]πολι στὰ τέλη τοῦ Φεβρουαρίου τοῦ 1819 μᾶς πείθει ὅτι ὅσα σχετικῶς γράφει ὁ Φιλήμων δὲν εἶναι ἀκριβῆ ἢ μᾶλλον ὅτι συνέβησαν μετὰ τὸ 1818.
3 Εἰς τὸν κατάλογο τοῦ Φιλήμονος δὲν ἀναφέρεται τὸ οἰκογενειακόν του ὄνομα (Φ. Κατ. ἀρ. 511). Ὁ Βαρδουνιώτης (ἐνθ. ἀν. σ. 221) ἐσφαλμένως γράφει ὅτι τὸ ἐπώνυμόν του ἦταν Ἀσημικόπουλος.

Χριστοδούλου Πρινάρη. Φλρ. 500.
α' Μαρτίου 1819. Σάν Σεβέρο.
Τῷ 'Αναστασίῳ Γεωργίου, Τριέστι.

260. **Κωνσταντίνος Δουζίνας Λογοθέτης.**—Έμπορος. Χρόνων 30. Διά Νικηφόρου Παμπούκη. Γρ. 50.
α' Μαρτίου 1819. Πόρος.
Τῷ Πέτρῳ Γουναρᾷ, Κων)πολιν.

261. **'Ιωάννης Κωνσταντίνου Ζωγράφου.**—Κωνσταντινουπολίτης. Χρόνων 24. Διά Γ. Κομιτζόπουλου. Γρ. 100.
α' Μαρτίου 1819. 'Οδέσσα.
Τῷ Κωνστ. Μαυρογουδάτῳ, Σμύρνην.

262. **Γερμανός Σπηλαιώτης.**—Ηγούμενος Βλάχ. Σαραγιοῦ. Χρόνων 48. Διά τοῦ διδασκάλου Παναρέτου. Γρ. 1000.
α' Μαρτίου 1819. Κων)πολις.
Τῷ Κωνσταντίνῳ 'Αθανασιάδη, Τομάροβα.

263. **Γεώργιος Ρεφρενδάριος.**—Τῆς Μεγάλης 'Εκκλησίας. Χρόνων 50. Διά τοῦ λογιωτάτου Παναρέτου. Γρ. 150.
α' Μαρτίου 1819. Κων)πολις.
Τῷ Γεωργίῳ Μαλείδι, εἰς 'Οδέσσαν.

264. **Βασίλης Καραβιᾶς¹.**—'Ιθακήσιος. Καπετάνιος εἰς τοὺς Ρώσσους. Χρόνων 46. Διά Στεργίου Πρασᾶ.
α' Μαρτίου 1819. Γαλάτζι.
Τῷ Σοφολογιωτάτῳ 'Ιωάννῃ Μακρῇ.

265. **Κωνσταντίνος 'Αντωνόπουλος.**—Πελοποννήσιος. Διά Χριστοφόρου Περραιβοῦ. Γρ. 300.
4 Μαρτίου 1819. Ύδρα.
Τῷ Θεοδώρῳ Σπηλιάδῃ, Τριέστι.

266. **'Ιωάννης Μηντσανόπουλος.**— Πελοποννήσιος. Έμπορος. Χρό-

---

1 Ὁ Βασίλειος Καραβιᾶς καθώς καὶ ὁ κατηχητής του Σέργιος Πρασᾶς δὲ περιέχονται στὸ 'Αρχεῖον Σέκερη. Ὁ Φιλήμων ἐπίσης δημοσίευσε τὸ ἀφιερωτικὸν τοῦ Καραβιᾶ (Φιλ. Α' σ. 332) χωρὶς καὶ νὰ τὸν περιλάβῃ στὸν κατάλογο τῶν φιλικῶν.'Απόδειξις ἤ ὅτι τὸν κατάλογο δὲν τὸν συνέταξε αὐτὸς ὁ ἴδιος, ἀλλὰ τὸν βρῆκε ἔτοιμο στὸ 'Αρχεῖον 'Υψηλάντη ἤ πάντως ὅτι πολὺ λίγη προσοχὴ ἔδωσε στὴ σύνταξί του. Ὁ Σέργιος ἤ Στέργιος Πρασᾶς, Θεσσαλός, κατηχήθηκε κατὰ τὸν Φιλήμονα στὸ Γαλάτζι στὰ 1819 ἀπὸ τὸν Γρηγόριο Δικαῖο. (Φ. Κατ. ἀρ· 526).

νων 40. Διά Καμαρινοΰ Κυριακού. Γρ. 100.
6 Μαρτίου 1819. Ύδρα.
Τῷ Π. Σέκερη, Κων)πολιν.

267. **'Αντώνιος 'Αδαμίδης.** =Ἀπὸ Παλαιὰν Πάτραν. Ἔμπορος εἰς Γαλάτζι. Χρόνων 28. Διὰ τοῦ Λ. Θέμελη. Γρ. 200.
8 Μαρτίου 1819. Γαλάτζι.
Τῷ Ἀρχιμανδρίτῃ Δανιὴλ Πελοποννησιῳ, εἰς Κων)πολιν.

268. **Θεοδωράκης Διαρόπουλος.** —Χρόνων 30. Διὰ τοῦ Κωνστ. Ἀλεξανδρόπουλου. Γρ. 300.
13 Μαρτίου 1819. Κων)πολις.
Τῷ Θεοδώρῳ Παπᾶ Στασινόπουλῳ, εἰς Ρένι.

269. **Χαράλαμπος Δημητρίου Πρίμας.** — Διὰ Δημητρίου Θέμελη Γρ. 200.
14 Μαρτίου 1819. Γαλάτζι.
Τῷ Σπύρῳ Μυλωνᾷ, Ἰσμαήλ.

270. **'Αναστάσιος Φλαμπουριάρης'.** —Ζακύνθιος. Νομικός. Χρόνων 45. Διὰ Ἀριστείδου Πατᾶ. Φλ. 100.
15 Μαρτίου 1819. Κέρκυρα.
Τῷ Δημητρίῳ Γεωργίου, εἰς Ἰωάννινα.

271. **'Ιωάννης 'Ατζιτέρης.** —Χρόνων 38. Διὰ τοῦ Νικολάου Κα. λύβα. Φλρ. 4.
16 Μαρτίου 1819. Ζάκυνθος.
Τῷ Ἀριστείδῃ Παπᾶ, Κων)πολιν.

272. **'Αναστάσιος 'Αβραμιώτης.** —Ἔμπορος Ζακύνθιος. Χρόνων 22. Διὰ Θεοχάρη Ρένδη. Γρ. 500.
19 Μαρτίου 1819.
Τῷ Διονυσίῳ Κούπα, εἰς Ὀδέσσαν.

273. **Παναγιωτάκης Α. Ζαΐμης.** —Εὐγενής. Χρόνων 24. Διὰ τοῦ Ἀνδρέα Ζαΐμη. Γρ. 1000.
20 Μαρτίου 1819. Κερπινῆ.
Τῷ Παναγιώτῃ Γιαννιτάκῃ, Κων)πολιν.

274. **'Ιωάννης Δημητρίου Δουραμάνης.**'—Ἰωαννίτης. Χρόνων 28.

---
1 Πρβλ. Ἀπάντησιν εἰς τὸ ἀφιερωτικόν του. (Φιλ Α'. σ. 362). ὅπου ἀναφέρεται ἡμερομηνία μυήσεώς του ἡ 13 Μαρτίου 1819.

— 43 —

Διά Ιωάννου Αριστείδου. Φλρ. 8.
24 Μαρτίου 1819. Νεάπολις.
Τῷ Μηνᾷ Ἐλευθερίου, Βιτύνην.

275. *Ανδρέας Ζαχαρίου.*—Ἁγιομαυρίτης. Χρόνων 40. Διὰ τοῦ Ἀδὰμ Παγκάλου. Γρ. 1000. ὑπόσχεται ἔτι Γρ. 9000.
25 Μαρτίου 1819. Ρόμανον.
Τοῖς ἐπιτρόποις τῶν ἑλληνικῶν βιβλίων ἐκδόσεως.

276. *Ἀναγνώσης Παρθενόπουλος* —Ὑδραῖος. Ἔμπορος. Χρόνων 35. Διὰ Νικηφόρου Παμπούκη. Γρ. 20.
α'. Ἀπριλίου 1819. Ὕδρα.
Τῷ Ἀναγνώστη Ζωόπουλῳ, εἰς Κων)πολιν.

277. *Ἀνδρούβιστας Θεόκλητος[1].*—Χρόνων 62. Διὰ τοῦ κ. Παναγιώτη Τρουπάκη. Γρ. 300. ὑπόσχεται ἔτι 800.
2 Ἀπριλίου 1819. Πετροβούνι.
Πρὸς τὸν Γεωργάκην Τρουπάκην, εἰς Σκαρδάμυλα.

278. *Παναγιώτης Τρουπάκης.*—Σπαρτιάτης. Χρόνων 38. Διὰ τοῦ καπετὰν Παναγιώτη Τρουπάκη. Γρ. 200. ὑπόσχεται ἔτι Γρ. 600.
2 Ἀπριλίου 1819. Σκαρδάμυλα.
Τῷ Ἱερεμίᾳ ἐπισκόπῳ Πλάτζας.

279. *Νικολάκης Βενετζανάκης.*—Σπαρτιάτης. Χρόνων 58. Διὰ τοῦ Παναγιώτη Τρουπάκη Γρ. 100.
2 Ἀπριλίου 1810. Καστάνιτζα.
Τῷ Ἁγίῳ Ἀνδρούβιστας.

280. *Γεώργιος Λουρόπουλος.*—Ἔμπορος Χρόνων 35. Διὰ Ἀριστείδου Παπᾶ. Φλρ. 40.
7 Ἀπριλίου 1819. Παξοί.
Τῷ Γεωργίῳ Δημητρίου, εἰς Κων)πολιν.

281. *Δημάκης Γερόλυμου Βελιανίτης.*—Ἔμπορος. Χρόνων 45. Διὰ Γεωργίου Λουροπούλου. Φλρ. 20.
7 Ἀπριλίου 1819. Παξοί.
Τῷ Γεωργίῳ Δημητρίου, Κων)πολιν.

282. *Κωνσταντῖνος Στεριάδης.*— Μαθητὴς Σχολείου. Χρόνων 22.

---

[1] Καταγόταν ἀπὸ τὰ Καρδάμυλα τῆς Μάνης· καὶ ἀνῆκε στὴν οἰκογένεια Ἀλεπουδέα. Βλ. σχετικὸ φάκελλο στὸ Ἀρχεῖον Ἀγωνιστῶν τῆς Ἐθν. Βιβλιοθήκης.

Διά Γεωργίου Γάτζου.
8 Απριλίου 1819. Γιάσι.
      Τῷ Ζαφείρῃ Ἀγγέλου.

283. *Ἰωάννης Γεωργίου Κριεζῆς*.—Ἔμπορος. Χρόνων 33. Διά Γκίκα Γ. Γκιώνη.   Γρ. 600.
10 Ἀπριλίου 1819. Ὕδρα.
      Τῷ Μιχαήλῳ Λιούντι, Βουκουρέστι.

284. *Γεώργιος Κωνσταντίνου Μόστρας*[1].—Ἀρτηνὸς Θαλασσέμπορος. Χρόνων 27. Διὰ Ἀριστείδου Παπᾶ.
12 [Ἀπριλίου]' 1819. Κορφοί.

285. *Γεώργιος Μπάσιας*[2].— Διὰ τοῦ Νικολάου Πονηροπούλου 12 Ἀπριλίου 1819.   Γρ. 500
      Τῷ Γεωργίῳ Συνοδινῷ, Ὀδέσσα.

286. *Γεώργιος Χρήστου Καλόγηρος*.—Παργηνός. Ἑκατόνταρχος. Χρόνων 27. Διὰ τοῦ Πάνου Κολοκοτρώνη.
13 Ἀπριλίου 1819. Κέρκυρα.

287. *Κοσμᾶς Λαχουρίδης*.—Χρόνων 38. Διὰ Παπᾶ Γρηγορίου Ἀθανασίου.   Γρ. 250.
14 Ἀπριλίου 1819. Κων)πολις.
      Τῷ Ἰωάννῃ Δημητρίου, εἰς Μόσχαν.

288. *Χρῆστος Καλόγηρος*.—Ἠπειρώτης. Ἑκατόνταρχος. Διὰ Θ. Κολοκοτρώνη[3].
14 Ἀπριλίου 1819. Κέρκυρα.
      Τῷ Παναγιώτῃ Παυλόπουλῳ, Ὀδέσσαν.

---

1 Εἰς τὸ Ἀρχεῖον Σέκερη ὁ Γ. Μόστρας φέρει ἡμερομηνία μυήσεως 12 Αὐγούστου 1819 ὁ ἑπόμενός του δὲ Γ. Καλγάνης, 28 Ἀπριλίου 1819. Εἶναι φανερὸ ὅτι κατὰ λάθος ἀντεστράφησαν οἱ μῆνες. Τόσο ἡ μύησις τοῦ Γ. Μόστρα πρέπει νὰ συνδυασθῇ μὲ τὸ χρόνο διαμονῆς τοῦ Α. Παπᾶ στὴν Κέρκυρα καὶ τῆς ἀπελευθερώσεως τῆς οἰκογένειας Μόστρα ὑπὸ τοῦ Ἀλῆ κατόπιν μεσολαβήσεως τοῦ Ι. Καποδίστρια· καθὼς καὶ ἡ μύησις τοῦ Γ. Καλγάνη ἥταν ἀδύνατον νὰ ἔγινε τὸν Ἀπρίλιο διὰ τοῦ Θ. Τσοσίτζα ποὺ μυήθηκε τὰς 4 Μαΐου.

2 Κάτω ἀπὸ τὸ ὄνομά του ὑπάρχει μὲ τὸ γραφικὸ χαρακτῆρα τοῦ Γρηγορίου Δικαίου ἡ προσθήκη : 26 Νοεμβρίου 1818 Γρ. 50.

3 Ὁ Θ. Κολοκοτρώνης βρισκόταν τότε μὲ τὸν υἱόν του Πᾶνο στὴν Κέρκυρα, ὅπου εἶχε πάει γιὰ νὰ συναντηθῇ μὲ τὸν Ἰωάννη Καποδίστρια ὁ ὁποῖος μὲ ἀναρρωτικὴ ἄδεια εἶχε ἔρθει νὰ ἐπισκεφθῇ τὴν τόσο ἀγαπητή του πατρίδα καὶ νὰ δῇ τὸ γέροντα πατέρα του.

289. *Ιωάννης Κασιανάς.*—Πρεβεζάνος. Εκατόνταρχος. Χρόνων 40. Διά Θ. Κολοκοτρώνη, υπόσχεται νά ελθη φέρων και τους συν αύτω. 14 'Απριλίου 1819. Κέρκυρα.

Τω Θεοδώρω Πολιτόπουλω.

290. *Μιχάλης Γιαννόπουλος.*—Χωρικός. Χρόνων 40. Διά του ηγουμένου Δανιήλ. Γρ. 50.
15 Απριλίου 1819. "Αργος.

Τω Ιωάννη, εις Πίζαν.

291. *Ιωάννης Π. Αμβροσίου[1].*—"Εμπορος εις Όδέσσαν. Γεννηθείς 1794. Διά Α. Τζούνη. Γρ 150.
15 'Απριλίου 1819.

Τω διδασκάλω Παρθενίω, Βυτίνα.

292. *Γεώργιος Α. 'Αντωνόπουλος.* — Κριτιζάνος. "Εμπορος εις "Υδραν. Χρόνων 24. Διά Ηλιού Χρυσοσπάθη. Γρ. 300.
15 Απριλίου 1819. "Υδρα.

Τω Λιλεβη Μόσχου, Κων)πολιν.

293. *Κυριάκος Τασίκας[2].*—"Εμπορος εις Άλεξάνδρειαν. Διά Δημητρίου Υπάτρου. Θέλει νά τά έμβάση των Ζωσιμάδων. Γρ. 12000
16 Απριλίου 1819. 'Αλεξάνδρεια.

Τω Επαμεινωνδιάδη.

---

1 Ό Ι. Αμβροσίου ήταν από τά πιό εκλεκτά μέλη της κοινωνίας της 'Οδησσού καί ό πιό αρχαίος έλλην· εμπορικός οίκος της πόλεως έπειτα από τού Παλαιολόγου Λεμονή. (Βλ. Κ. Α. Παλαιολόγου. Ό εν Νοτίω Ρωσσία Ελληνισμός. 'Αθ. 1881 σ. 29. καί Σακελλαρίου ενθ. άν. σ. 37 καί 85). Κατά τόν Σπηλιάδη ό 'Αμβροσίου αρνήθηκε κατ' αρχάς, στά 1816, νά κατηχηθή από τον Άθ. Σέκερη διότι έξέλαβε καί αύτός «τά της εταιρείας ώς άγυρτίαν». Βλ. Ι. Φιλήμονος Βιογραφία Σπηλιάδου Ναύπλ. 1868 σ. 42.

2 Ό Φιλήμων έχει ώς κατηχητή του Κ. Τασίκα ή Τασσήκα (Φ. Κατ. αρ. 613) τόν Κ. Πεντεδέκα καί ποσόν συνδρομής γρ. 200 καί τά δύο όμως αυτά αναφέρονται όχι στον Τασίκα αλλά στον επόμενό του στον κατάλογο του Φιλήμονος Γεωργ. Σωτ. Ταφραλή. Πρβλ. ανωτέρω αρ. 85.

Ό Κ. Τασίκας μέ τον Θ. Τοσίτσα υπηρέτησαν εξαιρετικά την ιδέα της Εταιρίας στην Αίγυπτο καί πολλούς πλουσίους ομογενείς κατήχησαν εκεί (βλ. κατωτέρω). Βλ. επίσης; ανώνυμο έκθεσι περί Τασίκα καί Τοσίτσα στο 'Αρχείον της 'Εθνικής Βιβλιοθήκης αρ. 8126, όπου όμως περιέχονται πολλές ανακρίβειες. Κατά την έκθεσι αυτή ό Κ. Τασίκας κατηχήθηκε πρό τού 1818 στην Τεργέστη από τον Τριαντάφυλλο Χατζηστεργίου. Πρβλ. Κανδ. σ. 237.

— 46 —

294. *Ιωάννης Χριστοδούλου Σόμωφ.*—Χρόνων 30. Διά τοῦ Πρεσβυτέρου ἀδελφοῦ τοῦ Φωτίου Ἀγγελίδου Βυζαντίου. Διδάσκαλος Ἴζνας. Ἀξιωματικός. Προικισμένος μὲ πολλὰς γλώσσας. Γρ. 50.
17 Ἀπριλίου 1819. Ἰσμαήλ.
Τῇ μητρί του Μαρία Ἰωάννου, εἰς Ἰωάννινα.

295. *Μιχαήλ Μιχάλοβιτς.*—Πλοίαρχος. Χρόνων 32. Διά Σταύρου Χαχαμάκη. Φλρ' 67.
20. Ἀπριλίου 1819. Κων)πολις.
Τῷ Δημητράκη, εἰς Μόσχαν.

296. *Αντώνιος Γεωργίου Κριεζής.*—Ὑδραῖος. Πλοίαρχος. Χρόνων 23. Διὰ τοῦ Ἡλιοῦ Χρυσοσπάθη. Γρ. 1000.
20 Ἀπριλίου 1819.
Τῷ Δημητρίῳ, εἰς Βουκουρέστι.

297. *Μιχαήλ Κούκας*[1].—Διδάσκαλος Τριπολιτζᾶς. Χρόνων 28. Διὰ Π. Ἀρβάλη. Γρ. 100. ὑπόσχεται ἔτι Γρ. 100.
23 Ἀπριλίου 1819. Τριπολιτζᾶ.
Τῷ Ἰωάννῃ Λαμπαδαρίῳ, Ὀδέσσαν.

298. *Ἀσημάκης Ζαΐμης.*—Προεστὼς Κερπινῆς. Χρόνων 58. Διὰ τοῦ υἱοῦ του Ἀνδρέου Γρ. 2000.
23 Ἀπριλίου 1819. Κερπινῆ.
Τῷ Γερμανῷ ἡγουμένῳ Βλαχ. Σαραγίου.

299. *Σωτήριος Χαραλάμπης.*—Προεστὼς Καλαβρύτων Χρόνων 49. Διὰ Π. Ἀρβάλη. Τλρ. 600.
25 Ἀπριλίου 1819. Τριπολιτζᾶ.
Τῷ Διδασκάλῳ Ἀμβροσίῳ. Λιβόρνον.

300. *Ἰωάννης Α. Κοκκίνης.*—Ὑδραῖος. Χρόνων 65. Διὰ Ἡλιοῦ Χρυσοσπάθη. Γρ 60.
26 Ἀπριλίου 1819. Ὕδρα.
Τῷ Γεωργίῳ, εἰς Κων)πολιν.

301. *Θεοδωρῆς Δημητρίου.*—Λακεδαιμόνιος. Ἔμπορος. Χρόνων 37.

---

1 Τὸ ἐφοδιαστικὸν τοῦ Μιχαὴλ Κούκα βρίσκεται εἰς τὸ Ἀρχεῖον τῆς Ἱστ. αἱ Ἐθν. Ἑταιρίας ἀρ. 19525. Ἀναφέρει ὅτι κατάγεται «ἀπὸ τὸ χωρίον Σωποτὸ οῦ καζᾶ τῶν Καλαβρύτων» καὶ ἔχει καὶ αὐτὸ ἡμερομηνία 23 Ἀπριλίου 1819.

Διά τοΰ Κυριάκου Τασίκα Γρ. 3000. καὶ οΰτος εἰς τὴν θέλησιν τῶν Ζωσιμάδων τὰ πληρώνει.
28 Ἀπριλίου 1819. Ἀλεξάνδρεια.
Τῷ Α. Ἐπαμεινωνδιάδῃ, Μόσχαν.

302. *Ἀνώνυμος*[1].—Μέσον Δημητρίου Θέμελη, Πατμίου. Γρ. 500.
29 Ἀπριλίου 1819. Γαλάτζι.
Τῷ Κωνσταντίνῳ Ἀρβανίτῃ, Ἰσμαήλ.

303. *Νικόλαος Δαβαρούκας*[1].—Καλαρρύτης. Ἔμπορος. Χρόνων 48. Διὰ Χριστοδούλου Πρινάρη Φλρ 40
α' Μαΐου 1818. Σὰν Σεβέρο.
Τῷ Σπυρίδωνι Νικολάου, Βιενυην.

304. *Δημήτριος Ἰωάννου.*— Χρόνων 38. Διὰ τοῦ Ἀνδρέα Ζαΐμη.
Γρ. 500
α' Μαΐου 1819. Κερπινῆ.
Τῷ ἀδελφῷ τοῦ Ἀντωνίῳ Ἰωάννου.

305. *Νικόλαος Πανδελῆ Νικολάκης.*—Ὑδραῖος. Πλοίαρχος. Χρόνων 40. Διὰ Ἀναγνώστη Παρθενοπούλου. Γ. 100
α' Μαΐου 1919. Ὕδρα.
Τῷ Λεονάρδῳ Ζάνωφ. Κων)πολιν.

306. *Κωνσταντῖνος Παμπούκης.*—Διδάσκαλος. Χρόνων 15. Διὰ Νικηφόρου Παμπούκη. Γρ. 20
α' Μαΐου 1819. Ὕδρα.
Τῷ Γεωργίῳ Ρένδῃ, Κων)πολιν.

307. *Κωνσταντῖνος Τούλας.*—Ἐκατόνταρχος. Χρόνων 43. Διὰ τοῦ Γεωργάκη Καλογήρου. Ὑπόσχεται νὰ ἔλθῃ, φέρων μεθ᾽ ἑαυτοῦ ὅσους δυνηθῇ.
2 Μαΐου 1819. Κέρκυρα.
Τῷ Δημητρίῳ Ἁρμενοπούλῳ Κέρκυραν.

308. *Εὐστάθιος Κωσιάκης.*—Πελοποννήσιος. Ἔμπορος. Χρόνων 26. Διὰ Κωνσταντίνου Ἀλεξανδροπούλου. Γρ. 150
2 Μαΐου 1819. Σταυροδρόμι.
Τῷ Θεοδοσίῳ Καρδαροπούλῳ. Τριπολιτζᾶ.

---

1 Παρέλειψε δηλαδή εἰς τὸ ἀφιερωτικόν του νὰ προσθέσῃ τὸ ὄνομά του· καὶ εἰς τὸ κείμενον τῆς ἐπιστολῆς καὶ εἰς τὸ τέλος κονιὰ εἰς τὸ σημεῖον καθιερώσεως;. Ὁ Φιλήμων εἰς τὸν κατάλογον ἀναφέρει τρεῖς ἀνωνύμους (Φ. Κατ. ἀρ. 27—29).

2 Βλ. σχετικῶς ἐπιστολὴν τοῦ Ἀ. Παπᾶ πρὸς τὸν Χριστόδουλον Πρινάρην, (Φιλ., Α' σ. 384).

— 48 —

309. *Ιωάννης Περούκας*.—Προεστώς "Αργους. Διά τοϋ Παναγιώτη Άρβάλη[1] Τλρ. 200 υπόσχεται ετι 700 ή 800
2 Μαΐου 1819. "Αργος.
Τώ 'Αδριανώ 'Ιωάννου, Λιβόρνον.

310. *Θεόδωρος Τοσίτζας*.—Μετζοβίτης. "Έμπορος εις 'Αλεξάνδρειαν Κρόνων 29. Διά τοϋ Κ. Τασίκα. Λέγων να πληρώση εις την θέλησιν τών Ζωσιμάδων όταν τοϋ γράψουν και ακόμη αφιερώνων εις τον καιρόν τα δύο τλοΐα τυυ, παρτίδος[1] 17 χιλιάδων κοιλών μέ όλα τους τα εφόδια. Γρ. 3000
1 Μαΐου 1819. 'Αλεξάνδρεια.
Τώ 'Α. Έπαμεινωνδιάδη, εις Μόσχαν.

311. *Χριστόδουλος Γ. Αύγερινός*.—Προεστώς Πύργου. Χρόνων 20. Διά Ν. Πονηροπούλου.
3 Μαΐου 1819. Πύργος.
Τώ 'Αντωνίω Τζούνη, 'Οδέσσα.

312. *Αναστάσιος Βολτέρας*.—Διά τοϋ κόμητος Διονυσίου Ρώμα. Χρόνων 39. Φλρ. 100
3 Μαΐου 1819. Ζάκυνθος.
Τώ 'Αριστείδη Παπά, εις Πάτραν

313. *Ιωάννης Καφηρεύς*.—Παργηνός. Χρόνων 25. Διά Γεωργάκη Καλόγηρου
3 Μαΐου 1819. Κέρκυρα.
Τώ 'Αθανασίω Δορυφόρω, εις 'Οδέσσαν.

314. *Διονύσιος κόμης Ρώμας*[3].—Ζακύνθιος. Χρόνων 48. Διά Νικολάου Καλύβα.
3 Μαΐου 1819. Ζάκυνθος.
Τώ 'Αριστείδη Παπά.

---

1 Σφαλερά ό Φιλήμων (Κατ. αρ. 500) αναγράφει ώς κατηχητή τοϋ Ί. Περρούκα τον Άναγνωσταρά, ένώ στο Δοκίμιον άνέφερε λεπτομερειακά τα της κατηχήσεώς του υπό τοϋ Ν. Παμπούκη. (Φιλ. Δοκ. σ. 203).

2 Έννοεΐ συνεταιρικής μερίδος, κατά τό σύστημα πού Ίσχυε τότε στο θαλασσεμπόριον. Βλ. σχετικώς Γ. Φιλαρέτου. Συνεργατικοί Συνεταιρισμοί. 'Αθ. 1928 σ. 34—40.

3 Ό Διονύσιος Ρώμας δέ βρίσκεται καταγεγραμμένος στον κατάλογον τοϋ Αρχείου Σέκερη. Τό άφιερωτικόν του όμως έξεδόθηκε και από τον Φιλήμονα (Φ. Α' τ. 169) και άπό τον Δ. Γρ. Καμπούρογλου ('Αρχ. Ρώμα τ. Α' σ. 4). Τό πρωτότυτον δε βρίσκεται στό 'Αρχεΐον της Έθν. Βιβλιοθήκης αρ. 6580.

Καίτοι καταχωρούμε αυτόν σύμφωνα μέ τά στοιχεία πού αναφέρονται στό

315. **Θεοδόσιος Δημάδης**;¹.—Κερκυραίος. Ίερεύς καί διδάσκαλος τῶν ἐπιστημῶν ἐν Ζακύνθῳ. Διά 'Αριστείδου Παπᾶ. Προσφέρει ὁλόκληρον τήν περιουσίαν του ἐκ Τζο. Ἰσπανικῶν 4000
15 Μαΐου 1819. Ζάκυνθος.
Πρός τόν Χριστόδουλον Πρινάρην.

316. **Φίλιππος Τζανέτογλους.**—Ρόδιος. Χρόνων 40. Διά τοῦ Κ. Τασίκα. Τζο. 500
εἰς τήν διαταγήν τῶν Ζωσιμάδων.
15 Μαΐου 1819. 'Αλεξάνδρεια.
Τῷ Α' Ἐπαμεινώνδι, εἰς Μόσχαν

317. **Δημήτριος Πρινάρης.**— Καλαβρύτης. Ἔμπορος. Χρόνων 43. Διά τοῦ Χριστοδούλου Πρινάρη. Φλο. 50
15 Μαΐου 1819. Σάν Σεβέρο.
Τῷ Ἀποστόλῳ Παναγιώτου, Βενετίαν.

318. **Μονεμβασίας Χρύσανθος.**—Σπαρτιάτης. Χρόνων 50. Διά Χριστοφόρου Περραιβοῦ. Γρ. 600
15 Μαΐου 1819. Καλαμάτα.

319. **Κερνίκης Προκόπιος.**—Ἀρχιερεύς Καλαβρύτων. Χρόνων 55. Διά 'Ανδρέου Ζαήμη² Γρ. 1000
16 Μαΐου 1819. Καλάβρυτα.
Τῷ Βλαχ. Σεραίτη Γερμανῷ, Κων)πολιν.

320. **Νικόλαος Κουΐμουντζόπουλος.** - Κορίνθιος. Χρόνων 40. Διά Δανιήλ Παμπούκη Γρ. 50
20 Μαΐου 1819. Κόρινθος.
Τῷ Γρηγορίῳ Βατοπεδινῷ, Ἅγιον Ὄρος.

ἀφιερωτικόν του νομίζουμε πιθανώτερο ὅτι ὁ Δ. Ρώμας κατηχήθηκε ἀπό τόν 'Αρ. Παπᾶ (βλ. 'Αρχ. Ρώμα τ. Α' σ. 1), ἁπλῶς δέ ἐτελειοποιήθηκε μόνον στήν κατήχησι ἀπό τό Νικόλαο Καλύβα. Πάντως ἡ ἡμερομηνία τῆς μυήσεως του εἶναι προγενεστέρα αὐτῆς πού φέρει τό ἀφιερωτικόν του. (Πρβλ. ἔνθ' ἀν. σ. 3). Ἡ μύησις δηλ. τοῦ Δ. Ρώμα πρέπει νά τοποθετηθῇ μεταξύ τῆς; 1 'Απριλίου ὅταν ἔφυγε ὁ 'Αρ. Παπᾶς ἀπό τήν Κέρκυρα καί τῆς 5 Μαΐου, ὁπότε γράφοντας στόν Δ. Ρώμα μεταχειρίζεται τό συνθηματικό ἀλφάβητο τῶν φιλικῶν Ὁ Φιλήμων στόν Κατάλογο δέν ἀναφέρει τόν κατηχητή του. (Φιλ. Κατ. ἀρ. 548), ἀλλοῦ ὅμως ἀναφέρει ὡς κατηχητή του τόν 'Αρ. Παπᾶ. (Φιλ. Α'. σ. 17).

1 Ὁ **Θεοδόσιος Δημάδης** δέν περιέχεται οὔτε στόν κατάλογο τοῦ Φιλήμονος οὔτε στόν τοῦ Σέκερη. Τό ἀφιερωτικόν του δημοσιεύτηκε ἀπό τόν Φιλήμονα (Α' σ. 385) καί αὐτοῦ ὅμως ὅπως καί τοῦ Ρώμα ἡ ἡμερομηνία τῆς μυήσεως πρέπει νά εἶναι προγενεστέρα.

2 Ὁ Φιλήμων εἰς τόν κατάλογο (ἀρ. 225) δέν ἀναφέρει τόν κατηχητή τοῦ **Κερνίκης Προκοπίου**.

— 50 —

321. **Γεώργης Κωστάκης.**—Έμπορος. Χρόνων 28. Διὰ Παναγιώτου Ἀρβάλη   Γρ. 500
20 Μαΐου 1819. Τριπολιτζᾶ.
    Τῷ Ἰωάννη Ἀθανάτου, Ὀδέσσα.

322. **Δημήτριος Ἀναγνωστόπουλος.**—Δολιανίτης, προεστώς. Χρόνων 48. Διὰ Ἰω. Κονδάκη.
21 Μαΐου 1819. Κυδωνίαις.
    Τῷ Σωφρονίῳ Ἀγγελόπουλῳ.

323. **Χριστιανουπόλεως Γερμανός.**—Χρόνων..... Διὰ τοῦ Κερνίτζης καὶ Προηγουμένου Παρθενίου.   Γρ. 1000
21 Μαΐου 1819. Ἀρκαδία.
    Τῷ Ἀλεξάνδρῳ Ἰωάννου Βελιόπουλῳ.

324. **Κυριακὸς Ἱερεύς.**—Λάκων. Διὰ τοῦ Καπ. Γεωργίου Πάνου.
22 Μαΐου 1819. Πραστός.   Γρ. 15.

325. **Ἰωάννης Κωσταντούλας.**—Ἔμπορος. Χρόνων 38. Διὰ τοῦ Σταύρου Χαχαμάκη.   Φλρ. 10
26 Μαΐου 1819. Κων)πολις.
    Τῷ Ἀλεξάνδρῳ Διογένῃ, Νεάπολιν.

326. **Δημήτριος Παλαιόπουλος.**—Καρπενησιώτης Προεστώς. Χρόνων 58. Διὰ Γεωργίου Γάτζου.
28 Μαΐου 1819. Γιάσι.
    Τῷ Ἀθανασίῳ Παναγιώτου, Σμύρνην.

327. **Παρθένιος [Μπαλανός][1].**—Προηγούμενος Σπηλαιώτης. Χρόνων 68. Διὰ τοῦ πρωτοσυγγέλου Χριστιανουπόλεως.   Γρ. 500.
29 Μαΐου 1819. Πελοπόννησος.

328. **Νικόλαος Ζαριφόπουλος.**— Προεστὼς Ἀνδρίτζενας. Χρόνων 35. Διὰ τοῦ Νικολάου Πονηροπούλου.   Γρ. 2000.
29 Μαΐου 1819.
    Τῷ Ἀναστασίῳ.

329. **Καῖσαρ κόμης Λογοθέτης**[2].—Χρόνων 60. Διὰ τοῦ Διονυσίου Ρώμα.   Φλρ. 100.
29 Μαΐου 1819. Ζάκυνθος.
    [Πρὸς τὸν Ἀριστείδην Παπᾶν.]

1 Βλ. σχετικῶς ὑποσημείωσι 3 σελ. 22.
2 Εἰς τὸ Ἀρχεῖον Ρώμα (Ἱστ. Ἀρχ. Ρώμα Α'. σ. 2), δημοσιεύεται ἔγγραφος δήλωσις τοῦ κόμητος Κ. Λογοθέτη ὅτι τὰ 100 ὅλλ. φλουριὰ τὰ ὁποῖα ἀναφέ-

— 51 —

330. *Διονύσιος Παπαγιαννόπονλος.*—Νομικός. Χρόν 23ων. Διά Νικολάου Καλύβα ¹. Φλρ. 20.
30 Μαΐου 1819. Ζάκυνθος.
Τῷ 'Αριστείδῃ Παπᾷ, Κων)πολιν.

331. *Βελισσάριος Παυλίδης.*—Πελοποννήσιος. Έμπορος εἰς Βουκουρέστιον. Χρόνων 29. Διὰ τοῦ Βελισσαρίου Διογενίδου. Φλρ. 10.
31 Μαΐου 1819. Βουκουρέστι.
Τῷ ἠγουμένῳ Μεγαλοσπηλαιότῃ.

332. *Μιχαὴλ Ναύτης*².—Κρὴς. Ιατρός. Χρόνων 33. Διὰ τοῦ 'Αριστείδου Παπᾶ³. Φλρ. 20.
α' Ἰουνίου 1819. Σμύρνη.
Τῷ 'Επαμεινωνδιάδῃ Λαζάρου, Κων)πολιν.

333. *Κωνσταντῖνος Πασχάλης.*—Χιλίαρχος. Διὰ 'Αριστείδου Παπᾶ. Φλρ. 30
α' Ἰουνίου 1819. Σμύρνη.
Τῷ 'Αλεξάνδρῳ Δημητρίου, Κων)πολιν.

334. *Παναγιώτης Κρεβατᾶς.*—Προεστὼς Μιστρᾶ. Χρόνων 34. Διὰ τοῦ Σωτηράκη Χαραλάμπου. Τλρ. 200.
Ὑπόσχεται ἔτι Τλρ. 800.
α' Ἰουνίου 1819. Μιστρᾶς.
Τῷ 'Αθανασίῳ Γυριάνῃ.

335. *Δημήτριος Δαβαρούκας.*—Ήπειρώτης ἐκ Καλαρρύτων. Έμπορος εἰς Νεάπολιν. Χρόνων 43. Διὰ Χριστοδούλου Πρινάρη Φλρ. 90.
α' Ἰουνίου 1819. Σὰν Σεβέρο.
Τῷ 'Ἰωάνῃ Βασιλείου, Βιέννην.

ρεται ὅτι κατεβλήθησαν εἰς τὸν κόμητα Δ. Ρώμαν εἰς τὴν πρὸς τὸν Ἀριστείδην Παπᾶν «διευθυνομένην σημερινὴν ἐπιστολήν» τοῦ εὑρίσκονται ἀκόμη εἰς χεῖρας του. Τὸ ἔγγραφον αὐτὸ ἔχει ἡμερομηνία 1 Μαΐου 1819 ε. π.

1 Ὁ Ν. Καλύβας ἰατροφιλόσοφος καὶ μαθηματικὸς ἔδρασε ἐξαιρετικὰ ὡς κατηχητής στὴ Ζάκυνθο. Ἐμυήθηκε στὴν Ἑταιρεία διὰ τοῦ Ἰωάν. Ἀσημακοπούλου τὸν ὁποῖον πάλι ἐμύησε ὁ Θ. Κολοκοτρώνης. (Φ. Κατ. ἀρ. 41). Κανένας ἀπὸ τοὺς δύο ἐν τούτοις δὲν περιέχεται στὸν κατάλογο τοῦ Ἀρχείου Σέκερη τὴν ἐξήγησι μᾶς τὴν δίνει πιθανὸν ἡ ὑπ' ἀρ. 6 ἐπιστολὴ τοῦ Ἀρχείου Ρώμα (βλ. ἐνθ' ἀν. σ. 5.).

2 Ἡ ἀπάντησις εἰς τὸ ἀφιερωτικόν του ἔχει ἡμερομηνία μυήσεώς του 1 Ἰουνίου 1819. (Φιλ. Α΄. σ. 373). Κατὰ τὸν Φιλήμονα ὁ Μ. Ναύτης ἀναγκάσθηκε νὰ μυήσῃ καὶ τὴν σύζυγό του Κυριακή, τὸ γένος Μιτάκη, ἢ Μπαϊντιρλῆ, ἡ ὁποία κατώρθωσε νὰ μάθῃ ὅτι ὁ σύζυγός της ἦταν μέλος μιᾶς μυστικῆς ὀργανώσεως (βλ. Φιλ. Α΄. σ. 170).

3 Ὁ Ἀριστείδης Παπᾶς ἐμύησε κατὰ τὴ διέλευσί του ἀπὸ τὰς Πάτρας τὸν ἐκεῖ πρόξενο τῆς Ρωσσίας Ἰωάν. Βλασσόπουλο. (Φιλ. Κατ. ἀρ. 59).

336. **Γεώργιος Μπενάκης;**.—Σκιαθίτης. Χρόνων 29. Διά τοῦ Δημητρίου Θέμελη Γρ. 150
α' Ἰουνίου 1819. Γαλάτζι.
Τῷ γραμματικῷ Ἐμμανουήλ, εἰς Κων)πολιν.

337. **Διονύσιος** ἱερεὺς **Πουπλόκας**.—Χρόνων 58. Διὰ Νικολάου Καλύβα Φλρ. 8
5 Ἰουνίου 1819. Ζάκυνθος.
Τῷ Ἀριστείδῃ Παπᾶ, εἰς Κων)πολιν

338. **Λέων Μεσινέζης**.—Κωνσταντινουπολίτης. Ἔμπορος. Χρόνων 32. Διὰ Ἀνδρέου Λόντου. Γρ. 500
6 Ἰουνίου 1819. Βοστίτζα.
Τῷ Στεφάνῳ Μεσινέζῃ, Κων)πολιν.

339 **Πανάγος Χρυσανθόπουλος**.—Βοστιτζάνος πολιτικός. Χρόνων 36. Διὰ Ἀνδρέου Λόντου Γρ. 500
8 Ἰουνίου 1819. Βοστίτζα.
Τῷ Ἀνθίμῳ εἰς Βασιλεύουσαν.

340. **Γρηγόριος Σπηλαιώτης**.—[Ἐκ Καλαπατζούνης].[1] Πρώην Σκευοφύλαξ. Χρόνων 57. Διὰ τοῦ Πρωτοσυγγέλου Χριστιανουπόλεως Γρ. 500
8 Ἰουνίου 1819. Πελοπόννησος.
Τῷ Γεωργίῳ Ἀλεξοπούλῳ, Οὑγγαροβλαχίαν.

341. **Ἀναγνώστης Μπουμέρου**.—Μοθωναῖος. Πελοποννήσιος. Ἔμπορος. Χρόνων 48. Διὰ Γεωργίου Λαδοπούλου Γρ. 13
10 Ἰουνίου 1819. Ζάκυνθος.
Τῷ Κωνσταντίνῳ Παναγιωτοπούλῳ, Κων)πολιν.

342. **Ἱερόθεος Ἱερομόναχος**.—[Ἐκ Ζατούνης].[2] Χρόνων 46. Διὰ Ἀμβροσίου Πρωτοσυγγέλου Χριστιανουπόλεως Γρ 300
17 Ἰουνίου 1819. Πελοπόννησος.
Τῷ Ἰωάννῃ Μπαισαρινῷ, Θεσσαλονίκην.

343. **Γιάννης Τομαράς**.—Πολιτικὸς Ἀρκαδίας. Χρόνων 45. Διὰ Νικολάου Πονηροπούλου. Ὑπόσχεται τὸ κατὰ δύναμιν.
18 Ἰουνίου 1819. Φιλιατρά.
Τῷ Μανούσῃ Ἀλεξίου.

---
1 Βλ. σχετικῶς ὑποσημ. 3, σελ. 22.
2 Βλ. σχετικῶς ὑποσημ. 3, σελ. 22.

344. **Μιχαήλ Καλιβούτζης.**—Σμυρναίος. Χρόνων 27. Διά Μιχαήλ
Ναύτου Φλρ. 10
18 Ἰουνίου 1819. Σμύρνη.
Τοῖς ἀδελφοῖς Τραντάνα, Βουκουρέστι.

345. **Σταύρος Νικολάου.**—'Αγγέντης ρώσσος εἰς Κόρινθον. Χρόνων
50. Διά Γεωργίου Δασκαλοπούλου Γρ. 200
18 Ἰουνίου 1819. Κόρινθος.
Τῷ Θεοδώρῳ Ἰωάννου, Κων)πολιν.

346. **Πέτρος Σαλαμόνος.**—Προεστὼς Λεονταρίου. Χρόνων 45. Διά
Δανιὴλ Παμπούκη Γρ. 50
19 Ἰουνίου 1819. Κόρινθος.

347. **Καλλίνικος Ἱερομόναχος.**—Κρής. Χρόνων 28. Διά τοῦ Μιχαὴλ Ναύτου, Ἰατροῦ. Φλρ. 15
20 Ἰουνίου 1819.
Τῷ Ἀμβροσίῳ Θωμᾷ, Κων)πολιν.

348. **Νικόλαος Κανδακίτης τοῦ Ἀντωνίου.** — Πολιτικο-μουσικός. Χρόνων 33. Διά Ν. Καλύβα Φλρ. 4
20 Ἰουνίου 1819. Ζάκυνθος.
Τῷ Ἀριστείδῃ Παπᾷ, Κων)πολιν.

349. **Θωμᾶς Σπανιωλάκης.**—Μονεμβασιεύς. Ἔμπορος εἰς Λίβόρνο.
Χρόνων 52. Διά τοῦ Βασιλείου Κοντοπούλου Γρ. ....
21 Ἰουνίου 1819.
Τῷ δόκτωρι Κορσῇ, Παρίσι.

350. **Σωτὴρ Θεαγένης.**—Πελοποννήσιος. Ἔμπορος. Χρόνων 30.
Διά Π. Φοιβαπόλλωνος Φλρ. 10
22 Ἰουνίου 1819. Γιάσι.
Τοῖς ἐπιτρόποις τῆς ἐν Στεμνίτσῃ Σχολῆς.

351. **Ἀνδρέας Παναγιώτου.**—Δημητσανίτης. Ἔμπορος. Χρόνων 3ε
Διά Κων. Ἀλεξανδροπούλου Γρ. 500
22 Ἰουνίου 1819. Κων)πολις.
Τῷ Μιχαὴλ Παπᾶ Νικητοπούλῳ, Δημητζάνα.

352. **Ἀναστάσιος Πουπλίνολας.**—Χρόνων 49. Διά τοῦ ἰατροῖ
Νικολάου Καλύβα Φλρ. 10

— 54 —

23 Ἰουνίου 1819. Ζάκυνθος.
Τῷ Ἀριστείδῃ Παπᾷ, Κων)πολιν.
353. *Δημήτριος Κοκκινάκης.*—Χῖος. Χρόνων 24. Διὰ Μιχαὴλ Ναύτου, ἰατροῦ Φλρ. 15
24 [Ἰουνίου]¹ 1819. Σμύρνη.
Τῷ Ἀναστασίῳ Ἐλευθερίου, Βιέννην.

354 *Γεώργιος Καραπατόπουλος.*—Ἔμπορος Φιλιατρινός. Χρόνων 40. Διὰ τοῦ Παναγ. Ποτήρη Γρ. 50.
Ὑπόσχεται ἔτι 400.
24 Ἰουνίου 1819. Φιλιατρά.
Τῷ Ἰωάννῃ Σταματουλόπουλῳ, Ὀδέσσα.

355. *Ἰωάννης Κωνσταντίνου.*—Χρόνων 34. Διὰ Παπᾶ Γεωργίου Ἀθανασίου Γρ. 250
26 Ἰουνίου 1819.
Τῷ Ἰωάννῃ Μπαλασάκῃ.

356. *Ναυπλίου καὶ Ἄργους Γρηγόριος.*²—Χρόνων 50. Διὰ τοῦ Δανιὴλ Παμπούκη Γρ. 500
27 Ἰουνίου 1819. Ἄργος.
Τῷ ἡγουμένῳ Γαβριήλ.

357. *Διονύσιος Πλατυμέσης.*—Χρόνων 46. Διὰ Νικολάου Καλύβα Φλρ. 10.
27 Ἰουνίου 1819. Ζάκυνθος.
Τῷ Ἀριστείδῃ Παπᾷ

---

1 Εἰς τὸ Ἀρχεῖον Σέκερη ἔχει ὡς μῆνα Ἰανουάριο κατὰ λάθος βέβαια δεδομένου ὅτι ὁ κατηχητής του Μιχαὴλ Ναύτης ἐμυήθη τὴν 1ην Ἰουνίου.
2 Ὁ Μ. Λαμπρυνίδης (ἐνθ' ἀνωτ. σ. 355) γράφει ἐσφαλμένα ὅτι ὁ Ναυπλίας Γρηγόριος ἐμυήθη ὑπὸ τοῦ Νικηφόρου Παμπούκη «παρεπιδημῶν ἐν Ὕδρᾳ περὶ τὰς ἀρχὰς τοῦ 1819». Ὡς μυηθέντας δὲ ἀπ' αὐτὸν ἀναφέρει τοὺς Ἰ. Ἰατροῦ, Ἰ. Περρούκαν, Σταματέλον Ἀντωνόπουλον, τοὺς ἀδελφοὺς Βλάσση καὶ Παπαλεξοπούλου καὶ τοὺς κληρικοὺς Γεώργιον Βελίνην, Θεοδόσιον Μποῦσκον καὶ Γεώργιον Κακάνην. Ἀπ' αὐτοὺς ὅμως γνωρίζουμε ὅτι τὸν Ἰ. Περρούκαν ἐμύησεν ὁ Π. Ἀρβάλης καὶ τὸν Σταμ. Ἀντωνόπουλο ὁ Ἀμβρόσιος Σιναΐτης καὶ γιὰ τοὺς ἄλλους ὥστε δὲν μποροῦμε νὰ ἔχουμε πεποίθησι δεδομένου μάλιστα ὅτι ὁ Μ. Λαμπρυνίδης δὲν ἀναφέρει τὴν πηγὴ τῶν πληροφοριῶν του.
Ὁ Παπᾶ Γεώργιος Βελίνης ἔδρασε ὡς φιλικός, καταδιώχθηκε καὶ ἀναγκάσθηκε νὰ φύγῃ στὴν ἀρχὴ στὶς Σπέτζες καὶ μετὰ στὸ Γαλάτσι, ἀπὸ ὅπου καὶ ἔλαβε μέρος στὸ κίνημα τῶν ἡγεμονιῶν. Πρβλ. Μ. Λαμπρυνίδου ἐνθ' ἀνωτ. σ. 356 καὶ Φωτάκου Βίοι Πελ. σ. 311.
Ἀπάντησις στὸ ἀφιερωτικὸν τοῦ Ναυπλίας Γρηγορίου βρίσκεται στὸ Φιλήμονα Α' σ. 350. Πρβλ. ἐπίσης ὅσα γράφει εἰς τὸ Δοκίμιον σ. 97.

— 55 —

358. *Θεόδωρος Ν. Λεονταρίτης.*—Πελοποννήσιος. Έμπορος εις Ζά
κυνθον. Χρόνων 57. Διά του Α. Πελοπίδα¹. Γρ. 100.
27 Ιουνίου 1819.
Τῷ Κωνσταντίνῳ Ἀδαμαντίῳ, Ὀδέσσαν.

359. *Ιωάννης Θεοδώρου Λεονταρίτης.* —Έμπορος εις το πατρικόν
του σπίτι. Χρόνων 20. Διά Α. Πελοπίδα Γρ. 50
υποσχόμενος εν καιρώ συμφώνως μετά τοῦ πατρός του νὰ ένεργήσῃ τά
δυνατά.
[27 Ιουνίου 1819]²
Τῷ Νικολάῳ Ἀνδρέου, εἰς Ὀδέσσαν.

360. *Πιέρος Λογοθέτης.*—Κόντες. Ζακύνθιος. Χρόνων 36. Διά του
Νικολάου Καλύβα.
27 Ιουνίου 1819. Ζάκυνθος.
Τῷ Ἀριστείδῃ Παπᾷ.

361. *Ἀναγνώστης Οικονομόπουλος.*—Σανδικεμένης τοῦ Ἁγίου
Γεωργίου, εις Κόρινθον. Χρόνων 50. Διά Γεωργίου Δασκαλοπούλου. Γρ. 200
27 Ιουνίου 1819. Κόρινθος.
Τῷ Νικολάῳ Ἰωάννου, εἰς Βασιλεύουσαν.

362. *Νικόλαος Γεωργιάδης.*—Κρής. Έμπορος. Χρόνων 24. Διὰ
[τοῦ Ἱερομονάχου] Καλλινίκου, συμπατριώτου του Φλρ. 15
28 Ιουνίου 1819. Σμύρνη.
Τῷ Θεοχάρῃ Παύλου, Κων)πολιν.

363. *Ἀθανάσιος Μαρζέλος.* Έμπορος. Μεγαρίτης ἀπὸ τὸ Δερβενο-
χώρι. Χρόνων 33. Διὰ Γεωργίου Δασκαλοπούλου Γρ. 300
3 Ιουλίου 1819. Κόρινθος.
Τῷ Παναγιώτῃ Ρήγᾳ, εἰς Κων)πολιν.

364. *Νικόλαος Χριστοδούλου.*—Ἀπὸ Σόλινα τῆς Κυλλήνης³, ἐκ Κα-

---

1 Ὁ Φιλήμων ἐσφαλμένα γράφει ὅτι τὸν Θεόδωρ. Λεονταρίτη τὸν κατήχησε
ὁ Ἀρ. Παπᾶς (Φιλ. Α' σ. 17).
2 Εἰς τὸν κατάλογο τοῦ Ἀρχείου Σέκερη δὲν ὑπάρχει ἡμερομηνία μυήσεώς
του, εἶναι φανερὸ ὅμως ὅτι ἐμυήθηκε τὴν ἴδια ἡμέρα μὲ τὸν πατέρα του.
3 Τὸ ἀρχαῖο Σόλιον ἐπὶ τῆς Ζήρειας. Ὁ Χριστοδούλου ἐγκατεστημένος στὰ
Καλάβρυτα ἦταν γνωστὸς ὑπὸ τὴν ἐπωνυμία Σολιώτης. Αὐτὸς δὲ πρῶτος ἔδωσε τὸ
σύνθημα τῆς κηρύξεως τῆς ἐπαναστάσεως τοῦ 1821 στὰς 14 Μαρτίου εἰς τὴν
θέσι Πόρταις καὶ εἰς τὰς 16 τοῦ ἰδίου μηνὸς κοντὰ εἰς τὸ χωριὸ Βερσοβά, ὅπου μὲ
τοὺς Πετμεζαίους ἐφόνευσε 28 Ὀθωμανοὺς ποὺ πήγαιναν στὴν Τριπολιτζᾶ. Βλ.
Φραντζῆ Α' σ. 146.

λαβρύτων. Πολιτικός. Χρόνων 34. Διά τοΰ Θεοχάρη Ρέντη Γρ. 150
3 Ιουλίου 1819. Κόρινθος.
Τῷ Γρηγορίῳ Χριστοδουλίδη, Κων)πολιν.

365. **Χ'' Ἀθανάσιος Χ'' Γεωργίου.**¹—Κυδωνιάτης. Ἔμπορος.
Χρόνων 50. Διὰ Ἀριστείδου Παπᾶ Φλρ. 200
4 Ἰουλίου 1819. Σμύρνη.
Τῷ Ἰωάννῃ Χ'' Δημητρίου, Ὀδέσσαν.

366. **Κωνσταντῖνος Κυράγγελος.**—Κεφαλληναῖος. Χρόνων 36. Διὰ
Ἀριστείδου Παπᾶ Φλρ. 5
5 Ἰουλίου 1819. Σμύρνη.
Τῷ Ἀλεξάνδρῳ Ἰωάννου, Κων)πολιν.

367. **Δημήτριος Γρηγοράκης** —Ἱππεὺς Σπαρτιάτης. Χρόνων 68.
Διὰ Χριστοφόρου Περραιβοῦ.
10 Ἰουλίου 1819. Σπάρτη.
Τῷ Εὐθυμίῳ Ὀρέστῃ. Τρίπολιν.

368. **Ἀντώνυμπεῖς Γρηγοράκης.**—Σπαρτιάτης. Χρόνων 62. Διὰ τοῦ
Χριστοφόρου Περραιβοῦ Γρ. 500
10 Ἰουλίου 1819. Σπάρτη.
Πρὸς τὸν Θεόδωρον Κάρλα, εἰς Μαγνησίαν.

369. **Κωνσταντῖνος Βαλλιάνος Πρεπής.**—Χρόνων 54. Διὰ τοῦ Νικολάου Καλύβα Φλρ. 30
11 Ἰουλίου 1819. Ζάκυνθος.
Τῷ Ἀριστείδῃ Παπᾶ, Κων)λιν.

370. **Μαρῆς Μεταξᾶς Ἀντριτζης.**²—Κεφαλληναῖος. Ἱππεύς. Χρόνων
40. Διὰ Διονυσίου Ρώμα.³ Φλρ. 50
14 Ἰουλίου 1819.
Τῷ Ἀριστείδῃ Παπᾶ.

---

1 Πρβλ. Ἀπάντησι εἰς τὸ ἀφιερωτικόν του Φιλ. Α'. σ. 370.

2 Υἱὸς τοῦ Νικολάου Μ. καὶ τῆς Ἀδαμαντίνας Γαήτα Ἀνδρίτση. Βλέπε ἀπάντησι εἰς τὸ ἀφιερωτικόν του. Φιλ. Α' σ. 363. Βλέπε ἐπίσης γι' αὐτὸν Π. Χιώτου Ἱστορία Ἰονίου Κράτους Α' 319 καὶ 325. Σπ. Μεταξᾶ. Ἱστορία Οἰκογενείας Μεταξᾶ Ἀθ. 1893 σ. 146. Τσιτσέλη Κεφ. Σύμμικτα Ἀθ. 1904 σ. 935.

3 Εἰς τὸ Ἀρχεῖον Ρώμα ὑπάρχει ἔγγραφος δήλωσις τοῦ Μαρῆ Μεταξᾶ ὅτι δὲν κατέβαλε εἰς τὸν κόμητα Διονύσιο Ρώμα τὰ 50 φράγκα ποὺ ἀναφέρονται εἰς τὴν ἀπὸ 14 Ἰουλίου ἐπιστολήν του πρὸς τὸν Ἀρ. Παπᾶ. (Ἀρχ. Ρώμα Α' σ. 6.)

— 57 —

371. **Χατζή 'Αναγνώστης 'Ιωάννου Ραύτης.**—Προεστώς Κορίνθου. Χρόνων 53. Διά Γ. Διδασκαλοπούλου Γρ. 400
15 'Ιουλίου 1819. Κόρινθος.
Τῷ Εὐσταθίῳ Νικολάου, Κων)πολιν.

372. **Γεώργιος Σιβίνης.**—"Ανω Δημητριάς. Χρόνων 50. Διά Κ. Τασίκα Γρ. 5000
17 'Ιουλίου 1819. 'Αλεξάνδρεια.
Τῷ 'Επαμεινωνδιάδῃ, εἰς Μόσχαν.

373. **Θεοδωράκης Σκορδάκης.**—Προεστώς εἰς Φιλιατρᾶ. Χρόνων 30. Διά Ν. Πετροπούλου. Γρ. 1500
ὑποσχόμενος μεγάλην ποσότητα.
18 'Ιουλίου 1819. Φιλιατρᾶ.
Τῷ Γεώργιῳ 'Αντωνίου, εἰς 'Οδέσσιον

374. **Σταμάτης 'Αντωνιάδης.**—Εἰς τὴν δούλευσιν τῶν 'Υψηλάντηδων. Κάτοικος εἰς Ζενοῦντα τῆς Μολδαυίας. Χρόνων 50. Δια τοῦ Θέμελη Γρ. 500
19 'Ιουλίου 1819. Γαλάτζι.
Τῷ 'Ιατρῷ Γεωργίῳ Χρυσοβελώνῃ.

375. **'Ιωάννης Χατζή 'Εμμανουήλ.**—Λαρισαῖος. Χρόνων 45. Διά Κ. Τασίκα. Γρ. 500
πλὴν διαταγῇ ἀπὸ Ζωσιμάδας τῆς Μόσχας.
20 'Ιουλίου 1819.
Τῷ 'Επαμεινωνδιάδῃ, εἰς Μόσχαν.

376. **Διονύσιος Παπαγεωργόπουλος.**— Χρόνων 34. Διά Νικολάου Καλύβα. Φλρ. 100
20 'Ιουλίου 1819. Ζάκυνθος.
Τῷ 'Αριστείδῃ Παπᾶ, Κων)πολιν.

377. **Παναγιώτης Παπαδόπουλος.**— 'Αρχιτέκτων. Χρόνων 55. Διά Γεωργίου Καλογεροπούλου. Γρ. 100
24 'Ιουλίου 1819. Μεθώνη.
Τῷ Παναγιώτῃ Μηχανίδῃ.

378. **'Αργύριος Χριστοδούλου.**— 'Απὸ Σόλ[ι]ον τῆς Κυλλήνης, ἐκ Καλαβρύτων. Χρόνων 29. Διά τοῦ ἀδελφοῦ του Ν. Χριστοδούλου. Γρ. 150
25 'Ιουλίου 1819. Σόλ[ι]ον.
Τῷ 'Ιακώβῳ Λαυριώτῃ, Κων)πολιν.

379. **Νεόφυτος Δούκας** [1].— Άπό Ζαγόρι. Άρχιμανδρίτης καί διδάσκαλος. Χρόνων 55. Διά Παναγιώτου Άναγνωστοπούλου.
25 Ιουλίου 1819. Βουκουρέστιον.
Πρός τόν Γρηγόριον Κωνσταντάν.

380. **Γεώργιος Καληνός**.— Σίφνιος. Έμπορος εις Μολδαυΐαν. Χρόνων 49. Διά τοϋ Άδάμ Παγκάλου. Γρ. 500
Υπόσχεται έτι 4.500.
26 Ιουλίου 1819. Ρώμανον.
Τοΐς έπιτρόποις τών Έλλ. βιβλίων εκδόσεως.

381. **Μιχαήλ Παπάζογλου**.— Έμπορος. Χρόνων 32. Διά Μιχαήλ Ναύτου. Φλρ. 80
26 Ιουλίου 1819. Σμύρνη.
Τῷ Θεοδώρῳ Ιωάννου, Βουκουρέστι.

382. **Ίάκωβος Ρίζος ὁ Νερουλός** [2].— Ποστέλνικος είς Ίάσιον τῆς Μολδαυΐας. Χρόνων 42. Διά Γεωργίου Γάτσου. Φλρ. 150
26 Ιουλίου 1819. Ίάσιον.
Πρός τόν Ιωάννην Φιλόστρατον, Πίσαν.

383. **Ιωάννης Δήμου**.— Έμπορος άπό Μηλιές. Χρόνων 46. Διά Παπά Γεωργίου Άθανασίου. Γρ. 200
27 Ιουλίου 1819. Κων)πολις.
Τῷ Άνδρέᾳ Κώστᾳ, εις Πόρον.

384. **Σωτήρχος Πατεράκης**.— Λειβαδίτης. Έμπορος. Χρόνων 24.

---

1 Ό Νεόφυτος Δούκας δέν περιέχεται οΰτε είς τόν κατάλογο τοϋ Φιλήμονος οΰτε είς τό Άρχεΐον Σέκερη, δεδομένου ότι ό Άναγνωστόπουλος δέν άπέστειλε τά άφιερωτικά τών όσων κατήχουσε αύτός Τό άφιερωτικόν του όμως έδημοσιεύθη άπό τόν Φιλήμονα (Α' σ. 337).

2 Ό Ιάκωβος Ρίζος Νερουλός δέν περιέχεται είς τόν κατάλογο τοϋ Άρχείου Σέκερη. Ό Φιλήμων είς τόν κατάλογο τών φιλικών δέν άναφέρει οΰτε τόν κατηχητή του ούτε τό ποσόν τής συνεισφοράς (Φιλ. Κατ. άρ. 538), άλλά ό ίδιος έδημοσίευσε τό άφιερωτικόν τοΰ Ι. Ρ. Νερουλοϋ άπό όπου καί πέρνουμε τά στοιχεία τής μυήσεώς του. (Βλ. Φιλ. Α' σ. 171).

Σχετικώς μέ τή μύηση τοϋ Ι. Ρ. Νερουλοΰ έγραφε ὁ Δημήτριος Θέμελης είς τόν Έμ. Ξάνθον τίς 4 Αύγούστου 1819 τά έπόμενα: «Ό Γ. Γάτσος έπώλησε κατ' αύτάς τήν πραγματείαν (δηλ. κατήχησε είς τήν Εταιρείαν) είς τόν άρχ. Ποστέλνικον Ίακωβάκην Ρίζου μέ μεγάλην του εύχαρίστησιν, διά τό όποιον έχάρησαν όλοι οί σύντροφοι έπειδή έπωλήθη καί ήγοράσθη εύκόλως». (Ξάνθου, Άπομν. σ. 58).

Διά Ηλιοΰ Χρυσοσπάθη. Φλρ. 5
30 Ιουλίου 1819. Κων)πολις.
Τω Ανδρέα Κοκινάκη, εις Ερυθρές.

385. *Ανδρέας Νοταράς.*—Προεστώς Κορίνθου. Χρόνων.... Διά του
Πανούτζου Νοταρά Γρ. 1000
α' Αυγούστου 1819. Τρίκαλα.
Τω διδασκάλω Διονυσίω, εις Χίον.

386. *Γεράσιμος Σβορώνος* [1].— Κεφαλληναΐος. Προεστώς Σάμου.
Χρόνων 50. Δι' Αριστείδου Παπά. Φλρ. 50
α' Αυγούστου 1819. Σάμος.
Τω Γεωργίω Ίω. Σαματα, Κων)πολιν.

387. *Δημητράκης Ρωλογάς Κυριακού.*— Ευριπαίος. Χρόνων 45.
Διά του πρωτοσυγγέλου Σιναΐτου και ηγουμένου Ταξιαρχών Αμβρο-
σίου. Γρ. 50
α' Αυγούστου 1819. Κόρινθος.
Τω ηγουμένω Ωρολογά, Κων)πολιν.

388. *Κύριλλος Αρχιμανδρίτης.* — Επίτροπος Κορίνθου. Χρόνων
49. Διά Αμβροσίου Σιναΐτου. Γρ. 400
α' Αυγούστου 1819. Κόρινθος.
Τω Γρηγορίω Διδασκάλω Ανδρεάδη, Κων)πολιν.

389. *Διδάσκαλος Ησαΐας.*— Χρόνων 55. Διά του Γεωργίου Κα-
λαρά ιατρού, αδελφού του. Γρ. 200
6 Αυγούστου 1819.
Τω Πανοσιολογιωτάτω Ιωάσαφ, εις Βλογοκά.

390. *Διονύσιος Γεώργιος Βαρβιάνης* [2].—Ρήτωρ Ζακύνθου. Χρόνων
29. Διά Θ. Κολοκοτρώνη. Γρ. 100
6 Αυγούστου 1819.
Τω Μιχαήλ Νικηφόρω, Οδέσσαν.

391. *Γρηγόριος Ιερομόναχος.*— Ηγούμενος μοναστηρίου Δερβε-
νοχωρίου. Διά Αθανασίου Μαρζέλου. Γρ. 300

---
1 Πρβλ. απάντησιν εις το αφιερωτικόν του εις Φιλήμονα Α' σ. 369.
2 Βλ. σχετικώς με την δράσίν του ως έταιριστού, Γόρδονος Ιστορίαν της
Ελ. Επαν. μετ. Σ. Ι. Κασιμάτη, Αθ. 1849, σ. 58. υποσημείωσις του μετα-
φραστού.

7 Αυγούστου 1819. Μοναστήρι Σαλαμίνος.
Τῷ Ἀντωνίῳ Γεωργίῳ, Κων)πολιν.

392. **Γεώργιος Εὐαγγελίδης**[1].—Ἀπὸ τὰ Ἀμπελάκια. Πολιτικὸς εἰς τὴν δούλευσιν τοῦ Διοικητοῦ Σερβίας. Χρόνων 30. Διὰ Γρηγορίου Δικαίου. Ὑπόσχεται νὰ κάμῃ συνδρομητὴν καὶ τὸν ἄνω Διοικητήν.
13 Αὐγούστου 1819. Βουκουρέστι.

393. **Βαρθολομαῖος ἱερεύς.**— Δημητζανίτης. Χρόνων 35. Διὰ Ἠλιοῦ Χρυσοσπάθη. Θέλει προσφέρῃ ἐν καιρῷ.
14 Αὐγούστου 1819. Κων)πολις.
Τῷ Ἰωάννῃ Παναγιώτου, Σπήλιον.

394. **Ἰωσὴφ Δημητρίου Ἱερομόναχος.**— Πελοποννήσιος. Διδάσκαλος εἰς Χίον. Χρόνων 30. Διὰ Ἀριστείδου Παπᾶ.   Φλρ.   5
15 Αὐγούστου 1819. Χίος.
Τῷ Ἰωάννῃ Δημητρίου, εἰς Ὀδέσσαν.

395. **Ἰωάννης Φαρμακωμένος.**— Κάπηλας. Χρόνων 33. Διὰ Παπᾶ Γεωργίου Ἀθανασίου.   Γρ. 250
Ὑπόσχεται 50 ἀνθρώπους.
20 Αὐγούστου 1819. Κων)πολις.
Τῷ Κωνσταντίνῳ Βλαχοπούλῳ, Σμύρνην.

396. **Κωνσταντῖνος Ἱερεὺς Ἀνδρέου.**— Χρόνων .... Διὰ Παπᾶ Γεωργίου Ἀθανασίου.   Γρ. 500
20 Αὐγούστου 1819.
Τῷ Ἰωάννῃ Κωνσταντίνῳ, Βουκουρέστι.

397. **Θεοδωρῆς Κάριτζενας.**— Λεονταρίτης, πρεεστὼς εἰς Ἀφαρά. Χρόνων 25. Διὰ Π. Παπαγεωργίου.   Γρ.   20
20 Αὐγούστου 1819. Μωρέας.
Τῷ Δημήτρῃ Βασιλοπούλῳ, Μαγνησίαν.

398. **Γεράσιμος Πονηρόπουλος.**— Χρόνων 28. Διὰ τοῦ ἀδελφοῦ του Νικολάου.
24 Αὐγούστου 1819. Ἀρκαδία.
Τῷ Γεωργίῳ Βασιλείου, Ὀδέσσαν.

399. **Γερμανὸς Παναγιωτάδης.** — Διδάσκαλος. Πελοποννήσιος εἰς

---
1 Δὲν περιέχεται οὔτε εἰς τὸν κατάλογο τοῦ Φιλήμονος οὔτε εἰς τὸ Ἀρχεῖον Σέκερη. Τὸ ἀφιερωτικόν του ὅμως ἐδημοσιεύθη ἀπὸ τὸν Φιλήμονα (Α' σ. 253).

Χίον. Χρόνων 40. Διὰ τοῦ 'Αριστείδου Παπᾶ Φλο. 4
25 Αὐγούστου 1819. Χίος.
Τῷ Δημητρίῳ Χ" Κωνσταντίνου, Κων)πολιν.

400. *Γεώργιος Καλγάνης*.— Σμυρναῖος. Χρόνων 36. Διὰ Θ. Τοσίτζα καὶ Κ. Τασίκα Γρ. 5000
Θέλων νὰ τὰ πληρώσῃ εἰς διαταγὴν τῶν ἐν Μόσχᾳ Ζωσιμάδων.
28 Αὐγούστου ¹ 1819. Ἀλεξάνδρεια.
Τοῖς 'Α. Ἐπαμεινῶνδι Σια, εἰς Μόσχαν.

401. *Δημήτριος ἱερεύς*.— Κορίνθιος. Χρονῶν 50. Διὰ τοῦ Δανιὴλ Παμπούκη. Γρ. 50
α' Σεπτεμβρίου 1819.
Τῷ Προηγουμένῳ Παρθενίῳ, "Ἀγ. Ὄρος.

402 *Γεώργιος Κάτζαρης*.— Ἔμπορος. Χρόνων 21. Διὰ 'Αριστείδου Παπᾶ Φλο. 50
5 Σεπτεμβρίου 1819. Χίος.
Τῷ Δημητρίῳ Χ. Ἀλεξίου, εἰς Ὀδέσσαν.

403. *Βενιαμὶν 'Ελευθεριάδης* ².— Ἀρχιμανδρίτης, ὡς ἱερεὺς Βασίλειος, ἀπὸ Σέλτσην τῆς ἐπαρχίας Δρυϊνουπόλως καὶ Ἀργυροκάστρου. Ἡγούμενος τῆς μονῆς Ρουκατσόβ. Διὰ Γρηγορίου Δικαίου Γρ. 300
5 Σεπτεμβρίου 1819. Βουκουρέστι.
Πρὸς Ἀναστάσιον.

404. *Κώστας Σαϊτζῆς Σερδάρης*.— Ζαγοραῖος. Ἔμπορος. Χρόνων 33. Διὰ τοῦ Ἀρχιμανδρίτου Γρηγορίου Γρ. 2000
10 Σεπτεμβρίου 1819. Βουκουρέστι.
Τοῖς ἐφόροις Σχολῆς Ἀθηνῶν.

405. *Γεωργάκης Τσολάκογλου* ².— Ἐξ Ἀγράφων. Καπετάνιος. Χρόνων 48. Ἄρχων εἰς Ἰάσιον. Διὰ τοῦ Ἐμμανουὴλ Βερνάρδου Καμινάρη Φλο. 20
10 Σεπτεμβρίου 1819. Ἰάσιον.
Πρὸς τοὺς τιμιωτάτους καπεταναρέους τῶς Σφακίων.

40⨍. *Γιαννάκης Τσολάκογλου* ³.— Ἀπὸ τὰ Ἄγραφα. Στόλνικος.

---
1 Βλ. ὑποσημείωσιν 1 σελ. 44.
2 Ἀπὸ τὸ ἀφιερωτικόν του ποὺ ἐξεδόθη ἀπὸ τὸν Φιλήμονα (Α' σ. 338). Δὲν περιέχεται οὔτε εἰς τὸν κατάλογο Φιλήμονος οὔτε εἰς τὸ Ἀρχεῖον Σέκερη.
3 Ἀπὸ τὸ ἀφιερωτικόν του ποὺ σώζεται ἀνέκδοτο εἰς τὸ Ἀρχεῖον τῆς Ἱστ. καὶ Ἐθνολ. Ἑταιρείας ἀρ. 16097.

Άρχων εις Ίάσιον. Διά Έμμ. Βερνάρδου Καμινάρη   Φλο. όλλανδ. 20
10 Σεπτεμβρίου 1819. Ίάσιον
   Πρὸς τοὺς τιμιωτάτους Κατεταναρέους τῶν Σφακίων.

407. **Κανέλλος Παπαγιαννόπουλος** [1].— Χρόνων 37. Διὰ τοῦ Παναγιώτη Άβράλη.   Γρ. 1500
10 Σεπτεμβρίου 1819. Τριπολιτζᾷ.
   Τῷ Ἐμμανουὴλ Μακαρίῳ, Ὀδέσσαν.

408. **Σταματέλος Ἀντωνόπουλος** [2].— Ἔμπορος. Χρόνων 55. Διὰ
Ἀμβροσίου Πρωτοσυγκέλου Σιναΐτου.   Γρ. 400
7 Σεπτεμβρίου 1819. Ἄργος.
   Τῷ Νικολάῳ Δημητρίου, Κων)πολιν.

409. **Μόσχος Σακελλίου**.— Θεσσαλονικεύς. Ἔμπορος. Χρόνων 33.
διὰ Μιχαὴλ Παπάζογλου   Φλο. 10
Ὁ Σεπτεμβρίου 1819. Σμύρνη.
   Τῷ Ἰωάννῃ Δημητρίου, εἰς Ὀδέσσαν.

410. **Δημητράκης Παπαγιαννόπουλος** — Χρόνων 27. Διὰ τοῦ Κανέλλου Παπαγιαννοπούλου.   Γρ. 200
0 Σεπτεμβρίου 1819. Μαγούλιανα.
   Τῷ Πάνῳ Ἀρχιμήδῃ, εἰς Ταϊγάνη.

411. **Κωνσταντῖνος Ντοροβίνης**.— Ἔμπορος. Χρόνων 46. Διὰ
Ἀμβροσίου Σιναΐτη.   Γρ. 500
0 Σεπτεμβρίου 1819. Ἄργος.
   Τῷ Ἀθανασίῳ Ἀλεξοπούλῳ, Κων)πολιν.

412. **Θεόδωρος ἱερεὺς Κακοράπης**.— Χρόνων 37. Διὰ τοῦ πρωτοσυγγέλου Σιναΐτου Χηλιδώνη.   Γρ. 50
5 Σεπτεμβρίου 1819. Ἄργος.
   Τῷ Πρωτοσυγγέλῳ Ἰωσὴφ Ἁγιοσταυρίτῃ, Κων)πολιν.

---

1 Βλ. ἀπάντησιν εἰς τὸ ἀφιερωτικόν του εἰς Φιλήμονα (Α' σ. 352). Ὁ Φιλήμων εἰς τὸν κατάλογο (ἀρ. 455) σημειώνει περιληπτικῶς τὸν Ἀναγνώστη Παπαγιαννόπουλο ἢ Δεληγιάννη καὶ τοὺς ἑπτὰ ἀδελφούς του, ὡς κατηχηθέντας εἰς τὰ 1819 καὶ 1820 διὰ τοῦ Γρηγορίου Δικαίου. Ὁ κατάλογος τοῦ Ἀρχείου Σέκερη μᾶς νει ἄγνωστες λεπτομέρειες γιὰ τὸν τρόπο καὶ τὸν χρόνο μυήσεως καθενὸς ἀδελφοῦ.

2 Ἐσφαλμένως ἀναγράφεται ὅτι ἐμυήθη διὰ τοῦ Γρηγορίου Δικαίου (Βλ. ἡμερίδα «Χρόνον» τῶν Ἀθηνῶν φύλ. 918, 26 Σεπτμ. 1879) καὶ διὰ τοῦ Μητροπλίτου Ναυπλίας Γρηγορίου (Βλ. Μ. Λαμπρυνίδου Ναυπλία σ. 356). Πρβλ. ἐπίσης ;αματέλος Σπηλ. Ἀντωνόπουλος. Βιογραφούμενος ὑπὸ τοῦ ἐγγονοῦ αὐτοῦ. Ἀθ. 18. σ. 34.

413. **Παπά Σιαμάτης Πρωτοπαπά.**— Έκ Μεγάρων. Χρόνων 40.
Διά τοῦ ἡγουμένου τῆς Φανερωμένης Γρηγορίου. Γρ. 150
25 Σεπτεμβρίου 1819.
Τῷ Ἰωάννῃ Τζανετίδῃ, Κων)πολιν.

414. **Ἀσημάκης Φωτήλας.**— Προεστὼς Καλαβρύτων. Χρόνων 58.
Διὰ τοῦ Παναγιώτη Ἀρβάλη. Γρ. 1500
26 Σεπτεμβρίου 1819. ¹ Τριπολιτζᾶ.
Τῷ Κυρίῳ Παύλῳ Διαμαντάκῃ, εἰς Λιβόρνον.

415. **Γεώργιος Ἀντωνόπουλος.**— Ἔμπορος. Χρόνων ... Διά τοῦ
Κωνστ. Ἀντωνοπούλου. Γρ. 400
α΄ Ὀκτωβρίου 1819. Τριπολιτζᾶ.
Τῷ Προκοπίῳ Καρζιώτῃ, Τριέστι.

416. **Ἰωάννης Χριστόπουλος.**— Διὰ Κωνσταντίνου Ἀντωνοπούλου,
Γρ. 500
νὰ τὰ μετρήσῃ ὅπου διορισθῇ.
α΄ Ὀκτωβρίου 1819. Τριπολιτζᾶ.
Τῷ Ἠλίᾳ Βέργῃ, εἰς Τριέστι.

417. **Εὐάγγελος Σταυρόπουλος.**—Ἔμπορος. Χρόνων 44. Διὰ Παναγιώτη Ἀρβάλη. Γρ. 500
2 Ὀκτωβρίου 1819. Τριπολιτζᾶ.
Τῷ Ἀθανασίῳ Τριανταφύλλου, Ὀδέσσα.

418. **Ἀναγνώστης Δικαῖος.**— Προεστὼς Πολιανῆς. Χρόνων 35.
Διὰ τοῦ Ἀναγν. Παπαγεωργίου. Γρ. 50
4 Ὀκτωβρίου 1819. Πολιανή.
Τῷ Δημητρίῳ, εἰς Μαγνησίαν.

419 **Ἀναγνώστης τοῦ Κόλια Μπούρμπουλη.**— Ἔμπορος. Χρόνων
45. Κουλουριώτης. Διὰ τοῦ ἡγουμένου τῆς Φανερωμένης Γρηγορίου. Γρ. 200
5 Ὀκτωβρίου 1819. Σαλαμίνα.
Τῷ Ἀντωνάκῃ Παξιμαδᾷ, εἰς Σμύρνην.

420. **Δαμαλῶν Ἰωνᾶς².**— Χρόνων 40. Διὰ τοῦ Θεοχάρη Ρένδη,
Γρ. 800

---

1 Ἡ ἀπάντησις εἰς τὸ ἀφιερωτικόν του ἔχει ὡς ἡμερομηνία μυήσεώς του 16 Σεπτεμβρίου 1819. Πρβλ. Φιλ. Α΄. σ. 351. Εἰς τὸν Κατάλογον ὁ Φιλήμων δὲν ἀναφέρει τὸν κατηχητήν του. (Κατ. ἀρ. 660).

2 Πρβλ. Φιλ. Α΄. σ. 351. Εἰς τὸν κατάλογον τοῦ Φιλήμονος ἐν τούτοις δὲν περιέχεται ὁ Δαμαλῶν Ἰωνᾶς.

9 Οκτωτρίου 1819.
Τῷ Ἰωάννῃ Βελισσαρίου, Κων)πολιν.

421. **Γεώργιος Σισίνης.**— Λογοθέτης. Προεστὼς Γαστούνης. Χρόνων 50. Διὰ Π. Ἀρβάλη [1].
21 Ὀκτωβρίου 1819.
Τῷ Εὐθυμίῳ Ἀθανασίου, Βιέννην.

422. **Γεώργιος Δ. Βλάχου.**— Ζαγοραῖος. Ἔμπορος. Χρόνων 40. Διὰ τοῦ Π. Μηχανίδη. Φλρ. 2
26 Ὀκτωβρίου 1819.
Τῷ Γεωργίῳ Δήμου, εἰς Ὀδέσσαν.

423. **Χαραλάμπης Μάλης**[2].—Κύπριος. [Διδάσκαλος]. Διὰ Γρηγορίου Δικαίου. Γρ. 250
28 Ὀκτωβρίου 1819. Κων)πολις
Τῷ Νικολάῳ Θησεῖ, Μασαλίαν.

424. **Ἀγγελῆς Μελετόπουλος.**— Ἀπὸ Τριπολιτζᾶ. Βοστιτζᾶνος. Ἔμπορος. Χρόνων 60. Διὰ Π. Ἀρβάλη. Γρ. 1500
30 Ὀκτωβρίου [1819] [3].
Τῷ Ἰωάννῃ Ἀθανασίου, εἰς Βιέννην.

425. **Δημήτριος Καπανδάρος.**— Χρόνων 26. Διὰ τοῦ Μόσχου Σακελίου. Φλρ. 20
[..] Ὀκτωβρίου 1819. Κυδωνίες.
Τῷ Δημητρίῳ Ἰωάννου, εἰς Ὀδέσσαν.

426. **Δημήτριος Ἱερεύς.**— Οἰκονόμος καὶ ἐπίτροπος τοῦ Ἁγίου Κορινθίας. Χρόνων 45. Διὰ Δανιὴλ Παμπούκη. Γρ. 100
α΄ Νοεμβρίου 1819. Κόρινθος.
Τῷ Δημητρίῳ Κωνσταντίνου, εἰς Κων)πολιν.

427. **Γεώργιος Διβερόπουλος**. — Ἀπὸ τὴν Κοτίτζαν τοῦ Ναυπάκτου. Ἔμπορος εἰς Αἴγιναν. Χρόνων 46. Διὰ τοῦ Ἀθανασίου Μαρξέλου, Γρ. 150

---

1 Ὁ Φιλήμων (Κατ. ἀρ. 563) δὲν ἀναφέρει τὸν κατηχητήν του, οὔτε ποσὸν συνεισφορᾶς.

2 Βλ. καὶ Φιλ. Κατ. ἀρ. 325 ἀπὸ ὅπου εἶναι παρμένες οἱ πληροφορίες οἱ μέσα σὲ ἀγκύλες.

3 Ἀπὸ λάθος τῆς πέννας εἰς τὸ Ἀρχεῖον Σέκερη σημειώνεται ἔτος μυήσεώς του τὸ 1820. Ὅτι πρόκειται γιὰ τὸ 1819 γίνεται φανερὸ ἀπὸ τὸ ὅτι ὑπάρχει ἀπάντησις εἰς τὸ ἀφιερωτικόν του (βλ. Φιλ. Λ'. σ. 352). "Ὅλες δὲ οἱ ἀπαντήσεις εἰς τὰ ἀφιερωτικὰ ἔγιναν τὸν Ἰούνιο τοῦ 1820.

2 Νοεμβρίου 1819. Μέγαρα.
Τῷ Βασιλείῳ Γεωργίου, εἰς Κων)πολιν.

428. **Σπῦρος Παγώνης.** — Πελοποννήσιος. Ἔμπορος. Χρόνων 28.
Διὰ Παναγου Ἀλεξίου. Γρ. 300
4 Νοεμβρίου 1819.
Τῷ Θεοδωρῇ Χαντζερλῇ, Ὀδέσσαν.

429. **Παπᾶ Δευτέρης τοῦ Πανούση.** — Ἐκ Μεγάρων. Χρόνων 33.
Διὰ Ἀθανασίου Μαρζέλου. Γρ. 200
7 Νοεμβρίου 1819. Μέγαρα.
Τῷ Λάμπρῳ Γεωργίου, Κων)πολιν.

430. **Παναγιώτης Ζαριφόπουλος** — Προεστὼς Φαναρίου, Πελοποννήσου. Χρόνων 50. Διὰ Π. Ἀρβάλη. Γρ. 1500
8 Νοεμβρίου 1819.
Τῷ Ἀνδρέᾳ Ἀθανασοπούλῳ, Βιένναν.

431. **Παπᾶ Πανούσης Στάμου Πρίσκου.** — Ἐκ Μεγάρων. Χρόνων 51. Διὰ τοῦ ἡγουμένου Γρηγορίου. Γρ. 50
9 Νοεμβρίου 1819. Μέγαρα.
Τῷ Γεωργίῳ, εἰς Κων)πολιν.

432. **Γιαννάκης Καπετανάκης.** — Σπαρτιάτης. Καπιτάνος. Διὰ Π. Παπαγεωργίου. Γρ. 50
10 Νοεμβρίου 1819. Πετροβοῦνι.
Τῷ Χριστοδούλῳ Βασιλείου, Σμύρνην.

433. **Μιχάλης Καπετανάκης** — Σπαρτιάτης. Καπιτάνος. Χρόνων 26. Διὰ Π. Παπαγεωργίου. Γρ. 50
10 Νοεμβρίου 1819. Πετροβοῦνι.
Τῷ ἡγουμένῳ Γρηγορίῳ, Ἅγιον Ὄρος.

434. **Παπᾶ Σακελλάριος.** — Ἐκ Μεγάρων. Χρόνων 43. Διὰ τοῦ Πρωτοπαπᾶ.
16 Νοεμβρίου 1819.
Τῷ Θεοδώρῳ Τζιανετίδη, Κων)πολιν.

435. **Παναγιώτης Ζωντανός.** — Κυδωνιάτης. Ἰατρός. Χρόνων 30.
Διὰ τοῦ Δημητρίου Κιπανδάρου.
α´ Δεκεμβρίου 1819. Κυδωνίες.
Τῷ Λαζάρῳ Ἠλιάδη, Ὀδέσσαν

5

436. **Ἰωάννης Σκανδαλίδης.**—Θεσσαλονικεύς. Χρόνων 43. Διὰ
Ἀριστείδου Παπᾶ. Φλρ. 4
6 Δεκεμβρίου 1819. Κων)πολις.
Τῷ Ἀθανασίῳ Σταγειρίτῃ, Βιέννην.

437. **Ἰωάννης Σβορῶνος τοῦ Μιχαήλ.**—Κεφαλληναῖος. Πλοίαρχος.
Χρόνων 27. Διὰ Θ. Κολοκοτρώνη Φλρ. 5
10 Δεκεμβρίου 1819. Ζάκυνθος.
Τῷ Παναγιώτῃ Πελοποννησίῳ.

438. **Ἐπαμεινώνδας Μαυρομμάτης** [1].— Ἰατρός. Χρόνων 28. Διὰ
Κωνσταντίνου Πεντεδέκα. Γρ. 300
14 Δεκεμβρίου 1819. Βουκουρέστιον.
Πρὸς τὸν Γεώργιον Μόστραν.

439. **Βάρνης Ζαχαρίας** [2].— Ἐξ Ἄνδρου. Χρόνων 50. Διὰ Βασιλείου Ματθαιουδάκη.
17 Δεκεμβρίου 1819.
Τῷ κυρίῳ Ἰωάννῃ.

440. **Δημήτριος Ζαήμης.**[3]— Προεστὸς Καλαβρύτων. Χρόνων
47. Διὰ Ἰωάννου Παπαρρηγοπούλου. Τλρ. 600
ἀναμένων διαταγὴν
20 Δεκεμβρίου 1819. Κερπινή,
Τῷ σοφολογιωτάτῳ Ἰγνατίῳ, Νίζνα.

441. **Χαραλάμπης Περρούκας** [4].— Ἀργίτης. Ἔμπορος. Χρόνων
26. Διὰ Ἰωάννου Παπαρρηγοπούλου. Τλρ. 600
20 Δεκεμβρίου 1819. Πάτρα.
Τῷ σοφολογιωτάτῳ Προκοπίῳ, Νίζνα.

442. **Ἐμμανουὴλ Παπᾶς** [5].— Σέρραλης. Χρόνων 47. Διὰ Κωνσταντίνου Παπαδάτου. Γρ. 1000

---

1 Ἀπὸ τὸ ἀφιερωτικόν του ποὺ ἐδημοσιεύθη ἀπὸ τὸν Φιλήμονα (Α' σ. 331).
Ὁ ἴδιος ὁ Φιλήμων δὲν τὸν περιλαμβάνει στὸν κατάλογο τῶν φιλικῶν.
2 Ἀπὸ τὸ ἀφιερωτικόν του ποὺ δημοσιεύθη ἀπὸ τὸν Φιλήμονα (Α' σ. 340)
χωρὶς νὰ τὸν περιλάβῃ στὸν κατάλογό του.
3 Πρβλ. ἀπάντησιν εἰς τὸ ἀφιερωτικόν του. (Φιλ Α' σ. 351)
4 Βλ. ὁμοίως ἐκεῖ
5 Τὸ ἀφιερωτικόν του ἐξεδόθη ἀπὸ τὸν Φιλήμονα (Α' σ. 335) καθὼς ἡ
ἀπάντησις σ' αὐτὸ (Φιλ. Α' σ. 202) καὶ ἡ συνοδεύουσα αὐτὴν ἐπιστολὴ τοῦ Ἀλεξ.
Ὑψηλάντη (Βλ. Φιλ. Γ' σ 431 καὶ Χρυσαλλὶς Δ' (1866) σ 410) Τῶν δύο τελευ-

21 Δεκεμβρίου 1819. Κων)πολις¹.
Τῷ Ἁγίῳ Σερρῶν Χρυσάνθῳ, εἰς Σέρρας.

443. *Νικόλαος Πισκοπόπουλος*². — Ζακύνθιος. Ὑπομισθικάτορας τοῦ ρωσσικοῦ ὑπάτου. Χρόνων 28. Διὰ τοῦ Ἰ. Ἀσημακοπούλου. Φλρ. 10
23 Δεκεμβρίου 1819. Ζάκυνθος.
Πρὸς τὸν Ἀριστείδην Παπᾶν.

444. *Μοθώνης Γρηγόριος*³. — Χρόνων 35. Διὰ Π. Παπαγεωργίου
Γρ. 25
26 Δεκεμβρίου 1819. Μοθώνη.
Τῷ Ἀθανασίῳ Γρηγορίου, Κων)πολιν.

445. *Δημήτριος Βλαστὸς*. — Ἔμπορος εἰς Γιάσι. Χρόνων 37.
Διὰ τοῦ Καμινάρη Βερνάρδου. Φλρ. 4
29 Δεκεμβρίου 1819. Γιάσι.
Τῷ Φραγκίσκῳ Τατάλῳ, Κρήτην.

446. *Κωνσταντῖνος Παπαδᾶτος*⁴. — Χρόνων 42. Διὰ τοῦ Σωτηρίου Θεαγένη. Γρ. 100
Τοῖς διδασκάλοις [τῆς] ἐν Ζακύνθῳ σχολῆς

447. *Χρυσανθάκης Κυριτζόπουλος*. — Προεστὼς Καλαβρύτων.
Χρόνων 47. Διὰ τοῦ Σωτήρη Θεοχαροπούλου⁵. Γρ. 500

ταίων ἐπιστολῶν τὰ πρωτότυπα σώζονται εἰς τὸ Ἀρχεῖον τοῦ Ἐμ. Παπᾶ, εἰς τὸ Ἀρχεῖον τῆς Ἐθνολογικῆς Ἑταιρείας. Τὸ Ἀρχεῖον τοῦ Ἐμ. Παπᾶ, πολυτιμότατο διὰ τὴν ἱστορία τῆς ἐπαναστάσεως τῆς Μακεδονίας—τῆς ὁποίας αὐτὸς ἦταν ἀρχηγὸς—ἀνέκδοτο σχεδὸν ὁλόκληρο ἕως τώρα, συμπληρώσατες μὲ ἄλλα στοιχεῖα καὶ ἐπεξεργασθέντες μὲ τὸ φίλο μου κ. Γεώργιο Κουρνοῦτο, ἐκδίδουμε προσεχῶς.

1 Εἰς τὸ Ἀρχεῖον Παπᾶ σώζεται τὸ ἐφοδιαστικὸν δίπλωμα τοῦ Ἐμμανουὴλ Παπᾶ ὡς ποιμένος, μὲ ἡμερομηνίαν 1 Μαρτίου 1821. Εἶναι τὸ μόνο ποιμενικὸ ἐφοδιαστικὸ δίπλωμα ποὺ συναντήσαμε.

2 Ἀπὸ τὸ ἀφιερωτικόν του (Φιλ. Α' σ. 340). Εἰς τὸν κατάλογο τοῦ Φιλήμονος δὲν περιέχεται.

3 Βλ. ἀπάντησιν εἰς τὸ ἀφιερωτικόν του εἰς Φιλήμονα (Α' σ. 349).

4 Ὁ κατηχητὴς τοῦ Κ. Παπαδάτου Σωτήριος Θεαγένης ἐμυήθη τὰς 22 Ἰουνίου τοῦ 1819. Τὸν ἴδιο δὲ τὸν Κ. Π. τὸν συναντοῦμε ὡς κατηχητὴ τοῦ Ἐμ. Παπᾶ εἰς τὰς 21 Δεκεμβρίου τοῦ ἰδίου ἔτους. Μεταξὺ λοιπὸν τῶν δύο αὐτῶν ἡμερομηνιῶν πρέπει νὰ τοποθετηθῇ ἡ μύησίς του.

5 Ὁ Σωτήρης Θεοχαρόπουλος δὲν περιέχεται στὸν κατάλογο τοῦ ἀρχείου Σέκερη. Τὸ ἐφοδιαστικόν του ὅμως δίπλωμα σώζεται στὰ χέρια τοῦ κ. Βλαχογιάννη. Κατ' αὐτὸ ὁ Σ. Θεοχαρόπουλος κατηχήθηκε στὰ Καλάβρυτα τὰς 20 Νοεμβρίου τοῦ 1818. Ὥστε ἡ μύησις τοῦ Χ. Κυριτζόπουλος θὰ ἔγινε μᾶλλον στὰ 1819, πιθανὸν δὲ κατὰ τὰ τέλη τοῦ 1818.

— 68 —

448. **Ἀμβρόσιος Πρωτοσύγγελος Σιναΐτης**¹. Ἡγούμενος τῶν Ταξιαρχῶν, μετόχι τοῦ Σινᾶ, εἰς τὴν ἐπαρχίαν τῆς Κορίνθου. Χρόνων 45.
Διὰ Δανιὴλ Παμπούκη.   Γρ. 200
Τῷ ἡγουμένῳ Σιναΐτῃ τοῦ Ἁγίου Ἰωάννου, Ἰωακείμ, εἰς Κων)πολιν.

449. **Ἀθανάσιος Ἱερομόναχος Πνευματικὸς**². — Χρόνων 40. Διὰ
τοῦ Δ. Παμπούκη.   Γρ. 100
Τῷ ὁσιοτάτῳ μοναχῷ Θεοφάνῃ, εἰς τὴν σκήτην τοῦ Ἁγίου Παύλου.

450. **Ἀθανάσιος.** — Ἀρχιδιάκονος τοῦ Ναυπλίου. Χρόνων 35.
Διὰ Δανιὴλ Παμπούκη.   Γρ. 150
Τῷ προηγουμένῳ Προθενίῳ, εἰς τὸ Βατοπέδι.

451. **Ἀναγνώστης Χαρόνης.** — Ἀργίτης χωρικός. Χρόνων 40.
Διὰ Δανιὴλ Παμπούκη   Γρ. 50
Τῷ Ἀμβροσίῳ Σιμωπετρίτῃ, Ἅγιον Ὄρος.

452. **Συνέσιος Πρωτοσύγγελος.** — Πελοποννήσιος. Χρόνων 35.
Διὰ Δανιὴλ Παμπούκη   Γρ. 300
Τῷ Ἀλεξάνδρῳ Πελοποννησίῳ, Κων)πολιν.

1820.

453. **Παναγιώτης Παπαχρηστόπουλος.** — Ἔμπορος. Χρόνων 27.
Διὰ Π. Παπαγεωργίου   Γρ. 20
6 Ἰανουαρίου 1820. Πέτζες.
Τῷ Θεοδώρῳ, εἰς Κων)πολιν.

454. **Νικόλαος Μπότασις.** — Πετζιώτης, Πλοίαρχος. Χρόνων 28.
Διὰ τοῦ Ἁγίου Μεθώνης   Γρ. 500
8 Ἰανουαρίου 1820. Πέτζα.
Τῷ Δημητρίῳ, Κων)πολιν.

455. **Χατζῆ Νικόλας Γκίνης** — Σπετζιώτης, Πλοίαρχος. Χρόνων 55.
Διὰ τοῦ Ἁγίου Μεθώνης.   Γρ. 500

---

1 Ἡ μύησίς του ἔγινε ἀσφαλῶς μετὰ τὰς 27 Φεβρουαρίου 1819 ὁπότε ἐμυήθη ὁ κατηχητής του Δανιὴλ Παμπούκης καὶ πρὸ τῆς 1ης Αὐγούστου ὁπότε ὁ Ἀμβρόσιος Σιναΐτης ἀναφέρεται ὅτι ἑκατήχησε τὸν ἐπίτροπον Κορίνθου Ἀρχ. Κύριλλον. (ἀρ. 388).

2 Καὶ οἱ τέσσαρες τελευταῖοι, ἂν καὶ αὐτοὶ δὲν ἔχουν χρονολογία μυήσεως, πρέπει νὰ καταταχθοῦν στοὺς μυηθέντες κατὰ τὸ 1819 διότι μόνον στὸ ἔτος αὐτὸ συναντοῦμε τὸν Δανιὴλ Παμπούκη ὡς κατηχητή.

10 Ιανουαρίου 1820. Πέτζα,
Τῷ Παναγιώτῃ Γεωργίου, Κων)πολιν.

456. *Παναγιώτης Μπότασις*.— Προεστὼς Πέτζας. Χρόνων 35.
Διὰ τοῦ Ἁγίου Μεθώνης. Γρ. 500
15 Ἰανουαρίου 1820.[1] Πέτζες.
Τῷ Εὐσταθίῳ Πάνου, Κων)πολιν.

457. *Κωνσταντῖνος Παπαγιαννόπουλος*.— Χρόνων 34. Διὰ τοῦ
ἀδελφοῦ του Κανέλλου Γρ. 500
15 Ἰανουαρίου 1820. Λαγκάδια.
Τῷ Καισάρῳ Φιλιππίδι, Ὀδέσσα.

458. *Κωνσταντῖνος Μανιώτης*.— Ζακύνθιος. Ὡρολογᾶς. Χρόνων
48. Διὰ Πέτρου Βεργοπούλου. Τλρ. 20
2 Φεβρουαρίου 1820. Ζάκυνθος.
Τῷ Ἀθ. Δημητρίου, Τριέστι.

459. *Ἰωσὴφ Χαχαμάκης*.— Ἔμπορος. Χρόνων 43. Διὰ τοῦ ἀδελφοῦ του Σταύρου Χαχαμάκη. Τλρ. 100
13 Φεβρουαρίου 1820. Κων)πολις.
Τῷ Δημητρίῳ [..]στολέων, εἰς Μόσχαν.

460. *Βασίλειος Διδασκαλόπουλος*.— Περαχωρίτης—Δερβένι τῆς
Κορίνθου. Ἔμπορος. Χρόνων 24. Διὰ τοῦ ἡγουμένου Γρηγορίου Χατζῆ
Ἀθανασίου Κανέλλου. Γρ. 250
17 Φεβρουαρίου 1820. Μέγαρα.
Τῷ Κωνσταντίνῳ Πετρῇ, εἰς Κων)πολιν.

461. *Βενέδικτος Ἀρχιμανδρίτης*.— Τριγλειανὸς ἀπὸ Βιθυνίαν.
Διὰ τοῦ Ἀνδρέου Παναγιώτου, ὑποσχόμενος νὰ δώσῃ εἰς πρώτην ζήτησιν
Γρ. 500
18 Φεβρουαρίου 1820.
Τῷ Λογοθέτῃ Ἰωάννῃ, εἰς Τρίγλειαν.

462. *Χαράλαμπος Χαχαμάκης*.— Ἔμπορος. Χρόνων 32. Διὰ
Σταύρου Χαχαμάκη. Φλρ. 10

---

1 Ὁ Φιλήμων δημοσιεύων τὴν ἀπάντησιν εἰς τὸ ἀφιερωτικόν του ἔχει ὡς χρονολογίαν μυήσεώς του τὰς 15 Ἰανουαρίου 1819 (Φιλ. Α'. σ. 358), εἰς δὲ τὸν κατάλογο τῶν Φιλικῶν δὲν ἀναφέρει κανένα Μπότασι. Ὅτι εἶναι ὀρθὴ χρονολογία ἡ τοῦ Ἀρχείου Σέκερη ἀποδεικνύει καὶ ἡ σύγχρονη τότε μύησις ἀπὸ τὸν Ἅγιον Μεθώνης τῶν δύο προηγουμένων.

19 Φεβρουαρίου 1820. Κων)πολις.
Τῷ Γεωργίῳ Λεωνίδῃ, Μόσχαν.

463. **Σπυριδάκης Καλλιπολίτης.**—Έμπορος. Χρόνων 32 Διά Σταύρου Χαχαμάκη. Φλρ. 50
εἰς ἡμέρας 61.
20 Φεβρουαρίου 1820. Κων)πολις.
Τῷ Σωτῆρι Πάντων, Πετρούπολιν.

464. **Γιαννάκης Π. Κυριακός.**— Χρόνων 47. Διά Γεωργίου Παγωνοπούλου. Γρ. 100
24 Φεβρουαρίου 1820. Καλαμάτα.
Τῷ Θεοδώρῳ Πετράκῃ, Σόφια.

465. **Νικόλαος Λογάδης.** – Διδάσκαλος. Κουρουτζεσμέ. Χρόνων 50.
Διά Ἀριστείδου Παπᾶ. Φλρ. 2
α´ Μαρτίου 1820.
Τοῖς ἐκδόταις τοῦ διδακτικοῦ συστήματος, Μόσχα.

466. **Σπυρίδων Ἀντωνίου Μαρκέλλου.**— Αἰγινίτης. Ἔμπορος
Χρόνων 46. Διά τοῦ ἡγουμένου τῆς Σαλαμῖνος Γρηγορίου. Γρ. 300
α´ Μαρτίου 1820.
Τῷ Γεωργίῳ Γελεδᾷ, Κων)πολιν.

467. **Μιχαὴλ Κάβας.**— Ἀργίτης. Ἰατρός. Χρόνων 37. Διά τοῦ
Κανέλλου Παπαγιαννοπούλου. Γρ. 1000
6 Μαρτίου 1820. Λαγκάδια.
Τῷ Ἰωάννῃ Σοφοκλῇ, Βιέννην.

468. **Ἰωάννης Παναγιώτου Κουγέας.**— Σπαρτιάτης. Στρατιώτης.
Χρόνων 24. Διά τοῦ Περραιβοῦ.
12 Μαρτίου 1820.
Τῷ Ἀμβροσίῳ Ἀλεξίου, Σμύρνην.

469. **Βενετζᾶνος Π. Κέιζου Γαϊανάρος.**—Σπαρτιάτης ἀπό Δολούς. Χρόνων 29. Διά Χριστοφόρου Περραιβοῦ.
14 Μαρτίου 1820. Δολοί.
Τῷ Λάσκαρι Φραγκίσκον, Ἀλεξάνδρεια.

470. **Ἱεροδιάκονος Δανιήλ.** –Σπαρτιάτης. Διδάσκαλος. Χρόνων 30.
Διά τοῦ Περραιβοῦ. Γρ. 25
15 Μαρτίου 1820. Ἑλληνομουσεῖον τῆς Σπάρτης.
Τῷ Ἀλεξάνδρῳ Παυλίδῃ, Μόσχαν.

471. **Γεώργιος Βρετόπουλος.**—Έμπορος. Χρόνων 24. Διά τοῦ Γεωργίου Δαριώτου.
16 Μαρτίου 1820. Νησί τῆς Καλαμάτας.
Τῷ Γερασίμῳ Πορτοκάλῃ, Ὀδέσσα.

472. **Γρηγόριος Ἀλεξ. Σοῦτσος¹.**— Φαναριώτης. Λιβιττάρης εἰς τὴν Βλαχίαν. Χρόνων 24. Διά Γεωργίου Μάνου. Γρ. 1000
23 Μαρτίου 1820. Βουκουρέστι.
Τῷ Κωνσταντίνῳ Παπαχρήστου.

473. **Ἀντώνιος Κόλια Μπούρμπουλη.**—Ἔμπορος εἰς τὴν Σαλαμίνα. Χρόνων 42. Διά τῷ Γρηγορίου ἡγουμένου τῆς Φανερωμένης. Γρ. 100
[...]Μάρτιον 1820.
Τῷ Νικολάῳ Φίλου, εἰς Κων)πολιν.

474. **Κώνστας Χατζῆ Παναγιώτου Πολίτου.**— Πρωτωτότης. Διά κ. Γ. Πάνου.
α΄ Ἀπριλίου 1820. Λεωνίδι.
Τῷ ἡγουμένῳ τῶν Ταξιαρχῶν, Σίμην.

475. **Δημήτριος Παπαγιαννόπουλος.**— Πελοποννήσιος Λαγκαδιανός. Χρόνων 36. Διά τοῦ ἀδελφοῦ Κωσταντίνου. Γρ. 500
α΄ Ἀπριλίου 1820. Λαγκάδια.
Τῷ Ἀθανασίῳ Νικολάου, Ταϊγάν.

476. **Παλαιολόγος Δεμονῆς.**— Μυτιληναῖος. Ἔμπορος. Χρόνων 29. Διά Κωνσταντίνου Παπαδάτου. Γρ. 30
α΄ Ἀπριλίου 1820. Κων)πολις.
Τῷ Π. Ἀθανασιάρχῃ, εἰς Μόσχα.

477. **Παπαθανάσιος.**— Ἡγούμενος τῆς μονῆς τοῦ Σωτῆρος εἰς τά Λεοβενοχώρια τῆς Κορίνθου. Χρόνων 55. Διά τοῦ Ἐλευθερίου ἐκ Μεγάρων. Γρ. 300
3 Ἀπριλίου 1820, Μέγαρα.
Τῷ Χατζῆ Σωτῆρι Γεωργίου, εἰς Βασιλεύουσαν.

478. **Δημήτριος Ἀναγνώσης Οἰκονομόπουλος.**— Πολιτικὸς Μιστριώτης. Χρόνων 23. Διά τοῦ Μελετίου Μελετοπούλου. Γρ. 750
4 Ἀπριλίου 1830. Μιστρά.
Τῷ Ἰωάννῃ Σαρίφῃ, Κων)πολιν.

---
1 Ἀπὸ τὸ ἀφιερωτικόν του (Φιλ Α΄ σ. 171.)

479. **Νικόλαος Γεωργίου Σπηλιωτόπουλος.**— Εἰς ἓν καὶ τὸ αὐτὸ
480. **Σπυρίδων Γεωργίου Σπηλιωτόπουλος**. – γράμμα[1]. Δημητσανίτες. Διὰ τοῦ Χριστοφόρου Περραιβοῦ. Γρ. 300
5 Ἀπριλίου 1820. Ύδρα.
Τῷ Ἀντωνίῳ Γαβριήλ, Ὀδέσσαν.

481. **Ἡλίας Σακόπουλος.**— Κορωναῖος. Ἔμπορος. Χρόνων 40. Διὰ τοῦ Ἁγίου Μεθώνης. Γρ. 200
10 Ἀπριλίου 1820. Κορώνη.
Τῷ Χαραλάμπη Ρεμποῦ, Βασιλεύουσαν.

482. **Γιώργης Ἀθουργίτης.**— Ἔμπορος. Χρόνων 50. Διὰ τοῦ Ἁγίου Μεθώνης. Γρ. 200
13 Ἀπριλίου 1820. Κορώνη.
Τῷ Προκοπίῳ Ἡγουμένῳ Λαύρας, Ἅγιον Ὄρος.

483. **Ἰάκωβος Γεωργίου Ρίζος**[2].— Κωνσταντινουπολίτης. Μέγας Ποστέλνικος τῆς Οὐγγροβλαχίας. Χρόνων 39. Διὰ Γεωργίου Μάνου
Γρ. 2000
17 Ἀπριλίου 1220. Βουκουρέστιον.
Πρὸς τὸν Γεώργιον Δροῦσον

484. **Παναγιώτης Παπαγιαννόπουλος.**— Προεστώς. Χρόνων 32. Διὰ τοῦ ἀδελφοῦ του Κανέλλου. Γρ. 700
α΄ Μαΐου 1820. Λαγκάδια.
Τῷ Μιχαήλῳ Ἀριστομίδῃ, Βιένναν

485. **Τριπόλεως Δανιήλ.** – Διὰ τοῦ Κανέλλου Παπαγιαννοπούλου
Γρ. 100
α΄ Μαΐου 1820. Τριπολιτζᾶ.
Τῷ Μιχαὴλ Παπᾶ Παναγιωτοπούλῳ, Ἅγιον Ὄρος,

---

1 Οἱ ἀδελφοὶ Σπηλιωτόπουλοι, ποὺ τόσο βοήθησαν τὸν ἀγῶνα μὲ τὴν κατασκευὴν μπαρούτης στοὺς περιφήμους μύλους των στὴ Δημητσάνα, ἀναφέρονται στὸν κατάλογο τοῦ Φιλήμονος (ἀρ. 583 καὶ 584) ὡς κατηχηθέντες στὴν Ὕδρα στὰ 1818 ἀπὸ τὸν Ἀναγνωσταρᾶ. Εἶναι πολὺ πιθανὸν ἡ μύησίς των νὰ ἔγινε πρὸ τοῦ 1820 καὶ ἡ κοινὴ τῶν δύο ἀδελφῶν ἐπιστολὴ τῆς 5 Ἀπριλίου 1820 νὰ περιεῖχε μόνον τὴν ἀποστολὴ τῶν 300 γροσίων διὰ τοῦ Χρ. Περραιβοῦ. Δικαιολογεῖται ἔτσι καὶ ἡ ἔλλειψις κάθε ἄλλου στοιχείου ἀπαραιτήτου στὰ ἀφιερωτικά.
2 Ὁ ἐπιλεγόμενος Ραγκαβῆς. Βλ. τὸ ἀφιερωτικόν του εἰς Φιλήμονα (Α΄ σ. 172).

485. **'Αλεξανδρείας Θεόφιλος**[1]. — Πάτμιος, Διά τοῦ 'Αντωνίου Πελοπίδα[2]. Γρ. 2000
α' Μαΐου 1820. Πάτμος.
    Τῷ διδασκάλῳ Νεοφύτῳ Σωτηριάδι.

486-8. **'Αντώνιος, Νικόλαος, Κωνσταντίνος**. — Τρεῖς ἀδελφοὶ γεωργοί[3]. Ἀπὸ τὸ Μισοχώρι τῆς Μεθώνης. Χρόνων 50· 40· 38· Διὰ τοῦ ἀδελφοῦ τους Οἰκονόμου Παπᾶ Θεοδώρου. Γρ. 150
2 Μαΐου 1820.
    Τῷ ἡγουμένῳ Νεοφύτῳ, εἰς Λαύραν τοῦ Ἁγίου Ὄρους.

489. **'Αμβρόσιος**. — Διάκονος τοῦ Ἁγίου Μοθώνης. Χρόνων 25. Διὰ τοῦ γέροντός του.
10 Μαΐου 1820. Μοθώνη.

490. **Ράλλης Καλονᾶς**.— Ἔμπορος. Χρόνων 54. Διὰ Σταύρου Χαχαμάκη   Φλρ. 10
10 Μαΐου 1820. Κων)πολις.
    Τῷ Γεωργίῳ Λεωνίδι, εἰς Πετρούπολιν.

491. **Τζωάννης Παπαρρηγόπουλος**.[4]— Διπλωματικὸς Ρῶσσος.
13 Μαΐου 1820.
    Τῷ κυρίῳ Μελετίῳ, εἰς Νίζναν.

---

1 Ὁ Θεόφιλος εἶχε παραιτηθῆ τῷ 1818 ἀπὸ τὸν πατριαρχικὸ θρόνο τῆς Ἀλεξανδρείας καὶ παρέμενε ἔκτοτε στὴν πατρίδα του Πάτμο. (Βλ. Χρ. Παπαδοπούλου, Ἀρχιεπισκόπου Ἀθηνῶν. Ἡ Ἐκκλησία Ἀλεξανδρείας ἐν ἀρχῇ τοῦ ΙΘ' αἰῶνος. Οἱ Πατριάρχαι Παρθένιος Β' καὶ Θεόφιλος Β' «Ἐκκλησιαστικὸς Φάρος», τομ. ΚΘ' (1930) σ. 114).

Ἡ ἀπάντησις εἰς τὸ ἀφιερωτικόν του ἔχει ἐκδοθῆ ἀπὸ τὸν Φιλήμονα (Λ' σ. 391). Τὸ πρωτότυπόν της εὑρίσκεται εἰς τὸ ἀρχεῖον Σέκερη (Ἀρχ. Ἐθν. Ἑτ. ἀρ. 7301), ὁ ὁποῖος φαίνεται λόγῳ τῶν γεγονότων ποὺ ἐπῆλθαν δὲν ἐπρόφθασε νὰ τὸ διαβιβάσῃ στὴν Πάτμο.

2 Ὁ Ἀντώνιος Πελοπίδας ἔφθασε στὴν Πάτμο συστημένος εἰς τὸν Πατρ. Θεόφιλον ὑπὸ τοῦ ἡγεμόνος τῆς Μολδαυίας Μιχαὴλ Σούτσου. Βλ. τὴ συστατικὴν ἐπιστολὴ τοῦ Μιχάλβοδα εἰς τὸ Ἀρχ. Ἐθν. Ἑτ. ἀρ. 8287.

3 Πολὺ σωστὰ γράφει σχετικῶς ὁ Φραντζῆς: «Ἀπὸ δὲ τοῦ τέλους τοῦ 1819 μέχρι τέλους τοῦ 1820 ἡ κατήχησις τῆς Ἑταιρείας ἔφθασε νὰ ἐξαπλωθῇ καὶ εἰς τοὺς ποιμένας σχεδὸν καὶ εἰς τοὺς χοιροβοσκοὺς χωρικούς». Φραντζῆ Α' σ. 79.

4 Ὁ Ἰωάννης Παπαρρηγόπουλος ὁ διάσημος γραμματεὺς τοῦ ἐν Πάτραις Ρωσσικοῦ προξενείου εἶχε μυηθῆ διὰ τοῦ Ἀριστείδου Παπᾶ, κατὰ τὴν διέλευσίν του ἀπὸ τὰς Πάτρας· κατὰ τὰς ἀρχὰς τοῦ 1819. Ὁ ἴδιος ὁ Σέκερης θὰ ἐξέλαβε ὡς ἀφιερωτικὸ τὴν ἀπὸ 13 Μαΐου 1820 ἐπιστολὴν τοῦ Ι. Π. πρὸς τὴν Ἀρχή, προκειμένου νὰ ἀναχωρήσῃ διὰ τὴν Ρωσσία ὡς ἀπεσταλμένος τῶν Πελοποννησίων ἀρχόντων ἀφ' ἑνὸς καὶ τοῦ Ἀλῆ πασᾶ ἀφ' ἑτέρου. (Βλ. Φραντζῆ Λ' σ. 62—64).

492. **Μιχαήλ Ἰσαυρίδης.**— Ἀπὸ Μηλέας. Ἰατρός. Χρόνων 38.
Διὰ Σωτηρίου Θεαγένη. Γρ. 500
19 Μαΐου 1820. Κων)πολις.
Τοῖς διδασκάλοις τῆς Ἑλληνικῆς Σχολῆς, εἰς Μηλέαν.

493. **Θεόδωρος Παπαγιαννόπουλος.** — Προεστὼς Καρύταινας. Χρόνων 45. Διὰ τοῦ Π. Ἀρβάλη. Γρ. 1000
21 Μαΐου 1820. Τριπολιτζᾶ.
Τῷ Ἀλεξάνδρῳ Μαυρῇ, Βιέννην.

494. **Ἰωάννης Μπουρμπευχάκης.** — Ἔμπορος. Χρόνων 24. Διὰ τοῦ Παναγιώτου Ποτηροπούλου Γρ. 200
28 Μαΐου 1820, Κορώνη.
Τῷ Παναγιώτῃ Μηχανίδῃ

495. **Ἰωάννης Κλάδος.**¹ — Ἐκ Κυθήρων. Ἰατρός. Ρωσικὸς κόνσολος εἰς Ὕδραν. Χρόνων 30. Τλρ. 46
15 Ἰουνίου 1820. Ὕδρα.

---

1 Δὲν περιέχεται εἰς τὸν κατάλογο τοῦ Ἀρχείου Σέκερη. Τὸ ἐφοδιαστικόν του ὅμως δίπλωμα σώζεται εἰς τὸ Ἀρχεῖον τῆς Ἐθν. Ἑταιρείας ἀριθ. 2509. Τὸ ποσὸν τῆς συνεισφορᾶς του δέ, σὲ κατάστιχο ἐξόδων του ὑπὲρ τοῦ ἀγῶνος (φάκελλος Κλάδου, Ἀρχ. Ἐθν. Ἑτ.). Ὁ Φιλήμων εἰς τὸν κατάλογό του ἐσφαλμένως ἔχει ἡμερομηνία μυήσεώς του τὸ 1819 καὶ ἀναφέρει ὡς κατηχητή του τὸν Α. Γαζῆ (!).
Εἰς ἰδιόγραφο σημείωμα σωζόμενο εἰς τὸ Ἀρχεῖον τῆς Ἐθν. Ἑταιρείας (φάκελλος Κλάδου), ὁ Ἰωάννης Κλάδος γράφει σχετικῶς μὲ τὴ δρᾶσι του ὡς φιλικοῦ: «Ἤμην ἑταῖρος.— Ἔκαμον ἀρκετοὺς ἑταίρους.— Ἐκράτησα τὴν εὐταξίαν τῶν ἑταίρων.— Ἐπαγρυπνοῦσα εἰς τὴν μυστικότητα τῆς Ἑταιρείας.— Ἔκαμον ἑταίρους σημαντικώτατα ὑποκείμενα.— Ἐδέχθην πολιτικὰ ἐπαγγέλματα διὰ νὰ εὐκολύνω τὰ τῆς ἑταιρείας ἀναγκαῖα, παρεβλέπων τὰ τῆς ἰατρικῆς ἐπιστήμης μου.— Ἐκράτησα τὴν ἀνταπόκρισιν τῶν ἐν Πελοποννήσῳ καὶ ἄλλων μερῶν ἑταίρων.— Διὰ μέσον μου ἐνεργεῖτο ἡ διὰ Κων]πολιν τῶν ἑταίρων ἀνταπόκρισις.— Ἀνεκάλυψα δύο κατασκόπους τοῦ μυστηρίου τῆς Ἑταιρείας.— Ἀνεκάλυψα τὴν ἀπάτην τοῦ Θ. Ν[έγρη] ὑπ᾽ ὀνόματι Ἐπιτρόπου τοῦ Ὑψηλάντ.— Ἐπερίθαλψα καὶ εὐεργέτησα χρηματικῶς πολλοὺς ἀποστόλους τῆς Ἑταιρείας...».
Εἰς ἄλλο δὲ σημείωμα ποὺ περιέχει τὸ κατάστιχον ἐξόδων του ἀναφέρει:
«1821 Φεβρουαρίου καὶ Μαρτίου μηνὸς εἰς Ὕδραν.
Ἰδοὺ σημειώνω τὰς καταθέσεις τῶν ἀδελφῶν [ἱερέων τῆς Φ. Ε.] καὶ συνδρομητῶν [συστημένων] ὅπου ἑκατέθεσαν εἰς Ὕδραν, εἰς χεῖρας ἐμοῦ Ἰωάννου Κλάδου.

Νικόλαος Σκούρτης κατηχημένος· παρ᾽ ἐμοῦ ἔχω καὶ γράμμα του ὑπεροχῆς		Γρ. 150
Νικόλαος Ἐλευθέρη Νικολοῦ κατηχημένος ἔχω καὶ γράμμα του ὑπεροχῆς		Γρ. 200
Ἀντώνιος Κυριάκου Καλογερᾶς ὁμοίως ἔχω καὶ γράμμα του ὑπεροχῆς		Γρ. 500
Νικόλαος Γιαννάκη Σαράντου	ὁμοίως ὁμοίως	Γρ. 362,20
Γεώργιος Ἀναγνώστη Προεστόπουλος	ὁμοίως ὁμοίως	» 300
Σπύρος Προεστόπουλος	ὁμοίως ὁμοίως	» 150
Γιάννης Τζάνος δοῦλος μου βοήθεισαν		» 200
Νικόλαος Μπαρμπέξης κατηχημένος ἔχω καὶ γράμ. ὑπερ.		» 300

— 75 —

496. *Ιωάννης* **Μανιατόπουλος.**— Πελοποννήσιος. Έμπορος.
Χρόνων 30. Διά τοῦ Σωτηρίου Θεαγένους. Γρ. 200
16 Ιουνίου 1820. Προύσσα.
Τοῖς διδασκάλοις τῆς ἐν Τριπολιτζᾷ Σχολῆς.

497. *Γεράσιμος Πιτζαμᾶνος.*— Κεφαλληναῖος. Ἀρχιτέκτων. Χρόνων 30.
16 Ιουνίου 1820. Κων)πολις.
Τῷ Ἰωσήφ, Ἅγιον Ὄρος.

498. *Δημήτριος Σχινᾶς.* — Ἔμπορος εἰς Κων)πολιν. Διά Ἰωάννου Πολυχρονιάδου.
α' Ἰουλίου 1820. Κων)πολις.
Τῷ Ν. Πολυαίνῃ.

499. *Νικόλαος Καλαρᾶς.*— Κορίνθιος. Δοτόρος. Χρόνων 34 Διά τοῦ Γεωργίου Καλαρᾶ.
2 Ἰουλίου 1820. Ξάνθη.
Τῷ Κοσμᾷ ἡγουμένῳ τῆς Φανερωμένης καί λοιποῖς πατράσιν, εἰς **Κόρινθον.**

500. *Γεώργιος Δημητριάδης.*— Βυτιναῖος. Διδάσκαλος Τριπολιτζᾶς. Χρόνων 35. Διά Π. Ἀρβάλη Τλρ. 100
8 Ἰουλίου 1820. Τριπολιτζᾶ.
Τῷ Δημητρίῳ Ραζῆ, εἰς Ὀδέσσαν.

501. *Ἀναγνώστης Παπαγιαννόπουλος.* — Λαγκαδιανός. Ἔφορος καί Ἐπίτροπος πάσης Πελοποννήσου. Διά τοῦ Παναρέτου Πελοποννησίου διδασκάλου. Γρ. 400
14 Ἰουλίου 1820. Κων)πολις.
Τῷ διδασκάλῳ Δημητρίῳ Εὐπατρίδι.

Ἐμμανουήλ Δόξας   ὁμοίως   ὁμοίως   Γρ. 250
Μαρίνος Κλάδος; ἀδελφός μου κατηχημένος παρ' ἐμοῦ, βυστῶ καί γράμμα
  τοῦ ὑπεροχῆς, τά γρόσια ὅμως χίλια τῆς κατεθέσεώς του τά ἔβαλον ἐξ ἰδίων μου καί ἐάν δέν μέ τά δώσῃ ἐννοοῦνται διά λογαριασμόν μου   » 1000
Δημήτριος καί ἀδελφός του Παπαδόπουλοι τούς εἶχεν κατηχήσει ὁ Παπᾶ
  Ἰάκωβος Ἀγγελέτου καί μέ ἔδωσεν ἐμένα τά ἄσπρα, βαστῶ καί
  γράμμα ὑπεροχῆς   » 450
Εὐστάθιος; Χοϊδᾶς; βοήθειαν βαστά καί ὁμολογίαν μου   » 1000
Ἀπό Ἀναγνώστην Παρθενόπουλον σύναξίν του μέ ὁμολογίαν μου   » 300
Ἀπό Δημήτριον Γεώργιον Βούλγαριν σύναξίν του μέ ὁμολογίαν μου » 1300

                                                         Γρ. 6462,20

                   Ἰω. **Κλάδος**

502. **Βρεσθένης [Θεοδώρητος].**— Πελοποννήσιος, εκ Στεμνίτζης.
Χρόνων 35. Διά Π. 'Αρβάλη. Φλρ. 30
20 'Ιουλίου 1820. Τρίπολις.
Τῷ Δανιὴλ Γαζῇ, εἰς Βουκουρέστι.

503. **Ἀθανάσιος Δεληγιαννόπουλος.**— Χρόνων 30. Διὰ τοῦ Κανέλλου Παπαγιαννοπούλου. Γρ. 200
20 'Ιουλίου 1820. Λαγκάδια.
Τῷ 'Αντωνίῳ Πελοπίδᾳ.

504. **Ἰωάννης Γ. Καραβελόπουλος.**— Πελοποννήσιος. Έμπορος.
Χρόνων 40. Διὰ Π. 'Αρβάλη. Γρ. 300
20 'Ιουλίου 1820. Τριπολιτζᾶ.
Τῷ Μιχαὴλ 'Αθανασίου, 'Οδέσσα.

505. **Ἀναγνώστης Παπαγιαννόπουλος.**— Μαγουλιανίτης. Χρόνων
31. Διὰ Δημητρίου Παπαγιαννοπούλου Γρ. 200
28 'Ιουλίου 1820. Μαγούλιανα.
Τῷ Παύλῳ Θεοχάρῃ, εἰς Ταϊγάνι.

506. **Παναγιώτης Βαφιόπουλος.**— 'Αρκάδιος. Διδάσκαλος. Χρόνων 30. Διὰ 'Αναγνώστη Παρθενοπούλου. Γρ. 120
30 'Ιουλίου 1820. "Υδρα.
Τῷ 'Αλεξάνδρῳ Ζωναρᾷ, 'Οδέσσα.

507. **Δημήτριος Κουλόπουλος.**— Μακρυνιτζιώτης. Διδάσκαλος "Υδρας. Χρόνων 31. Διὰ Γιακουμάκη Τουμπάζη. Γρ. 150
α' Αὐγούστου 1820. "Υδρα.
Τῷ 'Αδαμαντίῳ Κοραῇ.

508. **Ἀναστάσιος Κατζαΐτης.**—.... Χρόνων 40....
20 Σεπτεμβρίου 1820. Κων)πολις.
Τῷ κφ. Πάτερ Ἰωσάφην, "Αγιον "Ορος.

509. **Εὐστάθιος Δισγαρᾶς.**— Νομικός. Ζακύνθιος. Τλρ. 10
22 'Οκτωβρίου 1820. Κων)πολις.

510. **Γρηγόριος Καλλονᾶς**[1].— 'Ιερομόναχος Κρής. Διαμένων εἰς

---

[1] 'Από τὸ ἀφιερωτικόν του, ποὺ σώζεται ἀνέκδοτον εἰς τά 'Αρχεῖα τῆς 'Εθν. Έταιρίας ἀρ. 16,097.

Ίάσιον. Χρόνων 36. Διά τοΰ Μανουήλ Βερνάρδου Καμινάρη Φλρ. 2
30 Όκτωβρίου 1820. Ίάσιον.
Προς τους επιτρόπους τοΰ κοινοΰ τών Σφακίων.

511. **Θεοδόσιος Δημητρίου Ρεβελιώτης** [1].— Άπο το χωρίον Τζιπιανά της Τριπολιτζας. Αρχηγός τοΰ Γρπικικοΰ τάγματος τοΰ Μπουλουκλαβά. Χρόνων 48. Διά Α. Τζούνη. Γρ. 400
2 Νοεμβρίου 1820. Κρίμι.
Πρός τον Άνδρέαν Ζαήμην, Καλάβρυτα.

512. **Ιωάννης Ραζής**.— Ιατρός. Χρόνων 32. Γραικός, γένημα εις
Βουκουρέστι. Φλρ. 32
2 Νοεμβρίου 1820. Ύδρα.
Τω Κυρίλλω, εις Άγιον Όρος.

513. **Μεταξάς Βαλιάνος τοΰ Γερασίμου** [2].— Έκ Κεφαλληνίας· Ναυτικός. Χρόνων 40. Διά Κ. Βαντόρου, αφιερώνει τον εαυτό του και το καράβι του.
14 Νοεμβρίου, 1820. Κων)πολις.

514. **Μιχαήλ Σούτσος** [3].— Βυζάντιος. Ηγεμών της Μολδαυΐας.
Χρόνων 33. [Διά Ιακώβου Ρίζου Νερουλοΰ] [4] Φλρ. 1000
15 Νοεμβρίου 1820.

515. **Δημήτριος Αναγνώστου.**—Χρόνων 40. Διά τοΰ Σταύρου
Χαχαμάκη. Φλρ. 31
17 Νοεμβρίου 1820. Κων)πολις.
Τω Σωτήρι Πάντων, εις Πετρούπολιν.

516. **Αναστάσιος Ιωάννου Κουριέρος.**— Χρόνων 38. Διά τοΰ
Σταύρου Χαχαμάκη. Φλρ. 5
19 Νοεμβρίου 1820. Κων)πολις.
Τω Σωτηρίω Χωνίδη, εις Πετρούπολιν.

517. **Αλέξανδρος Γρηγορίου.**— Χρόνων 40. Διά τοΰ Σταύρου
Χαχαμάκη. Φλρ. 5

---

1 Άπό τό άφιερωτικόν του (Φιλ. Α' σ. 203). Δέν περιέχεται ούτε εις τον κατάλογο τοΰ Φιλήμονος.
2 Άπό τό άφιερωτικόν τοΰ (Φιλ. Α' σ. 204).
3 Άπο τό άφιερωτικόν του. (Φιλ. Α' σελ. 188). Τό έγγραφον 8287 τών Άρ· χείων της Έθν. Έτ. μας πείθει ότι ό Μ. Σοΰτσος ήταν μυημένος εις τό μυστήριον πολύ πρίν γίνει ή τυπική του μύησις. (Βλ. ύποσημ. 1 σελ. 73).
4 Βλ. Φιλ. Α' σελ. 180. Είς τον κατάλογον τοΰ Φιλήμονος όμως κατηχητής τοΰ Μιχαήλ Σούτσου φέρεται ό άρχιμ. Φλωρεστίου Λουκάς.

28 Νοεμβρίου 1820. Κων)πολις.
Τῷ Σωτηρίῳ Πάντων, εἰς Πετρούπολιν.

518. *Νικόλαος Χατζηκώνστας.*—Λάκων. Χρόνων 28. Διὰ τοῦ Εὐσταθίου Κωστάκη. Γρ. 300
2 Δεκεμβρίου 1820. Κων)πολις.
Τῷ Σωτῆρι Πάντων, εἰς Ὀδέσσαν.

519. *Διαμαντῆς Κώνστα.*— Χρόνων 44. Διὰ Σταύρου Χαχαμάκη. Φλρ. 16
8 Δεκεμβρίου 1820. Κων)πολις.
Τῷ Σωτηρίῳ Πάντων, εἰς Πετρούπολιν.

520. *Κιλαϊδίτης Χατζῆ Ἀντωνίου Σαριδάκης.*— Χρόνων 55.
Διὰ τοῦ γαμβροῦ του Σταύρου Χαχαμάκη Φλρ. 150
9 Δεκεμβρίου 1820. Κων)πολις.
Τῷ Σωτῆρι Πάντων, εἰς Πετρούπολιν.

521. *Ἀντώνιος Κλαϊδίτου.*— Ἔμπορος. Χρόνων 32. Διὰ Σταύρου Χαχαμάκη. Φλρ. 16
13 Δεκεμβρίου 1820. Κων)πολις.
Τῷ Ἐμμανουὴλ Ἀριστείδη, εἰς Πετρούπολιν.

522. *Βασίλειος Κιλαϊδίτου.*— Κωνσταντινουπολίτης. Χρόνων 20.
Διὰ τοῦ Σταύρου Χαχαμάκη. Φλρ. 32
[..] Δεκεμβρίου 1820. Κων)πολις.
Τῷ Σωτηρίῳ Παγκάλῳ, εἰς Πετρούπολιν.

523. *Δημήτριος Κιλαϊδίτου¹.*— Χρόνων 18. Διὰ Σταύρου Χαχαμάκη. Φλρ. 20
Τῷ Πανταλέων Νικολάου, Βιέννην.

524. *Μάρκος Παχάρνικος Δραγούμης.*— Χρόνων 51. Διὰ Σταύρου Χαχαμάκη. Φλρ. 50
15 Δεκεμβρίου 1820. Κών)πολις.
Τῷ Δημητρίῳ Δραγούμῃ, εἰς Βιέννην.

525. *Ἰωάννης Μιχαήλ.*—Ἔμπορος. Χρόνων 50. Διὰ Σταύρου Χαχαμάκη. Φλρ. 50
15 Δεκεμβρίου 1820. Κων)πολις.
Τῷ Γεωργίῳ Λεωνίδῃ, εἰς Πετρούπολιν.

---
1 Δὲν ἔχει ἡμερομηνία μυήσεως· ὁλοφάνερο ὅμως ὅτι ἐμυήθη μαζὺ μὲ τοὺς ἄλλους τῆς οἰκογενείας του, περὶ τὰ μέσα Δεκεμβρίου τοῦ 1820.

— 79 —

526. *Ζωρζής Χρύσανθος.*—Χρόνων 58. Διά τοῦ Σταύρου Χαχαμάκη. Φρ. 32.
21 Δεκεμβρίου 1820. Κων)πολις.
Τῷ Πανταλέων Νικολάου, εἰς Πετρούπολιν.

527. *Μανουὴλ Χατζῆ Μιχαὴλ Φωτόπουλος.*—Ἔμπορος. Χρόνων 50. Διά Σταύρου Χαχαμάκη. Φλρ. 16.
28 Δεκεμβρίου 1820. Κων)πολις.
Τῷ Σωτῆρι Πάντων, εἰς Πετρούπολιν.

528 *Διονύσιος Πνευματικός.*—Χρόνων 66. Διά Σταύρου Χαχαμάκη. Φλρ. 10.
30 Δεκεμβρίου 1820. Κων)πολις.
Τῷ Σωτῆρι Νικολάου, εἰς Πετρούπολιν.

1821

529. *Νικόλαος Παρίσης.*—Πλοίαρχος. Χρόνων 45. Διά τοῦ Σταύρου Χαχαμάκη. Φλρ. 18.
α' Ἰανουαρίου 1821. Κων)πολις.
Τῷ Γεωργίῳ Λεωνίδῃ, εἰς Ἰσμαήλ.

530. *Ἰωάννης· Ἀναστασίου.*—Χρόνων 63. Διά Σταύρου Χαχαμάκη. Φλρ. 10
α' Ἰανουαρίου 1821. Κων)πολις.
Τῷ Νικολάῳ Πάντων, εἰς Ἰσμαήλ.

531. *Δουνιᾶς Ι. Νεδέλκου.*— Χρόνων 24. Διά Σταύρου Χαχαμάκη. Φλρ. 20.
10 Ἰανουαρίου 1821. Κων)πολις.
Τῷ Νικολάῳ Πάντων, Ἰσμαήλ.

532. *Νικόλαος Πετρόχειλος.*— Ἔμπορος. Χρόνων 24. Διά τοῦ Εὐσταθίου Κωστάκη. Γρ. 200
16 Ἰανουαρίου 1821. Κων)πολις.
Τῷ Γεωργίῳ Μιλτιάδι, Ὀδέσσαν.

533. *Νικόλαος Ἰ. Νεδέλκου.*— Χρόνων 21. Διά τοῦ Δημητρίου Ἀναγνώστου. Φλρ. 10
30 Ἰανουαρίου 1821. Κων)πολις.
Τῷ Γεωργίῳ Πάντων, εἰς Πετρούπολιν.

534. *Αποστόλης Γεωργίου Αποστόλη.* — Ψαριανός. Πλοίαρχος. φόνων 23. Διὰ τοῦ Ἀναγνώστη Χατζῆ Δημ. Μοναρχίδη.   Γρ. 300
0 Ἰανουαρίου 1821. Ψαρά.
Τῷ Γεωργίῳ Καλημέρῃ, εἰς Ὀδέσσαν.

535. *Λουκάκης Ἰωάννου.* — Ἔμπορος. Χρόνων 40. Διὰ Ἀγ-
ελιάκη Χατζῆ Ἐμμανουήλ.   Φλρ. 13
' Φεβρουαρίου 1821. Κων)πολις.
Τῷ Πέτρῳ Ἀθανασίου, Πετρούπολιν.

536. *Ἀθανάσιος Κανακάρης*[1]. — Προεστὼς τῶν Πατρῶν. Χρό-
ων 57—60. Διὰ τοῦ Παναγιώτη Σέκερη, διὰ τοῦ ὁποίου θέλει στείλει ἕνα
εγάλο.
Φεβρουαρίου 1821. Κων)πολις.

537. *Γεώργιος Χατζῆ Ἰωάννη Σκανδάλης.* — Ψαριανός. Πλοίαρ-
ος. Χρόνων 35. Διὰ τοῦ Καπετὰν Ἀναγνώστη Χατζῆ Δημητρίου Μοναρ-
ίδη.   Γρ. 500
Φεβρουαρίου 1821. Ψαρά.
Τῷ Κυρίῳ Καλημέρῃ, εἰς Ὀδέσσαν.

ΑΝΕΥ ΧΡΟΝΟΛΟΓΙΑΣ

538. *Στάμος Διδασκαλόπουλος.* — Ἰατρός. Χρόνων 32. Διὰ Γεωρ
ίου Καλαρᾶ.   Γρ. 200
Τῷ Θεοδούλῳ, εἰς Πέτσαν.

539. *Ἰωάννης Μπουριάκης.* — Ἰωαννίτης. Ἔμπορος. Χρόνων 30
ιὰ τοῦ Ἰατροῦ Γεωργίου Καλαρᾶ.   Γρ. 200
Τῷ Νικολάῳ Καλαρᾶ, εἰς Ξάνθην.

540. *Γεώργιος Σταμέλου Παλαιολόγος.* — Τριπολιτσιώτης. Ἔμ-
τορος. Χρόνων 29. Διὰ Π. Ἀρβάλη   Γρ. 500

541. *Γρηγόριος Δημητρίου.* — Χρόνων 60. Διὰ τοῦ Σταύρου Χα-
αμιάκη   Φλρ. 10
Τῷ Γεωργίῳ Λεωνίδη, Πετρούπολιν.

---

1 Ὁ Φιλήμων εἰς τὸν κατάλογο τῶν Φιλικῶν (ἀρ. 193) ἀναφέρει τὸν
Ι. Κανακάρη κατηχηθέντα στὰ 1820 χωρὶς νὰ ἔχῃ καὶ τὸν κατηχητή του.

ΕΥΡΕΤΗΡΙΟΝ ΟΝΟΜΑΤΩΝ

Αβραμιώτης Ἀναστάσιος 128 (272). Σ. 41.
Ἀγαθομένης Δάμων 107.
Ἀγαλλόπουλος Γεώργ. (89). 139*. Ξ. 107. Σ. 102.
Ἀγαπητός Γεώργιος 154.
Ἀγγελέτος Παπᾶ Ἰάκωβος 496.
Ἀγγελίδης Φώτιος (245). 294. Σ. 493.
Ἀγγελόπουλος Σωφρόνιος 322.
Ἀγγέλου Ζαφείρης 282.
Ἀδαμίδης Ἀντώνιος (267). Σ. 45.
Ἀδαμάντιος Κωνστ. 358.
Ἀδαμόπουλος Δημ. (102). Σ. 190.
Ἀθανασάκης Λυμπέρης (158). Σ. 344.
Ἀθανασιάδης Κωνστ. 262.
Ἀθανάσιος, ἀρχ διάκονος Ναυπλίου (450). Σ. 35.
Ἀθανάσιος, ἱερομόναχος πνευματικὸς (449). Σ. 37.
Ἀθανασίου Εὐθύμιος 421.
Ἀθανασίου Ἰωάννης 424.
Ἀθανασίου Μιχαὴλ 545.
Ἀθανασίου Νικόλαος (211). 244 Σ. 390.
Ἀθανασίου Παπαγεώργιος (112). 153. 154. 161. 171. 182. 214. 287. 355. 395. 396. Ξ. 84. Σ. 412.
Ἀθανασίου Παῦλος 35.
Ἀθανασίου Πέτρος 536.
Ἀθανασόπουλος Ἀνδρ. 430.

Ἀθανασόπουλος Δημ. 89.
Ἀθάνατος Ἰωάννης 321.
Ἀθυυργίτης Γεώργιος (482). Σ. 156.
Αἰνιᾶν Γεώργιος (43). Ξ. 60. Σ. 95.
Αἰνιᾶν Δημήτριος 47*.
Αἰνιᾶν Χριστόδουλος Ζ. (47). Ξ. 64. Σ. 499.
Ἀλεξανδρόπουλος Κωνστ. (82). 249. 268. 308. 351. Ξ. 18. Σ. 304.
Ἀλεξάνδρου Ἀθανάσιος 212.
Ἀλεθίου Ἀμβρόσιος 468.
Ἀλεξίου Δημ. 402.
Ἀλεξίου Μανούσης 343.
Ἀλεξίευ Παναγ ος 428.
Ἀλεξόπουλος Ἀθαν. 411.
Ἀλεξόπουλος Γεώργιος 340.
Ἀλεπουδέα οἶκογ. 277*.
Ἀλῆ πασσᾶς 284*. 492*.
Ἀμβρόσιος, διάκονος Ἁγίου Μεθώνης (490). Σ. 70.
Ἀμβρόσιος Σιναΐτης 356*. 387. 388 408. 411. (448). Σ. 34.
Ἀμβροσίου Ἰωάννης Π. (291). Σ. 259.
Ἀναγνωσταρᾶς Βλ. Παπαγεωργίου Παν.
Ἀναγνωστάκης Κωνστ. (236). Σ. 326.
Ἀναγνωστόπουλος Δημ. (322). Σ. 183.
Ἀναγνωστόπουλος Κωνστ. 43.

Οἱ **ἀριθμοὶ** ἀντιστοιχοῦν εἰς τὸν αὔξοντα ἀριθμὸν τοῦ καταλόγου
Ὁ ἐν παρενθέσει ἀριθμὸς παραπέμπει ὅπου ὁ φιλικὸς μνημονεύεται ὡς μυηθείς.
Ὁ **ἀστερίσκος** δηλοῖ ὑποσημείωσιν.
Οἱ **ἀριθμοὶ** μετὰ τὸ κεφαλαῖον Ξ. καὶ Σ. παραπέμπουν εἰς τὸν αὔξοντα **ἀριθμὸν** τοῦ καταλόγου Ξάνθου καὶ τοῦ καταλόγου τοῦ ἀρχείου Σέκερη.

— 82 —

Άναγνωστόπουλος Παν. 18*. 19.
21*. 23. 25. 29. 32. 36. 98". 112.
115. 196. 207. 379.
Άναγνωστόπουλος Παν. Ι. (142).
Σ. 435.
Αναγνώστου Δημ. (516). 534. Σ.
209.
Αναστασίου Γεώργ. 165.
Αναστασίου Δημ. 248.
Αναστασίου Ίωάν. (531). Σ. 300.
Αναστασίου Νικ. 84.
Αναστασίου Χατζή 'Ιωάννης (98).
Ξ. 71. Σ. 501.
Άναυτασόπουλος 'Ιωάν. 222.
Ανδρεάδης Γρηγόριος 388.
Ανδρέου Κωνστ., ιερεύς (396). Σ.
337.
Ανδρέου Νικόλαος 359.
Άνδρίτση — Μεταξά 'Αδαμαντίνα
370'".
Άνδρόνικος Παύλος (124). Σ. 418.
Άνδροΰτσος Αναστάσιος (57). Ξ.
7. Σ. 71.
"Ανθιμος πνευματικός Βλ. Αργυρόπουλος Α.
Αντωνιάδης Σταμάτιος (374). Σ.
491.
Αντωνίου Γεώργιος 373.
Άντωνόπουλος Γεώργιος (415).
Σ. 136.
Άντωνόπουλος Γεώργιος Α. (292).
Σ. 122.
Άντωνόπουλος Κωνστ. (265). 416.
Σ. 314.
Άντωνόπουλος Σταματέλος 356*.
(408). Σ. 480.
Ανώνυμος (302). Σ. 456.
Αποστόλης Αποστόλης Γ. (535).
Σ. 73.
Αποστόλης Νικολής (38). 56. Ξ.
77. Σ. 375.
Αρβάλης Παναγιώτης 139*. 234*.
(238). 297. 299. 309. 321. 356*.
407. 414. 417. 421. 424. 430. 494
501. 503. 505. Σ. 423.
Αρθανιτάκης Σπυρ. 170*.
Αρβανίτης Κ.νστ. 302
Αργούς έπισκ. Βλ. Γρηγόριος.
Άργυρόπουλος "Ανθιμος (208).

215. 216. 219. 220*. Σ. 54.
Άργυρόπουλος Γεώργιος ή Σέργιος (109). Ξ. 87. Σ. 469.
Άργυρόπουλος Ιωάννης (215). Σ.
273.
Αριστείδης Βλ. Παπάς Άρ.
Αριστείδης Εμμανουήλ 524.
Αριστείδης Ίωάν. (136). 237. 274.
Σ. 256.
Αριστομίδης Μιχ. 484.
Ασμενόπουλος Δημ. 307.
Αρχιμήδης Πάνος 410.
Άσημακόπουλος Δανιήλ 258*.
Ασημακότουλος Ιωάν. 54. 330*.
443.
Αστεριάδης Μένθος Δ. (95). Ξ.
05. Σ. 172.
Ατζιτέρης Ιωάν. (271). Σ. 287.
Αύγερινός Χριστόδ. Γ. (311). Σ.510
Άφθονίδης Γεώργιος (201). Ξ. 139.
Σ. 106.

Βαλέτας Σπυρίδων (151). Ξ. 132
Σ. 471.
Γιαλλιάνος Κωνστ. (369). Σ. 335.
Βαντέρος Κωνστ. 513.
Βαρθιάνης Διον. Γ. (390). Σ. 198.
Βαρθολομαίος ιερεύς (393). Σ. 84.
Βάρνης έπισκ. Βλ. Ζαχαρίας.
Βασιλάκης Αναγνώστης (108).
Σ. 61.
Βασιλάκης Γεώργιος 108*. (133).
Σ. 109.
Βασιλάκης Σπύρος 133.
Βασιλείου Γεώργιος 398.
Βασιλείου 'Ιωάννης 335.
Βασιλείου Χριστόδ. 432.
Βασιλόπουλος Δημ. 397.
Βατικιώτη; Δημ. (18). Ξ. 59. Σ.
169.
Βαφιόπουλος Παν. (506). Σ. 449.
Βελιανίτης Δημάκης Γ. 282.
Βελίνης Γεώργιος 356*.
Βελόπουλος Άλεξ. Ι. 323.
Βελισσαρίου Ίωάν. (221). 420.
Σ. 258.
Βέλκος Άθ. 11*. (13). Ξ. 43. Σ. 2.
Βενεδικτος Άρχιμ. (461). Σ. 30.

— 83 —

Βενετζανάκης Νικόλ. (279). Σ. 343.
Βενετζάνος Βλ. Γαϊτανάρος.
Βέργης Ηλίας 416.
Βεργόπουλος Πέτρος 117. 458.
Βερνάρδος Έμ. Καμινάρης (90). 209*. 405. 406. 445. 511. Ξ. 96. Σ. 216.
Βιλαέτης Χαραλ. (129). Σ. 514.
Βλάσση άδελφοί 356*.
Βλασσόπουλος Ιωάν. 332*.
Βλαστός Δημ. (445). Σ. 195.
Βλαστός Σπύρος 188.
Βλαχόπουλος Δημ. (192). Ξ. 131. Σ. 175.
Βλαχόπουλος Κωνστ. 395.
Βλάχος Γεώργιος Δ. (422). Σ.124.
Βολτέρας 'Αναστάσ. (312). Σ. 27.
Βούλγαρης Δημ. Γ. 495*.
Βρεσθένης επίσκ. Βλ. Θεοδώρητος.
Βρετόπουλος Γεώργ. (471).Σ. 135
Βρετός 'Ανδρέας 75.
Βρετός Παν. 196.
Βρετός Συμεών (91). Ξ. 10. Σ. 463.

Γαβριήλ 'Αρχιμ. (231). Σ. 107.
Γαβριήλ 'Αντώνιος 479. 480.
Γαζής "Άνθιμος 11*. 495*.
Γαϊτανάρος Βενετζάνος Π. Κίτσου (469). Σ. 79.
Γαλανός 'Ανανίας (97). Ξ. 3. Σ. 348.
Γαλάτης Ευστάθιος άρχιμ. 11*.
Γαλάτης Νικόλαος 2*. 8. 9. 10. 11. 39. 41*. 49*. 70*. 196.
Γάτζος Γεώργ. Κ. 11*. (12). 39. 41. 42. 48. 211. 243. 282. 326. 382. Ξ. 44. Σ. 94.
Γελεδάς Γεώργ. 466.
Γεράσιμος (ήγούμ. Μ. άγ. Γεωργίου Σκύρου) 85.
Γερμανός επίσκ. Χριστιανουπόλεως 139*. (523). Σ. 507.
Γερμανός ήγούμ. Βλαχ. Σεραγιοϋ 298. 319.
Γερμανός Π. Πατρών (141). Σ. 419.

Γερμανός Σπηλαιώτης (262). Σ. 145.
Γεροστάθης Κωνστ. (198). Σ. 310.
Γεωργακόπουλος Ιωάν. 240.
Γεωργιάδης 'Αντών. (166). Σ. 25
Γεωργιώτης Νικόλαος (362). Σ. 380.
Γεωργίου 'Αναστάσιος 259.
Γεωργίου 'Αντώνιος 391.
Γεωργίου Βασίλειος 427.
Γεωργίου Δημήτριος 270.
Γεωργίου Ιωάννης 112.
Γεωργίου Λάμπρος 429.
Γεωργίου Παναγ. 455.
Γεωργίου Παύλος 167.
Γεωργίου Χατζή Δημήτριος 213
Γεωργίου Χατζή Σωτήριος 477.
Γιαλιάς Πανάγος 184.
Γιαννετάκης Παναγ. 273.
Γιανόπουλος Μιχ. (290). Σ. 366.
Γιαννόπουλος Χρ. (222). Σ. 513.
Γιατράκος Γεώργ. 83.
Γιατράκος Παναγιώτης (83). 139*. 220*. Ξ. 30. Σ. 408.
Γκίνης Χατζή Νικόλας (455). Σ. 508.
Γκιώνης Γκίκας (61). 283. Ξ. 17. Σ. 89.
Γκούστης Ιωάν. (216). Σ. 274.
Γλυκούδης Βλ. Μαντζαράκης.
Γολόπουλος Παναγ. (240). Σ. 445.
Γούναρας Πέτρος 260.
Γρηγοράκης Δημ. (367). Σ. 192.
Γρηγοράκης 'Αντών. (368). Σ. 24.
Γρηγόριος ήγούμ. άγ. "Ορους 103
Γρηγόριος Βατοπαιδινός 320.
Γρηγόριος επίσκ. Μοθώνης (414).
Γρηγόριος επίσκ. Ναυπλίου και 'Άργους (356). 407*. Σ. 395. 454. 455. 481. 489. Σ. 362.
Γρηγόριος Σπηλαιώτης (εκ Κλαπατζούνης) 139*. (340). Σ. 161.
Γρηγόριος (ήγούμ. Μ. Φανερωμένης) (391). 413. 419. 431. 460. 466. 473. Σ. 141.
Γρηγόριος ήγούμ. Μ. Φιλοσόφου 52.
Γρηγόριος 'Αθαν. 444.
Γρηγορίου 'Αλέξ. (517). Σ. 67.
Γυριάνης 'Αθαν. 334.

— 84 —

Δαβαρούκας Δημ. (335). Σ. 203.
Ααβαρούκας Νικόλ. (303). Σ. 398.
Δαμαλών έπίσκ. Βλ. Ίωνάς.
Δανιήλ άρχιμ. 267.
Δανιήλ ηγούμενος 290.
Δανιήλ ηγούμ. Παν. τοϋ Βρι.χου.
Σλ. Παμπούκης.
Δανιήλ ιεροδ. (470). Σ. 265.
Δανιήλ έπίσκ. Τριπόλεως (485) Σ.
488.
Δαριώτης Γεώργ. 471.
Δασίου Σπυρίδων (146). 176. 190.
Σ. 478.
Δασκαλόπουλος Γεώργ. Βλ. Διδασκαλόπουλος.
Δεληγιάννης Βλ. Παπαγιαννόπουλος.
Δεληγιάννης Κωνστ. Ι. (119). Ξ.
39. Σ. 308.
Δεληγιαννόπουλος Άθαν. (508). Σ.
55.
Δεμπόλης Ίωάν. 175.
Δέστου Ίωάν. (176). Σ. 279.
Δημάδης Θεοδόσιος (315).
Δημητριάδης Γεώργ. (500). Σ. 126.
Δημητριάδης Έμμ. 71.
Δημητριάδης Ίωάν. 112.
Δημήτριος ιερεύς 401. Σ. 202.
Δημήτριος ιερεύς (426)' Σ. 185.
Δημήτριος Άθαν. 49. 92. 458.
Δημητρίου Άλέξ. 333.
Δημητρίου Άναστ. 104.
Δημητρίου Βασίλ. 228.
Δημητρίο: Γεωργ. 198. 211. 233.
280. 281.
Δημητρίου Γρηγόριος (541). Σ. 157.
Δημητρίου Θεόδωρος (301).Σ. 237.
Δημητρίου Ιωάννης 381. 387. 394.
409.
Δημητρίου Ιωσήφ ίερομ. (394). Σ.
255.
Δημητρίου Κωνστ. 153. 173.
Δημητρίου Νικόλαος 226. 408.
Δημητρίου Παν. 105.
Δημητρόπουλος Άναγν. (155). Σ.
39.
Δημητρόπουλος Παν. 21*. 25. 50.
85. Ξ. 52. Σ. 410.

Δήμου Γεώργ. 422.
Δήμου Ίωάν. (383). Σ. 292.
Διαμαντάκης Παΰλος 414.
Διδασκαλόπουλος Βασίλειος (460).
Σ. 85.
Διδασκαλόπουλος Γεώργιος 139*.
343. 351. 363. 371.
Διδασκαλόπουλος Στάμος (538).
Σ. 479.
Δικαίος Αναγνώστης (418). Σ. 62.
Δικαίος Γρηγόριος 11*. (46). 47.
60. 82. 83. 98. 111*. 122. 142.
144. 149. 223. 231. 255*. 264*.
284*. 392. 403. 404. 407*. 408*.
423. Ξ. 30. Σ. 91.
Δικαίος Ηλίας 46.
Δικαίος Νικήτας (205). Σ. 384.
Διογένης Άλέξ. 325.
Διογενίδης Βελισσάριος (52). 331.
Ξ. 11. Σ. 75.
Διονύσιος ιεροκήρυξ 176.
Διονύσιος πνευματικός (528). 5.213.
Δόξας Έμμ. 495*.
Δόρδος Δημ. (207). Ξ. 133. Σ. 176.
Δουζίνας Κωνστ. (260). Σ. 320.
Δούκας Δήμος 27.
Δούκας Νεόφυτος (379).
Δούμας Ίωάν. (174). Σ. 262.
Δούμας Κωνστ. 174.
Δουραμάνης Ίωάν. Δ. (274). Σ.
256.
Δραγούμης Δημ. 524.
Δραγούμης Μάρκος (524). Σ. 371.
Δροσινός Δρόσος (107). Ξ. 69. Σ.
171.
Δροσινός "Ιβος 107.
Δρούγας Δημ. 197.
Δρούσος Γεώργιος 483.

Ελευθεριάδης Βενιαμίν (403).
Ελευθερίου Άναστ. 103. 353.
Ελευθερίου Μηνάς 274.
Ελευθερόπουλος Σωτήριος 164.
Έλληνας Ιωάννης (246). Σ. 280.
Έλληνας Διονύσιος 246*.
Επαμεινωνδιάδης Α. 293. 301. 310.
316. 372. 375. 400.

— 85 —

Ευσταθίου Ίωάν. (94). Ξ. 9. Σ. 242.
Ευαγγελίδης Γεώργιος (392).

Ζαΐμης 'Ανδρέας (255). 273. 293 304. 319. 512. Σ. 19.
Ζαΐμης Άσημάκης 255*. (298). Σ. 21.
Ζαΐμης Δημήτριος (440). Σ. 182.
Ζαΐμης Παναγιωτάκης (273). Σ. 422.
Ζάνωφ Λεονάρδος 305.
Ζαρειφόπουλος Νικ. (328). Σ. 387.
Ζαρειφόπουλος Παναγ. 139*. (430). Σ. 424.
Ζαρκόπουλος Βλ. Ζάρκος Π.
Ζάρκος Πάνος (181). 184. 187. 213. 225. 226. Σ. 457.
Ζαχαριάδης Χρήστος 210*.
Ζαχαρίας έπίσκ. Βάρνης (439). 247. Σ. 328.
Ζαχαρίας έπίσκ. Κορίνθου 139*.
Ζαχαρίας (ηγούμ. Μ. Λαύρας) 101.
Ζαχαρίου 'Ανδρέας (275). Σ. 40.
Ζορμπάς Δ. 1. 11*.
Ζουλαλένης Βλ. Τζουλαλένης
Ζυγκουριός Γρηγ. (157). Σ. 111.
Ζωγράφος Ιωάννης Κ. (261). Σ. 261.
Ζωαράς 'Αλέξ. 507.
Ζωντανός Παν. (435). Σ. 432.
Ζωόπουλος 'Αναγν. 276.
Ζωσιμάδαι άδελφοί 293. 310. 316. 400.

Ηλιόδης Ευστάθιος 234.
Ήλιάδης Λάζαρος 435.
Ήπίτης Πέτρος (79). Ξ. 80. Σ. 411.
Ησαΐας άγιορείτης 258.

Θανόπουλος Γεώργιος 257.
Θεαγένης Σωτ. (350). 486. 493. 497. Σ. 487.
Θέμελης Δημ. 267. 269. 302. 336. 374. 382*.

Θεοδοσίου Γεώργ. 63.
Θεοδοσίου Χριστόφ. 243.
Θεοδώρητος έπίσκ. Βρεσθένης (503). Σ. 78.
Θεοδωριάδης 'Ιωάν. (256). Σ. 275.
Θεοδώρου 'Αλέξ. 132.
Θεοδώρου 'Ιωάν. 210.
Θεόκλητος έπίσκ. 'Ανδρούβιστας (277). Σ. 17.
Θεόφιλος Πατριαρχ. 'Αλεξανδρείας (486). Σ. 31.
Θεοφίλου Νικολ. 42.
Θεοχάρης Παύλος 506.
Θεοχάρης Σωτήριος 139*. (199). 447. Σ. 474.
Θεοπρωτεύς 'Ιωσήφ (153). 165. 251. Ξ. 100. Σ. 251.
Θωμάς 'Αμβρόσιος 347.

Ιάκωβος Λαυριώτης 378.
'Ιακώβου 'Ανδρέας 130.
'Ιατρού Ι. 356*.
'Ιγνάτιος έπίσκ. 'Αρδαμερίου (78). Ξ. 13. Σ. 244.
'Ιγνάτιος έπίσκ. "Αρτης 8*.
'Ιερεμίας έπίσκ. Πλάντζας 278.
'Ιερόθεος έκ Ζατούνης 139*. (342). Σ. 267.
'Ισαυρίδης Μιχαήλ (493). Σ. 358.
'Ιωνάς έπίσκ. Δαμαλών (420). Σ. 201.
'Ιωαννίδης Νικόλαος 156.
'Ιωαννίδης Στέριος (204). Ξ. 134. Σ. 472.
'Ιωάννου 'Αδριανός 309.
'Ιωάννου 'Αθανάσιος 39. 106.
'Ιωάννου 'Αλέξανδρος 366.
'Ιωάννου 'Αντώνιος 304.
'Ιωάννου Δημήτριος (304). 425. Σ. 179.
'Ιωάννου Θεόδωρος 345. 381.
'Ιωάννου Κωνστ. 171.
'Ιωάννου Λεόντιος (193). 256. Ξ. 66. Σ. 342.
'Ιωάννου Νικόλαος 361.
'Ιωάννου Παναγιώτης 199.
'Ιωσήφ Άγιοσταυρίτης πρωτ. 412.

Κάβας Μιχαήλ (467). Σ. 368.
Καβαδίας Ίωάν. (117). Σ. 270.
Κακάνης Γεώρυ. 356*.
Κακορόπης Θεοδ. (412). Σ. 234.
Κακουλίδης Ἀνδρ. 86.
Καλαβρυτινόπουλος Νικ. (54). Ξ. 61. Σ. 498.
Καλαρᾶς Γεώργιος (135). 144. 146. 149. 389. 499. 530. 540. Σ. 114.
Καλαρᾶς Ἡσαΐας (389). Σ. 199.
Καλαρᾶς Νικόλαος (500). 540. Σ. 403.
Καλγάνης Γεώργιος 284*. (400). Σ. 120.
Καλημέρης Γεώρυ. 535. 538.
Καληνός Γεώργιος (380). Σ. 113.
Καλιθούτζης Μιχ. (344). Σ. 357.
Καλλίνικος ἱερομόναχος (347). 362. Σ. 312.
Καλλιπολίτης Σπυρ. (463). Σ. 487.
ἡ αλογερᾶ» Ἀντ. Κ. 496*.
Καλογερόπουλος Γεώρυ. (232). 377. Σ. 108.
Καλόγηρος Γεώρυ. Χρ. (286). 307. 313. Σ. 127.
Καλόγηρος Χρῆστος (288). Σ. 504.
Καλλονᾶς Ράλλης (491). Σ. 459.
Καλονικόλας Γεώρυ. 239.
Καλούδης Νικ. 19.
Καλύβας Νικόλαος 246*. 271. 314. 330. 337. 348. 352. 357. 360. 369. 376.
Κανακάρης Ἀθαν. (537). Σ. 69.
Καντακίτης Κ. Νικ. Α. (348). Σ. 396
Κανούσης Νικ. 11*.
Καντιώτης Κ. 11*.
Καπανδάρος Δημ. (425). 435. Σ. 187.
Καπετανάκης Γιαν. (432). Σ. 138.
Καπετανάκης Γεωργάκης (137) Σ. 151.
Καπετανάκης Γρ. Βλ. Ζυγκούριος.
Καπετανάκης—Μαυρομιχάλης Γιάννης (93). Ξ. 125. Σ. 104.
Καπετανάκης Μιχαήλ (433). Σ. 360.
Καποδίστριας Βιάρος (175). 5. 77.
Καποδίστριας Ἰωάννης 11* 284*.

288*.
Καραβελόπουλος Ἰωάννης (505). Σ. 266.
Καραβιᾶς Βασίλειος (264).
Καραγεώργης 41*.
Καρακούλιας Κωνστ. (224). Σ. 324.
Καραπατᾶς Ἀντωνάκης (257) Σ. 63.
Καραπατόπουλος Γεώρυ. (354). Σ. 134.
Καρατζᾶς Κωνστ. 8*.
Καρδαρᾶς Θεοδ. Χρ. (111). 139*. Ξ. 115. Σ. 239.
Καρδαρόπουλος Θεοδ. 308.
Καρεάδης Ρίζος (80). 90. Ξ. 95. Σ. 460.
Καρτζιώτης Προκόπιος 415.
Κόρλας Θεόδωρος 368.
Καρνεάδης Βλ. Καρεάδης.
Κάοτζενας Θεόδωρος (397). Σ. 229
Καστανᾶς Ἰωάννης (289). Σ. 285.
Κατακάζης Γαβριήλ (58). Ξ. 22. Σ. 90.
Κατζαΐτης Ἀναστ. (509). Σ. 74.
Κάτζαρης Γεώρυ. (402). Σ. 131.
Κατζίνης Ἀντ. 237.
Κατζίρης Γεώρυ. (212). Σ. 115.
Καφηρεὺς Ἰωάννης (313). Σ. 254.
Κιλαιδίτης Χ'' Ἀντ. Σαριδάκης (521). Σ. 340
Κιλαϊδίτης Ἀντώνιος (522). Σ. 68.
Κιλαϊδίτης Βασίλ. (523). Σ. 86
Κιλαϊδίτης Δημ. (524). Σ. 211.
Κερνίτης ἐπίσκ. Βλ. Προκόπιος
Κλάδος Ἰωάννης (496).
Κλάδος Μαρῖνος 496*.
Κοκκινάκης Ἀνδρέας 394.
Κοκκινάκης Δημήτρ. (353). Σ. 189.
Κοκκίνης Ἰωάννης (300). Σ. 291.
Κοκκίνης Λάζαρος Ἀν. (131). 139*. Ξ. 118. Σ. 343.
Κόκκου Ἀσημίνα Ν. 40.
Κολοκοτρώνης Γιάννης (105). Ξ. 113. Σ. 160.
Κολοκοτρώνης Θεόδ. (170). 183. 188. 203. 210. 240. 246. 289. 290. 330. 390. 437. Σ. 232.
Κολοκοτρώνης Πάνος Θ. (183). 286. 288*. Σ. 431.

— 87 —

Κομιτζόπουλος Α. 2*. 11*. 12. 14. 15.
Κομιτζόπουλος Γεώργ. (179). 261. Σ. 133.
Κονδάκης 'Ιωάνης (202). 322. Σ. 271.
Κόνιαρης Άναστ. (59). Ξ. 26. Σ. 2.
Κόνιαρης Χρήστος (156). Σ. 520.
Κοντόπουλος Βασ. 349.
Κοραής 'Αδ. 57. 79. 121. 349. 508.
Κορνήλιος Άναστ. (84). 173. 189. Ξ. 123. Σ. 14.
Κορνήλιος 'Ιάκωβος (194). Ξ. 12. Σ. 243.
Κορνήλιος Χριστόφ. (34). 86. Ξ. 75. Σ. 507.
Κορφιάτης Νικ. (187). Σ. 393.
Κότζης Γεώργ. 93.
Κουγέας 'Ιωάν. Π. (468). Σ. 264.
Κουτμουντζόπουλος Νικ. (320). Σ. 394.
Κούκας Διονύσιος 272.
Κούκας Μιχαήλ (279). Σ. 364.
Κουλόπουλος Δημ. (508). Σ. 205.
Κούμας Κωνστ. 62.
Κουμπάρης Κυριακός (45). 254. Ξ. 24. Σ. 305.
Κουριέρος Άναστ. Ι. (517). Σ. 66.
Κουσουρής 'Ιωάννης 177.
Κουτμάνος — Κωνσταντινίδης Δημ. (48). Ξ. 6. Σ. 165.
Κουτζογιαννόπουλος Διον. (86). Ξ. 117. Σ. 174.
Κουτζογιαννόπουλος 'Ιωάν. (178). Σ. 290.
Κρεβατάς Παναγιώτης (334). Σ. 421.
Κρέστης 'Αρσένιος Γ. (163). Σ. 18.
Κριεζής 'Αντώνιος Γ. (57). Ξ. 16. Σ. 72.
Κριεζής 'Αντ. Γ. (296). Σ. 60.
Κριεζής 'Ιωάννης Γ. (283). Σ. 298.
Κροϊτζος Εμμαν. (185). Σ. 217.
Κροκίδας Άσημ. (161). Ξ. 98. Σ. 8.
Κυπαρίσσης Σπυρ. 70.
Κυπριανός Μελέτιος 221.
Κυριακός 'Αθανάσ. Κ. (88). 181. 236. Ξ. 109. Σ. 11.
Κυριακός Γιάν. Π. (464). Σ. 155.

Κυριακός ιερεύς (324). Σ. 325.
Κυριακός 'Ιωά. Κ. 60. (186). Σ. 276.
Καμαρηνός Κυριακός Κωνστ. (60). 70. 72. 125. 142. 191. 231. 266. Ξ. 37. Σ. 306.
Κυριακού Κωνστ. (366). Σ. 313.
Κύριλλος άρχιμ. (388). 448*. Σ. 318.
Κύριλλος Νικόλαος 81.
Κυριτζόπουλος Χρυσ. (447). Σ. 518.
Κωλέτης 'Ιωάν. 135.
Κωνσταντάς Γρηγόριος 379.
Κωνσταντίνου Δημήτριος 131. 426.
Κωνσταντίνου Ιωάννης (355). 396. Σ. 293.
Κώστας Διαμαντής (520). Σ. 212.
Κωστάκης Γεώργιος (321). Σ. 152.
Κωστάκης Ευστάθιος (308). 519. 533. Σ. 219.
Κωνσταντούλας 'Ιωάννης (325). Σ. 272.

Λάγος Δ. (77). Ξ. 104. Σ. 173.
Λαδόπουλος Γεώργ. (203). 341. Σ. 147.
Λαζαρίδης 'Ιωάν. (26). Σ. 302.
Λαζαρίδου Χρυσαυγή 26.
Λαζάρου 'Επαμ. 532.
Λαμπαδάριος 'Ιωάννης 297.
Λασάνης Γεώργιος (31). Ξ. 76. Σ. 98.
Λαχουρίδης Κοσμάς (287). Σ. 323.
Λεβέντης Γεώργ. (49). Ξ. 2. Σ. 87.
Λεντούδης Γεώργ. (243). Σ. 144.
Λεονάρδος Μιχαήλ Δ. (4ι). Ξ. 4. Σ. 349.
Λεονταρίτης Θεόδωρος Ν. (358). Σ. 235.
Λεονταρίτης Ιωάν. Θ. (359). Σ. 296.
Λεοντίδης Λέων (3). 6. Ξ. 46. Σ. 341*.
Λεόντιος άρχιμ. Βλ. 'Ιωάννου Λεόντιος
Λέσβιος Βενιαμίν 172.
Λεωνίδας Γεώργιος 462. 491. 526.

530. 542.
Λιαρόπουλος Θεοδωράκης (268).
Σ. 238.
Λίβας Γιωργάκης (197). Σ. 137.
Λιβερόπουλος Γεώργιος (427). Σ.
118.
Λιούντης Μιχαήλος 283.
Λισγαράς Ευστάθιος (510). Σ. 221.
Λογάδης Νικ. (465). Σ. 388.
Λεγοθέτης Βλ. Δουζίνας Κ..
Λογοθετίδης Καΐσαρ (329). Σ. 334.
Λογοθέτης Πέτρος (360). Σ. 426.
Λοντόπουλος Αλ. Λόντος Άναστ.
Λόντος 'Αναστάσιος (177). Σ. 30.
Λόιτες Ανδρέας (150). 255. 338.
339. Σ. 50.
Λουριώτης Χριστόδουλος (24). 33.
35. 44. 102. 134. 167. Ξ. 67. Σ.
500.
Λουριώτου Ζωΐτσα 24.
Λουρόπουλος Γεώργιος (280). 281.
Σ. 130.
Λυκάκης 'Ιωάννης (101). 133. 145.
169. 536. Σ. 278.
Λυκόπουλος Αλέξιος 188*. (200).
Σ. 22.
Λυμπεράκης 'Ιωάν. (92). Ξ. 68. Σ.
249.
Λιμπερόπουλος Γιάν. (106). Ξ. 112
Σ. 153.

Μ ακάριος Ἐμ. 407..
Μακάριος πρώην Ρωγῶν (233) Σ.
370.
Μακρῆς 'Αλέξ' 497.
, Μακρῆς 'Ιωάννης 264.
Μαλίδης Γεώργ. 263.
Μάλης Χαραλ. (423). Σ. 519.
Μαμούνης Δημ. (50). Ξ. 28. Σ. 166.
Μάνεσης 'Ηλίας (40). 64. Ξ. 73. Σ.
225.
Μάνθος Βλ. 'Αστεριάδης.
Μανιατάκης Τζανέτος (228). Σ.
489.
Μανιατόπουλος 'Ιωάννης (497). Σ.
281.
Μανιώτης Κωνστ. (458). Σ. 316.
Μάνος Γεώργιος 472. 483.

Μανουήλ Παύλος 44.
Μαντζαράκης — Γλυκούδης Εὐάγγ.
(33). Ξ. 63. Σ. 214.
Μανωλάκης Ἠλίας (184). Σ. 226.
Μαρκέλλου Σπυρ. Α. (466). Σ. 484.
Μαρτζέλος 'Αθανάσιος (363). 391.
427. 429. Σ. 44.
Μασᾶς Γκίκας (182). Ξ. 103. Σ.
101.
Ματθαιουδάκης Βασίλ. 439.
Μαυρογορδᾶτος Κωνστ. 261.
Μαυρογορδᾶτος Αλέξ. (Φυραρῆς)
(8). Ξ. 56. Σ. 1.
Μαυροκορδᾶτος Αλέξ. 8*.
, Μαυρομιχάλης 'Αναστ. 72. (140).
Ξ. 105. Σ. 10.
, Μαυρεμιχάλης Γεώργ. (Μπεϊζαδές)
(69). 72. 77. 140. Ξ. 32. Σ. 92.
, Μαυρομιχάλης Ἰωάν. 25. (65). 69.
250. Ξ. 20. Σ. 246.
Μαυρομιχάλης Γιάν. Καπετανάκης,
Βλ. Καπετανάκης:
Μαυρομιχάλης Κωνστ. (191). Σ.
327.
Μαυρομιχάλης Πετρόμπεης (72).
77. 88. 157. 158. 160. 186. 191.
Ξ. 106. Σ. 415.
Μαυρομμάτης Έπαμ. (438).
Μαῦρος Σπυρ. (62). Ξ. 8. Σ. 462.
Μετηντανόπουλος Ἰωάν. (266). Σ
277.
Μεθενίτης Κωνστ. 1. (118). 139ɔ.
Ξ. 114. Σ. 309.
Μελετόπουλος Αγγελής 102. (424).
Σ. 33.
Μελετόπουλος Μελέτιος 478.
Μεσηνέζης Λέων (338). Σ. 345.
Μεσηνέζης Στεφ. 388.
Μεταξᾶς Βαλιᾶνος Γερ. (514). ΄
Μεταξᾶς Μαρῆς 'Ανδρίτζης (370).
Σ. 367.
Μεταξᾶς Νικόλαος 370.
Μηταράς 'Ανδρ. Χ'' Παντελῆ (37).
Ξ. 82. Σ. 7.
Μήτρου 'Ιωάνν. 33.
Μηχανίδης Παν. (125). 143. 168.
377. 422. 495. Σ. 434.
Μίγκλαρης 'Ηλίας (20). Ξ. 57. Σ.
224.

— 89 —

Μιτάκη Κυριακή σύζ.' Μι Ναύτη 332*.
Μιχαήλ Γεώργιος 162.
Μιχαήλ Ιωάννης (526). Σ. 299.
Μιχάλοβιτς Μιχαήλ (295). Σ. 363.
Μίχας Παναγιώτης (164). Σ. 433.
Μοθώνης έπίσκ. Βλ. Γρηγόριος
Μοναρχίδης Αναγ. Δημ. (56). 535. 538. Ξ. 29. Σ. 3.
Μονεμβάσιας Βλ. Χρύσανθος
Μόρφης Χριστόδουλος (206). Σ. 509.
Μόστρας Γεώργιος (35). 438. Ξ 15. Σ. 88.
Μόστρας Γεώργ. Κ. (284). Σ. 119.
Μοσχόπουλος Αλέξης (73). Ξ. 31. Σ. 4.
Μόσχος Αλέξιος 189.
Μόσχος Πανάγος Αλ. (189). Σ. 447.
Μόσχος Σακ. 425.
Μόσχου Λ. 292.
Μουτζόπουλος Νικόλαος 190.
Μπάϊλας Σπ. (14). Ξ. 50. Σ. 248.
Μπαϊντιρλή Βλ. Μιτάκη
Μπακαούρης Βλ. Μποκαουριάδης
Μπαλάνος Παρθένιος 139*. (323). 327. Σ. 427.
Μπαλασάκης Ιωάννης 355.
Μπαμπάκος Ιωάν. 94.
Μπαρμπέζης Νικόλαος 496*.
Μπάρμπης Ιωάν. 118.
Μπασαρινός Ιωάν. 342.
Μπάστας Γεώργιος (285). Σ. 140.
Μπάφας Γεώργιος Δ. (219). Σ. 149.
Μπενάκης Γεώργιος (336). Σ. 142.
Μποκαουριάδης Ι. 3*. (6). 34. 166. Ξ. 49. Σ. 247.
Μπότασις Νικόλαος (454). Σ. 385.
Μπότασις Παναγ. (456). Σ. 428.
Μπούας Σπυρ. (16). Ξ. 53. Σ. 466.
Μπουγάς Γεώργιος (195). Σ. 150.
Μπουριάκης Αθαν. .(540). Σ. 288.
Μπουρμπουλάκης Ιωάν. (495). Σ. 297.
Μπούρμπουλης Αναγν. Κ. (419). Σ. 46.
Μπούρμπουλης Αντών. Κ. (473). Σ. 56.

Μπούσκος Θεοδόσιος 356*.
Μπουτιέρου Αναγν. (341). Σ. 58.
Μυλωνάς Νικ. (115). Ξ. 97. Σ. 377.
Μυλωνάς Σπύρος 269.
Μυσιρλής Παναγ. 138.

Ναθαναήλ ήγούμ. Μ. Αγ. Γεωργίου Φενεού 139*.
Νάνος Νικόλαος 193.
Ναυπλίου Βλ. Γρηγόριος
Ναύτης Μιχαήλ 136. (332). 344. 347. 353. 381. Σ. 356.
Ναύτη Κυριακή Βλ. Μιτάκη
Νέγρης Θεόδωρος 11*. (39). 49. 63. 66. 80. 94. 180. 219. 495*. Ξ. 1. Σ. 241.
Νεδέλκου Λουνιας Ι. (531). Σ. 347.
Νεδέλκου Νικόλαος Ι. (533). Σ. 405.
Νεόφυτος έπίσκ. Μάϊνης (250). Σ. 363.
Νεόφυτος ήγούμ. Λαύρας 486.
Νερουλός Βλ. Ρίζος.
Νικαιάτης Κωνστ. Δ. (251). Σ. 322.
Νικηταράς Βλ. Τουρκολέκας
Νικηφόρος Βλ. Παμπούκης
Νικηφόρος Γεώργιος 246.
Νικηφόρος Μιχαήλ 393.
Νικολάκης Νικόλαος Π. 305. Σ. 401.
Νικολάου Αθαν. 475.
Νικολάου Αλέξ. 119.
Νικολάου Ευστάθιος 371.
Νικολάου Ιωάννης 129.
Νικολάου Πανταλέων 523. 526.
Νικολάου Σπυρίδων 303.
Νικολάου Σταύρος (345). Σ. 476.
Νικολάου Σωτήριος 528.
Νικολού Νικόλαος Ελευθ. 495*.
Νοταράς Ανδρέας (385). Σ. 47.
Νοταράς Ιωάννης (149). 150*. Σ. 269.
Νοταράς Πανούτζος (144). 150. 385. Σ. 420.
Νοταράς Σωτήριος (190). Σ. 475.
Ντεληγιάννης Κωνστ. 113.
Ντοροβίνης Κωνστ. (411). Σ. 332.

Ξαιθάκης Ἰωάν. Γ. 65.
Ξάνθος Ἐμμ. 21*. 68. 89*. 91. 97.
193. 201. 207*. 382*.
Ξένος Ἰωάν. (96). Ξ. 126. Σ. 253.

Οἰκονομίδης Βασίλειος 200.
Οἰκονομίδης Εὐστάθιος 95.
Οἰκονομόπουλος Ἀναγν. (36), Σ. 43.
Οἰκονομόπουλος Δημ. Α. (478). Σ. 208.
Οἰκονομόπουλος Πέτρος (227). Σ. 455.
Ὀρέστης Εὐθυμίου 367.
Ὀρέστης Εὐθυμίου ΣόΩ ἐύ Κιβ ,1
Οὐζουνίδης Νικόλαος (2). Ξ. 52. Σ. 373.

Πάγκαλος Μ. 670*. 220*.
Πάγκαλος Ἀδάμ (223). 275. 380. Σ. 20. 51.
Πάγκαλος Σωτήριος 522.
Παγώνης Σπύρος (428). Σ. 486.
Παγωνόπουλος Γεώργιος (173). 253. 464. Σ. 125.
Παλαιολόγος Γεώργ. Στ. (540). Σ. 117.
Παλαιολόγος Δημ. (239). 326. Σ. 177.
Παλαιολόγος Λεμοιῆς 291*. (476). Σ. 453.
Παμπούκης Δανιήλ ἡγούμενος 139*. (258). 320. 346. 356. 401. 426. 448. 449. 450. 451. 452. 456. Σ. 116.
Παμπούκης Κωνστ. (306). Σ. 329.
Παμπούκης Νικηφόρος (139). 234. 234. 247*. 258. 276. 299. 305. 309*. 356*. Ξ. 119. Σ. 378.
Παναγιωτάδης Γερμανός (399). Σ. 129.
Παναγιωτάδης Δημ. (32). Ξ. 36. Σ. 168.
Παναγιωτόπουλος Κωνστ. 341.
Παναγιωτόπουλος Μιχ. Π. 495.
Παναγιώτου Ἀθανάσιος 326.

Παναγιώτου Ἀνδρέας (351). 461. Σ. 59.
Παναγιώτου Ἀπόστολος 317.
Παναγιώτου Ἰωάν. 393.
Πανάρετος διδάσκαλος (154). 262. 263. 502. Ξ. 102. Σ. 414.
Πανάρετος ἡγούμ. Μ. Ταξιάρχου 53.
Πάνου Γεώργιος (53). 116. 163. 164. 168. 324. 474. Ξ. 25. Σ. 158.
Πάνου Εὐστάθιος 456.
Πάνου Κωνστ. 127.
Πάνου Παναγ. Α. (100). Ξ. 94. Σ. 413.
Πανούσης Παπᾶ Λευτέρης (429). Σ. 440.
Πανταζόπουλος Θεόδωρος (210). Σ. 240.
Παντελῆς Γεώργιος Κ. (28). Σ. 164.
Παντελόπουλος Ἰωάν. 28.
Παντερμιώτης ἡγούμ. Σύμης 116. 168.
Παξιμαδᾶς Ἀντών. 419.
Παπαγεωργίου Παν. (Ἀναγνώστας) 17. 21*. (23). 29. 30. 40. 43. 46. 55. 56. 59. 61. 65. 67. 71. 73. 89. 101. 105. 106. 108. 112*. 117. 120. 126. 131. 137. 138*. 159. 162170. 197. 205. 206. 208. 216. 217. 220*. 228' 229. 309*. 397. 418. 432. 433. 444' 453. Ξ. 38. Σ. 409.
Παπαγεωργόπουλος Διον. (376). Σ. 186.
Παπαγιαννόπουλος Ἀναγν. 407*. (506). Σ. 38.
Παπαγιαννόπουλος Ἀναγνώστης (502). Σ. 48.
Παπαγιαννόπουλος Δημ. (410). Σ. 207
Παπαγιαννόπουλος Δημ. (475). 506. Σ. 193.
Παπαγιαννόπουλος Διον. (330). Σ. 184
Παπαγιαννόπουλος Θεοδ. (494) Σ. 228.
Παπαγιαννόπουλος Κανέλλος (407) 410. 457. 484. 485. 503. Σ. 331.

Παπαγιαννόπουλος Κωνστ. (457).
475. Σ. 339.
Παπαγιαννόπουλες Παν. (484). Σ.
450.
Παπαδάκης 'Αντώνιος (145). Σ. 42
Παπαδάτος Κωιστ. 442. (446). 476.
Σ. 333.
Παπαδόπουλος Γεώργ. (168). 193
202. Σ. 123.
Παπαδόπουλος Γεώργ. (249). Σ.
143.
Παπαδόπουλος Δημ. 495*.
Παπαδόπουλος Νικόλ. (114). Σ.
406.
Παπαδόπουλος Ν. Καλαματιανός
18*.
Παπαδόπουλος Παναγ. (377). Σ.
448.
Παπαζαφειρόπουλος Γεώργ. (71).
Ξ. 65. Σ. 96.
Παπάζογλου Ίωάν. 55.
Παπάζογλου Μιχαήλ (381). 409. Σ.
359.
Παπαθανάσιος ήγ. Μ. Σωτήρος
(Κορίνθου) (477). Σ. 454.
Παπαθανασόπουλος Παναγ. (162).
Σ. 436.
Παπαθεοδώρου Οικονόμος 486—8.
Παπά Κουτσός Γεώργ. 241.
Παπακωστόπουλος Γεώργ. (218).
Σ. 148.
Παπαλαζάρου Γεώργιος 31.
Παπαλέξης Οικονόμου 139*.
Παπαλεξοπούλου άδελφοί 356*.
Παπαμανώλης Φραγκ. (67). Ξ. 21.
Σ. 495.
Παπά Νικητόπουλος Μιχ. 351.
Παπανικολής Δημ. 37.
Παπαπάνος Σπυρ. (64). Ξ. 34. Σ.
464.
Παπαρρηγόπουλος Ίωάν. (440). 441.
492. Σ. 490.
Παπασέρης Βλ. Κρέστης.
Παπάς 'Αριστείδης (134). 136. 156.
170*. 175. 198. 230. 233. 254. 270.
271. 280. 284. 303*. 312. 314.
315. 329. 330. 332. 333. 337. 348.
352. 357. 358*. 360. 365. 366 369.
370. 376. 386. 394. 399. 402. 436.

443. 465. 492*. Σ. 26.
Παπάς 'Εμμανουήλ (442). Σ. 220.
Παπά Σακελλάριος (434). Σ. 441.
Πκπά Σταμάτης Πρωτοπαπάς (413)
Σ. 439.
Παπά Στασινόπουλος Θεοδ. 268.
Παπαχρηστόπουλος Παν. (453). Σ.
451.
Παπαχρήστου Κωνστ. 472.
Παρθένιος Β'. Πατρ. 'Αλεξανδρείας 485*.
Παρθένιος ήγούμ. Αίμυαλών (225).
Σ. 458.
Παρθένιος προηγ. Βλ. Μπαλάνος
Παρθενόπουλος 'Αναγν. (276). 305.
495*. 506. Σ. 32.
Παρίσης Νικόλ. (529). Σ. 400.
Παρυσιάδης Δημ. (42). Ξ. 35. Σ.
167.
Πασχάλης Γεώργ. 48.
Πασχαλης Κωνστ. (333). Σ. 311.
Πατεράκης Σωτήρχος (384). Σ.
485.
Πατζιμάδης Νικόλ. (10). 87. Ξ. 47.
Σ. 372.
Πατρινόπουλος Σωτ. 216. 217. 220.
224.
Πατροονάμπεης 72.
Παυλίδης 'Αλέξ. 470.
Παυλίδης Βελισσάριος (331). Σ.
82.
Παυλίδης Γεώργιος (76) Ξ. 92. Σ.
100.
Παύλου Θεοχάρης 362.
Παυλίδης 'Ιωαννίδης 251.
Παυλόπουλος Παναγ. 288.
Πελεπίδας 'Αντώνιος 111. 114. 115.
118. 128. 130. 135*. 139. 141*.
144*. 150. 212. 358. 359. 485.
502.
Πεντεδέκας Κωνστ. 3*. (11). 13.
27. 31. 37. 54. 64. 66. 76. 81. 87.
100. 109. 110. 113. 119. 192. 204.
438. Ξ. 51. Σ. 307.
Περδίκης Νάνος Χριστ. (113). Ξ.
88. Σ. 376.
Περούκας 'Ιωάννης 139*. (309).
356*. Σ. 268.
Περούκας Χαραλ. (441). Σ. 516.

ερούλης Χρήστος (122). Ξ. 85. Σ.)3.
ερραιβός Βασίλειος Δ. (132). Σ. 83.
ερραιβός Στέργιος Ι. (152). Σ. 481.
ερραιβός Χριστόφορος (15). 132. 152. 265. 318. 367. 368. 468. 469. 470. 479. 480. Ξ. 42. Σ. 497.
ετμεζάς Κωνστ. (220). 222. Σ. 320.
ετμεζάς Νικολάκης (120). 139*.
ετμεζαΐοι 364*.
ετράκης Θεοδ. 464.
ετρής Κωνστ. 460.
ετρόπουλος Ν. 375.
έτρου 'Ιωάν. 140.
έτρου Κωνστ. 152.
ετρουνάκης 'Ιωάν. 69.
ετρούνας Νικολ. 73.
ετρόχειλος Νικόλαος (532). Σ. 404.
ικουλάκης Παν. (213). Σ. 438.
ικρός 'Ιωάν. Βλ. Φαρμάκης
ισκοπάκης Κωνστ. 169.
ισκοπέας Γεώργ. (169). Σ. 110.
ισκοπόπουλος Νικολ. (443).
ιτζαμάνος Γερασ. (497). Σ. 163.
λαπούτας Γεωργ. 126*.
λαπούτας Δημ. (126).
λαπούτας Κόλιος 126*.
λατυμέσης Διον. (357). Σ. 181.
λέσος Γεώργ. (104). Ξ. 127. Σ. 105.
Ιολίτης Κωνστ. Χ''. Π. (474). Σ. 315.
ιολιτόπουλος Θεοδ. 289.
Ιολυαίκης Νικόλαος (180). 498. Σ. 391.
Ιολυχρονιάδης 'Ιωάν. (66). 75. 92. 96. 104. 151. 498. Ξ. 19. Σ. 245.
Ιολυχρονιάδης Κωνστ. 214.
Ιονηρόπουλος Γερασ. (398). Σ. 139.
Ιονηρόπουλος Νικ. (188). 200. 241. 285. 311. 328. 343. 398. Σ. 386.
Ιοριώτης Γεώργ. Ι. (114). Ξ. 116. Σ. 103.

Πορτοκάλης Γερασ. 471.
Ποτήρης Παν. (143). 232. 235. 354. 494. Σ. 442.
Ποτηρόπουλος Βλ. Ποτήρης.
Πουπλίνολας 'Αναστ. (352). Σ. 55.
Πουπλόκας Διον. (337). Σ. 180.
Πρασάς Στέργιος ή Σέργιος 264.
Πρίμας Χαραλ. Δ. (269). Σ. 512.
Ποινάρης Δημ. (317). Σ. 204.
Πρινάρης Νικολ. (259). Σ. 397.
Πριιάσης Χριστόδ. (167). 259. 303. 315. 317. 335. Σ. 506.
Πριονόπουλος Γιάννης 203.
Πρίσκου Παπά Πανούσης Στ. (431). Σ. 443.
Προεστόπουλος Γεώργιος Α. 495*.
Προεστόπουλος Σπύρος 495*.
Προκόπιος έπίσκ. Κερνίκης (319). 323. Σ. 317.
Προκόπιος ήγούμ. Μ. Λαύρας 482.

Ραγκαβής Βλ. Ρίζος.
Ραζής 'Ιωάν. (513). Σ. 303.
Ραζής Δημ. 501.
Ραύτης Χ. 'Αναγν. (371). Σ. 511.
Ρεβελιώτης Θεοδ. 229. (512). Σ 231.
Ρεμπού Χαραλ. 236. 481. 482.
Ρένθης Γεώργ. 306.
Ρέντης Θεοχάρης (128). 135. 139*. 247. 272. 311. 364. 420. Σ. 231.
Ρεφερενδάρος Γεώργιος (263). Σ. 121.
Ρήγας Παν. 363.
Ρηγόπουλος Γαλ. 185.
Ριζάσης Μάνθος (9). 59. Ξ. 45. Σ. 351.
Ρίζος Δημ. 41.
Ρίζος 'Ιάκωβος ή Νερουλός (382). 514.
Ρίζος 'Ιάκωβος ή Ραγκαβής (483) Ροδιάτης Δημ. (172). 221. 245. Σ. 191.
Ροδοθεάτος 'Αγγ. (196). Ξ. 130. Σ. 16.
Ροδοκανάκης Παντιάς (44). Ξ. 27. Σ. 407.
Ρούβαλης Νεόφυτος 139*.

Ρωλογάς Δημ. Κ. (387). Σ. 200.
Ρώμας Διον. 312. (314). 329. 370.

Σαριδάκης Βλ. Κιλαϊδίτης.
Σακελλαρίου Παῦλος 125.
Σακελλίου Μόσχος (409). Σ. 354.
Σακόπουλος Ἠλίας (481). Σ. 227.
Σαλομόνος Πέτρος (346). Σ. 444.
Σαματᾶς Γεώργ. Ι. 386.
Σαράντου Νικ. Γ. 495ª.
Σαράφης Ἰωάν. 478.
Σβορῶνος Γερασ. (386). Σ. 132.
Σβορῶνος Ἰωάν. Μ. (437). Σ. 284.
Σιγουρός Ἀθαν. Π ' ' Γεωργίου (254). Σ. 28.
Σέκερης Ἀθαν. 11. 18. 20. 79. 137. 291*.
Σέκερης Γεώργ. (1). 36. Ξ. 41. Σ. 93.
Σέκερης Παν. (36). 45*. 52. 53. 57. 62. 99. 111. 121. 138*. 181. 187. 229*. 235. 266. 536.
Σαϊτζῆς Σερδάρης Κώστας (404). Σ. 319.
Σερρῶν ἐπίσκ. Βλ. Χρύσανθος.
Σεκελιώτης Γεώργ. Κ. (103). Ξ. 72. Σ. 97.
Σιβίνης Γεώργ. (372). Σ. 128.
Σικελιανός Μιχ. (230).
Σιοίνης Γεώργ. (421). Σ. 116.
Σκανδάλης Ἀστέριος Γ. (123). Ξ. 128. Σ. 15.
Σκανδάλης Ἀθαν. Γ. (148). Σ. 15.
Σκανδάλης Γεώργιος Ι. (537). Σ. 162.
Σκανδαλίδης Ἰωάν. (436). Σ. 283.
Σκαρλάτος Ἀλέξ. 178.
Σκοβώλης Ἀναστ. (241). Σ. 23.
Σκορδάκης Θεοδ. (373). Σ. 230.
Σκουφᾶς Νικολ. 1. 2. 3. 4. 5. 8'. 11*. 16. 19. 21. 22. 24. 26. 28. 495*.
Σμυρναῖος Γεώργ. Βλ. Ἀφθονίδης Γεώργ ος.
Σμυρνιός Χριστοδ. (130). Σ. 515.
Σολιώτης Ν. Βλ. Χριστοδούλου Ν.
Σόμωφ Ἰωάν. Κ. (294). Σ. 260.

Σουγδουρῆς Εὐστ. (99). Ξ. 70. Σ. 215.
Σοῦτσος Μιχ. 485ª. (514).
Σοῦτσος Γρηγ. Ἀλεξ. (472).
Σοφιανός Ἀνδρέας 18*. (19). Ξ. 58. Σ. 6.
Σοφοκλῆς Ἰωάν. 467.
Σπανιωλάκης Θωμᾶς (349). Σ. 233.
Σπάχος Ἀναστάσιος 230.
Σπηλ άδης Θεοδ. 265.
Σπηλιάδης Νικόλαος 3*. (7). Ξ. 54. Σ. 374.
Σπηλιόπουλος Ἀνδρέας Π. (138). 139*. Ξ. 121. Σ. 13.
Σπηλιωτόπουλος Α. Βλ. Σπηλιόπουλος.
Σπηλιωτόπουλος Νικ. Γ. (479). Σ. 381.
Σπηλιωτόπουλος Σπυρ. Γ. (480). Σ. 382.
Σπυριδώνου Γεώργ. 139*.
Σταγειρίτης Ἀθαν. 436.
Σταθόπουλος Γεώργ. 238.
Σταματελόπουλος Νικήτας Βλ Τουρκολέκας.
Σταματελόπουλος Ἰωάννης 143. 354.
Σταμελόπουλος Ἰωάν. 232.
Στανέλλου Σπυρ. Ι. 1. 3*. (5). Ξ. 55. Σ. 467.
Σταυρόπουλος Εὐτυχ. (417). Σ. 218.
Σταυρόπουλος Συμεών (30). Ξ. 78. Σ. 468.
Στέλιος Μιχ. Λ. (27). Ξ. 79. Σ. 352.
Στεριάκης Κωνστ. (282). Σ. 321.
Στουπᾶς Ἀλέξ. 51.
Συμεών ἡγούμ. Βαρσῶν 229.
Συναγοβίου Βασίλειος (110). Ξ. 91. Σ. 76.
Συνέσιος Ἰβηρίτης 17.
Συνέσιος πρωτοσύγγελος (452). Σ. 483.
Συνοδινός Γεώργ. 285.
Σωτηριάδης Νεόφ. 485.
Σωτηρόπουλος Παν. 114.
Σχινᾶς Δημ. (498). Σ. 210.

Γαμιχτζής Π. 139*. (234;. Σ. 437.
ωσίκας Κυριακός (293). 301. 310. 316. 372. 375. 400. Σ. 338.
στάλος Φραγκ. 445.
αφραλής Γεώργ. Σ. (81). Ξ. 90. Σ. 99.
ζάνες Παν. (75). 178. Ξ. 107. Σ. 416.
ζανετίδης Ἰωάν. 413.
ζανέτογλου Φίλιππος 316. Σ. 494.
ζάνος Γιάννης 495.
ζανετίδης Θεοδ. 434.
ζουλαλένης Ἰωάν. Γ. (171). Ξ. 101. Σ. 252.
ζούνης Ἀθαν. (237). Σ. 57.
ζούνης Ἀντώνιος 172. 174. 177. 179. 185. 255. 291. 315. 511.
ζοχαντάρης Ἀναγν. (117). 126. 129. 139*. Ξ. 111. Σ. 12.
ςμαράς Γιάννης (343). Σ. 154.
ςσίτσας Θεοδ. 284*. 293*. 310. Σ. 236.
ούλας Κωνστ. (307). Σ. 336.
ουμπάζης Γιακουμάκης (121). 507. Σ. 146.
ούντας Δημ. 206.
Τουρκολέκας Νικήτας (127). Ξ. 124. Σ. 279.
ραντάνα ἀδελφοί 344.
ριανταφύλλου Ἀθαν. 417.
ριβόλης Γεώργ. Γ. 67.
ριγκέτας Διον. (226). Σ. 197.
ριπόλεως ἐπίσκ. Βλ. Δανιήλ
ρουπάκης Γεώργ. 277.
ρουπάκης Διον. (160). Σ. 195.
ρουπάκης Παναγ. 158. (159)' 277. 278. 279. Σ. 425.
ρουπάκης Παναγ. (278). Σ. 452.
σακάλωφ Ἀθαν. 8*. 89*. 95. 112.
σολάκογλου Γεώργ. (405).
Τσολάκογλου Γιαν. (406).

Υπατρος Δ. (55). 103. 107. 293. Ξ. 66. Σ. 170.
Ὑψηλάντης Ἀλέξ. 111*.

Φαρμακίδης Θεόκλητος 151.
Φαρμάκης Ἰωάν. Χατζῆ. (17). 21. 45. 74. 78. 123. 148. Ξ. 74. Σ. 301.
Φαρμακωμένος Ἰωάν. (395). Σ. 295.
Φατζιολάτης Βασ. (116). Σ. 81.
Φιλιππίδης Κωνστ. 457.
Φιλίππου Γεώργιος 242.
Φιλόπατρης Ματθαῖος 61.
Φιλόστρατος Ἰωάν. 382.
Φίλου Νικόλαος 473.
Φλαμπουριάρης Ἀναστ. (270). Σ. 29.
Φλέσσας Βλ. Δικαῖος Γρ.
Φοιβαπόλλων Παν. (209). 223. 350 Σ. 49.
Φραγκίσκος Γεώργ. 227
Φραγκίσκου Λάσκαρις 469.
Φραντζής Ἀμβρόσιος 139*. (253). 257. 327. 340. 342. Σ. 52.
Φραντζόπουλος Ζαφείριος 253.
Φωτήλας Ἀσημάκης (414). Σ. 40.
Φωτάλης Μανοῦσος (68). Ξ. 23. Σ. 350.
Φωτόπουλος Μανουήλ Χ. Μ. (527). Σ. 369.
Φωτόπουλος Ἰωάννης 245.

Χαλικιόπουλος Π. (70). Ξ. 110. Σ. 417.
Χανιώτης Χατζῆ Ἀντώνιος 122.
Χαντζερλής Θεοδ. 428.
Χαντζάκος Ἰωάνν. (252).
Χαραλάμπους Εὐστ. 139*. 249 (299). 334. Σ. 473.
Χαροκόπος Βασίλειος 82.
Χαρδινης Ἀναγν. (451). Σ. 36.
Χατζῆ Γεωργίου Χ'' Ἀθαν. (365) Σ. 505.
Χατζῆ Δημητρίου Ἰωάν. 365.
Χατζῆ Ἐμμανουήλ Ἀγγελάκης (165). 534. Ξ. 99. Σ. 9.
Χατζῆ Ἐμμανουήλ Ἰωάν. (373). Σ. 257.
Χατζῆ Κώνστας Νικολ. (516). Σ. 402.

Χατζή Κωνσταντίνου Δημ. 399.
Χατζή Κώστας Παύλος 225.
Χατζή Κώστας Στέργιος (63). Ξ. 5. Σ. 461.
Λωιτζή Στεργίου Τριανταφ. 293*.
Χαχαμάκης Ἰωσήφ (459). Σ. 282
Χαχαμάκης Σταῦρος Μ. (22). 295. 325. 459. 462. 463. 490. 515. 516. 517. 519. 520. 521. 522. 523. 524. 525. 526. 527. 528. 529. 530. 531. 541. Ξ. 40. Σ. 465.
Χαχαμάκης Χαράλ. (462). Σ. 517.
Χειμῶνας Χρῆστος 186.
Χελιδώνης Σιναίτης 412.
Χοϊδᾶς Εὐστάθιος 495*.
Χρησταρῆς Μιχ. (87). Ξ.. 93. Σ. 313.
Χρηστέας Δημ. (244). Σ. 206.
Χρηστέας Νικολ. (75). Ξ. 122. Σ. 399.
Χρηστέας Παν. (242). Σ. 446.
Χριστιανουπόλεως ἐπίσκ. Βλ. Γερμανός.
Χριστιανουπόλεως πρωτοσύγγελος Βλ. Φραντζῆς
Χριστοδουλίδης Γρηγόριος 364.
Χριστοδούλου Ἀναστ. 24.
Χριστοδούλου Ἀργύριος (378). Σ. 53.
Χριστοδούλου Θεοδ. 3*. (4). Ξ. 43.
Χριστοδούλου Νικ. (364). 378. Σ 389.
Χριστόπουλος Ἰωάν. (416). Σ. 260.
Χρόνης Ἰωάν. 134.
Χρυσόπουλος Γεώργ. (235). Σ. 122.
Χρυσανθόπουλος Παν. (339). Σ. Σ. 430.
Χρύσανθος Ζωρζῆς (526). Σ. 222.
Χρύσανθος ἐπίσκ. Σερρῶν (74). 442. Ξ. 14. Σ. 496.
Χρύσανθος ἐπίσκ. Μονεμβασίας (318). Σ. 361.
Χρυσοβελώνης Γεώργιος 374.
Χρυσοσπάθης Ἰωάν. (248). Σ. 294.
Χρυσοσπάθης Ἠλίας (21). 38. 51. 58. 75. 84. 93. 120*. 127. 192. 194. 242. 244. 248. 252. 292. 296. 300. 384. 493. Ξ. 39. Σ. 223.
Χωματιανός Ἀλέξ. (Λογοθέτης) 34.

Ψάλτης Ἰ. Καμαρηνός (29). 134. Ξ. 81. Σ. 26.
Ψάλτης Θεοδ. 29.
Ψαρούλης Σταμάτης (137). 138. 139*. Ξ. 120.

ΕΞΗΓΗΣΙΣ ΠΙΝΑΚΩΝ

Σὲ κάθε παραλληλόγραμμον περιέχονται ἀριστερὰ μὲν τὸ σῆμα ἀφιερώσεως, δεξιὰ δὲ τὸ σῆμα καθιερώσεως. Οἱ ἀριθμοὶ εἶναι οἱ αὔξοντες ἀριθμοί τοῦ Ἀρχείου Σέκερη, ἀντιστοιχοῦν δὲ μὲ τοὺς τοῦ παρόντος καταλόγου ὡς ἑξῆς:

Πίναξ Ι: 1=8, 8=161, 14=94, 19=255, 23=241, 26=134. 28=254, 31=486, 34=448, 44=363, 47=385, 48=414, 50=150, 52=253, 54=208, 71=57, 72=57, 73=535, 75=52, 77=175, 87=49, 90=58, 91=46, 95=43, 98−31, 102=89, 114=135, 116=421, 119=284.

Πίναξ ΙΙ: 158=53, 160=105, 182=440, 220=442, 223=21, 231=123, 232=170, 236=310, 241=39, 243=194, 246=65, 251=153, 259=291, 268=309, 278=101, 282=157, 301=17, 304=82, 305=15, 307=11, 312=347, 317=319, 320=220, 323=247, 331=407, 333=446, 338=293, 351=9, 353=87, 354=409.

Πίναξ ΙΙΙ: 356=332, 361=318, 362=444, 363=250, 364=297, 370=233, 372=10, 374=7, 378=139, 379=127, 384=205, 385=454, 386=188, 389=364, 395=356, 398=333, 406=214, 409=23, 411=79, 413=100, 415=72, 416=85, 419=141, 421=334, 422−237 423=238, 425=159, 427=323, 429=209.

Πίναξ ΙV: 431=123, 442=143, 443=141, 453=176, 458=225, 460=30, 461=63, 465=22, 469=109, 473=299, 474=199, 475=190, 478=146, 479=538, 480=408, 482=350, 488=485, 442=229, 497=15, 499=47, 500=24, 502=34, 507=323, 516=441, 517=432, 520=156, 387=328, 410=25, 446=242, 450=484.

1		8		14	
ℨ	ε	~~ℳℊ~~	✻	⊡	△
19		**23**		**26**	
a ʋ	♯⁄ᵞ	∂	⧶	△	✡
28		**31**		**34**	
⅔ℳ	AA	ƭ	ⵀ.	A	G
44		**47**		**48**	
ℳ.	Λ	ƭ	/:/	✡	✡
49		**50**		**52**	
u	ℒ	⧶	⧶	⅋₃	⌘
64		**71**		**72**	
Ɛ	⸸	⇥	ⵋ	a	A
73		**75**		**77**	
ℐ	ℓ:	Ψ	✡	⧓	⁊
87		**90**		**91**	
⊡	⸸	△	⚏	ℒ"	⅔
96		**98**		**102**	
ℊ	⪞	ⱷ	ⱷ	ϑ.	u:
114		**116**		**119**	
ℱ	≡	⊓		ℏ	ℐ

II

158 9	☉∴	160 ✝	✝	182 ⤳	⤴
220 ⅄	⅄	223 ∓	z.	231 𝒜	
232 𝒮	𝒳	236 𝐿	F	241 ✗	ℒ
243 −α∴	−υ∴	246 ◡	8:	251 Z	△
259 ♃	∝	268 β	ϑ:	278 #η	#ι
282 α	α	301 ∓	∓	304 #ρ	A⅍
305 𝒟	𝒦	307 σι	𝒵	312 △	𝒥
317 𝒳		320 I:	⊸	328 a:	
331 ℳ	Γ	333 ⊕	∞	338 α	⅄
351 ✡	⌘	353 𝓃	⅃	354 𝒜	Ⅸ

III

355		356		361	
≠	𝒈	△	⚹	✝	⊤

362		363		364	
𝒳	ℰ	☩	𝒶	𝒹:	ϑ

370		372		374	
ℜ⁺	M̂	⊘	℘	⌒	◊

378		379		384	
𝒩Π	ɛ𝓃:	47	ëu	6:	

385		386		389	
ℰ	Ⅎ[	ℛ	ℋ		𝒮

395		398		406	
N	𝒪·	℘	𝒟	✡	✾

409		411		413	
⊕	𝓏	𝒜	ε·	ɵ	⋮

415		416		419	
✝	▶	◎	▽	𝒜	ℐ

421		422		423	
γ·	ξ	ℓ	ϑ:	γ	𝒞

425		427		429	
ℭ𝒱	⌢	𝒟	𝓍	##	✻

#		#		#	
431	☆	442	-G-	443	:G
453	E / ᛖ	458	⊕	460	
461		465	△	469	
473	X	474	∂.	475	5
477	∂.	479		480	
482	△6	488	∂.	492	
497		499		500	
502		507		516	
517	X	520		387	Z
410		446		450	

ΓΙΑ ΤΟΥΣ ΣΥΓΓΡΑΦΕΙΣ

Ο **Ιωάννης Φιλήμων** γεννήθηκε στην Κωνσταντινούπολη το 1798. Ιστορικός και δημοσιογράφος, κυπριακής καταγωγής, μεγάλωσε και μορφώθηκε, στη Μεγάλη του Γένους Σχολή. Με την έκρηξη της Επανάστασης του 1821 κατέβηκε κρυφά στην Ελλάδα και πήρε μέρος σε διάφορες πολεμικές επιχειρήσεις. Υπήρξε για ένα διάστημα γραμματέας του Πετρόμπεη Μαυρομιχάλη και στη συνέχεια του Δημητρίου Υψηλάντη, ο οποίος τον χρησιμοποίησε ως βοηθό του γραμματέα του, Νεόφυτου Βάμβα. Ο Φιλήμων είχε μάθει από νέος την τυπογραφική τέχνη, παίρνοντας μέρος στην εκτύπωση της *Κιβωτού της ελληνικής γλώσσης* στο τυπογραφείο του Οικουμενικού Πατριαρχείου. Μετά την απελευθέρωση εξέδιδε στο Ναύπλιο την εφημερίδα *Χρόνος* (1831-33) και από το 1838 στην Αθήνα την εφημερίδα *Αιών*, σταθμό στην ιστορία της ελληνικής δημοσιογραφίας (1838-54). Ο *Αιών* ήταν όργανο της ρωσόφιλης παράταξης, μολονότι η σημασία της υπερέβαινε το στενό αυτό πολιτικό όριο ο Φιλήμων αρθρογραφούσε με πάθος για να προβάλει και να εξασφαλίσει τις πολιτικές ελευθερίες των Ελλήνων και τη χορήγηση συντάγματος. Το 1843 ο *Αιών* δημοσίευσε πρώτος τα 44 πρώτα άρθρα του πρώτου ελληνικού Συντάγματος που επεξεργαζόταν ακόμα η ειδική επιτροπή μετά την επανάσταση της 3ης Σεπτεμβρίου. Η υποστήριξη των ρωσικών απόψεων κατά την εποχή του Κριμαϊκού πόλεμου και την περίοδο της αγγλογαλλικής κατοχής του Πειραιά είχε ως συνέπεια τη σύλληψή του από τους Γάλλους, τη φυλάκισή του και τη διακοπή της έκδοσης του *Αιώνος* (7 Σεπτεμβρίου 1854). Ο Φιλήμων είναι γνωστός για το σημαντικό ιστορικό του έργο. Στηριγμένος στις πληροφορίες που του έδωσε ο Φιλικός και πρωτεργάτης του 1821 Παναγιώτης Αναγνωστόπουλος έγραψε το *Δοκίμιον Ιστορικόν περί της Φιλικής Εταιρείας* (Ναύπλιο, 1834) και το τετράτομο *Δοκίμιον Ιστορικόν περί της Ελληνικής Επαναστάσεως* (Αθήνα, 1859-61), το οποίο περιέχει πολύτιμες πληροφορίες για την προετοιμασία και τα πρώτα χρόνια του αγώνα στις Παραδουνάβιες ηγεμονίες και στην Ελλάδα. Πέθανε στην Αθήνα το 1873.

Βαλέριος Μέξας (Αθήνα 1904-1937).Φιλόλογος και ιστοριοδίφης. Σπούδασε φιλολογία στο Πανεπιστήμιο Αθηνών και έγραψε διάφορα έργα, τα κυριότερα από τα οποία είναι *Οι Φιλικοί – Κατάλογος των μελών της Φιλικής Εταιρείας εκ του Αρχείου Σέκερη* (1937) και η τρίτομη *Ελληνική Βιβλιογραφία 1800-1863* (1939-57). Το τελευταίο αυτό έργο, γραμμένο σε συνεργασία με τον Δημήτριο Γκίνη, βραβεύτηκε και εκδόθηκε από την Ακαδημία Αθηνών.

www.ingramcontent.com/pod-product-compliance
Lightning Source LLC
Chambersburg PA
CBHW021822220426
43663CB00005B/106